JN187970

フィリップ・ドランジェ

ハンザ

12－17世紀

高橋理 監訳
奥村優子
小澤実
小野寺利行
柏倉知秀
高橋陽子
谷澤毅
共訳

みすず書房

LA HANSE

XIIe- XVIIe siècles

by

Philippe Dollinger

First published by Éditions Aubier, 1964

ハンザ◆目次

第Ⅱ部　一四、一五世紀のハンザ

第2章　都　市　124

第3章　船舶、航海、船主　150

第4章　商　人　171

第5章　ハンザの経済政策——競合者たち　198

第6章　ハンザの商業　222

第7章　ハンザの文明――一三―一六世紀　276

第Ⅲ部　危機と衰退　一五―一七世紀

第1章　危機の高まり――一四〇〇―七五年　297

序論

ドイツ・ハンザは、もともとは北ドイツの商人集団であったものが一四世紀半ばに都市の連合体へと変貌した、すぐれて中世的な所産である。確かに、都市同盟そのものは、同時代のドイツやイタリアにも存在している。しかしそのどれ一つとして、ハンザほど長続きもしなければ広がりを持つこともなかった。一五〇を超える海港都市と内陸都市を結びつけた最盛期のハンザは、ゾイデル海からフィンランド湾、そしてバルト海からテューリンゲンまでの一五〇〇キロメートルもの範囲を包摂していた。ハンザ以外の都市同盟の目的は、メンバーである都市の自治と法的地位を守るという政治的なものであった。それとは対照的にハンザは、外地における同胞商人の保護と商業の拡大を目的として成立し、存続した。弱体の一途をたどる皇帝権に代わって北ヨーロッパで最大級の政治勢力となったハンザは、近隣諸国家との戦争に勝利をおさめるにしても、常に経済的な目的があった。

しかしハンザは、当時の法曹家が当惑するような奇妙な勢力でもあった。ハンザは主権国家ではなかった。というのもハンザ都市は神聖ローマ帝国の領域内に存在し、程度の差はあれ、いずれも多様な聖俗領主の支配下にあったからである。緩やかな組織であるハンザは、法人格を持たず、恒常的な財政や陸海軍も有していなかった。印章もなければ固有の官僚組織や統治機構も持たなかった。唯一の例外的な組織であるハンザ総会 Hansetag すらも開催頻度は低く不定期であり、さらに真の意味で全メンバーが出席する総会であったことなど一度もなかったのである。

しかし組織としては脆弱であったにもかかわらず、また、非常に多様で、互いに距離のある都市間では利害対立が避けられなかったにもかかわらず、ハンザは五〇〇年近くにわたって存続し得たという事実がある。このようにハンザが持続した秘密はその強固な連帯感にあった。この連帯感が何世紀にもわたって、特段の強制力を働かせることもなく、ハンザという共同体のメンバーを結束させた。こうした連帯感の基礎にあったのは、北方ヨーロッパの商業取引に関与しようとする意志であった。ハンザの歴史的役割は、西欧で求められていた東方産物を西欧に供給し、反対に東方には、最も需要のある西欧側の産物、特に毛織物と塩をもたらすことであった。ハンザは、この東西の経済的なつながりが存続する限りにおいて存在し得たのである。

ハンザの歴史は、一二世紀半ばと一七世紀半ばの間という非常にはっきりした二つの年代にはさまれている。その始まりは、一一五八年頃にヴェント地方に、西欧から東方への門戸となるリューベックが建設されたことに求められる。この都市は瞬く間に事実上のハンザの盟主となり、その後もその地位を保ち続けた。その理由は、北海とバルト海という二つの海にはさまれた、ホルシュタイン地峡という有利な地勢に立地している点、そしてそれと同時にリューベック市民の活力という点にも求められる。スカンディナヴィア人に続き、ニーダーザクセン、ヴェストファーレン、ラインラント出身のドイツ商人が、商業を営むために海に乗りだした。当時の人々の理解に従えば、バルト海は氷結した海岸に囲まれた袋小路などではなかった。すなわち、バルト海はロシアの河川に向かって広く開かれた交易路であり、ノヴゴロドとスモレンスクという大きな市場に通じていた。この二つの市場には、はるか遠方の白海沿岸そしてイスラーム圏やビザンツ圏にある東方諸国から、長い道のりを経た珍奇で高価な産物が流れこんでいた。

ドイツ商人はバルト海沿岸全域で取引を営み、この地域での商業目的のための新都市建設にも積極的に参加し、大きな影響力を発揮した。それと同時に、北海沿岸、ノルウェー、ネーデルラントそしてイングランドに航行し、イングランドでは、ケルンとロンドンの間を結ぶ、はるか以前に確立されていた交易を発展させた。一三世紀の半ば以降、ハンザ商人は北海とバルト海の両海域における取引をほぼ独占し、その商業はノヴゴロド、レーヴァル（タリン）、リューベック、ハンブルク、ブルッヘ、ロンドンを結ぶ大きな軸に沿って形成されていた。一四世紀に、彼らは陸路によって南ドイツやイタリアとの関係を、海路によってフランス大西洋岸沿いにスペインそしてポルトガルとの関係を、拡大しさらに強化したのである。

ところでハンザの経済的支配に対し、多くの国々で抵抗の兆しがあらわれたのもこの時期であった。特にオランダ人と南ドイツ人をはじめとする新しい競争相手が、ハンザの独占に手向かい、成果を収めた。ハンザが、一四世紀の第三・四半期に、外国にいる同胞商人の利益を守るのにより適した都市連合体に変貌を遂げたのは、おもにこうした競争相手に出し抜かれる危険を避けるためであった。しかしハンザ側のこうした努力は、ある程度は注目すべき成功も収めたものの、経済面でも政治面でも競争相手の躍進を押しとどめることはできなかった。一六世紀初頭以来のハンザの衰退は誰の目にも明らかであった。ただし、この衰退がどのような性格のものであったのかを適切に見極めることこそ重要である。都市それ自体は衰えていなかった。少なくともいくつかの都市、たとえばハンブルクやダンツィヒは近代の開幕期にめざましい発展を遂げたし、商業取引が縮小したのでもなかった。なにしろ、商業は全体として成長していたのであり、特にポーランド、プロイセン、ポメルン産穀物の輸出はかつてない規模にまで達していた。だが、大規模となった商業取引において、競争相手の占める割合もますます大きくなっていった。ハンザの経済体制は新たな情勢にもはや順応できず、その政治勢力も当時の有力な君主国家群に対抗できなかった。またハンザの各都市は、犠牲をともなってまでこの共同体に所属したとしても、利益よりも支障が多い、と考えざるを得なくなっていた。この時すでに、再建にむけて真摯な試みがなされていたとはいえ、ハンザの命運は尽きていたのである。

ハンザの終焉は一六三〇年、すなわちリューベック、ハンブルク、ブレーメン間に限定された同盟が締結された年代とすることができる。事実上この同盟がハンザに代わることになった。ただし、一般的には最後のハンザ総会が開催され、そこで最後の再建案が挫折した一六六九年がハンザ終焉の年とされている。

元来は商人の連合体であり、その後都市の大連合体となったこの共同体は、「ドイツ・ハンザ Hansa Theutonicorum, dudesche Hense」と自称し、その歴史を通じてこの自称を用い続けた。中世以来、「ハンザ」という言葉の意味については好奇心を持って探求され、空想極まりないあれやこれやの語源が語られてきた。このゲルマン語起源の「ハンザ」は、すでにウルフィラの聖書で確認できる非常に古い言葉で、そこでは戦士の一隊を意味している。この用語は一一、一二世紀になるとセーヌ・エルベ両河川間から南ドイツにかけての広い地域において再び確認することもあった。その場合、商人が支払う税金を指すこともあり、また外国に出かける商人団体を指すこともあった。一三世紀初めのイングランドでは、まさにその後者の意味で、ロンドン在住のフランドル・ハンザのメンバーが呼ばれていた。「ハンザ」は、まずは商人団体、しかるのちに都市団体を指す言葉となった。

北ドイツの商人団体がハンザと呼ばれるようになったのは、かなり後のことである。初出は一二六七年に発給されたイングランド国王の証書においてである。彼ら北ドイツ商人団体の規約とロンドンのフランドル・ハンザの規約が類似していたために、前者にも「ハンザ」が適用されたことは明白であろう。やや時代は下るが、ユトレヒトやオストケルケにいるハンブルク商人そしてズウィン沿岸のフーケにいるリューベック商人のような小規模な団体も同様にハンザと呼ばれている。つまりこの名称は、西方からそれ以外のハンザ圏に広まったのである。ノルウェー・スウェーデン王マグヌス四世エーリクソンが、「ドイツ・ハンザのすべての商人 universes mercatores de hansa Theutonicorum」を名宛人としたことで、この表現が北ドイツ商人すべてを含む共同体を指し、もはや外国にいる特定地域出身者に限定する団体を指し示さなくなるのは、ようやく一三四三年のことである。その後まもなくして、ハンザは都市の連合体となったために「ドイツ・ハンザの諸都市 stete van der dudeschen Hense」と呼ばれ、以後この表現が最も一般的になった。したがってドイツ・ハンザは、その実体の成立後かなりの時間を経て一定の名称を持つに至ったようである。いずれにせよ、「ハンザ」と称されていた先行する小規模な集団が急速に消滅したのちに歴史的な過程で「ハンザ」となったものが、形容抜きの大文字「ハンザ Hansa」になったことは確かである。

ここでまた、用語にかかわるささやかな二つの問題を取り上げねばならない。一つは、「チュートン・ハンザ」と「ドイツ・ハンザ」のいずれの呼称が良いかという問題である。ラテン語表現に基づく前者は、フランス語圏の歴史家によって用いられることが多いが、おそらくは慣用として流布している「チュートン」騎士修道会という名前との類似によるものであろう。しかもこの表現は、一五世紀以後フランスの文書局の行政文書にも見られるので誤りとは言えない。しかしより正確を期すならば、dudesche Hense はただ「ドイツ・ハンザ」と訳すほうがよい。

それ以上に重要な問題は、ハンザのメンバー相互を結びつけていた、かなり緩やかで、なおかつ定義の困難なこのつながりに対し、どのような術語を与えるべきかということである。ドイツでもフランスでもハンザ「同盟」と言われることが多い。しかし、明確な輪郭をもった組織を意味する「同盟」がハンザには欠けていた以上、この術語は適切ではない。実を言えば、ハンザの内部には、特定の目的のため、期間を限って成立した全体的あるいは局地的な「同盟」は存在した。しかし、それらはハンザ自体とは全くの別物であり、残念ながら用語の上で、「ハンザ」と諸「同盟」という二つの組織の間に明確な線引きをすることはできない。他方ではまた、人々がこれを「団体」「同盟」「集合体」などと規定しようとしても、中世以来のハンザ自体がそれをはっきりと拒否していた。そのため、ハンザ「協同」だの「協約」だのという漠然たる用語がとかく考えられがちであった。おそらく最も適切であるのは、中世に流布していた「すべての商人 communis mercator, der gemene kopman, die gemene stete」といった言い回しのニュアンスを伝えている、「ハンザ共同体」という表現であろう。

一八世紀末には、ハンザの記憶はほぼ完全に消滅していた。ハンザの歴史に対する関心がよみがえったのは、一九世紀の初頭以降であり、一八〇八年にザルトーリウスによる、この共同体に関する最初の大著が刊行された時である。しかし、ハンザ史研究が体系的に試みられたのは特に、リューベック市史料集、今日では二五巻を数えるハンザ総会議事録集、『ハンザ史料集 *Hansisches Urkundenbuch*』などの大規模史料集成の刊行以来の一世紀である。それ以上に重要であるのは、おそらく、一八七一年以来今日まで続いている雑誌『ハンザ史論叢 *Hansische Geshichtsblätter*』の刊行である。第二次世界大戦期を唯一の例外として定期的に発行されているこの学術誌こそが、真のハンザ研究の根幹をなしている。そして一世紀前からすぐれた一団の歴史家が、専門として、あるいは主要研究対象としてハンザ史に身をささげてきた。最も著名な物故者に限っても、カール・コップマン、ヴィルヘルム・シュティーダ、ディートリヒ・シェーファー、エルンスト・デーネル、ヴァルター・シュタイン、ヴァルター・フォーゲル、フリッツ・レーリヒの名前をあげることができる。

ハンザの歴史的研究が進展する間に、ハンザについての考え方、あるいはハンザのいくつかの局面についての考え方がしばしば変化したのは言うまでもない。なにしろこの団体の構造が組織性を欠いて捉えどころがないため、そうならざるを得ないのである。そのため、都市ハンザこそ真のハンザであり、その形成に先行するものは何であれ、ハンザ前史あるいはその懐胎期とかつては考えられてきた。それに対し今日では、一二世紀以降の商人団体もまた、一四世紀の都市連合と同様にハンザを体現しているのだと認められている。それと同様に、ハンザの最盛期をいつに設定するのかについても多様な見解が提起されている。半世紀前から依然として、一五世紀半ばより少し前がハンザ最盛期と考えられる傾向があった。というのもまさにこの時期に、ハンザ加盟都市数が最大に達し、なおかつハンザの交易圏がポルトガル沿岸部にまで及んだからである。しかし現在では、この最盛期を一四世紀の第三・三半期にずらし、都市ハンザが成立しシュトラールズントの和約を勝ち取った直後に置く傾向がある。つまり、この時期以降ハンザは、新たな利益を獲得するというよりはむしろ、細かな規則を設けて既得利益を守ろうとしているからである。すなわち、この時期以降は、ハンザのライバルたちが自国でもハンザ圏そのものでもハンザの優位に挑み始めた時代なのである。言い換えれば、最盛期をどのように考えるかの示準として、従来以上にハンザ内部の基準が重視されるようになったのである。そして、当然のことながら、ハンザ研究にあっては経済史が常に主たる関心の対象であった。長い間注目されてきたのは、主に特許状や議事録から直接的に把握しやすい経済政策であった。それに対して、ここ数年は、取引の規模を正確に判定しうる唯一の手段である数量的評価が強く求められている。その結果として、かつては相対的に軽視されていたハンザ最末期に対する関心が高まった。その関心に応えてくれる史料は非常に多く、その中でも抜き出ているのが、かの名高いエアソン海峡通行税の記録である。

本書が刊行された一九六四年という時代におけるイデオロギー的対立は、ハンザ研究にも影を投げかけた〔本邦訳の底本は一九八八年版〕。三〇年ほど前には、経済的事実の研究は唯物論的精神に毒されていると非難され、研究者は政治的要因のほうに注意を向けるべきだと言われていた。現在では、東欧の歴史家たちは好んで、一四世紀から一六世紀に都市を動揺させた政治的、経済的、社会的な闘争ならびに諸都市の社会構造をテーマにしている。しかしこのようなテーマは特に新しくもなければ、彼らだけの独壇場でもない。さらに彼らは、一二、一三世紀のドイツ人植民の波に先行するスラヴ人による都市建設の痕跡を地中から発掘し、当該の地方における都市発達に際してのスラヴ人の役割を強調しようとしている。目下いたる所で隆盛を極めている中世都市のトポグラフィー研究に際しては、こうした点に配慮が払われている。

そして今では、狭い民族主義的な見地から離脱し、ハンザをドイツ的視角のみから考えないという研究者たちの機運が広がっている。ハンザは、交易関係を結んだ諸民族に何をもたらしたのか、そして諸民族の文化的発展に対していかなる功績を示したのかを見極めるための努力がなされている。

第I部

商人ハンザから都市ハンザへ　一二―一四世紀

第1章　一二世紀前半の北ヨーロッパ

1　北方交易

北海とバルト海からなる海域は、北方における地中海の役割を果たしている。中世初期以来、地中海がそうであったように、これらふたつの海は、西方と東方との間の海上交通路であった。たとえそのルートが、スケーエン岬とデンマークの諸海峡を長々と迂回させる困難きわまりない航行を船舶に強いる地勢であったとしても、である。

この二つの海を後に支配するドイツ人は、一二世紀前半の段階ではさほどの重要性を持っていなかった。両海のどちらでもスカンディナヴィア人による商業が有力であった。最も広範囲に及んでいたのはノルウェー人の商業であったようである。すでにヴァイキングがイングランドに多数の入植地を建設していたため、交易が最も活発だったのはイングランド——特にボストン——との間であった。さらにブリストル湾の両岸にスカンディナヴィア人居留地が散在していたので、アイリッシュ海も完全にノルウェー人の海となっていた。ノルウェー人はヨーロッパ大陸のユラン半島やブレーメン、一一二二年に彼らの存在が証言されるユトレヒト、またケルンとその先、おそらくはフランドルやノルマンディーにも足を延ばしていた。西方に目を向けると、彼らはアイスランドやグリーンランドにすでに到達しており、東方では、バルト海のほぼ全域を往来していた。彼らの船は細長く駿足であり、その船で故国の産物、特に干魚、皮革類、塩入りバター、建築用材、さらにバルト海諸港からもたらされた東方産物も、遠方に運んでいた。半農村的な性格を維持していたこの交易は、その時代には縮小局面に入っていたようには見えなかったが、大西洋を望むベルゲンやトロンヘイム、スカーイェラク海峡に面したオスロやテンスベリといった萌芽期の都市に集中しはじめていた。

しかし北海南岸で最も活発な商業は、拡大しつつあったフランドル人によるものと衰退に向かっていたフリースラント人によるものであった。フランドル人の主たる取引相手はイングランドであった。ロンドンのハンザに寄り集まっていたフランドル人は、ヴィッサン、ブルッヘ、アールデンブルフの諸港から来訪していた。彼らは全盛期を迎えていたフランドルの毛織物を主な商品とし、そしておそらくはすでにフランス産ワインもロンドンで販売していた。彼らは、毛織物産業に必要な羊毛を、イングランドの生産者から直接購入して調達していたが、それに加えて錫、鉛、皮革類も入手していた。ブルッヘがネーデルラントで最も重要な商業中心地となったのは、この頃からであった。フランドル人に負けず劣らず、ムーズ川流域のウイ、リエージュ、ニヴェル、ディナンの商人たちも活動的であった。彼らはライン産ワイン、金属製品、宝石、レーゲンスブルクやコンスタンティノープルの奢侈織物、マインツの甲冑などをイングランドにもたらした。実際、一一三〇年頃のイングランドのある法規は、どのような条件のもとでこれら「ロレーヌ人」がロンドンに商品を持ち込み販売することができるのかを規定している。

フランドル人は、北部ネーデルラント、ドイツ北部、スリスヴィ、そしておそらくスカンディナヴィアでもやはり交易を行なっていた。しかし、この方面でなお優勢を誇っていたのはフリースラント人であり、その活動範囲はバルト海にまで及んでいた。実際、一一世紀末のシグトゥーナではフリースラント人ギルドが確認できる。ただし、必ずしもはっきりとはしない理由で、フリースラント人による商業は衰退の一途をたどっていた。衰退の根本的な原因となっていたのは、都市が経済活動の重要な原動力になりつつあった当時にあって、フリースラント人が都市生活を嫌っていたことにあるようだ。いずれにせよ、オランダ人が後釜として登場するまでの二世紀間、フリースラント人が姿を消したのは、ハンザ商人にとっては好機であった。そしてこの好機を我が物としたハンザ商人は、フリースラント人のかわりに北ヨーロッパにおける海上交通と海上交易で優位に立つことに成功した。一一世紀にはまだ繁栄していたティールは、神聖ローマ帝国の関税徴収所がそこからカイザースヴェーアトに移転したことから示唆されるように、一二世紀には衰退局面に入っていた。そのティールと競って勝利をおさめたのは、内陸への河川航行で有利な立地にあり、フランドル人、ラインラント人、ザクセン人、デンマーク人、ノルウェー人、そしてフリースラント人自身までもが頻繁に来訪したユトレヒトであった。くわえて、ゾイデル海に面したスタフォレンも、ティールの取引を一部継承した。

しかし同じ頃ドイツとりわけケルンとブレーメンの船乗りと商人が、北海商業で次第に勢力を増しつつあった。一一世紀初頭、イングランド王エセルレッド二世は、自分たちがロンドン市民と同じく「良き法に値する」と主張した神聖ローマ帝国の商人たちに保護を与えていた。これら「帝国の民 homines imperii」とは何よりもティール商人を指していたが、イングランドとの関係を古くから有するケルンの商人や、一一〇〇年頃にはイングランドとの関係が証言されるブレーメン商人も含まれていた。ケルン商人たちはその交易活動を拡大させており、遅くとも一一三〇年には、ティールとブレーメンの商人にはついぞ認められなかったロンドンでの滞在権を獲得した。そして彼らは、時期は不明であるが、ロンドン橋をさかのぼったテムズ河畔に一軒の館、すなわちギルドホールを獲得し、それを事業の本拠とした。これこそが後のハンザ商館の始まりであった。一一五七年にイングランド王ヘンリ二世は、ケルン商人、彼らの財産、そしてこのギルドホールに特別の保護を与え、さらにその上、彼らが持ち込むライン産ワインをフランス産ワインと同じ市場で、つまり同一条件で販売する特権を与えた。当時からライン産ワインはケルン商業の扱う主要産物であり、さらにケルン市で製造された金属製品や甲冑もそうだった。ケルンへの帰り荷となったのは主として羊毛であり、それに次いで金属と食料品であった。

ケルン商人は西ヨーロッパだけでなく、北東ヨーロッパやデンマーク方面との取引にも従事した。これらの地域では東方商品を買い求め、かわりにワインとおそらくはフランドル産の毛織物、それにリーベ大聖堂に代表されるデンマークの多くの教会の建設資材となったアンデルナハ産凝灰岩を持ち込んだ。彼らは以前のようにフリースラント人の船を用船することなく、自らの船で取引を営むようになった。ケルンの海上活動への躍進は、この都市が一二世紀の十字軍に参加したことからも見てとることができる。一一〇二年、ヤッファ沖合に現れたキリスト教徒の艦隊には、ヴェストファーレン出身のハデヴェルクという人物に指揮されていたライン川下流域の船舶が属していたと伝えられている。一一四七年には、ダートマスでフランドル・イングランド艦隊と合流したドイツ勢の過半をケルンの船が占めていた。この艦隊は聖地に向かう前にリスボン征服に参加した。

ブレーメンも、ケルンに負けず劣らず活動的であった。すぐに熱狂しがちなアダム・フォン・ブレーメンは、「全世界の商人はブレーメンで出会う」と叫んでいる（一〇七五年頃）。

特にブレーメンと密接な関係を持っていたのは、ブレーメン大司教区に属するスカンディナヴィアであった。ルンド大司教座設置（一一〇四年）後にも、両者の通商関係は存続した。一二世紀末、ノルウェー王はドイツ人がベルゲン港で陸揚げするワインの量が多すぎると苦情を述べ立てるほどであった。

同じ頃のバルト海もまた、スケーエン岬を迂回せずにスリスヴィ地峡を経由して北海商業とつながったことで、活発な商業の舞台になった。西から来航した船舶はアイダー川を遡行してホリングシュテットで商品を陸揚げし、その後商品はスリスヴィまで運ばれた。さもなければ船舶自体がシュライ湾までの陸上をおよそ一五キロメートルにわたって牽引された。スリスヴィは、一一世紀半ばにヘーゼビューがヴェント人に破壊されて以来、この方面における一大取引中心地に成長した。西欧がバルト海へ向かう港として機能していたという意味ではリューベックの先駆であった。フリースラント人、ザクセン人、さらにフランドル人が、ここでデンマーク、スウェーデン、ロシアの商人と出会った。

だが、当時バルト海商業は、主としてゴットランド島民の手中にあった。この巨大な島が航海と商業の要衝となったのは、住民がキリスト教に改宗した一一世紀以降であった。ゴットランド島に都市的中心地と呼べるものはまだ存在しなかった。ここでは農村生活と海上交易とが、他のどの地域よりも緊密に結びついていた。複数の村落によって共有された、土塁で防御された集落が一時的な居住地として機能していた。そのような集落が点在し商人活動が行なわれていたのである。この集落の一つはバルト海に面したゴットランド西海岸の航海に最も有利な場所に位置していた。それが後のヴィスビーとなる。

ゴットランドの農民航海者は、ヨーロッパのあらゆる方面に進出していたようである。彼らはスウェーデン中心部でも活動していたことが知られており、メーラレン湖畔のビルカの機能を引き継ぐシグトゥーナを常時来訪していた。しかし彼らの主要な活動舞台はロシア方面であり、ヴァリャーギの昔からの商路に沿って取引を行なった。ヴァイキングの軍事的遠征は一一世紀をもって終わっており、スカンディナヴィア人の商業活動も主として、当時最盛期を迎えていたノヴゴロドに集中していた。一〇八〇年頃の証言によれば、ゴットランド人が居留地を設けていたノヴゴロドには、聖オーラヴに捧げられた教会が属していた。この「ゴート商館」にはまもなくドイツ人が宿留することにもなるのだが、その後ドイツ人もこれに倣って自分たちの居留地であるペーターホーフを設立するに至った。ゴットランド人はノヴゴロドに西方の産物をもたらした。その中にはフランドル産の毛織物があり、一一三〇年頃にはイープルの産品も確認できる。ノヴゴロドからは毛皮と蜜ロウ、そしてビザンツ、キエフ、スモレンスクを経由した東方産の高価な商品が持ち帰られていた。おそらく彼らはバルト海南部の商業地、オーダー川沿いのシュティーンやユムネで、これらの商品を得ていたのだろう。アダム・フォン・ブレーメンは、ここにギリシア商人がいたと伝えており、ヴァイクセル河口も同様の機能を果たしていたかもしれない。おそらく彼らゴットランド人は、琥珀を求めてザームラントの海岸をたびたび訪れていた。またザクセンでも取引を営んでいた彼らは次第にその人数が増えたようで、一一三四年に皇帝ロータル三世が彼らに対する「全帝国における」免税特権と安全保護をザクセンで認めている。この商業関係は、あるいはスリスヴィを経由するか、ヴェント地方が平穏ならば直接この地方を通じて行なわれた。さらに一一世紀に島内に埋蔵された大量のイングランド貨幣から推論できるように、ゴットランド人がイングランドで取引していたことも確実であった。

しかし、バルト海で商業を進めていたのはスカンディナヴィア人だけではなかった。一二世紀前半にノヴゴロドが発展したことで、ロシア人の交易が——短命ではあったが——確実に繁栄したと考えられている。ロシア商人が特に訪問先としていたゴットランドでは、正教会の教会跡も発見されている。またシュテティーンも訪れており、ここはノヴゴロドの商人団体の中心地になった。さらにノヴゴロドの年代記は、一一三四年にデンマークでロシア商人が掠奪にあったと伝えており、二〇年後に王室が混乱した時に同じことが繰り返されている。ロシア人以外についても、リューゲン島周辺でのヴェント人の航海、さらにプロイセン人とエストニア人の航海も言及されているが、後者の航行は海岸付近に限られていた。ドイツ人については、スリスヴィとシュテティーンにいたという証拠はあるが、リューベック建設以前のバルト海交易には特に関与していなかったようだ。

これに対し、北ドイツ平原における内陸交易は当然のことながら、主にドイツ人に掌握されていた。しかし北西ヨーロッパで彼らを待っていたのは、フランドルやムーズ川流域から来た商人たちとの激しい競争であった。最も活発だったのはおそらくヘント出身者であり、毛織物を穀物やワインと交換するためにケルンを訪れていた。彼らはケルンを越えると、ハルツ山地の銅を求めて東方へ、生産者から直接ワインを買い付けるべく南方のコーブレンツへ向かった。しかし一二世紀半ば以降、ケルン大司教が当市を指定市場《ステープル》としたため、彼ら外来商人がライン川を遡行するのは困難になった。リエージュ、ウイ、ディナンなどのムーズ川流域の商人たちも、八月の大市にケルンを訪れ、ここに彼らの金属産業製品を持ち込んでいた。ケルンには、ヴェルダンの人々も来訪していたと伝えられている。その取引がどのようなものであったかは不明であるが、ヴェルダンの名高い特産品である奴隷の取引は一一世紀初頭にはすでに終焉を迎えていた。

ドイツ人の中で最もダイナミックな活動をしたのがケルン商人であった。彼らはまだ西方へはさほど進出していなかったが、南方と東方では活発に行動した。彼らがライン川中流域やアルザスへと向かったのはワインを購入するためであり、これこそがケルン繁栄の重要な基盤だった。しかも、彼らはオーストリアのエンス市場にも姿を見せており、干魚や毛織物を売り、皮革類、蜜ロウ、そしておそらくはすでにハンガリー産の鉱石も買い付けていた。東方で彼らを特に魅きつけていたのは、フランドル人の場合と同様に、ハルツ地方の銅と銀であった。これらの金属に対する需要は非常に大きかったために、あらゆる地方に輸出された。とりわけマクデブルク－ゴスラー－ゾースト－ドルトムント－ケルンという大街道に沿って、ザクセン人自身が主に西欧に向けて輸出していた。一一世紀末以降、ゴスラーをはじめとするニーダーザクセンやヴェストファーレンの他の新興都市でも、金属工業の発達がめざましく、その製品も遠方に運ばれていた。さらに北部では、リューネブルクの製塩所からラインラントに向けて塩が送られていたことが一〇世紀の記録に記されている。しかしその取引量は不明である。他方でザクセン諸都市の商人は定期的にスリスヴィを訪問した。ゾーストでは、一三世紀末に「シュレースヴィヒ兄弟団」なるものが知られているが、このような名称はリューベック建設以前でなければあり得ない。

エルベ沿岸にある神聖ローマ帝国の国境に、いずれも重要な商業拠点が二つあった。一つ目のバルドヴィークは、海岸手前では渡河の容易な最終地点で、魚の買い付けのためにヴェント地方とりわけリューゲン島に向かうザクセン商人が通過したおかげで活況を呈していた。こうした交易活動は、ザクセン公が徴収していた帝国関税に多額の収入をもたらしていた。もう一つのマクデブルクは、エルベ川以東の異教の地への宣教活動の拠点であり、有力な河川運送業者が存在し、彼らは広大な商人居住地を占め、ヴェント人に対する戦いで大きな役割を果たしていた。マクデブルクはザクセン商人とスラヴ商人とが出会う場でもあり、非常に活気のある土地であったのは確実なのだが、交易の性格については詳しくはわからない。

以上からわかるように、一二世紀半ばを迎える直前の北方ヨーロッパ商業は、まだ多様な民族の商人たちが担っていた。ドイツ人もある程度の活力を示してはいたものの、商業全体ではさほど目立たない役割を演じていたに過ぎなかった。一世紀後には商業情勢が一変し、ドイツ人が優位に立つことになるという現実を予想することなど不可能であったろう。

2　政治的、宗教的、人口的要因

一二世紀初頭、神聖ローマ帝国の領域はキリスト教世界の領域と同様に、その三世紀前とほぼ変わらずエルベ川とザーレ川までに固定されていた。一〇、一一世紀に企図された東方諸地域を服属させ改宗させせようとする試みはすべて、一時的には成果があったものの、その後失敗を重ね、結局水泡に帰してしまった。オットー大帝は、最初にエルベ川東岸に辺境伯領を設けた。さらに彼は九六八年に大司教区に昇格したマクデブルクの教区の下に、ブランデンブルクならびにハーフェルベルク司教区を設けた。他方で、バルト海に面したホルシュタインには、ブレーメン大司教区の属司教区としてオルデンブルク司教区が設置された。しかしこの成果は、一〇世紀末にオットー二世のイタリアでの敗北に乗じたスラヴ人大反乱が起こったために無駄となった。

エルベ川・オーダー川間には、さまざまなヴェント人の部族が定住していたが、それらが明確に政治統一されることはなかった。その部族には、ホルシュタイン東部のヴァグリア人、メクレンブルクのオボトリート人、オーダー河岸のポメルン人、最大の人口を抱え最も不穏なブランデンブルクのリウティツ人、ハーフェル河岸のヘーヴェル人などがあった。これら諸部族は内部抗争で分裂していたが、同時にザクセン人と絶えず抗争していたため戦い慣れており、執拗に異教を奉じ、独立心が非常に旺盛であった。戦いに敗北した時だけはキリスト教を受け入れ、貢納に応じたが、いったん危険が去るとすぐに、それを次々と拒否するありさまだった。その時以来、一一世紀を通じてドイツ人勢力はほとんど伸張せず、オットー朝断絶後の歴代皇帝がこの地方への関心を失うと、この傾向はさらに強くなった。次のザーリア朝は南ドイツ出身であり、イタリア問題と叙任権闘争に忙殺された。ハインリヒ四世もハインリヒ五世も、ハルツ地方より北に介入する力も意志も持たなかった。

オットー朝の事業で結果的に後々まで継続したのは彼らが創設したポーランド教会のみであり、これは支配者家門が改宗したおかげだった。けれども、ポーランド教会はグニエズノ大司教座設立（一〇〇〇年）により、まもなくドイツの影響下から離れてしまったので、政治的に得たものはわずかだった。一一世紀半ばから一二世紀初頭へかけてポーランドの君主は、ある時は神聖ローマ帝国の封臣となって貢納義務を負い、またある時は独立して王号を獲得しようと努め、帝国との紛争が頻発するオーダー川・エルベ川間の住民に対する影響力を強めようとした。北方の情勢もそれほど変わらなかった。スリスヴィ、ユラン半島、島嶼そしてスコーネを支配したデンマーク王国は、デンマーク教会がブレーメン・ハンブルク大司教座に属していた間は、ドイツの影響下にあった。しかしルンド大司教座創設（一一〇四年）以後は、そうはいかなかった。だが両王国の関係は掠奪を行なうヴェント人に対抗するという点では結束が固く、友好的であった。

一二世紀初頭以後、エルベ川以東へのドイツ人の継続的な浸透が明らかになった。キリスト教化への努力が強化されるようになったのである。オーダー川地方では、ポーランド公ボレスワフ三世の勧めで、バンベルク司教オットーが一一二四年と一一二七年にポメルン人に二度の宣教活動を試み成功を収めた。多くの改宗者が獲得され、教会が設立された。それと同じ頃、ブレーメン大司教は、ホルシュタイン、なかでもアルト・リューベックに宣教団を派遣した。その団長ヴィケリヌスが挙げた成果は、異教徒側の反撃により危うくなったが、それでもキリスト教そのものは、一一四〇年以後ドイツ人入植者が多数到来したおかげで着実に進展した。当時人々は、大規模な軍事遠征なくしては改宗は達成できないと考えたようである。一一四七年にクレルヴォーの聖ベルナールは、北方のドイツ人が、聖地を目的地とする十字軍から方向転換し、異教徒のスラヴ人に立ち向かうことを承認した。ポーランドとデンマークに支援を受けた二つの強力な軍隊がエルベ川を越えたが、リウティツ人とオボトリート人の要衝は陥落させられなかった。両軍は惨めな退却を余儀なくされ、この大規模な十字軍は失敗の一エピソードに終わった。

しかし政治的見地からすれば、他の点ではむしろ生彩のないロータル三世の治世が、この地方では非常に重大な意義を帯びることになった。一一〇六年にザクセン公位を継承したロータルは、ザクセンに広大な領土を保有していたおかげで、前任者たちが得たことがないほどの権威を確保できた。一一二五年にドイツ国王になっても、ロータルはザクセンの利益を忘れなかった。彼は王朝の内紛に乗じてデンマークに干渉し、これに成功した。また、反抗していたオボトリート人の首長であるプリビスラフとニクロトを服属させることに成功した。そして、ポーランド公ボレスワフ三世をメルゼブルクに呼びつけ、ポメルンとリューゲン島を王の手から封土として受け取るよう強要した。しかし特筆すべきは、東部ドイツの組織的強化のために重要な決定をいくつも下したことである。一一一〇年、彼はザクセン公としてホルシュタイン伯領をシャウエンブルク家のアドルフ一世に与えた。そしてその息子アドルフ二世がリューベックの建設者となったのである。皇帝となってから彼は、一一三四年にノルトマルクをアルブレヒト熊伯に授けたが、熊伯はその地方の組織的な征服を開始した。最後にロータルは、娘をヴェルフェン家のハインリヒ尊大公に嫁がせると同時に、ザクセン公領の領有を安堵し、この公領をまもなく息子のハインリヒ獅子公が継ぐことになった（一一四二年）。このようにして、東方におけるドイツ人の植民に全力を尽くすこととなる三つの家系が成立したのである。これらに加えて、ゴットランドの商人にザクセン領内での特権を互恵的条件の下で授けた可能性も考慮するなら、ロータル三世はドイツ人の政治的かつ商業的拡大の偉大なる功労者だ、と言うことができる。

しかし君主の意志といえども、また諸侯の野心といえども、あるいは宣教者の説教といえども、それだけではスラヴ人とドイツ人の間の何世紀にもわたる闘争の性格を変えるに不十分だったであろう。この成功の決定的要因は、一二世紀から一四世紀へかけての何十万にもおよぶドイツ人の波状的な植民であった。西部ドイツの人口過剰、利用可能な土地の稀少化、保有地の極度の細分化、さらには領主体制から自立し始めた農民層の解放が一体となることで、西欧全地方からの移住が始まり、その後の大きな流れとなったのである。ザクセン人、ヴェストファーレン人、ラインラント人、ホラント人、フランドル人、フランケン人がこれに参加したが、彼らは土地が得られるという約束や、一攫千金の希望に引きつけられたのであった。一二世紀半ばにピークを迎えたこの移住の最初の波は、とりわけホルシュタインとブランデンブルクに向かった。ヘルモルト・フォン・ボーザウがこの輝かしい植民について、著名な一節を残している（一一七〇年頃）。「神が我らの公とその他の諸侯に大きな勝利を恵み給うたので、スラヴ人はあちこちで粉砕され、追い立てられた。多数の勇敢な人々が海の彼方から来てスラヴ人の土地を取得し、都市や教会を建設し、予想をはるかに超えた富の増大を実現させた」。農民による土地占取とともに、いたる所で商業都市が建設されたが、それこそがハンザの形成と躍進を可能としたのであった。

3　都市の覚醒

ハンザの発展が都市の発展と分かちがたく結びついているのは疑いようもない。ハンザは、その本質においてもその活動全体を見ても、都市的な現象である。ハンザの誕生する一二世紀後半という時期は、古い都市のゆっくりとした形成過程が完了する一方で、一三世紀に異常に増加していく新都市の建設が始まりつつあった時期にあたっている。

北西ドイツでは、一定程度の重要性を持つことになる将来のハンザ都市は、ほぼすべてが古くからの都市であった。それらの都市的性格は一〇世紀から一三世紀にかけて徐々に形成され、ある程度の違いを示しつつも、しばしば説明されるような一般的図式に従っていた。すなわち、農村手工業者の移住と商人の恒久的定着による、立地条件に恵まれたいくつかの集落における人口の増大。同じ市壁内における商人地区——北ドイツではヴィークと呼ばれた——と、それよりは古い聖俗の行政中枢との結合。都市とその住民に特有で、土地や商業の問題に配慮した統一法の形成。宣誓によることの多い市民共同体の創設。時として一つのギルドにまとまる、この共同体（少なくとも最も活発な中枢部）における商人の圧倒的優位。最も富裕な家系、すなわち門閥による都市統治の独占。当該地領主に対しての都市自治の拡大。そして市民層の手中にある行政機関の発達である。行政機関の中では市参事会 Rat——その出現はやっと一二世紀の最末期になってからである——が、これ以降にいたる所で形成される都市の統治会議となった。

　この地方で最古の、そして唯一ローマ時代までさかのぼる都市はケルンであった。経済的中心地であり、早熟な発展をしたケルンは、北西諸都市の形成に際して重要な役割を演じた。プラーニッツも言うように、ケルンは「ドイツ都市の母」と称されるに値する。

　ケルンは中世初期において、非常に活発な商業活動の場であり続けた。いずれにせよ、カロリング時代以後、そしてヴァイキングの侵入以後、新たな躍進を見た。フリースラント人が大きな部分を占めていたであろう商人定住地が、ローマ時代の市壁とライン川の間の長方形の広い市場の周囲に形成されており、それが他の多くの商業都市の模範となった。一〇世紀半ば以降には市壁が造られて、商人地区と都市を一つにした。人口流入はなおも続き、新たな地区を囲む第二の市壁が一二世紀初頭に建造された。都市の面積は一九七ヘクタールという、当時のヨーロッパにおいて他のいかなる都市も到達し得ない数値に達していた（コンスタンティノープルを除く）。もう一つの新しい市壁——中世最後の市壁——が一〇世紀末に建設され、都市空間はさらに拡大した（四〇一ヘクタール）。他方、ケルンは一一、一二世紀に政治的な地位を獲得した。教区共同体に区分された住民は、商人ギルドの統治下で単一の都市共同体にまとまり、大司教法廷の参審人団がその頂点にあった。この共同体は一〇七四年に大司教との闘争を始め、一一〇六年には仲間の相互宣誓によって結束し、六年後に大司教に承認された。その時以来、この都市は大商人や土地所有者からなる有力な「富裕者組合《リヘルツェヘ》」の指導下に、事実上の自治行政を展開し、一二世紀半ばからは自らの印章と市庁舎を有した。しかし、市参事会が出現したのはようやく一二一六年のことである。最後に、どこよりも早く、一一世紀以降にケルン都市法が成立したのは、著しい経済的発展とその成熟によるものである。すなわち商人ギルドの組織規範、市場の建造物に対する所有権、土地制度などが、ドイツ全土における後の都市法に大きく影響した。確かに、他の都市制度の創設において、ケルンの役割を過大評価してはならない。一般に言われているように、ケルン法がゾースト法を生んだのではない。ギルドが常に決定的役割を演じたとは言えず、その点では参審人団も同様である。特に市参事会は、ケルン、ゾースト、リューベックよりも早く、多くのライン都市で形成されている。それでもやはり、ケルンが本質的に北西ドイツにおける都市生活の先覚者であったことに変わりはない。

ライン川右岸において、都市はローマ時代の先駆者に倣うことができなかった。これらの都市はザクセン征服後に設置された城砦から生じた例が最も多い。司教座大聖堂や城壁をめぐらせた周辺部（ドームブルク）が、あるいはドルトムントやゾーストに見られるように王宮が、のちの都市を生み出す母体となった。これらの集落の多くが、九世紀から一一世紀にかけて市場を備えた。市場の立地が経済的発展に好都合かどうかに応じて、集落の発展が促された。

時期は遅いが、ライン川の西側と同様に、右岸でも聖俗の中心地と商人居住地の融合により中世都市が成立した。その最古の事例がマクデブルクである。その市壁はオットー大帝によって建造が開始され、一〇二三年に完成した。ただし、他の所ではこの融合が実現したのはようやく一二世紀になってからである。たとえばゴスラー（一一〇八年）、ドルトムント、ヒルデスハイム、ブレーメン、エアフルト（一二世紀半ば）などである。やはり一二世紀前半、ケルンとほぼ同じ頃に、市民共同体が出現し、多くの場合、かなり強力な行政機能を有していた。たとえばゾーストやハルバーシュタットがそうであり、ハルバーシュタットでは一一〇五年以降、都市住民が食糧供給と度量衡を監督し、それに対する不法行為に裁判権を行使していた。また裁判官と参審人を市民が選出していた。

都市法には在地の慣習法や、君主・諸侯から授与された特権や、外部の法からの借用などが混在していたが、この都市法の形成がこの地方では都市的発展の決定的要因でもあった。一般的に都市法の起草はせいぜい一三世紀以後だが、一二世紀前半にさかのぼるものも多い。ヴェストファーレンで最古の都市法はゾーストの法（一一〇〇年頃）であり、多くの近隣諸都市で継受された。ゾースト法は若干の修正を加えられてリューベックに導入され、エストニアまでのバルト海沿岸地方に広まることになった。フランドルやラインラントの影響がより明確に認められるドルトムント法は、ヴェストファーレン都市の大部分で採用され、ドルトムントはこの地方で上訴と法解釈のための「上訴法廷 Oberhof」の地位を保った。

ザクセンでは同じように、ゴスラー法がハルツ山地南北の多くの都市に広まった。最も特異な運命をたどったのはマクデブルク法である。すなわち一二世紀末以来、さまざまに形を変えながら、東方の何百もの都市で採用され、その地方ではマクデブルク法こそが何にも増して「ドイツ法」だとみなされていた。

一二世紀末には、建設の日付をはっきりと確認でき、数年で都市の条件を完備する新しい都市の時代が始まる。地形上から言えば、新しい都市を古い都市と区別するのは、より規則的な計画に基づき、道路が碁盤目状になっている点である。聖俗領主の熱意のおかげで数が増えたが、エルベ川西岸では、古代以来の都市に匹敵する重要性を示したものはほとんど無かった。比較的有力な都市は二つある。一つはヴェストファーレンのリップシュタットであり、一一六八年にケルン大司教の一封臣によって建設され、ゾースト法を授けられた。もう一つはブランデンブルクのアルトマルクにアルプレヒト熊伯によって建設されたシュテンダールである。

だが、新しい都市と古い都市とを極端に対立させてはならない。古い都市のいくつかは、発展に際して、隣接して建設された新地区や、さらには双子都市の成立により刺激を受けたのである。リューネブルクそして特にハンブルクの場合がそれである。ハンブルクが活発な港となったのは、一一八八年にホルシュタイン伯アドルフ二世が大司教都市の向かい側に商人都市を建設してからにほかならない。

北ドイツに特有の現象の一つは、二重さらには多重的な都市がしばしば見られることである。しばしば同じ場所で、それぞれの成立時期が異なる二つまたは三つの都市的定住地が、機能的にはっきりと区別されるわけではないが、かといって融合して単一の都市にもならずに、別々に発達し、それぞれが市壁を備え、市民共同体や独自の市参事会を有していた。融合は緩慢にしか実現せず、後退することもあった。この過程の最も際立った例が、ニーダーザクセン最大の都市であるブラウンシュヴァイクである。オカー川の右岸には一〇世紀以来、アルテ・ヴィークと呼ばれる商業中心地が存在していたが、他方で左岸には、まず公の城砦と防備をほどこした教会が建てられ、一一世紀にはその近くの長方形の市場の周囲に商人地区（アルトシュタット）が成立した。一二世紀の後半には、右岸にハーゲン、左岸にノイシュタットという二つの新都市が建設された。一二六九年まで、アルトシュタット、ハーゲンそしてノイシュタットにそれぞれ別の三つの市参事会があり、その後にアルテ・ヴィークとザックというさらに二つの市参事会がつけ加わった。これら合計五つの市参事会の上位に、共通する一つの市参事会が設けられ、全体的な業務を執行するようになっても、古くからの市参事会も依然として存続した。しかしそれぞれがどのような権限を有していたかの詳細は不明である。ヒルデスハイムでも同様に、それぞれが市参事会を有する三つの都市、すなわちアルトシュタット（一一世紀）、フランドル織物業者居住区であるダムシュタット（一二世紀末）、それにノイシュタット（一三世紀初頭）が存在した。オスナブリュックでは、旧市と新市（一三世紀半ば）が合体したのはようやく一三〇六年のことだったが、ハンブルクでは新都市の成立後二〇年足らずの一二一五年以後に統合が進んだ。ドイツ東部ではもっと後になってから、ブランデンブルク、ベルリン－ケルン、ダンツィヒ、ケーニヒスベルク、レーヴァルなどでもしばしば同じ特徴が認められる。

スラヴ人地域においても、ドイツ人の植民以前に、都市の覚醒がどの程度実現していたのだろうか。古い学説では、ドイツ人がこの地方に完全な都市生活を伝え、処女地あるいは簡素な「漁師町」に隣接して都市を建設したとされていたが、この説は今日では否定されている。近年の研究では、ポーランドだけでなくメクレンブルクやポメルンでも、都市的な組織は西ヨーロッパと似た過程をたどり、一〇世紀から一二世紀にかけて成立した、とする。

考古学上の発掘やアダム・フォン・ブレーメン（一〇七五年頃）、および一一世紀後のヘルモルトの叙述から判断できるのは、スラヴ人の都市は基本的に城砦であるが、軍事および宗教的な機能に加え、防備のない一つまたは複数の商人地区を伴っていたことである。その地区には、フリースラント人、ドイツ人、スカンディナヴィア人などの外国商人が居住することがあった。オボトリート人の集落については、オルデンブルク、デミン、ラーツェブルクと同じく、軍事的な役割以外は何もわかっていない。ジューゼルには四〇〇人のフリースラント人の居住区があり、アルト・リューベックではスラヴ人首長のハインリヒが一二世紀初頭に、砦（一一世紀）の城壁の手前に、商人や手工業者の集団を居住させた。

ポメルン地方の都市については、それよりもよくわかっている。城砦として伝えられているベルガルトとコルベルク以外では、オーダー河口ヴォリーン島のユムネとシュテティーンが経済的に非常に活発だった。アダム・フォン・ブレーメンによると、ユムネは「ヨーロッパの全都市の中で最大」であったという。集落は四キロメートルの長さがあり、遠隔地との関係があったため「スラヴ人、ギリシア人、蛮人、ザクセン人」、そして確実にスカンディナヴィア人が居住していた。この都市は一二世紀初めに衰えた。だが、キリスト教の宣教団が一一四〇年に、ここに司教座を設けた（ほどなく海峡の対岸にあるカミンに移される）という事実から、ここがかなり重要であったことが証明される。ユムネは、都市イス

〔フランスブルターニュ地方に伝わる、一夜で海に沈んだとされる伝説の都市〕の北方版とも言うべき、アイスランドのサガに登場する伝説上のヴィネタと同一視されてきた。ヴィネタは、住民が奢侈にふけった罰として波に飲み込まれ、時おり、船乗りが深海からその教会の鐘の音を聞くことがあると伝えられている。

その当時、シュテティーンはこの地方で人口が最大の都市となっていた。一一六〇年頃、ヘルボルト・フォン・ミヒェルスベルクはここで九〇〇人の家長、つまり約五〇〇〇の人口を数え上げている。シュテティーンは公の城砦で守られ、その城砦周辺にはおそらく貴族 primates が居を構えていた。彼らは都市を支配し、「人民」の集会を招集した。都市を囲む市壁に隣接して商人地区が成立し、バンベルク司教オットーの宣教以来、ドイツ人が増加していた。木造の精緻な骨組みの城砦を備えた同じような都市的集落は、ポズナン、グニエズノ、カリシ、ブレスラウ、クラクフなど特にポーランドで発見されているが、プロイセンでも、エルビング近傍のトルソが知られている。これらのスラヴ人都市の大きな弱点は、商人を保護する法が欠如していたことだと思われるが、だからこそドイツ法が幅を利かせたのである。ドイツ法は一三世紀以降、純然たるスラヴ都市でも採用されるほどだった。各地の領主は、手工業と商業の技術が優れているという理由でドイツ人を招き、結果としてドイツ人の入植者が流入した。このような弱点があったからこそ、ハンザ圏での新都市建設が初期のスラヴ都市の痕跡をほぼ完全にぬぐい去ったのである。

第2章　東方におけるドイツ都市の建設とゴットランド渡航商人団体
――一一五〇年頃―一二八〇年頃

1　リューベックの建設

一二世紀半ば頃、半世紀前に始まったドイツ人の東方植民が突如拡大した。ザクセンのハインリヒ獅子公の封臣であるシャウエンブルク家のホルシュタイン伯アドルフ二世は、他の大諸侯と同じように、自領への入植を促し、またホルシュタイン東岸を支配していた異教徒のオボトリート人を討伐しようと望んでいた。ヘルモルトによれば、ホルシュタインへの大規模な入植のために、ホラントやフランドルにまで徴募官を送った理由はこれであり、その呼びかけは広く人々の耳に届いた。

同時に、伯はバルト海沿岸に商人の定住地を建設することを決めた。将来の都市になる場所は入念に検討された。最初に想定されたのは、ヴァグリエン半島にあったオルデンブルクと考えられる。ここはオボトリート人の要衝であり、オットー大帝により司教座が置かれたが、その後は廃墟となり、再建後も沈滞したままだった。しかし、この場所は中心部から離れすぎていた。トラーヴェ川沿岸のアルト・リューベックは後に都市になる場所から少し下流にあり、より地の利に恵まれていた。半ばキリスト教化したこの場所は、数年前にある程度は繁栄していた。だが一一三八年に破壊され、この事件によって突然の攻撃に対する防衛が難しいことが露呈した。

最終的に、アドルフ二世が決定したのは、破壊された場所から約五キロメートル離れたヴァーケニッツ川とトラーヴェ川の合流点だった。場所の選定はうまくいった。蛇行する二つの川が、約二〇〇ヘクタールの細長い半島をほぼ完全に取り囲んでいた。川岸は沼地であり、防衛しやすかった。バルト海に面したトラーヴェ川の河口からは約二〇キロメートル離れていたので、海賊の襲撃にさらされる危険はなかった。トラーヴェ川は当時の船舶にとって十分な深さがあり、リューベックはホルシュタイン地峡が一番狭くなった場所に位置し、ハンブルクからの距離はおよそ五〇キロメートルだった。そのため、リューベックは商人たちをひきつけた。

ヘルモルトは、活気に満ちた新しい都市のはじまりについて、生き生きとした文章を残している。確かに、リューベックの急激な発展はハインリヒ獅子公の嫉妬を買った。彼はリューベックを破壊しようと試み、抑圧的な措置を講じ、次いでレーヴェンシュタットと名付けられたライバルとなる都市を建設した。しかし、この都市の立地はあまり良くなかった。結局、公はリューベックの権利を譲渡することを封臣であるアドルフ二世に強制した。その後、新しいリューベックは、最終的に一一五八年から一一五九年にかけて建設され、ハインリヒ獅子公が付与したさまざまな特権によって発展していった。

ヘルモルトの叙述は詳細なものだが、多くの問題が未解決のままであり、現代の歴史家がこれに熱心に取り組んでいる。最も重要な問題の一つは、間違いなく、建設の方法の問題である。当時の史料には手がかりが全くないので、かなり後の時代の史料を参照したり、都市図を検討したり、一二世紀の他の都市の建設文書と比べたりするしかない。四〇年前、フリッツ・レーリヒが有名な「企業者団体」説を唱えた。彼はフライブルク・イム・ブライスガウの事例に言及し、次のように推測した。商人都市を建設するという条件で、大商人の団体がリューベックの都市全域を共有地として公から与えられた。その後、この団体が土地を成員に分配し、市場のまわりの土地を手工業者に賃貸した。この見解の裏付けとなったのは市場周辺の土地所有に関する研究であり、都市の土地台帳を用いて再構成できるものである。だが、この台帳は一二八五年以降、つまり建設から一世紀以上も後のものしか残されていない。最後にレーリヒは、やはり一三世紀末の土地所有の状況から、つまり当時の市参事会 Rat に代表を出している門閥家系が都市の創設者の子孫であると考えていた。

レーリヒの学説は非常に幅広い賛同を得たが、今日では一部が否定されている。この説でいまだに間違いなく正しいと考えられているのは、入植者の集団またはその指導者に、都市の土地が譲渡された結果、リューベックが建設されたとする点である。ハンブルクの新都市建設文書（一一八八年）には、この過程が明記されている。しかし、土地の共同所有という見解は完全に否定された。おそらく、土地——一区画が一〇〇×二五フィート——が、まもなく廃止されることになる地代と引き換えに、最初から個人の所有地として分配されたのは間違いないだろう。さらに、入植者と一三世紀末の門閥との連続性を、レーリヒは確証できなかった。つまり、一三〇〇年頃に有力な家系が市内に有していた広大な土地が、一二世紀半ばに形成されたことを証拠立てるものは何もなく、いくつかの事例によれば、もっと後に形成されたことが証明されている。また、リューベックに匹敵する広さの土地——二〇〇ヘクタール——が、レーリヒが述べたように、企業者団体による統一的な都市計画の対象になったとは今では考えられていない。一一五八年に建設されたのは、おそらく、長方形の大きな市場周囲にある限られた一画であろう。市場は店舗に囲まれ、北東の角には、後に市庁舎が入ることになる毛織物会館があった。さらに、一一四三年の初期の居住区が再建された。この場所は不明だが、おそらくザンクト・ペトリ教会の近くだと思われる。さらに、北側では地峡に面した公の居城のまわりに居住区が、南側では川の合流点に面した場所に聖職者の居住区が建設された。最後に、レーリヒは特に最初の頃は、遠隔地交易に携わるよう運命づけられた全く新しい都市（遠隔地交易都市 Fernhandelsstadt）を建設するのだという意志に突き動かされた建設者たちの主導権や役割を過大評価する傾向があった。反対に批判者たちは、建設に際しての公とその役人の役割や、ヴェストファーレンの伝統や、既存の都市から借用した多岐にわたる特徴からの影響力を強調している。しかし、かなりの批判があったにもかかわらず、レーリヒの見解は、多くの点で今でも有効であるばかりでなく、偉大かつ独創的な仮説の一つであり続け、長い間にわたって中世史の一分野を魅了しており、現在でもその影響は決して失われていない。

新しい都市への入植は急速に行なわれた。レーヴェンシュタットから戻ってきた住民に、すでに消滅したアルト・リューベックの住民が加わった。リューベックを全力で支援しようと決めていた公は、一一五六年にスリスヴィを破壊し、バルドヴィークを壊滅させたが、これら二都市のドイツ商人も流入したのであろう。一一六〇年以降、公はオルデンブルクの司教座をリューベックに移し、その後まもなく、いずれも石造建築である市場近くのマリエン教会と司教座大聖堂の建設にほぼ同時に着手した。この時から数世紀にわたって恒常的に、西方、特にヴェストファーレン都市出身の手工業者や商人が流入し、住民の数は増加の一途をたどった。これらの入植者にはリューベックに定住する者もいれば、長期間あるいは短期間の滞在後に、さらにバルト海沿岸の新しい都市やゴットランド島、そしてスウェーデンに向かう者もいた。ここでは何よりも交易が優先された。ハインリヒ獅子公は、リューベックを訪れるロシアやスカンディナヴィアの商人にはすぐに保護を与え、リューベック商人にはザクセン公領全域で税を免除した。

リューベックの発展を確実にするには、ホルシュタインを完全に平定して、異教徒の侵入を終わらせることが重要だった。一一六〇年、ハインリヒ獅子公は、首長ニクロトを殺害した後、オボトリート人の領土全域を服属させた。彼はシュヴェリーンでの支配権を確立し、そこに司教区を創設した。しかし、四年後、ニクロトの息子プリビスラフがキリスト教に改宗したにもかかわらず、ここでドイツ人に対する蜂起が起こった。しかし、これが最後の抵抗だった。一一六七年、プリビスラフは公へ忠誠を誓うことを余儀なくされ、公からオボトリート人の領土、つまりメクレンブルク地方を授与された。この封土は一三四八年に公領に昇格し、二〇世紀に至るまでこのスラヴ人君主の子孫の手中にとどまった。この時から、リューベックと海の連絡が確保された。このつながりは、農村部、特にトラーヴェ川流域の土地を獲得することでさらに容易になった。この流域に対し、リューベックは数世紀にわたって粘り強く領土を拡げていった。

萌芽期の都市制度は、何よりもまず一一八八年にフリードリヒ・バルバロッサが確認した「卓越した特権 jura honestissima」によって知ることができる。市民が宣誓共同体を形成していたとは考えられない。公は、いくつかの行政上および経済上の権限、なかでも設立されたばかりの造幣所の管理を市民の委員会に認めた。これが市参事会の起源であるが、市参事会の存在が確認されるのは一二〇一年になってからである。市民が獲得した特権は、教区司祭の選出、都市に与えられたゾースト法の運用、裁判収入の一部の取得、そして公に任命された都市裁判官 advocatus だけが判決を下すといった内容で、これらの特権はその後拡大していくことになる。

しかしハインリヒ獅子公が皇帝に反逆し、一一八〇年に失脚すると、リューベックの置かれた状況は微妙になった。リューベックは公への忠誠を保ち続けていたので、フリードリヒ・バルバロッサ自らが包囲するためにやって来た。それにもかかわらず、皇帝はリューベックの帰順を認めて、特権を確認した。この皇帝の庇護が、一二二六年にフリードリヒ二世に認められることになる帝国都市の地位にいたる第一歩になった。しかし、皇帝は遠くにいたので、ホルシュタイン伯はザクセン公領の分裂に乗じて、一一九二年に都市に対する支配権を再び手に入れた。その野心はリューベックの自治にとってほぼ絶えることのない脅威となった。

より重大な脅威が世紀末に突如として生じた。デンマークの勢力は、ヴァルデマー大王の治世に強化され、その息子たちであるクヌーズ六世とヴァルデマー二世は征服活動に向かった。二人は、ドイツ王権の弱さを見こして、メクレンブルクとポメルンの公に自分たちの宗主権を認めさせた。リューベックは当初、自領への侵略に抵抗した。しかし、スコーネの大市に向かった商人の船団がデンマーク人に拿捕されたとの知らせを受けると、リューベックは譲歩した。つまり、特権の確認とひきかえに、リューベックはヴァルデマー二世「勝利王」を領主と認めたのである。ヴァルデマーは、次いでホルシュタインを征服し、ハンブルク市とブレーメン大司教に宗主権を認めさせ、エストニアの征服に着手した。別の懸案を抱えていた若いフリードリヒ二世が、ヴァルデマーにエルベ川以東全域の領有を認めたことで、北ヨーロッパにおけるデンマークの覇権は、いっそう確実になったように思われた。

しかしデンマークの優位は脆弱だった。ヴァルデマーが不意をつかれて捕虜になると、すべての被征服地で反乱が起きた。王は解放後に失地回復を図ったが、失敗に終わった。リューベック市民が重要な役割を果たしたと見られるボルンヘーフェトでの大規模な戦闘（一二二七年）において、王の軍隊は敗北し、その勢力は一挙に瓦解した。現在、このボルンヘーフェトの戦いは、数世紀にわたる北欧の運命を決定した重要な出来事として、そして同時期に西欧の将来を決定づけたブーヴィーヌの戦いに匹敵する戦闘として、記念式典が行なわれることがある。しかし、これは極端に誇張された理解である。中世において、デンマークの勢力は周期的に長期の停滞に陥りやすく、一度の勝利だけでは、事態を長期にわたって変えることはできなかったであろう。しかし、この軍事的な成功がバルト海沿岸地方におけるリューベックの威信を高めたのは確かである。

この前年、リューベックはフリードリヒ二世から証書を授与され、それにより特権が拡大され、帝国都市の地位が認められた。エルベ川以東の他のどの都市にも与えられなかった帝国都市の栄誉が、リューベックに精神的な優位を与え、その優位は物質的な力と結びつき、この地方における指導的な役割をリューベックに約束した。建設後一世紀もたたないうちに、リューベックの優位は明らかになった。リューベックは北ヨーロッパで最も人口が多く、最も活気に満ちた都市となり、その船はバルト海と北海を往来し、商人はロシアやスカンディナヴィア、イングランドで取引した。中世の都市史において、これほど急激な成功を収めた例はほとんどない。

2　ゴットランド渡航商人団体

リューベックは何よりもまずバルト海の海上交易のために建設された。そのため、住民はすぐに船の建造をはじめ、それによりリューベックや内陸の商人が、ゴットランド島やロシアに進出できるようになった。おそらくこの時代かその後まもなく、リューベックの港でコッゲ船 Kogge の建造がはじまった。一三、一四世紀のハンザの船団に特有なこの新型船が開発されたのは、一二世紀後半のことである。船腹が大きく、操船が容易なことから、コッゲ船はスカンディナヴィアの船よりも、商業や植民の目的にはるかに適していた。

バルト海での取引にはゴットランド人との協調が不可欠だった。ハインリヒ獅子公はそれを承知していた。彼は、ドイツ人とゴットランド人の争いを和解させ、彼らに平和を宣誓させ（一一六一年）、ロータル三世がザクセン公領で認めていた特権をゴットランド人に確認した。その時から、ドイツ商人はゴットランド島に向かうことができるようになった。おそらくリューベックの建設当初から、ハインリヒ獅子公の勧めで、ドイツ商人は宣誓共同体を結成した。公は、彼らの長オルデリヒを自分の代理人と認め、ゴットランド人にザクセンで認めたのと同様に、共同体の裁判権を与えた。

こうして、季節ごとに「ゴットランド島を訪れるローマ帝国（ドイツ）の商人団体 universi mercatores imperii Romani Gotlandiam frequentantes」が設立された。これがいわばハンザの誕生を示す出来事である。この商人団体には、リューベック商人だけでなく、ヴェストファーレンやザクセンの都市の商人も属していた。一一六五年以降、メデバッハという小都市に、ロシアで取引を行なう商人がいたことが記録されている。この商人団体には、スラヴ人地域やバルト海沿岸に新しく建設された都市の商人も徐々に加わっていった。残念ながら史料にはこの商人団体の規定に関する記述はきわめて少ない。おそらく毎年、各地からやって来た商人が「長老 Oldermann」を選出し、その権威のもとで、服従と相互扶助の宣誓を集団で行なった。リューベックの最古の印章（一二二三年）には船上で宣誓を行なう人物が描かれているが、そのようなやり方で宣誓が行なわれていたことを反映しているのかもしれない。一三世紀には商人団体の長老は四人いて、それぞれリューベック、ヴィスビー、ゾースト、ドルトムントの商人から選ばれていた。のちのハンザ商館の長老と同等の権限を彼らは持っていた。つまり、仲間に対する裁判権を行使し、必要とあれば外国の権力に対抗して仲間の代表者になった。この商人団体は、ユリの文様で飾られた独自の印章を持っており、それはおそらく商人団体が享受した君主による保護のシンボルだった。なぜならハインリヒ獅子公もハインリヒ六世も同じ意匠の印章を複数所有しているからである。

ハインリヒ獅子公の失脚や皇帝権の無力化にもかかわらず、ゴットランドの商人団体は、利害関係のある都市に支えられ、急速な発展をとげた。ゴットランド島は、最初から商人団体の活動の主な中心地であり、その後もかなり長く中心地であり続けたが、商人団体の成員はすぐにスカンディナヴィア人の後を追い、バルト海沿岸、さらに北海沿岸に向かい、取引を営み、居留地を建設し、君主から特権を付与され、君主と通商条約を結び、その条約文書に共同体の印章を付した。

しかし、多くのドイツ商人はゴットランド島への定期的訪問よりも定住を好むようになった。その理由は、ゴットランド島そのものの重要性で説明できる。彼らが定住するようになった島の西岸にあるヴィスビーには、スカンディナヴィア人の居住区がすでに存在していた。一二世紀半ば以降には複数の教会を確認することができ、年代やプロセスは不明であるが、ドイツ人の都市も建設された。彼らの印章には同じようにユリの文様がほどこされ、「ゴットランドに定住するドイツ人たちの印章」と記されていた。島を「訪れる frequentantes」ドイツ人とそこに「定住する manentes」ドイツ人が、対照的な存在となったのである。

他方スカンディナヴィア人の居住区も都市となり、彼らも小羊の図が描かれた独自の印章を持つようになった。かくしてヴィスビーは二重都市となり、当初はドイツとスカンディナヴィアそれぞれの共同体が固有の市参事会を持っていた。まもなく二つの市参事会は合併したが、後のスウェーデン都市におけるように、市参事会員は二つの民族から選出されねばならなかったと見られる。それに対して、都市法は最初から都市全体に共通だったようである。

ヴィスビーは、おそらく大市に刺激された活気に満ちた商業中心地であり、ロシアやスウェーデンに向かう商人や入植者、宣教師、十字軍士の出発地でもあり供給地でもあり、リューベックに匹敵する速さで発展をとげた。一三世紀半ば以降、総延長一万一二〇〇フィートにおよぶ石造の市壁に囲まれるようになり、その広さは少なくともリューベックと同じだった。現在でもまだ、一八の中世の教会跡が残っているが、その最大のものがドイツ人のマリエン教会で、一一九〇―一二二五年に建立されたドイツ人共同体の教区教会だった。まさにこの繁栄によって、ヴィスビーの政治的な影響力も大きくなった。ヴィスビーは、季節ごとにやって来る商人たちの団体に代わって、ロシアで取引を営むドイツ人の指導や保護を手に入れつつあった。ロシアにいるドイツ人はノヴゴロドに置かれていた商館の金庫を毎年ヴィスビーに預け、ヴィスビーの市参事会は商館で起きた係争の上訴法廷を自任していた。しかし、この要求は、リューベックの主張と対立することになり、一三世紀末以降、リューベックがほとんどすべてのドイツ都市に自分の優位を認めさせることに成功した。このように、ヴィスビーの運命は突然に開花したが、同時に短命でもあった。

3　ロシアおよびリーフラントへの拡大

ドイツ商人がゴットランド島を訪れるようになるとすぐに、彼らの中から、スカンディナヴィア人に続いてロシアに行く者が現れた。彼らもスカンディナヴィア人と同様に、特にノヴゴロドに惹きつけられた。当時飛躍的に発展していたノヴゴロドは、オリエント産の商品や毛皮、蜜ロウの一大市場だった。この都市を訪れた最初期のドイツ人は「聖オーラヴの館」にゴットランド人と一緒に滞在した。一一八九年にヤロスラフ公がドイツ人およびゴットランド人と結んだ通商条約の記録が残されている。ロシア商人に有利な相互主義の原則のもとで、ヤロスラフ公はドイツ人やゴットランド人に法的保護とともに人身や商品の保護を認めた。この時代のいくつかの条文では、ドイツ人は単独で名前が挙げられている。これは、ハンザ商人が外国の君主と締結した条約の中で、知りうる限り最古のものだが、それより古い条約に関する記述も見られる。

人数が増えると、ドイツ人はまもなく市場の一角に独自の商館すなわち「聖ペーターの館」を手に入れ、これに一二〇五―〇七年にコンスタンチン公によって特権が付与された。一二世紀末以前から、彼らはそこに石造の教会を建立していた。ロシアへドイツ人による商業が浸透する速度は驚くべきものだった。これはまさに、ハインリヒ獅子公との合意を、少なくとも最初だけは厳格に適用していたゴットランド人の好意によるものだった。彼らは合意に基づいてドイツ人をノヴゴロドに連れてきて、宿泊させ、取引をさせていたのだが、ドイツ人はすぐに彼らを完全に排除することになる。

一三世紀半ば以降に作成されたペーターホーフの最古の規約によって、商館の初期の組織や航海の困難についての詳細をいくつか知ることができる。船と商人はゴットランド島からやって来て、ネヴァ川河口のコトリン島（クロンシュタット）に集合する。そこで、旅のあいだ共同体の長となる長老が選出され、たいていの場合、小舟に商品が積み替えられる。ロシア人の水先案内人の助けを借り、ドイツ人はカレリアやスウェーデンの海賊に脅かされつつ、人気のないネヴァ川をさかのぼる。ラドガ湖に入り、同じ名前の港に停泊する。いつの頃からなのかは不明だが、ドイツ人はこの付近に教会や墓地を所有していた。ヴォルホフ川はいくつかの急流で遮られており、改めて積み替えが必要になる。舟曳人 vorschkerle の団体の助けを借りて急流を越え、ようやくノヴゴロドに到着する。

初期から、おそらく別々の二つの商人集団がこの旅を毎年行なっていた。つまり、冬季商人 Winterfahrer と夏季商人

Sommerfahrer である。前者は秋にやって来て冬のあいだ聖ペーターの館に滞在する。冬は良質の毛皮を手に入れるのに好都合な季節だった。彼らは、春の雪解けとともに出発するが、たいていの場合、夏季商人が来る前である。夏季商人の滞在期間はより短く、秋までである。したがって、商館が無人になる時がある。そこで商館に入るための二つの鍵のうち、一つはノヴゴロドの掌院に、もう一つは聖ユリエフ修道院長に預けられる〔商館の鍵を預ける相手は、正しくはノヴゴロドの大主教と聖ユリエフ修道院長である。なお、ノヴゴロドの掌院は聖ユリエフ修道院長のことで、ノヴゴロド聖界では大主教に次ぐ地位を占めていた〕。そのかわり、商人は金庫を持ち帰り、ヴィスビーに預ける。金庫の四本の鍵は、施錠を確実にするために、ゴットランドの商人団体の長老、つまりヴィスビー、リューベック、ゾースト、ドルトムントの長老に預けられる。最初、人々は水路のみを使って商館に来ていた。しかし、一二〇一年にドイツ商人がデューナ川から陸路を使ってやって来たことを、ノヴゴロドの年代記は壮挙として伝えている。のちに、リーガやレーヴァルを出発してプスコフを経由する冬季および夏季の陸路の商人の集団 Landfahrer が、水路を利用する商人の集団 Wasserfahrer に定期的に加わるようになったが、水路は一定の優位を保持したようだ。

　ゴットランドを訪れるドイツ商人にとって、ノヴゴロドは東方における唯一の目的地ではなかった。彼らはリューベック建設以降、常にスカンディナヴィア人のあとに続いて、活動の場をバルト海沿岸地方へと拡大し、さらにデューナ川を経由して、ポロツクやヴィテプスク、そして何よりもドニエプル川上流のスモレンスクといったロシア市場にまで広げようとした。しかし、この地方では、状況はノヴゴロドとは全く違った。バルト海沿岸地方は依然として異教徒の住む地であり、南にはリトアニア人、デューナ川下流域にはリーフ人とラトヴィア人、フィンランド湾沿岸にはフィン系のエストニア人がいて、商業活動を不安定にしていた。この地方では、商人の浸透は改宗や征服、新しい都市の建設とともに進展した。

　一一八四年以降、何人かの同行者とともにゴットランド島からやって来た宣教師マインハルトは、リーフ人の一部を改宗させ、デューナ川下流のユクスキュルに教会を建立した。ブレーメン大司教は、北方に教会を拡大するという偉大な伝統の復活を夢見て、二年後にマインハルトをリーフラント司教に叙任した。だが、大規模な十字軍を一回派遣すれば、この地方が確実にキリスト教化できるのがすぐに明らかになった。この使命に着手し、成功に導いたのは、新任の司教アルベルト（一一九九―一二二九年）である。彼は、教皇インノケンティウス三世、皇帝フィリップ・フォン・シュヴァーベン、当時の北ドイツの支配者であるデンマーク王、ルンド大司教、リューベックの支援を受けていた。彼は特にゴットランドの商人団体の協力を得た。この商人団体が数百人もの十字軍士を運び、リーフラントへの十字軍部隊の輸送を保証した。

遠征は成功を収めた。一二〇一年以降、アルベルトはリーガを建設し、商人をそこに住まわせ、都市に防備をほどこし始めた。彼はリーガにヴィスビー法を付与したが、のちにそれにかわって、リューベック法から派生したハンブルク法が受容された。彼はリーガに司教座を置いた。この司教区は大司教区に昇格したため、一二一三年にブレーメン大司教区から独立した。この地方の征服と防衛を実現するため、アルベルトは一二〇二年に騎士修道会「キリストの騎士の兄弟団」を創設した。マントにつけられた記章から刀剣騎士修道会と普通は呼ばれている。象徴的なことに、この新しい騎士修道会は貴族だけでなく商人にも開放されていた。異教徒の抵抗にもかかわらず、バルト海沿岸地方の征服は比較的容易に行なわれた。征服された各地には商人居住区が建設された。たとえば、ドルパトは一二二四年に都市と司教座に昇格し、レーヴァルでは一二三〇年に二〇〇人のドイツ商人が、デンマーク人とスウェーデン人の入植者のそばに定住した。

この植民事業の中でドイツ商人は、時には兵士として、時には商人として、重要な役割を果たした。彼らは政治権力のすべてを、大司教や刀剣騎士修道会に委ねるつもりはなかった。そのため、一二二六年のエーゼル島への十字軍の際、教皇の特使は、被征服地の三分の一をリーガが領有するべきと決定した。リーガはその取り分の半分をゴットランドの商人団体に譲渡した。これにはリーガ南方とクールラントの沿岸部、エーゼル島、エストニアにある領土が含まれていた。

しかし季節ごとに訪れる商人が行使するこのような大きな影響力は、長くは続かなかった。ゴットランド島と同じく、リーフラントの都市は、市民と同じ権利を商人に認めたが、その後は商人の権利を徐々に制限しようとした。特にこの地方では防衛の必要性が何にも増して優先された。にもかかわらず一二三六年、刀剣騎士修道会はリトアニア人に決定的な敗北を喫した。改宗と植民の事業全体が危機に瀕したように思われた。それを救ったのは、異教徒の無為と、プロイセンの征服を始めたばかりのドイツ騎士修道会総長ヘルマン・フォン・ザルツァの介入である。彼は騎士の一団を急派し、これで状況が回復した。生き残った刀剣騎士修道会士は、ドイツ騎士修道会に吸収され、管区長のもとで、徐々にではあるがペイプス湖まで征服活動を続けた。しかし、この事業は未完に終わった。南方では、リトアニア人の住むジェマイティヤ地方への遠征を行なったが、彼らを服属させることはできなかった。そのため、ドイツ騎士修道会国家は、プロイセンとリーフラントの二つに分断されたままになった。のちの時代でも、両者間の連絡は海を通じて確保する以外になかった。

北では、エストニアの司教区のルンド大司教区への併合に見られるように、騎士修道会は一世紀にわたってエストニアにおけるデンマークの宗主権を認めた。だが、デンマークの支配はレーヴァルやナルヴァなどのドイツ都市の発展を妨げるものではなかった。二つの都市のどちらにもリューベック法が与えられた。レーヴァルはしだいに水陸両路でノヴゴロドに向かうドイツ商人の拠点および合流地になっていった。

ドイツ騎士修道会は、前任者ほどには権力の分散を容認しない傾向にあり、司教や都市の権力を大幅に制限した。リーガとゴットランドの商人団体は、農村部に獲得していた広大な領土を失った。リーガは、ヴィスビー法にかわって、リューベック法ではなくハンブルク法を与えられた。リューベックが法の拡大を政治的な目的に利用していると疑われていたためである。それでも、この地方の商業には有効な保護がこれ以降保証された。

ドイツ商人から見れば、リーガは何よりもまず、デューナ川上流のロシア都市で交易が発展するための中継地だった。一二一二年、司教アルベルトが率いた遠征により、ポロツク公はデューナ川を自由に往来する権利をドイツ商人に認めることを余儀なくされた。この特権を利用して、商人はヴィテプスク、さらにはスモレンスクまで進出した。スモレンスクは、黒海やスズダリ地方、ノヴゴロドと関係を持っていた第一級の市場だった。商人はここで住居を手に入れ、カトリック教会を建立し、特権を持つ共同体を形成した。信用による販売権――ハンザ自身がのちに厳しく禁止した――やこの都市を越えて取引に行く権利までも獲得した。このことを示している一二二九年の条約が興味深いのは、保証を与えたドイツ人の証人の名前によってである。そこに列挙されているのは、リーガ商人が四人、ゴットランド商人が三人、リューベックおよびゾースト、ミュンスター、ドルトムント、フローニンゲンの商人がそれぞれ二人、ブレーメン商人が一人である。ゴットランドの商人団体には多様な出身地の商人がいたことや、遠方のさまざまな都市がロシア商業に関わっていたことを示す貴重な証言である。

しかしスモレンスクのドイツ人商館は、ノヴゴロドの商館に匹敵するような発展をとげることはなかった。まもなく、デューナ川流域のロシア都市であるヴィテプスク、そして特にポロツクは、指定市場権《ステープル》を発展させ、自分たちの市壁の内側に留まるようドイツ商人に強制した。そのため、一三世紀後半以降ドイツ商人がスモレンスクを訪れることはなくなった。この地方では、ポロツクがドイツ－ロシア交易の最も遠方の拠点になったのである。

4　バルト海南岸におけるドイツ都市の建設

ドイツ人の植民は、ゴットランド島やロシア方面と同じ頃、おそらくはややゆっくりではあるがドイツ東部でも進行していた。しかしこの地域では、植民はもっと徹底して行なわれた。実際、軍事的な征服や改宗、商業の浸透が起こると、農村部へ人口が流入した。人口の流入は、特に一三世紀の二〇年代から末期にかけて広範に展開し、最終的には、オーダー川東岸までの地域がドイツ化した。その間、さらに遠方でも、多くのドイツ人が新しい都市の建設にかかわり、そこに定着していった。

エルベ川・オーダー川間では、ドイツ人であれスラヴ人であれ、すべての君主が入植者の定住や都市の建設を補助した。都市は、防衛拠点や地域市場、交易や供給の中心地と見られていた。都市建設の手順は、多少の違いはあるが、一般的には次のように行なわれた。領主の呼びかけによって、方形の市場のまわりに居住区が建設され、その近くに教区教会や市庁舎が建てられた。建設当初またはその数年後に、居住区は都市として認められ、法令や都市法を獲得した。つまり、沿岸部ではリューベック法を、内陸部ではマクデブルク法やその娘都市〔リューベック法やマクデブルク法を受容した都市〕の法を手に入れた。最初、都市は領主の代官 Vogt に従属していたが、有力市民の家系からなる市参事会による自治がすぐに行なわれるようになった。都市は領主の城館に守られ、柵で囲まれていたが、柵は遅かれ早かれ石造の市壁に建て替えられた。建設が順調に進むと、すぐに第二の居住区――場合によっては第三の居住区――がそのそばに作られた。この「新しい都市 niuwe stat」は、もとの都市 olde stat よりも、わずかに新しい場合もあったが、こちらにも都市法が付与され、別個の市参事会と固有の市壁を備えていた。二つの都市の間での制度上の融合や単一の市壁の建設は、ずっと後になってから見られる場合もあった。

このような新しい都市が、未開拓の土地に建設されることは、全くあるいはほとんどなく、既存の城砦や城館、スラヴ人の集落の近くに建設された。最初の頃、地域により比率はさまざまだったが、新しい集落にはスラヴ人住民が確実に存在していた。しかしスラヴ人は実質的にも法的にも市民となることは許されなかった。市民身分はドイツ人にのみ認められていたからである。さらに離れた場所にある、後のハンザ都市であるクラクフでさえも、一二五七年にボレスワフ公がドイツ人入植者に与えた都市特許状で、ポーランド人が市民になるのを禁じていた。この効力はその後半世紀以上も続いた。

バルト海沿岸地方では、商業の飛躍を約束された一連の新しい都市が、一三世紀に発達した。リューベックはこれらの都市の建設において、間違いなく圧倒的な役割を演じた。つまり、リューベックで居住地の計画が立案され、準備が行なわれ、ここから建設者である商人がやって来たのである。こうした都市の最初のものがロストクである。もともとはスラヴ人の一集落であり、スカンディナヴィア人が訪れる市場を有し、一二世紀に繁栄していたが、戦争のために人口が減少してしまった都市だった。ここに一二〇〇年頃、ドイツ商人の入植地が設立され、一二一八年にメクレンブルク公によって都市として認められた。公はその住民にリューベック法を付与し、一〇人で構成される市参事会の開設と、公領における関税の免除とを認めた。第二の居住区が一二三〇年頃にマリエン教会や市場のまわりに建設され、さらにその後、小規模な居住区が二つ建設された。一二六二年に公は、「都市全体において一つの市参事会と一つの裁判権だけになるように」、すべての居住区を統合し、一三〇〇年頃には石造の市壁が都市全体を取り囲むことになった。

リューベックに近かったにもかかわらず、ヴィスマルの建設はやや遅れた。ここで最初に都市になったのは、最も古いドイツ人居住区（一二〇〇年頃）ではなく、マリエン教会のまわりに建設された第二の居住区（一二二八年）だった。一三世紀半ばに別の新しい都市が追加され、その時に全体が一つの柵で取り囲まれ、一四〇〇年頃になってようやく市壁に作り替えられた。最古の都市台帳によって、一二五〇―七〇年の住民の出身地をその名前から明らかにすることができる。住民の半分が近隣から、およそ三分の一がホルシュタインやザクセン、ヴェストファーレン、ネーデルラントからリューベックを経由してきた人々だった。

ポメルン地方のシュトラールズントは、リューゲン島を望む海岸に直接面していた都市という、かなり珍しい事例である。この都市もまた、三つのドイツ人居住区の融合によって成立したが、ザンクト・ニコライ教会を囲む第二の居住区が一二三四年に都市になり、ロストク法、すなわちリューベック法を与えられた。オーダー川流域では、スラヴ人が住む大都市だったシュテティーンに、一二世紀以降の二つのドイツ人地区があり、おそらく一三世紀に大幅に拡張された。そのため、一二三七年にポメルン公は、それまで住民が服していた「スラヴ人の法に代わって、ドイツ人の法をこの都市に付与する」ことを決定した。この法はリューベック法だったのかもしれないが、六年後にマクデブルク法に置き換えられた。ハンザの中で重要な役割を果たすことになる、これら二つの大きな海港都市の建設と同時に、一三世紀には、より小さな都市が建設された。たとえば、のちの大学都市グライフスヴァルト（一二四一年）や司教座都市カミン、アンクラム、コルベルクなどである。

ヴァイクセル川左岸にあるダンツィヒの都市形成の過程についてはほとんどわからないが、かなり過去にさかのぼる。一〇世紀末以降、この地方に城館があったことが史料に言及されている。一一世紀には、そのまわりに在地商人の城外地が発達していた。おそらく一二世紀末頃にはドイツ人の居住区が成立しており、一二三八年にスヴァントポルク公によって都市になり、おそらくリューベック法が付与されたが、のちにマクデブルク法から派生したクルム法に置き換わった（一三四三年）。だが、少なくとも五つの集落からなるこの都市で、最も活発な中心地になったのは、マリエン教会のまわりに一四世紀に建設されたレヒトシュタットである。

内陸部の植民活動は、歴代のブランデンブルク辺境伯によって活発に進められた。しかし、この地方での都市の発達は、ハンザの一員になった都市でも、不利な条件のために緩慢にしか進まなかった。最古の都市の一つは、一一七〇年に建設されたブランデンブルクである。ハーフェル河畔にあり、司教座や上訴法廷も存在していたこの二重都市が統合されたのは、ようやく一八世紀になってからである。シュプレー川の両岸にはベルリン（一二三〇年頃）とケルン Cölln が建設され、一四世紀に統合の試みが失敗し、一七〇九年まで合併されることはなかった。ベルリンは、一三世紀以降、穀物と木材の交易のおかげで、一般に言われているよりも重要な都市であった。しかし、特別な運命が開かれたのは、ホーエンツォレルン家の本拠になった一五世紀からのことである。最後に、フランクフルト・アン・デア・オーダー（一二五三年）があるが、橋頭堡の地位にあったにもかかわらず、平凡な小都市のままだった。この地方の都市は、シュレージエンやポーランドで誕生した都市と同様に、ドイツ人入植者の支援の有無に関係なく、マクデブルク法を付与されていた。

ドイツ人の植民活動が自然の勢いのままであれば、この地方でのドイツ化はヴァイクセル川下流域の西側で明らかに限界に達していただろう。しかし、ほとんど偶然とも言える出来事が、数えきれないほどの影響をおよぼし、植民を東方にまで拡大することを可能にした。すなわち、ドイツ騎士修道会によるプロイセンの征服である。

プロイセン人はリトアニア人の一派で、自分たちの神々への信仰をかたくなに維持していた。ヴァイクセル川左岸の、ダンツィヒが位置しているポメレレンは、一一世紀以降キリスト教化されたが、右岸では、ポーランド人宣教師があらゆる手を尽くしたにもかかわらず、成果をあげられなかった。一二二二年に大規模な反乱が起こり、それまでの成果が打ち砕かれ、インノケンティウス三世により叙任されたプロイセン司教が捕らえられた。それ以来、プロイセン人の襲撃が頻発して、キリスト教徒の土地は荒廃した。そのため、ポーランド王の封臣マゾフシェ公は、窮余の策としてドイツ騎士修道会総長ヘルマン・フォン・ザルツァに助けを求めた。ヘルマンは西欧へと引き揚げてきた騎士修道会のために新しい活動の場を探し求めていたので、困難はあったものの、この取引は一二三〇年に合意に達した。ドイツ騎士修道会は、クルムとプロイセンのすべての征服地を領有し、宗主権を手に入れた。

このようにして、一円的な大所領――一二三六年以降リーフラント、次いでエストニアが加わった――を持つドイツ人の新しい国家の基礎が築かれた。事実、司教に認められていたいくつかの権利を除けば、ここでは、ドイツ騎士修道会がほぼ絶対的な権力を行使していた。それでもなお、リトアニア人の支援を受けて執拗に抵抗するプロイセン人を倒して、この国家の安全を確立するのには、五〇年以上も戦争を行なわねばならなかった。彼らの抵抗は、この地方における征服活動が他のどの場所よりも苛酷なものだったことを物語っている。住民の大半が殺害されるか追放されたのである。

反乱の鎮圧と同時に、ドイツ騎士修道会は、他の領主よりも体系的な方法で、プロイセンの農村部や都市への入植を開始した。入植者は、騎士の主な供給地でもあったシュレージエンや中部ドイツから来ており、のちには北ドイツ諸国からやって来るようになった。

植民活動の初期、二つの都市トルンとクルムが、城館の保護下にあるヴァイクセル川右岸に建設された。一二三三年にヘルマン・フォン・ザルツァがこれらの都市に法 Kulmische Handveste を付与したが、この法はプロイセンの他の都市の法に影響を与えることになる。トルンとクルムは、広大な共有地や裁判収入の一部やマクデブルク都市法、一定の自治権を獲得したが、騎士修道会が城砦の主であり続けたため、非常に重い軍役が市民に課された。二つの都市はきわめて異なる運命をたどった。騎士修道会総長の構想では、クルムがプロイセンの首都になるはずであり、彼はクルムに司教区や上訴法廷を設置した。しかしその期待に反して、クルムはごく普通の小都市のままだった。対照的にトルンはポーランド王国の出入り口に位置し、ヴァイクセル川の交易によって急速に繁栄をむかえ、一四世紀にはプロイセンでダンツィヒに続く最も重要な都市になった。

この地方では、リューベックはほとんど何の役割も果たさなかったが、沿岸部の都市の建設には大いに関与した。リューベックの船舶はドイツ騎士修道会の遠征を支援し、リューベック商人はヴァイクセル川の東側の支流域で、かつてはトルソがあった付近でのエルビングの建設（一二三七年）に大きく貢献した。そのために、エルビングには、プロイセンでは唯一の例外として、リューベック法が付与された。エルビングは一四世紀末頃まではプロイセンにおける主要な海港都市だったが、のちにダンツィヒに追い抜かれた。一三三七年の新しい居住区の建設によってエルビングはさらに拡張されたが、一四七八年まで統合されることはなかった。最後に、ドイツ騎士修道会がもっとも遅く征服したザームラントでは、プレーゲル川沿いにケーニヒスベルクが建設された。一二五五年に十字軍に参加したベーメン王オタカルに敬意を表して、この名前が与えられたのであろう。騎士修道会都市、司教都市、商人都市からなる三重都市は、一七二四年にようやく統合された。

建設の状況から、プロイセンの都市のいくつかの特徴を知ることができる。都市計画はエルベ川・オーダー川間の地方の都市よりも規則的で、街路は完全に碁盤の目になっていた。このような外観は、他の地方でもブレスラウやクラクフで見ることができる。他方で、これらの都市は長いあいだ際立って軍事的であり、城砦や高度に発達した市壁を備えていた。結局、ドイツ騎士修道会総長に都市が密接に従属していたことが、のちに騎士修道会総長がハンザの一員――ハンザの特権を享受することのできる唯一の領邦君主――として認められる要因になった。

5　スカンディナヴィアへの浸透

リューベック商人やゴットランドの商人団体の活動は、最初のうちは特にロシアに向かっていた。しかし、すぐにスカンディナヴィアにも向かうようになり、一三、一四世紀に主に都市へドイツ人が移住した。「東方への衝動」が政治的な影響をともなう巨大なものだったとはいえ、それに劣らぬ痕跡を残した「北方への衝動」を忘れてはならない。

スウェーデンとリューベックの商業関係は、リューベックの建設直後から存在していた。ハインリヒ獅子公はクヌーズ・エーリクセンと和約を結び（一一七三年以降）、スウェーデン人にリューベックでの税の免除を保証した。この時からドイツ人入植者がスウェーデンに定着するようになった。ここでもドイツ人は都市の発達に重要な役割を演じたようである。この時点でスウェーデンの都市はなお形成途上であったが、小規模集落の住民は、街区長に補佐された代官 gälkare のもとで、萌芽的な都市共同体を構成していた。ドイツ人は故郷の都市に似せて、市参事会の制度を各地で導入した。東方の場合と同じように、一般的に彼らは集団で、既存の都市の中であれ、その周辺であれ、方形の市場のまわりに定住し、そこに教会を建立した。スウェーデンの都市には、商人だけでなくドイツ人手工業者も定住した。彼らの流入が重要だったことは、職業名を表すスウェーデン語にドイツ語に由来する借用語が非常に多いことでもわかる。

ドイツ人の入植は、最初はスウェーデン南部、特にカルマルに向かった。その結果、この地域はドイツ人の影響を強く受けることになった。一三世紀半ば以降には、特にスウェーデン中部に植民が向かうようになった。摂政ビルイェル・ヤールに呼び寄せられたドイツ人が、ストックホルムの建設（一二五一年頃）に大きな役割を果たしたと考えられる。この建設には二つの目的があった。つまり、政治的な目的――新興のフォルクング王朝の強化――と、経済的な目的――一一八七年のシグトゥーナの破壊によって没落したこの地方の商業の復興――である。ビルイェル・ヤールと同様、その後継者たちも、ドイツ人の商人や手工業者の誘致にも努め、ドイツ人の富や活動、職能から新しい都市が利益を得ることができるようにした。スウェーデンの年代記では、外国人をあまりに優遇したために国王マグヌス・エーリクソンが非難を受けている。

ストックホルムとスウェーデン中部の発達は、ファールン銅山の開発によって一三世紀後半に拍車がかかった。その鉱山開発でも、ドイツ人が重要な役割を担っており、ハルツ出身の坑夫がこの地方に定住した。スウェーデン人の歴史家も認めているように、おそらく鉱山の組織は、ゴスラー近郊のランメルスベルクのものを手本としたようだ。ドイツ人の名前は、その当時の鉱山地帯の小都市でも確認することができる。特に、銅の取引の中心地だったヴェステロースでは、市参事会は六人のドイツ人と六人のスウェーデン人で構成されていた。一四世紀にはリューベック市民が鉱山の持分を保有していたことが知られている。

おそらく、どの都市でもドイツ人が住民の多数派になることはなかった。しかし、手工業や商業に対する影響や、その結果としての都市行政に対するドイツ人の影響は、長期にわたって圧倒的だった。依然として一三四五年の勅令は、市参事会をスウェーデン人とドイツ人半数ずつで構成するように命じている。後の時代になっても、ドイツ人の利益のために、この規則が破られることがあった。

このドイツからの入植の規模と、商業においてドイツ人が果たした指導的な役割は、スウェーデンの民族的発展にとって重大な危機であったし、スウェーデン経済もハンザへの依存を強める恐れがあった。だが、それは現実にはならなかった。第一に、ノルウェーと異なり、スウェーデンは農業や牧畜で繁栄を保つことができ、住民がドイツ産の穀物に依存することはなかったからである。第二に、最初から支配者が、臣民にとって有害な特権を外国人に付与することはなく、外国人の同化政策を採ったからである。一二五一年にビルイェル・ヤールによって結ばれた協定の中に、スウェーデンに定住または滞在するリューベック市民が「土地の法律に従い、今後スウェーデン人と呼ばれる」ことがすでに明記されていた。この賢明な措置によって、ドイツ人による特権共同体の形成が——実際はともかくとして——法的に阻止され、二つの民族の融合が容易になった。一四世紀以降、このような融合が内陸の小都市で行なわれたが、大都市では一五世紀末まで実現しなかった。

デンマークでは、言うまでもなくドイツ人の入植はスウェーデンよりも強力に進められた。特にスリスヴィでは、ドイツ人が都市住民の多数派になることがあった。リューベック法から生まれ、低地ドイツ語で書かれたトゥナー法（一二四三年）がその証拠である。島嶼部、なかでもコペンハーゲンでは、ドイツ人が手工業や商業で優位を占めていた。しかしこうした事実にもかかわらず、デンマークがハンザ商人にとって、さほど重要ではない地域にすぎないことには変わりなかった。彼らがここで購入できるものといえば家畜くらいだったからである。

スコーネでは、ニシンのおかげで事情は全く異なっていた。実際、サクソ・グラマティクス（一二世紀末）が述べているように、この地方の西岸には、船の航行に支障が出たり、手づかみできたりするほど、多くのニシンが生息していた。この漁場は、おそらく非常に古くからあったが、リューネブルクの塩を運んでくるリューベック市民が現れたことで、塩漬け魚の一大市場に発展した。スカノールの大市が中心地である同名の半島における交易の始まりついてはほとんど何もわからないが、おそらく一三世紀初頭と思われる。リューベック商人に続いて、すぐにザクセンやヴェストファーレンの都市の商人、そしてバルト海沿岸に建設されたダンツィヒからリーガにいたる海港都市の商人が加わった。これらの都市の多くが、スカノールの周囲に、デンマーク語でヴェズ ved、低地ドイツ語でフィッテ vitte と呼ばれる土地を獲得した。そこで魚が塩漬けされ、大市の開催時に取引された。

一三世紀半ば頃に、スコーネの大市は国際的な性格を帯び、ノルウェーやイングランド、ネーデルラントの人々が訪れていた。彼らの船がユラン半島を迂回して来ていたので、史料では「迂回航行者 umlandsfarer」と呼ばれている。依然として、塩漬け魚がこの大市では不可欠な商品であったが、毛織物や亜麻布、塩、穀物、皮革、ビールも売られていた。しかしこの発展は長くは続かなかった。この国際市場が自分たちの東西交易の競争相手になるという懸念を、ドイツ人が抱いたからである。一三世紀末以降、ドイツ人は、フランドルやフリースラント、イングランドの船舶がバルト海を航行するのを禁止しようとし、それに成功した。スコーネの大市は、徐々にニシンのみを扱う市場になり、ここでハンザ商人が独占的な地位を獲得した。

ノルウェーへのリューベック商人の拡大は、おそらく一二世紀末から始まっていた。ここでも、彼らはスカンディナヴィア人の後に続いてベルゲンに到達した。ベルゲンは、この地方で最も活発な海港都市で、古くからブレーメンとの関係があった。彼らは、ここで干ダラや魚油、バター、皮革を購入し、ライ麦や小麦粉、麦芽をもたらした。最初の関係がどのようにして始まったのかは不明である。しかし、一二四八年のノルウェー王ホーコン四世の書簡は、深刻な食糧難に備えるため、緊急に穀物を送ってくれるようリューベックに懇願しており、この時代からノルウェー西部が食糧を北ドイツに依存していたことがわかる。一二世紀にノルウェー人の商業が北海全域で繁栄していたことを考慮すると、この状況は驚くべきことである。その後に、人口は格段に増加したものの、ノルウェーの農民の中には、穀物生産量を増やせなかっただけでなく、外国産の穀物との競争に直面して、別の仕事に転じた者もいた。それを防ごうとして、一二六〇年に勅令が出されたが、失敗に終わっている。さらに、伝統的なノルウェーの船では、重い商品を大量に運ぶことができなかった。

リューベックはこの好機に乗ずるのを忘れなかった。自分自身やほかのヴェント都市のために重要な特権を獲得し、それによって卸売業や小売業が容易になり、公的な義務が免除され、法的な保護が認められた。ドイツ人の影響力がかなり強くなっていたので、ノルウェーの王権が揺さぶりを試みた。しかし武力で解決を図ったものの（一二八四年）、かえってこの地域におけるハンザ商人の優位を強めただけだった。

6　西方への商業の拡大

一三世紀以降、ドイツ人は北海にも拡大し、イングランドやネーデルラントに向かった。この地域では、東方や北方のような大規模な入植や植民地化という形をとらなかった。勢力拡大は、厳密に商業的な特徴を保ち続け、商人の集団はイングランドの諸港やブルッヘとの関係を次第に強めていった。

すでに述べたように、商取引はかなり古くからケルン、ブレーメン、イングランドの間で行なわれていた。一三世紀になり、北海に東方からの商人――のちにエスターリングまたはオスターリングと呼ばれることになる――が新たに登場し、数を急速に増やしていった。出身地は主にリューベックだったが、ヴィスビーそしてバルト海の海港都市であるロストク、シュトラールズント、エルビング、リーガ、最後にザクセンの諸都市などである。直接、バルト海から海路をとることはまだなかった。ユラン半島を迂回する航海は距離が長く、大きな危険をともなうと見られていたからである。彼らが用いたのはリューベックからハンブルクに向かう陸路で、そこから目的地であるイングランドやフランドルに船で向かった。北海とバルト海を結ぶ海路が定期的に利用されるようになったのは、ようやく一三世紀後半になってからであり、それを促進したのが、イングランドやネーデルラントの船舶によるスコーネ市場への航海だった。

ロンドンでの最初の特権（一一五七年）を獲得してから、ケルン商人のイングランドにおける活動は、ヴェルフェン家とプランタジネット家の政治的な同盟を利用して、著しく発展した。彼らは一一七五年に、王国全域における商業の自由を認めさせた。十字軍に備えて三隻の船にケルン商人が武装を施したことへの返礼として、リチャード獅子心王は、ロンドンにあるケルンの会館に対するすべての税を免除した。リューベック商人とその他の東方の商人は一三世紀初頭にイングランドの港を訪れるようになったらしい。ここでも同じく、ゴットランド人の後について、まずはヤーマスやリン、ハル、ボストン、それからロンドンに向かったのだろう。

ケルン商人が新参者の出現に不満を抱き、彼らを侵入者とみなしていたのは間違いない。ケルン商人の悪意があまりにはっきりしていたので、フリードリヒ二世が仲裁の必要があると判断するほどだった。一二二六年にリューベックに与えた証書では、嫌がらせを止めるようケルン商人に求め、リューベック商人にケルン商人と同等の特権を付与した。これはおそらく、現実にはあまり効果のない示威行動に過ぎなかった。しかし、イングランドの君主が、王国に蜜ロウや毛皮などの東方の物産を運ぶ外国人に好意を持つのは当然だった。したがって一二三七年にヘンリ三世は、ゴットランドの商人団体に所属する全商人に保護を与え、王国内で売買した商品への課税を免除した。オスターリングの交易は発展し、三〇年後に王は、ケルン商人と同等の権利を彼らに与えることを決めた。王は、一二六六年にハンブルク商人に、翌年にリューベック商人に、ケルン商人のハンザにならって独自のハンザを作る特権を認めた。この二つの文書の中にこそ、北ドイツ商人の集団にハンザという言葉が使われた最初の例を見ることができる。

このような優遇措置によっても、長年のケルン商人とリューベック商人の対立を沈静化させることはできなかった。非常に古い歴史を持つライン川の通商路と、文字通りハンザの東西を結ぶ新しい通商路の利益を調和させるのは、確かに簡単ではなかった。だが、競合する三つの団体の存在は、三者のすべてにとって有害だった。これに不都合を特に感じていたのが、ライン川流域と東方の交易に同時に携わっていたヴェストファーレンの商人である。そこで、彼らは仲裁に乗り出し、ついに一二八一年に和解に成功した。これ以後、ロンドンには、商人が選出し、都市が承認した一人の長老の権威のもとにある、唯一の「ドイツ人のハンザ」だけが正式に存在することになった。ここで重要なのは、この決定的な年に長老と三人の補佐役を務めていたのがドルトムント出身者だったことである。同じ年にロンドン市長から付与された特権から、ドイツ人に課されていた義務がわかる。それによれば、ドイツ人はギルドホールの賃貸料として年間四〇シリングを納め、都市の城門の一つビショップスゲートの門番と維持に関わることになっていた。

競合するこれら三つのドイツ商人の集団の間で、この場合に問題となったのは、完全な融合ではなく団結だった。融合は一五世紀まで実現しなかった。ケルン商人は――ディナン商人とともに――ギルドホールの排他的な使用権を保持し、さらに一三二四年以降、他の都市の商人の立ち入りも禁止した。これらの商人は、近くにあるシュタールホーフの別の建物に居住しなくてはならなかった。それにもかかわらず、一二八一年は、ロンドンのハンザ商館の誕生の年であると言うことができる。

フランドルにドイツ商人が姿を現したのはかなり遅く、ケルン商人でさえも一三世紀初頭のことである。ラインラントが非常に近く、ハンザ史においてブルッヘが占めた圧倒的な地位を考えると、この事実は奇妙に感じられる。これは、当時まだ発展途上のフランドル商人の活動が、ケルンだけでなく、ブレーメンやハンブルク、ザクセン、さらにバルト海沿岸の都市にもおよんだという事実により、はっきりと説明がつく。

しかし一三世紀第二・四半期の間に、ブルッヘや、ズウィン川沿いにあるその他の港を訪れるドイツ商人の数は非常に増加した。ケルンやヴェストファーレンの商人は特に陸路を利用して来たのだろう。他方、ブレーメンやハンブルク、リューベックの商人は次第に海路で来るようになった。ロンドンの場合とは反対に、ここではケルン商人とリューベック商人の間に対立は生じなかった。ケルン商人は古くからの特権を守る必要はなく、何よりもフランドルの都市でワインを売るのに専念していた。そして、イングランド向け毛織物の購入には、他のフランドル都市やブラバント都市のほうが適していた。

ドイツ人居住区の重要性が高まったのは、一二五二年にフランドル女伯マルグリトが承認した奇妙な計画から明らかである。それはダム近郊に特権商人の居住区を建設し、そこにすべてのドイツ商人が集められるというものである。この「新しいダム」は、ズウィン川沿岸において、ロンドンのシュタールホーフや、ノヴゴロドのペーターホーフに相当するものになるはずだった。だが、この計画は実現にいたらなかった。ドイツ人の度を越した要求と、特権を持つ外国人集団の居住区に懸念を持つブルッヘ市民のためらいとが、その理由なのだろう。おそらくドイツ人自身は、ズウィン川各所の港に分散し、最終的にはこの分散に利点を認めた。いずれにしても、その結果、在外四大商館の中でブルッヘ商館は、ドイツ人が一定の場所に隔離されず、住民の中で暮らす唯一の商館になったのである。これは、彼らの仕事だけでなく、文化的な接触にも多大な影響を与えたのは間違いない。

一二五二年と一二五三年に、フランドル女伯が一連の特権をドイツ商人に授与したが、その一つははっきりと、「ゴットランドを訪れるローマ帝国」の商人に授けられたものである。彼らは法的な保護や、詳細にわたって明示されているブルッヘやダムにおける関税の減額、ダムにおける自前の秤を獲得した。後に拡大されることになるこの特権が、フランドル地方におけるハンザ商人の商業を発展させる基礎になった。

それから数年にわたり、ハンザ商人の商業活動は発展したが、それを数量的に算出することはできない。この繁栄は、西欧における世界市場になりつつあったブルッヘへの繁栄と対応していた。ここではあらゆる国の商人を目にすることができた。イングランドやスコットランド、アイルランドの商人が毛織物産業に不可欠な羊毛を、ホラントやフリースラントの商人が家畜を、ラ・ロシェルやバイヨンヌの商人がワインをここにもたらした。イベリア半島のすべての民族が姿を現し、バスクやナヴァラ、カスティーリャ、ポルトガルの商人が羊毛や南欧産の果物を供給した。シャンパーニュの大市が没落すると、イタリア人が大挙してブルッヘに定着し、ここを北ヨーロッパの金融の中心地にした。一三世紀末以降、ジェノヴァ、次いでヴェネツィアのガレー船が香辛料を積んで、直接ズウィン川にやって来るようになった。

ほとんど無限ともいえる交易の可能性に魅かれて、ブルッヘへのドイツ人は増加の一途をたどった。ブレーメン商人は当時人気があったビールを運んできた。リューベックとハンブルクの出身者の人数が最も多く、ブルッヘへの二つの街路には彼らの名が付けられた（一二八二年と一三〇六年）。フィリップ美王がブルッヘへのドイツ商人に付与した特権には、ヴェント都市やエルビング、ゴットランド、「リーガ」の商人が列挙されており、これらのオスターリングが毛皮や蜜ロウ、灰、穀物をもたらした。ザクセンの都市の中で、最も活動的だったのがブラウンシュヴァイクで、商館の長老を数多く輩出した。ヴェストファーレンでは、ドルトムントが突出しており、ケルンは後塵を拝していた。これらの商人は皆、何よりもフランドル産毛織物を手に入れるためにやって来た。毛織物には数えきれないほど多くの種類があり、あらゆる顧客を満足させることができた。

ブルッヘが活動に不可欠な中心地だったとはいえ、彼らはフランドルの他の都市や、特にトルホウトやイープルの大市にも姿を見せていた。一二七二年から一二八六年にかけてドイツ人が債権者となった三一通の手形が残っている。このうちリューベック商人のものが一六通、ケルン商人のものが九通、ハンブルク、ブラウンシュヴァイク、ドルトムントの商人のものが二通ずつある。最後に、ハンザ商人はシャンパーニュの大市にも現れた。ここでは一三世紀後半に、特にケルン商人、そしてヴェストファーレンの商人、マクデブルク商人の存在が確認できる。しかし、再びリューベック商人がここで首位を占めたようである。フィリップ美王の証書（一二九四年）により、リューベック商人がシャンパーニュに向かう際、ドイツ産の商品を輸送する場合にはいかなる道も通ることができ、フランドルで商品の買い付けを行なった場合にはバポームだけを通ることが認められたからである。さらに、トロワに住んでいて、自分の出身都市のために仲裁を行なったリューベック商人にも言及している。

7　ゴットランド渡航商人団体の衰退

こうして、一世紀あまりのうちに、ハンザ商人の商業活動は北方の海において、驚くべき速さで発展した。ドイツ人は特にバルト海、そして北海をはじめとするいたる所で競争相手を排除した。デンマークの海峡をゴットランド人が西に、フリースラント人やフランドル人、イングランド人が東方に通過することまでも禁止した。そして、ノルウェーとイングランド間の交易も独占した。沿岸地方全域で、ハンザ商業の新たな飛躍を保証するような重要な特権を獲得していた。

この発展の原動力になった組織は、ゴットランド島を訪れる商人団体だった。ところが一三世紀半ば以降、この組織は衰退していった。この矛盾の底には大きな変化があった。素朴な季節商人の集団には、活動の拡大にともなって複雑化する業務を処理するのは難しかった。また、結局のところ、この集団の権威や権力をもっぱら支えていたのは、多くの商人が集まるリューベックと、交易の主要な中心地であるヴィスビーをはじめとする都市だった。都市が発展し、都市相互の関係が確立され、政治的な役割が増大するのにともない、都市は商人団体に不安を持つようになった。というのも、商人団体が独自の権威を要求したり、商人団体の決定により、犠牲をともなう危険な企てに都市が引きずり込まれたりする可能性があったからである。

したがってゴットランドの商人団体の消滅は不可避となった。一三世紀半ば以降には、この商人団体は、もはや理論上だけの存在に過ぎなかった。そのことは、一二八〇年にリューベックとヴィスビーの間で結ばれ、後にリーガが参加した協定に見られる。それによれば、これらの都市は武力と財力を結集して、エアソン海峡からノヴゴロドまでの地域で交易を営むドイツ商人を、あらゆる攻撃や損害から保護しようとした。このような任務は、通常ゴットランドの商人団体に課せられるはずだったが、ゴットランド商人団体はここでは言及されていなかった。

この時代に、商人保護の利害関係を共有する都市連合という新組織が古い組織に取って代わるのは、当然のことだったのかもしれない。しかし、最初の地域的な都市同盟がようやく形成されたばかりの時代に、これほど大規模な集団は時期尚早だった。そのかわりに、ヴィスビーとリューベックが協力して都市同盟の役割を引き受けるのが適任だと思われていた。だが、どちらも指導的な役割を単独で行使したいと望んだので、両者の間で紛争が生じた。この勢力争いは長くは続かず、権力と威光によりリューベックの優位が確実になった。一二九三年に行なわれたヴェント都市の会議は、これ以後はノヴゴロド商館の上訴法廷をヴィスビーからリューベックに移すと決定し、利害関係のある都市のすべてに意見を求めた。ラインラントからプロイセンにいたる都市のほぼすべてが一致して同意した。リーガとオスナブリュック、そしておそらくはその他の一、二のヴェストファーレン都市だけがリューベックの優位に懸念を抱き、ヴィスビーに味方した。リューベックの優位は明らかだった。すなわち、当時ゾイデル海沿岸の二つの都市がリューベックについて熱狂して書いたように、リューベックは北ドイツの商業都市の長としてすでに認められていたのである。

しかし、ゴットランドの商人団体は理論上まだ存続していた。ヴィスビーが自分の影響力を回復するために、この商人団体を利用するのではないかとリューベックはおそれたようである。そのため、一二九九年にヴェント都市の会議において、「他の都市にとって望ましくない文書に添付される可能性があるので、商人団体の印章は以後ゴットランドに置かれることはない」という決議を行なわせた。このようにして、休止状態になって久しかったこの商人団体は法的にも存在しなくなったのである。

この商人団体は、ケルンからリーガにいたる内陸および沿岸の数十のドイツ都市の商人を一つにまとめ、彼らの活動を調整し、彼らのために外国における特権を獲得するうえで重要な役割を果たしていた。この商人団体が姿を消したとして

図１　ゴットランド渡航商人団体の印章（1291年）
（ハンザ都市リューベック文書館）

図２　リューベックの印章（1256年）
（ハンザ都市リューベック文書館）

図３　リューベック眺望
（By Innomann at the German language Wikipedia, CC BY-SA 3.0,
https://commons.wikimedia.org/w/index.php?curid=2658340）

も、それによって生み出され、強固になった利害の一致は存続した。しかしこのようなハンザ組織の初期形態が、別の組織、すなわち都市ハンザに取って代わられるのは、一四世紀半ばまで待つ必要があった。

第3章　都市ハンザへの道
――一二五〇年頃―一三五〇年頃

1　最初期の都市同盟

一三世紀半ばにはすでに、都市そのものが、従来のゴットランド商人団体にかわり、在外ドイツ商人の保護に乗り出そうとしていた。政治的な問題で妨げられていたために、都市間の大連合が重要性を持つにはまだ時間が必要であったが、地方単位の都市同盟が出現することで、大連合の成立にも拍車がかかった。ドイツ全域が皇帝権の無力化と無秩序という事態に直面していたまさにこの時代、新興勢力である都市が、平和を維持し自らの特権を守るために結集したのである。ドイツ北部では、束の間のライン同盟（一二五四年）を超える規模の組織は生み出されなかった。むしろ、ライン同盟ほどの規模を持たない都市グループが、ドイツ南部よりもはるかに効果的かつ安定的に機能していたのである。ただしこれら一連の都市同盟は、政治上の利害を守ること、そして領主の権益侵害に対して戦うことがしばしば商業的関心に優先していたという点で、その結成の起源においてもまたその後においても、ハンザ的な特徴を持っているとは決して言えなかった。

一二四六年、二つの都市同盟が同時に結成された。一つはヴェストファーレン都市同盟、もう一つはニーダーザクセン都市同盟である。前者に集ったのは、ミュンスター、オスナブリュック、ミンデン、ヘアフォルト、コースフェルトと「その他の従属都市」であった。その目的は、市場への自由通行の保証とあらゆる侵害に対する共闘であった。その七年後には、ミュンスター、ドルトムント、ゾースト、リップシュタットの間でさらに別の同盟が結ばれた。これらの同盟は繰り返し更新されたために、ヴェストファーレンの諸都市にとってほぼ半永久的な団体となった。そこではドルトムントが最も重要かつ指導的な役割を担うことになった。他方、後者のニーダーザクセン都市同盟は、ミュンデンとノルトハイムの間の同盟が下地となって結ばれたが、より堅固な機能を持つようになったのはその二〇年後であった。つまり、ヘント商人が被った屈辱に対し、たまりかねたヘントの都市当局が、報復として、その領域内でザクセン商人の商品を押収すると通告してきた時である。ただちにリューネブルク、クヴェドリンブルク、ハルバーシュタット、ヘルムシュテット、ゴスラー、ヒルデスハイム、ブラウンシュヴァイク、ハノーファー、ヴェルニゲローデが抗議を表明し、ここにハンブルク、シュターデ、ブレーメンが、さらに後にはマクデブルクも名を連ねた。このような形成過程をへたニーダーザクセン都市同盟は、一四世紀初頭にいったん弱体化したものの、その後はブラウンシュヴァイクの指導下で、より強い結びつきを得るに至った。

しかしハンザ史にとってより重要な意味を持つのは、ヴェント都市同盟の創設であった。一二八〇年に初めて史料で確認できるこの名称のもとに集ったのは、厳密にとれば、ヴェント地方に建設された新興都市であるリューベック、キール、ヴィスマル、ロストク、シュトラールズントであった。くわえてヴェント諸都市と絶えず密接な関係を維持していたハンブルクとリューネブルクも一員であった。この同盟の起源は、一二三〇年頃にハンブルクとリューベック間で始まった協定である。つまりハンブルクは、リューベックに対し、自領を通過するリューベック市民がハンブルク商人と平等の権利を有すると認めていると通知し、この二都市間の伝統的な友好を維持する意志を表明した。一二四一年にこの二都市は、両都市間の交通路を保護するため、掠奪行為に対して共同出資による対応を想定した正式な協定を結んだ。二都市のうちの一方から追放された犯罪者はすべて、もう一方の都市でも同様に扱われることになった。両都市で造幣されるプフェニヒ貨が等価値を持つと規定した通貨協定に四年先立つ一二五九年、さらに別の協定も結ばれた。それ以来、両者の間には埋めがたい対立があったにもかかわらず、実にさまざまな問題に関して何度にもわたり協議が持たれ、両都市が補足しあうことで生じる利益によって、つながりはいっそう強固になった。

当初、より困難であったのはバルト海沿岸の新都市との歩み寄りであった。リューベックは当初、競合相手となる可能性のある近隣都市の発展に不安を抱いていたようである。シュトラールズントは一二四九年にリューベックの船団によって掠奪されていたし、この時期、リューベックとロストクの間に極めて緊張した関係があったことが、詳細は不明ながら知られている。しかし一二五六年、ヴィスマルの仲介により、損害に対する全賠償金をそれぞれが放棄することで和解が成立した。三年後、この三都市は海賊行為に対して共闘することを定め、一二六四年にはヴィスマルで一年間限定の事実上の同盟が結ばれた。相変わらず海賊行為は問題であったが、それに加えて対領主闘争に際しての相互援助や私法上の諸規定も議論となった。ここで興味深いのは、この同盟の全決定が、バルト海周辺都市に非常に多い、リューベック法を採用した諸都市に適用されることになったことである。そこには、法の拡大を利用して政治目的を達成しようとするリューベックの意図が明確に見てとれる。しかしその試みは、おそらく東部で抵抗にあったため、実現しなかった。リューベックは、ヴェント諸都市に基盤を置くことで満足せざるを得なかった。一二六五年、ヴェント諸都市は、今回は期間を定めず、共通の問題について毎年協議をするという約束をすることで、同盟を確認した。それ以後ヴェント都市同盟は永続的になったと考えられる。この同盟はシュトラールズント、グライフスヴァルト、シュテティーン、アンクラムに加えてポメルン諸都市が次々と加入したことで強化された。

ヴェント、ニーダーザクセン、ヴェストファーレンの各都市同盟は、全く別個のものであったが、重要な案件では協議するようになっていった。たとえば、一二八〇年にヴェント諸都市が、ブルッヘからアールデンブルフへ商館を移転させることを決定した時、リューベックは他の都市に同調するよう求めた。このようなさまざまな協議により、異なる地域の都市グループの間でも相互理解が深まった。こうした地方同盟が都市ハンザの形成に貢献したことは間違いない。だが、都市ハンザを地方同盟の連合や融合の結果であると捉えてはならない。なぜなら、都市ハンザは構造も目的も、従来の地方同盟とは異なっているからである。すなわち都市ハンザの起源は、当初ゴットランド商人団体に加入した商人を、共同で保護しようとした都市間で生まれた連帯にさかのぼるからである。

その後、ハンザの活動領域にあるさまざまな地域において、さらなる都市同盟も現れた。たとえば、プロイセンの都市グループは一三世紀末に姿を見せ、一四世紀に組織化された。これまでの都市同盟は異なる支配者に属する都市群から構成されていたのに対し、プロイセンの都市はいずれもドイツ騎士修道会に従属していた。ドイツ騎士修道会総長は、特に初期の段階では、同盟のありかたや、その決定に大きな影響力を行使していた。他方で、プロイセンに隣接するリーフラントの都市では、ドイツ騎士修道会の監視はさほど厳格ではなかった。当該都市群は、一三世紀末からすでに同盟への協議をはじめていたが、組織化された集団となったのは一四世紀後半になってからであった。

2　初期の勢力争い——フランドルとノルウェー

都市同盟によって強化されたハンザは、一三世紀最後の四半期になると、所属する商人の利益を守るために、海外においても積極的に介入を試みるようになった。そうした介入の中で十分な効力を持ち得たのは、経済封鎖、すなわちハンザとの交易を停止させることであった。もちろんこのような試みははるか以前から行なわれていたであろうが、従来は、ドイツ人に対する襲撃や嫌がらせがあった際に、慎重に対応するにとどまっていた。しかしこの時期以降、ハンザはあらゆる手段を通じて、ハンザ側が不当であると判断した都市や地域から特権を獲得する方針に転じた。

一二七七年の段階で、こうした方向性を持った試みが東方で確認できる。ロシア人とリトアニア人がリーフラントを攻撃したとき、ドイツ商人、リューベックそしてその他関係諸都市は、ドイツ騎士修道会やリーフラントの司教と合意のうえ、ノヴゴロドへの往来を禁止することで合意した。違反者に対しては死刑と財産没収が適用された。とはいえ、その成果がどうであったかについては不明である。

他方西方では、一二八〇年に、ブルッヘでハンザによる交易が中断された。この年のドイツ人居留地では年を追うごとに不満が高まってきていた。フランドル伯が外国商人に認めた優遇措置に憤っていたブルッヘ市民が、そうした特権を繰り返し侵害していたからである。そのうえ外国商人は、その地位が強化されるにつれ、ブルッヘ商人以外と売買してはならないという義務を、ますます受け入れなくなっていた。ついに騒乱が勃発し、人身と財産の安全が危険にさらされることになった。

ハンザ商人はおそらく、あえて単独で行動することはなかっただろう。だが他の外国商人、特にスペイン商人もハンザ商人と同様に不満を持っていた。したがってリューベックはブルッヘに、代表者である市参事会員ヨハン・ドーヴェイを、和解のために派遣した。全面的な通商停止が考えられたのは、外国人との商業が損なわれる可能性があるフランドルとの全面的な交易停止ではなく、ブルッヘとの交易停止に過ぎなかった。この際には、作戦の成功に必要であるフランドル伯の好意を頼ることができた。選ばれたのはブルッヘからさほど離れていない海港アールデンブルフであった。リューベックは用心して、ザクセン、ヴェストファーレン、プロイセンの諸都市とヴィスビーに意見を求めた。これらすべての主要都市は、いくつかの細かな留保をつけて、ブルッヘからの商館の移転に同意を表明した。その後ハンザ商人と外国商人の大部分は、アールデンブルフに居を構えた。アールデンブルフは彼らに広範な特権を急ぎ付与したのである。

まもなくブルッヘは、その交易都市としての地位を保証するはずの人々が不在であることの意味を痛感するようになった。ブルッヘは交渉を始め、大幅な譲歩を受け入れることになった。二年後に、ドイツ人商人は他の外国商人とともにブルッヘに戻ってきた。彼らは以前の特権の確認に加えて、商品の計量における便宜、外国商人と直接取引できる権利をすでに取得していた。商館の移転という形での経済政策は、非常に効果的だったのが明らかになった。ハンザ商人がそのことを忘れるはずもない。その後一世紀半の間に同様の行動が四度繰り返され、すべてが成功を収めた。

この結果に勢いを得たハンザは、その二年後の一二八四年、ノルウェーを相手に新たな勢力争いを企てた。ここノルウェーでもハンザ商人の特権は濫用されていたため、ノルウェー王がそれを抑制しようとしていたのである。他方でドイツ人商人もまた、自分たちを狙った「不正行為」に不満を募らせていた。ノルウェー人によって一隻の船が攻撃を受けて掠奪されたとの一報を受けるや、ヴィスマルで開かれたヴェント諸都市による会議で経済封鎖が決定された。穀物、小麦粉、野菜、ビールのノルウェーへの輸送は、罰金と商品没収をもって禁じられた。密輸を防ぐためにデンマークの海峡に船舶が配置された。このヴェント諸都市の措置に対して、ポメルン諸都市とリーガ、ヴィスビー、そして北海沿岸の多くの都市すらも賛同した。他方でブレーメンは協力を拒否したため、その時以降ブレーメン商人はハンザ商人としての特権を剝奪された。このような対ノルウェーの姿勢の複雑さの背後からは、以前の商品流通と新しい商品流通の間で生じた利害対立が見え隠れしている。イングランドで勃発したリューベック商人とケルン商人の間での紛争もまた、その一つの事例だったのである。長い間、ベルゲンと関係を築いてきたブレーメンは、バルト海沿岸諸都市にとって有利になる結果が生じる政策に参加する気にはならなかったのである。

この経済封鎖は十分な成功をおさめた。ドイツ産の穀物を断たれたノルウェーは、イングランドからもその他の地域からも穀物を獲得することができなかった。この状態を受けてデトマルは、「その時、突然に大飢饉が発生し、彼らは悔い改めざるを得なかった」と報告している。和解はスウェーデンの仲介によって成立した。ノルウェーはハンザ側に生じた損害への賠償金を支払うだけでなく、ハンザ商人に広範な特権を認めねばならなかった。その特権は、一二九四年の協定に書き留められている。すなわち、ベルゲンまでのノルウェーの港において商業を行なったり、国内で王や在地権力に納税せずに売買や保管をしたり、彼ら自身の船で商品を独占的に運んだりできるといった、申し分のない自由である。唯一ハンザ商人に課せられた制限は、ドイツ人がベルゲン以北の地で商業を行なうことを禁じられた点であり、この条項はそれ以降も遵守された。

続く数年間でこの協定を十二分に利用したハンザ商人は、優位な立場を築きあげた。外地では、イングランド東部の海港との独占関係を確立し、現地商人ですら享受できなかったほどの利益を上げることになった。他方ノルウェー内では、多くの不動産を取得したハンザ商人が、在地商人を排除することで相当程度の小売取引をも我が物としていた。加えて、多くのドイツ人手工業者、とりわけ靴屋がベルゲンに定住し、ノルウェー人手工業者に取って代わった。この懸念すべき事態に直面した国王ホーコン五世は、その治世末期（一三一六―一八年）に抵抗を試みた。王は、ドイツ人商人に対して、都市外での取引ならびに冬季の都市内での滞在を禁じようとした。というのも小売販売のために都市や農村に足を運んでいたのは、特に冬季滞在者 vintersitteri だったからである。他方で国王は、タラとバターの輸出に対しても関税を課した。これらの輸出は小麦粉や醸造用大麦を輸入する業者にのみ認められていたものであり、飢饉に備えて採られた策でもあった。だがその結果として、ノルウェー経済のハンザ商人への従属をいっそう推し進めることになった。しかし以上の規定のいずれも実際にはほとんど適用されず、期待された目的を達成することはできなかった。ノルウェー王権の脆弱さ、市民の力の無さ、外国商人を優遇しようとする貴族の熱意、とりわけドイツの穀物への依存の度合いが大きかったことが、他のどの国にもましてノルウェーにおけるハンザ商人の優位性を保証することになったのである。

一方フランドルでは、一二八〇年の経済封鎖が輝かしい成功をいったんは収めたものの、効果は非常に短かった。まもなくドイツ商人はブルッヘで、自らの活動への障害について改めて不満を表明した。ドイツ商人が漏らした不満の筆頭は、貨幣の改鋳が原因で生じた損害であった、その不満は解消しなかった。早くも一三〇五年から、アールデンブルフへの二度目の商館の移転が検討された。二年後、都市当局との交渉が挫折し、移転の決定が下された。今回はドイツ商人のみがブルッヘからアールデンブルフに移ったが、またもやフランドル伯フィリップ・ド・ベチュヌ〔正しくはロベール・ド・ベチュヌ（一三〇五―二二年）〕の支援を取り付けることに成功した。このフランドル伯は彼らに、特に裁判上の保証を盛り込んだ重要な特権を認めたのであった。

四半世紀以前であれば、ドイツ人はアールデンブルフに商館を建設することを強く望んではいなかった。というのもブルッヘに取って代わるほどの場所がなかったからである。かくして着手されたこの困難な交渉は、一時的な紛争が原因で、ヴェント諸都市ではなくザクセン諸都市が主導することになった。裏工作が延々と続いたが、最終的にはフランドル伯が、アールデンブルフでは六〇ポンド以上の商品について重量の計測を行なうことを外国商人に対して禁じるとして決着をつけた。そしてドイツ人はブルッヘに戻ってきた。ブルッヘが彼らに税と商業の両面での広範な特権を付与したからである（一三〇九年）。その際、ブルッヘは、指定市場《ステープル》、計量秤、仲買人や宿屋、両替と輸送に関する彼らの特権を明確にしたのである。

このように、この新しい勢力争いは何度も、ハンザ商人の疑いのない勝利で幕を閉じた。一三〇七年と一三〇九年の特権は、一三三八年に確認され、二世紀近くもの間、彼らの要求の支柱として、またフランドルにおける彼らの商業繁栄の基盤として存続することになる。数値データを欠いてはいるが、続く半世紀中に、彼らの取引額が著しく増加したのは疑いない。一三一三年に、イングランド産羊毛の指定市場がブルッヘに定められたことによって、新しい活動の場が生まれ、取引額が増加した。とりわけヴェストファーレンの商人は、イングランド産羊毛のフランドルへの輸出に際して大きな役割を果たすようになるだろう。

この時代のブルッヘにおける商館の内部組織についての情報は少ない。商人団体の内部で商人たちが出身地ごとに集団を形成していたのかは不明である。商館が、最初の独自の規約を作成したのは、ようやく一三四七年になってからである。ブルッヘのドイツ商人の団体は、三つのグループつまり三つの地区《ドリッテル》 derdendeel に分かれており、それぞれは二人の長老と固有の金庫を有していた。一つはヴェント都市とザクセン都市の商人から、もう一つはヴェストファーレンとプロイセンの都市から、最後はリーフラント都市とヴィスビーの商人からなっていた。これ以降、都市ハンザにおいては、三地区から編成された、かなり特異な組織が見られるようになる。

3　一四世紀初頭における デンマークの攻勢とハンザの危機

一三世紀末、外地でのさまざまな干渉に勝利したことで力をつけたハンザは、最終的に、リューベックならびにヴェント都市が指導する体制に組織されることになったと一般には考えられているようである。しかしながら事情は全く違っている。一四世紀初頭、ヴェント都市の連帯性が厳しく試される大きな危機が生じた。その危機はハンザの結束力そのものに揺さぶりをかけ、都市ハンザの形成を遅らせることになったのである。

危機の第一の原因は、実質的に独立状態になっていた諸都市に対する権威を回復しようとした、北ドイツ諸侯の意志に求められる。特にホルシュタイン伯は、ハインリヒ獅子公以来のリューベックに対する権限が完全に剝奪されていたことに、決して甘んじてはいなかった。しかし一世紀にわたる彼ら諸侯の努力は成果を残さなかった。同様にメクレンブルク公はヴィスマルとロストクに対する権限を回復しようとしていた。彼ら諸侯のもくろみが実現するうえで欠如していたのは資金と軍であった。ところがその双方を諸侯側に持ち込もうとしたのがデンマーク王エーリク六世メンヴェズであった。その結果、混乱した領主の間で一連の戦争が起こった。その中でヴェント都市は、しばしば対立する陣営間で右往左往することになった。

エーリク・メンヴェズはヴァルデマー勝利王の一世紀後に、北ドイツへの拡張政策を再開した。一三〇〇年頃メクレンブルク公は、ブランデンブルク辺境伯との戦いの結果、力尽き、デンマークにロストクとその付属する諸権利を譲った。エーリクはたまたまやって来て、難なくこの都市を手に入れたのである。二年後に彼は、ハプスブルク家のアルプレヒト一世から、エルベ川以東の領域においてデンマークの宗主権を認めるという、かつてフリードリヒ二世によって与えられた特権を確認させた。帝国都市リューベックは例外とされたが、しかしそのような例外は現実には効果を持たなかった。

リューベックはこの時、メクレンブルク公と同盟関係にあるホルシュタイン伯との間で、熾烈な戦いに巻き込まれていた。リューベックは、味方として、ザクセンおよびスリスヴィ公、ハンブルクと同盟を結び、他のヴェント都市の援助を嘆願した。しかし、ロストクからは同情を示す書簡を受け取ったのみであった。一三〇七年、リューベックは包囲されて市外が荒らされ、窮地に陥った。デンマーク王に助力を求める以外に、リューベックには頼みの綱はなかった。デンマークは、交戦中の当事者に対して急いで和解案を押しつけ、リューベックはデンマークを一〇年間庇護者（フォークト）として承認し、毎年七五〇マルクの税を支払わねばならなかった。したがってヴェント都市のすべてが、直接あるいは間接的にエーリクの権力下に入った。しかしこのまとまりは、まもなくほころびを見せる。シュトラールズント、グライフスヴァルト、ロストク、そしてヴィスマルは、支配者であるデンマークの介入に抵抗することを決意し、一三〇八年に防衛のための同盟を結成した。その一翼を担うよう要請されたリューベックは、エーリクの叱責を招かぬよう、それを拒否した。二年後にリューベックは同盟への加盟を受け入れるが、それはリューベックがデンマーク王に決して敵対させられないという明白な条件の下においてであった。

この姿勢は、年代記作者デトマルが記しているように「これによってリューベックが最大の利益を得た」が、リューベックの威光に重大な打撃を与えた。デンマークの保護を受け、また独立闘争に際して近隣諸都市への援助を拒否したため、「ハンザの盟主」はこれまで非常に輝かしく演じていた指導者としての役割にふさわしくない存在になってしまった。結果は期待したようにならなかった。この時、アールデンブルフに移転していたドイツ商人をブルッヘに戻すために行なわれたフランドル伯との交渉において、リューベックは全く貢献しなかった。ハンザ世界の周縁部では、ヴィスビーが、ノヴゴロド商館の訴訟に対する上訴権を再び主張するために、この状況を利用した。数年後、ノルウェー王ホーコン五世は、一連の策によって、ノルウェーでのハンザ商人の地位を弱体化させようと企てた。

その間、エーリク六世とその臣下であるメクレンブルク公は、武力によって領内の諸都市を屈服させる決断を下した。最初はヴィスマルであり、ロストクとシュトラールズントによる援軍があったにもかかわらず、数カ月の包囲戦の後に降伏し、公に強制された条件を受け入れなければならなかった(一三一一年)。諸侯連合に、次に猛然と抵抗することになったのはロストクであった。最初の敗戦後、門閥からなる市参事会が和解の方向へと傾いた時、徹底抗戦を望む手工業者組合により暴動が勃発した。市参事会の構成員が何人か虐殺され、またある者は追放され、新しい参事会が古い参事会に取って代わった。これは、後になって頻発することになる、沿岸都市における「民主的な」革命の最古のものである。それにもかかわらず、降伏は避けられなかった(一三一二年一二月)。ロストクは一万四〇〇〇マルクもの重い罰金を支払い、メクレンブルク公の手でデンマーク王への忠誠を誓い、ただちに門閥からなる市参事会を立て直さなければならなかった。何年か後、シュトラールズントも攻撃を受けた(一三一六年)。しかしブランデンブルク辺境伯の調停のおかげで、シュトラールズントは抵抗して勝利し、最終的には特権を確認させることができた。

こうした成功にもかかわらず、状況は厳しくなり、ハンザの将来は見るからに危うかった。物質的には都市は戦乱によって疲弊していた。政治的にはほとんどすべての都市が、自治権の制限を受け入れねばならなかった。精神的には、リューベックによる義務の放棄、ヴェント諸都市間の連帯性の欠如が、ハンザの絆の弱さを示したのである。それからは、各都市はそれぞれの領主と合意するよう、また他の都市との利害の共有を断念するよう努めねばならなかったようである。

そのような政策は、ハンザの終わりを意味してしまったであろうに。

それにもかかわらず、エーリク・メンヴェズの死後（一三一九年）、危機は急速に収まった。デンマークは軍事上および財政上の多大な支出により疲弊しており、王国の財産の大部分が自国や外国の貴族に譲渡されていた。王権は無力になり、国家は無政府状態に陥り、拡張政策を続行することはもはや不可能になった。それどころか、北ドイツの諸侯が、この無政府状態を利用してデンマークに野心を向けた。彼らは自分たちの都市を支配しようとするのをやめ、それ以降は彼らの企てに都市を参加させようとした。デンマークは二〇年間、ドイツ人、なかでもドイツ貴族の勢力拡張の舞台となったが、商人、手工業者だけでなく農民も彼らに続いた。紛争の原因は消え、ヴェント都市は新たに結束し、ハンザの全体に対するかつての権威を取り戻した。

このように混乱し、目まぐるしく展開したデンマークの植民地化において、主な役割を担ったのは、二人のホルシュタイン伯のうちでも、活動的なほうの、大伯の異名をとったゲルト（ゲアハルト）であった。約一五年間、彼は事実上デンマークの「王冠なき王」であった。デンマークでは八年間にわたって君主が不在だったので、なおさらだった。彼はスリスヴィ公領を授けられたのだが、この公領は歴史上初めて一人のドイツ人諸侯の権威下で、ホルシュタインと合併した。

しかしデンマークへのドイツ人の流入は、ハンザの利害にとって幸運な結果をもたらしたとは到底言えなかった。移住者の横暴により国内の反発が起こり、一三三二年には多くの商人を含む何百人ものドイツ人が、スコーネで虐殺された。特に無政府状態は、海賊と掠奪の再発という危険な状態を招いた。ゲルトはリューベックとハンブルクの援助を得てこれを抑えようとしたが、ごく部分的にしか達成できなかった。一三三八年に都市と一三人の北ドイツの諸侯との間で形成された平和のための大同盟も、それ以上の成果を挙げなかった。

あるデンマーク貴族によるゲルトの暗殺（一三四〇年）は、混乱を拡大するに違いないと見られた。新しいホルシュタイン伯は、スウェーデンの支援を得てリューベックの船舶と領域を攻撃し、都市への敵対をはっきりと示した。こうした攻撃に悩まされ、とりわけ海賊の拡大を恐れたリューベックは、むしろデンマークの新しい王、若いヴァルデマー四世再興王の即位に好意を示した。ドイツ人貴族によって支配された王国が陥っている無政府状態の中で、この王子が約二〇年間の我慢強い努力の後に、強力な支配者に、そしてハンザの恐るべき敵になることは、その時には予想できなかった。少しの間、王はリューベックに特権を認めたり、ヴェント都市への援助を約束したりするなど、善意に満ちた態度を示していた。

一三四三年、彼はスコーネをスウェーデンに譲渡し、三年後にはドイツ騎士修道会にエストニアの所領を一万九〇〇〇マルクで売却した。その時彼は、しばしばハンザ都市を悩ませていた拡張政策を、この地域では放棄するかのように見えた。実際にはこのようにして、北ドイツに対する先祖の狙いを再開するため、彼は王権強化に必要な手段を獲得しようとしていたのである。

しかし一四世紀半ばには、危機はまだ現れてこなかった。長い試練の後、海賊が恒常的に存在したものの、ハンザは新たな繁栄期に入った。同盟の構成員間の連帯が回復され、リューベックは指導的な行動を再開した。この危機を通して、都市を強制的に従わせ、その協調を妨害し、また都市の利害に相反することに引きずり込もうとする諸侯に対して、ハンザ都市は当然のように不信を抱いたように見える。少し後に、デンマークに対してハンザが採った慎重な政策は、この経験による教訓から着想されたに違いない。

4　一四世紀前半における経済的拡大
――イングランド

政治的危機があったにもかかわらず、一四世紀前半は、ハンザが確実に経済的な発展をしたことで特徴づけられる。残念ながら、この共同体の絶頂期直前となるこの時期は、発展という観点からは、非常に不十分にしか認識されていない。数量的なデータはまだ少なく、地方会議の数が少ないので、その決議録はほとんど役に立たないし、入手可能な特権文書のテキストは詳細な情報をほとんど示していない。

それにもかかわらず、活動が発展する兆しがあちこちで感じ取れる。都市では新しい移住者により住民が増え続け、多くの都市が市壁を拡張した。ハンザ商人のフランドルでの活動や、スカンディナヴィアでの影響の拡大も見てとれる。東部では一三一一年に、ドイツ商人が所有する五万枚近くの毛皮がプスコフの都市当局によって差し押さえられたことが知られており、一三三六―三七年の冬のペーターホーフにおける一六〇人の商人の存在は、ノヴゴロド商館の繁栄を証明している。プロイセンでは、最後の抵抗運動の鎮圧後、ドイツ騎士修道会がマリーエンブルク城に拠点を設けたが（一三〇九年）、それは間違いなく商業活動を鼓舞し、一四世紀末には盛期を迎えた。しかし、これらすべては非常に断片的なままである。

しかし、ハンザ商人の経済的発展について、さらに追究できる地域がある。それはイングランドである。ここでもまた、ドイツ人は一三世紀に獲得した特権を拡大できた。一三〇三年、エドワード一世は、毛織物と皮革の輸出に関する関税率の引き上げと引き換えに、すべての外国人に対して国籍を問わず、「カルタ・メルカトリア carta mercatoria」の名称で知られる大特権を授与した。彼らは王国内においてすべての税と雑役が免除され、どこにでも居を定め、そこで外国人とも現地人とも卸売業を行なうことができた。また司法上の保証を得て、王国役人による好ましくない要求からも保護されていた。この異例の優遇が、イングランド商人の執拗な反発を引き起こしたのは事実であり、やがてエドワード二世によって廃止されてしまった。しかし、廃止措置は特に影響力を持ったイタリア商人を狙ったものであった。その結果、ドイツ商人が特権の確認を得て、最終的には彼らだけが「カルタ・メルカトリア」の受益者であり続けた。さらに彼らには、仲間の一人の債務や過失の際における共同責任の原則が廃止された。最後にハンザ商人は資金を前貸しすることで、エドワード三世をその父親に替えて王位に就けるのに貢献した。エドワード三世こそはハンザの事業に非常に好意的な君主であり、長い治世の間、その好意はほとんど変わらなかった。

一四世紀前半にハンザ商人がイングランドで展開した取引の増加は、とりわけ彼らの中でかなりの人数がこの国に永住したことでもわかる。イングランド国籍を取得した最古の例は一三〇九年にさかのぼって知られているが、最初はある都市の市民権の認可という形で行なわれた。この認可はいくつかの問題を引き起こしたので、王室はついに次の対策を迫られた。つまり、一三二四年以降、外国人商人に対して、王国の全領域内でイングランド商人と平等の経済上の権利と特権を承認する、「現地人籍」を付与した。この特別なはからいは、特に勢力の強いハンザ商人、なかでもドルトムントの有力なズーダーマンという一族の二人のメンバーのような王の債権者に、それに次いで他の多くの者に授けられた。この時期と一四世紀後半までは、イングランドの現地人籍は、ハンザの特権の享受とは相容れないものではなかった。この帰化政策は、ハンザの人々とイングランド商人および王室との関係を有利にしながら、ハンザ商人の活動と努力を発展させるのに著しく貢献したのである。

この頃から、ハンザ商人によってイングランドに輸入される主な商品は、主にケルン商人によってもたらされるライン産ワイン、エスターリングによって入手された木材、プロイセン産の穀物、ロシア産の毛皮と蜜ロウであった。ドイツ商人が独占していた蜜ロウの供給にイングランド人がどれほど強く執着していたかを、ある出来事が示している。一三〇九年に王国内で蜜ロウが不足し、その価格が二倍になった時、ハンザ商人は輸入停止を決定したが、これが王室に対する陰謀の扇動と告発された。彼らは調査委員会に召喚され、有罪でないことを認めさせるのに大変な骨折りをした。

イングランドからの輸出品は、当時は何よりもまず羊毛、次に金属であった。フランドルとの紛争の際にヘンリ三世によって設けられた輸出許可制度のおかげで、また関税台帳によって、われわれは、羊毛商業へのドイツの関与の割合について——最初の——いくらかの数値を知ることができる。一二七三年には、六八一人の商人によって計三万二七三四袋（一袋あたり約一六六キログラム）の羊毛が輸出され、その中のハンザ商人の割合が四九人で、一四四〇袋であった。彼らは五番目の順位で、イングランド商人（一万一四一五袋）、イタリア商人（八〇〇〇袋）、そしてフランドル人（七一五〇袋）とブラバント人（三六七八袋）を含めたフランス商人よりもはるかに少なかった。彼らの比率は全体の四・四パーセント、つまり外国商人のみの輸出量の六・七パーセントであり、わずかである。だが、羊毛は彼らにとっては二義的な取引に過ぎないのを忘れてはならない。三年後、この数値はほぼ同じままである。一四世紀初頭、一三〇三年にハンザ商人は、羊毛輸出から徴収された「新税」の三三パーセントを、一三一〇—一一年には五四パーセントをボストンで支払ったことが確認されている。最大は、一三三九—四二年という例外的な期間で、年三五〇〇袋の輸出に達している。

一三世紀末以後にも、イタリア商人にならって、ハンザ商人、なかでもドルトムントのヴェストファーレン商人が、ロンドンの庶民には少額の、王室へは莫大な資金を貸し付けて信用取引を行なった。現在知られている最古の例は、一二九九年にさかのぼる。エドワード一世が、一人のリューベック商人、一人のケルン商人、一人のドルトムント商人を含むハンザ商人集団から五〇〇マルク・スターリングを借りたのである。同様に一三一七年には、エドワード二世が何回も、ドルトムントのレフェレ一族のさまざまなメンバーから四一六ポンドを借りている。

しかし、ドイツ商人の貸付金が増大するのはエドワード三世の時からである。フランスでの戦争に乗り出すために、この王は巨額の資金を必要とした。彼は、イタリア人やイングランド人の主な金融業者のみならず、ハンザ商人の財政的援助に訴えることも厭わず、見返りとして羊毛袋での輸出と税の軽減、関税収入の徴税請負権を認めた。一三三八年に彼は、ズーダーマン家の二人を含む四人のドルトムントの商人から、四〇〇袋の認可と引き換えに一二〇〇ポンドを借りた。同じ年に、彼はライン川沿いの凱旋航行の折に、四人のケルン商人から七五〇ポンドを、また少し後にドルトムントの商人からさまざまな貸付金を得た。そのうちの一人からは五〇〇〇ポンドを得ていた。彼が一三三九年にバルディ商会とペルッツィ商会に二万一〇〇〇ポンド、イングランド人ウィリアム・ド・ラ・ポールに七万六〇〇〇ポンドの債務を負ったのを考えると、それほど大した問題ではない。二月にはまた、彼は自分の大きい王冠を、五万グルデンと引き換えにトリーア大司教に質入れし、さらに小さい王冠と王妃の王冠を、約一万グルデン（一五〇〇ポンド以上）と引き換えに、ケルンの金融業者へ質入れした。

自らの権利をうまく守るために、国王に対するドイツ人全債権者は一三三九年に、少なくとも一三人の構成員からなる借款団を結成した。そのほとんどはヴェストファーレンの大商人であった。彼らの中にあらたに加わったティデマン・リンベルクは、これらの投機家の中で最も大胆で活発だった。最初の年から借款団は、国王に一万八〇〇〇ポンド以上を貸し付け、ネーデルラントの数カ所でイングランド王に支払った。一三四〇年五月には、新たに八三〇〇ポンドの貸し付けが、羊毛三三八六袋の輸出許可と、王国の負債が消滅するまでの間のイングランドの一五の港における関税徴収権を引き換えになされた。さらに続く二年間には、別の約一万ポンドの貸し付けも同意された。ヴェストファーレンの借款団がエドワード三世を助けた最も大きな出来事は、債権者によって売却される危険にさらされていた王冠を救出したことであった。一団はトリーア大司教に四万五〇〇〇グルデンを、さらにケルンの金貸しに四四〇〇グルデンを、前払いし、宝物類を一三四四年に取り戻した。

まさにこの時、ドイツ人の借款団は解散しようとしていた。国王はイングランド商人の圧力に屈服して、借款団から関税徴収権を取り上げた。さらに構成員の大多数はこうした活動にともなう危険を恐れて融資を断念しようと考え始めた。一三四五年にはバルディ商会とペルッツィ商会が破産し、イングランド商人の敵意が増大したため、融資は断念され、構成員は徐々に単なる商業活動へと戻っていった。リンベルクは融資から離れた最後の一人であった。ヴェストファーレン商人がイングランドで、イタリアに倣って演じた金融上の大きな役割は、こうしてハンザの歴史の中で束の間のエピソードにとどまった。とはいえイングランド国内でドイツ人が多大な影響力を示してきたことは確かだった。ドイツ人の影響力は、行動を商業に限ることによって、続く数世紀にわたって広く維持された。

5　黒死病　一三五〇年

ハンザ都市は、拡張期の真っ只中で、全ヨーロッパをおそった黒死病という大惨事に見舞われた。一三四九年の秋以降、黒死病はおそらくイングランドからもたらされ、スウェーデンとプロイセンに拡がった。ライン川流域を「蛇行しながら」北上して、一二月にはケルンを襲った。ハンザ圏全体にとって一三五〇年は恐ろしい年であった。この流行病は西方からフリースラントへ、ユラン半島およびゴットランド島に進み、ドイツの沿岸では夏季に最高潮に達した。一三五一年初頭、ブランデンブルクは最後に被害を受けた。

北ドイツは、ヨーロッパで最もひどい打撃を受けた地方の一つであったと思われる。もちろん、年代記作者によって提示されたいいかげんな数字の多くは、この禍によって残された恐怖の記憶しか証明していない。デトマル（一四世紀末）によれば、かなりの数の都市において、生存者は一〇人中一人であったとされ、ライマー・コック（一六世紀）によれば、エルビングでは九〇〇〇人、ミュンスターでは一万一〇〇〇人、リューベックでは九万人（！）の死者が出たという。しかし、より説得力がある詳細な情報がいくつかある。ハインリヒ・フォン・ラムシュプリンゲによれば、マクデブルクのフランシスコ会修道院では三人の修道士のみ、またその所有する施設では一〇人中二人しか生存していなかった。別の情報によると、東プロイセンのある領地では、女主人の装身具をつけて気取って歩く一人の女中しか生存していなかったという。

最も大きな被害を被った都市はブレーメンであったと思われる。市参事会の命令によって作成された犠牲者の名前が記載されたリストは六九六六人の名前を挙げているが、それに加えて身元の確認のできない者も一〇〇〇人あまりいた。残念ながら、この時代のブレーメンの人口はわからないが、一万二〇〇〇―一万五〇〇〇人を超えることはまずないので、人口の半数以上、おそらく三分の二が犠牲になったと考えられる。ハンブルクではパン屋親方三四人中一二人が、肉屋親方四〇人中一八人が、市の官吏五〇人中二七人が、市参事会員二一人中一六人が死亡した。他の都市については、市参事会員の死者の数しかわからない。リューベックでは三〇人中二人に加えて、さらに五人中二人以上の書記が、ヴィスマルでは四二パーセントが、リューネブルクでは三六パーセント、ブレーメンでは三〇パーセント、レーヴァルでは二七パーセントが死亡した。この割合はもちろん、都市の全人口にあてはめることはできない。市参事会員は場合によって、感染の危険にさらされる度合いが高かったり、あるいは逆にそこから逃れることができたりしたからである。これらの割合から、犠牲者の数はハンザ都市においては、四分の一を下まわることはほぼなかったと推測できる。

証拠を見つけるのは困難だが、黒死病によって起こった激しい混乱、つまり農業や手工業生産の衰退、海上あるいは陸上交通の麻痺、事業主とその共同経営者の死亡の結果による取引の後退などが起こったことはたやすく想像できる。しかしハンザ都市の発展にとって、この被害の直接的、および間接的結果を見積もることはやはり困難である。

人口統計の見地からすれば、都市の人口不足は、農村からの移住によってただちに埋め合わされたと思われる。間違いなく数年の間に、市民身分への参入が容易になっていた。いずれにしても、いたる所で新しい市民数の増加が認められる。リューベックでは市民身分への参入者が、一三一七―四九年の平均値が一七五人であったのに対して、一三五一年には四二二人を数えた。ハンブルクとリューネブルクではそれぞれ、当該数字は五九人に対して一〇八人、二九人に対して九五人となっている。人口の流入は一〇年間において著しく、その後減少した。約一五年で以前の人口に追い付き、多くの場合それを追い越したと推測できる。市参事会は、死亡したメンバーの後任を決める必要に迫られて、ほとんど独占的に有力家族の代表を選出したと思われる。リューベックではせいぜい二、三人の新しい人物の参入が見られただけである。したがって全般的に黒死病は、支配者集団の門閥的構造に変化を引き起こさなかった。

不動産に関して、この禍の直後、同様に大きな混乱が確認できるが、何年か後には弱まった。いたる所で黒死病によって不動産の大きな移転という事態が引き起こされた。少なくとも土地所有者の二七パーセントが死亡したリューベックでは、遺産相続に対する十分の一税の収入が、一三五一年には一三五〇年の一〇倍に上がり、一三五三年にはなおも八倍であった。土地財産の譲渡が進んだのは、相続財産に課せられるレンテ〔不動産を担保にした出資金に対する利息で定期金ともいう〕をしばしば相続人が支払うことができず、売却せねばならなかったからでもあった。一般的に黒死病は、少数の人々の手に富を集中させる結果をもたらしたことは疑いの余地がない。おそらくこうしたことは――あくまでも仮説にすぎないが――奢侈品の需要の増大と日常消費物資の少なくとも一時的な減少という事態を引き起こしたのであろう。

最後に金融上の見地からは、黒死病はかなり重大な危機をもたらした。貨幣が減少し、為替相場が上がった。特に下層民がこの混乱に苦しんだが、商業経営も同じく打撃を受け、より信頼できると判断されたレンテへと資金が流れ、商業経営から遠ざかってしまった。事実レンテの取引は不況を被ったようには見えない。しかしこの分野でも、危機は長引かず、少なくともリューベックでは一三五五年頃には、正常な状態に回復した。

問題なのは、ハンザにとって黒死病の間接的な影響はいかなるものであったかを知ることである。ドイツ西部の人口減少が、東方への移住を停止させたこと、あるいは一四世紀前半からすでに、明らかに減速していたことは疑いない。これ以後、しばしば死亡率の高い伝染病が、一〇年もしくは一五年間ごとに繰り返し流行しただけになおさらのことである。この停滞は、東方におけるドイツ化の拡大と強化にとって、その力を生み出した農民の流入を欠くことになり、非常に不利になったこともまた確実である。だが、そこから受けた影響が都市にとっても、したがってハンザとその商業発展にとっても、具合の悪いものであったとする見解は、まったく確実性に欠ける。なぜならば伝染病による都市の人口の空隙は、一般的に農村からの移住によってかなり急速に埋められたからである。そしてこの問題に関しては詳細な点はわからないにせよ、ハンザ都市全体の住民数は、一五世紀には、一四世紀半ば頃以上に達したと十分考えられる。したがって、黒死病はハンザ史においては、劇的な一挿話でしかなかったと主張することができる。

第4章　都市ハンザ
——北ヨーロッパの大勢力　一三五〇年頃—一四〇〇年頃

一四世紀の第三・四半期に、一時は動揺した結束を回復していたハンザは、二つの決定的な試練を経験しなければならなかった。フランドルとの経済紛争、そしてデンマークとの戦争である。これらの闘争の期間中に、長い間構想していた新しい組織へとハンザは変貌した。すなわちドイツ商人の共同体から、より正確には重なり合いながら、ハンザ都市の団体へと姿を変えたのである。この団体は商人集団の管理を手にしつつ、この時から、在外商人の利益に責任を負うことになった。海外での闘争で勝利を収めた都市ハンザは、北ヨーロッパにおける一大勢力となり、その後一世紀半にわたりその地位を維持した。

1　対フランドル紛争と都市ハンザの形成

ハンザとブルッへの関係が再び悪化するのは、一四世紀半ば以前にさかのぼる。英仏間の戦争が主な原因だった。海上および陸上で深刻な損害を被った商人は、安全通行の特権に訴えて、ブルッへやフランドル伯に損害賠償を要求したが、拒否されたり先延ばしされたりした。さらに、すでに獲得していた特権に反する関税を支払わなければならないことにも、商人は不満を抱いていた。他の都市が望むのと同様に、リューベックも商館のブルッへからの移転を検討するようになった。

ハンザとブルッへの関係が深刻化したのは、一三五一年のある事件が原因である。一隻のグライフスヴァルトの船が、ズヴィン河口でイングランドの私掠船に襲撃され、沖に曳航されて掠奪された。間もなくスロイスで拿捕されたこの私掠船は、司法に引き渡され、ハンザ商館の圧力で処断された。エドワード三世はその報復として、イングランドでハンザ商人の財産を押収させたが、その後この措置を撤回した。また王は、全く釈明しようとしなかったブルッヘに対して、羊毛指定市場《ステープル》をブルッヘからイングランドにひき戻した。

この措置に不満を持ったハンザ商館は、イングランド人とスペイン人が獲得していた独自の計量器の使用権を廃止させるという要求をさらにつきつけた。イングランド王はこの要求を受け入れ、その上で海賊の犠牲者に対して賠償金を支払うといったところまで譲歩した。

一連の紛争は、ドイツに大きな波紋を投げかけた。ほぼすべてのハンザ都市にとって、ブルッヘとの関係は死活問題であった。全体の意見は、脅威にさらされている特権を守るため、現状に介入する必要があるだろうというものだった。だが一方で、多くの都市は不安も覚えていた。ハンザ都市の合意を得ることなく、ブルッヘ商館がフランドルとの交渉の主導権を握ったとすれば、ハンザ都市もそのつもりはなくとも国際紛争に巻き込まれる恐れがあったからである。ハンザの中には以前から商人の自治権に対する不信感があった。かつてゴットランド団体の解消の際に表面化したその不信感は、今回はブルッヘ商館に対して再燃した。このフランドル問題を解決するために、リューベックは都市代表の招集を決定した。一三五六年に招集された会議こそ、ハンザ都市による最初の総会とみなすことができる。残念ながら、どの都市が参加したのかは不明である。だが、参加した都市数自体は非常に多く、いずれの都市グループも代表を派遣していたことは間違いない。

一三五六年の総会での最も重要な決定事項は、ブルッヘへの使節団派遣だった。リューベックの市参事会員ヤーコプ・プレスコウを長とする使節団は、ヴェント－ザクセン、ヴェストファーレン－プロイセン、ゴットランド－リーフラントというハンザの三つの地区《ドルッテル》の代表を含んでいた。使節団は、ブルッヘ都市当局やフランドル伯との交渉ではさほどの成果をあげなかったが、ブルッヘ商館の業務には大幅に介入した。使節団は、一三四七年に商館が定めた規約を諸都市の名で確認したうえで、長老六人の権力と権限を明確にした。この措置は一見すると、さほどの意味があるようには見えない。だが実際には、その時点まで独立していた商館を、総会に集まった都市の権威に従わせると宣言したことになる。それ以降、商館の決定は、諸都市の同意がある時にのみ有効になることになった。法的にも事実上も、総会という機関を通じて、ハンザ都市が在外商人に対する権威を確立した。その権威が目に見えるようになるのは一〇年後である。ブルッヘ商館が通貨に関する規則の制定に着手したところ、リューベックの総会は商館に規律に服するよう命じ、ハンザ都市の承認なしにはいかなる措置も講じてはならないと言い渡した。

その後の二〇年間に、他の三商館もほぼ同じ方法で都市の圧力に屈した。ノヴゴロドでは一三六一年に、二人の市参事会員（リューベック一名、ヴィスビー一名）に率いられた使節団が、ペーターホーフの商人に対して、今後はリューベック、ヴィスビーそしてリーフラント三都市の同意なく法令を発布してはならない、と通告した。この決定により、商館がハンザへ従属することになったのみならず、当初は非常に弱々しかったリーフラント都市の影響力が大きくなった。ベルゲン商館は、構成員の大多数がリューベック商人であったことから、他の商館ほど独立の気配は示さなかったし、おそらく独立の気風自体がなかったのである。一三四三年、ノルウェー王にしてスウェーデン王でもあったマグヌス・エーリクソンは、ヴェント都市に対して以前の特権を確認し、そこに記されている規定を正式に承認した。一三六五年、ベルゲン商館がいくつかの措置の承認を願い出たのに対し、リューベックが詳細に回答したのは、リューベックが商館に権威を行使していたことの証左である。ロンドン商館は、ブルッヘ商館と同様に、一三世紀末以来独自の組織を持っていた。商館は、エドワード三世の治世末期にドイツ商人に課された新「拠出金」が、ハンザの特権に反することを憂慮するようになった。そこで一三七四年に、商館はハンザ都市に訴えた。リューベックとエルビングの市参事会員が長をつとめた使節団が、交渉のためにロンドンを訪問し、かなり手こずりはしたものの、満足な結果を得た。この時に商館が独自の規約を提示したのかは不明だが、その可能性は大いにあり得る。いずれにせよ、その後のリチャード二世の治世でも商館の特権が絶えず危機にさらされていたために、商館のハンザ都市への服従はさらに進行した。

まとめれば、ハンザの最終的な組織化にとって非常に重要だった四大商館の服従は、それほど苦労なく行なわれた。これ以降、いずれの商館にもハンザ都市の後見を振り切ろうとする様子はほとんど見られなかった。この事実の理由は簡単に説明できる。特権を制限しようとする現地権力の企てから在外ドイツ商人に支援を与え庇護することができたのは、ハンザ都市だけだからである。在外の商人団体に対してハンザ総会が優位に立っているのも、それが必要で恩恵をもたらすものと考えられていたからである。

だが、ブルッヘへのハンザ使節団は、一三五六年にフランドルとドイツ商人の間にあった懸案を解決できなかった。その後の数カ月間、関係は悪化するばかりだった。ブルッヘ市は資金不足に苦しみ、取引に対して新たに課税した。通貨の質が低下したため、宿屋業や仲買業、輸送業関連の価格が高騰した。また塩と穀物にまで指定市場権が拡大された。これらの商品はそれまで「船から船へ」、すなわち外国商人の間で直接かつ自由に販売されていた。こうした措置のすべてが、ハンザ特権への侵害とみなされた。主な不満は、依然として賠償金の支払い拒否だった。リューベックはとりわけ熱心に強硬手段に訴えようとし、新たなハンザ会議を開催して、商館移転を決定しようとした。指定された日付（一三五八年一月）に招集されたこの会議は、総会などというものではなかった。ヴェント、ザクセン、プロイセンの都市は代表を送ったが、ヴェストファーレンとリーフラントの都市は欠席した。武力行使に踏み切るのを躊躇したためだと思われる。リューベックはヴィスビーおよびスウェーデン都市の同意書を利用し、その結果、会議はフランドルの経済封鎖を宣言した。

これは以前の経済封鎖と比較すると、非常に大胆な決定であった。特権の侵犯に共同責任があるとハンザが判断したブルッヘ市とフランドル伯の区別は、もはや問題外だったからである。したがって、取引停止はフランドル全体、さらに伯ルイ・ド・マールが獲得したばかりのアントウェルペンとメヘレンを対象とした。ドイツ商人は、五月一日までにフランドルから退去し、ドルトレヒトに居住するよう命じられた。商品販売が許されるのはこの境界線以北のみであり、フランドル人ハンザの船舶はムーズ川を越えることを禁じられた。逆に、あるいはフランドルに行く商人への販売は禁じられた。フランドル産商品は、誰からであろうと購入してはならなかった。ドイツ商人は出発の際に、ネーデルラントにおける取引相手の都市当局から交付された証明書を携行せねばならなかった。この義務がイングランド、スコットランド、ノルウェーに向かう船舶にも拡大されたのは、フランドルに寄港する可能性があったからである。強風や嵐により取引禁止区域内に流された船舶のケースも想定されている。そうした船舶には、積荷をその区域内で売りさばくことも認められなかった。最後に、都市であれ個人であれ、あらゆる違反はハンザからの永久追放の処罰を受ける対象となった。

この経済封鎖は、ブルッヘとフランドルに打撃を与えたが、特に前者には深刻だった。それゆえ、ブルッヘは事態を収拾するため骨を折ったが、問題はあまりに重大であり、交渉は二年間におよんだ。フランドル人も、経済封鎖を緩和するために、ドイツ商品の補給地になるという条件で、かつてハンザに認めていた全特権をカンペンに認めたが、大きな成果はなかった。このためフランドル人はケルンを味方につけようとしたが、反対にケルンは経済封鎖の強化を主張した。密輸を完全には阻止できなかったので、この取引停止はなかなか効果をあらわさなかったが、少しずつ東ヨーロッパ産の商品が欠乏し、フランドル商業には深刻な減速が生じた。一三五九年末には、ネーデルラントが不作だったため、プロイセン産穀物の欠乏がいっそう強烈に感じられた。冬の間、降雨によって、ピカルディ地方の穀物を運ぶ荷車が、ソンム川を渡れなくなった。一三六〇年の春、ヴェント都市がデンマークの諸海峡の封鎖を決定したのは、プロイセンの密輸船が、穀物をネーデルラントに運べなくするためだった。

結局、フランドルは、徐々にではあるが、相手の要求を全面的に認めることになった。和約が一三六〇年の夏に締結され、経済封鎖が解除された。九月以降、ドイツ商人がブルッヘに再び居住するようになった。ハンザ商人は全特権を確認され、これら特権は恣意的な解釈を避けるために、詳細に規定された。特権はいくつかの点で範囲を拡大し、小売業の権利が初めて承認された。これら特権はブルッヘだけでなくヘント、イープル、フランドル伯によって確認されたので、ハンザ商人には伯領全土における特権が保証された。最後に、厳しく請求された賠償金に関する同意が成立し、伯の分担が一五〇〇エキュ、イープルとブルッヘの分担が一五五グロート・ポンドに決められた。払い込みは、その後の三年間、期日通りに行なわれた。

このように経済戦争はハンザの鮮やかな勝利で終わった。都市間の緊密な団結や、個々の利益の犠牲が成果をもたらすことが立証された。ブレーメン商人は、一三世紀末以降ハンザと距離をとり続けていたが、この時点（一三五八年）で、ブレーメンが非常に厳しい条件であっても、自らの再加入を願い出て、許可を得るのが望ましいと判断したことは重要である。[*] 北ドイツ全土で、この都市同盟に加盟しなければ、各都市の繁栄が保障できないことが明らかになったのである。しかしこの勝利は一時的だった。フランドルで獲得した優位はすぐにまた揺らいだ。他国においてと同様、この地域にお

＊　ノルウェーの経済封鎖への参加を拒否したため、一二七五年にハンザから追放されたブレーメン商人が、一三五八年までハンザの枠外にいた、という見解を受けいれ難いとする歴史研究者もいるようである。彼らは一つの年代記の曖昧な一節を根拠にしつつ、一三世紀末以来、ブレーメンはハンザに復帰し、一四世紀半ばに再び追放されたと考えているが、これも満足のいく説明がなされていない。しかしむしろ、ブレーメン商人はスカンディナヴィア、フランドル、イングランドでの古くからの関係や、独自の特権を持っていたため、まだ強固に組織化されていないハンザに加わる必要がないと判断した、とするほうが自然であろう。これは、新参の「オスターリング」に対し、古参都市の商人が示したよそよそしさがあらわれた一面である。これについては、イングランドにおけるケルン商人の態度という、別の例がある。次を参照。H. Schwarzwalder, Bremens Aufname in die Hanse 1358 in neuer Sicht, in: *HGbll* 79, 1961, S.58-79.

いても、ハンザ商人は特権的地位を維持するために、外国の当局ならびにその時々のライバルに対して、絶え間ない闘争を余儀なくされた。当時、フランドル人が二つの非ハンザ都市、すなわちカンペンとニュルンベルクに同等の特権を認めた事実は、ほとんど注意を引かなかったようである。だが、この出来事はハンザ商人、ネーデルラント商人、南ドイツ商人にとって、将来的に苛酷な競争を引き起こす兆候だった。

2　デンマーク戦争、ケルン同盟、シュトラールズントの和約

西欧でのこの大勝利から一カ月もたたないうちに、ある深刻な知らせによって全ハンザ都市は動揺した。デンマークのヴァルデマー四世再興王が突如としてゴットランド島に上陸し、急ごしらえの農民軍を圧倒し、ヴィスビーを占領し、掠奪したのである。そして、ほぼ三世紀の間、この島はデンマーク領にとどまることになった。

即位後の二〇年間、ヴァルデマー王は、財政再建と国王財産の回復を行ない、一部の貴族を服従させ、軍隊の再建に粘り強く専念した。一三六〇年初頭に王がスコーネをスウェーデンから奪回した時、ハンザが憂慮していたのは、特権確認に必要な金額の高騰であった。王によるゴットランド島征服は、すべての幻想を一掃した。これはハンザにたたきつけられた挑戦状だった。王はヴィスビーの特権すべてをただちに更新し、この都市がハンザの成員に留まることに反対はしなかった。ヴィスビーも、一三世紀のバルト海で果たした大きな役割を半世紀前から担えず、衰退が始まっていた。それでもなお、ヴィスビーはハンザの有力都市の一つであり続け、ストックホルムに向かうルート上に位置することから、ヴェント都市にとって商業的および戦略的に確かな価値を保持していた。それ以上に、ヴァルデマー王はこの攻撃によって、デンマークが北ヨーロッパの海で覇権をにぎる計画を再開する意図を示したことになる。戦争は不可避だった。

ヴェント都市とポメルン都市の総会がグライフスヴァルトで開催され、デンマークとの商業関係の停止が決定された。戦費捻出のために、船舶およびハンザ都市から輸出される商品一ポンドにつき四ペニヒの税を徴収することが決まった。同盟がノルウェー王やスウェーデン王、スリスヴィ公やホルシュタイン伯との間で結ばれた。だが、好調な滑り出しは長続きしなかった。ドイツ騎士修道会総長は戦争に賛成していたが、資金援助だけにとどまり、諸侯もまた同様だった。カンペンとその他のゾイデル海沿岸都市がデンマークとの交易を続けたので、経済封鎖は効果がなかった。戦争にかかわる一切が、ヴェント都市にのしかかった。一三六二年四月に、

二七隻のコッゲ船を含む五二隻からなる艦隊が、コペンハーゲンに向け出航した。だが、指揮官であるリューベック市長ヨハン・ヴィッテンボルクは、部隊の一部をヘルシングボリ包囲のために上陸させるという過ちを犯した。ヴァルデマー王はこれを利用してハンザ艦隊を攻撃し、一二隻の大型船を奪い取った。ヴィッテンボルクが休戦条約を受け入れ、遠征軍の生き残りをドイツに連れ帰ることができたのは非常に幸運だった。その直後、彼は自らの生命で、敗戦をあがなわねばならなかった。

この挫折は必然的に、以後数年間続く動揺をハンザ内部に引き起こした。新たな遠征を目指して結ばれた裏取引も、成果がなかった。デンマークとの間に始まった交渉はだらだらと三年間続き、それにより獲得された平和は不安定だった。遠征費用の問題をめぐって、ヴェント都市の間でさえ対立が生じた。一世紀半前のように、都市間の結束に大きな亀裂が生じるのを疑わせる事態だった。

だが、何事も生じなかった。時代が変わってしまったのだ。ハンザの結束はフランドルとの紛争中に強化され、重大な失策があったとしても、それにもはや左右されなかった。一三六六年、リューベックで開催された総会では、都市の権威を強化するための一連の方策を採択し、とりわけ商館の管理権を、加盟都市の市民だけに留めることになった。さらに、ヴァルデマー四世は敵を分裂させておかねばならなかったのだが、対抗心をあおって団結させてしまうという不手際を犯した。王はエアソン海峡でプロイセン船を捕らえさせ、他のハンザ商人に対するものと同じ屈辱を、プロイセン商人に与えた。このためドイツ騎士修道会総長ヴィンリヒ・フォン・クニプローデ自らが、リューベックに赴き軍事同盟を提案した。他方で、ヴァルデマー王はゾイデル海沿岸都市に対して強い態度に出たため、これらの都市はデンマークに対抗する行動に加わることを今回ははっきりと示した。さらに、一三六七年二月、スウェーデン王マグヌス・エーリクソンは貴族によって廃位され、メクレンブルク公の息子で、同じように干渉好きなアルブレクトに取って代わられた。ヴァルデマー王は、娘婿のノルウェー王ホーコン六世の支援を頼らざるを得なかった。

当初、ヴェント都市は戦争再開におよび腰だった。これらの都市はドイツ騎士修道会総長の提案を留保つきで受け入れていたが、ゾイデル海沿岸都市とプロイセン都市の間で、対デンマーク同盟が結ばれてようやく、ヴァルデマーとホーコンに対する戦いの主導権を再び握った。最終決定のため、全体会議がケルンで招集された。

この一三六七年の大規模な総会は、いろいろな意味で、ハンザ史上において例外的な性格を見せている。第一に会議に指定された場所である。これはケルンで開催された唯一の総会だった。その位置はハンザの中心地から遠く、明らかに不便だったが、この特殊な状況の下では、ネーデルラントへの連絡が容易であるという利点があった。ネーデルラントの参加が、成功には不可欠だったのだ。第二に、リューベックの優位が明らかな中で、ラインラントの中心都市であるケルンの機嫌を損なわないことも望まれた。

さらに特異なのは、ハンザのメンバーではなかったが、ハンザの決定に従うことに応じた三つの都市集団が参加したことだった。すなわち、カンペン、エルブルフ、ハルデルウェイクの使節団に代表されるゾイデル海沿岸都市、アムステルダムとブリーレの使節団が代表するホラントの都市、そしてゼーラントの都市である。

結局、戦争に集中するため、都市は従来以上に緊密な同盟を結ぶことを決定した。すなわちケルン「連合」という異例の名称を帯びた正真正銘の同盟 Verbund であった。この同盟は戦争中のみならず、その後の三年間も見越したもので、実際には一三八五年まで延長された。こうした措置が、ハンザの構造変化の始まりになったようである。

総会は入念に練り上げた財政と軍事上の措置を定めた。一三六一年と同じく、だがさらに厳格な管理のもとで、財政上は、ハンザの港を出入りするすべての商品と船舶に、ポンド税 Pundgeld を課した。徴税を簡略化するため、税率が（わずかにばらつきはあるが）フランドル貨、リューベック貨、ポメルン貨、プロイセン貨、リーフラント貨といった通貨ごとに取り決められた。軍事的観点からは、各都市が提供すべき船舶や兵士の数を決め、艦隊が北海やバルト海に出航する日時を決定した。最終攻撃のため、艦隊はエアソン海峡に再集結することになっていた。

この時点ではまだ、同盟への参加はハンザの内部でもかなり限られていた。ヴェント都市とプロイセン都市だけが、ケルンに代表を派遣していた。だが、次の数カ月間で、フィンランド湾からライン河口に至る沿岸のほぼすべての都市が、程度の差はあれ、はっきりと同盟に同意した。確かに、ブレーメン、そして特にハンブルクのように、それほど熱心でないためにハンザからの追放が問題になった都市もあった。これらの都市は地域紛争による疲弊を口実に、軍事参加を拒否し、財政援助のみに同意した。海戦にそれほど関心がない内陸都市は、さらに態度が煮え切らなかった。ヴェストファーレン都市は資金提供すらしなかった。これはハンザ史上、いくどとなく繰り返された内部の深刻な不協和音の一例である。参加都市の数があまりに多いので、その状況と利益の多様性を考えれば当然のことである。

スウェーデン、メクレンブルク、ホルシュタイン、反ヴァルデマー派のデンマーク貴族が手を結んだことで、この連合は大いに強化された。ヴァルデマー王は、ことの重大さを見極めていなかったようである。ハンザを攻撃する決定的瞬間にもかかわらず、彼は同盟者を求めて国を離れ、ドイツに向かった。だが、同盟者を見つけることはできなかった。したがって、デンマークの敗北は確実だった。ヴェント地方やネーデルラントの艦隊は、コペンハーゲンを破壊し、港を使用不能にし、デンマークとノルウェーの海岸部を荒らした。一方でホルシュタイン伯はユラン半島を襲撃した。スウェーデンの支援でスコーネも征服され、そこではヘルシングボリ城だけが抵抗した。まもなく、経済封鎖に特に苦しんでいたノルウェーは、休戦を請い求め、それを実現させたスコーネへの攻撃は続き、ヘルシングボリ城も降伏した（一三六九年九月八日）。これによりデンマーク王国評議会は講和を求めることになった。この状況につけ込もうと戦争を継続していたドイツ諸侯が反対したにもかかわらず、ハンザは停戦に同意した。

デンマークとの和約は、翌年にシュトラールズントで締結された（一三七〇年五月二四日）。商業的見地から、ハンザは新たな利益を求めず、過去の特権の確認で満足した。そこには交易の完全な自由と、スコーネでドイツ商人から一三六一年以降に徴収されていた増税部分の廃止が含まれていた。だが、戦略的観点から、この和約により同盟は、エアソン海峡の四拠点であるヘルシングボリ、マルメー、スカノール、ファルステルボーと、それに付随する収入の三分の二を、一五年にわたり譲り渡された。この結果、数年にわたり、エアソン海峡の支配権がハンザに約束された。最後に、デンマーク王国評議会は、ヴァルデマー四世が死去した場合、同盟都市の同意なしに後継者を指名することはないと約束した。

このように、この新たな武力闘争はハンザの勝利で終わった。今回の勝利は、単なる経済的措置によって、獲得されたのではなかった。艦隊や軍隊を戦列に送る能力があることを、都市は証明した。おそらく有力諸侯の支援を得ていたのだろうが、もはや五〇年前のように諸侯の後についていったのではなかった。都市が重要な作戦を指揮し、戦争と平和のイニシアティヴを終始握っていた。敵と和解するためには同盟者と袂を分かつこともあり、デンマーク継承問題でもこの方法を採っている。シュトラールズントの和約は、無力な皇帝権に代わり、北ヨーロッパにおける新たな勢力が到来したことをしるした。同盟を構成する都市は、法的にはさまざまな諸侯の支配に服していたので、この勢力は主権を有しさえもしなかった。唯一の基盤は、必要とあれば武力を用いても商業上の利益を防衛するという意志だった。当時のヨーロッパでは稀な、そして特異な現象だった。

シュトラールズントの和約におけるデンマーク王位継承に関する条項は、五年後に適用されることになった。ヴァルデマー四世は、一三七五年に娘二人だけを残して死去した。一人はノルウェー王ホーコン六世と結婚したマルグレーテ、もう一人がスウェーデン王の弟であるメクレンブルク公ハインリヒの妻インゲボーだった。デンマーク・ノルウェー連合かメクレンブルク・デンマーク・スウェーデン連合という選択肢のうち、ドイツ諸侯とは逆に、ハンザは前者のほうを好んだ。そこでデンマークの王国評議会は、母マルグレーテの摂政の下にある若いオーロフ（一三七六―八七年）を支持した。この支援の代価として、ノルウェーはハンザの全特権を確認する和約に署名した。

二つの脅威のうち、ハンザはおそらく小さいほうを選択した。これら脅威への対策としてケルン同盟は何回か延長されたた。ケルン同盟が永久的になり、ハンザと融合するに至らなかったのかと、疑うこともできる。だが、ケルン同盟が存在した理由は、デンマークの脅威にほかならなかった。平和が回復してしまえば、たった一つの現実的な基盤は、デンマークの城砦の所有と、その収入の保持だった。これらの城は和約にしたがって一三八五年に返還されたので、ケルン同盟を継続するべきか、あるいは別の同盟が取って代わるべきかが問題になった。全体的な意見は、ドイツ騎士修道会総長やプロイセン都市の意見とは反対に、この方向で危険を冒す余地はないというものだった。明らかに、絶対に必要な場合を除いて、諸都市は、緊密すぎる同盟や、大きな犠牲を強いる政治的および軍事的な条項でがんじがらめになるのを嫌った。したがって、ケルン同盟は、結束を強固にするのには貢献したが、ハンザの組織に対する持続的な影響力を持たなかった。だが、名声のある団体という記憶は残り、一五世紀のトホペザーテといわれる同盟を結成する際にモデルになったが、これは大きな成功には至らなかった。

3　一三八八年の経済封鎖

ハンザの勝利による影響が在外ドイツ商人に恵まれた時代を保証した、と考えるのは誤りであろう。むしろ反対に、一四世紀末の各地では、緊張が一向に消えないことが確認されている。成功したからこそハンザは特権の完全な適用をさらに厳格に要求したのである。他方で、在地商人の影響下にある外国の都市は、度を越した特権に我慢できなくなった。諸侯はまだ好意的だったとはいえ、司法および税制上の免除のいくつかが、自らの主権の侵害であると判断するようになった。賠償金請求が継続していたことも、関係を悪化させたはずである。以上のことから、特にイングランド、フランドル、ロシアとの間で解決困難な紛争が頻発した。この危機は一三八八年に頂点に達し、経済封鎖が前記三地域で並行して行なわれた。だがハンザは開戦を回避できた。実際、リューベック市長ヤーコプ・プレスコウとシュトラールズント市長ヴルフ・ヴルフラムといった当時のハンザ指導者層は、過去の勝利に酔うことなく、戦争推進派に対抗するだけの資質を持ち合わせていた。すなわち、深く平和を求める強い意志で結びついたハンザの賢明さを示したのである。これがハンザ共同体の繁栄を確保できた唯一の政策だったのだ。

イングランドとの関係は、エドワード三世の治世末期から緊迫した。当時のドイツでは、バルト海におけるイングランド人の商業活動の拡大への不安が高まっていた。一四世紀半ば頃から、マーチャント・アドヴェンチャラーズ〔外国交易に従事しているが、指定市場製品、特に毛織物製品を専門に扱っているわけではないイングランド商人〕がエルビング、ダンツィヒ、シュトラールズントの港を頻繁に訪れ、イングランド産毛織物をもたらし、木材、穀物、カルパティア山脈産の銅を買い入れた。家屋や店舗を賃借するイングランド人は、伝統的にイングランドに好意的なドイツ騎士修道会によって当初は歓迎された。リトアニアの異教徒に対する十字軍に、イングランド騎士が非常に多く参加したのがその理由だった。だが、まもなくイングランド人の商業が著しく飛躍したため、小売業、都市外部での取引、外国人との直接取引、ハンザの船の用船などがイングランド人に禁じられるほどになった。逆にドイツ人は、イングランド船で商品を輸出してはならないと厳命された。そして一三七〇年以降、ハンザ商人はエアソン海峡での優位を利用して、スコーネの大市における競争者を、ほぼ完全に排除した。こうした手段のすべてが、関係悪化をもたらしたのである。

しかし主な不満は、イングランドにおけるハンザ商業が引き起こした対立が原因だった。イングランドにおけるプロイセン人の商業はとりわけ重要だったので、ドイツ騎士修道会はすぐに断固とした措置を打ち出したが、ヴェント都市が調停を行なった。よく知られているのは、一三七五年以降、ロンドン商館が新「拠出金」を廃止するために諸都市に訴えねばならなかったことである。さらに二年後にリチャード二世が即位し、事態は深刻化した。新王はエドワード三世以上に、イングランドの商人や議会の圧力に動かされやすかった。王は特権の確認を拒否するのを手始めに、一連の条件を提起した。なかでも、ハンザ都市一覧の提示要求は、特権利益を持つ都市を厳しく限定するのが目的であり、ハンザには受け容れがたい要求であると判断された。関係断絶を避け、ドイツ騎士修道会の要請に従って、リューベックは再びヤーコプ・プレスコウをロンドンに派遣し、プレスコウは念願の特権の確認を勝ちとるのに成功した。

だが、成功は半ばにとどまり、賠償金の要求では全く成果がなかった。続く数年間も事態は好転しなかった。ハンザは新しい「ポンド税と樽税」の受け容れを余儀なくされた。この税は、全輸入品と、さらにカージー織を中心とする数種類のイングランド産毛織物の輸出に課せられるものだった。緊張は一三八五年に突然高まった。この年、イングランドの艦隊がズヴィン川でドイツ船を攻撃したが、そのうち六隻がプロイセンの船だったからである。ドイツ騎士修道会総長はプロイセンとイングランドの商業関係を断絶したが、その一方でヴェント都市が再び和解の姿勢を見せ、バルト海のイングランド商人はシュトラールズントに居住することになった。しかしイングランド人による権力濫用への不満はやまず、ヴェント都市は自ら一三八八年に、シュトラールズントのイングランド人の財産没収を決定した。これに対して、リチャード二世は同じ方法で報復した。戦争は不可避と思われたが、交渉がはじまり、速やかに合意に達した。どちらの側にしても、戦争は得策ではなかったからである。没収品は返還され、ハンザの特権が確認され、イングランド人はプロイセンの港において、相手が外国人でも卸売業を営むことが認められた。

この講和は、ドイツ人よりもイングランド人に利益があったように見える。マーチャント・アドヴェンチャラーズはダンツィヒに居住し、一人の「商館長」の権威下に集まり、家屋を一軒獲得した。さらに抗議があったにもかかわらず、小売業を行ない、ハンザの人々と商社を結成し、イングランド人の取引の増大を可能にした。反対にドイツ人はイングランドにおいて、不当と思われる税に服し続け、ドイツ船舶は私掠船の攻撃に悩まされていた。その結果、一三九八年にドイツ騎士修道会総長は一〇年前に締結された協定を放棄したが、紛争が続くことはなかった。イングランドとハンザの関係は不安定であり、さまざまな事件によって定期的に深刻化した。経験からわかっていたのは、どのようなものであれ法や規約で両者の関係を規制するのは不可能であり、その時々の状況や互いの好意により左右される不安定な和解案で満足せねばならないということだった。いずれにせよ、ヴェント都市とプロイセン都市の協力関係なしにはドイツ人の利益が害されるのは明らかだった。

フランドルとの関係では、一三六〇年の協定後の一五年ほど、ほぼ蜜月と言える時代が続いた。だが、まもなくドイツ商人の不満が再び高まった。さまざまな苦情を列挙したリストが、商館からハンザ総会に送られた。たとえば、ブルッヘが暴行や傷害行為に対して処罰を行なったり、宿屋の保証人になったりするのを拒否したことや、輸入タラへの課税、ハンブルクからのビール輸入の禁止、一部の織物の質が悪かったことなどがあった。だがハンザはブルッヘに使節を派遣するにとどまり、何の成果もあげられなかった。商館は見捨てられたと感じ、独立の意志を持った。一三七七―七八年の冬、ハンザ都市の判断を仰がずに、商館は全ドイツ商人のブルッヘからの撤退を秘密裏に決定した。だがこの計画は漏洩し、激怒した伯ルイ・ド・マールはハンザ商人を逮捕させ、その財産を没収させた。ハンザ都市からの支援を期待できなかったために、商館は伯の要求に従わねばならず、商人をフランドルにとどまらせ、特権に逸脱したとの告発に対する弁明を約束しなければならなかった。困り果てた商館は、ハンザにこれらの事件を知らせた。「今や、都市のお偉方が、われわれ商館の指導者なのだから、われわれが特権の放棄を望んでいない以上は、われわれに加えられた屈辱については、彼らが考えるべきだ」。

ハンザ総会は、この不愉快な状況に、まったく無関心ではいられなかった。フランドル伯に抗議文を送り、ハンザと無関係に結ばれた協定の承認を拒否し、交渉を始めた。だが、時期の選択が悪かった。当時、フランドルは大変な問題で動揺していた。織工がヘント、ブルッヘ、イープルで優位に立っていた。さらに暴動、ズウィン川の治安悪化、ブルッヘによる商人への課税などがあったため、ハンザ商人はホラントの海港都市に移転し始めた。最悪だったのは、フィリップ・ファン・アルテフェルデが、ヘントの権力掌握後にブルッヘを占領したことだった。伯を支援しに駆けつけたフランス軍により、ウェストローゼベーケでアルテフェルデ軍が敗北し（一三八二年）、数カ月にわたり外国商人が退去したため、ブルッヘにはハンザ商人が二〇名ほどしか残らなかった。数年にわたり、ドイツ都市とフランドルの間の商業は、ほぼ完全に麻痺した。

一三八四年にルイ・ド・マールが死去すると、後継者であるブルゴーニュのフィリップ豪胆公との交渉が始まった。だが、ハンザ側は法外な条件を提示した。高額な補償金だけでなく、一三七八年のハンザ商人逮捕への償いとして贖罪礼拝堂の建設と維持、さらに動乱の犠牲者を記念する三つの永久ミサのための基金を要求したのである。しかしハンザ内部で意見が一致していなかったため、折衝の成果は少なかった。ドイツ騎士修道会総長とプロイセン都市は、当時はイングランドに対して非常に攻撃的であったため、フランドルとの交渉継続を望んだ。一方でヴェント都市は、ブルッヘ商館を再び移転することを決定した。最後に勝利したのはリューベックの見解だった。一三八八年五月一日、総会はフランドルの経済封鎖を宣言した。

手段は三〇年前とほぼ同じだった。ホラントのドルトレヒトへの移転命令を商館が受け取ったのは移転間際だった。ハンザ商人には、ムーズ川を越える渡航と、フランドル人および禁止地域におもむく全商人との交易が再び禁じられた。密輸を防止するため、ドイツに持ち込まれる商品には産地証明の提示が再び義務づけられた。中立国の商人でさえ、ハンザの港でフランドル産商品を売ろうとすれば、一三五八年の時のように、退去させられるだけでなく、商品を没収された。国際的規模でハンザの力が強まったことを、この手段ははっきりと示したのである。

　しかし二つの経済封鎖には重要な一つの大きな違いがある。一三五八年の時は、フランドルとの取引全面停止に、満場一致でハンザは同意した。だが今回は、交渉断絶に反対のドイツ騎士修道会とプロイセン都市が、決定した手段にあまりに強硬に反対したので、両者に特例を認めねばならなかった。つまり彼らが独占権を持つ琥珀販売を、フランドル人との間で続けることが認められた。また、騎士の衣服に必要なメヘレン産毛織物の購入や、禁止地域に位置するブラバントの大市を訪問することも認められた（一三九〇年）。他方でゾイデル海沿岸都市、特にカンペンは、経済封鎖の適用や、この地域に寄港する多くの密輸業者、特にプロイセン人の撃退に不熱心だった。数年後にカンペンがハンザへの加盟を懇願した時、曖昧な態度をとったことで長々と非難されることになった。

　これらの状況からわかるのは、フランドルが講和を願い、それに対する騎士修道会総長からの支援をしばしば受けたにもかかわらず、平和回復のための交渉に四年を費やす必要があったことである。最初は強硬だったが、ハンザ側は贖罪礼拝堂の要求を断念し、代わりにローマ、サンティアゴ・デ・コンポステーラ、聖地〔イェルサレム〕への巡礼を約束させた。そして、一三七八年の逮捕について、フランドルの四大指導者〔フランドル伯とヘント・ブルッヘ・イープルの三都市〕による公的な謝罪が条件とされた。議論が最も白熱したのは、賠償金問題とハンザ側が被った損害に対する責任問題であったが、賠償金問題は一万一一〇〇ポンドで決着した。伯領内でのフランドル人により引き起こされた損害については、犯人が賠償金の支払いができない場合、ヘント、ブルッヘ、イープルが肩代わりすると決められた。伯領外部で犯罪が外国人によって行なわれた場合には（特に海上での海賊行為）、公と三大都市が賠償金を支払わせることができなければ、必要ならば、伯領内で市民を逮捕できることとした。これはハンザ特権の著しい拡大であった。

　一三九二年末に、賠償金の半額が支払われた。リューベックは旧来の特権と、フィリップ豪胆公により認可された新しい特権を手に入れ、ドイツ商人はブルッヘに戻った。再びハンザは勝利した。だがこれまで以上に、この勝利は危うかった。フランドル都市は、法外だと思われる特権にいつまでも応じてはいなかった。協定締結前からフランドル都市は、ハンザによるあらゆる新たな要求にいずれは共同で異議を申し立てようと約束していたのである。ブルゴーニュ公もフランドル都市以上に、そして以前のフランドル伯以上に、ハンザの大きな要求に抵抗可能であった。なぜなら、ブルゴーニュ公はネーデルラントの大半に徐々に支配権を拡大したため、ハンザはフランドルから遠く離れた港への商館の移転を余儀なくされたからである。これは、それまで非常に効果的だったハンザの経済的な武器の効力を弱めるものだった。さらに、何をおいても成功に不可欠なのはハンザの統一だった。その実現がどれほど難しいかを示しているのが、今回のドイツ騎士修道会の態度だった。一三八八年の経済封鎖は、ネーデルラントで勝ち取ることができた、ハンザ最後の大勝利だったのである。

同じ時期に、ノヴゴロドでも状況は緊張していた。原因は、リーフラントのドイツ騎士修道会がロシア人の領土に戦争を仕掛けることだった。ロシア人は、この責任はハンザにあると考えがちだっただけに、なおさら特権侵害や突発的な事件、襲撃が頻発した。一三六七年に騎士修道会がプスコフ地方を荒らしたため、ノヴゴロドはドイツ商人を逮捕させた。これがリーフラントにいたロシア商人に対する報復を引き起こした。騎士修道会はロシアへの塩とニシンの輸出を禁じ、ハンザはこの措置に協力した。

ロシアと騎士修道会の関係は、一三七一年に回復したが、一五年後に戦争が再開すると再び悪化した。そこで、一三八八年にハンザは行動に移すことを決めた。おそらくハンザ自体も通常の状況ではためらったであろう。だがこの時は、イングランドとフランドルに対する経済封鎖により、ロシア産物の主要な流通市場が断たれていた。したがって、ノヴゴロドとの交易を遮断しても、あまり実害はなかった。経済封鎖を効果的にするため、ハンザはドイツ騎士修道会の管区長と、次いでスウェーデンやプロイセン諸都市と交渉し、フィンランド、リーフラント、リトアニアを経由するロシアへの供給路を妨害しようとした。おそらく経済封鎖は厳格には適用されなかったが、望んだ効果をかちとった。一三九二年、リューベックの市参事会員ヨハン・ニーブルを団長とするハンザの使節団が、講和を結ぶためにドルパト、次にノヴゴロドにおもむいた。互いの不満は水に流され、ノヴゴロドにおけるドイツ人、そしてゴットランド島とリーフラントにおけるロシア人の権利について、互恵に基づく旧来の条約が更新され、詳細に規定された。ノヴゴロドとスウェーデンあるいはドイツ騎士修道会の間で戦争が勃発した場合でも、ハンザ商人の自由と安全が保証されることになった。

ロシア人が言う「ニーブルの十字架への口づけ」は、ほぼ一世紀間、ロシアとハンザの関係の憲章であり続け、紛争が勃発した時に、人々はこれを参照した。そして紛争は、相変わらず以前と同じように多かった。さらに、ニーブル使節団はこの滞在で、ハンザが商館よりも上位であることを示そうとした。協議に商館の代表者を一人も参加させずに、使節団は商業取引への課税を命じて、それを荒廃していたペーターホーフの再建にあてることにし、さらにペーターホーフの規約の新版を起草させたのである。

4　ヴィターリエンブリューダーと海賊行為の鎮圧

一四世紀最後の四半期、以前より緊迫度を増した旧来型の危険に、ハンザは直面しなければならなかった。すなわち海賊行為である。

この厄災が突然活発化したのは、メクレンブルク公家の野心により、北ヨーロッパが無秩序状態におちいった結果である。前述のように一三六四年、当時のメクレンブルク公の息子アルプレクトがスウェーデン王に選ばれた。彼はヴァルデマー王の敗北をデンマーク王位奪取に利用できると期待したため、メクレンブルク家はシュトラールズントの和約の締結に際しハンザへの協力を拒否した。しかしこれは無駄に終わる。五年後、公家は失敗を重ねた。ヴァルデマー王死去の際、ハンザはデンマークの摂政としてマルグレーテを承認し、彼女のためにアルプレクトは排除された。これ以降、メクレンブルク公家はライバルに対して私掠戦という手段をとった。当然、ハンザの商船も容赦されなかった。一三七六年のハンザ総会では海賊行為に対する闘争が決定された。船舶に武装をほどこすために二年間、ポンド税が徴収されることになった。注目すべきは、メクレンブルク都市であるロストクとヴィスマルが決定に従わなかったため、ほぼリューベックとシュトラールズントだけで戦争に取りかかったことである。プロイセン都市が脱退したので、計画された大遠征はすぐに行き詰まった。

以後の数年間、メクレンブルク家の立場が弱体化し続ける一方で、マルグレーテの権威は高まった。夫のホーコン六世死去後は、息子オーロフの名でノルウェーの摂政に認められ（一三八〇年）、さらにスウェーデン貴族の反乱により、アルプレクトが廃位されて捕らえられた後には、スウェーデンの摂政になった（一三八九年）。しかしストックホルムは、都市内のドイツ人が彼を支持したため、アルプレクトに忠実であり続けた。

ほぼ絶望的なこの状況で、メクレンブルク公家は、この私掠戦をさらに活発化させることを決定した。そして、あるセンセーショナルな宣言において、「自ら危険を冒して、デンマーク王国に危害を加えるために航海に出ることを望むすべての者に」、メクレンブルクの港を開放すると約束した。この呼びかけは大成功だった。騎士、都市民、農民、ならず者たちが、メクレンブルク貴族の指揮下に馳せ参じた。ロストクとヴィスマルは、海賊が集結する中心地となった。この場所で、船舶に装備と武装をほどこし、奇襲を準備し、獲物を保管して山分けしたのである。海賊行為によって急速に、バルト海の航行はほとんど不可能になった。海賊の襲撃はデンマーク船に限らなかったので、ハンザは物質面だけで苦しんだのではなかった。二つのヴェント都市が、利益と主君への忠誠を理由に共同戦線を乱したため、ハンザは内部危機に何度も見舞われた。

この時期にこれら海賊はヴィターリエンブリューダー Vitalienbrüder と呼ばれ始め、この名称はその後も海賊を指すのに使われた。語源はフランス語である。百年戦争初期に、軍隊への補給の任務を帯びた兵士を、ヴィタイユールと呼んだ。もちろん彼らは純粋かつ単純な略奪で補給を行なった。この名称は海上では艦隊や港に補給を行なう船にも拡大され、ついにはバルト海に伝わり、ここで海賊と同義語になった。

私掠戦は、メクレンブルク家に大きな成功をもたらした。ストックホルムの駐屯軍は、何度となく助けられた。デンマークとノルウェーの海岸は略奪者の襲撃を受け、デンマーク艦隊は深刻な危険にさらされた。一三九一年に、メクレンブルク公家はボルンホルム島とヴィスビーを征服し、ヴィスビーを堅固な出撃拠点とした。さらにオーボやヴィボルグなどのフィンランドの城をいくつか征服した。二年後にベルゲンが略奪され、住民はスウェーデン王アルブレクトに忠誠を誓った。翌年、今度はマルメーが略奪された。

ハンザはロストクとヴィスマルに圧力をかけ、海賊行為をやめさせようとした。だが、これら二都市は主君への忠誠を隠れ蓑にし、私掠行為に対抗するいかなる行動もとらず、略奪された財産の返却さえ拒否した。あまりに危険であるために、一三九二年の総会では、三年間におよぶスコーネとの完全な交易の停止を命じなければならなかった。デトマルによれば、結果的にニシン価格が高騰し、プロイセンでは四倍、フランクフルトでは一〇倍にはね上がった。他方、リューベックとシュトラールズントは、苛酷な対海賊闘争を行なっていた。だが海の安全には、ドイツ騎士修道会の援助が不可欠だった。ところが騎士修道会総長コンラート・フォン・ユンギンゲンは、騎士修道会のバルト海への領土拡大という夢を抱き、この戦争を利用しようと考えており、デンマークの勝利を支援するつもりはなかった。

結局のところ、大きな一歩が踏み出されたのは一三九五年、すなわちハンザが交戦国に調停を受け入れさせた時であった。このスカノールの和約により、アルプレクトは解放された。またストックホルムは、ヴェント、プロイセン、リーフラントの七つのハンザ都市にゆだねられ、身代金六万マルクが支払われなければ、三年後にマルグレーテに譲渡されることになった。だが結局、この支払いはなされなかった。この和約により、マルグレーテは敵に対して自らの勝利を不動のものにした。一三九七年、甥〔正確にはマルグレーテの姉の孫〕のエーリク・オ・ポメルンのために、彼女はカルマルにおいて、スカンディナヴィア三王国の連合を宣言させた。この人的連合は、少なくとも理論上は一世紀以上存続することになる。翌年、この三王国におけるハンザの特権を確認した後に、王妃はストックホルムに入城した。

　スカノールの和約により、私掠戦の正当性は完全に失われた。だが海賊行為はゴットランド島を基地にして、相変わらず猛威を振るっていた。これに終止符を打つため、ドイツ騎士修道会総長がハンザとの協力を最終的に決定しなかったら、海賊行為はその後も長く続いたであろう。手をこまねいていたなら、和平による利益を、みすみすデンマークに与えるのではないかと、総長は恐れたのである。彼はダンツィヒに八四隻の船舶と四〇〇〇人の兵士を配置し、この軍隊がヴィスビーを難なく占領した。リューベックとプロイセンの艦隊が海賊船を精力的に追跡し、一四〇〇年にはバルト海から海賊は完全に一掃された。

　だが、ヴィターリエンブリューダーのほとんどは、略奪の舞台を移動させただけであった。彼らは北海に移り、オルデンブルク伯や東部フリースラントの小領主などに歓迎された。この討伐のため、ブレーメンやハンブルクは多大な努力を注ぎ続けねばならなかった。一四〇〇年に、海賊はフリースラントで大敗北をこうむり、翌年には最後の首領であるゴデーケ・ミヒェルスとクラウス・シュテルテベーカーが捕らえられ、数百人の仲間とともにハンブルクで斬首され、その首は晒された。二〇年以上にわたり、彼らに抱いた恐怖、その冒険的な航海、さらには劇的な最期から、ヴィターリエンブリューダーに関する伝説が生じたのはもっともなことである。彼らの中には外国人にまじって「カスピ海沿岸の山々」まで遠征を行なった者がいたと伝えられている。とりわけシュテルテベーカーは、全海賊の大首領となり、あちこちの海を駆け巡って武功を挙げ、途方もない財宝を集めていたとされるが、歴史的に証明されているのは最期のありさまだけである。彼の死に関する物語は、当然教訓的に脚色された。

　このようにしてハンザは、以前に劣らぬ重大な新たな試練を勝ちぬき、商業的繁栄を確保した。二世紀にわたるほぼ一貫した上昇基調の後、「帝国商人の共同体」は商人都市の共同体となり、力強さと活力を再び示した。ロシアからイングランドに至るバルト海および北海の沿岸諸国全域において、広範な特権と遠隔地商業でのほぼ独占状態を獲得した。ハンザは、半世紀にわたって、経済封鎖や戦争を用いて経済的優位を脅かす障害を克服できることを証明した。それゆえシュトラールズントの和約に始まる時代が、ハンザの最盛期とみなされる。

だが諸々の事件から明らかなのは、ハンザの成功が常に不安定であり、獲得した成功も絶えず危険にさらされていたことである。外国では、度を越しているとみなされた特権に対する抵抗が、ますます大きくなっていった。さらにハンザの領域では、優れた技術を持ち、ますます大胆になる商業上のライバルの脅威を感じ始めていた。このため、一五世紀初頭以降のハンザは、活動領域を空間的にさらに拡大しつつも、新たな地位を確保するよりは、既得の地位を保つ保守的な姿勢を示した。ハンザの大きな強みは、東西ヨーロッパ間の生活必需品の交易における仲介者としての役割を保持していたことだった。その弱みは、栄華の時代においても見られたように、メンバー間の利害対立であった。この利害対立は、とりわけ沿岸都市と内陸都市の間で、そしてヴェント都市とプロイセン都市の間で大きくなる傾向があった。まとめれば次のように言うことができる。依然として多くの目覚ましい成功を収めたにもかかわらず、そして成果がなかったとはいえ、再建への努力がくり返されたにもかかわらず、商業の衰退は一五世紀とともに始まったのである。そしてこの衰退は、最初は緩慢かつ目に見えないものだったが、次第に目立つようになっていった。

第Ⅱ部

一四、一五世紀のハンザ

第1章　ハンザの組織

1　ハンザの成員

都市ハンザが成立する一四世紀半ばまで、だれがハンザの成員であるのかを知るのはさほど難しい問題ではなかった。というのも、外地でハンザの特権を享受していたすべてのドイツ商人が成員とみなされていたからである。ただし具体的にどのようなプロセスで、新参者がハンザに加入していたのかはわからない。おそらくは、商館や支所《ファクトライ》で長老による審査と決定を通じて認められたのだろう。あるいは、ハンザ都市を出港したのちに、加入希望者が仲間たちに受け入れられたのかもしれない。しかしこの点がなんらかの問題を引き起こすことはなかったようである。というのも、ノヴゴロドの最初の三つの規約《スクラ》Schraも、ブルッヘ商館の一三四七年の規約も、新参者の加入について何も述べていないからである。さらにいえば、加入希望者が、北ドイツの出身者、もしくはハンザ商人集団が存在したバルト海沿岸都市の出身者であれば、かなり自由に受け入れられていたようである。そのためブルッヘ商館の規約には、スウェーデン都市出身の成員がわざわざ挙げられているのである。

都市ハンザが形成された一四世紀半ば以降、ハンザの特権の享受は、加盟都市での市民権の取得と紐付けされるようになった。当初、ハンザ都市ではなかった小都市の住民で、その時までにハンザへの加入を認められていた者の取り扱いは、はっきりしていなかったようである。しかし、早くも一三六六年のリューベックでの総会で、ハンザ都市の市民だけが「すべての商人」の特権を享受できるという規則が布告された。この規則の条件にそぐわない人々は、いずれかのハンザ都市の市民権を手に入れなければならなくなったのだろう。

しかし、一五世紀になると、従来の規制でも十分ではないと考えられるようになった。この頃、ハンザの特権を享受するために、外国人がハンザ都市の市民になることがかなり頻繁にあったからである。こういう慣行をやめさせるために、一四三四年の総会では、特権を享受できるのはハンザ都市で出生した市民に限られるとした。しかしこの措置を実行に移すのは困難であったと思われる。というのもこの規制が何度も繰り返されていたのが知られているからである。一五世紀末頃には、少なくともヴェストファーレン地区《ドリッテル》については、当該地区の主要都市が、ある商人がハンザ都市に属していることを証明する文書の作成の責任を負っていた。

それでは一四世紀半ば以降は、どの都市がハンザの成員だったのだろうか。これこそがハンザ研究史上で最も微妙な問題の一つなのである。というのもハンザ都市をどのように定義するのかによって異なる答えが返ってくる可能性があるからである。つまり、ハンザ都市とは、外地で商館に入ることを許され、ハンザの特権を享受する商人が属した都市なのか。あるいはそうではなく、ハンザの組織や活動に積極的に関わり、それによって生じる負担を自ら引き受けた都市なのか。それとも、実際に直接であれ間接であれ総会に招集された都市なのか。

ハンザが加盟都市の公式の一覧を作成し、それを丹念に更新することに気を配っていたと考える人がいるかもしれない。しかし、そのような一覧は全く確認されないし、こうした類いの目録の必要性すら一度も感じられなかったようである。初期の総会に際しては、外地での商人の保護に関心のあった都市がハンザの特権を持つのは当然であり、そうした都市がどこであるのかを調べようとは考えもしなかった。この点が検討されたごくわずかな例外はある。たとえばブレーメンについていえば、長い間ハンザから離れていたため、一三五八年に加盟を申請せねばならなくなり、討議の末に加盟が認められた。その後、別の都市もハンザに加入するために、ブレーメンと同じ手続きを経なければならなかった。というのも、こうした加盟希望都市が、かつて本当にハンザに属していたのかどうかに対する疑義や異議が提起されたからである。しかし、もともとハンザに属していた大半の都市に対してこのような事態が起こることはなかった。そしてこれらの都市がハンザの成員としての資格を持っているのかどうかを知ることができるのは、かなり後の史料によるのがしばしばである。

都市ハンザが成員一覧の作成に消極的であったとすれば、それは外国の政府からそうした一覧を定期的に要求されていたからでもあった。なかでも強く要求していたのはイングランドである。イングランドは、ハンザの成員がはっきりしないことで生じていた権利の濫用を押しとどめようとしていた。しかしこのような要求に対して、ハンザは常にその場しのぎの返事をしていた。その際彼らは、正確な加盟都市の一覧を提出するのは不可能であることを理由にしていた。しかし本当の理由は、成員全体に対する集団的報復や賠償請求の根拠となりかねない文書を、敵に与えるのを望まなかったからである。

それでもハンザ都市一覧はいくつか存在する。一五、一六世紀の公文書に挿入されているこうした一覧が作成された目的はさまざまであった。兵員の分担や徴税の割り当てを目的としたものもあれば、総会に招集したり、欠席者を記録したりするためのものもあった。当然のことながら、このような一覧にはそれぞれにかなりの違いがあり、時には意図的な記入もれや加筆があった。正確性という点で一覧それ自体にはさほどの価値がないとしても、少なくともおおよその数字を提示することは期待できる。最も信頼できるデータによれば、ハンザ都市の数は五五から八〇の間であったようだ。この概数は、さまざまな史料から入手できる数値を総合的に見積もることで裏付けられる。たとえば、教皇ウルバヌス六世（在位一三七八—八九年）宛ての嘆願書の中で、「ハンザと呼ばれる連盟または連合によって長らく結びついている、七七の大都市の首長であり首都であるリューベック」が話題にのぼっている。この七七という数値は、その象徴的な性質を考えればいささか疑わしくもあるが、ハンザ商人による別の計算による裏付けも得られる。たとえば一四六九年、ブルッヘ商館は、「従属している都市すべてを除いて七二都市で構成されているハンザ」と記している。この時代、七二という数値は、周辺諸国の文書局に認められたほぼ公式の数値と考えてよい。一例を挙げれば、一五〇七年、フランス王ルイ十二世は、「汝ら共同体にして連合である七二都市」に宛てて書簡を記している。

しかし、ヴァルター・シュタインをふくむ現代の歴史家の中には、この数値は全く意味がなく、少なすぎるとして退けるものもいる。彼らは、外地で商業特権を享受している市民を抱える都市がハンザ都市であるとみなし、その一覧の作成を試みた。彼らの結論は一八〇を超える数値である。この基準に従って詳細な研究が試みられたとすれば、さらに数十の都市を特定し一覧に加えることができるだろう。彼らの見解によれば、すべてのハンザ都市は、重要な都市であっても取るに足らない都市であっても、法的には互いに平等であった。

だが、この基準が妥当なのかどうか、つまりハンザの特権にあずかる商人が所属していれば、その都市が一五世紀にはハンザの成員とみなされたのかどうかを問題にしなければならない。ヴェストファーレンに関するルイーゼ・フォン・ヴィンターフェルトの研究によれば、答えは否定的なものにならざるを得ない。実際、いくつかの史料の記述からわかるのは、「ハンザの都市」とみなされていたのは、総会に招集されて、直接的に、またはほかの都市に委託して間接的に、総会に代表が出席していた都市であること、そしてそれらの都市だけが場合によっては財政的かつ軍事的な貢献を求められていた、ということである。反対に「従属する小都市 Beisträdte」は、商業の特権にあずかっていたとしても、完全な権利を持った成員とはみなされていなかった。それゆえ、ハンザという組織は、法的に平等ではない二種類の都市で構成されていたことを認めなければならない。つまり、能動的な成員である約七〇の「ハンザ都市」と、概して規模は非常に小さい受動的な成員である約一〇〇の「ハンザ都市」である。合計一八〇ほどのハンザ都市は、ある意味では商人ハンザのなごりであり、この商人ハンザに都市ハンザという組織的集団が重なり合ったのである。

このような状況があるため、一四世紀半ばから一六世紀半ばまでの任意の時点においてハンザに属していた都市を数え上げることだけでも大変な困難がともなう。いわんや正確な年代をともなう都市の一覧を作ろうとしても無駄に終わるだろう。そのような試みのためには、実際に各都市の加盟や脱退の日付を知らねばならないのだが、おおよその場合、それは不可能である。これを納得するには、どのようにして――広い意味で――ハンザへの加盟が認められていたのか、そしてどのようにしてその成員の資格を失ったのかを詳細に検討する必要がある。

ハンザの成員であるためには、または成員となるためには三つの方法があった。第一に、初めからつまり一三五八年頃にドイツ・ハンザの都市であると認められていること、第二に、ハンザへの加盟を要求して公式に許可されること、第三に公認されてはいないが事実上ハンザに入り込むことである。ただし第三のやり方は明らかに小都市だけにできることであった。

すでに確認したように、都市ハンザが形成された時期には、成員の一覧は全く作られなかった。最初からの成員と言ってよい都市の中には最重要都市が当然含まれているが、それでも詳細が不明な事例が多く、後代の記述からも断言はできない。

すぐにハンザ都市として認められない都市は、加盟の申請をする必要があった。一般的に、加盟を望む都市が主張するのは、その都市の商人がかつて「すべての商人」の特権を享受していたために自身はハンザ都市であるという点であった。

加盟申請を受けると総会が審議を行ない、加盟を認めるかもしくは拒絶するかを判断した。この手続きの例外はノイスの一例のみである。この都市は、シャルル突進公の包囲に持ちこたえて勝利した後、一四七五年に皇帝の決定によって加盟が認められている。加盟拒否の理由としてしばしば挙げられたのは、加盟を望む都市が遠隔地に位置したことである。コンスタンツの加盟申請が一四一七年に拒否されたのはこのためである。さらに多くの場合、拒否の理由とされたのは、不当競争が起こることへの懸念だった。つまり加盟を望む都市によって、特権の恩恵が外国人に拡大されるのではないかという懸念であり、なかでもオランダ人に対する恐れが大きかった。そのため、一四二二年と一四五一年に出されたユトレヒトの申請は拒否された。アーネムは一三八〇年から加盟を申請していたが、それが許されたのはようやく一四四一年のことだった。同じ年に加盟を許されたカンペンも、一四世紀末から加盟を申請していた。一六世紀にナルヴァの申請が拒否されたのは、リーフラント都市による純然たる嫉妬が原因であった。

最初からハンザに属していた都市の一覧が疑わしかったために、小都市のうち、少なくともハンザへの所属を疑われなかったものは、申請をしなくても、自分たちがハンザの特徴を備えていることを主張できたし、ハンザの権利の恩恵を不正に得ることができた。特にヴェストファーレンでは、一五世紀後半に、こうした濫用に対して不満の声が何度も上がった。最終的には一四九四年、ハンザに属するという証明書を商人に交付する権限は、指導的立場にある都市のみに与えられるという決定が下された。これによって、どの都市がハンザに所属するのかを、こうした有力都市が判断することになったのである。

他方でハンザに所属することをやめるにも三つの方法があった。第一に除名によって、第二に脱退によって、第三に何も言わずにハンザの権利と義務を放棄することによってである。

除名というやり方は、反響が大きいわりには、ハンザ都市数の減少に果たした役割はさほどではなかった。というのも除名の事例は比較的わずかで、ハンザの歴史の末期を除けば、常に一時的なものであったからである。除名の最も多い原因は一種の革命によって生じた騒乱であった。つまり、追放された市参事会の一部または全体が、裁定を下しうるハンザ総会に訴え出たのである。このような事例は、ブラウンシュヴァイクでは一三七五年に、ブレーメンでは一四二七年に、ミュンスターでは一四五四年に確認できる。ハンザの基本原理への違反行為が理由になることは、もっとまれだった。一例は一四七一年のケルンの除名であるが、その理由はケルンがイングランドで独自の特権を認めさせたことであった。

除名よりもやや事例数が多く、しばしば決定的だったのは、公然たる脱退表明である。脱退理由の一つは、都市に対して自分の権力を強めたいと望む都市領主からの圧力だった。このような脱退の事例は、一四三〇年のザクセンのノルトハイム、一四五二年のベルリン、一四七九年のハレで起こった。より頻繁に脱退を引き起こしたのは、脱退をはっきりと表明せずに、ハンザ共通の負担から逃れようと望んでのことだった。ブレスラウは一四七四年に、自分たちの商業の利益のためにハンザから離れたことを明らかにした。

かなり頻繁にみられたのは、正式に告知しない状態での事実上の離脱である。必要な財政上の負担、なかでも総会への代表団の派遣費用の拠出を拒む小都市の数は増加する一方であった。こうした都市に所属する商人は、もはや商館を訪れなくなり、そのための特権を行使することもなくなった。このような状態では、そうした都市がハンザの中に存在しているのは、理論上のことに過ぎず、意味を持たなかった。何度も先延ばしされた末、一五一四年の総会で、このような怠慢行為に対する結論を出すことが決まった。すなわち、約三〇の都市が、ハンザを除名されたとみなされたのである。しかし、その多くが、のちに復帰を求め、再びハンザ都市に数えられるようになった。

このような曖昧さを前にしたならば、時代ごとにハンザの加盟都市の一覧をつくろうとするのは虚しい行為といえるかもしれない。全体として言えるのは、ハンザ都市の数が一五世紀前半の間に著しく増えたことだけである。特にケルンは、ハンザ総会での影響力を強めるために、多くの近隣都市の加盟に力を貸した。この時期は脱退と事実上の離脱もまだ珍しく、その件数が増加したのはのちの時代である。したがって、ハンザの都市の数が最も多かったのは一五世紀半ばに差しかかる直前だったと思われる。このことから、制度面から見てハンザが最盛期を迎えたと言えるのはこの時期であり、経済的な最盛期から半世紀後のことだった。

都市の連合体であるハンザだが、そのメンバーに一人の――すなわち唯一の――諸侯がいた。それはドイツ騎士修道会総長である。このような特殊な状況が生じたのは、プロイセンやリーフラントにおける植民やドイツ都市の発展に、ドイツ騎士修道会が多大な役割を果たしたからであり、また、プロイセン都市が他のいかなる領邦よりも、領主たる騎士修道会に強く従属していたからであった。総長がハンザに属していたことで、結果的に、騎士修道会国家の臣下全員が、ハンザのメンバーとみなされることになったのだろう。実際には、完全にハンザのメンバーだと見られていたのは、プロイセンの六都市の市民だけだった。騎士修道会に属する商人については、ノヴゴロドを除く各地でハンザの特権を享受したようである。しかし一三九〇年頃に、総長がブルッヘ商館に宛てた書簡にみられるように、彼らの地位はやや曖昧だった。ブルッヘ商館に対してハンザの「商人の法」を明らかに侵害したとして、ブルッヘ商館はケーニヒスベルクの貿易長官とその管轄下の人々とを、この法から排除した。これに対し総長は、騎士修道会の一員である貿易長官はそもそもハンザに所属していないので、それから排除されようがないと主張した。しかし、総長は商館側の決定を尊重せざるを得なかった。

ドイツ騎士修道会はバルト海沿岸のキリスト教化を進めたことで有名で、遠方の国々からやって来た騎士たち――その中にはフランス人ではブシコー元帥がいた――もそれに貢献した。当時の封建的なヨーロッパという風土を考えれば、商人の共同体では主張できないような権威を、騎士修道会がハンザに与えたことに疑いの余地はない。イングランドのいくつかの史料では、総長は「ハンザの首長 caput Hansae」と呼ばれることさえあった。ドイツ騎士修道会が有する陸海の軍事力が、ハンザにとって貴重だったことが何度もあったのは間違いない。しかし、この軍事力自体に難点があった。騎士修道会は自らの目的のために、商業上の利益に反する企てに、ハンザをしばしば引きずり込み、外国との争いに巻き込んだ。ドイツ騎士修道会は、最初はハンザの繁栄の要因だったが、後にはハンザが衰退する一因になった。

最後に、珍しい事例を指摘しなければならない。それは（ホルシュタイン西岸の）ディートマルシェンの農民共同体であり、おそらく遅れてハンザの成員になった。実際に一四六八年にはリューベックと同盟を結んでいたが、この同盟が更新され、一五五八年まで存続した。この農民たちが、デンマーク人に対して圧倒的な勝利を収めたことによって、同盟は強固なものとなり、その時からディートマルシェンの代表がハンザ総会にかなり定期的に姿を見せるようになった。一五世紀以降、ここの農民は海上商業を、特にリーフラントで営んでいた。農民たちはリューベックの支持をうけてハンザの権利を要求していたが、彼らが行なっていた交易にリーフラント都市は不安を抱いた。一五五四年には総会で、ディートマルシェンの住民はハンザの成員ではないが、黙認の上でハンザの特権を享受できることが明確にされた。この決定は、彼らの地位が曖昧だったことを反映していた。さらに五年後、この農民共同体がデンマークに制圧されたことで、リューベックとの同盟は終わりを迎えた。この事例は、ドイツ騎士修道会の場合と同じように、ハンザの連合体の多様性と柔軟性を証明するものである。

2　総会 Hansetag と地方会議

ハンザ総会とは、ハンザ都市の全体会議であり、一三五六年以降にハンザの運営機関になった。これは厳密にハンザにおける唯一の組織であると言ってもよいほどである。というのも、地方会議ではハンザと関係のない問題も決議したし、ハンザそのものに独自の官吏がいなかったからである。

ハンザ総会は、この共同体の最高決定機関だった。ここでは、ハンザに関する重要な事柄のすべてが決定され、原則として上訴は認められなかった。つまり、和約や商業特権の批准、外国の都市や君主との交渉、使節の派遣、和平、戦争、経済封鎖、財政的または軍事的な措置、あらゆる種類の経済的な規制、成員の除名や加盟、ハンザ都市間の紛争の調停などが行なわれた。

定期的かつ頻繁に集まるのを強いられるのは、想像がつくように、重荷になる任務だった。実際に、どれほどの周期で開催するのかを、一五世紀に決定しようとしたが、実現にはいたらなかった。そして、総会と呼べるような会議、つまり三つの「地区《ドリッテル》」の都市代表が出席した会議の数を計算すると、一三五六年から一四〇〇年までは二七回、一四〇〇年から一四四〇年までは一二回、一四四〇年から一四八〇年までは七回となる。二つの地区の代表しか出席せず、どうにか総会と呼べるような会議を加えれば、それぞれ四一回、一四回、一七回となる。つまり、一四世紀には一年に一回にも満たず、一五世紀にはかろうじて三年ごとに一回になる。

こうした数字の少なさには驚かされる。これと対照的なのは地方会議の回数で、しばしば一年に何度も招集された。しかも、その理由は簡単である。遠方に代表団を派遣するのにかかる多額の費用に、都市がしりごみをしたからである。そのうえ、いくつかの問題は、一部の都市にしか関係しなかったので、大量の欠席者を出さないためには、本当に全体の利害にかかわる問題のためだけに、すべての都市を招集するのが望ましかった。最終的にハンザは、重要な事例を別にして、決定をリューベックに任せるようになったが、いずれにしても、会期と会期の間ではリューベックが実際に指導をしていた。このリューベックの優位は一三世紀以降に知られるようになり、一四世紀に強化され、一四一八年に公認された。この時、リューベックはヴェント都市とともにハンザの利益に責任を負うよう頼まれたのである。この決定は、一五世紀に総会がほとんど開かれなかったことを、一部は説明している。このことは、リューベックの指導者としての役割が常に文句なく受け入れられたことを意味するものではない。それどころではなかったのである。

リューベックが優位に立っていたことや、地理的な立地といった理由で、全時代を通じて、通常はリューベックが総会の開催地だった。一三五六年と一四八〇年の間の七二回の総会のうち、五四回がリューベックで開かれた。シュトラールズントで一〇回開催されたのは、プロイセン都市がもう少し近い都市を希望したのを考慮したからである。そしてハンブルクで三回、ブレーメンで二回、ケルンとリューネブルク、グライフスヴァルトでそれぞれ一回ずつ開催された。

総会を招集する主導権を行使したのも、いくつかの例外を別とすれば、やはりリューベックだった。リューベックの市参事会が、招集の通知を他のヴェント都市や地区の指導的立場にある都市に送ると、その地区の都市がそれを地区内の都市に伝えていた。少なくとも理論上はこのように行なわれ、ザクセン都市に対する規定（一四二六年）に示されている通りであるが、実際には、リューベックが招集の知らせを直接送った都市の一覧は、常に変化していた。

予定された開催日までには時間的に十分な余裕――数カ月――があった。それは、都市の集団が議事を事前に協議したり、いくつかの問題について自らの見解を明らかにさせたり、全権を委任された代表が招集状の期日に到着できるようにするためだった。この旅費の大半を負担したのは、代表を派遣した都市だった。間接的に代表を派遣した都市も応分の負担をしていたが、負担の割合をめぐって激しい割引交渉が起きた。この費用を減らすために、一五世紀初めには、法律や外交の問題に精通した官吏でもある法律顧問を代表にしようとする都市がいくつもあった。しかし一四一八年のハンザ総会では、総会で都市を代表する資格があるのは、市参事会員だけであるという布告がなされた。

ハンザ総会の出席者は、ハンザの成員から推測できる人数よりもはるかに少なかった。普通はわずか一〇から二〇の都市が、多くの場合、それぞれ二人から三人の代表を総会に派遣していた。最も数が多かったのは一四四七年で、代表団は三九で、かろうじて実際の都市の総数の半分だった。つまり、どの総会も、本当の総会ではなかったことになる。都市の代表だけが採決と議事録の作成とにかかわったが、このような都市の代表のほかにも賓客が出席する時があった。それは、皇帝やブレーメン大司教、諸侯本人または諸侯が派遣した代理人、関係のある事柄のために呼ばれた商館の代表である。

ハンザ総会は外からみれば権威があったが、内部の弱さ、時には話にならないほどの脆弱さに悩まされた。主な弱点はまさに欠席であり、これは代表団の費用の出し惜しみや、さらに都合が悪いと思われる決定にかかわりたくないというのが原因だった。欠席者があまりに多い場合には、改めて総会を招集しなければならなかったが、出かけていったのが無駄になった代表はひどく不満を覚えた。こういった怠慢への対策が試みられたが、無駄であった。一四三〇年には、正当な理由のないすべての欠席に対して一金マルクの罰金と財産の没収、さらにハンザからの除名が検討された。一四五七年には、総会が三〇都市に対して、納得のいく弁明がすぐにできなければ、罰金を支払うよう宣告した。だが、このような措置は、そもそも厳格な適用がためらわれたために、効果がなかった。

指定された期日からかなり経たないと、総会で審議を始められなかったことがよくあったが、それは遅刻者を待たねばならなかったからである。この点でも罰金制度が設けられたが、不具合をほとんど是正できなかった。同じように不都合だったのは、閉会前に帰ってしまうという慣行が広まっていたことである。特に、審議が自分たちに不利になると、最終決定が下される前に代表が抜け出すのを選ぶ都市があった。都市の政府が、決定を実行に移すのを拒否しやすくするためだった。対策として、すべての代表が立ち去る前に中途退席することを公式に陳謝し、検討された議事録に事前に署名しなければならないと定められた。

議場で各代表が座る場所は、席次によって決まっていたが、席次については当然のように、頻繁に異議が唱えられた。一番目の席は馬蹄形のテーブルの中央で、リューベックの場所だった。リューベック代表の右側にある、二番目の場所を占めていたケルンが、繰り返し首位の席を要求した。三番目の席はリューベックの代表の左側で、ブレーメン——大司教座があった——の代表がその席についたが、この席もハンブルクが要求していた。

議論には長い時間がかかり、多くの場合、合意に達するのも難しかった。しばしば、代表の中には、問題に対して意見を述べる権限を与えてくれないと主張したり、その件について都市に照会したいと表明したりする者がいて、その都市の同意を得るのがかなり後になってしまった。代表が委任者（都市）の名において反対する時もあり、彼らが反対したことは議事録に記録されねばならなかった。議論が終わると、過半数を占めた意見で決議となったが、リューベックの意見が他の都市の意見を左右するのが普通だった。この決議は議事録として羊皮紙に書かれ、総会が開かれていた都市の印章が付された。その写しを代表がそれぞれ受け取って、自分の都市に戻り、さらにその写しを作成して、自分の地区内にある間接的に参加した都市に送った。こういった議事録は、全体としてみればハンザの法文書や外交文書の集成のようなもので、原則として全員が受け入れて、実施しなければならなかった。だが、理論と実践には大きな開きがあった。

「地区《ドリッテル》」の会議が存在した理由は、一つにはハンザの全地域から代表が集まるのが困難だったことである。地区の制度が最初に登場するのは、ブルッヘ商館の一三四七年の規約である。そこでは商人たちが出身地によって、三つの地区に分かれていた。すなわちリューベック－ザクセン、ヴェストファーレン－プロイセン、ゴットランド－リーフラントの三つであり、それぞれの名前が示すように、少なくとも二つの集団で構成されていた。最初のものはリューベックが中心で、ヴェントやザクセン、ポメルン、ブランデンブルクの都市が含まれていた。第二のものは、最初はドルトムントが、後にケルンが指導して、ヴェストファーレンやラインラント、プロイセンの都市が含まれていた。このように地理的な割り振りが独特なのは、おそらく、曖昧である特別な利害の一致よりも、ヴェントとザクセンの強力な地区間の均衡を保とうとする欲求によるものだろう。最後に、三つ目の地区は最も弱く、中心がヴィスビーの時もあれば、リーガの時もあった。意外なのは、リーフラント都市が、同じ領主を持ちながら、プロイセン都市と別の地区に属したことである。おそらくは、ヴィスビーの工作によるのであろう。ヴィスビーは一四世紀半ばには影響力がまだ強く、他の二つの地区のどちらにも加わる気がなかったのである。この区分はブルッヘ商館の中には現れるが、他の商館ではみられず、別の方法でドイツ商人は分けられていた。したがって、地区の会議が扱ったのは、ほとんどフランドルの問題だけだったが、出席者が少なすぎる総会を補うという利点があった。

　地区に分けることで、それを指導していた都市は仲介者としての役割を確保し、それによってハンザの組織の中で影響力を拡大した。そのため、地区の長たる都市の地位をめぐっては、決まって競争が起こった。特にケルンは、ブルッヘに自都市の商人が少なかったこともあり、最初の頃は距離を置いていた。しかし、すぐにヴェストファーレン地区での首位の座を要求するようになり、ドルトムントがフェーデによって弱体化し、没落したのを利用して、一五世紀半ばにその座を手に入れた。ブラウンシュヴァイクは、リューベックへの従属に耐えられず、最後には地区を再編することになり、一四九四年にリューベックで開かれた総会でそれが認められた。この時からリューベックを中心とするリューベック地区、ケルンに中心があるケルン地区、プロイセンとリーフラントの都市を含みブラウンシュヴァイクを中心とするザクセン地区に分けられた。当然、ダンツィヒは、このような従属に満足しなかった。ブラウンシュヴァイクとダンツィヒが地区の指導権をめぐって半世紀にわたって争った末に、ブラウンシュヴァイクが首位にあるザクセンの「地区《クヴァルティール》」と、ダンツィヒの下にあるプロイセン－リーフラント地区《クヴァルティール》が存在するようになった。こうして、三つの地区《ドリッテル》に四つの地区《クヴァルティール》が取って代わったのである。

ハンザの組織の機能という点で、地区《ドリッテル》の会議よりも重要なのが地方会議だった。地方会議における利害の一致は、同じ地区内の都市の間では、特に同じ領主を戴いている場合には、明らかに緊密なものになった。こうした事例としては、東欧ではブランデンブルクやプロイセン、リーフラントの都市、西欧ではクレーフェ伯領とヘルレ伯領の都市があった。お互いにそれほど離れていないので、多額の費用をかけずに、話し合ったり、頻繁に会議に集まったりすることができた。したがって、このような地方会議は、ハンザ総会の準備をしたり、また逆に決定を実行したりするのに大きな役割を果たした。だが、地方会議はハンザに特有のものではなく、都市の地位の維持や領主との関係に関する政治的な性格を持つ決定が、大きな位置を占めていた。このような同盟には、場合によってはハンザの成員ではない都市も含まれ、会議中にハンザの問題が議論される時には、そうした都市の代表は口を出さなかったようである。

地方会議のうち、ハンザの運営という点で最も重要だったのは、ヴェント都市の地方会議だった。この会議は頻繁に開かれ、年に何度も開催された。ヴェント都市はハンザの組織の中心にあり、バルト海と北海の沿岸にある異なる領主の所領に分布し、ザクセンの一つの都市（リューネブルク）とポメルンの少なくとも一つの都市（シュトラールズント）とを含んでいて、「ハンザの首長」（リューベック）に指導されており、まさにハンザ全体の縮図となっていた。おそらく、ヴェント都市には独自の利害があり、東西の都市の利害と多くの点で違っていた。そのため、彼らは利己的であると繰り返し非難された。しかし、一四一八年にヴェント都市に委ねられていた指導権を取り上げることが、深刻な問題となったことは一度もなかった。このことは、本質的にヴェント都市がハンザ全体の意思を表現していたということを証明していた。

最後に、ハンザの組織の土台になっていたのは各加盟都市の市参事会であり、なかでも最も重要な都市にとって、その役割は大きかった。市参事会は、総会に提出する問題を議論するために地方会議を招集し、代表を派遣し、代表団の費用を負担し、近隣の都市やリューベックへの書簡を作成し、ハンザの決定を実行させることになっていた。リューベックの市参事会が特別な役割を持っていたことは強調するまでもない。この市参事会は、しばしばハンザを代表して重要な主導権を握り、その後の総会で承認が得られるのか確信がないままに、共通する利害にかかる費用を負担しなければならなかった。

したがって、ハンザの行政および政治上のはたらきが、重なり合う三種類の会議によって確保されていたということができる。つまり、土台にあるのが都市の市参事会である。その上段にあるのが地方会議で、時には大規模なものになった。最後は、頂点にある総会で、唯一のハンザ独自の制度であるが、実際のところはリューベックの市参事会が常にその代役をしていたのである。

3　四大商館と支所《ファクトライ》

外地にいるドイツ商人が集まった商館は、ハンザ商業の重要な拠点だった。商館はそれぞれが別の時代に自然発生的に現れ、その国の当局から特権を与えられ、規約をしだいに厳密にしていくことで、徐々に組織を整備していき、一四世紀半ば以降にハンザ総会に従属した。公式には「どこそこのドイツ・ハンザの商人共同体」（たとえば、ベルゲンにあるドイツ・ハンザの商人共同体）とか、もっと簡単に「どこそこのすべての商人 der gemene kopmann to ...」と呼ばれた。商館《コントール》という用語は、一六世紀にようやく使われるようになった。

ドイツ商人の居留地は、数え上げるならば数十にのぼり、北欧や東欧の国々だけでなく、ポルトガルまでの大西洋岸にもあった。居留地は法的には互いに平等だったが、重要性に応じて、その役割はもちろん違っていた。そのうちの四つが、まぎれもなくハンザの支柱であり、ハンザの繁栄の土台だった。それはノヴゴロドとベルゲン、ロンドン、ブルッヘの商館である。しかし、それ以外に、デンマークやスウェーデン、ポーランドなどの、ハンザが非常に盛んに交易を続けていた国々に、商館がなかったことに驚かされる。というのも、大きな商館が発達するにはいくつかの条件があるのだが、その条件はどこにでもあるわけではないからだ。北ドイツから比較的離れていて、非常に需要の多い商品をハンザ商人が仕入れることのできるような、重要な商業の中心地がそこに存在する必要があった。そして、現地の権力者から特権を認められている必要もあった。だが、デンマークの場合、ドイツ人がコペンハーゲンで買い付けをできる可能性は、限られたものだった。商館の場所によりふさわしいのは、塩漬けニシンの産地スコーネのほうだったかもしれない。だが、ここには大都市がなかったし、大市の時に外国人が滞在できる期間はあまりに短すぎた。スウェーデンでは、ストックホルムが大きな商館の所在地になるのにうってつけのようにみえたが、ドイツ人は数が多いものの、そこで独自の特権を手に入れることはなかった。最後にポーランドでは、商業はトルンやクラクフ、ブレスラウといったハンザ都市によって行なわれていたので、もう一つ別の居留地の必要性は感じられなかった。

商館には、都市の連合体よりもはるかに厳密な組織があった。それぞれに商館長がいて、法廷や自前の金庫もあった。独自の印章によって――ハンザ都市の共同体とは反対に――法人格を持っていた。印章には、ロンドンとブルッへの商館の場合は双頭の鷲の、ベルゲン商館の場合は鷲とタラの、ノヴゴロド商館の場合は鷲と聖ペテロの鍵の像が描かれていた。そこを訪れるすべての商人は、必ず商館の当局者に訪問した旨を知らせ、規約に定められている厳しい決まりに従い、（ブルッへを除いて）専用の囲い地の中に宿泊しなければならなかった。毎年、商人の全体集会で、商館によって数はまちまちだったが、長老が選ばれた。長老に選ばれた者はその職を必ず引き受けなければならなかったが、無償だったので、あまり人がうらやむような地位ではなかった。補佐役の助けがあっても、商館を管理するのは確かに重い負担だった。すなわち、成員に対する裁判権を保有し、罰金や税《ショス》 Schoss を保管する金庫を管理し、現地の当局者に対して商業・司法・外交上の働きかけを行ない、都市との連絡をとらねばならなかった。ハンザ総会で説明するために、代表になることもあった（商館はハンザの加盟都市ではなく、通常は総会に招集されることはなかった）。商館の運営はだいたい似ているが、お互いにかなりはっきりとした違いがあったと、指摘しておかねばならない。

ノヴゴロド

ノヴゴロドのハンザ商館（ペーターホーフ curia sancti Petri, Peterhof）は最もよく知られている商館の一つである。それは、一三世紀半ばから一七世紀初頭にかけて相次いで七回編集された内部の規約によるものである。商館はヴォルホフ川右岸の市場広場の一角にあり、かなり広い敷地があったが、柵に囲まれていて、入り口の門は一つだけだった。主な建物として石造りのザンクト・ペーター教会があるが、礼拝だけに使われたのではなかった。教会には金庫や文書、秤が保管され、ありとあらゆる商品の倉庫という役割を持っていた。商品が教会に詰め込まれる時もあり、祭壇に商品を置くのを特別に禁止しなければならないほどだった。最後に、襲撃された時には、この教会が商人たちの最後の避難所になった。教会の周りには商人（親方 Meistermann）や手代、徒弟の宿舎が建っていて、大きな集会場や、営業や行政にかかわる施設、屋台、麦芽倉庫〔独訳では「醸造所 Brau-küche」となっている〕、司祭館、牢獄もあった。一四世紀以降、もともとゴットランド人の商館だった聖オーラヴの館、すなわちゴート商館も、ドイツ人が手に入れた。これはヴォルホフ川のそばにあり、商館が満員の時には商人の一部が滞在した。

ノヴゴロド商館の重要性は、この商館が、その管理の監督権を掌握しようとするハンザ都市の間で、激しい対立の的になっていたことから理解できる。ゴットランド島のドイツ商人団体の後継者であるヴィスビーは、ペーターホーフへの影響力を一二九三年まで保った。それから一世紀の間、リューベックがヴィスビーとその指導権を争ったが、その後まもなくリーフラント都市、なかでもドルパトとレーヴァルがこの競争に加わり、一四四二年以降にペーターホーフの主導権を完全に奪い取った。

この商館の主な独自性は、水路や陸路を使ってやって来る冬季商人（冬季渡航者 Winterfahrer）と夏季商人（夏季渡航者 Sommerfahrer）の交代が、他の場所よりも厳密に行なわれていたことである。多くの場合、彼らは顔を合わすこともなく、それぞれが独自の組織を持っていた。この組織は、二世紀の間、絶えず変化し続けた。一四世紀半ばまでは、商人の全体集会 Steven が商館長、つまり商館の長老 Olderman を無条件で選出し、長老は四人の補佐役を指名していた。他の商館よりも長老の権力は絶対的だったようである。その理由は、この商館が遠く離れ、孤立していたからである。しかし、長老の決定は、ヴィスビーの市参事会に、さらにその後はリューベックの市参事会に上訴する余地が残されていて、二つの都市はこの特権をめぐって一三世紀末から一四世紀の間ずっと争っていた。長老は金庫の管理も行なっていたが、この金庫をヴィスビーに預けるために、商人が出発する時に運び出していった。主な収入源としては、罰金と建物や屋台の賃貸料とがあるが、特に、もともとはノヴゴロド公に納められていた商品輸出税もあった。ザンクト・ペーター教会の司祭は、商人に連れて来られ、彼らと一緒に帰っていったが、司祭への報酬は何世紀もの間、絶えず論争を引き起こしたり、減額されたりした。司祭は教会の仕事に加えて、商館の書簡を書く役目も担っていた。このため、一四世紀半ばには商人の集会を招集する特権も司祭に与えられた。

ノヴゴロド商館が都市に従属すると同時に、商館の独立性を制限するために、都市が介入するようになった。少なくとも一三四六年以降、司祭はヴィスビーとリューベックとによって交互に任命されたが、のちにはドルパトやリーフラント都市によって任命された。全体集会は長老を選出する権利をヴィスビーとリューベックに奪われる形で失い、二つの都市が交互に長老を任命した。それから、「商館の長老」は、二人の教会の長老（聖ペーターの長老 Olderlude von St. Peter）の優位を認め、今度は教会の長老が権限を代行者にすぎない者（支配人 Vorstender）に譲った。実際には、一五世紀に事実上の商館長になったのは、新しく登場した人物である商館手代 Hofknecht であり、リーフラント都市によって任命された。商館手代の権威は、彼だけがノヴゴロドに定住し、時に何年も続けてそこに滞在していたことによるものだった。継続して管理を行ない、ロシア語を知っていて、現地の当局者と頻繁に交渉していたので、商館手代はその名前とは反対に、多大な敬意を払われ、政治的に重要な役割を担った。一五世紀前半にはノヴゴロド商館を訪れる商人と手代が二〇〇人を超えることもあったが、その後、商館は急速に衰退して、一四九四年に閉鎖されるまでになった。

ベルゲン

ベルゲン商館はノルウェー人から「ドイツ人の桟橋《ティスケブリッゲ》 Tyske-brygge」と呼ばれ、ノヴゴロドと同じように特権を与えられた囲い地からなり、都市の中でも海岸部に位置していた。この商館は譲渡された二〇あまりの隣接する地所《ゴーア》 gaard から構成された。この地所は当初は賃借だったが、後に完全な所有地になっていった。各区画は幅一八から二〇メートル、奥行きおよそ一〇〇メートルの長方形で、短い辺が海に面しており、そこに船が接岸した。その背後には木造の家屋――一つの地所に最大一五棟――、集会場 Schutting、住居、作業場が建っていて、暖房のある建物もあれば、夏しか使われない建物もあった。こうした建物は繰り返し焼失しては再建されたが、現在でも、中世の「ドイツ人の桟橋」の外観を、かなり忠実に思い出させてくれる。同様に、ドイツ人の教会も現存している。それは石造りのマリエン教会で、一部がロマネスク様式であり、一五世紀から一八世紀まで商館が所有していた。

商館の組織について詳細は不明だが、主なものは一三四三年に定められたようである。この年代は、ノルウェー王がハンザ商人に古くからの特権を確認した時のものである。ほどなくして、居留地は都市に、つまり実際にはリューベックに従属させられた。実際、四大商館の中で「ドイツ人の桟橋」が最も汎ハンザ的ではなかったのは確かである。つまり、ヴェストファーレン都市や他のヴェント都市の商人をここで目にすることはあるが、リューベック商人が常に圧倒的多数を占めていて、少なくとも一六世紀まではリューベックの優位が問題にされることは決してなかった。リューベック法を持つ都市の商人だけが長老に選ばれ、マリエン教会の司祭の指名権はリューベックに握られていた。長老の人数は変動していたようである。一三八八年には六人だったが、一五世紀には二人だけで、それを一八人の参事官が補佐していた。

ベルゲンのドイツ人居留地には、短期滞在の商人に加えて、手工業者が含まれていた。手工業者は商人よりもはるかに人数が多く、おそらく一三世紀以降、ティスケブリッゲの外で、市内にある住居に住んでいた。手工業者には毛皮細工師や仕立屋、金細工師、理髪師、パン屋がいたが、靴屋の数が最も多かったので、彼らは皆、「ショーマーカー Shomaker」というドイツ語の名称で総称されていた。このようなドイツ人手工業者たちは、最初はノルウェーの代官の管轄下にあったが、一四世紀末以降は商館の裁判権の下に置かれた。手工業者によるあらゆる取引を禁止しようと商館は特に注意を払っていたので、紛争が頻繁に起きていた。ドイツ人の商人と手工業者は、ベルゲンの人口のおそらく四分の一を占めていた。

ロンドン

ロンドン商館はテムズ河畔の、ロンドン橋から少し上流にあり、「シュタールホーフ Stalhof」、英語で「スティールヤード steelyard」と呼ばれていた。この名前は、一般に信じられてきたようにケルン商人が運んだ鋼鉄に由来するものではなく、「陳列台《シュタール》」という用語と結びつけるべきであり、単に売り場を意味している。シュタールホーフの敷地はテムズ川とテムズ通りの間のほぼ正方形の塀に囲まれた土地だった。これはもともとケルン商人の居留地であった。テムズ通り沿いにあり、商人の全体集会が開かれたギルドホールと、後に取得されることになる隣接地からなっていた。ドイツ人は最初、このような土地や主な建物を賃借していたが、完全な所有権を徐々に獲得し、この権利はユトレヒトの和約（一四七四年）で認められることになった。他の商館と同様に、ロンドンの商館にも商業や居住用のさまざまな建物があったが、礼拝堂は一つしかなかった。ドイツ人たちがよく訪れていたオールハロウズ教会は囲い地の外にあった。

商館の組織については、一五世紀までは大まかなことしかわからない。上述のように、ケルン商人は早くも一二世紀半ばに特権を与えられ、一三世紀の間にヴェストファーレンの商人を、次に「オスターリング」を仲間に入れた。ケルン商人の嫌がらせによって一時的にハンブルクとリューベックの商人が離脱した後、いくつもの集団が一二八二年に「ドイツ人のハンザ」に結集したが、個々の集団が一つになることはなかった。一四三七年の規約によって、シュタールホーフの商人が出身地ごとに、ブルッヘ商館とは異なる三つの地区に分かれていたのが知られる。第一の地区はケルンが指導し、ラインラントの商人が含まれていた。第二の地区にはヴェストファーレンとザクセン、ヴェント都市の商人が含まれていた。第三はプロイセン－リーフラント－ゴットランドの地区で、ダンツィヒが指導していた。これらの部会の影響力はかなり限られていたようで、補佐役の選出にしか関わっていなかった。つまり、管理や集会、金庫、裁判は三つの地区で共有していた。しかし、それぞれの地区には有給の書記、つまり「クラーク clerc」がいたようである。書簡の数が膨大になった一五世紀には、書記の重要性も大きくなった。そのために書記が、ハンザ都市や外国当局への外交上の使者になることもあった。

他の商館のように、シュタールホーフの商人の全体集会も、商館長である「ドイツ人の長老 aldermannus Theutonicorum」を毎年一月初めに選出した。商館の運営委員会をつくるため、長老には二人の補佐役がつくが、補佐役は一二人いる参事官のうちから、長老を出した以外の地区から選ばれた。しかし、シュタールホーフに特有だったのは、もう一人の長老、つまり「イングランド人の長老」がいた点である。この長老は商人に推薦され、王によって承認されるが、必ずロンドン市民でなければならなかった。ロンドンの市長でもあり、市参事会員だったこともあり、就任時には市参事会に対して宣誓を行なった。たいていの場合、この長老はドイツの出身で、イングランドの現地人籍を手に入れていた。その権限はシュタールホーフの中にとどまらず、イングランドにあるハンザ商館すべてにおよび、そのために「全イングランドの最長老 overste alderman van al Engellant」と呼ばれることもあった。この長老が持った役割としては、ハンザ商人とイングランド人の間の争いを解決する司法上の役割と、自国の当局に対してドイツ人の利益を代表し擁護する外交上の役割があった。イングランドの制度にハンザの機関がこのように奇妙な形で統合されていたのは、ハンザにとって間違いなく有利なことであり、他の商館で見つけようとしても無駄だと思われる義務にも、それは現れている。つまり、シュタールホーフの商人たちは一三世紀末以降、ビショップスゲートというロンドン市の門の警備や維持をしなければならなかったのである。

ブルッヘ

例外的に、ブルッヘ商館には特定の場所がなかった。そのため、ドイツ商人たちはブルッヘの宿屋業者の所に宿泊したり、家を借りたりしていた。彼らはワインの指定市場《ステープル》地であるダムや、ズウィン川のその他の港、特にスロイスでも見られた。スロイスには、特に船長たちが居住していた。オスターリングと呼ばれたハンザ商人たちは、一四四二年以来、自分たちの建物を所有していたが、彼らが好んで集まった場所に、別のより広い建物を建てさせ、一四七八年に完成した。それまでは、彼らはカルメル会修道院の食堂で集会を開き、そこの教会が彼らの出入りする信仰の中心地だった。

商館は、一二五二年に最初の特権を与えられてから繁栄したのだが、組織が整えられたのは一世紀も後であり、おそらく成員の間にかなり深刻な問題が生じた結果なのだろう。一三四七年の規約によると、商人はリューベック－ザクセン、ヴェストファーレン－プロイセン、ゴットランド－リーフラントの三つの地区に分かれていた。こうした区分は、前述のように、ハンザ都市の区分を反映していたようである。地区はかなりの自治権を持っていた。それぞれが毎年二人の長老を選出し、長老が自分の地区から六人の補佐役を任命していた。また、各地区は独自の集会を開いたり、自らの地区に関する問題をブルッへと交渉するためだけに代表者を指名したり、それぞれの金庫を管理したりしていた。この金庫の財源はショス Schoss と呼ばれる税で、税率は一ポンド当たり三分の一グロッシェン、つまり価格の七二〇分の一だった。しかし、ゴットランド地区は、他よりも困窮していたので、税率をさらに上げねばならなかった。そのため、この地区は三つの金庫を一つにまとめるよう一五世紀半ばに要求し、実現させた。商館の衰退によって、一四八六年には長老の人数が六人から三人に、つまり地区当たり一人に、補佐役の人数も一八人から九人に減らされた。ハンザ商人の大半がアントウェルペンに移った時でさえも、商館がまだブルッへにあるという虚構を守るために、長老はまだブルッへに長期の滞在をしていた。

　ブルッへ商館は、取引件数でも、ハンザ全域からやって来る商人の数でも、四大商館の中で最も重要だったのは間違いない。一四五七年の全体集会には、おそらく手代や徒弟、船長を含む、約六〇〇人の参加者が集まった。一四四〇年にフィリップ善良公のための盛大な行列が行なわれ、そこでハンザ商人は騎手を一三六人提供したが（これに対してイタリア人は一五〇人、スペイン人は四八人）、それによればハンザ商人の総数はほぼ同じ六〇〇人になる。さらに、商館の長老が持つ外交的な役割は、飛びぬけて重要だった。つまり、長老はネーデルラントの当局者やフランドル伯、ブルゴーニュ公にとどまらず、フランスやイベリアの君主とも交渉を行ない、当然のように、大西洋岸に点在するハンザ商人の居留地の代弁者となっていた。最後に、商館は文化的に大きな影響力を持っていた。つまり、ハンザ商人が商業や金融に関する技術を洗練させたのも、西欧における文芸の潮流が北ドイツに浸透したのも、この商館を通じてなのである。

支所

　ハンザの組織や商業にとって四大商館がどれほど重要であっても、より小さく、ドイツ周辺のあらゆる国々に点在していた居留地の役割を無視できないだろう。法的には、これらの支所《ファクトライ》と商館との区別はなかった。支所では商人がハンザの特権を享受していたし、その組織も同じようなものだった。ケルンがイングランドにいるケルン市民に宛てた指示によると、外地にある都市に四人の商人が集まることがあれば、すぐに長老を選び、彼に従わなければならなかった。類似した規約はリューベックにもあった。つまり、外地にあるハンザ商人の共同体が非常に多かったに違いなく、そのすべてを把握できなかったことを意味している。

最も繁栄した支所には、おそらく商館とほぼ同数の商人がいた。特にノヴゴロドとの交易が途絶えていた時のプスコフの支所が、おそらくそういう状況だった。確実なのは「コペンハーゲンの商人のドイツ人共同体」であり、一三七八年にヴェントとポメルンの在外市民によって設立され、市内で数軒の家屋の所有権を得て、デンマークの商業の大半を独占したが、一四七五年には彼らの特権が廃止された。こうした居留地には囲いのある敷地を持つものもあった。たとえば、ドイツ人が自分たちの教会を持っていたポロツクではそうである。また、テンスベリ、おそらくはオスロ、そしてロンドンと同じくシュタールホーフと呼ばれていたボストンでも同様だった。

商館と同じく、支所も最初は自治権を持っていたが、一四世紀半ば以降、都市に従属した。実際に、多くの支所では一つの都市出身の商人が多数派を占め、その都市により管理されていた。この過程は、指定市場の発達にともない一五世紀に目立つようになった。こうして、プスコフはドルパトに、ポロツクはリーガに、カウナスはダンツィヒに、テンスベリとオスロはロストクによって厳しい支配を受けるようになった。西欧では、地理的な位置のために、支所はむしろ大きな商館に従属した。このようにして、ブルッヘ商館はアントウェルペンやドルトレヒト、ユトレヒト、そのほかの多くの居留地に対する権威を確立したが、それは、ネーデルラントの商業全体に対して指定市場を強化したいと考えていた、ハンザの支持を得てのことだった。南欧では、ブルッヘ商館は大西洋岸の支所、特にナントやブルヌフ、ラ・ロシェル、ボルドー、リスボンの支所への支配権を行使した。

同様にイングランドでは、ロンドン商館が、ハンザの支所を従属させたり、さらに支所独自の組織を無くしたりすることに絶えず専念していた。最も活発だったのはイプスウィッチとヤーマス、リン、ボストン、ハル、ヨーク、ニューカースルの居留地だった。一四世紀以降、これらの支所はロンドンのシュタールホーフに代表を送り、共同で決議を行なっていた。そして、支所は商人から徴収した税をシュタールホーフに送り届けることが義務づけられていた。一五世紀半ばにハンザの成員たることの証明書が作成されるようになったが、イングランドに関しては、この文書を公布する権限はロンドン商館が独占していた。だが、支所独自の組織を廃止することはできず、支所は自分たちの長老を持ち続けた。とりわけ、こういった干渉を受け付けなかったのがボストンの居留地だった。特にノルウェーを発ったリューベック商人が頻繁に訪れていたので、ボストンの居留地はベルゲン商館に従属していた。この商館は、場合によっては、規約の中で「イングランドにおけるわれわれのボストンの長老」と述べることもあった。しかし、シュタールホーフは一四七四年に、ベルゲン商館とともに、この支所に対する権威を認めさせることに成功した。

4　ハンザの特徴と行動手段

ハンザ史の最も目立った特徴の一つは、多くの成果と、組織のまとまりのなさが対照をなしていたことに間違いない。ハンザは都市の寄せ集めであり、その集団のどれ一つとして完全な主権を持たず、法人格さえ持っていなかった。ゴットランド共同体の印章を使うのを禁止してからは、独自の印章を持たなかった。ハンザ総会以外には共通する制度もなく、少なくとも一六世紀半ばまでは、官吏もおらず、決まった財源も、艦隊も、軍隊もなかった。

国家の特徴を全く持っていなかった――しかし、国家の権力を持っていた――このような組織は、ローマ法の原理に染まった法学者を困惑させたと考えられる。だが中世では、ハンザの法的な本質をはっきりさせるのに関心を示した例を、ほとんど確認できない。こうしたことが問題になるのは、いくつかの特別な場合だけだった。たとえば、一四一八年にハンブルクとブレーメンの間で訴訟が起き、ブレーメンがドイツ・ハンザの設立文書の写しを、ケルンに要求した。当然のことながら、ケルンは市の文書館には何もないと回答した。五〇年後には、イングランドでドイツ商人が拘留された後に、国王評議会は、ハンザ商人には集団責任があるとの原則を表明して、この措置を正当化しようとした。評議会が回答として受け取ったのは、ハンザの本質に関する正真正銘の論文と言うべきものだった。その内容は、ハンザは共同体でも団体でもなく、さまざまな君主に従属している都市の永続的な連合体で、何ら共通の制度もなく――ハンザ総会でさえこうした性質があるとは認められなかった――したがって個々の成員の行動や事業には、責任を負わないというものだった。

このようなまとまりのない組織には利点があったが、特に深刻な苦境にある場合には、重大な欠点もあった。ハンザのいくつかの中心、特にリューベックでは、それが自覚されていた。そのため、一四世紀の第三・三半期から一五世紀いっぱいにかけて、財政上・軍事上の明確な義務を持つ同盟により、ハンザを強化しようとの試みを目にすることができる。こうした同盟は期限を定めて結ばれ、しばしば更新された。最も古いのはケルン同盟であり、デンマークに対する戦争への努力を強化するために一三六七年に成立したもので、ホラントやゼーラントの都市などハンザの成員ではない都市も参加していた。この同盟は、予定されていた期限を過ぎてから何度も延長されたが、一三八五年以降は続かなかった。これは、シュトラールズントの和約のすべての条項が施行された年である。

一五世紀には、諸侯から都市に加えられる圧力がさらに憂慮すべきものになったが、これにより、「団結する」という意味のトホペザーテ tohopesate と呼ばれる新しい同盟が登場することになった。ハンザの指導者であることを公認されたばかりのリューベックは、一四一八年に、ヴェント都市同盟の組織から着想を得て、同盟の計画を発表した。この同盟は、さまざまな地域の約四〇のハンザ都市がかかわり、攻撃を受けた場合の仲裁措置や、その後の戦争に備えるものだった。つまり、軍隊の人員の割当と財政援助が都市ごとに定められていた。この計画は大筋としては同意を得たようだが、この同盟がその後の数年間にいかなる形であれ、出現した形跡は認められない。しかし、このトホペザーテは一四三〇年、さらにその後、リューベック地区に属する都市だけで一四四三年にも更新され、その後も繰り返し更新された。

実際のところ、このようなトホペザーテは、より緊密な結びつきと、明確な義務とによりすべてのハンザ都市を団結させる試みとしては、あまり成功しなかった。政治的・軍事的な性格の義務に対して、都市が絶えずあらわにしていた不信感に、トホペザーテは直面した。全成員に共通する諸侯の圧迫という脅威を通じて、団結心を強めた地方同盟と比べると、トホペザーテは非常に効率が悪かった。そして、こうした同盟が、本来の意味のハンザとは明らかに違うものだという意識が常に残った。ハンザを本当の同盟に変えようと、リューベックはしばらく期待していたが、現実のものとはならなかった。厳密に商業上の目的で考案された共同体という段階を、ハンザは乗り越えることができなかったのである。

構造が弱かったと言っても、自分たちの決定を成員にも外国にも実行させる行動手段が、ハンザにはあった。成員に対しては、説得、仲裁、最後には制裁を加えた。ある都市が反抗的な場合、書簡や使者、勧告、威嚇によって服従させようとし、多くの場合、こうした方法は有効だった。さらに重大だったのは二つのハンザ都市の間で起きた争いであり、外部からのあらゆる干渉を排除して、沈静化を図る必要があった。一三八一年の総会では、この問題について明確な指示が出されている。周辺の都市は敵対する当事者を和解させるために集まるよう求められたが、仲裁の場に領主が参加するのを完全に避けねばならなかった。これらの都市が成果をあげなければ、問題をハンザ総会に持ち込まねばならなかった。そこで最終的な決定が下され、諸侯や皇帝へのいかなる訴えも禁止された。こうした手段の効果には、かなりばらつきがあったのは言うまでもない。普通は、苦労して交渉し、ようやく妥協が成立し、争いが解決した。しかし、自分の権威に執着する諸侯は、従属下の都市が紛争をハンザ総会に持ち込むのを禁止することもあった。こうしたことを行なったのは、特にドイツ騎士修道会総長であり、一四二六年にプロイセン都市の間で争いが起きた時がそうだった。特に、総会の決定への服従が拒否されると、ハンザ総会が報復措置に訴えなければならないことがあった。ハンザの義務不履行などの些細な場合には、違反者に罰金が科された。重大な場合――とりわけ暴力による現行の市参事会の転覆――には、反乱を起こした都市の除名を、総会は仕方なく宣言した。それにより、その都市の商人は、外地での特権の享受やほかの都市とのすべての商業上の関係を奪われた。ブラウンシュヴァイク（一三七五年）、ブレーメン（一四二七年）、ケルン（一四七一年）が除名処分を受けたことがあったが、一時的なものだった。注目すべきなのは、反抗した都市を軍事活動で押さえつけるといったことが一度も計画されなかったことである。

当然、「すべての商人の法」に違反した個人を除名することもできた。判決を下すのは、その商人が市民権を持っている都市の場合もあれば、その不正行為が行なわれた商館の場合もあった。これにより、問題の個人は、すべてのハンザ都市から追放され、財産を没収されたが、彼の財産の一部は相続人に引き渡された。戦時には、取引が禁じられた国と密輸を行なったすべての者に、このような処罰が加えられた。特に反響が大きかったのは、一三八五年に、ドルトムントの大商人で、かつてはロンドン商館の長老だったクリスティアン・ケルマーが除名されたことである。彼は、イングランドに毛皮を輸入し、それに対して要求された関税を納めたが、売れ残った毛皮を再び輸出して、もう一度関税を納めた。これは、王国でのハンザ商人に対する関税の免除を無視するものであり、関税の免除が再び問題視される恐れがあった。彼は宮廷でかなり信用されていたので、簡単にイングランドの現地人籍を与えられ、これを利用して、かつての同胞にいろいろと面倒をかけた。これが証明するのは、除名が、たとえ個人に対するものであっても、両刃の剣となりかねないということである。

外国に対して、自分たちの要求を実現させるための行動手段が、ハンザには主に三つあった。すなわち交渉、交易の停止、そして戦争である。

一般的に、襲撃やハンザの特権への侵犯が行なわれて紛争が起こると、まずは話し合いで紛争の沈静化が図られた。交渉は商館長を通じて都市や外国の君主との間で行なわれた。その根回しがうまくいかなければ、総会は使節の派遣を決定した。この使節団は、少なくとも重大な場合には、さまざまな都市の代表者から構成され、それらの都市が費用を分担した。実際に、代表団の役割や費用をしばしば引き受けていたのは、リューベックだった。

一三、一四世紀に使節となったのは、常に都市の市参事会員で、彼らはしばしば商人だった。一五世紀には、法学者が必要とされるようになった。彼らは大学を修了しており、ローマ法に精通していた。官僚、特に都市の法律顧問も外交使節団を任されていた。しかし、市参事会員が威信を持ち続けており、あらゆる重要な代表団に彼らが参加するのが不可欠だった。たとえば、一四七六年にブルッヘ商館が、ルイ十一世のもとに派遣されることになった使節団について、リューベックに知らせている。その内容は、使節団の長が博士号を持たない単なる書記官ならば、ルイ十一世は侮辱されたと感じるだろうというものだった。

ハンザの外交官は、巧妙で粘り強い議論で評判だった。そのため、ユトレヒトの和約の交渉に参加したあるイングランド人は、この世のどんな諸侯と交渉しても、ハンザの市参事会員と交渉するよりはましだと語っている。当然のことながら、市参事会員にはこうした外交の専門家が何人もいて、絶えず旅をしていた。たとえば、一三世紀末に、リューベック市民ヨハン・ドーヴェイは、フランドル、デンマーク、ゴットランド、リーフラントへの使節団に何度も参加した。こうした使節団には危険があった。海上での危険は言うまでもなく、投獄されたり、それどころか殺害されたりする恐れもあった。そのため、一三世紀に調印されたノヴゴロド公やスモレンスク公との条約では、使節が殺害された場合、二倍の賠償金が科されることになっていた。

交渉がうまくいかず、争点となっている問題によっては交易停止の価値があると見れば、非難の対象になっている国との交易停止をハンザは宣言した。この経済面での武器は、長い間最も効果的だった。ハンザは一三世紀から一五世紀まで、ポーランドやノヴゴロド、ノルウェー、イングランド、スコットランド、フランドル、フランス、カスティーリャ、そしてヴェネツィアに至るまで、きわめて多くの国——時には同時に複数の国——に対してこの武器を使った。ヴェネツィアの場合、実際には皇帝ジギスムントの命令によるものだった。この手段は、ハンザ商人自身にも明らかに損害を与えたが、対象となった国にとって、それ以上に厳しいものとなるのが普通だった。こうした国では、自国の商業が停滞に見舞われただけでなく、とりわけ生活必需品である食料品、西欧やノルウェーでは穀物、東欧では塩とニシンが手に入らなくなった。そのため、経済封鎖は即座に効果が現れないが、すぐに交渉が行なわれ、二年かそれ以上後になってから和平が成立することになった。

フランドルでは、ハンザはもっと柔軟性に富んだ方法で経済封鎖を行なった。つまり、ブルッヘ商館をネーデルラントの他の都市に移転させるというものだった。この戦術の利点は、ハンザ商人にとって不可欠な地域での交易が全面的に停止するという事態にはならないということだった。特にブルッヘは、競争相手に取って代わられるのではないかと不安を抱き、かなり妥協しやすくなっていった。そのため、フランドルのアールデンブルフの港への最初の商館移転が、フランドル伯の承諾を得て、一二八〇年と一三〇七年の二度にわたりブルッヘに対して行なわれ、大成功を収めた。それに続く二度のドルトレヒトへの移転が一三五八年と一三八八年に、ブルッヘとフランドル伯とに対して同時に行なわれ、再び成果を挙げた。だがネーデルラントの大部分にブルゴーニュ家の支配が拡がると、フランドルから非常に遠く離れた港に商館を移すことを余儀なくされ、このような手段は効果的ではなくなった。最後のデーフェンターとユトレヒトへの移転（一四五一年）は、半ば失敗に終わった。

経済封鎖を厳格に行なうのは難しかった。ハンザは、厳密で詳細な規定を設けて、経済封鎖を成功させようとした。すなわち、商人には渡航が禁止された地域に行かないよう宣誓をさせ、輸送する商品の発送元を証明する書類を発給し、違反者を追放し、その財産を没収するというものだった。密輸を完全に防ぐことは一度もできなかったが、少なくとも一五世紀までは、密輸によって、目的の達成ができなくなることはなかった。

しかし、ハンザ商人たちにとって経済封鎖には重大な難点があり、この難点はしだいに大きくなっていった。はじめに、ある地域での交易が停止すると、当然の結果として、他の地域との交易も衰える。その後で、ハンザの連帯感が厳しい試練にさらされる。都市のグループの間で利害が一致することは一度もなく、経済封鎖への熱意もまちまちだった。そのためヴェント都市とプロイセン都市との不和は、一四世紀を通じて、経済封鎖を原因としてほとんど絶えることがなかった。最後には、ハンザ商人の競争相手であるホラント人と南ドイツ人が、ハンザ商人に取って代わるために、この経済封鎖を利用した。このような状況において、ハンザの拡大期には非常に効果的だった経済面での武器は、衰退が始まると急速に機能しなくなったと言える。

最後に、究極的な行動手段は戦争だった。ハンザは自らの独立を守るためや、商人を守るために、繰り返し戦争という手段に訴えねばならなかった。ハンザには自前の資金もなければ、艦隊もなく、個々の都市や騎士修道会を除けば兵士もいなかった。それでも、こうした必要を満たすことはできた。財政上の困難を克服するために、商品に課される税（ポンド税）を制定して、これによって船舶に武装をほどこしたり、都市が提供した兵員を養ったりした。ただし、軍事的な行動手段はいつもささやかなものだったので、ハンザはドイツの諸侯や外国とも同盟を結ぶことを余儀なくされた。実際、ハンザの戦争は本質的に海上での私掠戦であり、艦隊同士の海戦が行なわれるのはまれなことだった。デンマークやノルウェーを別にすれば、ハンザがあえて敵地に侵入することはなかった。

ハンザの主な敵はデンマークであり、北ドイツに向けられたその野心は周期的に再燃しては、ハンザの存在までも脅かした。そのうえ、デンマークはエアソン海峡の支配者だったので、ハンザの商業に深刻な打撃を与えることができた。そのため、ハンザの歴史上、デンマークとの戦争では、とりわけ政治的な性格のものが何度も起きていて、その際にはスカンディナヴィア半島の他の国々が巻き込まれるのが普通だった。しかし、商業的な利害から起きた紛争も多く、海賊は別にして、イングランドやホラント、フランス、カスティーリャがその紛争相手だった。これに対して陸上では、厳密な意味でのハンザの戦争は起きなかった。つまり、ロシア人に対してドイツ騎士修道会が起こした戦いに、ハンザが何度も金銭的な支援の形で協力したが、それをハンザの戦争とみなすことはできない。諸侯との争いが起きても、ハンザが示し合わせて行動することは一度もなかった。そういった意味で最も重大であったのは、一四七五年のノイス包囲時に、シャルル突進公に対抗する皇帝軍の援軍として、さまざまな都市が部隊を派遣したことだった。

かなり多くの軍事行動が行なわれたが、商人団体であるハンザは、自分たちの商業の繁栄を目的としていたため、武力行使にはひどく嫌悪感を抱いていたということは容易にわかる。戦争につきものなのは、金銭面での莫大な損害や、交易の停止、そして船舶や商品が失われることだった。さらに、いつも口うるさい同盟相手に対して、危険な譲歩をしなければならなくなるし、海賊行為による被害が大きくなった。非常に多くの都市が軍事上の過重な義務を逃れようとしたので、最終的には、戦争は経済封鎖以上にハンザ内部の不和を目立たせることになった。デンマークとのほとんどの戦争で、実際に戦ったのはヴェント都市だけだった。本当にハンザ全体にかかわる戦争といえるのは――せいぜいのところ――ヴァルデマー四世との戦争（一三六一―七〇年）と、一四七〇―七四年のイングランドとの戦争に関してだけである。最も洞察力に富んだハンザの指導者たち、特にリューベックの指導者たちは、ハンザの存在自体にとって戦争が危険であることを十分に自覚しており、最後の最後にならなければ戦争に訴えたりはしなかったのである。

5　ハンザ、皇帝、諸侯

ハンザ都市は、スウェーデン都市とヴィスビー、クラクフを除けば、すべてが神聖ローマ帝国かドイツ騎士修道会の領域内にあった。ハンザ商人たちは、一四世紀にも、進んで「ドイツのローマ帝国のすべての商人」と自称していた。だが、実際には、帝国とハンザは完全に異なる二つの政治的な存在で、お互いを頼りにするということは、一時的な思いつきを別にすれば一度もなかった。

確かに最初は、ロータル三世と、特にハインリヒ獅子公がバルト海でのドイツ人の商業的な拡大に決定的なはずみをつけた。ハインリヒ獅子公は諸侯であるとともに北ドイツにおける皇帝の代理人でもあった。そして、フリードリヒ一世とフリードリヒ二世からリューベックに授与された特権も、この地域で積極的な政策が採られていた証拠とみることができる。しかし、一三世紀半ば以降、北ドイツでは皇帝権が完全に失墜したので、皇帝は権力回復の努力を南ドイツで集中的に行なった。ハンザは皇帝とは無関係に発展し、皇帝権に取って代わり、北ヨーロッパでのドイツ人の商業の保護を手中にした。皇帝は北ドイツに姿を見せる限りでは、主権者としてというよりも、帝国都市の領主としてだった。しかし、この地域には帝国都市はほとんどなかった。リューベック以外では、ドルトムントとゴスラー、そしてすでに中心地域ではないテューリンゲンのノルトハウゼンとミュールハウゼンが挙げられるだけである。

中世では、本当にハンザに関心を持っていた皇帝はただ一人だった。それはルクセンブルク家のカール四世である。しかし、治世の初期には、彼はハンザに対してむしろ敵意を持っていたようである。デンマーク人に敵対しているハンザの支援を拒否したし、すべてのあらゆる都市同盟を禁止する金印勅書の条項も不安材料だった。しかし、ハンザがデンマークに勝利すると、態度が変わった。一三七五年に自らリューベックを訪れて、一〇日間滞在し、市参事会の議長をつとめて、市参事会員たちを「殿」と呼んだ。帝国とハンザとのつながりを強めようと考えていたのだろう。ラウジッツとブランデンブルクの辺境伯領を手に入れたことは、北ドイツでより積極的な政策を展開するのを予期させるもので、経済面ではエルベ川を通じてベーメンや北海、バルト海との結びつきがさらに強まったことを示していた。むしろリューベックのほうが、この狙いには乗り気ではなかったが、三年後のカール四世の死去によって終わりを迎えた。このような計画が繰り返されることはなく、皇帝が再び訪問するという栄誉を、リューベックは五〇〇年もの間待たなければならなかった。

それはヴィルヘルム二世〔正しくはヴィルヘルム一世〕によるものだった。

一五世紀には、ジギスムントもハンザの問題に介入したが、リューベックに門閥に敵対する体制ができて、ハンザと対立したので、調停人になったにすぎなかった。平和が回復すると、その後はいかなる協力関係も生まれなかった。ジギスムントはまた、フス派への対抗のためにハンザに支援を求めたものの、どんな形であれハンザを支持しようとは考えなかった。最後に、一六世紀と一七世紀のハプスブルク家は、スペインと結びついた自らの大がかりなヨーロッパ政策に、ハンザをかかわらせようとした。しかし、宗教的な反目が政治的な対立に加わったこともあり、ハンザ商人はなおさらそれに応じることはなかった。このように、何世紀もの間、帝国とハンザが意見を一致させることは、一度もできなかったといえる。

しかし、ほぼすべてのハンザ都市は聖俗諸侯の所領内にあり、諸侯の権威に多かれ少なかれ服従していた。そのため、ハンザが解決しなければならなかった主な問題の一つは、都市と諸侯の関係だった。

一三世紀と一四世紀には、領邦の力はまだ弱く、都市が自由になるのを妨害したり、都市同盟の形成に反対したりすることはできなかった。都市の大きな力になっていたのは富であった。それによって、いつも資金に困っていた諸侯に融資を行なうことができたし、それと引き換えに主権の象徴である通行税や関税の徴収権や築城権、上級裁判権を獲得した。諸侯への臣従礼は、ふつうは特権の確認の見返りとして行なわれ、諸侯の都市への立ち入りは厳しく規制されていた。ドイツ騎士修道会だけは状況が異なっていた。つまり、少なくともタンネンベルクの戦いまでは、プロイセン都市は総長にかなり強く従属し続け、総長の同意がなければ、ハンザの決定を実行に移すことができなかった。

しかし、一四世紀半ば以降になると、ドイツでは領邦が次第に強固になり、このような均衡状態に変化が生じることになった。ほとんど独立状態にあった都市に対して、諸侯は権威を回復し、領邦の利害だけに合致する経済政策を都市に強制し、都市とハンザとの関係を非難しようとした。それによって、さまざまな争いが生じ、事態は混迷し、目まぐるしい展開をみせ、ネーデルラントや南ドイツとの間に起きたのと似たような争いと結びつくこともあった。一三八八年、ケルン大司教はシュヴァーベン都市同盟が壊滅したことに後押しされて、ドルトムントを攻撃したが、決定的な勝利を収めることはできなかった。同じように、一三九六年にはブラウンシュヴァイク公が、メクレンブルク公の支援を受けて、リューネブルクを武力で服従させようとしたが失敗した。この時、リューネブルクは、リューベックとハンブルク、そしてザクセンの多くの都市から援助を受けた。ハンザ都市は危険を自覚していたので、諸侯の野心に対する守りを組織化しようとした。しかし、すでに見たように、ハンザにトホペザーテという政治的・軍事的な同盟を重ね合わせようとする試みは、ほとんど現実的な意味を持たなかった。地方同盟、特にヴェントやザクセンの都市同盟のほうが効果的だった。地方同盟の枠内では、諸侯に攻撃された都市への軍事的・財政的な支援の原則や、都市間で生じた争いを解決する場合における諸侯の排除が、頻繁に実行に移された。

都市にとって好都合だったのは、都市同士以上に諸侯間の連帯が緊密ではなかったことである。確かに、一四四三年に、デンマーク王とメクレンブルク公、ブラウンシュヴァイク公、ブランデンブルク辺境伯の間で、都市を服従させる手段を求めて話し合いが行なわれたのだが、結果として、共同で行動を起こすことにはならなかった。この争いは、一五世紀半ば頃に特に激しくなり、諸侯はある程度の成功を収めた。最もはっきりと成功を収めたのはブランデンブルク辺境伯で、自分の選帝侯領にある都市、特にベルリンとフランクフルト・アン・デア・オーダーに圧力をかけてハンザから脱退させた。西欧では、ヘルレ公がアーネムを占領した（一四六六年）。しかしたいていの場合、軍事的には明らかに不利だったにもかかわらず、都市が抵抗して勝利を収めた。一四四〇年以降、プロイセン都市は貴族と同盟を結び、騎士修道会の権力の濫用に抵抗し、総長パウル・フォン・ルスドルフを退任させた。強力な君主が受けたこの屈辱の反響は大きかった。シュテティーンはヴェント都市の支援を受けて、ブランデンブルク辺境伯の攻撃を撃退した。西欧では、ケルン大司教がひどく苦労したものの、ゾーストの占領には成功しなかった（一四四四―四七年）。特に、ドイツの大貴族と同盟を結んでいたシャルル突進公がノイスで敗れたことは、諸侯の敗北と都市の自由の勝利という意味を持っていた。

それでも、一五世紀の諸侯とのこうした争いが、結局はハンザ都市にとってかなり不利だったのには疑いの余地はない。そのなかでも、ドルトムントやブラウンシュヴァイクのようないくつかの都市が、戦争により長期にわたって荒廃した。市壁の補強や傭兵への報酬による膨大な出費で、ほぼすべての都市が弱体化した。そのため、諸侯の影響力が増大していった一方で、都市の影響力は明らかに衰えた。諸侯は軍事力だけでなく、穀物交易を手中に収めて農業市場を支配することで、経済的な影響力も発展させた。このことからはっきりするのは、一五世紀におけるハンザ衰退の本質的な要因の一つは、諸侯を相手どった抗争であり、これが都市を疲弊させたということである。

第2章　都市

1　都市についての概観とハンザにおけるその位置

従来の研究で数え上げられてきた約一八〇から二〇〇のハンザ都市は、ゾイデル海、ムーズ川、テューリンゲン、ブランデンブルク、ポーランド、フィンランド湾の間に含まれる地域に点在しており、それぞれの地域において都市の集中度にはばらつきがある。しかし重要なのは、このハンザ圏においても、決してハンザの一員になったことのない都市が多数にのぼることをはっきりと確認しておくことである。このことは、比較的規模の大きい都市のいくつか、とりわけオルデンブルク（ブレーメンの西）、フェルデン、シュヴェリーン、プロイセンのマリーエンブルクのような領主の拠点にも当てはまる。そこに一六世紀に輝かしい発展を迎えたエムデンの港も加えることができる。

ハンザ都市はそれぞれ、その地理的位置、重要性、利害の変化、都市自体の発展あるいは衰退に応じて、ハンザの歴史の中でさまざまな役目を担ってきたことは改めて言うまでもない。一方では最初からのハンザの成員であり、最後まで成員であり続けた都市があった。しかし他方では、ハンザの歴史を通じて、わずかな期間のみ参入しただけの都市もあれば、すぐに撤退した都市もあった。場合によっては、いくつかのパターンを組み合わせた都市もあれば、全くはっきりとしない事例となる都市も存在する。それゆえ、少なくとも最も重要なハンザ都市について、簡潔に性格づけを試みつつ検討する必要がある。

ヴェントおよびポメルンの諸都市

まずはリューベック地区《ドリッテル》の都市から始めよう。ハンザの中心は、いわゆるヴェント都市で構成されていた。これらの都市は帝国都市リューベックとともに、メクレンブルクではヴィスマルとロストク、大司教座であるハンブルクであった。さらにこのグループには、それほど密接な関係とは言えないが、ポメルンのシュトラールズントやザクセン都市であるリューネブルク、ならびにホルシュタインの小都市であるキールが関係していた。キールはこの地域のハンザ都市の中で最も北に位置していた。スリスヴィ公領の小都市はいずれも、ハンザには一度も参加しなかった。おそらくデンマーク王との衝突を起こさないためであろうが、その人口の大部分がドイツ人に占められた時ですらそうであった。キールを除けば、ヴェントのグループはすべて規模の大きい都市であった点に注意すべきである。つまり、ホルシュタインとメクレンブルクに位置する小都市は、おそらくこれらを経済的に従属させたがっていた海港都市からは分離されていたのである。

ヴェント都市は、かなり離れた都市にまで拡大されていた個別の同盟で強化されることで、実際にハンザを統率する役割を担っていた。それは一四一八年のハンザ総会で正式にその役割を与えられるはるか以前である。事実、ヴェントのグループは、内部での対立が頻度を増し深刻になったとしても、決して分裂することはなかった。これは典型的なハンザの特徴でもある。具体的には、一三六七年にハンブルクが控えめながらケルン同盟に参加を表明した場合、一四世紀末にロストクとヴィスマルが海賊ヴィターリエンブリューダーを支援した場合、また一五世紀初頭にリューベックが政治体制を変えたために他の諸都市と紛争を起こした場合などであり、類似の事例はいくらでも挙げることができる。いずれにせよ、都市間の利害の相互関係がたいへん大きかったので、対立の危機は短期間にとどまったのである。ヴェント都市の同盟は、偉大なるハンザを下支えした要素の一つであり続けたのである。

リューベックという一都市の個別の成り行きを、まるでハンザ全体の歴史と区別がつかないかのように長々と語り続けるだけの紙幅はない。一三世紀から一四世紀にかけてリューベックは、ケルンに次ぐ北ドイツの大都市であった。一三〇〇年頃には、おそらく約一万五〇〇〇人の、また一五世紀には二万五〇〇〇人に近い人口を数えた。その特別な役割はまず、ラインラント都市とプロイセン都市の中間という、ホルシュタイン地峡沿いの有利な地勢に位置した結果生じたものであった。リューベックの役割に打撃が加えられるのは、北海とバルト海をつなぐエアソン海峡経由による、直接の海上交通が拡大したことによるのだが、それはかなり後の時代になってからである。西ヨーロッパの入植者が蝟集する中心地リューベックは、東方におけるあらゆる海港都市の創設ならびに発展に対して刺激を与え続けた。しかしその優位性は、何よりもまずリューベック商人の活力が源泉であった。彼らは北方の海の沿岸諸国のいずれでも、大西洋の沿岸でも、全ドイツおよびイタリアでも確認された。他方でハンザの立役者であるリューベックは、ハンザの隆盛の背後にある保守思想の維持に専念することで、あるいは新しい立場を前に押し出そうとする行動を排除することで、その保守精神を周囲に強要していた。リューベックは、ハンザ都市として偉大という点でも脆弱という点でも、ハンザそのものを体現していた。

リューベックの繁栄は、相補いあう経済関係を取り結んでいる近隣都市とのつながりに下支えられてもいた。これについてはハンブルクの事例が顕著である。ハンブルクは、リューベックとの関係が徐々に逆方向に進む一六世紀までは、ある意味でリューベックの北海における外港であった。この都市の発展はかなりゆるやかであった。一三〇〇年頃の約五〇〇〇人、一三七五年頃の八〇〇〇人から、一五世紀半ばには一万六〇〇〇人に達し、一七世紀半ばには五万人以上を数えた。リューベックとかなりの程度利害を共有し、また友好関係も古くから続いていたとはいえ、それでもやはりハンブルクもまた独自の個性を持っていた。ハンブルク市民でありつつリューベックで成功したのはごくわずかであり、その逆も同様であった。同じ時期にこの両都市に分かれて住んだ家系もごくわずかであった。加えて、ハンブルクの経済構造は、全面的に遠隔地商業を軸として展開していた隣市リューベックの構造より複雑であった。ハンブルクは、エルベ川を経由して後背地との緊密で多様な関係を、拡大しつつあった海上交通と結びつけた。とりわけ重要な位置を占めていたのは手工業の活動であった。同時代人の見方では、ハンブルクはとりわけビールの都市であった。こうした多岐にわたる都市機能が、リューベックほどは厳格ではなく、むしろ日和見主義で、新しい需要に開放的であるという、ハンブルクの精神構造を決定したように思える。その結果、ハンブルクは比較的混乱のない歴史を持ち、その発展もハンザが衰退したからといって決して妨げられなかった。

リューベックの南方にあるリューネブルク（人口約一万人）は、ヴェントのグループであると同時にザクセンのグループの一員でもあった。この事実は、リューネブルクに内陸都市と海港都市の間の連絡という無視できない役割を確実なものにした。豊かな塩泉が、リューベックの場合と同様、繁栄の基盤であった。実際にリューベックは、少なくとも一四世紀半ばまで、リューネブルクのおかげでバルト海での塩交易を独占していた。リューベックの富のもう一つの基盤である、スコーネのニシン取引の発達を可能にしたのもリューネブルクの塩である。

　バルト海ではヴィスマル（一五世紀末には八〇〇〇人の人口）とロストク（一四〇〇年頃には一万五〇〇〇人）が、とりわけスカンディナヴィアとの盛んな海上交易ならびにビールの大量生産により、リューベックに不安をいだかせることなく、並行して成長した。ところがいずれも一五世紀から衰退の徴候を見せることになる。それは次々と開かれたトホペザーテ tohopesate で決定された兵力の割り当てが減少していることに現れている。同様の推移がシュトラールズント（一四〇〇年頃に一万人の人口）において認められる。その海上交易は、スカンディナヴィアだけでなくイングランドやフランドル、ポワトゥーに広がっていたため、先述の他都市よりも重要であった。シュトラールズントは、リューベックを例外として、バルト海のヴェント都市の中では西方諸国とかなり活発な取引を続けていた都市なのである。

　シュトラールズントは、オーダー川両岸に点在するポメルン都市を通じて、東方との関係を保ち続けた。先述の諸都市と異なり、シュテティーンを除くポメルン都市は、全部で一五ほどの地味な集落であった。そのうち大部分の都市、特にヒンターポメルン都市は、当初ハンザ都市として認められておらず、一四世紀最後の四半世紀以降になってようやく承認された。たとえばリューゲンヴァルデは一三七九年に、シュトルプはその三年後になってからである。ポメルン都市はハンザにおいては大した役割を演じなかった。ポメルン都市は時々独自の集会を開きはするものの、通常は彼らが経済的に依存していたヴェント都市の指示に従っていた。シュトラールズントに次いで重要な役割を果たしていたのはシュテティーン（一五世紀には九〇〇〇人の人口）であった。シュテティーンはスコーネのニシン交易に専念した。さらにオーダー川下流へと目を向け、ヴァイクセル川での取引の一部を独占するために、ドイツ騎士修道会とポーランドの争いを利用した。かくしてシュテティーンは穀物の輸出港という地位を得たが、だからといって著しい発展を遂げることはなかった。

ザクセン、テューリンゲン、ブランデンブルクの諸都市

　これらはヴェントのグループの南部と西部の諸都市である。エルベ川とヴェーザー川に挟まれた地域であり、かつ北海からハルツ山地の南までに広がるニーダーザクセンにおいては、約二五のハンザ都市を確認できる。ここでは、一二世紀末にザクセン公領が分裂したにもかかわらず、一三世紀に結ばれた地方同盟によって、諸都市の結集力が強固になった。その中の九都市が一四世紀半ば以降にはハンザに加盟していた。

すなわち、ブラウンシュヴァイク、ゴスラー、リューネブルク、ハーメルン、ヒルデスハイム、ゲッティンゲン、マクデブルク、ハノーファーである。ブレーメンは一三五八年に特別に受け入れられた。一方、その他の大部分の都市、とりわけ最も南部の諸都市がハンザ都市となったのは、ようやく一五世紀になってからである。

ザクセンの都市の中でブレーメン（黒死病以前は人口一万二〇〇〇人、半世紀後には一万七〇〇〇人）が置かれた位置は、あらゆる点で独特である。ザクセン都市のグループから離れており、ハンザ都市の乏しい地域に立地し、最も近い都市であるブクステフーデとシュターデですら八〇キロメートルも離れている。ブレーメンは大司教座都市であり、近代においては「ハンザ自由都市」の称号で呼ばれたが、一方で、ひどく強情な都市と言ってもいいだろう。ブレーメンは、一二八五年、一四二七年、一五六三年と、三度にわたってハンザから除名されたからだ。七〇年以上にわたる最初の除名は、特異なケースであったように思われる。なぜなら、ブレーメンの繁栄が、東方と西方の間での商品の輸送よりもむしろ、ノルウェーやイングランドそして北ネーデルラントとの、同じくヴェーザー川の後背地やザクセン、およびヴェストファーレンの一部との間で、一一世紀以来活発となった取引に基づいていたからである。結局、ブレーメンはラインラントの諸都市との関係を通じてハンザ成立以前の南北を結ぶ流通に参加していたので、バルト海におけるドイツ人の拡大が生み出した新しい状況と自らの立ち位置を調和させるには、常に何がしかの困難がつきまとったのである。

ニーダーザクセンの内陸都市という規模の大きいグループの中では、ブラウンシュヴァイクとマクデブルクが指導的な役割を引き受けていた。中世末に北ドイツの大都市の一つであったブラウンシュヴァイク――人口約一万七〇〇〇人――は、常にハンザのザクセン地区《フィアテル》の揺るぎないトップで、特にその影響力を、ハルツ山地とエルベ川下流域の間の諸都市やヒルデスハイム（一五世紀には人口六〇〇〇―八〇〇〇人）、ハノーファー、ゲッティンゲン、そしてランメルスベルクの銅山の恩恵で繁栄する帝国都市ゴスラー（約一万人）に拡げていた。工業都市ブラウンシュヴァイクを揺るがしていたのは、門閥に対する暴動である。その一つである一三七五年の暴動の結果、ブラウンシュヴァイクは五年間にわたりハンザから排除された。その他の内陸都市のほとんどと同様に、ブラウンシュヴァイクは一五世紀に衰退し始めた。領主のもくろみを防ぐ必要に迫られていただけに、なおいっそう衰退に拍車がかかった。しかしブラウンシュヴァイクは、自由都市の地位すら求めつつ、その独立性と指導的な役割を一七世紀まで維持することに成功した。

人口およそ二万人を数えたマクデブルクは、ドイツ人の東方拡大での顕著な役割ほどには、ハンザで主要な位置を占めていたようには見えない。しかしマクデブルクは、厳密な意味での他のザクセン都市との連携、また多少なりともザクセン都市と密接に結びついている他の諸都市との連携という機能を有効に果たしていた。同様の機能を果たした南方都市には、ハレ（一五〇〇年頃に人口七〇〇〇人）や帝国都市であるノルトハウゼンおよびミュールハウゼン（八〇〇〇人）と並んで、エアフルト（一万六〇〇〇人）とナウムブルクが含まれるテューリンゲンのグループがあった。ハレを除いてこれら南部の諸都市はどれも、ハンザ総会に代表を派遣したことは一度もなかったし、代表団の派遣費用の分担もしなかった。しかし当地の商人たちは、折を見てフランドルで出会い、一三世紀末以降ハンザにかかわった。一四二六年にフス派の脅威に立ち向かうためにザクセン都市間で結ばれた同盟は、これらの都市のハンザ的な性格を強めた。しかしこの性格は、依然としてかなり漠然としたものであり、両者の接触は一五世紀半ば以降継続しなかったものと考えられる。

より重要なのは、マクデブルクが決定的な役割を果たしたブランデンブルク諸都市との連携である。これらの都市はブランデンブルク辺境伯への従属という共通点のために、独自の会議を持つ固有のグループを形成していた。アルトマルクのエルベ川左岸に位置しているザルツヴェーデルとシュテンダールがあるが、その中の五都市が、ベルリン－ケルンとフランクフルト・アン・デア・オーダーを含む五つのエルベ川対岸の都市よりも、より持続的な関係にあった。最後の一つ〔フランクフルト・アン・デア・オーダー〕を除いて、それらすべての都市は形成以来、都市ハンザのメンバーであったように思われる。ベルリン－ケルンは、われわれがしばしば想像するのに反して、中世末にはすでに約六〇〇〇人の人口を数える、中程度に重要な都市であった。一三世紀末以来、その商人はハンブルクとフランドルで活動し、ハーフェル川を通りエルベ川に向けての穀物と木材の取引によって豊かになった。しかし、ベルリン－ケルンは一五世紀半ばに、ブランデンブルク辺境伯からの徐々に強まる圧力を受けねばならなくなった。つまりベルリン－ケルンはこの事態のゆえに一四五〇年のハンザ総会への出席を怠ったため、総会によって除名を迫られて、一四五二年にハンザからの脱退を公式に告げた。さらにブランデンブルクの他の諸都市は、一五世紀の後半の間に、ハンザのメンバーであることを事実上やめた。

ヴェストファーレンの諸都市

ヴェーザー川とライン渓谷に挟まれたヴェストファーレンは、ハンザ都市が最も多い地帯であった。実際、その市民が外国においてハンザの特権にあずかっている大小の集落すべてを数えると、総計八〇近くにも達する。しかしこの数字のうち、四つの主要都市、すなわちドルトムント、ゾースト、ミュンスター、オスナブリュックを中心とする、約一五の都市のみが一五世紀半ばにおいて、ハンザの活発なメンバーであったにすぎない。この数の多さは、ハンザの全領域における、一二世紀以来のヴェストファーレン商人の比類なき活動によって説明される。彼らは、東方の諸都市、四大商館で、また海外諸国のいたる所で見られた。とりわけ、リューベックの建設とイングランドでのドイツ人の商業における彼らの重要な役割については上述したとおりである。

ニーダーザクセンと同様、一三世紀以降のヴェストファーレン都市も、つながる範囲や形態に程度の差はあれ、都市同盟を結び、この同盟が都市間の連帯性を一層強めることになった。ケルン大司教に従属していたゾーストは、この地域で最も豊かで影響力のある都市になったようであり、一三世紀末にはおよそ人口一万人を数えた。一四世紀になると帝国都市ドルトムント（約一万人）が優勢となり、ヴェストファーレン地区《ドリッテル》あるいは地区《フィアテル》のなかの第一都市として認められることになった。そのグループの中では、ミュンスター（一五世紀に人口八〇〇〇人）とオスナブリュック（六〇〇〇人）という二つの司教座都市が北方諸都市をまとめていた。

商人ハンザの中でヴェストファーレン商人が演じていたきわめて大きな役割を思い起こすなら、都市ハンザに対する彼ら特有の姿勢が理解できるだろう。彼らは、一四世紀半ばにハンザが実現した都市ハンザという形態に対して、露骨な嫌悪感を抱き続けてきた。というのも、都市ハンザのもとでは、海港都市が優位な立場を独占していたからである。ヴェストファーレンのいずれの都市も、たっての要請があったにもかかわらず、フランドルの経済封鎖を布告した一三五八年のリューベックでの総会にも、一三六七年のケルンでの総会にも代表を派遣しなかった。この地方の諸都市は、デンマーク王ヴァルデマー四世との戦争に際して、バルト海での戦争は彼らに関係がないことを主張することで、財政上の負担すらも引き受けなかった。ドルトムントが初めてハンザ総会に代表を派遣したのはようやく一三七九年のことであり、これらの主要な四都市が同時に派遣したのは一四一八年のことであった。しかしこの対立はある程度緩和された。というのも、ヴェストファーレン都市がフェーデによって大変な損害を被り、全体として衰退したからである。このことはとりわけドルトムントとゾースト、さらにミンデン、ヘルフォルト、一四世紀末以来発展が停滞したリップシュタットに当てはまる。こうした衰退状況を利用して、ヴェストファーレンとラインラントの地区《ドリッテル》を取りまとめる立場にあるケルンは、地区の会合を頻繁に行ない、活発な都市をハンザに組み入れようとした。かくして加盟数は一四に至った。それらの周りにさほど活発とはいえない小都市が多数存在したことは、ヴェストファーレン商人の商業活動が持続していたことを証言している。

ネーデルラントとラインラントの諸都市

ネーデルラントでは、一五世紀半ば頃には約二〇のハンザ都市がケルンの地区と結びついていた。北部で孤立していたフローニンゲンを除けば、都市はゾイデル海の東岸（スタフォレン、カンペン、ハルデルウェイク）と、エイセル川沿い（ズウォレ、デーフェンター、ズトフェン）、さらにライン川下流（アーネム、ネイメーヘン）に位置していた。

この限られた地域では、ハンザへの帰属は自動的に進んだわけでは全くない。各都市は、ハンザへの加入許可の前に入念に個別に吟味された。一三世紀末に、東部ゾイデル海の諸都市の商人は「すべての商人」の特権を享受していたようである。ズウォレとカンペンがリューベックに宛てた熱狂的とも言える書簡は、その二都市が属する組織のトップとしてリューベックを認めていたことを、再び確認しているように見える。しかしこうした関係は、一四世紀前半におけるハンザの危機で弱体化した。ケルン同盟の設立証書（一三六七年）によれば、ゾイデル海の諸都市は、ホラント諸都市やゼーラント諸都市と同様に、ハンザの外部で別々にグループを形成していた。しかし少し後には、ラインラント、ヴェストファーレン、ホラントの商人が取引に訪れる大市によって重要な都市、ハルデルウェイク、ズトフェン、エルブルフと特にデーフェンター（一四〇〇年頃に人口約一万人）がハンザの成員になった。それとは反対に、ネイメーヘンやスタフォレン（一五世紀初頭）、アーネム（一四四一年）のように、ハンザへの加入許可を得るのがより困難だった都市もあった。

とりわけ苦労したのはカンペンとの交渉だった。カンペンは中世の北ネーデルラントで最も活力のあったエイセル河口にある港で、一四〇〇年頃には一万二〇〇〇人の人口を数えた（一方、アムステルダムは同時期に五〇〇〇人以下であった）。カンペンの船と商人は、一三世紀以来バルト海で、次いでノルウェー、イングランド、そして彼らのほうがハンザ商人よりも先んじていたフランスの海岸ブルヌフで取引を行なっていた。しかし、カンペンがブルッヘにおいて授与された特権や、さらに一三八八年のカンペン商人が自らの責任を認めた経済封鎖の侵犯に、ハンザ側は不信を抱いていた。結局カンペンは、一四三八年にホラント人とハンザ商人とを対立させることになった戦争の間に、ホラント人に敵対することを表明し、一四四一年にハンザへの加入を認められた。しかしハンザは何度もその決定を悔やむ羽目になった。なぜならカンペンは独立状態を保持し、商人は自らの責任の下、ホラント人の便宜を図ったからである。カンペンは実際、ゾイデル海の他の都市とともに、ケルンおよびバルト海における商業との結びつきを通じて、デンマークとの対抗という点で、ハンザと固く結ばれていると自認していた。しかしカンペンは、西方でハンザとは異なる利害を持っており、特にフランドルに対して行なわれた封鎖に荷担しようとは考えていなかった。

ここで、なぜこの地域においてハンザは西の境界をゾイデル海とエイセル川に設定したのかと問わねばならない。つまり、なぜホラントとゼーラントの諸都市は、ハンザの一部にならなかったのだろうか。それらの都市もまた神聖ローマ帝国の領域内に属していたし、その利益はハンザ商人の利益としばしば同じであった。ケルン同盟への加入と、その後の一六一六年の同盟がそのことを示している。しかし、一三世紀でもまださほど重要な地位を得ていなかったこれらの都市は、ハンザ加入の必須条件と思われるハンザに古くから帰属していたという事実の持つメリットを活かせなかった。さらに、これらの都市は産業と海事力を急速に発達させたため、ハンザ商人がいつまでも執着していたブルッヘへの商業独占を拒否しようと考え始めた。最終的に、ブルゴーニュ公国による北西ネーデルラントの独占的支配が、この二つのグループ間の分離を加速させた。しかし、ハンザが、ホラントと連合せずに組織的に戦えば繁栄のチャンス、さらにいえば共同体強化のチャンスになると理解していなかったかどうかと問うてみることもできるだろう。

ラインラントでは、奇妙な事実が認められる。すなわち、取るに足らないエメリッヒを除けば、一四世紀後半の間、ケルンが唯一のハンザ都市であったという事実である。ラインラントのその他の都市はといえば、ヴェーゼルとデュースブルクのハンザへの加入承認は一四〇七年、デュッセルドルフとゾーリンゲンはその少し後、ノイスが一四七五年であり、いずれにしてもケルンが後押ししたためであった。最も西にある、ムーズ川流域のルールモントは一四四一年に加盟を承認された。さらに遠方のディナンは、ただ一つの非ドイツのハンザ都市と形容されることもあった。しかしこれは誤りである。ディナン商人はイングランドで――しかしそこでのみ――ハンザの特権を享受し、シュタールホーフに自身の建物を持っていたのは事実である。しかしこの関係は、他の都市からハンザのメンバーとして認められるには不十分であった。アーヘンもまた、中部ラインの都市と同様に、ハンザの一部になることは決してなかった。

一五世紀には三万人近くの人口を擁し、中世ドイツにおける最大の都市であったケルンの状況は、どこから見てもハンザの中で特別なものであった。ケルンはそれほどまでに特殊であったので、近代の著述家の中には、多少なりとも意識的に、ケルンはその他の海港都市のようにはハンザ的でないと理解する傾向があった。しかしこれは完全に誤りである。リューベックを除けば、ケルンほどハンザの歴史において徹頭徹尾重要な位置にある都市はなかった。ハンザの歴史全体を通じ、ケルン商人はロシアからポルトガルまでのいたる所で確認された。しかしケルンが単なるハンザ都市ではなかったことも事実である。ハンザが誕生する以前に、ケルンはすでに南ドイツ全体との間に、そしてその他の都市に先駆けて特権を獲得していたイングランドとの間に、活発な関係を結んでいた、ラインラントの中心都市であった。ケルンはハンザ都市となる一方で、このラインラントの役割を保持するとともにイタリアに向けての拡大を目論んでいた。その他のいかなる都市と比較しても、ケルンは北ヨーロッパの二大商業路、つまりイタリアからイングランドへ向かうラインラント商業路と、ノヴゴロド－リューベック－ブルッへの幹線に沿ったハンザ商業路の双方に参加していた。

ケルンは海から二〇〇キロメートル近くも離れた立地である。その結果一三世紀以来、海船はもはやケルンには寄港しなくなっていた。それにもかかわらずケルン商人は、それ以降もずっと海外との取引を続けていた。この点は、ドルトムント、ブラウンシュヴァイク、トルンなど北ドイツの他の内陸都市が衰退し領域を縮小させたことと著しい対照をなす。このような海洋への接続を維持し続けたことは、間違いなくケルン商人の活力のおかげである。また、ラインの河口がいくつも分散しているという自然条件もケルンに有利に働いた。というのも、他の河川で起こりうるのとは全く逆に、そうした分散によって、海上交通や商品の積み替えを独占するような河口の大規模港の発展が妨げられたからである。大規模港になろうとする野心を一一世紀末以後捨てたティールはもとより、ヴァール川沿いのドルトレヒトや古ライン川沿いのユトレヒトも、エイセル川沿いのカンペンも、今日のロッテルダムが発揮している大規模港湾機能を引き受けられる状態ではなかった。したがってケルンは、全方向で重要な役割を担う内陸商業は言うまでもなく、ラインラント都市として、またハンザ都市としての任務を十分に果たすことが可能であった。もちろんきわめて多様な利害関係を一致させることは困難な時もあり、一四七一年のハンザからの除名はそれを証明しているとはいえ、ケルンは、ヨーロッパ全体に広がる経済活動を、一七世紀まで総体として維持することに成功した。

プロイセン、リーフラント、スウェーデンの諸都市

プロイセンとリーフラントの諸都市は、ドイツ騎士修道会の領域内に位置していたが、それにもかかわらず、ハンザの

別の二つの地区に分かれていた。つまりプロイセン都市はヴェストファーレン地区に、リーフラント都市はヴィスビーとともにゴットランド－リーフラント地区を形作っていた。

　プロイセンの六つのハンザ都市、つまり沿岸部に位置するダンツィヒ、エルビング、ブラウンスベルク、ケーニヒスベルクと、ヴァイクセル川沿いのクルムとトルンは、それ自身もハンザの一員であったドイツ騎士修道会総長に従属するという特徴を持っていた。

　一四世紀にこの六都市は、ハンザの他のどの都市よりも厳格に領主に従属していた。というのも騎士修道会がいたる所で軍の組織を掌握していたからである。六都市の会議は一三世紀末にさかのぼり、とりわけ一四世紀の後半以来、回数が増えた。会議自体は、騎士修道会総長の決定にくわえて、ハンザ総会に出席した都市代表の決定にも左右された。諸都市は折々の利害関係に応じて、ある時は騎士修道会に、またある時はハンザに頼りながら特権を拡大しようと努めた。諸都市の独立性はタンネンベルクの戦いの後、ドイツ騎士修道会の支配に対抗しプロイセン貴族と協力して行なわれた粘り強い闘争の間に増加した。一四六六年にヴァイクセル川沿いの諸都市は、ポーランド王によるさほど厳格ではない宗主権下に移った。

　経済上の観点では、プロイセン諸都市は、とりわけその地元産で重量がある産品、たとえば木材や穀物の輸出に心を砕きながら、リューベック－ハンブルクのルートのかわりに、エアソン海峡を経由して西方と直接的な海上関係を発展させようとしていたし、プロイセン諸都市の主要な輸入国であるイングランドとの友好関係を維持しようとも努めていた。そのために生じた、ヴェント諸都市との間での慢性的な利害の相違は、ハンザの団結とその勢力に重くのしかかることになった。

　ヴァイクセル川の東の分流の河口では最初の都市として、エルビングは発展し、一四世紀半ば頃までプロイセンの最も重要な港として機能し続けた。しかしエルビングはまもなく、ヴァイクセル川の交通の大部分と対外関係を独占したダンツィヒに凌駕された。ダンツィヒは、一三〇〇年頃にはまだ、人口はおそらく二〇〇〇人程度の取るに足らない都市であったが、一四世紀末には約一万人の、その半世紀後には二万人近くの大都市になった。一時、その発展は局地的ないざこざによってブレーキをかけられたが、一五世紀末以来、再び都市は活性化し、その規模は拡大した。内陸では、その建設以来ささやかな存在であり続けたクルムが、一五世紀半ば以降、実際にハンザの成員であることをやめるまでに経済面で弱体化していた。これとは対照的にトルンは、一方ではポーランドやウクライナとの、もう一方では西方との関係で、ヴァイクセル川かオーダー川下流を経由する規模の大きな商業活動の本拠として機能した。しかしその発展は、ダンツィヒの興隆によって、一五世紀に挫折した。ケーニヒスベルクは当初、なお異教徒にとどまっていたリトアニアに対するドイツ騎士修道会の城砦であり、都市としての発展は前述の諸都市よりも緩やかであった。しかしケーニヒスベルクは、当初は琥珀と林産物の輸出、そして少し後には穀物の輸出によって、一五世紀初頭にはエルビングを追い越した（人口約一万人）。ケーニヒスベルクは、一六世紀に世俗化したプロイセン国家の首都となり、その後も成長し続けることになった。

プロイセンのグループと結びついていたのは、ハンザの中心から外れたクラクフとブレスラウという二つの都市である。この二都市がハンザに所属したのは、ハンザ圏から離れているにもかかわらず、西欧とくにフランドルで両市の商人が古くから活動していたこと、スロヴァキア産の銅がハンザにとって重要であること、そして両市の成り立ちからしてドイツ系住民が経済的に主導したことで説明される。一三一六年までドイツ人だけを市民として認めていたクラクフは、一三八七年にはハンザ都市として確認されるが、実のところそれよりはるか以前からハンザ都市として受け入れられていた。クラクフのハンザとしての性格が次第に衰えたのは、ポーランド系住民の勢力が強くなったこと、そしてライプツィヒとニュルンベルク経由での西方への取引量が増大したことによるもので、その結果としてヴァイクセル川経由の商業は衰退した。一五世紀の最後の四半世紀にはクラクフはハンザの一部ではなくなった。ブレスラウ（一五世紀に人口約二万人）の状況もほぼ同様で、クラクフと同じく一三八七年にハンザ都市として史料上確認できる。同市は、フランドルでハンザ商人によって加えられた仕打ちに何度も抗議した後、ハンザ特権が同市にとって役に立たなくなったことを理由に、一四七四年にハンザからの脱退を正式に表明した。クラクフもブレスラウもハンザ総会に自都市代表を一度も派遣しなかった。トルンもしくはダンツィヒの代表に、総会での代理を務めてもらっていたようである。

バルト諸国でリーフラント都市と呼ばれていたハンザ都市は一二を数えたが、そのうちリーガ、レーヴァル、ドルパトだけが政治的および経済的に重要であった。三都市のいずれも当初からハンザの成員であり、ペルナウの場合もおそらく同様であった。ペルナウは一四世紀半ばには活発な港だったが、その後まもなく衰退した。ヴェンデン、フェリーン、ヴォルマル、ヴィンダウのような他の都市のハンザ加盟はいずれもかなり遅く、一五世紀になるまでハンザ都市とはみなされなかった。リーフラント都市の間のつながりは、一四世紀半ば以来、かなり定期的に招集された地方会議によって保持されていた。

リーフラント都市で最大の影響力を有し、なおかつ大司教座でもあったリーガ（一五世紀に人口八〇〇〇人？）は、しばしばドイツ騎士修道会と衝突した。この都市は、古来続く西方との関係を利用して、独占利用していたデューナ川での商業によって徐々に発展した。一三四六年までデンマーク領であったレーヴァルは（一五〇〇年頃に人口六〇〇〇人）、ノヴゴロドに赴く船舶や商人の集散地として繁栄した。この役割は本来ならばナルヴァに期待されるはずであった。ドイツ騎士修道会領の東の境界に位置するナルヴァはドイツ人による都市で、レーヴァルよりノヴゴロドに近接していた。ナルヴァ商人はフランドルでハンザの特権を享受していた。しかし、より歴史の古いレーヴァルは、利己主義から、ナルヴァのハンザへの加入に断固として反対しており、それは一六世紀においても続いていた。このようなナルヴァの事例は、その不透明さという点において、西方のディナンと比較することができる。内陸では、ノヴゴロドへ陸路で向かう商人の経由地であったドルパトが、プスコフと緊密に繋がることでロシア産品の一大市場を形成していたが、一五五八年に破壊されてしまった。

ゴットランド島のヴィスビーは、一四世紀の後半にも依然として、ゴットランド－リーフラント地区の長たることを主張していた。彼らがその根拠としていたのは、ドイツ商人が東方へ拡大する際に果たしたその役割、あるいはさらに重要なイングランドやフランドルとの関係における大きな役割であった。しかしこの時期に、ヴィスビーの衰退は顕著になり、一三六〇年にはデンマーク王ヴァルデマー四世による掠奪を受けたためにいっそう悪化した。デンマークの従属下に移ってからは、ヴィスビーはもはや従来どおりの高飛車な主張をすることはかなわなかった。一六世紀まではハンザに留まったが、この都市のハンザの中での地位は次第に低下した。

最後に問うておきたいのは、スウェーデンの諸都市の中にハンザのメンバーがあったのかどうかという点である。ブルッヘ商館の規約では、ゴットランド、リーフラント、スウェーデンの商人がハンザの第三の地区を形成していたことが明示されている。そうであれば、この時代のスウェーデン商人は——彼らのほとんどすべては出自をたどれば間違いなくドイツにたどり着くが——ハンザの成員として認められていたことになる。しかし、この点に関して、都市ハンザの形成後はどうであったのかを確認しておかねばならない。一三六六年のハンザ総会にはストックホルムの代表が派遣されていたし、一三八八年にこのスウェーデンの首都からレーヴァルに宛てた書簡ではなお、ヴィスビーを「われわれの地区の長」と称していた。したがって、ストックホルム（一五〇〇年頃には人口六〇〇〇—七〇〇〇人）が、少なくとも一四世紀にハンザ都市であったことに議論の余地はないと思われる。他方で他のスウェーデン都市について判断を下すことははるかに困難である。しかし、一三六二年にハンザの利益のためにポンド税の徴収に参加したカルマルとニーシェーピングについては同じ結論が下せるように思われる。スウェーデンの諸都市が、もはやその時にはハンザとは認められていなかったであろうと判断させるようなこの種のすべての手がかりが、一五世紀に関しては不足している。おそらく、周囲への影響力を維持するために、自己の地区を拡大することに特に関心を払っていたヴィスビーの衰退は、スウェーデン都市のハンザからの早期離脱を招くのを助長したのであろう。

以上確認してきたハンザ都市についての検討は、それぞれの都市がハンザにおいて占めていた位置の相違ならびにその役割の多様性に気づかせてくれたのではないだろうか。ついでながら、数も多く多様性に富む都市を簡潔に特徴づけたいとの願望は、はるか以前から強いのだということに注意を促しておこう。それは、曖昧な日付の、しかしおそらく一五世紀にさかのぼる、一二のハンザ都市を特徴づけた有名な諺で、時として予想外の形容辞をもって表現されている。「リューベックは百貨店 ein Kaufhaus、ケルンはワイン商店 Weinhaus、ブラウンシュヴァイクは蜂蜜屋、ダンツィヒは小麦倉庫、マクデブルクはパン屋、ロストクは麦芽製造所、リューネブルクは塩倉庫、シュテティーンは魚屋、ハルバーシュタットは娼家（！）、レーヴァルは亜麻と蜜ロウの倉庫、クラクフは銅の倉庫、ヴィスビーはピッチと樹脂の倉庫である」。

2　人口

中世最後の三世紀にわたるハンザ都市の人口史は、本質的には西方の人口史と類似している。一四世紀半ばまでの特徴は、そのテンポに多少の差はあるが、移動により都市人口が速やかに増加したことである。その後、黒死病により急激な人口減少が引き起こされる。だがその減少は、引き続く時代に、従来以上の人口流入により増加したことで埋め合わされた。それ以降、流行病で住民が大量に死に追いやられるたびに、同じプロセスがほぼ一〇年に一度の割合で繰り返された。一五世紀には、拡張を続けるいくつかの都市を除く多くの都市では、人口はもはや増加することなく減少することすらあった。

しかし、この一般的な図式の中でもハンザ都市は三つの独自の特徴を示している。一つは、移住が主として西から東への流れによって生じたこと。二つ目には、遠隔地出身の入植者の比率がその他の入植者よりも大きかったこと。三つ目に、エルベ川以東のドイツ人都市には、スラヴ人も少数派として含まれていたが、そのスラヴ人の重要度には都市によって差があったことである。

確かに、こうした諸事実を検証するための史料は決定的に不足している。特に市民として認められた新しい住人の一覧から構成される史料は、一四世紀以前にさかのぼることはほぼない。利用可能な唯一のデータである当該史料によれば、入植者の名前が地名となっているのは全体の半分以上にはならないことが通例である。しかもこれらの地名は、少なくともそのうちの大部分は、入植者の出身地ではなく、その家系の出生地を伝えているにすぎない。それゆえ、そのような地名に基づいたとしても、きわめて不確実な人口移動の状態しか提示できない。

東方への移住という大きなうねりは、一五世紀においてもなお、あらゆるハンザ都市の人口動態に反映されている。ヴェストファーレンの諸都市には、ラインラント、フランケン、さらにワロンの人々が流入した。ブレーメンの発展は、ネーデルラント人とフリースラント人のおかげであった。ハンブルクは、ザクセン出身の新来者たちによって成長した。それに対して、ホルシュタインからの新来者は少人数しかいなかった。リューベックならびに東方のすべての都市にしてみれば、人口過剰なヴェストファーレンは、都市の人口増加を確実なものとする養液の役割を果たしていた。移住者の流れは、おびただしい数の小都市を離れて、バルト海沿岸のすべての都市に、そしてポーランド、バルト諸国、およびスウェーデンの内陸にも広がった。固有名詞の中には、こうした人口移動を示すものがある。たとえば、ヴァーレンドルプ家は、ミュンスター近郊にあるもともと住んでいた小さな村の名を持っているが、少なくとも一三世紀以来、リューベックの最有力の門閥家系の一つであった。他のヴェント都市であるダンツィヒ、エルビング、ヴィスビー、リーガ、ドルパトでも、彼らの親族がしばしば市参事会の構成員として確認できる。同様にルール地方出身のアテンドルン家の人々は、前述の都市のほとんどで、またストックホルムでも、その存在が知られている。遠くの都市に散開した入植者らは、親族関係があることもあればそうでないこともあるが、いずれにせよ起源を同じくする親族共同体は、ハンザの組織、とりわけバルト海沿岸のヴェント諸都市間の連帯にとって、最も固い絆であったことは疑いない。

とりわけ一三世紀、場合によってはその後の時代にかけて、東方の都市に遠隔地出身の市民の割合が高い理由も、先ほどの東方への流れで説明できる。たとえば、一四世紀最後の三半期のダンツィヒでは、エルベ川西岸出身の入植者が、依然として全体の二五パーセントを占めていた。それに対して同時代のドルトムントでは、近隣出身の入植者がほぼ九〇パーセントの割合に達していた。

ハインリヒ・ラインケは、都市の人口増加に関して、特にきわめて頻繁に発生した流行病の後に移住者が果たした大きな役割について、驚くべき結論を展開した。つまり、一七世紀までのすべてのハンザ都市では、市民の中での割合は在地出身者よりも移住者のほうが多かったという結論である。これが正しければ、多くの新来市民が都市において公務の最高職に到達することができた、という事実はよく理解できる。つまり、一四世紀末のリューベックの四人の有力な市長のうち二人がヴィスビー出身、一人がブラウンシュヴァイク、一人がヒルデスハイムの出身であること、一四九〇年に現役であった四人のハンブルク市長がいずれも、この都市の生まれでもなく市民の息子でもなかったということ、また、ヴレンヴェーヴァーが、市民権を得たのがようやく四〇歳になってからであったのに、リューベックを支配できたということ、などはそれほど驚くべきことではない。

エルベ川西岸のハンザ都市における人口構成は、おおよそドイツ人が優勢であった。他方で、構成メンバーにスラヴ人が含まれている東方のハンザ都市では、スラヴ人の構成割合は地域ごとにばらつきがあったとはいえ、一般的には近隣農村に比べればささやかであった。この地域においてドイツ人は、富の蓄積、商業および手工業技術の優秀さ、そしてほとんどいたる所で人数でも、スラヴ人を凌駕した。その結果としてハンザ都市は東方においてドイツ人気質の結集地となった。

エルベ川とオーダー川の間、そしてポメルンにおいても同様に、スラヴ人が諸都市において最も数が少なかったのは疑いようもない。彼らは近代に至るまで、農村に根を張っていたのである。一二九〇年以来マクデブルクにおいては、裁判においてスラヴ語の使用が役に立たないものとして廃止されていた。同じ時期、さらにロストクとシュトラールズントでは、ヴェント人に対する特別の代官 Vogt の存在が認められる。この代官はヴェント人に対して裁判権を行使していたが、これは後に消滅した。都市外の地域で集団を形成していた農村からの入植者によって――とりわけシュテティーンとフランクフルト・アン・デア・オーダーにおいて――少しばかり補強されたけれども、スラヴ人の構成メンバーは、一五世紀以来取るに足らない存在であったと思われる。

さらに東方のプロイセン諸都市でも同様に、ドイツ人が圧倒的多数を占めた。ダンツィヒではカシューブ人とポーランド人の占める人口比率が、一四世紀には一〇パーセントを超えなかったと思われる。同じ人口比率は、トルンとクルムではおそらくもう少し高かった。ポーランド人の入植者がヴァイクセル川流域の諸都市で増加したのは一五世紀半ばからであった。

このようなドイツ人が優勢な人口構成の状況は、バルト諸国ではかなり異なっていた。ドイツ人は、リーガにおいては人口の多数派を占めていたが（七〇―八〇パーセント）、エストニアや、あるいはおそらくドルパトでは少数派であり、小都市でも間違いなく少数派であった。レーヴァルでは、一五世紀に無視できないほどのスウェーデン系住民が存在していたのが特徴的であったが、一六世紀初頭にはドイツ人、スウェーデン人、エストニア人が全体の三分の一、六分の一、半分を占めるに至った。一五三八年の徴税目録に基づく最近のある研究も同様に、多様な社会層における民族分布に関して、興味深い概観を提供している。商人と土地所有者（一八パーセント）の特権層は完全にドイツ人であり、これは、おそらく一四世紀半ば以来のことであった。富裕な手工業者からなる中間層（二二パーセント）は、五九パーセントのドイツ人、二三パーセントのスウェーデン人、一八パーセントのエストニア人から構成されていた。最後に、税《ショス》 Schoss を少ししか、あるいはまったく支払っていない日雇い労働者など下層（六〇パーセント）における民族の分布は、それぞれ二パーセント、二五パーセント、七三パーセントであった。これらの数字は、ドイツ人の圧倒的な社会的優位性を示しており、このことは他の、彼らが少数派であった都市においても同様に確認できるだろう。

最後に、ポーランド、デンマーク、スウェーデンといった外国においては、ドイツ人はスリスヴィの諸都市を除いては常に少数派で、一四世紀以降はますますそうなったようである。一般的に、農村がドイツ化されていないどの地域でも、ドイツ人の人口割合が都市において最も大きくなるのは一四世紀の初頭であり、それに続く時代には農民の移住によりこの比率は小さくなった。

スラヴ人の地位は、一四世紀半ば頃までは、ハンザ都市の中できわめて自由であったように思われる。「ドイツ法」の導入後も、彼らは市民層から排除されることはなかった。少なくとも、ヴェント出身を示唆する、いく人かの特権市民の名前から推理することができる。リューベックでは、同様に市参事会の中にさえも、ラーツェ Race やヴェント Went のような名前が見出される。エルベ川左岸のシュテンダールでは、いくつかの類似の名前が商人ギルドの中で見られる。それに対して、征服以前の大商業の拠点であったのに、シュテティーンとエルビングではそのような名前は一切見られない。

一四世紀半ばから、とりわけ手工業者に関してスラヴ人を対象とした制限措置が増加した。スラヴ人は、一三二三年にブラウンシュヴァイクの織元から、一三五〇年にはリューネブルクの小間物商人から、半世紀後には金銀細工師から追い出された。とはいえリューベックで類似した規定が見られるのはようやく一五世紀であり、さらに言えば、それは民族的というよりも経済的な性格をもっていた。つまり何よりもまず、手工業者の飽和状態を解消するのが狙いだったのである。これに対して、ドイツ騎士修道会下のプロイセンで一三〇九年に布告されたスラヴ人の追放は、おそらくよりいっそう民族的な憂慮を反映しての措置であった。しかし、その適用は厳密ではなかった。というのも、いくつかの都市の市民の中にスラヴ人の名前が見られるからである。リーフラントでは、この制度はあまり厳しいものではなかった。一四世紀半ばまで、リーガのスラヴ人は自由に商業に従事することができた。しかし彼らは、一三五四年以降、商人の「大ギルド」から追放され、彼らとの商事会社の結成が一三九九年に禁止された。手工業も同じく、徐々に彼らに対して閉鎖的になっていった。いかなる程度で、またどれくらいの期間、この制限措置がはかられたのかを知ることは困難である。

3　社会構造――門閥

ハンザ都市内部の歴史は、ドイツの他の都市と同様、一四世紀から一六世紀まで、有力家系 Geschlechter と手工業者 Handwerker との頻発する激しい闘争によって特徴づけられる。しかしこうした闘争の中に、一方の市参事会および市当局を掌握している商人層と、他方の少なくとも部分的な権力を我が物にしようとする手工業者層との間の、単純な対立を見ないよう注意しなければならない。このような図式的な観点では、非常に複雑な社会という条件を考慮し得なくなるし、これらの闘争の真の性格を曲解してしまうからである。われわれは、都市民を財産に基づいて集団に分類することで、社会の実態によりいっそう近く迫ってみよう。中世に関するそうした研究に確実性を求めるのは難しく、しかも仮に可能であったとして、税の記録簿や奢侈禁止令による稀なケースにおいてのみ可能である。この基準による集団のグループ分けがきわめて恣意的であることは言うまでもない。

　たとえばハインリヒ・ラインケは、中世末のハンブルクの住民を財産に基づく五つの階層に分けている。（1）五〇〇〇リューベック・マルク以上を所有している富豪層（一五〇〇年頃には四万マルクに達する者もいた）には、大商人と大金利生活者《レントナー》が含まれる。（2）二〇〇〇―五〇〇〇マルクの財産を持つ富裕な市民層には、最も裕福なビール醸造業者と船主、中間層の商人、織元がいた。（3）中間層（六〇〇―二〇〇〇マルク）は、ビール醸造業者の大部分、小商人、大変富裕な手工業者、とりわけ肉屋と金銀細工師から構成されている。（4）小市民（一五〇—六〇〇マルク）は、大部分の手工業親方と借家住まいの小規模ビール醸造業者。（5）最も恵まれない層には市の雇用者、最零細手工業者と職人が含まれ、なかでも最貧は日雇い労働者、運搬人、小間使いであった。

このような分類方法を他の都市にまで広げることができないことは明らかである。それぞれの都市には固有の活動があった。膨大な財産の総計は、さほど栄えていない都市では相対的に少なくなっていた一方で、リューネブルクのように中間層での差異化は進展する傾向にあった。しかし富裕層の発展に関しては、一四世紀から一六世紀にかけては、発展するハンブルクと衰退するロストクとの間に何らかの類似を見て取ることができる。ロストクでは中間層が凋落し、一三七八年には七四パーセントであったものが一四五四年の五九パーセントに落ち込んだ。一方、最貧層は二五パーセントから三八パーセントに増加した。そしてハンブルクでは少なくとも、高額納税者の数とその富の増加はわずかであった。財産分布の範囲は上下に拡大する傾向にあり、このことは社会的騒乱の激化が生み出す暴力やルター派教義の成功をいくらか説明してくれる。

有力家系の成員である門閥は、地域ごとに多様な名称を持っていた。たとえば、ヴェストファーレンではしばしば「財産を受け継いだ者」（ドルトムントではerfsaten）、ニーダーザクセンでは時折「騎士の仲間kunstabeln」、ヴェント諸都市では少なくとも一五世紀には「若殿juncker」などとなっていた。いかなる名称であってもこうした門閥は、都市において最も財産があり、最も影響力のある家系から形成されていた。リューベックの年代記によれば、それは、「富裕な商人と地所の豊かな者」、あるいは「商人と市内で最も富裕な者」を含んでいた。一四〇八年の抗争の後、今後は「金利生活者と商人」は、もはや市参事会の席の半分しか権利を持たない、という布告がなされた。ハンザ都市の大部分においてもリューベックと同様に、門閥は基本的に商人と金利生活者によって構成され、この二つの集団は分かちがたく結びついていた。両者の富は、都市および農村での土地財産、商業や手工業の経営への関与、さらに船舶持分や動産所有に立脚していた。そのうえ、金利生活者の財産は大抵の場合商業から創り出したものであった。多数の土地所有者が権力を握っていたオスナブリュック、ゾースト、ケルンのような内陸都市におけるよりも、大商人が影響力を持ちうるのは海港都市であったことは確認できる。そのうえ、門閥は財産を蓄えた商人の中からリクルートされるのが通常だったとはいえ、支配層内での金利生活者の影響力は、一五世紀を通じて増大したようである。しかし、いかなる時代においても、ハンザ都市の顕著な特徴は、頻発する暴動でも動揺することのなかった商業という要素が際だって優位だったということである。

　都市門閥の起源を知ろうとしてもほとんど不可能である。シュトラールズントのメルダー家のような貴族出自もいれば、特にニーダーザクセンの小さな司教都市においては、家人《ミニステリアーレン》にさかのぼる場合も確認できる。たとえば大商人にして外交官であり、一四〇〇年頃にヒルデスハイム市参事会員であったエフェルト・ファン・ホルトフーゼンがそうであった。名前により出自が明らかになる富裕な手工業者はきわめてまれである。そのまれな例をあげればブレーメンのペリフィクス家、エアフルトのゴルトスレーガー家、クプファースレーガー家、ムラー家、ツィーグラー家などである。いろいろな都市において、門閥はいくつかの特別な産業を手中にしている。たとえばゴスラーでは銀山や銅山の所有者や、製鉄所の長 silvani、リューネブルクとハレでは塩泉経営者 sodemester と塩精製業者 pfänner、ヴィスマルとロストクではビール醸造業者、ダンツィヒでは船舶艤装業者である。

　ほぼあらゆる都市で、門閥は時代によって多様な形をとる団体によって結びついており、その団体を通じて都市内に影響を及ぼしていた。ケルンにおいてこうした団体で最古のものは商人ギルドであり、一一世紀から史料に証言されている。一二世紀半ばには、大商人と土地所有者からなる「富裕者組合《リヘルツェヘ》 Richerzeche」が取って代わり、これが一四世紀末まで市政において絶対的な主導権を行使した。ドルトムントでは一三世紀に聖ラインホルトを守護聖人とする巨大ギルド「ラインホルトギルド Reinoldigilde」がむすばれ、その後「ユンカーゲゼルシャフト Junkergesellschaft」と呼ばれた。一四世紀のリーガとダンツィヒでは同じく聖ゲオルギオスを守護聖人とする兄弟団が確認できる。ブレーメン、ミュンスター、オスナブリュック、マクデブルク、シュテンダールでは、この種の団体は「毛織物商人ギルド Gewandschneidergilde」と呼ばれることがしばしばであった。この名称はこの団体にとって最重要事項がフランドル産毛織物の販売であったことを証言している。しかし、ハンブルクやシュトラールズントのようないくつかの都市では、門閥による団体が全く確認できない。リューベックでロザリオ兄弟団《ツィルケルゲゼルシャフト》 societas circulifeorum, Cirkelselschop が、九人の門閥とザンクト・カタリーネン修道院との契約によって形成されたのは、ようやく一三七九年であった。同修道院は彼らに教会の礼拝堂の一つを割り当てた。この団体は、現役メンバーによる仲間同士の選考を通じてメンバーを維持し、その中から選出された四人の管理人 Schaffner によって管理され、年二回の総会を開催した。メンバーは一五世紀には三〇人から五〇人を数えた。都市の有力家系のすべてがそこに代表を送っていた。一四二九年の五二人の成員の中には、一九人の市参事会員と三人の市長が数えられる。一四八三年にはそれに加わらなかった参事会員はただ一人のみであった。こうしたロザリオ兄弟団は、一九世紀初頭まで、リューベック門閥の社会的中心として維持されることになる。最後に選出されたメンバーは、一八一三年にフランスの支配下で市長になった。ロザリオ兄弟団は閉鎖的であったので、一四五〇年にはその下に「商人兄弟団 koplude kumpanye」が組織され、そこには成金も受け入れた。そして彼らの相当数が結局はロザリオ兄弟団に迎え入れられることになった。

都市においては例外なく、門閥の結束は姻戚関係を通じて強化された。リューベックの一三八〇年頃のある嘆願書は、市参事会の成員の大部分が三親等の親族であったことを伝えている。彼らにとって支配とは、ほとんど家族にかかわる問題であり、そこから大勢の手工業者や「ふさわしくない者」を遠ざけるよう留意していた。一方で彼らは、金持ちであって人望があり、自分たちの娘の一人と結婚していれば、外国人でも自由に受け入れていた。だからこそニュルンベルク市民は、一五世紀にリューベックやその他の都市に、いとも簡単に入り込むことに成功した。

門閥はその閉鎖性にもかかわらず、流行病による減少、追放、遺伝的衰退によって一族がすぐに断絶したため、絶えず入れ替わっていた。ほぼいたる所で、有力家系の財産が三ないし四世代以上にわたって継承されない現状が確認できる。しかしこの点に関しては、都市による顕著な違いもまた指摘できる。

最も安定し、かつ最も排他的であったのは、ケルンの門閥であった。一四世紀においてもなお「富裕者組合」において、一二世紀にすでに有力であった一族の子孫が優勢であった。彼らの中のユデ家とリスキルヘン家は一七世紀まで重要な役割を維持していた。一四世紀末の暴動の激しさは、新参者に対する入会拒否が原因であったようだ。この暴動は門閥団体が保持していた都市内での優越性に打撃を与えた。だからといって、その時点で「同業組合 gaffel」を牛耳っていた最富裕家門の政治経済上の影響力がなくなることはなかった。これとは逆にハンブルクとシュトラールズントでは、入れ替えが特に早く、有力家系が二ないしは三世代しか持ちこたえなかった例が挙げられる。リューベックとハンザ都市の大部分は、前述二タイプの中間のタイプである。たとえば、一二世紀から一六世紀のヴァーレンドルプ家や一四世紀から一七世紀のフォン・リューネブルク家のように、数世紀にわたり影響力を持った少数の家系もあったが、通常の支配的な家系は、三ないし四世代の後、姿を消し、新しい金持ちに取って代わられたのである。一五世紀のハンザ都市の有力市長の例として、ドルトムントの商人であるヒンリヒ・カストロプがいる。

彼は一四四五年にリューベック市民権を獲得、七年後にはロザリオ兄弟団と市参事会への参加が認められた。

門閥の下には、彼らほど富裕ではないが、人数ではより多い市民層が同じく商業活動に専念していた。商業市民層は手工業者の同業組合には属していなかった。ハインリヒ・ラインケの図式に従えば、この市民はハンブルクでは五層中第二の富裕層であった。この市民層を構成していたのは、時期によっては、もしくは取引の一部として小売りを行なっていた有力商人、ビール醸造業者あるいはビール輸出業者（本来の意味での手工業者ではない）、船舶艤装業者、また場合によっては馬商人、織元だった。この層は、都市ごとにその勢力の程度には差があったが、最も重要な公的な責務からは排除され、とりわけ市参事会から遠ざけられていた。この市民層が政治生活において地歩を得ようと切望していたのはまったく当然で、だからこそ暴動に際して門閥と戦うためにしばしば手工業者と結束したのである。この市民層は、ブラウンシュヴァイクやドルトムントなど、いくつかの都市ではその目的を達した。しかし彼らの利害と姻戚関係は、彼らを門閥と分かちがたく結びつけもした。彼らのなかでも最も活動的な代表が、いつしか地位を上昇させて門閥の側に到達することが期待されたのである。まさにこのことが、大部分のハンザ都市において、門閥の優越性が真剣に問題とされなかったことを説明する。

4　手工業者

さまざまな名称（アムト Ämter、イヌング Innugen、ギルデ Gilden、ゲヴェルケ Gewerke）を持っている手工業者団体は、ハンザ都市においても他の都市と同様に、都市人口の大部分を占めていた。それは大商業都市でも同様であった。たとえば一三七九年のハンブルクでは、小さなビール醸造業者も含めれば、手工業者団体が人口の六二パーセントを占めた。その他の都市でも同様に、あらゆる手工業者団体が確認できる。たとえば、食品業、金属業、繊維業、皮革業、木材業などである。しかしこうした団体の中には、ヴェント都市に多い樽製造業者のように、海上交易と結びつき、特に人数も多く裕福な手工業も目につく。他方で、リューベックの琥珀のロザリオ製造業者やダンツィヒの錨製造業者、ヴェストファーレン都市の亜麻織物工のようにきわめて特別なものもあった。

重要な手工業者団体は次第に一六世紀にかけて、専門組織を統制する規約を持つようになり、（一二世紀半ば以後のケルンやマクデブルクに見られるような）独占的地位が与えられた。通常、最も影響力のあるものは政治上の権利も獲得し、市参事会の代表になりうる特権を付与された集団を形成していた。

たとえば、マクデブルクの五つの「大同業者組合 Innungen」（毛織物職人、小間物商人、皮革製造業者、靴屋となめし業者、亜麻布製造業者）やドルトムントの六つの「ギルド」、そしてベルリン、フランクフルト、ロストク、グライフスヴァルトの「四つの同業組合 Viergewerke」は、たいていの場合、肉屋、パン製造業者、靴屋、毛織物製造業者、鍛冶屋を含んでいた。まれに、ミュンスターのように、卓越した同業組合が、二人の長老の主宰の下でより大きな一つの集団にまとめられることもあった。これに対していくつかの海港都市においては、こうした職種間の序列は見られない。たとえば、ハンブルクの二五の手工業者団体、リューベックの九六団体、あるいはダンツィヒの団体は、原理上は権利においては同等であった。ただし実際にはそうであったかは定かではない。

内部組織についていえば、ハンザ都市だからといって独特の特徴を示しているわけではない。一四世紀には、あちこちで手工業者の閉鎖性が見られる。具体的には、徒弟数の制限（一人の親方に対して二人あるいは三人）、職人の増加、親方昇格の困難化である。加入金や、また市民権取得税の高騰に加えて、一三一三年以来シュテティーンの鍛冶工や、一三六〇年にリーガの金銀細工師、あるいはその一〇年後のリューベックの靴屋に見られるような、親方資格作品の提示義務が付け加わった。これらの束縛によって、手工業者数は減少した。一方で同じ頃の商人数は安定、あるいは増加すら示すこともあった。これが理由で、ハンザ圏内で手工業者によって提示された政治的権利の要求は全体として失敗したのである。

手工業者組織とその管理はそれぞれの都市当局の仕事であった。ハンザ自身はこの問題にはほとんど介入しなかった。しかしリューベックの騒乱直後の、一四一七年の総会は、ハンザ都市に居住するすべての手工業者は、出身都市と同時に居住都市にも能力証明を示すべきで、以後は当該手工業の長老に直接提出してはならない、と規定した。これは、反乱を起こしそうな性質が疑われる手工業者の監視強化のための政治的措置であった。それよりも多いのは、手工業に関しての地方会議の決定である。たとえば、一三二一年以来、ヴェント諸都市は、樽製造業者の職人のために、給与の最高額を定め、もぐり仕事を禁じ、親方から離れてスコーネの大市に参加することを禁止する共通の規則を定めた。別の命令は、ニシンの輸送の際はすべてロストクの樽を使用することや、塩の輸送の際にはリューネブルクの樽を使用することを強制した。その世紀の半ばに、ヴェント諸都市は鋳物製造業者や錫製品製造業者に対して共通の規定を定めた。とりわけ金銀細工師に関して、プロイセン諸都市全体に対して発布された別の規定もあった。西欧ではどこでもそうだが、都市の手工業者は政治権力を獲得しようとし、また統治団体における代表の座を得ようとした。こうした紛争はまず、一三世紀末に散発的に起こって悪化し、一四世紀の後半には一般化し、結局は一五世紀にはやむことなく繰り返され、一六世紀の初頭には、宗教改革の広がりとともにいっそう激しくなった。

最初の重大な紛争の舞台はマクデブルクであった。一三〇一年のある反乱では、一〇人の手工業の親方が生きながら火刑にされた。しかし一三三〇年以降、門閥は都市の支配力を失い、五つの「大同業者組合」の間での振り分けを余儀なくされる。同年、ブレーメンでの反乱は、すみやかに終わった。一四世紀の最後の四半世紀に起こったブラウンシュヴァイクの暴動は、ハンザをひどく動揺させた最初の出来事であった。新税の告知が手工業者と一部商人の怒りを呼び起こしたのである。この時、八人の市長が殺された。ハンザからいったん除名されたブラウンシュヴァイクは、一三八〇年に地位を回復し、門閥の支配にたち戻ることはなかった。新しい体制（一三八六年）では、一〇三人の市参事会員のうち、二五人を門閥の代表に、三一人を毛織物商人、両替商、金銀細工師に、四七人を手工業者に割り振った。この時期には、リューベックでは野心的な商人パテルノステルマーケルを主導者とする肉屋の反乱が勃発し、流血をともないながら鎮圧された（一三八四年）。その直後にシュトラールズントで起こった抗争では、門閥ではない富裕な商人であるカルステン・サルノヴが主導者となり、ヴルフラム一族の専横支配に腹を据えかねていた市民たちの協力もあって、市参事会は簡単に解散させられた。しかし、ハンザからの除名を脅迫されただけで、都市民の態度は豹変し、サルノヴは死刑に処された（一三九一年）。ケルンでは、一三七〇年の最初の反乱は暴力的に鎮圧されたものの、一三九六年には手工業者側が勝利を収め、「富裕者組合」の絶対権力に終止符が打たれた。こうした反乱のうち最も鎮圧に手こずったのは、一四〇八年から一四一六年にかけてのリューベックのものであり、他のヴェント諸都市への余波があっただけになおさらであった。ハンザを根本から揺り動かしたこの危機は、結果として門閥側がほぼ全面的な勝利を収めた。

これらの闘争の原因と状況はきわめて多様なので、一般化をしないよう注意する必要がある。門閥の排他主義、有能な個人の野心、支配から遠ざけられていた手工業者と商人の政治的願望、門閥同士の争い、課税やずさんな財政管理に対する不満などに加えて、フランドル諸都市の動揺によっても刺激された。こうした理由がそれぞれの闘争で果たした役割の度合いは一様ではなかった。冷戦中の東側と西側の歴史家はともに、これらの闘争に社会闘争の性格を見ることを否定している。つまり、富裕層に対する貧困層の反乱と表現することも、また同様に、門閥と手工業者層の間の明確な対立とすら言うこともできない、ということである。実際のところ、敵対する集団はそれぞれ、状況に応じて多様な方法で誰を仲間とするかを決めていた。とはいえ、リューベックにおける肉屋の最初の反乱（一三八〇年）は、手工業者層と門閥との間での闘争としての側面を持ち、ブラウンシュヴァイクの反乱（一三七四年）は、手工業者層と中規模の商人との間の同盟という性格を呈し、シュトラールズントの反乱は、ヴルフラムの専横にいらだつ門閥側一部の支持を得ていたように思われる。

全体的に見て、これらの反乱のすべてが、ハンザ都市の門閥をひどく衰えさせることに成功したわけではなかった。マクデブルクやケルンのように門閥支配が打ち砕かれることは、まれであった。おおむね当初は一般市民による現体制の転覆は成功したものの、それは数年間しか続かなかった。たとえば大部分のヴェント諸都市のケースはまさにそうであった。実際のところ、ほとんどの都市で門閥は、数は限定されていたとはいえ、市参事会に手工業者層の代表を受け入れ、あるいは市民集会の形成に同意を与えなければならなかった。だが、その市民集会が圧倒的な影響力を持つことはなかった。

ハンザは、自らの存在を危機にさらし、君主による狙い撃ちを招きかねない、これら都市闘争に無関心を決め込んでいられなかった。人的つながりと商業上の利益が結びついていたので、ハンザは、反乱者を押さえつける旧権力のために、また「新参事会」に取って代わられた「旧参事会」のために、状況へ介入した。こうした事例の最初のものは、一三七四年にブラウンシュヴァイクにおいて確認できる。この時、逃走した門閥の呼びかけで、ハンザ総会はこの反抗的な都市を除名することを投票で可決した。しかし、ブラウンシュヴァイクは怯むことなく、当初要求された門閥の主導権の完全復権をせずに、ハンザへの復帰を果たした。この半ば失敗といえる結果を受けて、ハンザの姿勢はその後、より慎重になった。ハンザは、ケルンでの（一三九六年）、ドルトムントでの（一三九九年）、ダンツィヒでの（一四一六年）、ブレスラウでの（一四一八年）門閥の転覆の際には、自制をつらぬき、干渉するにしてもヴェント都市での紛争の場合に限定した。しかしリューベックの体制危機（一四〇八―一六年）は、一連の騒動がハンザに与えていた致命的な危険を白日の下にさらすことになった。一四一八年のハンザ総会は、それ以降断固とした態度で反乱に対抗することを決定した。結果として一四一九年にシュターデ、一四二〇年にシュテティーン、一四二七年にブレーメン、一四三九年にロストク、一四五四年にミュンスターと、次々に都市の除名がなされた。しかしこれらの都市はいずれも、都市ごとに異なる譲歩を示し、時期のずれはあるがハンザへの復帰を果たした。

以上に見たように、ハンザ都市で門閥体制が維持されたのは、ある程度、ハンザによって行使された圧力のおかげであることは疑う余地がない。しかしその理由は、ハンザにおいては、商業にかかわる要素が経済面・社会面において優勢である一方で、手工業者、とりわけ織物業者が相対的に弱い立場に置かれていたためであった。この点、ネーデルラントの都市とは著しい対照をなしている。ネーデルラントでは、ハンザで反乱が頻発した同時期に、織工たちが物事を根本から覆すような革命的情熱をほとばしらせていたのである。

第3章　船舶、航海、船主

1　船舶

一二世紀半ば以降、北方諸国においてドイツ人の商業が急速に拡大したのは、当然ハンザの海運の発展と関連している。少なくとも二世紀にわたり、輸送手段としてのドイツの船舶は、新たな状況に競争相手よりもうまく適応したようである。詳細な点を確認するのは難しいが、一五世紀までのハンザの優位を説明することができるのは、この技術的優位だけなのである。

リューベックの建設当時、北方の海では二つの異なった型の船舶が航行していた。すなわち、幅が狭く、快速で、櫂と帆を使用し、喫水が浅いヴァイキングの小型船。そして、丸みがあり、ヴァイキング船と比べて全長が短く、大型で、速度は遅いが、安定性にすぐれている西欧の帆船である。この二種類の船はあまり積載能力がなく、一五ラスト*もしくは三〇トンを超えることはほとんどなかった。東方での植民活動や十字軍が海路で行なわれる限り、もっと大きな船が必要とされていたのは明白である。

その結果、一二世紀末頃の北欧で大型船が出現し、間もなくあちこちでコッゲ coggo という名で呼ばれるようになった。一一八八年に、どれもが八〇ラスト以上と推定される四隻の

＊　中世においてドイツ船の大きさは、常にラストで算定されていた。ラストは容積単位ではなく、重量単位で、船で運ぶことのできる積荷の重量を表した単位である。つまり、一単位ラストに等しい量は商品によって異なる。一ラストは約二トンに換算することができる。

大型船がケルンから出航し、十字軍の参加者を聖地に輸送したと報告されている。一二〇六年に年代記作者ハインリヒ・フォン・レットラントは、二隻のコッゲ船が到着したので、リーガが飢饉から救われたと報告している。このような新型船の積載能力はやがて一〇〇ラストを超えた。それ以前の船と比べて八倍から一〇倍の積載能力である。コッゲ船は、平均して全長三〇メートル、船幅七メートル、喫水は三メートルであったと思われる。船体は、屋根瓦のように板を重ね合わせて建造され、キールと船首材はまっすぐだった。帆を一つだけ備えたコッゲ船は、比較的扱いやすく、風に逆らって進むことが可能で、とりわけ一三世紀初頭以降に、舷側舵に代わって船尾舵になったので、順風で時速一〇から一五マイルという速さになった。

コッゲ船の建造方法はそれ以前の船と著しく異なっており、その起源に関する問題は完全に解明されてはいない。この地域のハーフティンバー構造の家屋から着想を得て、ハンザの船大工がこの新しい技術を完成したのかもしれない。より信憑性が高いのは、コッゲ船が、ネーデルラントのフリースラント人によって生み出されたというものである。ネーデルラントでは、コッゲ船に課された税 cogscult が、一一六三年のニウポールトの規約の中で、さらには一〇世紀以降のユトレヒト司教区でも記されており、東方と同じほど古くから大型船が確認されている。いずれにせよ、ハンザ商人が新型船の建造に大きな刺激を与えたのは確実である。そして、この新型船が特にバルト海の競争相手に対して、明確な優位をハンザに与えたのである。一三世紀そして一四世紀にも、コッゲ船は典型的なハンザの船であった。

しかし一四世紀に別の型の船、ホルク船 Holk がハンザ圏に広まった。もともとホルク船はそれほど大きくはない平底の輸送船で、コッゲ船よりも膨らみのある外観をしていた。しかし、ホルク船のサイズは次第に大きくなり、積載能力に優れていたので、一五世紀の間にはコッゲ船を完全に排除した。ホルク船はコッゲ船からさまざまな要素、なかでもキールを取り入れたので、コッゲ船はますます排除された。ホルク船は一五〇ラスト（三〇〇トン）あるいはそれ以上さえも輸送できた。そして、次第に上部構造物が大型化した。すなわち、一層か二層からなる船首楼と船尾楼を備えるようになった。

最後に、一五世紀半ば以降、イタリアと大西洋を起源とする、さらに大型のクラヴェール船 Krawel が登場した。クラヴェール船の特徴は、マストが一本だけではなく三本あり、板を重ね合わせるのではなく、継ぎ合わせて作った滑らかな船体であった。クラヴェール船は、高速性と四〇〇トン以上に増えた積載能力を兼ね備えていた。新型船が成功を収めたの

図5　ミュンスター市庁舎（14世紀頃）
(paul prescott/Shutterstock.com)

図4　リューベックのマリエン教会（13-14世紀頃）
(Roman Sigaev/Shutterstock.com)

図 6　ハンザの港（1497年のハンブルク都市法の写本）
（自由ハンザ都市ハンブルク市立文書館）

は、単なる偶然によるものだった。一四六二年、桁外れの大きさを誇るラ・ロシェルのクラヴェール船「サン・ピエール号」が、ダンツィヒ港で船長によって放棄された。この船は、ダンツィヒにより、イングランド人に対抗するための私掠船に改装され、その大きさがいたる所でセンセーションを巻き起こした。だが、軍事的にはあまり力を発揮することはなかった。当時、他にもクラヴェール船は建造されていたが、一七世紀までハンザの大型船の主要な型はホルク船であり続けた。

一般に長距離を航海する船舶は、中世最後の三世紀の間に大型化の一途をたどった。塩、穀物、木材などの重量のある輸送品が重要性を増したことが、それに一役買った。場合によっては、一四一二年のハンザ総会で見られたように、こうした傾向に反対する意見が出されることもあった。つまり、大型船の喫水が深すぎるため、港内で座礁する危険性が増していたのである。さらに地域ごとに異なる船が使われていたのが認められる。ヴェント都市やブレーメンでは中積載量の船が好まれたが、プロイセンやリーフラントの都市では、後背地の重量のある産品を輸送するため、さらに大型の船が建造された。全体として、外国の商船団と比較すると、ハンザの商船団はどの時代でも、大型船が並外れて多かったことが特色のようである。

ハンザの船舶には、もちろんこの他に、より小型の船があり、非常に多様な呼称があった。遠距離の航海をする中積載量の船の中で最も頻繁に言及されるのが、クライアー船とエーヴァー船（二五―五〇ラスト）である。それよりも数が多かったのが小型の沿岸航行船であり、本来は初めは沖合に乗り出していたが、次第に表舞台から追いやられ、時には河川を航行することもあった。櫂で操船することもあったシュニッゲ船、そしてシューテ船（一〇―二五ラスト）は小型の快速帆船であり、危急の場合には、より大型の船のために偵察船として使用された。遠洋航海船の積み荷降ろしや、港や河川の行き来に使われた小型船や川舟、また、塩や木材を運搬していた平底のプラム船、バリンガー船、ブッセ船などは、さらに小型だった。

中世の船舶には、機能に応じた専門化も、建造上の特殊性も、まだ全く認められない。すべての船は何よりもまず商品の輸送を目的としていた。旅客の輸送については、植民や十字軍の時代などの最初の頃は、頻繁に行なわれたのだろうが、その後は外交使節やサンティアゴ・デ・コンポステーラ巡礼の時に、例外的にしか行なわれなくなった。当時は航海期間に応じて、簡単に改装されるだけだった。同様に軍船――「平和の船 vredenschepe」と呼ばれた――も他の船と何ら異ならなかった。戦時の都市は、市民からありとあらゆる船を借り上げ、都市の費用で、その船に武器や兵士を装備していた。ただし、軍事的な必要から、一四世紀と一五世紀に船首楼が全般的に発展したようだ。というのも、船首楼が高くなればなるほど、接舷や接舷に対する防御が容易になったからである。

中世ハンザの船団規模は興味をひく問題である。ヴァルター・フォーゲルは、全くの概算に過ぎないが、一五世紀末について、あえて推測を試みた。彼の計算によると、ハンザの遠距離を航海する船団は――沿岸航行船を除くと――約一〇〇〇隻で三万ラストの輸送能力を持っていたようである。そのうち一万ラストは、ネーデルラント、イングランド、ポワトゥーを目的地として、エアソン海峡を通過するバルト海沿岸諸都市の船団だった。バルト海内航行も同じく一万ラストであり、ノルウェーやアイスランドとの往来においては二〇〇〇ラストである。最後に、北海の船団については七〇〇〇から八〇〇〇ラストと算出されるが、その見積もりは特に難しい。六万トンをもってすれば、ハンザは当時の海運国の首位にあり、明らかにオランダとイングランドを、おそらくはフランスとスペインをも凌駕していたことになるだろう。

航海の発展により、必然的にすべての海港都市で、造船が活発に行なわれるようになった。というのも、船舶の急速な消耗、難破、拿捕により新しい船が絶えず必要になったからである。川岸に整備され、造船業者に賃貸された造船所は、「ラスタディー Lastadie」と呼ばれていた。それはフラマン語起源の言葉であり、もともと商品の荷揚げ場を意味していた。奇妙なことに、中世末まで造船業者は、どこにおいても固有の組合を形成しておらず、大工と同じ組合に属していた。しかし、彼らはある程度の尊敬を受けており、シュトラールズントで見られるように、市参事会に加わる者もいた。

中世の造船規模を見積もるための数量データは、完全に欠けている。ダンツィヒは、リューベックとともに、少なくとも一五世紀半ばまで、造船業の最も活発な中心地であったようだ。木材とともに、槙皮《まいはだ》詰め用のタールやピッチを産出する広大な森林に近いことが、その発達を促進していた。ダンツィヒやエルビングでは、鍛冶屋組合の中に、スウェーデンから輸入された鉄を利用した錨鍛冶屋 Ankersmid の専門集団が組織された。

造船業者は、ハンザの顧客のためだけに働いたのではない。彼らは、外国人、つまり、イングランド人、オランダ人、さらにはイタリア人にも船を売っていた。しかし、バルト海でオランダ船が増加すると、ハンザは自らが競争相手の飛躍に手を貸しているのではないかと不安にかられるようになった。一四一二年に限定的な措置を検討し、一四二六年の総会では、外国人への船舶の売却禁止が宣告された。後に、この禁止は定期的に繰り返された。この措置はあまり有効ではなく、ハンザの造船所から大切な顧客を奪う反面、外国での造船を活発にさせただけであった。それゆえ、この措置は、関係者、とりわけドイツ騎士修道会には受け入れられなかった。この禁止をダンツィヒが適用したのは、一四四一年以降の特に戦争中の時だけで、しかも引き渡しには、かなり実現不可能な条件がつけられていた。このため、一四七三年に一隻の船の注文を出したジェノヴァ人船主団は約束として、ダンツィヒの敵には誰であれ、とりわけトンマーゾ・ポルティナリについては——彼のガレー船一隻が私掠船によって拿捕されたばかりであった——、その船の一部の持分であっても手に入れさせることはない、と誓わなければならなかった。どうやら、一五世紀後半のダンツィヒで造船が著しく衰退したのは、この禁止令が原因のようだ。

2　航海

中世ではいたる所でそうであったように、ハンザ商人の航海はゆっくりとしたものであり、航海の期間は風向き次第で非常に不規則であった。平均時速は一〇から一五キロ、順風でもせいぜい二五キロだった。船舶は逆風でも進むことができたが、必要な場合に限られるのが一般的であり、むしろ港で良好な状態を待つことが多かった。リューベックからダンツィヒまでは約四日、リューベックからベルゲンまでは九日かかっていたが、二週間から三週間かかることもしばしばであった。リーフラントからブルヌフ湾までの航程は、通常二カ月以上に及んだ。特に危険であったのがユラン半島沿岸の海域であり、西風に押し流された船舶が、砂州に座礁する恐れがあった。さらに迂回距離も長かったので、この直通海路は、ハンブルク－リューベック間の陸路に完全に取って代わることができなかった。この陸路は二度も積み替えをするにもかかわらず、直通海路よりも時間がかからなかったのである。

狭い海を往来するので、ハンザの船員は、ノルウェー－イングランド間をのぞき、海岸を長いあいだ見失うことは決してなかった。外洋では、船員は速度に基づいて船舶の位置を、そして天体観測によって方角を測定すれば十分だった。熟練した水先案内人は、ほぼすべての航路について一〇〇メートルまでの海の深さについて熟知していたので、正確な位置を割り出すために、特に測鉛を用いていた。イタリア人のフラ・マウロは、彼の世界の海図（一四五八年）で、バルト海について「この海では、海図も羅針盤も使わないで、測鉛を使って航海する」と書いている。こうした陸や海の形状だったので、この地域においては新しい航海器具の普及が遅れたわけである。羅針盤と羅針儀は、地中海では一三世紀以降使用されていたが、北ヨーロッパでは近代初頭になるまであまり用いられず、海図の使用はもっと後になってからだった。

沿岸部では地形、島、森の特徴に基づき、そして、都市の鐘楼によっても、船員は自分の位置を確認していた。そのために、鐘楼は非常に高く建造されたらしい。たとえば、ロストクのザンクト・ペトリ教会の鐘楼は一三二メートルに達し、五〇キロメートル以上の沖合からでも見えた。木造の塔には、暗礁に注意を促すものもあった。灯台、とりわけトラーヴェ河口の灯台は——明かりが灯されたのは視界が悪い場合だけであったが——一五世紀に言及されている。

航海に関する経験は何世代にもわたって口頭で伝えられていたが、遅くとも一五世紀後半には「海書 Seebuch」として文書化されるようになった。これは、それより一〇〇年前にブルッヘで作成されたフラマン語編纂物を、低地ドイツ語に翻訳したものが元であり、ハンザ圏に関する情報が豊富である。カディスからフィンランド湾まで、航海士に有用なことすべてが記録されていた。すなわち、潮の時間、距離、海の深さ、目印、いくつかの海域の危険などについてである。当然のことながら、「海書」を利用するためには、文字を読めなければならなかった。このため最初はかなり限定された利用にとどまったようだが、一六世紀には普及していった。

海上交通の安全を確保するために、ハンザは次第に、いくつかの規則を発布せざるを得なくなった。その規則は特に二つの点に関係していた。すなわち冬季航行と船団航行である。港がしばしば氷で覆われるので、冬季に海上交通を中断するという慣習が、すでに自然発生的に確立していた。一四世紀末、おそらくは事故が続発した後に、総会は長い議論の末に、この慣習を強制力のある規則に変えることを決定した。一四〇三年に総会は、聖マルティヌスの祝日（一一月一一日）と聖ペトロの（使徒座の）祝日（二月二二日）の間の航行を禁止することを定めた。すなわち、いかなる船籍であれ、一一月一一日以降にハンザの港に入港する船はすべて、この期日の前に帰途についたという証明書を提示しなければならなかった。それがないと、船が積荷とともに没収されることになった。三〇ラスト以下の船舶とノルウェー発またはノルウェー行きの船舶は、これを免除されていた。さらに、ヴィスマルは、ニシンとビールを輸送する——つまり、スコーネと関係のある——船のために、禁止期間を聖ニコラウスの祝日（一二月六日）から聖燭祭（二月二日）までに短縮するのを首尾よく認めさせた。

この規定は、プロイセン諸都市の不平を生んだ。プロイセンの船舶のほうが大型だったために、ヴェント都市の船舶に比べて不利になったからである。プロイセン諸都市は、リューベック、デンマーク、リューゲン島の間だけで、冬季航行の許可を得た（一四二五年）。オランダ人も同じように抗議したが無駄だった。実際に冬の間、バルト海内交通は中断された。北海でも同じ禁止が宣言されたが、こちらのほうはあまり遵守されなかった。しかも、この禁止は、ズウィン川寄港時に、いかなる商品であれ積み降ろししないという条件を守れば、英仏海峡や大西洋から来た船舶には適用されなかった。

これらの措置により、確かに海難は回避されたが、ハンザの航海も妨げられた。決められた期日に帰国できなければ、多くのドイツ船は、多額の出費を負担して、フランドルやイングランドの港で越冬を余儀なくされたからである。

適用上さらに厄介なのが、船団航行の規則であった。一四世紀半ばまでは、単独航行や、二、三隻の船からなる小規模な船団による航海が普通であった。しかしデンマークとの戦争や、特に海賊行為の再発により、総会は大船団での航海を勧告しなければならなくなった。一三九二年にプロイセン諸都市は、エアソン海峡の通過のために、少なくとも一〇隻の船舶が集結するよう命じた。五年後、プロイセン諸都市は、この海峡の通過を、四月二二日、六月一〇日、八月一五日の三回に定められた航海に制限した。おそらく、この規定は、あまり効果がなかった。というのは、翌年七月一三日に、プロイセンの商船団全体が、二隻の軍船と八〇人の武装兵に護衛されてエアソン海峡を通過しているからである。それ以来、バルト海から北海やブルヌフ湾へ向かうハンザの全船舶を、一つの船団に集団化する慣習が続いたようである。船団は軍船によって保護され、費用は参加者の負担とし、一隻ごとに一人か二人の兵が配備されていた。北海でも同じように、集団での航海が、特に戦争中と長距離にわたる場合にひろまった。ハンザがこうした慣行を熱心に促進したのは、安全への配慮だけではなかった。単独航行が他人を犠牲にしてある者に高い利益をもたらしたり、都市の市場に有害な価格変動を引き起こしたりしたのに対し、この慣行にはすべての商人に平等な売買の機会を保障するという利点があった。

もちろん、船団航行には重大な欠点もあった。船舶の衝突の危険が増えたのに加え、決められた場所に集結したり、時には集結が完了するまで長い間待ったりしなければならなかった。出航の合図を出そうとしない船団長に対し、しばしば不平の声があがった。そして船長に反抗的な行為が増加した。それをやめさせるために、船長に対する服従の誓いが求められた。船団からの離脱には、罰金と、さらにハンザ特権からの排除によっても罰せられた。逆に、用船契約の中には、出航に遅れた船長に対する処罰を想定したものもあった。商人が安全を心配して集団航行を命じても、たいていの場合、船長が危険な単独航行のほうを選んだことが察せられる。

次第に、航海、海上交易、取引、船乗りに関する規則の集合体であるハンザの海法が形成された。海法には異なる三つの源泉を認めることができる。

　第一の源泉は、各都市が持っていた固有の慣習法である。ドイツ語圏で知られている最古の慣習法は、一二九二年に最初の編纂が行なわれたハンブルクの慣習法である。これは、とりわけ運送料の事項について、さまざまな慣習を明示しており、主としてブルッヘとユトレヒトに定住したハンブルク商人のハンザを対象としていた。この法には、修正が加えられ、リューベック（一二九九年）、ブレーメン、オルデンブルク、リーガによって採用された。それをかなり拡張した版が、一四世紀後半に「オルドナンツィエ Ordonancie」という名称で作成された。

　第二はハンザ海法の最も重要な源泉にあたるオレロン海法である。この慣習法は、一三世紀の初め頃にオレロン島で作成され、特にズウィン川諸港とのワイン交易に従事したラ・ロシェルやボルドーの商人のためのものだった。そして、事故や乗組員との係争に関する慣習について詳しく説明していた。この慣習法は、一四世紀に「ダム慣習法 Vonnesse van Damme」という名称でフラマン語に翻訳された。これが今度は低地ドイツ語に翻訳され、「オルドナンツィエ」と融合し、まず「海法 Waterrecht」という名前で北海のハンザ諸都市の海法となり、それから、リューベックによって採用された後にバルト海諸都市の海法となった。ヴィスビーは、バルト海で最も重要な海事法廷の所在地であったので、この集成は、次第に「ゴットランド法」（ゴットランド海法 Gotländisches Wasserrecht）と呼ばれた。ゴットランド法という名称は、一五〇五年にコペンハーゲンで出版された最初の印刷出版物によって最終的に確立された。フランス産ワイン交易の必要性から生まれた法が、何と特異な歩みをしたことか。

　最後に、一四世紀後半以降、ハンザ総会の海事に関する決定が第三の法源となった。このような決定の一部は一四八二年になされたが、全体が「船長と乗組員に関する規則 Ordonancie van den schipperen unde Boozluden」という名称で、ようやく一五三〇年に法典として編纂された。さまざまな影響をうけたために、ハンザ海法が一体性に欠けていたのは確かである。このため一六世紀末に法律顧問ズーダーマンが招聘され、首尾一貫させるための改訂作業に取り組んだが、完成には至らなかった。

3　内陸航行

　ハンザ商業にとって内陸航行は、航海とほぼ同じくらい重要であった。そもそも、ノルウェーのベルゲンやおそらくダンツィヒなどのわずかな例外は別として、大きな港には大型や中型の船では近づけなかった。沿岸河川をさかのぼるのには、より小型の船に、河口で商品を積み替えることが不可欠であった。

河川航行には、地域の条件に応じて、質素な小型船から甲板のある小型帆船に至るまで、さまざまな型の小船があった。流れが急なライン川中流では、操船が簡単で、衝撃に耐えられるよう側面が補強された平底の川船が用いられていた。反対に、積み替えが行なわれるケルンよりも下流のライン川では、川幅が広く、流れがゆるやかで、水深が深いので、必要があれば帆を用いる、より大きな船が使用できた。いくつかは、メムリンクの「聖ウルスラの聖遺物箱」に見られるような、小型の海船とほとんど同じだった。十分な水深の維持は、どこでも都市当局者の重大な心配事の一つであった。港内では、船からのバラストやゴミの水中への投棄は厳しく禁じられていた。一五世紀に、川そのもの、とりわけ河口付近では大規模な工事が行なわれた。たとえば、トラーヴェ川の水路を狭めて深くしようと試みられたが、大きな成果はなかった。ズヴィン川が砂で埋まるのを防ごうとした努力も無駄であった。この時代に、この問題に対処するのはほとんど無力だったのである。

海港都市の船主や都市門閥は、こうした活動に関心を持たなかったらしい。ドイツ全土で、河川航行は都市の川船の船頭組合の手に握られていた。一四、一五世紀に指定市場《ステープル》が発達するとともに、河川ははっきりとした境界線で分けられる区域に細分化されるようになり、沿岸の大都市の船頭組合が航行独占権を不当に手に入れていた。このようなものとして、シュプレー川とハーフェル川にはベルリンの船長ギルド gylda nautarum、エルベ川下流にはハンブルクの聖ヤコブ兄弟団などがあった。細分化されなかった唯一の例外は、ヴァイクセル川の事例である。すなわち、ドイツ騎士修道会は、各河岸都市の船頭組合を管理する「長老 Oldesten」委員会を設立した。そして、その委員会がプロイセン全都市の船頭と積荷とに適用される規約を一三七五年に作成し、宗教上かつ職業的な団結を実現させたのである。

河川航行は、海よりも危険が少ないものの、それでもよく似た危険に直面していた。沿岸地帯の領主間で戦争がおきた場合、船舶はしばしば攻撃の犠牲となった。しかし少なくとも一五世紀半ば、ポーランドとドイツ騎士修道会との十三年戦争の最中に、体系的な防衛組織が認められたのは、これもまたヴァイクセル川だけであった。プロイセンの都市と貴族はポーランド王の保護下にあったので、騎士修道会はヴァイクセル川の交通を遮断しようとした。この時、ダンツィヒとトルンは、軍船によって護衛され、大砲と傭兵が配備された船団の編成を決定した。一四五九年から一四六〇年にかけて幾度も、一〇〇隻以上の川船の船団が実際に交戦しながら、都市から都市へと移動した。

　内陸航行の重要性は、河川改修の努力と運河の建設を見れば明らかである。このような工事が、都市間の激しい対立を引き起こすこともあった。リューネブルクは、ブラウンシュヴァイクとリューネブルクを結ぶ陸路から大きな利益を得ていたが、その利益に反するであろう航路の建設を、公領内ですべて禁ずるという命令を一三七七年に公から獲得した。半世紀後、ブラウンシュヴァイクからの交通をブレーメンへと転換してしまうオカー川の改修工事にブラウンシュヴァイクが着手した。そこでリューネブルクはマクデブルクと対ブラウンシュヴァイク同盟を結び、七年間、工事の中断を余儀なくさせた（一四四〇年）。それにもかかわらず、数年後、ブラウンシュヴァイクは中断した工事を再開し、水門を備えたヴェーザー川へと向かう航路を確保した。同じような工事が、ハノーファー、ゾースト、ヘアフォルトによって着手された。

　特に二つの運河が、ハンザ商業において無視できない役割を演じた。一つは、一四世紀末から一五世紀初頭にかけて、ドイツ騎士修道会の指導の下、東プロイセンのプレーゲル川とクーリッシェス・ハフ間でつくられた。これにより、二つのハフ（潟）とメーメル川とを通る内陸のみの水路で、ダンツィヒとカウナスとが結びつけられた。この運河により、ダンツィヒはリトアニアの産物の主要販路となり、経済発展が促進された。

　さらに重要だったのが、トラーヴェ川の支流であるシュテクニッツ川を、メルン経由でエルベ川の支流であるデルヴェナウ川に結ぶシュテクニッツ運河であった。したがって、シュテクニッツ運河は、リューベックとハンブルクの間、すなわちバルト海と北海の間を水路によって接続した。一四世紀半ば以降、そこには簡素な水路が存在し、そのおかげでリューネブルク産の塩を輸送するプラム船がリューベックに到達できた。しかし、その水路では不十分だったらしく、沿岸の領主との厄介な裏取引の結果、一三九〇年から一三九八年にかけて平底船で航行可能な有門式運河が建設された。一五世紀にこの運河が果たした経済的役割を評価するのは難しい。確かに主要機能は、リューネブルクからリューベックへの塩の輸送であり続けたが、同時にエルベ川からトラーヴェ川へ、トラーヴェ川からエルベ川へと重い産品――特にワイン――の輸送も可能にした。この運河がとりわけ重要だったのは、幾度にもわたるデンマークとの戦争でエアソン海峡航路が遮断された時だった。平時にこの運河はあまり有益ではなく、リューベックがこの海峡を通過する海上交通の大部分を運河で行なったこともほとんどなかったらしい。この運河はかなり長いという欠点を持っていた。水路によるリューベック―ハンブルク間の距離は、オルデスローを経由する陸路の二倍であった。それゆえ、一四四八年にハンブルクは、アルスター川とトラーヴェ川の小さな支流の間に、まぎれもなくキール運河の先取りとなり、さらに近道となる運河の掘削をリューベックに提案した。しかし工事は始まったが、決して成功しなかった。この試みは、この二都市が河川による連絡をどれほど重視していたかを示している。このことからわかるのは、シュテクニッツ運河は、いくつもの欠点を抱えていたにもかかわらず、リューベックの経済的優位を維持するのに貢献したということである。

4　船主、船長、乗組員

ハンザのあらゆる海港都市において、遠距離を航海する船とその持分の所有者は、一目置かれる集団を形成しており、その構成はかなり多様だった。一三世紀まで彼らの活動はまだほとんど分化していなかった。同じ人物が、船の所有者であると同時に船長であったし、船が旅の最終目的地まで輸送したり販売したりしていた商品の大部分は、彼らの所有であった。しかし、船舶が大きくなるにつれて、所有権を次第に多数の持分に分割するという慣例とともに、船主、船長、用船者の間で――相対的だったとはいえ――専門化が起こった。すなわち、一三世紀末以降、一隻の船を二人の個人が所有したことも珍しくなかった。一四世紀初頭に、初めて四分割された持分について言及されており（イングランドでは二世紀以上早く同じ事例が知られている）、ある程度の大きさの船に関しては、まもなくそれが一般的となった。一五世紀に八分割が頻繁になったが、大型船に関しては、さらに一六分割、三二分割、おそらくは六四分割の持分も見られる。例として、一四四九年にブルヌフ産の塩の交易をしていたリューベック船は、八人の所有者によって分割されていた。そのうちの五人はそれぞれ一六分の一を、別の一人は一六分の一と四分の一を、もう一人は八分の一を、そして、船長が四分の一を所有していた。この船主の一人ヘルマン・マイヤーはさらに、同じ塩船団に所属する別の五隻の船舶に八分の一、八分の三、一六分の三の持分を所有していた。

このような細分化が進展したのは、遺産の分割、リスクを分散したいという船主の配慮、積載量の増加、さらには建造資金の調達を容易にするために、より多くの人々が持分を取得しやすくするためだった。これが所有者の中に特に商人が多い理由だが、造船業者や、さらに手工業者もいた。彼らのうちの何人かの財産、多くの場合は航海術の専門家である古参の船長の財産は、主として船舶の持分から構成されていた。

たとえば、一五世紀末にリューベックのヘルマン・メスマンは、三隻の船全体と六隻の船の半分から八分の一におよぶ持分という形で、自分の財産を三九〇〇マルクと見積もっていた。少なくとも一五世紀初頭のハンザ世界で最大の船舶所有者は――当然ながら――ドイツ騎士修道会であった。一四〇四年、マリーエンブルクとケーニヒスベルクの二人の会計官は、四隻の船全体の他に、一三隻の船に持分を所有し、それは約九〇〇ラストと一万リューベック・マルクに相当した。しかし、タンネンベルクの敗戦後、こうした所有物は急速に少なくなった。

一隻の船の所有者たちは、自分たちで一つの組合を結成していた。多くの場合、その構成員は別々の都市に分散していた。彼らは定期的に集まっていたが、それができなければ、持分に比例した艤装費用や用船料について綿密に情報をやりとりした。船の所有者は、指示を船長に与えたり、書面や口頭による船長の航海報告について検討したり、場合によっては船長の解任を言い渡したりしていた。

最も重要な所有者が、船の長、すなわち、船長（船の主人 schep-herr が、船長という意味の schepper, Schiffer になった）であったのは確実である。実際に、中世において船長が俸給取りであったという例はほとんどない。船長は、指揮している船の持分――一般的には四分の一か八分の一――を必ず持っていた。船長はその職務に対する報酬を、特別には受け取っていなかった。船長が受け取ったのは、船主の一人として、持分に応じた収益の一部だけだった。しかし実際に、程度の差はあれ、船長は多くの商品を自分の負担で輸送することで財をなしていた。船長は既婚者かつ一家の父親であることが義務付けられ、故郷にある不動産が彼の誠実さの保証となった。その用心は無駄ではなかった。というのも、商人以上に船長は放浪的な気質を持っていて、外国で築いた関係を利用して、困難な状況が生じた場合には移住する傾向があったからである。

原則として船長は、船主から出された指示を実行するだけでよかった。実際には、船長自身の自発性に委ねられる場合がほとんどだった。乗組員を募集し、報酬を支払い、解雇していたのは船長だった。商人と用船契約を結び、商品の荷積みと荷揚げに気を配り、錨を上げる指示を出すのも船長だった。海上で船長の権威は絶対であった。厳密な意味での船の舵取りと操船の指示が船長の仕事でなく、操舵手の仕事だとしても、最も重い責任をおっていたのは船長であったことに変わりはない。船長は、寄港地や停泊期間、危険な水路を通過するために地元の水先案内人を雇用することを決めていた。極めて危急な場合には、同乗している用船者や熟練した船員と相談の後、どの商品を船から投棄するべきかを船長が最終的に決定した。少なくとも一五世紀以降、そして長い航海の場合には、船長は出資者のために航海日誌を書く義務があった。そのことにより、船長はしばしば帳簿係を一緒に連れていた。

船主の中でも船長は、その責任、用船者である商人との密接な関係、そして船長自身による商取引が次第に重要となったのが理由で、特別に尊敬されている組合を形成した。船長自身が大商人なので、その多くが門閥に受け入れられ、最高の公職に従事したが、このように地位が向上しても、彼らが航海を続けられなくなることなどはなかった。たとえば、フランドルに向けて出帆しようとする船団の船長の中に、一四二二年にはダンツィヒ市長のフォン・ドーティンヒェムが、一四三六年には市参事会員ハインリヒ・ブックがいた。ハンザ船のこうした船長の多くがネーデルラント出身であることが確認されるのは興味深い。同じことは、一四世紀の第三・四半期以降のリューベック－ストックホルム航路で観察されるし、北海ではなおさらであった。この時期から、このような形でオランダの海運が優位になる前兆が現れていた。おそらく、この種の船長の経歴の中で最も輝かしいのは、ハールレム出身のシモン・ファン・ユトレヒトのものであった。彼は一三九九年にハンブルクの市民権を認められ、この都市の船舶を指揮し、ヴィターリエンブリューダーとの戦いで名声を得た。彼は、一四二六年には市参事会の一員となり、六年後には市長となった。

船員 Schipkindere は、航海の期間ごとに、船長によって農民や都市住民から募集されていた。通常、一五〇トンの船一隻に対して約一二人の船員、二五〇トンの大型船に対して約二〇人の船員、つまり、一二トンにつき一人を数えた。一四世紀まで、乗組員の間での役割分化はほとんど観察されない。その後、操船に責任を持った操舵手が分離する。この前提となったのは、海での長い経験、航海に関する確かな知識、天体高度の計算、場合によっては羅針盤の利用であった。船長にのみ従属する乗組員に対する権限を――原則として――まったく与えられていないことを除いて、中世の操舵手の任務は、今日の船長の任務にほぼ等しかった。一五世紀には、操舵手のほかに、船大工、料理人、帳簿係が指摘される。最後に、狭義の船員 Bootsmanns, Schipmanns よりも身分が低い見習水夫 Jungens, Jungknechte が言及されることがある。

乗組員に関しては、同職組合の発達とまさに類似した発達が注目される。最初のうち、小さな船の上では一種の家父長制が残っており、船員の中には順番で船長になるのを期待できる者もいた。しかし、船の大型化にともなって下級船員という階級が形成された。これは親方になることがほとんどない手工業者の職人に相当する。人数が多くなればなるほど、船員は従順にはならず、賃金に関して以前よりもうるさくなった。ハンザはこうした傾向に憂慮し、それを抑制しようと努めた。一四一八年の総会が布告したのは、不服従と逃亡の場合には投獄され、再犯の場合には赤く焼けた鉄で烙印を押す刑に処せられるということだった。船長への絶対服従の義務は何度も繰り返されたが、決定的な成果はなかったようである。

船長と乗組員が衝突した主な原因の一つが、賃金の額と支払方法にあるのは明白だった。全体として諸都市は、この件に明確な規則を課そうと努めたが、船長は大抵の場合、雇用の時に自分の部下と直接、賃金について交渉しなければならなかった。ハンブルクの海法によると、ゴットランド島かノルウェーに向かう航海の場合、下級船員は、一二週間分の賃金として一〇イングランド・シリングを出港時に、その後は超過した週ごとに一〇ペニーを受け取った。フランドルに向かう場合は、七週間につき一二ハンブルク・シリングを出港時に、それから超過した週ごとに九イングランド・ペニーを受け取った。それに対してリューベックでは、用船の利益に応じて賃金が変化することがあった。

賃金の変遷について、明確なイメージを得るのはほとんど不可能である。ヴァルター・フォーゲルは、いくつかの珍しい例証を使って（銀グラムで計算して）一三世紀から一五世紀にかけて賃金に五〇パーセントから一〇〇パーセントの増加があったかもしれない、と提示している。この賃金は低いままであり、労働者の賃金にほぼ等しかったと、フォーゲルは推定している。さまざまな収入、何よりも無賃輸送商品への権利によって賃金が著しく増加したのは事実である。船員は、自分で選択する場合もあるが、大抵の場合は強制されて商品のある程度の量を輸送し、売却することがあった。船員は、自分の権利を行使しないなら、その権利を第三者にあたえる裁量権を持っていた。さらに船員は、用船者から少額の報酬を受け取ることができた。それは、ある種の商品を換気することに対する報酬（Kühlgeld）や、港での荷の積み降ろしに対する報酬（Windegeld）である。最後に、仕事のない冬の四カ月間、船員は、陸上でさまざまな賃金労働をすることができた。したがって、船員は最も恵まれない職業には入らないようだ。あるプロイセン船の乗組員が自分自身の勘定で、一〇〇トンのワインをサンドウィッチで売却するためにラ・ロシェルで積み込み、運送料として一トンにつき二ノーブルを船長に支払った（一四五五年）という珍しい事例がある。これは普通の船員にも金持ちになる可能性があったことを例証している。さらに、ハンザの船舶が人手不足で苦しんでいた例は知られていない。

手工業の場合と同じように、船長や船員といったすべての

図7　シュトラールズントの市場、市庁舎、聖ニコラス教会（14世紀頃）
（Farida Doctor-Widera/Shutterstock.com）

船乗りを宗教や社会や慈善にかかわる活動で結束させた兄弟団が、一五世紀に形成された。一四〇一年にリューベックで設立された聖ニコラウス兄弟団が一つの事例である。同市では一五世紀末に手工業者組合に類似した、船長を除いて船員だけが集まった聖アンナ兄弟団が誕生した。しかし、こうした事例は特殊なものにとどまっていたようだ。

5　船舶の用船

船長の最大の関心事は当然、可能な限り良い用船条件を商人から得ることであり、次に商人の積荷を無事に運ぶことであった。一五世紀においても、船長がまだ船積み商品の大部分の所有者であり、船長自身が航海の最後に商品を売ることに関心を持つことがあったとしても、彼は本質的に用船者と結んだ契約書の命令を実行する単なる運送業者になった。用船者は次第に多くなる傾向があった。一三四五年に難破したハンザ船の積荷は二六人の商人の所有であった。一四三〇年の船の積荷は三九人、一四六八年の船の積荷は六二人の商人の所有であった。このような増加は、船舶の積載量の増加だけではなく、発送を分散させることで危険を制限しようという配慮によるものでもあった。とりわけ、一四三〇年の冬の終わりにレーヴァルへ同時に入港した一〇隻の船団の積荷目

図8　ホルバイン『商人ゲオルク・ギーゼの肖像』（1532年）
（Oleg Golovnev/Shutterstock.com）

録には、それがはっきりと認められる。最大の用船者たちは、自分の発送品を七隻から八、九隻の船に分散させていたのである。一四世紀半ばから地中海やポルトガルで用いられていた海上保険は、一六世紀第二・四半期になるまでハンザの人々には知られないままであったので、大きな損失を回避する唯一の手段は、発送品を分散させることであった。この慣行には、交通を複雑にし、企業家精神をそぎ、規制を煩雑にするという欠陥があった。海上保険の欠如が、ハンザの商業システムの大きな弱点の一つであったことは確かである。

すべての海港都市で、航海期間が始まる時に、船長と商人との間で用船契約の交渉が行なわれた。一三世紀まで、用船契約は商人の前で一杯のビールを囲んで口頭で結ばれていたが、一四世紀からは文字で書かれた証書が取って代わった。しかし、現存する最古の証書は一五世紀のものである。それらの証書は、割符証書の形式をしていた。すなわち、一枚の紙片に同じ文章が二つ書かれ、それから二つの文章の間に書かれたアルファベットの最初の文字を不規則に横切るようにして切り離されていた。一通は商人に、もう一通は船長に渡され、どちらか一方は市庁舎に預けられることが多かった。係争の場合には、正確に一致するはずの二つの文章を照合することで、その真偽を確認することができた。このような手続きは、一二世紀の地中海でもすでに存在していたが、公証人が作成した証書に取って代わられ、やがて使われなくなってしまったが、ハンザの世界では一六世紀に至るまで用いられ続けた。

用船取引では契約当事者に主導権が残されていたので、用船の需給に有害な不均衡が生じるおそれがあった。このため、いくつかの都市では一五世紀に用船取引を規制しようとした。リューベックではベルゲン商人団体の代表が、ベルゲン港行きの用船依頼をすべて取りまとめ、同団体のメンバーを優先しつつ、空いている船に商品を振り分けていた。ベルゲン商人団体のメンバーは、船ごとの用船者の一覧表を作成し、商品の積み込みや船底への収納を監督し、人員の装備や武装などを点検した。一四五五年以降、この任務に選ばれた四人の係員が確認できる。リューベックは、バルト海沿岸のヴェント都市からベルゲン向け用船取引の需要を自港にすべて集中しようとさえ試みたが、この企てはヴィスマルの反対で失敗した。それでも、一六世紀にリューベックの係員は、この活動を監督するためにヴィスマルとロストクに赴いていたようである。同じ頃、リーフラントとの交通や、さらにはハンブルクからフランドルへと向かう船の用船に関しても類似した管理が確立されるのがみられる。これは、リューベックがヴェント都市に対して行使した支配の一局面である。

船長と用船者との係争が絶えなかったのは当然である。ハンザの海法は両者の利害関係を調整しようとした。運送料が支払われない場合、船上に商品をとどめておく権利を船長は持っていた。用船者は荷積みの遅延に責任があり、通知されていた商品が期日どおりに積み込まれない場合には、運送料金の半額の支払い義務が残った。難破したり、海賊に拿捕されたりした場合、船長はすべての責任を免除された。船長には、嵐の時にたとえ同乗している用船者が反対したとしても、最も熟練した船員と相談した後に、積荷のすべてか一部を海に投棄する権利があった。海損法によれば、損失は輸送された財貨の価格に比例して用船者の負担となった。同様の規則が、接岸時に突発した損害、海賊に支払われるべき身代金、さらに極度の危険の最中に決定された巡礼の費用にも適用されていた。二隻の船が衝突事故を起こした場合、損害は衝突した船と衝突された船によって半分ずつ支払われ、船長は修理費用を、用船者は失われた商品を負担した。

航海から生じる危険は大きいので、輸送料が非常に高かったのは驚くべきことではない。この問題に関して現存する数少ない情報は、一五世紀以前にさかのぼることはほとんどなく、大きな価格変動を示している。重く価格の安い産品の輸送には、概して、高価な商品の輸送よりはるかに多くの費用がかかった。一五世紀初頭、ダンツィヒからブルッヘまでの小麦の積荷の運送料金は、商品価格の四八パーセントに相当し、ライ麦の場合は六八パーセント、塩の場合は六六パーセント、木材の場合は七九パーセントとなり、危険な航路ではさらに高くなる時もあった。たとえば、ブルッヘに輸送されたポルトガル塩の場合は八五パーセントであった。それに対して、香辛料、毛織物、ワインの運送料金は、一〇パーセントにしかならなかった。それでも、高価な産品のほうが船長の利益は高かった。蜜ロウ一トンは、穀物一トンの二倍の収益を船主にもたらすと考えられていた。

船体価格との割合で運送料の平均額を見積もるのはほとんど不可能である。大きな変動を伴いつつも、この割合は大抵の場合五〇パーセントから一〇〇パーセントまで揺れ動き、幸運にも神々の恩恵にあずかったいくつかの航海に関しては二〇〇パーセントを超え得たことが確認される。乗組員に支払われた賃金、修理費用――年によってかなり変化する――、急速に価値が下がってしまう船の減価償却率が正確にはわからないので、船主の純利益を見積もるのはさらに困難である。ヴァルター・フォーゲルの推定によれば、すべての費用を差し引いた一隻の船の収入は、おそらく通常なら一〇から二五パーセントと見積もることができ、四分の一あるいは八分の一の持分であっても一家族の生活費には十分すぎるほどであった。実際、船主という職業は、商人という職業よりも一段と運命の気まぐれにさらされていた。つまり、船主には、しばしば大きな利益がもたらされたが、不運が続けば破産する可能性もあった。そのうえ一五世紀の間に、とりわけバルト海東部ではオランダ人との競争の結果、利益が減ったようである。オランダ人は、ハンザよりはるかに低い運送料を設定できた。それゆえ、交通の全般的な増加、外国船の用船禁止にもかかわらず、オランダ人は、ハンザの積荷の一部をわが物とすることに成功した。ダンツィヒとリーフラント諸都市の商船団の衰退は、その結果であった。

第4章　商人

1　類型と団体

ハンザの歴史は、「すべての商人 der gemeene copman」と呼ばれるドイツ・ハンザ商人 mercator hansae Teutonicorum の歴史と分かち難く結びついていることがほとんどである。このドイツ・ハンザ商人こそが、ゴットランド渡航団体とともに、都市ハンザという共同体の創始者である。そして都市ハンザは、ただただ商人の繁栄を確固たるものにすることを目的とした。

ハンザ商人全般「について」語るとすれば、抽象化を免れることはできないだろう。ここでは財産、職業上の活動形態、社会的地位で区分することにより、概略的とはいえ、いくつかのタイプへの類型化を試みてみよう。

上位に位置するのは、常に、あるいはほとんど遠距離の卸売業を営み、大規模に信用を行使し、地理的・経済的にさまざまな分野に活動を拡大する大商人である。今世紀初頭まで、イタリアや南ドイツのタイプの大商人銀行家は、ハンザ圏に無縁であるか、あるいは、きわめて例外的にしか見られないと信じられてきた。つまり、ハンザ圏には、ペルッツィ家、メディチ家、ラーフェンスブルク会社に匹敵するような、多くの支店を持ち、高度に組織化された大会社が見られなかった、という見解である。こうした誤った考えを正したのはフリッツ・レーリヒと彼の弟子たちである。彼らは、リューベックだけではなく、その他の北ドイツの重要なすべての都市においてさえも、大商人が一四、一五世紀のハンザ商業に特有な実業家の典型の一つであったことを明らかにした。

ハンブルクを事例として、ハインリヒ・ラインケによって提案された、財産に基づく五階級分類に準拠した場合、最上位はもちろん大商人である。彼らは一四世紀末に五〇〇〇―二万五〇〇〇リューベック・マルクの財産を所有し、一五世紀末には四万リューベック・マルクを超える可能性もあるほどだった。すなわち、一六世紀初頭の最も裕福なリューベック住民ヨハン・ブスマンが手にしていた総額である。同様に、ハンブルクでは、イングランド商人団体に属する市長ヘニング・ブリングが、一四九九年に四万六〇〇〇マルクの財産を残していた。とはいえ、その数値がいかに大きかろうと、フッガー家（一五一一年に三七万五〇〇〇リューベック・マルク）、ヴェルザー家（一五一五年に四八万六〇〇〇リューベック・マルク）、ラーフェンスブルク会社（一四九六年に一九万八〇〇〇リューベック・マルク）、それどころかフランクフルトのクラウス・シュタルブルク（一五一五年に八万二五〇〇リューベック・マルク）などの同時代の南ドイツの大会社の数値より、かなり下回っていたのを想起すべきである。

こうした大商人の富は、さまざまな比率で行なわれる商取引の利益だけではなく、債権収入、会社や船舶の持分、不動産や動産の金利収入からも生まれた。動産、不動産は、都市や農村の不動産に加えて、奢侈品や貨幣などであった。彼らの商業活動の特徴は、売る場合でも買う場合でも、常に卸売り取引という形で多くの分野の事業にかかわっていたことだった。そうした多様な事業の中でも大きな地位を占めていたのは、フランドル産毛織物商業であった。

社会的に言えば、こうした最富裕層の商人のほぼ全員が都市門閥の一員であった（そもそも有力な家系に属していた者もいたし、市民になって日が浅く、富と結婚のおかげで門閥団体に入るのを認められた者もいた）。最富裕層の商人が市参事会や都市の最高位の役職に任命されているのは頻繁に確認できる。たとえば、リューベックのヨハン・ヴィッテンボルク（一四世紀半ば）、ヒンリヒ・カストルプ（一五世紀末）、ハンブルクのハンス・ヒューゲやヘニング・ブリング（一五世紀末）、ダンツィヒのエーバーハルト・フェルバー（一六世紀初め）などの市長がそうである。

大商人の下位に置かれる類型は、財産が二〇〇〇マルクから五〇〇〇マルクの間に含まれる中規模商人である。この類型は、一般に外国の一国――フランドル、スウェーデン、イングランド、ロシア――とのみ取引を行ない、事業形態はそれほど複雑ではなかった。そのうえ大半は卸売行為に特化していたわけではなく、自ら輸入品の小売り流通を部分的に確保していた。いずれも現代に会計簿を伝えるハンブルクのフィコ・ファン・ゲルダーセンとロストクのヨハン・テルナーは、一四世紀後半のこの階層の典型である。どちらも大量のフランドル産毛織物を輸入し、前者はエルベ川とヴェーザー川下流の小都市で、後者はメクレンブルクの貴族に小売りで転売した。こうした中規模商人は、例外はあるとしても、商売が繁盛しても門閥の成員ではなかった。中規模商人は、船主、織元、最も裕福なビール醸造業者とともに、都市の顕職から遠ざけられていることにしばしば腹を立て、時には門閥に対抗して手工業者と協力して中流階層を形成していたのである。

　中規模商人の下位に位置付けられる類型は、二〇〇〇マルク以下の財産しか所有していなかった小商人と呼ばれる人々である。彼らは、大きく異なる二つの階層に分かれていた。一方の階層は、あらゆる種類の小間物商と小売商であり、事実上ハンザ的な性質を全く示していなかった。どんな中世都市でも同じように、こうしたタイプの小商人は、同業組合に組織され、大商人に従属していた。彼らは、ダンツィヒの「アーサー王の宮廷《アルトゥスホーフ》」最古の規約に明記されているように、遠隔地商人の団体に入ることを認められていなかった。もう一方の階層は、最も規模の小さい遠隔地商人であり、彼らは先ほどの階層とは反対に、限られた資力の範囲内で卸売商業も営んでいた。一ラストや二ラストのニシンを購入するためにスコーネへ行く非常に多くのリューベック商人やベルゲン渡航者《ファーラー》団体の成員の大部分がそうである。より大規模な商人と同じように、小商人は商館や商人団体に入ることを許された。それゆえ、彼らは大商人と同じ資格を持つハンザ商人なのであり、財産が少ないために小売商に近い立場にいたにすぎない。低い生まれの小商人の一部が、裕福になることがあったのは言うまでもない。そのような一例のベルトルト・ルケンベルクは、次のように遺言状に書き記した。「両親から、私は誰に対してであれ義務があるようなものを何も受け取らなかった。私が所有するすべての財産、それを私は若い頃から根気のいる辛い仕事によって稼いだのだ」（一三七五年）〔正しくは一三六四年〕。

　以上のように現代的な観点から財産に基づいて階層を分類するよりもはるかに適切と思われるのは、古い文献で確認される商人団体の区分である。商人団体とは、中世のあらゆる団体、特に手工業組合と同じように、職業、信仰、慈善、娯楽を同じくする団体であり、大きな集会所のある建物を拠点に持ち、会員の総会により選ばれた「長老」によって管理されていた。

　都市によっては、遠隔地商人が、時には古くから、時には一四世紀になってようやく設立された、唯一の団体に集結した。ブレーメンやゴスラーには一三世紀から、シュテティーンやリーガには一四世紀から商人ギルドが存在し、聖ニコラウスを守護聖人として海外と取引する商人の団体が、シュテンダール、リューネブルク、ゾイデル海沿岸の若干の都市にあった。このような団体の一つとして、その規約が残っているためかなり有名な、「アーサー王の宮廷」がある。会員が集まっていた建物は、最初は門閥の聖ゲオルギオス兄弟団の所在地だったが、一四世紀末以降は事実上すべての遠隔地商人を迎え入れ、一五世紀末以降は外来者や船主も迎え入れた。

しかしハンザ圏でさらに特徴的なのは特定の国や港との関係に応じて専門化された商人団体であった（それに類似したものはイタリア都市でも見られる）。最古のものは、一二四六年に証言のある、ケルンの「デンマーク兄弟団 fraternitasdanica」であり、おそらくバルト海と関係を持つすべての商人を含んでいた。一三二四年にケルンが商人に付与した規約によれば、イングランドと交易を営む人々が、別の団体を設立していた。一四世紀末以降、「渡航者 Fahrer」と呼ばれる団体が、沿岸や内陸のさまざまな都市で登場した。しかし「渡航者」という名前にまどわされてはならない。この名前で示される人々の内実は商人であって、船頭や船長――加入を許可されるものもいたが――を意味してはいない。その動きが活発であったのはリューベックであった。一三七八年に設立された最古の「スコーネ渡航者団体《ショーネンファーラー》 Schonenfahrer」は、最も人数が多く、影響力も大きかった。その二年後、「ベルゲン渡航者団体 Bergenfahrer」が登場し、その後リーガ、ノヴゴロド、ストックホルム、イングランド、スペインなどの渡航者団体が登場した。一五世紀末のリューベックには約一〇の、ロストクには六つの渡航者団体があった。それに対してハンブルクには、おそらく一四世紀末に誕生したのであろう三つの団体しかなかった。つまり、最も裕福で人数の多い「フランドル渡航者団体」「イングランド渡航者団体」「スコーネ渡航者団体」である。このような渡航者団体が成立する背景となったのは、特にスカンディナヴィアとの交易である。デーフェンターとドルトムントを含む八つのハンザ都市に「スコーネ渡航者団体」が存在し、そのうえ、バルト海の複数の港に「デンマーク渡航者団体 Danemarkfahrer」や「ドライヤー渡航者団体 Dragörfahrer」があった。他方、一五世紀のケルンでは、ヴェネツィアと取引をする「ヴェネツィア渡航者団体 Fenedierverder」も存在していた。

これらの団体が、特定の一国との関係で交易の独占を享受したと考えることはできない。いずれにせよハンブルクでは、イングランドと交易していた人々全員が「イングランド渡航者団体」に登録されていたわけではないのは明らかである。逆に、一つの団体への所属が別の団体の成員になる妨げになることは全くなかった。おそらくこのような事例が最もよく起こるのは、特に大商人の場合である。このような団体は、都市によって程度の異なる厳密な組織を持っていたようである。なかでもリューベックでは、こうした団体が遠隔地商人の活動をしっかり規制していたと考えられる。

最も研究蓄積のあるリューベックの団体の一つが、「ベルゲン渡航者団体」である。「ベルゲン渡航者団体」は一三八〇年に設立され、聖オーラヴを守護聖人として、マリエン教会に自らの礼拝室を持っていた。この団体は、「全体集会Schütting」により選出された終身の三人あるいは六人の長老によって指導され、一五世紀には一〇〇人から二〇〇人のメンバーを数えた。そのメンバーは、権利の点では平等だが、二つのカテゴリーに分類されていた。一方の「リューベックの市民borger to Lubeke」は裕福で年配の商人であり、リューベックに定住した企業主であった。他方の「ベルゲンの従業員Copgeselle to Bergen」は、それよりも若く、定期的にノルウェーへ旅をし、干魚取引をするためにベルゲン商館で長期滞在をした。一四世紀と一五世紀の現存する約二〇〇通の遺言状を調査すると、「ベルゲン渡航者団体」に関する興味深い統計数値と社会状況が見えてくる。リューベックの「ベルゲン渡航者団体」のうち、リューベック出身者は四分の一にすぎないのに対し、ヴェストファーレン出身者が三〇パーセントを占めていた。くわえて「ベルゲン渡航者団体」の圧倒的多数は、庶民の生まれであった。一四〇九年以降の遺言者のうち七八パーセントは、その所有財産はいずれも彼ら自身で蓄財したものであり、彼らはそれを好きなように譲渡できるのだということが理解できる。彼らの中に既婚者が少ないのは、仕事内容が厳しいせいであろう。家族状況のわかる一八七人のうち、既婚者は八二人にすぎず、そのうち嫡出子がいたのは四三人であった。タラ取引を通じて、社会的に高い地位に到達することはそうあることではない。一般に、こういった商人たちは裕福といってもそこそこの程度にとどまっており、スコーネやロシア、フランドルに行く商人に見られるのとは異なり、彼らの中で市参事会に加わった者はほとんどいなかった。とはいえ、他都市の商人と比べて例外的な「ベルゲン渡航者団体」の事例は、いかにしてリューベック市民層が民衆との相関で変化したのかを示している。

2　商人という職業——個人企業と商事会社

一三世紀半ばまで、ハンザ商人の通常の形態は、中世初期のあちこちに広まっていたような遍歴商人であった。遍歴商人は、場合によっては一人か二人の従僕に伴われて商品を自分で運び、旅の最後に、物々交換の形で商品を売り捌くのが通例であった。そして、故郷に帰ると、そこでも獲得した産物を同じように売却した。陸上や海上で危険にさらされるために、こうした商人たちはほぼ常に集団（一二世紀にヘルモルト・フォン・ボーザウは「行商人の集団 cohors institorum」と呼んだ）で移動していたが、それはしばしば同じ都市出身の集団であった。遍歴商人の武装は、皇帝の勅書によって許可されていた。彼らは常に危険に備え、強盗、海賊あるいは自分たちに不満な顧客とさえも戦う準備が整っていた。彼らは、自分たちと同じように遍歴する司祭をしばしば同行させていた。もともとはゴットランド渡航者団体の商人は、こうした存在だったのである。そして、この初期段階のいくつかの特徴は、特にノヴゴロド商館を訪問するハンザ商人の集団の中に長い間残っていた。こうした遍歴商人は、読み書きができず、簡単な帳簿をつけるのがせいぜいであったことから、その商業技術は当然未発達であった。

一三世紀を通じて、このような遍歴商人という原始的な形態のかわりに現れた、あるいはそれと並行して現れたのが、経営職に専門化した企業家という形態である。商人は、比較的近い目的地に向かう場合や安全な街道上では、もはや自身は商品を携えて移動しなくなり始め、使用人にその仕事を任せた。こうした方法は、海路と陸路の安全が高まるにつれ、徐々に長距離の商業活動に拡大した。もはや絶え間ない移動を強いられなくなったので、商人はいくつもの事業をさまざまな場所で同時に行なうことができた。このようにしてハンザの大商人や中規模の商人は、一四、一五世紀に定住するようになった。以後、商人の活動拠点は、商人の家の中にある帳場 scrivekamere になった。少人数の使用人——一人の書記、二、三人の従僕、手代あるいは徒弟——の補助のもと、商人は、他のハンザ都市や外国商館にいる共同経営者や代理人、使用人に宛てた手紙を書見台で執筆した。確かに、特に重要な用件の時には商人自身が旅行をすることは依然としてあった。しかし、固有の商標を付けて発送された商品は、使用人あるいは輸送船の船長に委託され、目的地で代理人か仲買人に引き取られるのが通例であった。

こうした変化は、教育が発展したおかげである。とはいえ、その発展の跡を追うのは困難である。リューベックには一三世紀半ばまで、ほぼ聖職者だけを対象にした司教座学校しか存在しなかった。しかし一二六二年に、第二の「ラテン語学校」がザンクト・ヤコビ教会に設立された。一三〇〇年には司教座聖堂参事会が反対したにもかかわらず、リューベック市参事会は都市の四つの小教区それぞれに初等学校を設立し、そこに教師を任命した。こうした学校の設立により、俗人が自分の仕事に必要な教育の基礎を学ぶことが可能になったのであろう。

それと同時に大きな進歩と言えるのは、一三世紀最後の三半期に確認される都市の債務台帳である。ハンブルクで最初に「債務台帳 Schuldbuch」が登場したのは一二七〇年のことである。次いで、七年後にリューベックで「ニーダーシュタットブーフ Niederstadtbuch」(「オーバーシュタットブーフ Oberstadtbuch」と名付けられた土地台帳と対をなしている)が登場し、同様の台帳はリーガ(一二八六年)、シュトラールズント(一二八八年)、リューネブルク(一二九〇年)などで次々に登場した。商人による債権や契約を都市の保証の下で登記するのは、一四世紀と一五世紀の信用と商業の発展にとって決定的な要因だった。

読み書きができるようになった結果として、商人は会計簿を記録しはじめた。ハンザ圏で保存されている最古のものは、リューベックの門閥ヘルマン・ヴァーレンドルプ(一三三〇―三六年)の会計簿である。この会計簿はラテン語で書かれており、ある時はヴァーレンドルプ自身によって、またある時は義兄弟のヨハン・クリンゲンベルクによって書かれている。クリンゲンベルクは、ヴァーレンドルプの不在時に、彼の代理として取引交渉を行なった。帳簿の専門度はさほど高くなく、そこには商業取引だけではなく、不動産収入、建物、家の支出までもが記載されている。一四世紀半ば以降、ドイツ語で書かれた会計簿が増加したが、いずれの商人もおそらくもっと早くから複数の帳簿を付けていたであろう。現在に伝来している帳簿の内容は多種多様であり、専門化が強まる傾向はあるとしても、体系的なところは全くない。信用取引のみを記載している帳簿もあるが、大多数の帳簿は商業取引も記載しており、その商業取引が特別な項目に分類されることもあった。たとえばダンツィヒのヨハン・ピスツの帳簿(一四三〇年頃)では、販売、購入、委託取引が別個に扱われている。収入と支出を分離する方法が認められるのは、一般的には一五世紀である。たとえば、フェッキンクーゼン兄弟が設立した「ヴェネツィア会社」に関する会計簿の中に、そうした分離を観察できる。この会計簿には、一四〇七年五月一日から一四〇八年三月一五日までの期間に発送した商品が、価格とともに四頁にわたって記載され、さらにそれから四頁にわたり、現金の領収額と受領した商品とが記載されている。その後に記入されているのが、貸借対照表と仲間に決算書を送付したという記録である。この帳簿や他の帳簿から判明するのは、一般的に、取引は毎日記載されていたのではなく、決算のために別々の項目に清書されていたということである。

ハンザ商人は会計簿の管理について確かな進歩を見せてはいるが、彼らはイタリア人がもたらした会計簿の改良を一切取り入れることはなかった。したがって、複式簿記はハンザ圏では一六世紀まで知られていなかった。同様に、ルカ・パチョーリの『計算および記録に関する詳説 *Tractatus computis scripturis*』に匹敵する簿記の手引きについても知られておらず、ペゴロッティ（一三一五年）のような商業技術の手引きもブルッヘでは知られていなかった。商業の実務は、商人の指導のもと、とりわけブルッヘ商館のような商館で徒弟として滞在している間に習得されていたのではないだろうか。

都市の債務台帳、ハンザ商人の商業帳簿や通信文は、一四世紀と一五世紀にハンザ商人が信用を大々的に利用していたことを明らかにしている。フランドルやイングランドでイタリア人の薫陶を受けたハンザ商人は為替手形になじんでおり、彼らの中に為替をしばしば利用した者がいたのは確実である。たとえば、一四〇八年初頭のブルッヘでヒルデブラント・フェッキンクーゼンは二カ月ちょっとで、総額二一六グロート・ポンドのハンブルクあるいはリューベックで支払い可能な九通の為替手形を、兄のジーフェルト宛てに振り出していた。同じ頃、ヒルデブラントは、彼の共同出資者でヴェネツィアにいるカルボウのために、一年間（一四〇八―〇九年）で三七九七ドゥカートもしくは五七六グロート・ポンドに達する五件の振替を行なった。これは大部分のハンザ商人の間で為替手形が一般的に使用されていたことを意味しているのだろうか。とてもそんなことは断言できない。というのも、わずかに現存する手形の文面を検討した場合、その文面がイタリアの金融業者によく見られる簡潔な形式を示していないからである。ハンザ商人の為替手形は、冗長で婉曲な表現の中に支払いの指図を包み隠している比較的詳細な通信文である。このことから、手形による支払方法はかなりの例外であり続けたと思われる。付け加えておけば、為替手形は常にブルッヘと関連して知られている。東欧では商人が為替手形を使用することはほとんどなかったようである。そして一五世紀のハンザが採用した信用に敵対的な対策が、西欧での為替手形の利用を狭めていたのは確かである。

ハンザ商人の商業活動には二つの形態がある。個人企業（それをドイツの歴史学者は個人取引 Eigenhandel と呼んでいる）と商事会社である。

個人企業は、一人の商人だけの資本と従業員だけが参加しており、商人自らが、あるいは特に「ゼンデーヴェ sendeve」と呼ばれる委託によって取引をしていた。通常、主人 Herr は、自分の使用人 Diener に商品や買い入れのための資金を預けていた。使用人はその商品を運び、詳細な指示に従って売りさばく義務があった。業務の執行者は商品に責任を持ったが、支払いにはかかわらなかった。行なわれた取引の有効性を問う係争の場合、与えられた指示に従って最善の行動をしたと使用人が宣誓すれば、責任はすべて主人にあった。厳密に言えば、委託取引は商事会社ではなく、一般的には契約を結ぶこともなく、使用人は仕事の実行者でしかなかった。ゼンデーヴェは利益の一部を使用人に与えることはほとんどなく、定額の報酬があった点を除けば、イタリアのコンメンダに似ていた。もっとも、ゼンデーヴェの使用人は主人に従属する従業員とは限らなかった。使用人は、取引相手つまり無報酬で相互に義務を負って委託を実行する他の都市の市民でもあり得た。委託は非常に広く知られていたが、決算が生じることがなかったので、商業帳簿の中にさえ痕跡をほとんど残さなかったのが普通である。

商事会社の利点は、より多額の資本を動員し、危険を分散することであり、したがって典型的な商取引の形態であった。たいていの場合、商事会社は、期限つきの年数で、定められた取引の方法で、少数の共同出資者（二、三人か四人、それ以上はまれ）だけが加わった。非常に多くの場合、商事会社は家族的な性格を持っていた。たとえば、一四世紀半ばの会計簿が現存するロストクのヨハン・テルナーは、彼の父親、婿、その婿の婿が共同出資者であった。そして、非常に多くの場合、共同出資者は兄と弟である。ある会社の成員が別の都市に居住していたこともしばしばあった。このため取引は容易になったが、決算は困難になった。

商事会社はさまざまな名前を持っていたが、それぞれの名前が明確に定義される類型に限定されなかった。たとえば、「ウェラ・ソキエタース verasocietas, vrye selschop, kumpanie」や「コントラポシティオー contrapositio, wedderlegginge」は、相互の投資を意味している。出資された資本の出所に基づいて、商事会社を三つの種類に分類するともっと明確になる。

第一のものは、前述のゼンデーヴェに最も近く、契約者の一人だけが資本を提供し、もう一人は商取引だけを行なった。一般に利益と損失は折半されており、出資者によってはリスクがすべて引き受けられることもあった。

第二のタイプは最も一般的である。出資者たちはそれぞれ資本の分担部分を提供し、そのうちの一人か二人が取引を行なっていた。利益は、投資された資本の割合に応じて配分されていた。損失が出た場合、各出資者は投資額分のみの責任を負った。この会社は、契約により定められた期限を超えて出資者の一人が手を引く意思を表明するまで、延長することができた。

最後に、三番目のタイプは「完全な会社《ヴレ・マスコペイ》 vulle mascopei」として確認される。出資者は、自分の資産のすべてか大部分をこうした会社に共同出資した。このような、他人の金庫への接近を伴う形式は、実際には父親の遺産を不分割で保持していた二人の兄弟の間でしか考え出されなかった。それについての実例が見いだされるのは、特にリューベック－ベルゲン間の商業においてである。

ハンザの大商人はすべて、複数の商事会社の一員であったが、それぞれの商事会社との間には商人本人以外の結びつきはなかった。商人は、それぞれの商事会社で、出資者以上の権利を持ってはいなかった。その活動規模の程度がどうであれ、彼らが担った役割は、事業主としてのそれではなく、その他数多くの取引の参加者のひとりとしてのそれであった。こうしたハンザの大企業に特有な構造は、従来実在が疑われていた。しかしハンザ圏において、多少なりとも中央集権的で、専用の建物に本拠を構え、支店や代理店に専従するスタッフを持ち、数世代にもわたって続く大商事会社を見いだすことができないのは確かなのである。別の地域に目を向ければ、こうした形態は数多く目にすることができる。イタリアではペルッツィ家、ダティーニ家、メディチ家およびその他多数があり、南ドイツではラーフェンスブルク会社やディースバッハ－ヴァット家、はてはフッガー家やヴェルザー家まである。しかしハンザ圏においては、こうした高度な水準の商業活動は、少なくとも他地域に匹敵する事例としてシュテティーンのロイツ商会が出現する一六世紀までは実現しなかった。ただし、商事会社は確認できなかったとしても、仕事に莫大な資本を投入し、多様な地域で大規模で複雑な金融取引や商業取引を行なう大規模商人、たとえば一四世紀のガリン家、ヴァーレンドルプ家、リンベルク家、一五世紀のフェッキンクーゼン家、カストルプ家もまた存在していたのである。

以上で確認したような永続的で大規模な商事会社が欠如しているのがハンザ圏の特徴ではあるが、ただひとつ特殊な例外があることを指摘しておきたい。それは、ハンザの成員としてのドイツ騎士修道会である。ドイツ騎士修道会は少なくとも一三世紀末以降、商業活動に従事していた。一四世紀末と一五世紀初頭の組織については、現存する会計簿のおかげで、かなりよくわかっている。この時代に約三万五〇〇〇フランドル・グロート・ポンドの資本金を持ったこの企業には、マリーエンブルクとケーニヒスベルクの二カ所に「貿易庁 Grosſschäfferei」が置かれていた。貿易長官は、修道士であれ俗人であれ、マリーエンブルクでは騎士修道会の財務長官 Ordenstressler によって、ケーニヒスベルクでは軍務長官によって任命され、監督されていた。二人の貿易長官には、ブルッヘ、ロンドン、スコットランド、リューベック、ダンツィヒ、リーガで通常は一年ごとに任命されていた代理官 Lieger が従属していた。代理官は、商品を受領し、それを最も高い価格で売却し、別の商品を買い入れて転送するための全権を持っており、求めに応じて会計報告を行なう義務があった。さらに人数の多かったのは委託人 Wirthe であった。販売受託人は、騎士修道会から独立しており、委託された商品を管理していたが、自分たちで取引を行なうことは許されていなかった。最後に、商品管理と取引の間に立っていたのが使用人 Diener である。使用人は商品に同行し、騎士修道会のために仕入れをするが、自分の勘定で取引をすることが認められていた。一四一〇年のタンネンベルクの戦いまで非常に繁栄していたドイツ騎士修道会の組織は、その後、深刻な危機に陥ったが、消滅することはなかった。もっとも、この二世紀以上にわたって存続したドイツ騎士修道会の企業活動を、ハンザの企業活動の典型例とするわけにはいかないだろう。

3　大商人

一四、一五世紀におけるハンザ商人の活動の一端を明らかにするのは、都市の債務台帳、土地台帳、ポンド税台帳やその他の関税簿のような公文書の中に残された断片的記録である。商人の個性をよりよく知りたいとすれば、そのような公文書にかえて、商業書簡、遺言状、会計簿といった商人に関する私文書を調査すればよいかもしれない。残念ながら、家門の年代記は全くといってよいほど存在しない。今述べたどの史料も、場合によっては豊かな証言を提供してくれるが、十分満足といえることはまずない。とりわけ、常に欠けているのが、青年期、つまりこれから豊かになろうとする最初期という非常に重要な時期についての証言である。

ハンザ商人の実名が確認されはじめるのは、一三世紀の末、債務台帳の成立を待ってのことである。ハンブルクの債務台帳に記載された取引の中で最も頻繁に出てくる名前の一つが、ヴィナント・ミーレスである。彼は、アルトマルク出身で、ザルツヴェーデル市長の息子、ハンブルク市長の兄弟であり、彼自身この都市の市参事会の一員であり、一三〇一年に同市で亡くなっている。債務台帳には、一二八八年から一三〇一年の間に彼が行なった五四件の取引が記載されている。最も多いのは短期の貸し付けで、総額三三五〇マルクに達する。エルベ川で運ばれた木材の取引が、彼の主要な収入源であったようだ。ベルリン周辺部やブランデンブルク産の穀物もまた同じルートで運ばれていた。この産品の少なくとも一部は、おそらくミーレスによってフランドルで売却された。というのも、ミーレスが、毛織物の輸入者として、そしてヘントの二人の毛織物商人ウィレム・ベトとヒルベルト・ファン・ホーフェの債務者として記録されているからである。反対に、イングランドとの商業関係の痕跡は認められないし、リューベックやバルト海ともそうである。ミーレスは、取引の大部分を自分自身の勘定で行なっていたが、市長である兄弟の共同経営者としても登場する。以上が、一三世紀末ハンブルクのある大商人について収集可能な、かなり簡潔な証言である。そしてこの取引は、主としてエルベ川の後背地との交通を基軸に展開されていた。

その半世紀後に確認できるのが、悲劇的な最期（一三六三年）で有名なヨハン・ヴィッテンボルクである。リューベックの大商人の典型例ともいえる彼は、門閥家門の一員で大土地所有者、出身都市へ奉仕する重要な政治家であった。

ヨハン・ヴィッテンボルクの取引を明らかにするのは、とりわけ、同じく商人であった彼の父ヘルマンが、一三三八年に記載を始めた会計簿である。この帳簿の中で一三四六年から一三五九年までを扱った部分の記載事項の大半は、日付が記されていない。ヴィッテンボルクの商取引は、フランドル、イングランド、スコーネ、プロイセン、リーフラント、ロシアというように、ハンザ圏の大部分に広がっていた。取扱商品の首位は特にフランドル産の毛織物であったが、ヴァラシエンヌ産、ルーヴァン産、ヴェルヴァン産の毛織物もあった。毛織物三〇八反、価格にして二六二〇リューベック・マルクにおよぶ二二件の販売が記録されている。リーフラントで購入され、リューベックへ発送された毛皮の取引は、年によってまちまちだが、一三五八年の一三〇〇マルクが最高額である。リーフラントでヴィッテンボルクは、一三五六年に最高額七二七マルクの蜜ロウを購入していた。ダンツィヒでもヴィッテンボルクは、ビール生産用に大量の大麦と麦芽を手に入れており――ヴィッテンボルク自身がリューベックにビール醸造所を所有していた――ビールをスコーネへ輸出していた。

この商人が行なったすべての事業が果たしてどれだけの規模であったのか、概算ですら不可能である。しかし、一三五七年から一三五八年までの期間については、六七七六リューベック・マルクに達する毛織物、穀物、麦芽、毛皮、蜜ロウの信用買いが確認される。ヴィッテンボルクの商取引に顕著な特徴は、購入代金を支払うために、銀地金を頻繁に発送していたことである。とりわけ、その事例が見受けられるのは、リーフラントのドルパト向け、ダンツィヒやさらにブルッへに向けたもの、ブルッへではロラン・ファン・デア・ブルスが、ヴィッテンボルクから委託取引として、およそ二〇〇エキュを受け取った。このことは、信用がまだあまり発達していなかった、あるいは少なくともヴィッテンボルクが信用をほとんど使わなかったことを証明している。ヴィッテンボルクは少なくとも三回の大旅行をした。一回目は一三四八年以前にイングランドへ、二回目は一三五四年に「海外」へ、三回目は一三五六年にブルッへに、おそらく巡礼をするためにアーヘンを経由した。ヴィッテンボルクの取引には、かなり多くの使用人や共同出資者が参加していた。そのうちの少なくとも二人は、帳簿の中で言及されており、彼と親戚関係にあった。

すべての富裕になった商人と同様に、ヴィッテンボルクも多数の土地取引を行なっており、その取引は土地台帳に記載されている。彼の人生の最後の数年間に、ヴィッテンボルクは多数のレンテを購入し、彼の遺言状によるとリューベックに四軒の家を所有していた。

取引の成功が、ヨハン・ヴィッテンボルクに輝かしい政治的経歴を保証した。一三五〇年にヴィッテンボルクは、おそらく黒死病が原因で空席が生じたために、リューベック市参事会の一員となった。まもなく彼は外交的に重要な役割を演じた。一三五八年に彼はリューベックによってロストクのハンザ総会へ派遣され、二年後にザクセン・ラウエンブルク公のもとへの使節団を率いた。一三六〇年にヴィッテンボルクは市長になり、翌年の対デンマーク戦争を決定したグライフスヴァルト総会では、リューベックを代表した。一三六二年にエアソン海峡へ派遣されたハンザ艦隊の総司令官として、ヴィッテンボルクはヘルシングボリを包囲するために上陸するという致命的な誤りを犯した。デンマーク王ヴァルデマー四世はハンザ艦隊に奇襲をかけ、一二隻のコッゲ船を奪った。リューベックへ帰還したヴィッテンボルクは捕らえられた。友人たちは、彼をハンザ総会で裁かせようとしたが、彼はリューベック市参事会に召喚され、今もってわかっていない訴因に関して死刑を宣告され、市場広場で斬首された。

ヴィッテンボルクとほぼ同時代人だが、かなり異なっていたのが、成り上がりで投機家タイプのティデマン・リンベルク（あるいはレンベルク）である（一三一〇—八六年）。隣接する村から若くしてドルトムントへやって来て定住したリンベルクは、低い階層の出身なので、影響力のある両親のおかげで出世したのではなかった。ドルトムントは、半世紀以上前からイングランド産羊毛の取引で大商人を輩出していた。彼の駆け出しの頃や、ロンドン商館で行なわれていたであろう初期の事業についてまったく知られていないのは、それだけにいっそう残念である。一三四〇年以降、リンベルクは、すでにイングランドで裕福な有力者になっていた。彼は、あるヘント商人の共同出資者としてエドワード三世に一〇〇〇ポンドを貸している。これは一連の長期におよぶ信用取引の始まりであり、二〇年以上の間、絶えることがない王の恩恵の最初の表れでもあった。数カ月後、リンベルクは、ヴェストファーレンのイングランド王への債権者が結成した大規模な借款団への参加が認められた。まもなく彼は、もう一人の仲間とともに借款団の代表に任命され、以後は主導的な役割を果たした。四万五〇〇〇グルデンと引き換えにトリーア大司教の抵当に入っていた大王冠を取り戻すために、エドワード三世が交渉したのはリンベルクである。

　借款団の解散（一三四四年）後、リンベルクは、主にケルン市民の抵当に入っていた小王冠を請け戻すために、ハンザ商人とさらに別の借款団を結成した。そして、彼はイングランド商人とさまざまな会社を設立した。カレー攻囲戦の最中に、彼は王にさらに一万ポンドを貸した。一三四七年にエドワード黒太子と合意した三〇〇〇ポンドの別の貸し付けと引き換えに、三年三カ月の間コーンウォールの亜鉛鉱山の収入を与えられたリンベルクは、この亜鉛鉱石の輸出を支配した。とりわけ彼は、イングランド軍向け穀物のボルドーへの輸送も確保していた。彼の驚くべき点は、他のハンザ商人が常に資金繰りで悪戦苦闘しているにもかかわらず、自分の投資を実現するために莫大な資金を獲得し続ける能力であった。

　一三五〇年頃、リンベルクは成功の絶頂にいた。彼はヴェストファーレンの同業者の大半と仲違いしていた。同業者たちはリンベルクをねたみ、商売上の関係における彼の乱暴な振る舞いを許しはしなかった。リンベルクはイングランドの住民になることを考えていたようである。というのも、彼はウィルミントン修道院から、イングランド南部の八つの伯領にある広大な王の封土を獲得していたからである。エドワード三世は、リンベルクに全幅の信頼を与え続け、リンベルクを王の多くの敵から守っていた。一三五一年にエドワード三世がイングランドにいるすべてのハンザ商人を捕らえさせ、その財産を差し押さえさせた時、王はその措置からリンベルクを除外した。二年後、エドワード三世は羊毛の指定市場《ステープル》をイングランドに移転する前に、彼に助言を求めた。リンベルクはまた、アヴィニヨン教皇庁への送金も請け負っており、一三五一年にクレメンス六世は、旅行中に移動祭壇を携帯する特権を彼に与えた。

　しかしリンベルクは次第にイングランド商人のかたくなな敵意にも直面した。大半の同業者に続いて、彼が一三五四年にイングランドから立ち去り、ケルンに定住したのは、おそらくこれが原因である。彼はケルンで多数の都市レンテを取得し、一三五八年には市民権を獲得した。リンベルクは、門閥の娘との華やかな結婚により、自分の立身出世を確実にすることを夢見ていた。しかし、タイミングが悪かった。民主派によって門閥の支配権は危機に瀕し、門閥の家門たちは成り上がりを受け入れる気をなくしていた。結婚の希望を裏切られ、一三五九年にリンベルクはイングランドに戻った。そこで彼はアルストン・ムーアにある銀、鉛、銅の鉱山の請負契約を手に入れ、再び王に一〇〇〇ポンドを貸し付けた。しかし、リンベルクの敵が、彼をつけ狙っていた。リンベルクはあるロンドン市民の殺害の共犯で告発され、彼には大陸に逃げる時間しかなかった。今回はエドワード三世も彼を守ることはできず、ずっと後ではあるが、彼の財産の没収を宣言した。イングランドがリンベルクを締め出したので、彼はドルトムントに居を定め、そこで市長の娘と結婚した。しかし、そこでも彼はうまく受け入れられず、その結果、一三六七年にケルンへ戻った。そこで彼は相変わらず商取引、特にワインと毛織物の取引を行ないながら、人生最後の数年を過ごした。リンベルクは家門のライバルを金銭面で援助したが、一三七〇年の門閥による反動の際も十分慎重であったので災難にあわずにすんだ。彼が死んだ時、遺言状に記された希望にしたがい、リンベルクはアウグスティヌス隠修士会の修道院に埋葬された。そこに彼はいくつもの寄進をしていた。彼の相続財産の分配は——彼には子供がいなかった——ケルンと近隣の領主との間に深刻な問題を引き起こした。

その個人主義、大胆さ、外国人君主の保護の上に成り立つ投機により、ティデマン・リンベルクは、同時代のハンザ商人よりもイタリアの金融業者に似ている。ある意味では彼が、イングランド産毛織物の取引によって裕福になったヴェストファーレン商人の代表例だとしてもである。しかし彼は、どんな集団にも加わったことがない一匹狼であった。その富にもかかわらず、ロンドン商館の長老の職務以外——とはいっても、それも確かではないのだが——彼がいかなる公務も決して引き受けなかったのは興味深い。彼はハンザの歴史上、きわめて個性的な人物像であることには変わりはない。

ハンザの多くの地域にとって、商人に関する情報は、きわめて断片的なままである。それにもかかわらず、ポンド税台帳のいくつかの記載事項のおかげで、ドイツ出身でスウェーデンの大商人という類型のヨハン・ナーゲルの人物像をスケッチすることが可能である。ナーゲル家はドルトムント出身で、さまざまなハンザ都市に分散した家族の一つであった。どのような血族関係だったのかを確認できないが、リューベック、ロストク、スウェーデンのリンシェーピング、フィンランドのオーボでナーゲル家の人々の存在が確認できる。

ヨハン・ナーゲルは、スウェーデン中部の鉱山地帯の中心都市で、多くのドイツ人が居住していたヴェステロース出身である。一三六五年に彼は、以前の取引をさらに大規模に続行するために、ストックホルムに定住した。一三六八年から一三七一年までの毎年、ナーゲルは復活祭の頃、約二〇〇マルクの価値がある銅や、その他バターのようなスウェーデンの産物の積荷とともにリューベックへやって来た。彼の商品はリューベックに一時寄港するだけでフランドル方面へ発送された。フランドルでは毛織物、香辛料、油を購入した。さらにリューベックで亜麻布と塩を獲得し、スウェーデンに運んだ。彼の商取引の量を明らかにはできないが、ストックホルムに関係があるリューベック商人が行なっていた同じような取引よりも控えめであったのは確実である。一三七六年以降、ナーゲルのフランドルとの商取引は低迷するが、彼がリューベック市民相手に行なった数百マルクの貸し付けが特に注目される。このようなナーゲルの活動の展開は、おそらく彼が公職で担った負担が次第に大きくなった結果であった。少なくとも一三八五年以降、彼はストックホルムの市長だった。最初に商業活動、次に金融取引、それと同時に都市で高い地位に従事する。これがこの地域においても大商人の人生の典型例なのだが、残念ながらあまりにも不十分にしか知られていない。

中世のすべてのハンザ商人の中で、ヒルデブラントとジーフェルト（ジークフリート）のフェッキンクーゼン兄弟は、最も多くの史料を後世に伝えている。というのも、なんと一一冊の会計簿と数百通の商業書簡が、レーヴァルの文書館に保存されているからである。しかし彼らの伝記が完全に解明されたとはとても言えない。一三七〇年頃に彼らが生まれた場所もわからない。彼らの家族がヴェストファーレン出身なので生まれ故郷はドルトムントかもしれないし、もしかすると三番目の兄弟カエサルがレーヴァルの市参事会員と市長になっているので、リーフラントのどこかの都市である可能性も高い。

ヒルデブラントとジーフェルトが取引を始めたのは、おそらくレーヴァルである。いずれにせよ、一四世紀最後の一〇年間に、彼らは定期的にブルッヘを訪れていた。ヒルデブラントは、一三九四年と一三九八年に二回もブルッヘ商館でリーフラント地区《ドリッテル》の長老になり、ジーフェルトはその翌年に長老となった。ヒルデブラントは、最初にドルトムント市長の姉妹と、次にリーガの裕福な商人の娘と結婚した（一三九八年）。しかし、義理の父との関係が悪化したので、彼はリューベックへ行き、そこで市民権を獲得した。だが、やがて彼は「中世の世界市場」が持つ大きな可能性に魅入られ——リューベックの市民権を保ったままで——ブルッヘに居住するようになった。若干の短い旅行は別として、彼は死ぬまで（一四二六年）のほとんどの期間ブルッヘに留まることになった。ジーフェルトはどうかというと、一四〇〇年頃にリューベックに定住した。しかし、政権に深刻な危機が発生したとき（一四〇八年）、彼は門閥と連帯したため、この都市を去って一〇年間ケルンに留まった。一四一八年に彼はリューベックへ戻ってきて、死ぬまで（一四三三年）そこに留まった。

この二人の兄弟は、それぞれ自分の事業を営んでいたが、大事業ではしばしば協力していた。彼らの書簡が示すところによると、彼らの取引は、スカンディナヴィアを除くノヴゴロドからロンドンへと至るハンザ圏だけではなく、南ドイツ、イタリア、北フランス、ボルドーとバイヨンヌにまで広がっていた。一五世紀初頭に彼らは特にリーフラントと取引を行ない、そこへ毛織物、塩、香辛料を送付し、リーフラントでは蜜ロウと毛皮を購入していた。一四〇〇年頃、毛皮取引は大いに繁盛していたようだ。二人の兄弟も毛皮取引を絶えず拡大したが、それが深刻な誤算を招いた。一四〇六年に彼らは、レーヴァルのハインリヒ・テューテ、ドルパトのヴォーステンと一〇〇グロート・ポンドの資本金で商事会社を設立した。ところが、六年後、この会社の売り上げは、仕入総額六二一ポンドに対して六七三ポンドに確定した。出資金を考慮に入れるなら、この金額は四八グロート・ポンドの損失に相当する。

二人の兄弟の最大の事業、「ヴェネツィア会社」は、それ以上に成功したわけではなかった。五〇〇〇マルク（八〇〇グロート・ポンド）の資本金で一四〇七年に設立され、五つの持分に分割されたこの会社の中心人物が、ブルッヘのヒルデブラント・フェッキンクーゼンとヴェネツィアに定住したペーター・カルボウである。後者が北方に――どうやら、海路と陸路の両方で――香辛料、木綿、絹を発送し、共同出資者からイングランド産毛織物、琥珀のロザリオ、とりわけ毛皮を受け取っていた。最初、この会社は繁盛した。一四〇九年に資本金は一万一〇〇〇マルクに引き上げられた。一四一一年にカルボウが書面で知らせたところによると、彼は七万ドゥカート（つまり同額のマルク）の価値がある商品を送り、五万三〇〇〇ドゥカートの商品を受け取ったという。しかしこの頃から、失望することが増えてきた。成功におごったカルボウは、香辛料を無分別に購入し、共同出資者に為替手形を振り出しすぎた。ある納入業者にだまされ、彼は一五〇〇ドゥカートの損失を出した。ドイツでは、一人の共同出資者が一七〇〇グルデンの金を奪われ、拘留された。出資者の間でいざこざが起こり、結果として訴訟が起こり、あまりよくわからないが、確実に不利な状態で、この会社は解散した。

ヒルデブラントは、兄弟の警告にもかかわらず、これまで同様に危険な取引を続けた。彼は、一〇日で一万一〇〇〇枚以上の毛皮を掛け買いし（一四一八年一〇月）、ついで一四二〇年には、東欧で塩が不足していると聞き、フランス産の塩を大量に購入している。この取引が、期待したような利益を彼にもたらした様子はない。彼はまた腐敗したイチジクと米の船荷で損失を出した。一四一七年にヒルデブラントは、神聖ローマ皇帝ジギスムントに対する三〇〇〇クローネの貸し付けに関与したが、その返済はいつまでも待たされた。

ヒルデブラントの取引が大部分うまくいかなかったのは、確かに最初は彼の無分別のせいにするべきである。しかし、一五世紀の二〇年代の著しい不景気のために、取引が悪化したのも確実である。この不景気は、リューベックにおける門閥の失脚の結果生じたハンザの危機、一四一七年にジギスムントによって布告されたヴェネツィアとの通商禁止、一四一九年以降のスペイン－ハンザ間の紛争のような、いくつかの政治情勢によって悪化した。いたるところで全般的な市場の飽和が観察されている。フェッキンクーゼンの書簡は、商品を売りさばく際に彼らが出会う困難の話になると止まらなくなる。たとえば、彼らはヴェネツィアでは毛皮と琥珀、フランクフルトではロシア産の蜜ロウとノルウェー産の魚を売ったが、そうした蜜ロウや魚を代理人はもっと遠くのマインツやシュトラスブルクで売らねばならなかった。レーヴァルやノヴゴロドでは南欧産の果実や香辛料を、リューベックやダンツィヒでは毛織物とミョウバンを売っていた。

一四一九年にヒルデブラントの信用は、まだほとんど無傷であった。というのは、彼は当時、リューベック地区の代表としてブルッへ商館の長老に選出されていたからである。しかし、その後、彼を取り巻く状況は急速に悪化し、ブルッへのロンバルディア人のもとで借金を余儀なくされた。投機の誘惑から遠ざけることを期待して、ヒルデブラントにリューベックへ帰ってくるようにジーフェルトが懇願しても無駄であった。一四二二年、宿屋の主人の訴えにより、ヒルデブラントは借金のために捕らえられ、投獄された。彼の家族も、商館も、リューベックも彼の保証人となるのを承諾しなかったらしい。ようやく三年後に彼は自由の身となった。破産し、家族に恨みを抱いてヒルデブラントはリューベックへ戻り、まもなく没した。

ヒルデブラントが自らの不運に大いに責任があったことは、ずっと思慮深かった彼の兄弟ジーフェルトの境遇を見れば明らかだ。一四一九年にリューベックへ戻り、ジーフェルトは不動産とオルデスローの製塩所の一部を購入し、いくつかの収益の多い取引、特に琥珀製ロザリオのトラストに参加して成功した。彼の事業は発展し、その結果、一四三一年に門閥のロザリオ兄弟団《ツィルケルゲゼルシャフト》に加入を許可された。もし彼がその後すぐに亡くならなかったら、確実に市参事会の一員になっていただろう。

ヒンリヒ・カストルプ（一四二〇頃―八八年）は、最高の名誉に到達し、重要な政治的役割を果たした、リューベックの大商人の古典的タイプである。しかし彼はドルトムント生まれで、リューベックに定住したのはようやく三〇歳の時だった。したがって、財産と人間関係によって移住先の都市において容易に顕職に達した新移住者――それは非常に多かった――の事例である。彼もまた商売のキャリアをブルッへでの長い滞在生活（一四四一—五〇年）から始め、次いで一四五〇年にリューベックに居を定めた。リューベックでの彼の出世は早かった。裕福な商人エンゲルブレヒト・フェッキンクーゼン（ヒルデブラントの甥）の娘を妻とし、「商人コンパニー Kaufleutekompanie」、次いでロザリオ兄弟団への加入を許可された。一四六二年には市参事会員、一〇年後には市長に選ばれ、同じ頃、最も尊敬されている家門の一つであるケルクリング家の女性と二度目の結婚をした。信仰心、とりわけ聖アンナ信仰を持っていたカストルプは、それまでのハンザ商人にはまったく無縁だった知的関心という点で異彩を放っている。彼は年代記を収集し、自ら年代記を編纂していたが、それは失われてしまった。

カストルプの商業活動は、フェッキンクーゼンよりも狭いのだが、あまりよく知られていない。というのも、会計簿が一つも残されていないからである。特に一四五〇年から一四七〇年の間に活発だった商業活動は、主要な三つの地域に広がっていた。つまり、フランドル、東欧（プロイセンとリーフラント）、ブランデンブルクである。最初はレーヴァルの市民で、次にリューベックに定住した、兄弟であるハンスと最も頻繁に協業し、ヒンリヒはハンザに典型的なリューベックを経由する東欧－西欧間の商取引で裕福になった。つまり、ダンツィヒ、レーヴァル、ノヴゴロドへ送付されたフランドル産、ホラント産、イングランド産の毛織物、南欧産の油と果実、ブルヌフ産の塩と、逆方向に送られた蜜ロウと毛皮の購入である。エアフルトやニュルンベルクとの関係を示す証拠とともに、カストルプ家がブラウンシュヴァイクの輸送業と共同し、イングランド産毛織物をブランデンブルク方面へ発送し、そこからまた蜜ロウを持ってきたのが知られている。一四六三年に、五〇〇〇マルク以上の価値がある積荷の差し押さえが原因となって訴訟が起こされ、その訴訟は二四年も続いたが、カストルプ家は要求した賠償金を得られなかったらしい。

裕福な商人の典型的な発展どおりに、最初は商取引が主流であったが、しだいに手を引き始め、代わって信用取引やレンテ購入が優勢となった。一四六一年にヒンリヒ、ハンス、さらに四人のリューベック市民が、市立銀行を創設するために会社を設立した。その銀行に、市参事会は六〇〇〇マルクの保証金を要求した。この事業は利益を生まなかったらしい。なぜなら、一〇年後に清算されたからである。同じ年、カストルプと別の二人のリューベック市民が、三〇〇〇マルクをデンマーク王に融資した。デンマーク王は王冠を彼らの抵当に入れた。そのほかにも二六〇〇マルクを含むその他の融資がさまざまな商人によって行なわれた。また一四五六年に始まったレンテ購入は、一四七三年まで定期的に増加し、この都市の四〇軒の家屋に関係し、総額七一六マルクに達した。リューベックで一般的な五パーセントの利率で計算すると、これらのレンテは一万四三三〇マルクの資本に相当する。不動産、動産、そして商業に投資された資本といったその他の収入について概算で見積もるなら、ヒンリヒ・カストルプの財産は二万五〇〇〇マルクと評価できる。この時代に、彼よりも裕福なリューベック市民がほとんどいなかったのは確実である。

カストルプの政治や外交の活動は、とりわけ晩年において重要であった。とはいえ、ブルッヘ商館の長老だったカストルプは、一四四七年にリューベックの総会に召喚され、翌年以降にはフランドルやブルゴーニュ公との間で行なわれた交渉に密接に関与した。一四六四年、彼はハンザの代表団とともにダンツィヒやトルンへ向かった。その代表団は、ポーランドとドイツ騎士修道会との戦争を終結させるため、仲裁に乗り出したのだった。彼はリューベックの繁栄は平和の上に築かれていると確信して、イングランドとの戦争を避けようと試みた。しかし戦争が始まってしまうと、彼は全精力をかけて戦争を継続した。カストルプは、ユトレヒトの和約（一四七四年）を交渉したハンザ代表団の団長だった。政治家になった商人の、このような洞察力や平和への深い愛着が、戦争中の粘り強さに結び付いているという面で、ヒンリヒ・カストルプは最も完璧なハンザの美徳を体現した一人といえる。ハンザの精神を完全に表現するものとして、彼の言葉がしばしば引用される。「われわれは討議するために会議を招集しよう。なぜなら、戦いの旗を掲げるのは簡単だが、名誉とともに旗を降ろすのは大変だからである」。

一五世紀末と一六世紀初頭のムリヒ四兄弟（クンツ、ハンス、パウル、マティアス）は、ハンザ圏への高地ドイツ商業の侵入を物語る新しいタイプの商人を体現している。事実、ムリヒ兄弟はニュルンベルク出身であり、リューベック市民権を獲得したのは遅く、一四七六年から一五一四年にかけてのことだった。

この商人たちの父親は、すでに一四三六年から没年の一四七四年まで、リューベックでたびたび言及されている。息子たちが拡大することになるこの二都市間の商業関係を確立したのは、父親だった。息子たちの中でリューベックに最初に現れたのは、クンツとハンスであった。前者は生涯を通じてニュルンベルク市民であり続けるが、後者は市参事会員の娘で裕福な未亡人と結婚し、一四七六年にリューベックの市民権を獲得した。その未亡人はハンスに現金六五〇〇マルク、レンテ五〇〇マルクの持参金をもたらした。それ以降、ムリヒ家がリューベックと南ドイツの間で行なった商取引は、大規模な発展を遂げた。それに関しては、貴重な証拠が存在する。すなわち、一四九五年にフランクフルトの四旬節大市でパウル・ムリヒによって行なわれた買い付けの帳簿である。パウルは、リューベックに在住する彼の兄弟マティアスの仲買人として行動していた。買付総額は、七六五五ライン・グルデンに達する（あるいは一万一四八三リューベック・マルク）。飛び抜けて首位を占めていたのは奢侈品であった。つまり、真珠、ブローチ、首飾り、金の指輪、カップやその他の銀製品（三〇四〇グルデン）、高価な織物、特にミラノおよびジェノヴァ製のビロード（一七二〇グルデン）。次に来るのが、純銀（一四八一グルデン）、武器と胴鎧（五〇五グルデン）、香辛料（三一五グルデン）、ロンバルディア産の紙（一一六グルデン）である。パウルの納入業者の中には、当時の南ドイツを代表するいくつかの大商社、たとえば、ラーフェンスブルク会社の八五〇グルデン、ゲオルク・フッガーとペーター・ヴァットのそれぞれ七〇〇グルデンが見いだされる。リューベックからフランクフルトに送られた商品については、それほどよくはわからない。主として、ノルウェー産タラ、スコーネ産ニシン、琥珀の首飾りがあった。ムリヒ家は、リーフラントやスカンディナヴィアとも大規模な取引をしていたようである。しかし、この件の詳細については不明である。

　四兄弟の中で、最も裕福だったのはマティアスであろう。特に最も裕福だったのは、彼が一五二〇年に彼の兄弟パウルの遺産を受け継いだ時である。マティアスは、一四九〇年以降リューベックに定住し、一五一四年にそこの市民権を獲得した。ニュルンベルクで父親から相続した不動産の他に、彼はリューベックで一三軒の家屋と（それを彼は部分的に転売した）、それに加えて郊外に三つの所有地を手に入れた。彼は君主の宮廷に武器や高価な品物を納入する出入り商人として登場し、スリスヴィ公やメクレンブルク公、とりわけ、デンマーク王とつながりがあった。彼は、デンマーク王からオルデスローにある土地を封土として受け取り、そこに銅の精錬所を建設させた。一五一五年に門閥のロザリオ兄弟団への加入を許され、二度の結婚によってケルクリング家やカストルプ家と親戚関係にあったにもかかわらず、市参事会には加わらなかった。しかし、一五二八年に彼が死んだ時、この生まれながらのニュルンベルク人は、間違いなくリューベックにとって最も重要な人物の一人であった。残念ながら、彼の財産総額についてはわからないが、おそらく一万五〇〇〇マルクを超えていただろう。

　ハンザの大商人の生涯に関する以上のいくつかの事例から一般的特徴を引き出すことは、まずほとんど不可能である。しかし、ヴェストファーレン出身者が多いこと、移民が帰化した都市で容易に立身出世できること、商業事業の少なくとも一部分に家族的な性格があること、成功において結婚が役割を果たすこと、が指摘できるだろう。通常、徒弟奉公期間の後、商人はほとんど商売のみに従事していた。その中でも一般に毛織物取引が大きな位置を占めていた。その後、商人は融資を増やし、不動産やレンテを取得した。晩年は、都市で遂行されていた公務にしだいに専念していった。とりわけ、ヨハン・ヴィッテンボルクやヒンリヒ・カストルプのような最も代表的な商人の生涯から判明するのが、これである。

4　商人の生涯

商人の生涯の主要な面をある程度まで教えてくれるのは、一五世紀の、商人団体や商館の規約、損害を被った結果生じた賠償金請求、そして特に書簡である。家の年代記は貴重かもしれないが、二つしか現存していない。すなわち、ダンツィヒの商人で一四三〇年にマリーエンブルクに隣接する村落で生まれたヤーコプ・ルッベと、シュトラールズントの市長で一四八七年に同市で生まれたフランツ・ヴェセルの年代記である。

最も不明なのが青少年期である。子供は、六歳頃になると小教区学校に通い始めていた。驚くべきは、農民の息子である幼少のルッベが生まれた村で読み書きを習うことができた点である。ヴェセルはどうかというと、こうした初等段階を過ぎ、「語尾変化や動詞の人称変化を習得し、その結果、ラテン語を少し理解することができた」。学校教育は一二歳から一五歳の間で終わった。また、将来公務に従事するかもしれない商人にとって、法律に関する確かな知識が必要になっていたにもかかわらず、大学に通う者はほとんどいなかった。

この頃から、ほぼ常に親戚である商人の指導の下で、商業の徒弟奉公期間が始まった。商館への何回もの旅を通じて、若者は簿記、会計、さまざまな商品の検査、仕入れと販売、信用に慣れていった。二、三年後には手代となり、主人の勘定で実行された商旅の合間に、若者は自分の勘定で取引をし始めた。生涯にわたって手代を続けることもできたが、個人的な状況で年齢はたいへんまちまちながら通常は事業主となった。

ある都市に定住し、あまり旅行をしなくなると、事務所から取引を指図した。商人の活動や心配事は、フェッキンクーゼン兄弟の書簡を通して非常に鮮明に見えてくる。商人は、使用人や共同経営者によって発送された商品を受け取り、疑い深い目で品質を吟味し、逆に他の産物の発送を検査し、陸上運送業者や船主と契約を結んでいた。書簡の中で多くを占めていたのは情報である。ほぼすべての書簡の中で、商人は手紙の相手に政治情勢、戦争とその商業への影響を知らせている。商人は特に、さまざまな商品の価格について情報を与え、税額や費用、利鞘、顧客の嗜好や流動資産を見積もり、かなり頻繁に起こる売れ行き悪化の場合には、時には何が何でも完売するために積荷を別の場所へ運ぶように、そして、特定の産物の発送を止めるように命令を出した。商人が、次の決算や、借金の返済、現金の不足について、共同経営者に不安を伝えるのもしばしばである。リーガ商人の約二〇通の書簡は、一四五八年に同じような心配を表明している。たとえば、ロシア人は毛織物、特にフランドル産毛織物を買おうとせず、それよりも値段の安いイングランド産毛織物を選んでおり、また毛皮はブルッヘで売れない。ドイツ騎士修道会と戦争中であるダンツィヒの私掠船の攻撃について大きな不安があるので、リューベックやフランドルからの船、特にブルヌフからの塩船団が無事に到着するのを見て安堵した。ブルヌフの塩船団は十分な利益を当てにできるが、ただしホラントの塩船団が予期せず現れることがなければの話で、なぜなら、ホラントの塩船団により塩の価格が下がってしまい、投げ売りを余儀なくされるであろうからだ。こうした書簡は、一五世紀のハンザ商人が恒常的な不安の中で生きており、船の難破や差し押さえにより生じる損害への恐怖よりも、商品の供給過剰によって悩まされていたような印象を与える。書簡にちりばめられている神の加護を求める祈りは、もちろん単純な決まり文句ではなかったのである。

職業活動以外に、商人の生涯はその精神と組織において、同職組合に似た集団の枠組みの中に組み込まれている。商人は、ほとんど毎日、自分の組合の部屋に通っていた。そこの共有の大広間 Schütting で、商人は仲間と落ち合い、普通は決められた長いすに座り、公私にわたる事柄について話をし、情報を収集し、さまざまな場面で宴会に列席し、外国人の客を歓待し、総会で長老や参審人を選出するために投票していた。

他の商人団体の規約以上に詳細なダンツィヒの「アーサー王の館」の規約からわかるのは、この団体の良き名声を確固たるものにし、きちんとした身なりを保ち、浪費を避けようとする配慮である。食器を頭に投げ合ったり、刃物で斬り合ったり、金を賭けるゲームをしたり、酔わせるために隣に座っている人のグラスに得体の知れない飲み物を注いだり、とりわけ女性に対する中傷や、お上に対して悪口を浴びせることは、罰金や除名の罰で禁じられていた。料理ならびに曲芸師の数は厳しく制限され、ワインは招待客のために取っておかれた。食事に招かれた客は、一〇時ちょうどに「ビールの鐘」が鳴り響いた時に、広間を退出するなどの義務があった。お気に入りの娯楽の一つは賭け事であった。賭け事については帳簿が事細かく付けられており、賭け金は金銭や、一反の織物などであった。たとえば、次の結婚、戦争の期間、ニシンの価格、選挙や馬上槍試合の結果などのあらゆるものが賭けの対象となった。賭けの対象が風変わりなものになる時もあった。たとえば、ある女料理人が雇主を自分の子供二人の父親であると認めるだろうか、あるいは一〇グルデンと引き換えに一年間、自分の髪をくしけずらない自信があるかということが賭けられた。華々しく挙行されたお祭り騒ぎのいくつかは、日常生活のリズムを際立たせることになった。

しかし商人の人生は十分に平和であったわけではない。特に青少年期には過酷で危険な旅があった。フランツ・ヴェセルは、一二歳からスコーネの大市に派遣された。続く八年間、周期的に動けなくなる病気にもかかわらず、ホラントで二回、スコーネでさらに二回、それからゴットランド島やリーガでヴェセルの姿は見られている。熟年であっても、大多数の商人は長期にわたる商売上の旅をしていた。スカンディナヴィアやバルト諸国に定住し、ほぼ毎年、買い付けのためにリューベックへ来る者もいた。

旅に向かう前に商人は、現世と宗教に関する身辺整理を望んだ。そのような時に商人はしばしば遺言状を作成したが、このため、その遺言状には慈善事業への遺贈が必ず含まれていた。これらの遺贈は、航海が破滅的な結末を迎えた場合、寄進者の魂の救済に寄与するようにと指定されている時もあった。「乗船する者は、告解しに行きなさい。われわれが命を落とすのに時間はほとんどいらないのだから」と言明しているのは、リューベックのマリエン教会の礼拝室に掛けられたベルゲン渡航者団体の難破を描いた絵の銘文である。確かに、何週間も続く単調な航海の間、旅人には嵐や海賊襲撃の恐怖がずっと付きまとい、入港するまでは自分が安全だと感じることはなかった。

大部分のハンザ商人にとって旅の終わりは四大商館のどれか一つであり、取引のためにそこに何カ月も滞在した。外国の君主から授与された保護特権に守られ、ハンザ商人は自分たちが安全であると感じていた。しかし、こうした特権は、その国が紛争に襲われた時――フランドルでよく起こる事例である――や、在地の権力者がハンザと紛争に陥った時には、あまり効果がなかった。ハンザの外交史は、特にノヴゴロドでは暴力を招くことになる拘留や差し押さえで彩られている。たとえば、一四二四年にノヴゴロド商館のドイツ人全員が投獄され、三六人がそこで亡くなった。一四九四年にはイヴァン三世が、ペーターホーフの四九人の商人をモスクワへ強制移送した。商人たちは三年後にやっと解放されたが、帰路の海で命を落とした。

しかしこのような公権力による暴力はまれであった。もっと頻繁に起きたのは襲撃や、商品の品質、価格、支払いに関する争いが原因となる個別の損害であった。この損害は賠償金請求書の中に長々と列挙されている。この請求書は商人という職業の危険性をうんざりするほど伝えてくれる。

ハンザが外国でハンザ商人に非常に厳格な規律を強制し、商人を現地の中心部からできる限り隔離しようとしたのは、一つには商人の保護を確実にするためであった。もっとも、生活様式は商館ごとに大いに異なっていた。ハンザが土地の利用権を持たなかったブルッヘでは、商人はこの都市の宿屋に滞在し、ブルッヘの住民に囲まれていたが、住民の言語はハンザ商人の言語とあまり異ならず、故国にいるのと同じように自由だと感じることができた。この点については、絶えず監督に従いながら、居留地に住んで食事を取ることを商人が強制されていた、他の三商館とは異なっていた。特に冬を過ごす人々にとって、生活が最も厳しかったのはノヴゴロドである。言語、宗教、風習の違いにより、ノヴゴロドのドイツ人は、他の場所よりもずっと、攻撃や盗難を恐れながら閉じこもって生活していた。日中、ロシア人は、売買を行なうためにペーターホーフの中に入ることを許されていたが、どんな商業取引も商館の外で行なうことは許されていなかった。一方、夜間は入り口が厳重に閉じられ、敷地の中に番犬が放され、教会内に夜警が配置されていた。教会には、最も高価な商品、記録文書、金庫が預けられていた。一方では親方である商人が、他方では商人の手代や徒弟が、それぞれ独自の共同寝室と食堂を持つ共同体を形成していた。言うまでもなく、数十人か数百人の住民からなる、この男だけの小さな国の中で、娯楽はまれであった。ロシアの冬の長く続く夜の間、彼らの娯楽は暖められた共用の大広間での会話や酒宴だけに限られており、どんな勝手な振る舞いも罰金や投獄で厳しく抑制されていた。

商館の禁欲的な生活は、伝統的な祝祭によっていろどりが添えられる時もあった。その中でも北ヨーロッパでは、ベルゲンの遊戯が、荒々しさと華々しさで有名であった。この遊戯は、毎年ベルゲンでハンザの船団が到着してまもなく開催され、春のはじまりの祝祭としてパレード、仮面舞踏会、ダンス、酒宴が催された。その山場は、集団の一員として正式に加入を認める前に、ベルゲン渡航者団体の若い手代 Geselle に対して行なわれた容赦のないしごきであった。それには三つの試練があった。最初は煙の試練である。つまり、志願者はロープの先に縛られ、きな臭い煙がもれ出ていた煙突の穴まで持ち上げられた。そして、ほとんど窒息状態で降ろされるまで、彼は非常に奇抜な質問に答えなければならなかった。二番目は水の試練であった。新米は、港の沖で海に三回投げ込まれ、棒を持つ番人から殴打を受けながら自分の小舟に戻らなければならず、他の小舟に配置された古参によって散々に罵倒された。最も厳しい第三の試練は、むち打ちの試練であった。この試練を受ける者は、酔わせられ、目隠しをされ、裸の状態で「天国」の中に押し込まれ、流血するまでむちで打たれた。その叫び声はシンバルやドラムの大きな音でかき消されていた。それから、食卓についた古参の前で、さらに彼は小唄を歌わねばならなかったのである。

一六世紀初頭以降、この遊戯の不作法な言動は、教会からも（しごきが時として不信心な告白を生んでいたため）、デンマーク政府からも、ハンザ自身からさえも、抗議を受けるようになった。その暴力、事故（数はかなり少ない）、高額な費用、不道徳な言動の点で非難の的となったのである。とりわけ、商人の息子たちがこの恐ろしい試練から逃れようとして、商業が妨げられている、と非難したのが理由だろう。しかし、それこそが、大半が下層出身のベルゲン渡航者団体が望んでいたことだった。彼らは、渡航者団体の指導的立場を独占しそうな金持ちの息子を受け入れようとはしなかった。遊戯を緩和しようとする苦情、勧告、規則は長い間、効果がないままだった。この慣行にけりをつけるためには、まさにハンザの消滅が必要であった。三十年戦争とともに、ベルゲンのハンザ商人の数は少なくなった。一六七一年――最後のハンザ総会から二年後――にデンマークがこの競技を厳罰をもって禁止した。この時、ハンザは禁令に従った。こうして、独自の流儀でハンザの発展と衰退を反映していたベルゲンの遊戯は、永久に消滅した。

最後にあげられるのが、中世商人が人生で必ず行なった巡礼である。巡礼は、贖罪、病気の治癒、あるいは極めて危険な瞬間に表明した誓願を達成するために行なわれた。おそらく、ハンザ商人が最も多く訪れた巡礼地はアーヘンであった。それはカール大帝の墓所だからではなく、聖母マリアの聖遺物のためであった。他にも多くの聖地、中でもアルザスのタン、スイスのアインジーデルン、ローマとサンティアゴ・デ・コンポステーラが、ハンザ商人を引き寄せた。フランツ・ヴェセルの年代記は、後にシュトラールズント市長となる二一歳（一五〇八年）の若者がサンティアゴ・デ・コンポステーラへ向かう冒険譚である。彼が乗った船には「女性や若い娘を別にして」一五〇人の巡礼者が乗っていた。船は「ノルウェー、スコットランド、フランドル、イングランド、フランスの約五〇の港」に立ち寄った。プリマスでは、ある巡礼者が別の二人の巡礼者によって刺し殺され、殺人者二人は絞首刑となった。禁止令にもかかわらず、船はプリマス港を離れ、追跡してきた二隻のイングランド船と本物の海戦を戦わなければならなかった。最終的にヴェセルはサンティアゴ・デ・コンポステーラに到達し、そこでフィリップ端麗公

〔ブルゴーニュ公〕の戴冠式を目撃した。ヴェセルはシュトラールズントに無事帰還し、両親に歓喜で迎えられた。「なぜなら、彼は一人息子であり、両親は息子が海か別の場所で命を落としたと信じ込んでいたからである」。

　このような危険、旅行、そして心配が、中世の商人にとって共通の宿命なのは間違いない。ハンザ商人が他の中世の商人と異なっていたのは、彼らの行動や思考が他よりも厳格な構造を持っていたことであった。こうした規律は、特に商館でハンザ商人に影響を与えていた。そして、この規律によって、他国の商人よりも際立っていた結束への強い意志が彼らの中で発展したのだろう。しかし他方で、この結束への意志は、進取の精神を鈍らせ、情勢への順応力を弱め、集団の規範に反した個人を徹底的に糾弾させることになった。ハンザ成員間の厳密な平等への配慮と、ハンザの権利と活動を厳しく規制したいという願望は、その結果なのである。こうした主体性の欠如について、年代記作者ヴァインライヒは象徴的な一例を示している。ヴァインライヒは、一四八五年にブルヌフで塩が不足したためにダンツィヒの全船舶が空荷で帰港したと伝えている。つまり、このような予期せぬ状況では、ブルヌフの仲買人にも船長にも、旅からわずかでも利益を得るために、用船者の指示に逆らって他の商品を積み込むことを引き受ける勇気はなかったのである。同じような場合、イタリア商人やイングランド商人なら、こんな不運にこうも簡単に屈服するとは思えない。ハンザ商人は、まさに彼らの環境が原因で、危険を冒す勇気を少々失ってしまったように思える。そのことがハンザの運命に重くのしかかるのは必至だった。

第5章　ハンザの経済政策
――競合者たち

ハンザは商人を庇護するために創設され、ドイツにおいてもまた外国においても、商人の利益に最大の貢献をする政治権力として絶えず行動した。そして、創設当初から一四世紀の半ばにかけて獲得した特権を、ハンザ以外の都市および君主に尊重させることを第一の任務としていた。事実、そのようにしてハンザは、成員商人のために、北ヨーロッパにおける東西交易の半独占状態を確保したのである。

しかし一四世紀後半以降、とりわけオランダや南ドイツなどの外国商人との競合が不可避となった。そのためハンザは、長年にわたり経済自由主義を原則としていたにもかかわらず、規制を次第に厳しくしていった。それと同時に、既得の特権を加盟都市のみに留保する一方で、特にバルト海を中心とするハンザ圏では、外国人による商業の拡大を制限し、場合によっては妨害する方向へと向かった。このような政策は、常に巧みに適用できたわけではなかったが――ハンザの利益をも損なうものであったからだ――一五世紀にはある程度の成功を収めた。だがのちには、この政策は本来の目的を失い、ハンザの競合者たちの躍進を抑制できなかった。

1　外国における諸特権

一一五七年に、ロンドン在住のケルン商人に対し、国王ヘンリ二世の与えた保護こそが、外国の君主、領主、都市からハンザ商人に認められた一連の特権の嚆矢となる。続く二世紀の間にドイツ商人は、これとほぼ同等の特権をいたる所で、そしてさまざまな時期に次々と獲得したが、フランドルで獲得したものほど重要な特権はないだろう。一三八六年のイングランドにおいて、「われわれは当地〔フランドル〕において、他のすべての国におけるよりも多くの自由と諸特権を享受している」とプロイセンの使節団は確認している。

これほどまで貪欲に要求された諸特権とは、いったいどのような内容なのだろうか。その本質の一つは人身と財産の安全に関する政治上、司法上の保障であり、もう一つは諸税の軽減である。

第一に、この特権によりハンザ商人に認められたのは、団体を作り、長を選出し、集会を開く権利であった。ドイツ人は、ロンドン、ベルゲン、ノヴゴロドで囲い地を譲渡されて、在地役人が立ち入れない一種の不入権を享受していた。いずれの場所でも、ドイツ人共同体の法廷が、構成員だけに関係する訴訟と犯罪を担当し、投獄および財産没収などの刑罰を言い渡した。ノヴゴロドでは、死刑や切断刑に相当する重罪にいたるまで裁判権が認められていたが、ロンドンとブルッへではそれらは現地の法廷へ訴えねばならなかった。

ハンザ商人が、現地人や非ドイツ系外国人にかかわる損害を引き起こしたり、あるいは被害を受けたりした場合、その案件は、被告や原告の代弁人である長老の一人によって、在地の司法に引き渡された。特許状には、ドイツ人に認められた数多くの保障が記され、その内容も明確に規定されていた。一三世紀以降、彼らはいたる所で決闘裁判から解放された。ドイツ人の罪状を判断する場合には、厳密に個人単位の責任の原則がすでに確立していた。すなわち、ハンザ商人は誰であれ、しかも犯人と同じ出身都市の同郷人であっても、犯人の代わりに財産を差し押さえられることは許されなかった。くわえて、手代が有罪となった場合でも、その親方に属する財産の没収はできなかった。さらに言えば、一般慣習とは逆に、外国で死亡したハンザ商人の財産は、たとえ彼が非嫡出子であっても、相続人に帰属し、それを在地領主や王権が没収することは認められなかった。

ハンザ商人が暴行や窃盗の被害者となった場合、迅速かつ厳格にその権利回復が図られた。在地の法廷は、八日以内に告訴内容の調査をする必要があった。殺人や傷害の場合、犯人には同害刑の適用が認められていた。窃盗の場合、窃盗犯は賠償金を弁済するまで拘禁された。万が一、この窃盗犯が逃走し、その財産が当地に残されたままか、あるいは再度持ち込まれた場合には、没収され被害者に返還された。フランドルでは一三八九年においてさえ、ハンザ商人に対して例外的に広範囲な特権が認められた。つまり、ヘント、ブルッへ、イープル都市当局が共同で、フランドル伯領内、さらには伯領外においてフランドル人により盗まれた財産を返還もしくは賠償する、とハンザ商人に保証したのである。そして窃盗が外国人による場合、フランドル伯と前述の三都市は、権利の保障を求めて窃盗犯が逃げ込んだ都市に圧力をかけることになっていた。犯人の逃走先の都市当局が犯人の引き渡しを拒否した場合、その時点から六カ月後に、問題の都市出身の商人の逮捕とその財産の差し押さえが宣告されることになった。

負債に関する制度も、ハンザ商人が現地人に対し債権者である場合と、その逆の場合では異なっていた。前者の場合、当初はブルッヘで、その後フランドル全域で債務者は三日以内にドイツ人に対する債務を履行するように在地の法廷から命じられ、果たされない場合には投獄あるいは差し押さえが認められた。そして本人が死亡した場合、まずはその相続権にしたがって償還された。ハンザ商人が債務者である場合、その他の分野と同様に、連帯責任の原則から除外され、誰もが仲間に対する責任を負う必要はなかった。許されていたのは、債務の契約が正式な形式に従って結ばれた場合に、債務を履行しなかった者の出身都市が、その債務の完済を引き受けねばならないとされていた点である。それ以外の場合であれば、ドイツ人はただ宣誓をするだけで雪冤が可能であった。とはいえ、一四二二年にヒルデブラント・フェッキンクーゼンが逮捕された事例が示すように、ドイツ人が債務を原因とする投獄を免除されることは認められていなかった。しかし保証人を立てることによって回避するのは可能であった。

ハンザ商人が特に気にしていたのは、彼らが取引している地域と別の地域との間に起こる戦争という頻発するリスクから、どのようにして身を守るかということであった。彼らは、なんらかの物資を提供することで戦争に巻き込まれるつもりも、戦争によって生じた損害を甘受するつもりもさらさらなかった。いくつかの保護規定が証明するように、彼らは、往来の際に襲撃の犠牲者となったハンザ商人のために、外国権力に対してはその領域外であったとしても責任を激しく追及しさえした。

ハンザが各地で執拗に獲得しようとした特権の一つに、河川および海上における漂着物占取権の免除があった。座礁もしくは遭難した船舶の船荷が回収可能であるか否かは、ハンザ構成員にとってきわめて重大であったのは言うまでもない。だが同時にこれは何にも増して争いの種となる権利要求の一つでもあった。その理由は、第一に状況が際限なく多様であったから、第二に国王代官、在地領主の代理人、沿岸住民間の権限をめぐる争いがあったから、そして最後に、漂着物は発見者が取得するべきであるとする、古くから深く刻み込まれた一般的観念があったから、である。

ハンザ商人が周知させたのは、拾得された漂着物は何であれ、一年と一日のあいだ沿岸住民によって保管され、保管者に救助料の支払いを済ませれば、所有者もしくはその相続人へ返還されるべき、という原則である。さらに、漂着物とみなされるべきものは、家畜一頭であれ、そこに生き物が確認できない残骸のみに限定されていた。ところで、すべての乗員が死亡した場合、船舶の所有者を特定するのはしばしば困難であった。かりにその調査が成功したとしても、沿岸住民、領主、国王の代官が返還を拒否した。なかでも異議申し立てを混乱させる原因となったのは、救助料 Bergelohn の支払いであった。品物に対する拾得者の取り分の比率は原則として固定されていたが、拾得者側は絶えず法外な値をふっかけてきた。船が座礁し乗組員が生き延びていた場合、彼らには三日間の荷物の回収活動が認められていた。しかしこのような場合、沿岸住民は漂着物占取権を奪われないよう乗組員への協力を断り、さらに所有者もしくはその同郷者によるあらゆる回収活動に反対するということが頻発した。沖合で遭難が発生し、漂着物が岸に打ち上げられた場合には、さらに別の対立の火種があった。その漂着物がハンザのものかどうかを確認できないのを理由に、在地当局がその差し押さえを主張したのである。確かに、ハンザの諸特権には漂着物占取権の廃止が掲げられていたが、ハンザ商人の利得に反する占取権は、さまざまなかたちで要求され続けたのである。

ハンザ商人にとって最も貴重であり、他からは大きな嫉妬の原因となったのは、財政上の特権であったと考えられる。彼らはいたる所で、関税率の大幅な引き下げや、流通税率に関する詳細な規定——一二五二年フランドル女伯マルグリットが認めた税表のように——を要求し、さらには将来的な税率引き上げや新たな対象への課税の停止を要求し、それらを獲得した。これらの要求の実現は財政面における外国君主の権威を失墜させるため、特権は簡単には認められなかったと考えられる。たとえば一三四七年、エドワード三世がイングランド産羊毛に課される輸出税を増額した時、ハンザ商人は既得の特権を盾に支払いを拒否し、結局国王も彼らの言い分が正しいと認めた。二五年後、王室が課した「援助金」の支払いをあらためて拒絶したことや、その後間もなくハンザに大変好意的であったエドワード三世が死去したことにより、不和が再燃した。徴税にまつわる闘争は、一五世紀を通じてイングランド－ハンザ間の関係を絶えず悪化させたのである。ドイツ人の財政上の特権が、イングランドにおいてとりわけ重要な位置を占めていたのは確かである。というのも、いくつかの条項によれば、ドイツ人による支払いはイングランド人のそれよりも少なかったからである。たとえば未仕上げの毛織物一反に関して、ハンザ商人であれば一二ペニーのところを、イングランド商人は一四ペニー、その他の外国商人であれば三一ペニーを支払わねばならないこともあった。

ドイツ商人が要求したもう一つの特権は、売れ残った商品を無税で再輸出する権利であった。この権利の適用は何度も停止されたようだが、ハンザ商人は厳格な適用を求めたようだ。その実例として注目されるのは、一三八五年、ドルトムントの富裕な商人クリスティアン・ケルマーが、売れ残った毛皮を再輸出する際に、イングランド税関への数シリングの支払いを決めたときであった。ロンドン商館はためらうことなく彼をハンザから追放したのである。

このほかにも、ドイツ商人の取引を進めやすくするさまざまな便宜が認められた。独自の秤を持つ権利（ブルッヘでは経費がかさむという理由で放棄されたが）、彼らに委任された公印を押した原器で度量衡を検査する権利、運搬人や仲買人の手数料と市設の起重機の使用料を確定させる権利、夜間に船荷を積み降ろしする権利などであった。ハンザ商人の要求がいかに法外であったかを示す例として、一三八九年、夜間にスロイス港への入船を禁じる鎖を撤去させようとした件があげられる。ハンザ商人は、たえず自分たちの船舶の安全が保証されるよう望んでいたからである。当初フィリップ豪胆公は怒りを露わにして、このような要求は「不当な上に筋の通らぬもの」であると言い放った。だが間もなく彼は、夜間にハンザ商船の求めがあれば、係官にその鎖を――無償で――解かせることを認めた。

ハンザ商人に付与されたこうした特権のすべてが、特に戦時中ともなれば、幾度となく無視され、ねじ曲げられ、公然と破られたのは確かである。しかし平和が回復すると、ハンザはこうした特権停止に対して激しい補償要求をつきつけた。また外国政府は彼らの要求に対して、少なくとも一部は満足のいく措置をとらねばならないと、ハンザは考えていた。全体として、このように幾重にも輻輳した特権が、ハンザ商業に例外的といってもよい多様な可能性を与えていたため、ハンザが対抗者に勝利できたのは間違いないだろう。しかしその一方で、そのような特権ゆえに、外国商人のみならず諸侯自体から恨みを買ったことも確かである。君主は自らの権威に加えられた制限を、いやいやながら受け入れてきたのである。そして北ヨーロッパのいたる所で、君主はオランダ商人を厚遇するようになり、自らに課された束縛からの脱出を図っていたようだ。こうした意味で、特権を付与する政策は、一五世紀以来、ハンザの商業覇権を弱体化させる原因になったのである。

出身がどこであれ、ハンザ商人であれば誰でも、同等の特権を外国において享受する。この点にこそ、ハンザの根本原則が存在した。そうだとするなら、ドイツにおいては、どの都市も、自市出身以外のハンザ商人に対して、市民と同じ平等とまでは言わずとも、少なくとも外国人との関係において有利な制度を認めたことになりそうだ。しかしそのような事実は確認されないし、ハンザがこの点に努力を傾注していた痕跡すら見られない。いずれの都市も自身の商業システムの主人であり続けたのであり、自市の商人の利得になることのみに配慮していたのである。その結果として、ある都市が隣接都市の商人に特別の便宜を図ることは少なからずあったが、その便宜をすべてのハンザ商人に付与することなど問題外であった。示唆的であるのは、一四一八年、リューベックに対しハンブルクが表明した抗議である。ハンブルクがリューベック商人に付与していた関税の免除は、リューベック商人にのみ適用されたのであり、プロイセン商人やリーフラント商人が所有する商品はすべて、リューベックの商品と同じ扱いをしてはならなかった。こうした差別的措置は、時代とともに顕著になる一方であった。一五世紀になると、各都市は指定市場《ステープル》権を絶えず強化し続け、外国商人だけではなく、自市以外のハンザ商人に対して幾度となく適用したのである。ハンザが具体的な経済政策を実現できたのは、外国においてのみであったと言ってよいかもしれない。

2　競合者たち

一二世紀半ば以降の北ヨーロッパでは、スカンディナヴィア人、ロシア人、フリースラント人、フランドル人などのドイツ人の競合者の商業が、次々に衰退してきた。多数にのぼる船団、商人の積極的な活動、外国における特権の広がりのために、事実上ハンザが商業独占を次第に手中にしたのである。しかし、こうしたハンザにとって都合の良い展開は、一四世紀の後半に逆転しはじめる。新しい競合勢力が台頭し、それぞれ程度の差はあるが危険な存在となる。彼らはハンザ圏に足場をつくり、そのために引き起こされた障害にもめげず、一五世紀を通じて交易の拡大を推し進めた。その結果、ハンザは守勢に立たされることになったのである。

　そうした勢力の筆頭はおそらくイタリア人であり、彼らにハンザ商人は不安を覚えた。とはいえ北ドイツについては、イタリア商人はケルンでのみ貸金業者や商人としていくらかの活動に従事したに過ぎなかった。しかしドイツ商人は外国で——はじめはシャンパーニュの大市で、その後フランドル、イングランド、フランクフルトそしてポーランドにおいて——定期的にイタリア商人と出会っていた。ドイツ商人はイタリア商人の金融資本がいかに強大で、商業技術がいかに卓抜しているかを理解していた。したがって、自らの勢力圏へイタリア商業が拡大することを危惧していたようである。そのため、一三九七年にプロイセン諸都市は、ドイツ騎士修道会総長コンラート・フォン・ユンギンゲンに対し、「ロンバルド人」がプロイセンに出入りすることを禁じるように請願した。一四一二年、リューネブルクで開催されたハンザ総会は、とりわけ海港都市において、イタリア商人の金融および商業活動を全面的に禁止しようとした。他国出身者に対する場合とは比べものにならない峻厳な措置である。ただし、一五世紀初頭にリューベックにおいてバリオーニ・ブエリ銀行が開設されたことからもわかるように、この措置は厳格に適用されたわけではなかった。実際、警戒したところで無駄であった。というのも、イタリアの名だたる商事会社はいずれも、ハンザ圏において活動を大々的に拡大しようとしたようには見えないからである。ハンザにとっての危機がやってくるのは、イタリアからではなかった。

一四世紀末においてイタリア人以上に脅威に思われたのは、イングランド人であった。プロイセン都市やシュトラールズントでは毛織物を持ち込むマーチャント・アドヴェンチャラーズが増加し、彼らは帰り荷として穀物、木材、ピッチ、スロヴァキア産の金属を持ちかえった。イングランド商人に加えて、スコットランド商人もほぼ同じ交易に従事していた。両者とも、プロイセンやポーランドの顧客に直接毛織物を売るために内陸部に入り込もうとしたことから、やがてハンザ商人が不安を感じるようになったのである。一三八八年の危機の後には、リチャード二世の同意を得て、ダンツィヒにイングランド商館が正式に設立されることすらあった。この商館は、在外ドイツ人商館がそうであるように、当地に在住する全イングランド人を一つにまとめ、選挙で選ばれ、商人の集会を主宰する「商館長」の監督下におかれた。彼らは家屋を所有したり賃借りしたりして、取引のためにダンツィヒ市民と協力した。彼らはドイツ商人と異なり、ためらうことなく家族と一緒に現地に滞在した。そのように、彼らがこの地に根を下ろすのを見てドイツ人たちは恐れたのである。

しかしイングランド商人は積極的に登場したが、それはせいぜい一五世紀の間に限られていた。イングランド人は活動制限や、プロイセンのみならずスコーネやノルウェーで受けた暴力に不満を抱くことがしばしばだった。彼らはリーフラントにも、シュトラールズント以外のヴェント都市にも入り込めなかった。イングランド人の交易は確かにドイツ騎士修道会から厚遇されていたが、プロイセンにおいてですら、依然として厳重な監視下に置かれ、商業規模が劇的に増大することはあり得なかった。一五世紀を通じてハンザ商人は、みずからが深刻な損害を被ることがない程度にまでイングランド人の交易を制限するのに成功した。ドイツにおけるイングランド人商業の大躍進の時を告げる鐘は、いまだ鳴ってはいなかったのである。

それに対してオランダ人は、ハンザ商人にとって最も警戒すべき競合者として表舞台に登場しつつあり、一五世紀から一七世紀にかけてとどまることなく進展を重ね、次第にハンザ商人を凌駕するに至った。一四世紀の半ばまでは、彼らはハンザにとってさほどの脅威には見えなかった。オランダ諸都市はまだ発展し始めていなかった。一四〇〇年頃、アムステルダムとレイデンの人口はせいぜい五〇〇〇人であった。ドルトレヒトは地勢的に好条件であったにもかかわらずブルッヘを脅かせず、その海上活動はネーデルラントとイングランドに及んでいたに過ぎない。不安要素としてより深刻に考えられるべきだったのは、人口の多いゾイデル海東部およびエイセル川沿いの都市、つまりズウォレ、デーフェンター、カンペンとの角逐であった。これらの都市の商人は、一三世紀以来ノルウェーやスコーネでハンザ商人と出会うようになり、ハンザに参加したのはようやく一四四一年のことである。

オランダ商人の利害はしばしばハンザ商人と重なっていた。一三六七年、アムステルダムとブリーレをはじめとする諸都市が、デンマークとノルウェーに対抗するためにケルン同盟に参加したことは前述した。しかしこのような連帯の表明も、この事例が最後であった。これ以降、あらゆる状況、そしてあらゆる地域においてオランダ商人は、ハンザの敵対者として振る舞った。ハンザにとってオランダ人が特段に手の焼ける存在となったのは、イングランド商人と同様に、ハンザ商人の伝統的な交易圏に部分的に参入するだけでは満足しなかった点にある。彼らは出身都市の産業と海運を発展させ、生産物を北海とバルト海へと自らの手で輸送することで、ハンザの商業構造自体に打撃を与えたのである。

このような過程にあって、毛織物産業の躍進はきわめて重要な意味を持っていた。従来は本質的に農村的であり地域内の要求に応えていればよかった毛織物生産が、一四世紀の後半以降レイデンをはじめとしてアムステルダム、ハールレム、ロッテルダムという都市へと集中した。この産業は、イングランド産の羊毛を原料とし、一五世紀初頭におけるフランドル出身織物工の移住をバネに、歴代ホラント伯から付与された特権のおかげで急速に発展した。たちまちオランダ産の毛織物はハンザ圏のあらゆる市場に並ぶようになった。最も深刻であったのは、ハンザの繁栄を支えていたブルッヘにおけるフランドル産毛織物商業との競合であった。

その一方で、オランダ都市はビールの生産者にもなった。一四世紀においてネーデルラント北部はドイツビールの一大消費地でもあった。一三七四年にハンブルクに存在した四五七のビール醸造業者のうち、一二七業者がアムステルダムで、五五業者がスタフォレンで、生産品を流通させていた。その後は、ネーデルラント以外の地域でさえオランダ産ビールがドイツ産ビールを次第に押し返すようになった。

最後となったが、やはり同じ頃に、ニシン漁が北海で展開する一方で、スコーネ沿岸部ではその勢いを弱めていたことも挙げておこう。当初は沿岸部に限られていたニシン漁は、一五世紀には大網の製作と専用船の建造のおかげで外洋にまで展開した。ニシン漁の中心はブリーレであり、そこで塩漬けにされ、樽に詰められた。オランダ産ニシンは品質という点でスコーネ産ニシンに劣るものの、比較的安価であった。このためオランダ産ニシンはライン流域でスコーネ産にとってかわったうえに、バルト海沿岸部でさえ広く流通したのである。

今述べてきたのは、ハンザ商業の根幹を支えたいくつかの商業活動への侵害であった。しかしそれ以上にハンザが神経を尖らせたのは、オランダ商業の拡大であった。オランダの河川輸送は以前から非常に活発であったが、一三世紀さらに一四世紀になってもなおネーデルラントの沿岸部および内陸河川に限られていた。本質的に都市的な性格を持つハンザ海運とは対照的に、オランダ海運は農村的な性格が際だっていた。特定の大都市に集中する傾向はあったにせよ、船舶の建造と艤装は一五世紀に入ってもなおゼーラントやホラントの小港で活況を呈していた。


オランダ人の航海が拡大した背景には、毛織物産業の躍進があった。オランダ人は毛織物に不可欠なイングランド産羊毛を、イングランドもしくは大陸側の指定市場都市で直接に求めなければならなかった。同じ頃、オランダ船団はフランドル人の後を追い、北ヨーロッパで需要が増しつつあったブルヌフ産の塩、そのついでにフランス産ワインをもとめて大西洋岸まで進出した。だが注目すべきは、プロイセンとポーランドの穀物を求めるオランダの船舶が、バルト海で増加しはじめたことであった。この頃までに彼らは穀物が不足した場合に、特に一三世紀以降に、バルト海に現れることがあった。その後、ネーデルラント北部の人口が増加する一方で、フランドル人の商業が退潮したために、オランダ人が定期的にプロイセンを、そして間もなくリーフラントの港を訪れるようになった。彼らがノヴゴロドで初めて記録されたのは一四三二年であり、ニシン、毛織物、フランス産塩を売却し、蜜ロウと亜麻を購入していた。オランダ商人はプロイセンでもバルト諸国でも、とりわけ在地貴族に歓迎された。それというのもオランダ商人が当地に滞在することで、商業がいっそう刺激されたからである。そしてハンザの独占という重圧にしぶしぶ我慢していたデンマークとノルウェーで、オランダ人が受け入れられたのは言うまでもない。

オランダの躍進に対して、最初に危機感を抱いたのはリューベックとヴェント都市であった。オランダ人がプロイセンの穀物輸出に参加することに満足していたのであれば、事態の悪化はなかったのかもしれない。というのも、西欧への穀物輸出に際しては、ハンザの船団だけでは不十分だったからである。しかしオランダ人がドイツ商業の原則を公然と破ったことはただちに目につくことになった。彼らの船団は海港都市のみを訪れたわけではなく、やや離れた場所にある小港にも碇泊し、現地の農民や大土地所有者と直接商取引をした。その結果、ヴェント都市は中継地としての役割を奪われることになった。オランダ人は、ヴェント都市の内部においてすら交易の一部をわが物とした。というのも――そしておそらくこの点にこそ彼らの成功の本質的理由があるのだろうが――彼らの用船料はハンザのそれよりも安かったからである。オランダ人は交易しやすくするために、イングランド人と同じようにではあるが、さらに大きな規模でドイツ都市民との関係を深めることを忘れなかった。最後に、オランダ人の航海により、東西交易のためにリューベック‐ハンブルク間の陸路よりもエアソン海峡を通る直接沿海ルートの重要性が高まったことも付け加えておこう。

イングランド人によるバルト海商業の拡大を制限することに、ハンザは成功しつつあったものの、オランダ人商業の抵抗しがたい躍進を前になすすべがなかった。どれほど厳しい規制を課そうと、公然たる戦争（一三三八―四一年）が起ころうと、この新しい競合者の進展を永続的に阻むことなどできはしなかった。オランダ人は東ヨーロッパにおいて獲得したその地位を固めるために、あらゆる機会――ハンザの危機（一四〇八―一八年）、フランドルに対するハンザの経済封鎖（一四五一―五七年）、ポーランドとドイツ騎士修道会との戦争（一四五四―六六年）――を利用した。ハンザ側が失敗した主な原因はおそらく、この危機を前にしてハンザが分裂していた点に求められるだろう。とりわけリーフラント都市とドイツ騎士修道会は、彼らの到来に対して単純に反対できなかった。オランダ人がやって来ることで莫大な利得を引き出していたからである。そのような事情で、ダンツィヒの都市当局が禁じたにもかかわらず、一四一一年にドイツ騎士修道会総長がオランダ人にダンツィヒの穀物の輸出を許可したことが確認される。一四三八年に総長は、プロイセン都市からの差し止めがあったにもかかわらず、やはりオランダ人にポーランドにおける交易を許可した。貴族にしても都市の条例を考慮せず、「古来よりの慣習にしたがって」オランダ人とイングランド人が、ポーランド内において自由に穀物を購入できるように要求した。ハンザ商人の間での不一致が最も明らかになったのは、一四三八年の戦争中のことであった。総長はこの戦争への参加を拒否し、オランダ船がヴェント都市によってデンマークの諸海峡の通過を妨害された時には、プロイセン内にあるリューベックの財産を差し押さえさせた。このような条件があったからこそ、オランダ人は途切れることなく躍進できた。一五世紀半ば以降の北海とバルト海では、ハンザの商業独占は終焉を迎えていたのである。

一五世紀になるとオランダ人に加えて、ニュルンベルク商人を中心とする南ドイツ商人が、ハンザ商人の最も危険な競合者となった。彼らはドイツ人——もっともハンザからは外国人とみなされてはいたが——であったため、政治的な影響も、深刻な影響を残す差し押さえも、戦争も起こらなかった。だからといってこの事例を過小評価すれば、間違いを犯すことになるだろう。南ドイツ商人の商業的進展もまた、少なくともオランダ人と同様に、ハンザの経済システムにとっては有害であった。

ハンザ商人は一三世紀以降に、シャンパーニュの大市でこのライバルと接触を持ちはじめた。しかしニュルンベルク商人が南部および西部ドイツ全域、イタリア、ネーデルラントへと拡大したのは、一四世紀に入ってからであった。彼らはリューベックを含む七〇近くの都市で関税特権を享受していた。さらに彼らは、一三一一年にブラバント公によって特権を、一三六一年にルイ・ド・マールによってハンザ商人に匹敵する権益を付与された。とはいえ、この時期になってもなお、彼らの交易は南ドイツとネーデルラントとの間に留まっていたというのがおおよその状況である。彼らは、ケルン商人がフランクフルトならびにドナウ川流域で手がけていた商業ではすでに競合者となっていたが、まだハンザの権益に対する深刻な侵害には至っていなかった。

だが一四世紀末以降、ニュルンベルク商人はリューベックに足場を築いた。リューベックを拠点とする大商社の一つがピルクハイマー商事会社であり、共同出資者の中で最も影響力を持つ人物の一人ヨハン・ランゲが代表を務めていた。彼はリューベック門閥の娘と結婚してヴィスビー、レーヴァル、ダンツィヒと交易を営みつつ、スウェーデン、フランクフルト、プラハ、イタリア間の金融取引を引き受けた。一四世紀初頭に最も重要な位置を占めていたのは、クレス商事会社であったと考えられる。リューベック商人が総出で一年かけてリューベック市内で売り捌く商品を、たった一人のニュルンベルク商人が一日で売り切ってしまう、とこぼす小売商人たちを確認できる。これには明らかな誇張が混じっているとはいえ、この時期以降に南ドイツ商人が達成した商業規模がどれほどであったのかを推測できる。南ドイツ商人の交易は、ハンザ商人のそれと直接競合する段階に入ったのである。彼らは南部に毛皮、琥珀、保存加工された魚を輸出する一方で、北部には香辛料、金属産品、奢侈品に加え、ケルンやフランドルの産品を供給した。これはオランダ商人がそうであったように、ブルッヘにおけるハンザ交易を阻害する結果をもたらした。

　リューベックでは小商人が競合者に対して断固たる手段に訴えたのに対し、大商人はニュルンベルクでの自身の活動に対して報復されるのを恐れて、小商人に歩調を合わすのをためらっていた。しかし一五世紀初頭以降に、リューベック市参事会が介入を決定した。市参事会はニュルンベルク商人に対し、ハンザ商人との共同経営や小売りを幾度となく禁じ、彼らが販売できるのはニュルンベルクで生産された商品のみであると規定し、さらには香辛料に課税した。だが、このような方策の効果は薄かった。というのも、ニュルンベルク商人たちはすでにハンス・ランゲが採用した手段、つまりリューベック市民との結婚を通じて市民権を獲得し、一方でニュルンベルク商事会社の利益が上がる交易を続けるという手段に訴えることが少なからずあったからである。リューベックの門閥の多くも、裕福なニュルンベルク名望家と関係を結び、外国の商事会社の代理人となるのにまんざらではなかった。以上のような要因が複合し、南ドイツ商人は聖レオンハルト兄弟団を筆頭とする閉鎖的集団に食い込んだ。そして、リューベックのロザリオ兄弟団《ツィルケルゲゼルシャフト》への加入を認められた者さえもいた。このようにして築かれた私的な影響力のおかげで、ニュルンベルク商人は彼らの活動制限を狙った諸規制を容易に回避したのである。こうして一五世紀後半以降にニュルンベルク商人の人数は増え、ハンザ圏では従来よりも大規模な商取引を引き受け、フッガー家の時代の幕開けを準備することになったのである。

　ニュルンベルク商人が入り込んだのはリューベックばかりではない。一四世紀以降、彼らの存在はライプツィヒ、ブレスラウ、クラクフ、レンベルク（リヴィウ）、ポズナンでも史料から確認される。歴代のポーランド王や領主は彼らを喜んで受け入れ、プロイセン商人の時のような商業活動への政治的干渉を危惧する必要もなかった。彼らはポーランドを足場にしてプロイセンやリーフラントへも進出し、その活動のおかげで収入を増やしたドイツ騎士修道会からも好意的な目で見られた。対照的に心穏やかでなかったのはプロイセンとリーフラントの商人であり、この侵入者たちを前にして一連の方策をとることになった。しかしニュルンベルク商人たちは、リューベックとまったく同じ方法で、在地商人の方策をほとんど無効にするのに成功した。

　こうした躍進の中でもハンザが一番恐怖を抱いたのは、ニュルンベルク商人にとって好都合な商業経路、つまりフランクフルト－ニュルンベルク－ライプツィヒ－ポズナンを結ぶ東西の通商幹線が、ハンザ圏の辺縁部に発展したことであった。これまで中央ヨーロッパの産品は、河川を下って北海へ出て、ブルッヘ－リューベック－レーヴァルを結ぶ海上幹線に沿って積み出されていたのだが、この新しいルートに乗り換えられた。このルートでは、一方で南ドイツおよびイタリアの産品が、逆方向ではロシアおよびポーランドの産品が流通した。一四一七年に発せられたブレスラウのハンザ脱退通知は大変に示唆的である。つまり、商業路が変化したために、ブレスラウの関心はもはや北には向かなくなったのである。その当時、危機的状況にあることがリューベックでは認識されていたようである。しかし、当時の指導者たちはニュルンベルク商人の活動に対し煮え切らない態度をとっているので、次のような推測も可能であろう。つまり、なんにせよ利益をもたらしてくれる競争をリューベック内部でやってくれたほうが、ニュルンベルク商人を排除した結果として彼らがハンザ圏の外側で関係をうちたて、結局手が打てなくなるよりはましだ、と。とはいっても、南ドイツ商人はすでに香辛料およびネーデルラントの毛織物交易の一部を手中にしており、一五世紀の半ば以降は、ハンザの基幹商業の一つである毛皮商業に手を伸ばしはじめたことに変わりなかった。

さて、最後となったが、一五世紀半ば以降、特に一六世紀になって顕著な活動が確認されるようになったハンザの競合者を注記する必要がある。すなわちメクレンブルクからリーフラントにかけての東欧諸地域の大土地所有貴族である。それ以前の在地領主は、自らの領地の産物を遠方に流通させようとして独自の商業を組織することなど考えもしなかった。ただし唯一の例外があった。すでに確認したように、ドイツ騎士修道会は一個の有力な商事会社となり、自前の商人まで揃え、プロイセン諸都市の商人たちの利益を顧みなかった。しかしこれは例外的な事例だった。騎士修道会以外の君主や領主は、ハンザに余剰の農業生産物を吸い上げてもらっていた。しかも一三、一四世紀の時点で彼らの関心の対象となっていたのは、穀物の輸出ではなく、西方で製造された毛織物やその他の産品の購入であった。顧客であるハンザ後背地の貴族がハンザ交易においてどれほど重要な地位を占めていたかを理解したければ、ハンブルクのフィコ・ファン・ゲルダーセンやロストクのヨハン・テルナーのようなハンザ商人の手による会計簿をいくつかあたれば十分である。

状況は一五世紀の間に変化した。ネーデルラントその他の穀物需要が絶えず増え続けたので、東欧の大土地所有者はそれにあわせて農業生産を拡大し、流通を自前で組織化しようとした。次第に増加しつつあったオランダ船が、ハンザにより「禁じられた」港で在地領主と直接関係を結ぶのは難しくはなかった。問題となったのは穀物ばかりではなかった。ポーランドやプロイセンの木材を販売する農民団体も現れ、確固たる意志を持って外国商人と手を結んだ。農業生産量が全般的に増加したために、そこから利益を得ることができた都市もあるとみてよい。近代に差し掛かった頃に、ダンツィヒが注目すべき躍進を遂げたが、それがポーランドとウクライナの貴族による穀物生産の拡大と結びついていたのは、このような背景があってのことである。しかし全体としてみた場合、大土地所有者と外国商人との間に締結された協定は、ハンザ商業に損失を与えるものであり、そこから排除された都市に拠点を置く商人たちは、自らの仲介利益が奪い取られたことを実感したのである。

南ドイツ商人が東ヨーロッパで増加したのも、やはり同じ意味においてである。彼らは穀物や木材を獲得することはほとんどなかったが、以前であればハンザ商人がもたらしていたフランドルやイタリアの産品を貴族たちに供給した。都市側は、大土地所有者の利害と衝突してでも自市の商人による積極的な活動を保護するための法規を制定したが、それらは明らかに実効力を伴っていなかった。一五世紀半ば以降、ドイツ騎士修道会とプロイセン貴族が一度だけ手を結び、外国人と自由に交易を行なう権利を公然と要求したことが確認できる。都市民の中には、こうした逆風の吹く時代の流れに直面して在地貴族の家系と姻戚関係を築く者もいたが、それはまれであった。諸都市の周辺地域に対する影響力は衰える一方で、それが貴族側に有利に働く傾向が広く認められる。こうした点にも、一五世紀末から一六世紀にかけてのハンザの退潮が看取されるのである。

3　商業規制

ライバルたちの追い上げに対し、ハンザは頭一つ抜けようと躍起になった。しかしハンザが自由競争というルールにしたがって、かつての地位を取り戻そうとしたようには思えない。なにしろオランダ商人と南ドイツ商人の躍進が急激だったので、そのルールの枠内では彼らに勝利するという期待を得られなかったのである。そもそもハンザは、その構成員のすべてに完全に同じ権利を保障するよう努めていたが、それは経済自由主義政策とは相容れなかった。したがって、ハンザが見つけたライバルへの対抗手段はただ一つ、つまり規制であった。規制は体系化されていなかったが、一五世紀になると徐々に厳格になった。その特徴は本質的に三点にまとめられる。一つは特権から外国人を完全に締め出すこと。もう一つは「外来者法」と一括りにされるさまざまな方策を通じて、非ハンザ商人のドイツでの活動を制限すること。そして最後に、ブルッヘの指定市場を強化して、オランダ商業の妨害を目論むことである。

海外交易を進めれば、必然的に他国の商人たちと緊密な取引関係を築くことになる。ハンザ商人がこのような協業を避けるのは不可能であった。その結果、ハンザ商人と非ハンザ商人の相違、さらにはハンザの事業におけるドイツ資本と外国資本との区別すら、それほど厳密でなくなった。ハンザそのものは拡大していたが、このような相互の乗り入れはハンザ構成員にマイナスよりもプラスに作用することが多く、彼らの活動に資するところがあった。また商館内ではかなりの程度の寛容が行き渡っていたようである。そこでは、非ハンザ商人が指導的な役回りを果たすことすらあったことが確認される。

しかし対外競争が激化する一四世紀半ば以降、今述べた状況はハンザの利益を損なっていたようである。このようななか、ハンザ都市は回復を図るために一連の手立てを考えた。そのいくつかは法的措置であり、それはハンザ商人と非ハンザ商人との間の差異を明確にしようとするものであった。主要な措置はすでに見てきたとおりである。つまり、特権の享受がハンザ都市の市民にのみ許されるというものや、商館長の地位に就けるのがハンザ商人だけであるというもの（一三六六年）、ハンザ都市の市民権を見せかけで獲得したり、同時に二つの都市の市民であったりすることを禁止するもの（一四一七年）、特権の享受がハンザ都市で生まれた市民にのみ許されるというもの（一四三四年）である。しかし特にイングランドでは、ドイツ商人が雇用した外国人の手代がこれらの規定を回避していたことが明るみに出た。一四四七年のハンザ総会ではこの慣行に終止符を打つための試みがなされ、この年以降、外国人の手代が前述の特権を享受する条件として、彼らが七年間特定のハンザ商人に奉公し、その市民権を獲得した後に、さらに家屋とかまどを所有しなければならない、と布告された。それまで彼らはハンザ商人の事業に投資することも、その分け前にあずかることも、自分の親方とともに商事会社を結成することもできなかった。そのうえ、イングランド人、オランダ人、ゼーラント人、フランドル人、ブラバント人、ニュルンベルク人といった最も危険な競合者たちは、こうした寛容な取り計らいから排除されていたのである。

以上の規定から、こうした法的措置のいずれもが、何を主目的としていたのかが明らかとなる。それは、外国人と外国資本がハンザ特権を享受するのを妨害することであった。また、ドイツ人と外国人との間で結成された商事会社に対しては特に厳しい非難が浴びせられた。ただちにこの措置が実行されたことで、特に東欧世界では衝突が頻発した。一三世紀末以降ノヴゴロド商館の規約には、会社や委託の形でのロシア人との協力を禁じる内容が書き加えられ、違反した場合には五〇マルクの罰金が科されていた。イタリア人、フランドル人、イングランド人のために商品を運ぶハンザ商人に対しても同様の制裁が適用された。これは長らくペーターホーフに限られた措置であったが、一三六〇年にブルッヘ商館でも、フランドル人との間にいかなる商事会社を立ち上げることも禁じられた。そして一四〇五年、リューベックでのハンザ総会は、ハンザ商人と非ハンザ商人との間では、いかなる形であれ提携を全面的に禁じるという原則を制定した。この決定は一四一八年には船主にまで拡大された。それは外国人がハンザ船舶の一部を所有する、もしくはその逆に対する予防措置である。

　こうした一連の規定は、一五世紀の間に定期的に更新された。それらが現実の問題に対してどれほど適用されたのかを述べるのは難しいが、ドイツ騎士修道会とプロイセン都市はほとんど従おうとしなかったようである。ブルッヘにおいても抵抗があったが、結局は成功せず、結果として、商人や、さらにそれ以上の人数の船長までもがハンザ都市の市民権を放棄し、活動の舞台である国の現地人籍を獲得した。こうした頑として協力しない者に対してはハンザ側も対抗措置をとり、ハンザ都市の市民権から永久に排除したり、ハンザ商人が彼らと取引をするのを禁じたりした。この場合にもまた、当局からの警告や恫喝があったにもかかわらず、制裁の適用については地域によってばらつきがあったようである。ともあれ、全体としては所期の目的が達せられたと考えてよいだろう。外国人がハンザ特権の庇護の下で交易をすることは、もはや不可能に近かった。そして、このような制限措置がたびたびとられたことからわかるのは、個人レベルでは不利益を被ることになったとしても、大多数のハンザ商人は、一連の措置が必要であると判断していたことである。彼らの目には、その措置こそが外国からの競合を抑制する唯一の手段に映ったのである。

「外来者法」に含まれるもう一つの規定は、ドイツ内で外国人が行なう取引を規制するために適用された。その中で最もわかりやすいものは、外国人にすべてのハンザ都市への立ち入りを禁じるものであったと考えられる。しかしイタリア人に対する場合を除いて、これほどラディカルな措置が検討されることはもはやなかったし、望まれてもいなかった。都市も個々の商人も、外国人との取引のおかげで手に入る利益が奪われるのを望まなかった。特にリーフラントやプロイセンでの商業を保障するためには、ハンザの海運力は十分とは言いがたく、この欠陥は一五世紀には顕著になるばかりであった。西欧で需要が急増した穀物の輸送を確保する必要に迫られ、さらには常にそれを上回る東欧での塩の需要もあり、外国商業にその場を明け渡さざるを得なかった。オランダ人の航海がバルト海へ拡大したのは、主にこのような新しい環境があってのことだと考えて差し支えない。この時以降「外来者法」は、それがハンザ都市へ利益をもたらすと考えられる限りでは外国人による商業を助長し、ハンザ側の利益を脅かす場合には外国人の障害になろうとしたのである。

外国人に対する規約は、どれも同一内容というわけではなかった。プロイセンでは、イングランド人が自分たちを狙って適用される法令によって不当に扱われていることに不満を持っていた。リーフラントでは一四五〇年に、以後はオランダ人とゼーラント人以外は国内に受け入れないと決定した。このために、それ以外のすべての外国人、つまりフランス人、ワロン人、イタリア人、スコットランド人、イングランド人、スペイン人、フランドル人は追放されることになった。その五年前にプロイセン都市も、ダンツィヒとマリーエンブルクを除いて、ニュルンベルク人が国内へ入ることを拒絶していた。だが、このような処置が長期にわたって遵守されなかったことも明らかである。

一四一七年に、上記のものとは別の、包括的なある規定がハンザ総会によって制定され、その後も定期的に更新された。それは外国商人に対して、ハンザ都市のみを訪れ、市民だけを顧客として卸売りをするよう強制するものであった。ハンザ商人自身は、外国人に直接商品を売る権利をあちこちで要求したにもかかわらず、この点での双務性に同意しようとしなかった。とりわけ彼らが力をいれたのは、競合者が内陸へ流入し、ハンザ商人の顧客と直接取引するのを阻止することであった。ハンザ総会でも地方会議でも、「慣習になっていない」港への入港禁止をしばしば繰り返したが、それは特に都市向けの穀物を根こそぎ持ち去ることで非難の的になっていたオランダ人に向けられていた。リーフラントではたびたびスラヴ語の習得を外国人に禁じ、彼らと現地民との交渉の一切を断ち切ろうとした。同様にオランダ人の滞在期間を、四カ月、三カ月、さらには二カ月にまで制限し、彼らがその地域に定着するのを回避しようとした。特に当地で冬を越すことは禁じられ、市民権の獲得などもってのほかであった。

ここでも、これらの立法がどのような結果をもたらしたのかを語るのは困難である。「外来者法」の波及効果はさまざまであったように見える。イングランド人がプロイセンで受けた妨害は深刻であり、交易をあまり拡大できなかった。それとは対照的に、プロイセンとリーフラントでは、オランダ人と南ドイツ人が商業の拡大過程において、決定的な妨害を受けていたようには見えない。それはおそらく当地で、とりわけ在地貴族との間で暗黙の了解があったためであろう。

最後に指摘すべきは、ブルッヘにおける指定市場の強化が、外国商業との競合、とりわけオランダ人との競合に対する争いにおいて重要な政策であったことである。ブルッヘは一四世紀にはすでに、東方からの主要生産物――蜜ロウ、毛皮、金属――の輸入においても、毛織物の輸出においてもネーデルラント全体の指定市場地となっていた。だが一四世紀末以降、ブルッヘは比類ない商業上の地位を失いはじめ、ネーデルラントの他の都市が対抗馬として頭角を現すようになった。ハンザ自身、一三八八年の経済封鎖以降は、ブルッヘへの指定市場に以前ほど執着しなかったようである。この圏内に集中していた交易を解体させる引き金となったのは、一四〇九年にアントウェルペンで認めさせた重要な特権であろう。しかしオランダ人の毛織物産業と商業の躍進が、こうした動きに歯止めをかけることになった。実際オランダ人は、フランドル産の毛織物をさしおいて自前の毛織物をハンザ圏全体に持ち込み、オランダ製品の買い手が増加の一途をたどったために、ハンザ商人の生命線とも言えるネーデルラントの商業に深刻な損失を与えることになった。失地回復を図るためにハンザは、特にリューベックは、一四四〇年以降、ブルッヘの指定市場の強化を決定した。一四四二年のシュトラールズントのハンザ総会は、この年以降にハンザ都市に持ち込んでもよいのはブルッヘで購入された毛織物に限るという決議を出した。その三年後、リューベックでの総会は、オランダ産毛織物の購入を禁じ、ネーデルラントへ向かうすべての船舶に対し、生鮮食品 Ventegüter を除く商品をブルッヘへの指定市場に持ち込むよう義務づけた。

これはオランダ人にとって深刻な一撃となったはずである。彼らは自国の毛織物の大部分を東欧諸国に直接輸出できなくなり、かなりの数の外国船がオランダの港湾から撤退する危険にさらされたのである。しかしこの措置は、ゾイデル海沿岸のハンザ都市やケルン、そしてフランドル産の毛織物よりも安価なオランダ産毛織物を欲していた東欧の顧客にも打撃を与えた。密貿易は野放しとなり、その際にオランダ人は無数の協力者をあちこちで見つけることになった。そのうえ、ハンザが一四五一年から一四五七年までフランドルに対して実施した経済封鎖は、結果として相手の利益となり、ハンザ側が損害を被った。それでもやはり、ハンザは一四六六年と一四七〇年に指定市場に対する法令を更新した。しかし一五世紀末に、ブルッヘが急速に凋落したことにより、これまでの努力は無に帰した。ドイツ商人たち自身はブラバントやオランダの都市に散らばり、諸禁令に抵抗した。結局のところ、ハンザ商人とオランダ商人の間のこの激しい競合は、この方面においても、後者の完全な勝利によって幕を閉じることとなった。

4　信用取引に対する不信

一三世紀以降のハンザ圏では信用取引の利用が普及していた。ドイツ人はシャンパーニュの大市、その後ブルッヘ、ロンドン、ケルン、東ヨーロッパの都市でも出会うイタリア人から、この方法を学んだ。信用取引は、少なくとも貸付形態としては商業の発展に不可欠であったため、都市は率先して実践し、一三世紀末には債務台帳を作成し取引者に当局による保証を与えた。このような方向から、ハンザ都市は外国においてさえハンザ商人の活動を支援した。一三世紀末リューベック市参事会に宛てられた、ライネケ・モルネヴェークなる金融業者の一〇通ほどの書簡が保存されている。彼はフランドルにおけるリューベックの商務代理人という立場にあった。その業務とは、自らの責任において、信用と両替での大型取引を行ない、リューベックおよびザクセンの商人だけでなく外国人にも高額の資金を与え、さらには債権を設定し、負債の決済をし、信用取引で商品を購入し、リューベック市に対する手形を振り出すことであった。その後、その都度の任務を果たすこの種の都市の商務代理人は史料で確認できないが、それは信用取引が普及したために彼らの存在が不要となったからであろう。

信用取引は、一四世紀になり大規模に行なわれるようになった。ロンドンにおけるヴェストファーレン商人による大規模な取引はすでに確認した。ハンザ商人による初期の会計簿では、貸し付けがかなりの割合を占めており、あちこちで為替手形が言及されている。支払い手段としてハンザ諸都市も為替手形を利用していた。とりわけ一三六一年以降、ポンド税の徴収により都市間での大口の資金移動を余儀なくされ、為替手形が一般的な慣行となった。

とはいえ、ハンザ圏では信用取引がそれほど普及しなかった。理由の一つは、多くの支店を持つイタリアの銀行に匹敵するものが、ハンザ都市にはほぼ皆無であった点である。だが一五世紀には、イタリア人の銀行がリューベックに出現した。この銀行は、いずれもペルージャを出身とするルドヴィコ・バリオーニとその共同出資者ジェラルド・ブエリ（ゲアハルト・デ・ヴァレ、つまり「ワロン人《ヴェルシュ》」としばしば呼ばれた）によって、一四一〇年に設立された。ブエリは、外国人であることによるさまざまな障害を克服するために、リューベック人女性と結婚し、一四二八年に市民権を獲得した。この時以来、彼の銀行は大きな飛躍を見せることになった。その他のイタリア人商人と同様に、この二人の共同出資者も商業活動だけでなく金融活動にも乗り出し、その一方でバルト海交易に従事し、リューベックで製造される琥珀製ロザリオのトラストに参加した。この銀行は教皇およびメディチ家との関係を維持し、リューベックやダンツィヒの市当局の代理として、イタリア、バーゼル、ブルッヘにおける大口支払いを遂行し、リューベックの聖職者や商人に資金を貸し付け、おそらく為替手形による取引と預金を通じて財を蓄積した。

その当時、リューベックは北ヨーロッパ最大の金融市場にまで上り詰めるのに成功するかにみえたが、この期待はきわめて短期間で終わった。一四四九年のジェラルド・ブエリの死後、彼の銀行は解散し、イタリア人債権者の利益はコジモ・デ・メディチの代理人である、ルッカ出身のベネデット・ステファーニに引き継がれた。しかし興味深いことに、数年後にはゴーデマン・ファン・ブーレンによりリューベック独自の銀行が創設される。リューベック市は、ヒンリヒ・カストルプを含む六人の市民に供出された六〇〇〇マルクを保証金とするという条件のもとで、この銀行の設立に際して保護を与えたのである。だが一四七二年以降にファン・ブーレンが弁済不能のままこの世を去ると、彼の銀行は解散し、再度同様の試みがなされることもなかった。まさにこの時代、イタリア人との商業に加えて銀行業務も、しだいに南ドイツ商人によって蚕食されつつあった。

ハンザ圏において、確かに信用取引は広範に受け入れられていたように見える。しかし信用取引は、商人たちが織りなす多様な環境の中で抑えがたい猜疑心と衝突し、一五世紀になるとその猜疑心が剝き出しの敵意へと激変した。ハンザ自身は、非ハンザ商人との商業関係における信用取引の利用に対して、組織的に立ち向かう必要があると判断した。ハンザによる経済政策の最も特徴的な一つの側面は、まさにこの点にある。

それを率先したのは、経済的に西ヨーロッパに遅れをとっている東ヨーロッパだった。特に在ロシア商館における商業は、しばしば物々交換という形態か、「毛皮貨幣」つまり支払い単位として計算されるテンの毛皮によって行なわれた。プスコフとノヴゴロドでの金属貨幣の導入の試みは、硬貨がペストをまき散らすと考えられていたので、断念を余儀なくされた。くわえて、借入金の決済がロシア人とのいさかいの一因になっているのは明らかであり、できればそれを避けたいと考えられていた。ノヴゴロド商館の第二規約《スクラ》（一二九五年頃）も、罰金刑を科すことで信用取引による購入を全面的に禁じた。

さらに驚くべきは、リューベックにおいてすら、信用取引がハンザ支配者層の敵意を引き起こしていたことが確認される点である。いったい彼らは信用取引のどのような点を非難したのだろうか。本質的な点は、価格が不安定となり、その結果として取引が混乱をきたす点にあると言える。つまり、購入者が負債の決済に必要となる資金を入手するために損を覚悟で売り捌いたり、あるいはその場で決済する必要がないので必要以上に高い額を支払ったりしたのである。危険な商業活動への誘惑をいや増し、さらには良心の乏しい商人による不実な行為を助長することで、ハンザ商人の名声を貶めることになることも、信用取引への不満の種となった。

信用取引に対する戦いが、組織的な特徴を持つようになったのは、一四世紀末以降である。一三九九年、リーフラント都市はロシア人との交易で信用取引を行なうことを禁止した。だが都市当局はここでやめたのではない。フランドルにおいてすら信用取引の廃止を要求し、成果を得たのである。一四〇一年、リューベックでのハンザ総会は、フランドルにおいて外国人に対する信用取引での売買を三年間にわたり全面的に禁止した。この禁令こそが広い範囲を対象とする、この種の方策の最初の事例であり、西ヨーロッパにおいて古風な商業慣行を強制する最初の試みでもあった。ブルッヘ商館は、このようなやり方をすればハンザ商人が損をすると主張したが無駄に終わった。そのことにブルッヘ商館は大きな動揺を受けたようである。この方策は、表面的にはリーフラントとの交易にのみ適用されたに過ぎない。しかし、この地域においても数多くの抵抗を抑えねばならなかった。つまり一四一一年、リーフラント都市は、輸入された商品がフランドルで現金購入されたことを示す証明書を義務づけたのである。それから数年間、フランドル－リーフラント間商業は、一方からは毛皮と蜜ロウ、もう一方からは毛織物と香辛料による物々交換という形態をとった。

こうした規制は、ある程度の効果を持ったのだろう。というのも、ハンザはフランドルで信用取引の廃止を一般化させようと躍起になっていたからである。この点にかかわる原則的手段は一四一七年に制定され、その後一四二二年、一四三四年、一四四七年に更新された。一四六二年にロンドン商館は、とりわけ毛織物の購入にかかわる信用取引の廃止を公言した。それはとりもなおさずこの年まで、こうした規制がイングランドにまでは及んでいなかったことを証明している。しかし商館側はこれで満足したわけではない。ドイツ商人たちが五〇〇〇ポンドをグロスターの毛織物業者から借入していたという事態が、数年後に確認されるのである。

この場合もまた、前述の立法行為がどの程度まで実効力を持っていたのかを判断するのは難しい。少なくとも長期信用取引が以前ほどは行なわれなくなり、ハンザ商業――大商人よりも中小規模商人の商業――が、そのために重い足枷を課せられてしまったことは疑いない。この奇妙な政策、そして当時の商業活動にとって不可欠となっていた取引慣行に対して増大しつつあった敵意の原因は、ハンザ商人の保守的な精神や、信用取引の濫用の犠牲となったヒルデブラント・フェッキンクーゼンに代表されるいくつかの事例に見られるような大型破産の影響のみではない。このような破産は、ハンザ側が仕掛けた外国競合勢力との戦いという枠内での出来事なのである。非ハンザ商人との商事会社の結成禁止と同様に、信用取引の禁止も外国人がハンザ商人による取引に参画することを妨げ、ハンザの隆盛にとって不可欠と考えられていた特権による排他的利益をハンザ商人に留保することを目的としていた。このような政策が、部分的ではあるが、ある程度の結果につながったことは確かである。しかしハンザがライバルたちに勝利するためには、当時の商業慣行に反する措置を講じても無駄であったことも、また明白である。

5　通貨政策

多様な貨幣が並存していたことが、ハンザ商業にとってかなり深刻な障害であったのは間違いないだろう。一三世紀以降に、皇帝から諸侯に造幣権が譲渡された結果、北ドイツの地域間でプフェニヒ——当時における唯一の実在貨幣——の価値に大きな偏りがあることが知られていた。ハンザが安定した組織となっていた一四世紀を通じてさえ、ハンザ圏内で統一的な貨幣制度を計画することもできなかった。地域ごとにさまざまな貨幣が使用され続けていた。たとえば、リューベック、ポメルン、プロイセン、リーガではマルクが、その後には東方のブランデンブルクではターラーが、西方ではライン・グルデンがあった。ハンザ圏で最も広く流通していた計算貨幣は、リューベック・マルクとフランドルのフロート・ポンドと、流通範囲はやや限られるがイングランドのスターリング・ポンドであった*。

司教が造幣権を保持したヴェストファーレンやザクセンの一部都市は例外として、都市が早い段階で造幣権を獲得したことがハンザ商業躍進の一要因だった。貨幣を完全に支配し、自らの交易に利用することに熱心なハンザ都市は、収入源として貨幣を利用することや、たびたび貨幣を変更するのを慎んだ。しかし全体的な貨幣価値の下落と品位の低下を回避で

* 指標となる含有率として、一五世紀初頭におけるいくつかの通貨の概略的な等価比率を示したい。まず銀貨。一〇〇リューベック・マルク＝五三プロイセン・マルク＝六四リーガ・マルク＝一五フランドル・フロート・ポンド＝一三スターリング・ポンド。次に金貨。一〇〇リューベック・マルク＝六四イングランド・ノーブル＝四七ヘント・ノーブル＝九二フランス・クローネ＝一一九ライン・グルデン＝二一三ゲルダーランド・フローリン＝一〇〇ヴェネツィア・ドゥカート。

一リューベック・マルク＝一二シリング（一シリングは一六プフェニヒ）＝一九二プフェニヒ。

きなかったのは確かである。一四世紀初頭から一六世紀初頭にかけて、銀マルクの額面は五倍となった。とはいえ貨幣利用における混乱は比較的限られていた。

一四世紀半ば以降、ドイツ全土で通貨制度の簡便化を望む気運が高まり、特定地域内の都市間で通貨同盟が締結されるようになった。北ドイツにおける通貨同盟の例として、ブラウンシュヴァイク、ゴスラー、ヒルデスハイムに指導されたニーダーザクセン都市のグループは、とりわけ銀地金の流通規制に熱心であった。さらにはポメルン都市や、一五世紀になるとブレーメンやゾイデル海沿岸の都市が連合したヴェストファーレン都市のグループがあった。

しかしハンザ圏で大きな役割を果たすことになったのは、ヴェント都市の通貨同盟だけだった。シュトラールズントの和約の後の一三七九年に結ばれたこの通貨同盟は、厳密な意味ではリューベック、ハンブルク、ヴィスマル、リューネブルクという四都市のみの連合であった。しかしロストクや、ポメルン都市であるシュトラールズント、グライフスヴァルト、シュテティーンも一時的には加わり、ヴェーザー川とオーダー川間のその他の都市とデンマークは、参加はしなかったが、自身の通貨をこれに合わせて調整した。その結果として、ヴェント通貨同盟は事実上スカンディナヴィアを含む、かなり広範な地域において影響力を発揮した。原則としてこの通貨同盟はハンザ以外の都市も包括する、ハンザとは全く別個の組織体であり、ハンザ総会とは別の日時と場所で会合を開いた。現実として、ハンザは貨幣に関する立法、とりわけ貨幣の溶解もしくは切断、そして低品位の金属貨幣の流入に関して立法する際に、明らかにこの通貨同盟の方針に影響を受けていた。

ヴェント通貨同盟は、共同で定めた金属含有量の維持、貨幣流通の監督、工房や手工業者や彫金師の管理、ベーメンやブラウンシュヴァイクからの輸入を通じた必要な銀の入手、貴金属の売買の加盟都市による独占に力を注いだ。重要であるにもかかわらず、一六世紀初頭になってようやく実現した試みの一つが、純銀一八グラムを含有する、ヴェント四都市の紋章が刻まれたリューベック・マルク銀貨の造幣であった。ヴェント通貨同盟の仕事は、通貨同盟が強制手段を全く持ち合わせていないため、さらに困難を極めた。議事録をめくるたびにいくつかの規定が定期的に繰り返されていることから、そのような規定は中途半端にしか達成できなかったことがわかる。

銀本位制と強く結びついていた通貨同盟とハンザ諸都市は、一四世紀以降の金貨の拡大を憂慮していた。両者は、金と銀の比価に固定比率を設定しようとしたが、成功したとは言い難い。しかしリューベックは一三四〇年にすでに皇帝から金貨の造幣特権を付与されていた。とはいえ、それから一世紀半の間、他のヴェント諸都市は言うにおよばず、リューベックも独自の金貨を製造する必要はないと判断し、ライン・グルデン金貨の造幣で事足りるとしていた。一四七五年にようやく、まずはハンブルクでリューベック・グルデン金貨が造幣された。ライン・グルデン貨の金含有量がすでに一九カラットを下回っていたのに対し、リューベック・グルデン貨は二三と三分の二カラットを誇っていた。さらに、ハンザ都市が金貨に対して猜疑心らしきものを持ち続け、銀貨による流通体制に悪影響を及ぼしかねない混乱をおそれて、金貨の使用を制限しようとさえしていたことが知られている。一四三〇年リーフラント都市――通貨の領域においても最も保守的――は、フランス塩の積荷に金貨で支払うことに対し公然と抗議した。他方、一五世紀半ばのヴェント都市でも、西欧に設置されたハンザ商館においてすら金貨による支払いが禁じられ、違反した場合には商品没収が科された。他の領域と同様に通貨の領域においても、指導者層の伝統主義者としての心性が、全般的な経済の進展とドイツ商人自身の嗜好に逆行する措置を引き起こしたのである。とはいえ、こうした慎重な通貨政策は、問題含みの結果をいくらか残す一方で、ハンザ圏における通貨の相対的安定を保証していたことも認識しておかねばならない。

第6章　ハンザの商業

1　史料

当然のことながら、中世ハンザ商業を研究するには、まず史料の問題を解決しなければならない。関連史料がはなはだ不十分であることは否定できない。さまざまな文書が主要な取引商品、その産地と目的地、そして各地における商人の活動を即座に明らかにしてはくれる。だが、多少なりとも正確な図式を描くためには、たとえその数値が疑わしいものであったとしても――そして数値は常に疑わしいものである――数量データが不可欠である。この半世紀、ハンザとその他の分野の歴史家たちは、相対値であれ絶対値であれ、ハンザ商業の数量的な側面を念入りに把握しようと努めてきた。もちろん限界はあるとはいえ、かなりの成果は得られている。

このような史料に基づく観点から、ハンザ商業の歴史は三つの期間に区分することができる。

1――一三世紀の第三・四半期の頃まで、数量データは細部に至るまでほぼ完全に存在しない。年代記や特許状、条例、それに一二五二年のブルッヘで見られるような流通税表さえも、正確な数値をまったく伝えていない。

2――一三世紀末から一四世紀半ばにかけて、特にハンブルク、リューベック、リーガといったさまざまな都市で導入された債権台帳のおかげで、数量データが出現し始めた。だが、これらの史料が与えてくれるのは、ある商人の特定の分野に関する詳細な情報である。同じことが、ヘルマン・ヴァーレンドルプやヘルマン・ヴィッテンボルクの会計簿のような、一四世紀第二・四半期にさかのぼるリューベック商人の最古の会計簿や、海難にあった船舶の初期の商品目録についても言える。しかしイングランドに限って言えば、さらに幅広く利用できる数値を提示することができる。ヘンリ三世により導入された袋詰め羊毛の輸出許可状と関税台帳（カスタムズ・アカウント Customs Account）のおかげで、一二七三年と一二七七年において羊毛取引に主としてかかわったイングランド、ドイツその他の商人の数、そして輸出された袋の数を知ることができるのである。とはいえ、これらの数値は、ハンザにとっては副次的な意味しか持たない取引データに過ぎない。というのも羊毛の輸出先はほぼネーデルラントに限られていたからである。だが、関税台帳からはまた、一三〇三年の夏にボストン港を出港した、さらに一三〇八―一三〇九年にロンドンに入港した、商人と商品（金額）の一覧も知ることができる。そのうえ、このかなり豊富なデータからは、一四世紀第二・四半期のイングランドにおけるヴェストファーレン商人の取引規模を推し量ることもできる。

しかし、以上すべてを合わせても、情報量としては非常にささやかなものでしかない。ここで注意すべき重要な点は、この時代全体にわたってハンザ商業は並外れた成長を遂げたこと、そして北方諸海域で得たその優位な地位が数値にまったく反映されていないことである。

3——一四世紀半ば以降になると史料ははるかに豊富になる。以前と同じ性質の史料にせよ、商人の書簡のような新たな史料にせよ、数と精度を増し、扱うことのできる詳細な情報が桁違いとなる。その中でも他に並ぶもののない最重要史料は「ポンド税台帳」Pfundzollbücher である。この関税は、戦時にハンザ諸港を海路で出入りする船舶と商品に課せられた。その徴収は、一三六一年から一四〇〇年にかけては一〇回程度だが、一五世紀になるときわめて多数となる。そのうち最も完全で丁寧に研究されてきたのは、一三六八年にリューベックで作成された台帳である。同じく価値のあるものとしては、一三六九年、一三九九年、一四〇〇年のハンブルク、一四七四年から七六年、一四九〇年から九二年のダンツィヒ、それに一四九二年から九六年のリューベックの台帳がある。ただしリューベックのものは、F・ブルンスによって刊行された形では利用しづらい。

こうした徴税史料の大きな利点として、ある特定の年度および港に関しては、海路を出入りする船舶と産品の——原則として——全体像が得られるという点がある。もちろんその数値には、多分に多くの誤りと脱落が含まれるだろう。確かにこれらの数値とて、近年その欠陥が指摘された一六世紀末の「エアソン海峡通行税台帳」の数値よりも正確だというわけではない。それでもなお、それ以前の時代の不正確さと比べれば、これらの数値が知見を大いに向上させてくれることには変わりはない。

だが、「ポンド税台帳」が貴重であるとはいえ、それには例外的な年、すなわち戦時下の年しか扱っていないという欠点がある。まさに戦争こそが関税の徴収を決定したからである。それゆえ、交戦国との交易を示す数値は見せかけにすぎない。この数値に従ったとすれば、一三六八年のリューベックにとって、ノルウェーとの関係は重要ではなく、同じようにロシア産の毛皮の輸入量は少ないと説明されるだろう。さらに忘れてはならない点として、中世の商業ではさまざまな偶発的な出来事のために、ほぼ常に、ある年から次の年にかけて数値が倍増することが挙げられる。明確な歴史像を得るためには、何年かにわたる連続データが必要とされるだろうが、それを「ポンド税台帳」に期待することはできない。

この時代、交易に関して継続する数量データは二つしか現存しない。第一のものは先述した「関税台帳」から得られるハンザ商人（および他の商人）によるイングランド産毛織物の輸出に関するもので、一三九九年から一四八二年まで各年についてほぼ欠けることなく数値を得ることができる。これは、正確さという点で全く例外的な史料である。第二のものは、ドイツ騎士修道会の会計簿から抽出されるもので、一三九〇年から一四〇四年にかけてケーニヒスベルクの「貿易庁Grossschaefferei」とフランドルとの間で行なわれた取引を扱う。残念ながら、マリーエンブルクの貿易庁のような騎士修道会の他の通商部局のものからは、ケーニヒスベルクのものに相当する数値を得ることはできない。さらに第三の時系列データとして、断続的ではあるが、ダンツィヒで徴収されたプファール税Pfahlgeld（停泊税）から得られるデータも挙げられる。そこからは、ダンツィヒ港の交易に関する数値が――部分的に――得られる。すなわち、一四六〇年から一四九六年にかけて散在する合計一〇年分にかかわるものである。最後に挙げられるのが「エアソン海峡通行税台帳」で、これに一五世紀で残されているのは一四九七年にこの海峡を通過した船舶の一覧だけである。

要するに、ハンザ商業に関する史料は、一三五〇―一五〇〇年の期間について言えば、はなはだ断片的で一貫性がない。そこからは、イングランド産の毛織物を除き、交易の変化を検証することも、主要商品の相対的重要度を知ることもほとんど望めない。とくに残念なのは、「ポンド税台帳」に関する研究の現状では、一五世紀前半全般にわたり、どこであれハンザの港の交易に関する完全な統計は全く存在しない、ということである。最後に、最も重大な欠陥を指摘しよう。つまり、海上商業と同等程度に重要であったであろう陸上商業に関しては、全般はもとより部分的なものでさえ数量データがそっくり欠けていることである。陸上商業に関する最も有用な情報は、一四九五年のフランクフルト四旬節大市における商人パウル・ムリヒのリューベック向けの購入控えから提供される。

2　主な特徴

ハンザ商業は、基本的には、北欧諸都市のドイツ商人が行なうもので、東欧産品を西欧に、西欧産品を東欧に輸送する商業であると定義できる。ハンザを生み出し、存続させたのは、東欧と西欧北部との間の交易である。事実ハンザ商業自体は、かなり早い時期からノヴゴロド－レーヴァル－リューベック－ハンブルク－ブルッヘ－ロンドンの幹線に沿って形成された。この軸には、次第に重要性を増しつつあったデンマークを回ってエアソン海峡を経由する迂回路も含まれていた。

この大幹線は、何よりもまず、毛皮や蜜ロウという一方からの流れと、毛織物や塩というもう一方からの交換に基本的な重心があり、そこに周辺諸地域という側面からの供給が付随していた。すなわち、北方ではスウェーデン（銅と鉄）、スコーネ、ノルウェー、後にアイスランド（魚）とスコットランド（毛織物）から、南方ではプロイセンとポーランド（穀物と木材）、ハンガリー（鉱石）、南ドイツ（ワイン）、そしてフランスとポルトガルの沿岸（塩）である。さらにこの流れに沿って、さほどの量ではないが、他ならぬハンザ圏内で生産あるいは収穫した産品（ビール、亜麻布、塩、穀物）も流通した。ノヴゴロド－ロンドン幹線の繁栄は、ハンザの繁栄と表裏一体であった。この幹線が、オランダ人の侵入やブレスラウ－ライプツィヒ－フランクフルトという新たな東西交易の幹線の発展により弱体化したことが、ハンザ衰退の兆候だったのである。

だが、本来はハンザのものであるこの通商の幹線に加えて、より古くにさかのぼる、もう一つの非常に重要な幹線を忘れてはならない。すなわち、イタリアやフランクフルトをネーデルラントやイングランドと結ぶライン川という幹線である。ハンザは、とりわけケルンを介してこの交易路に結びついていた。とはいえ、この幹線はハンザにとっては副次的な経路であり、北西部に向けたワインの輸出を除いてこの幹線を独占したことは一度もなかった。

最後に指摘しておきたいのは、全体における比率は少ないとはいえ、ハンザ商人は産物を母国に持ち帰ることなく外国同士での直接取引にしばしば従事したことである。その中でも、一三、一四世紀にハンザがネーデルラント向けのイングランド産羊毛の輸送において占めた地位を無視することはできない。彼らはまた、ノルウェーとイングランドとの間で継続的な関係を確保しており、それはボストンの支所《ファクトライ》がベルゲンの商館に従属していたことに現れている。西ヨーロッパでは、一五世紀および一六世紀初頭、ハンザの船舶は毎年ポワトゥーやガスコーニュのワインをイングランドにもたらしていた。また同じ頃、フランクフルト、リヨン、ミラノ、ジェノヴァ、カタルーニャを結びつけて交易活動を行なうケルン商人を目にすることができる。とはいえ、この最後の事例をハンザの商業とするのは躊躇されるところではある。

定期往来のある商業路は、販売よりも購入の必要により、つまり持ち込んだ商品を売却するよりもむしろ、顧客の求める商品を調達するために確立されてきた。ドイツ人がノヴゴロドへと向かったのは毛皮を入手するためであり、スコーネとベルゲンへはニシンを、フランドルへは毛織物を、ブルヌフとリスボンへは塩を求めて向かった。逆の事例がはっきりと見えるのは、ケルンのイングランドに対する関係においてのみである。ケルン商人はイングランドで何よりもワインを売りさばこうと考えていたのである。しかしこの事例は、ハンザ形成以前にさかのぼる商業であった。

他国の商業と比べた場合、ハンザ商業は、ほぼ一定した商業路の存在を特徴としていたと考えられる。ハンザの船舶が単独ないしは船団を組み、外国の決まった港との間で定期的に往来するのが通例であった。同様に、大部分の商人は——豪商は除くが——同一地域内の取引を好んで行なった。こうした専門化への傾向は、都市ごとにある決まった国との交易に従事する商人が寄り集まってできる、ハンザに典型的な渡航者の団体の数の多さからも確認できる。

商業の流れを非常に大まかに見た場合、東ヨーロッパが、嵩が高くて比較的安価な天然の産品を多量に供給した一方、西ヨーロッパは、加工完成品や高価な食料を送り出していた。取引の不均衡状態というハンザ商業の重要な特徴はここから生じている。東から西に向かう商品量のほうが、重さ、さらには価格の面でさえ、逆方向のそれをはるかに上回っていた。貨物を満載して西方に向かった船は、一部あるいは完全に空荷のまま戻ってくることがしばしばあった。ここに、ハンザ商人が決して満足のいくかたちで解決できなかった積荷の面での問題があった。フランス産の塩に対する需要が増加したとしても、北ヨーロッパ諸国が内包する地理ならびに経済条件に起因する問題は、部分的に打開されただけであった。こうした不均衡は一三世紀以降にはっきりと確認できる。一三六八年のリューベック港における船舶の動きに目を向けてみると、同港からは船舶の三分の一がバラスト積みでダンツィヒに戻っていた。一方ハンブルク港の船舶の動向を見た場合、輸出が輸入を大きく上回っていた。その後一六世紀になると、こうした東西の不均衡は「エアソン海峡通行税台帳」から非常にはっきりと浮かび出る。

ハンザ商業全体についてある程度正確な知識を得るためには、主な港の取引の相対的な重要性をおおよそ知る必要があるだろう。だが、利用可能な数値がほとんどないために、このような比較の素材を得ることはできない。「ポンド税台帳」によると、一三六八年三月から一三六九年三月までのリューベック港の取引は五四万六〇〇〇リューベック・マルクに達し、そのうち三三万九〇〇〇マルクが輸入品に、二〇万七〇〇〇マルクが輸出品に該当する。ハンブルクの取引は、一三六九年で二三万五〇〇〇マルク（輸入が四万七〇〇〇マルクと輸出が一八万八〇〇〇マルク）、レーヴァルのそれは、一三七九年と一三八二年という好況年でおよそ三〇万マルクであったが、一三七八年、一三八三年、一三八四年のように、あまり良くない年の数値はその半分であった。ばらつきのある年度から得られた数値による比較以上に示唆的なのは、ヴァルター・フォーゲルが一三六八年二月二二日から一三六九年九月二九日までの期間について試みた、同一年代のさまざまな港でのポンド税収入の比較である。その際、リューベックの値を一〇〇とすると、バルト海のヴェント都市は九三であり、そのうちシュトラールズントが五一、ヴィスマルが二六、ロストクが一六となる。プロイセン都市の値は個別にはわからないが、合わせて一五二となり、この値はダンツィヒの交易がリューベックと同等の重要性をもっていたことを推測させる。リーフラント都市はわずか四一にすぎず、そのうちリーガが一九、レーヴァルが一六であった。最後に北海側では、ハンブルクの値は七二、ブレーメンのそれは一〇と見てよいだろう。ハンザ諸港間の序列をより正確に把握するためには、その他の期間について同様の統計が作成されなければならないだろう。

また、特定の港での交易の展開を、ある程度長期的にたどろうとした時、数値の不足が特に実感されるのがハンザ研究でもある。F・ブルンスによると、リューベックの海上交易は、バルト海だけでも一四九二年には六六万リューベック・マルクに達し、その内訳は、二一万八〇〇〇マルクが輸入、四四万二〇〇〇マルクが輸出であった。これに対し、一三六八年の値は――ハンブルク経由の輸出入商品を差し引いて――一五万三〇〇〇マルクにすぎなかった（輸入が五万七〇〇〇マルク、輸出が九万六〇〇〇マルク）。だがこの比較は、貨幣価値の下落を考慮しても、一四世紀末から一五世紀末にかけて交易量が著しく増大したと確認できるに過ぎない。結論としては全く陳腐である。

一三六八年と一四九二年のリューベックの交易に関するこの二つの数値は、一四世紀末と一五世紀におけるハンザ商業の展開全体にかかわる問題を投げかける。全体としてハンザ商業は、もちろん戦争と経済封鎖の時期を除いて、ほぼ規則的に増大したのだろうか。それとも不振と判断される時期も経たのであろうか。周知のようにこの一四、一五世紀という時期には、ヨーロッパ全体が、とりわけ農産物価格の急落を特徴とする経済後退期にあったと考えられている。実際、同様の現象がハンザ圏でも認められる。ドイツ騎士修道会の会計簿によると、ライ麦価格は（銀価格で見て）一五世紀を通じて一様に、半額以下に下落していた。しかし、それにより小麦取引が価格と同じ割合で減少を被るという結果には必ずしもならなかった。それどころかネーデルラントでは、同じ時期に小麦価格はわずかながらも上昇していただけに、事態はなおさら複雑である。

この問題への解答の手がかりを与える唯一の時系列データは、ハンザ商人が輸出したイングランド産毛織物に関するものである。残念ながらそれは、ハンザ商業の全体的な動向をそのまま代表するものではないだろう。というのも、オランダ産と同じくイングランド産の毛織物は、フランドル産毛織物を排除することで、一五世紀に異例の飛躍を経験したからである。フランドル産のうちハンザ圏に輸出された量は不明である。ハンザ商人によって輸出されたイングランド産毛織物の数は、一五世紀初頭のおよそ六〇〇〇枚が同世紀第二・三半期中には九〇〇〇枚、一四八〇年前後には一万五〇〇〇枚以上に達していたことが知られる。著しい減少を見せた時期だけが、対デンマーク戦争（一四三〇年頃）と対イングランド戦争（一四六九—七四年）と重なる。とはいえ、戦争とは関係ない一五世紀二〇年代にもやや緩やかな後退——一〇〇〇枚の減少——を指摘できる。こうした後退の徴候は、フェッキンクーゼン家の書簡からも確認される。それは先述したこの時期の際立った取引不振や市場の飽和に由来する雰囲気を残すもので、ハンザ圏であれヴェネツィアであれ、魚や毛皮、琥珀、香辛料といった、実に多様な商品の買い手を見つけるのが困難であった。それゆえ一四〇八—一八年のこの時期、商業はとりわけ不振であったと推測できる。しかし、この経済危機がこの先も続いたかどうかを見極めることはできない。したがって、こうした例外はさしあたり置くとして、他の証拠を完全に欠く以上、ハンザの商業は、中世の商業にはありがちな変動を経験しながら、一五世紀を通じてほぼ規則的に拡大していたと結論付けることも不可能ではないだろう。

ハンザ商業の変動にとって問題となるのは価格の動向である。この点に関してある程度正確に答えることができるのはプロイセンであり、それも一四世紀末と一五世紀初頭についてだけである。というのはドイツ騎士修道会の会計簿によって十分に豊富な情報が得られるからである。

この会計簿に従えば、価格が一四世紀の第三・三半期、とりわけ最後の一〇年間に際立って下落し、その下落状態が一四〇五年頃まで続くことがわかる。この状況は、中品質や低品質のブラバント産毛織物においてはっきりとわかる。一三七九年から一四〇〇年にかけてのプロイセンでは、各種毛織物の販売価格がそれ以前から三分の一に下落している。たとえばオードナルド産は九マルクから六マルクへ、グラモン産は八・五マルクもしくはそれ以上から五・五マルクへ、デンデルモンド産は九・七五マルクから六・五マルクへと下落する。その他の多くの産品も二五パーセントの下落をみせた。同様の下落は、輸入品であれ地元産であれ、他の多様な商品群においても避けられなかったことも確認されている。すなわちタラ、塩、香辛料、南方産果実、ライ麦、木材がそうであり、最も著しい下落値をみせたのは琥珀であった（最も一般的な商品で八〇パーセント）。こうした価格の全般的な下落はさまざまな方法で説明可能である。たとえば毛織物については、イングランド産とオランダ産の競争や、バルト海でオランダ船が増加したことで輸送費が下落したことから説明される。また取引量の全体的な増加も指摘される。これは需要以上に供給を急速に拡大し、琥珀がそうであったように、ある種の奢侈品が過剰にあふれることすらあった。

一五世紀初頭には価格の下落は落ち着くことになった。金属、塩、蜜ロウ、木材では下落そのものがなくなる。その後一四一〇年以降には、全般的な価格が再度上昇局面に入る。なかでもライ麦の上昇が著しく、木材や毛織物などは、一四一七年の価格が一四一〇年の五倍に達するものもあった。プロイセンにとって、こうした高騰の原因の大半は、タンネンベルクの敗戦により生じた不安定な状況によるものであった。だが、目立った価格の上昇はハンザ圏内全域で見られたようであり、おそらくそのことにより、販売不振による危機を説明することができる。すなわち、フェッキンクーゼンの通信文からもはっきりとわかり、毛皮、蜜ロウ、魚、香辛料といったあらゆる商品に影響を与えていた危機である。顧客が高騰した価格での購入を手控えた結果、取引不振が何年も続いたのである。

一四一八年以降、価格は再び下落局面に入ったようであるが、今回は以前の場合ほどはっきりと跡付けることができない。一四二〇年から一四六〇年にかけて蜜ロウの価格は一シップポンド当たり三二プロイセン・マルクから四五プロイセン・マルクへと変化したが、こうした名目価格の上昇は、貨幣価値の下落により相殺されるものではない。同じくライ麦価格も銀価格でみると、一四〇五年から一五〇八年にかけてプロイセンで半額以下に下落したことが示され、同等の数字はリューベックやゲッティンゲンにおいても観察された。確かに、そこにこそ、西欧、とりわけフランドル向けの穀物輸出の増加という要因があり、フランドルでは価格がこれに対応して下落する様子はみられなかった。大まかに言えば、一四世紀半ばから一五世紀末にかけてのハンザ圏内における取引量の増加は、この価格の下落と関係しているに違いないと考えても差し支えない。

最後に、商人がどの程度の利益を確保したのかを把握しておきたい。この点に関しては、商会の決算書やドイツ騎士修道会の会計簿から、いくらか情報を得られる。だが、さまざまな偶発的条件により利益は大きく変動するため、そこから価値のある結論を引き出すことはできない。一つだけ例を挙げておこう。一四〇〇年にニシンの三つの積荷の販売は騎士修道会にそれぞれ二〇パーセント、三三パーセント、六〇パーセントもの利益率をもたらした。同じ年の一連の取引からわかることは、一般に利益率が一五パーセントと二五パーセントの間にあり、最も儲けの多かったのが塩とニシン、それにイープル産の毛織物であろうということだけである。対象が異なれば全く異なる数値が確認されるであろうことは言うまでもない。

ハンザ商業の特徴を抽出するためには、輸送の対象となった主要商品を列挙する必要がある。重要なものから列挙したいところだが、十分な数値がなく、しかもその数値が時代により変化するので、ほとんど不可能である。とはいえ、知られている無数の商品の中に、ハンザにとって基本的かつ典型的とみなすことのできる商品が八つ存在する。すなわち、毛織物、毛皮、蜜ロウ、塩、干魚、塩漬けの魚、穀物、木材、ビールである。

中世最後の三世紀を通じて、毛織物の販売がハンザ商人の取引の中で（価格の面で）筆頭に位置したことは疑いようがない。この品目はドイツの諸都市でも、東欧諸国でも輸入品の中で常に、しかも古くから首位を占め、他を圧倒的に引き離している。リューベックでは一三六八年の輸入品のうちの三分の一以上を、取引全体の四分の一以上を占めている。これほどまでに毛織物が優勢を保っていたのは、需要が十分であったことに加えて、品質と価格の幅が大きかったこと、それにほぼ確実に一五パーセントから三〇パーセント以上までの間で利潤を得られたことによって説明できるだろう。一三世紀と一四世紀前半にハンザ商人が取り扱っていたのは、ほぼフランドル産の毛織物だけであった。さらに、彼らはほかの外国商人と比べて長期間この毛織物を扱い続けた。とはいえ、一五世紀には、イングランド産とオランダ産の毛織物が、不利な規制を受けながらも、ハンザ圏全体でその地位を高めていった。ただし、それらが全体でどの程度の比率を占めていたのかを算出するのは、たとえ概算値であっても、不可能である。他方で、フランスやラインラント、ハンザ都市といった他の産地の毛織物が果たした役割はたかがしれている。とはいえ、ポーランド（シュレージエン）産毛織物の発展は無視できない。その競争力は、一四世紀末以降ノヴゴロド商館がその販売を禁じるほどまでに脅威に感じられたのである。それと同じ頃、特にフランクフルト経由の高価なイタリア産毛織物に対する需要が、北ヨーロッパで高まりつつあった。

東欧産の毛皮と蜜ロウの取引は、西欧から供給された毛織物の取引と、いわば対をなしていた。西欧と地中海諸国における毛皮需要はかなりのもので、多岐にわたる要求に応じて品種や価格帯も多様なものとなっていた。毛皮は主にロシア、特にノヴゴロドからの商品であったが、リーフラントやリトアニア、ポーランド、プロイセン、スウェーデンからも輸入された。さらに付け加えるべきは、（反対方向に）イングランドやスコットランドからバルト海に送り出された子羊皮である。従来、ハンザの豊かさの基盤は、毛皮取引にあると考えられてきた。だが、その重要性は、期待するほどにははっきりと数値に表れてはこない。一三六八年のリューベックの毛皮取引の額は、スウェーデン産バターに続いて五番目に登場するにすぎない。もっともそれは例外的な事情によるものかもしれない。これに対して、フェッキンクーゼン家に代表される大商人の事業では、毛皮取引こそが第一の位置を占めていた。なかには二〇万ピース以上、価格にして数万マルク分を輸送した船舶を確認することもできる。

毛皮取引は莫大な利益をもたらすと考えられてきたし――そして今なおそう考えられているふしがある。しかし、近年のより精緻な研究は、必ずしもそうではなかったことを示した。とりわけフェッキンクーゼン家は、ブルッヘやヴェネツィアにおける事業で幾多の失敗を経験してきた。彼らはしばしば一まとまりの商品を在庫として長期間抱え、時には仕入れ値以下もしくはわずかな儲けに甘んじて販売しなければならなかった。一四一一年のフランクフルトでは、一〇〇〇マルクに相当する積荷を販売したとして、わずか一・五パーセントの利益を上げたに過ぎなかった。とはいえ、この取引は経済全体の後退期になされているため、その数値の持つ意味を一般化することはできない。そうであったとしても同家の兄弟二人が、その後も毛皮取引を大々的に展開し続けたという事実は、彼らがそこから通常はより豊かな成果を期待できたことを意味しているのであろう。

蜜ロウも、毛皮とほぼ同じ地域であるロシア、リーフラント、プロイセンから輸出された。毛皮取引と比べるとこの商品には投機的要素が少なかった。平均して一〇パーセントから一五パーセントの低収益とはいえ、西ヨーロッパ全体で照明に対する需要が一定しており、途切れることなく売れ続けたからである。この商品の正確な取引規模を推し量るための数値は、イングランドにおける輸入量が年間数千ツェントナーに達したとする一六世紀初頭のデータ以外にはない。ハンザは、一三世紀以降東方の蜜ロウ取引を独占的に確保しており、毛皮取引以上に長期にわたって専売可能であったことは疑う余地もない。

一二、一三世紀におけるハンザ初期の発展に際しては、毛皮と蜜ロウ、それに毛織物が基本的な役割を演じたが、一四、一五世紀におけるハンザの商業的な飛躍に際して塩の果たした重要性は、どれほど強調しても強調しすぎることはないだろう。塩の需要は莫大なものであった。オーバーザクセンに残されている一五世紀半ばの食料会計記録によると、住民一人当たりの塩の年間消費量はおよそ一五キロと見積もられる。塩漬けに必要とされる塩は、四、五樽のニシンにつきおよそ一樽、一〇樽のバターにつき一樽であった。ところがこの貴重な商品が、東欧ではまったくといっていいほど不足していた。バルト海は塩分濃度が低いので塩田の開発はできなかった。岩塩も、リューネブルクの塩坑を除けば、ドイツ東部ではコルベルクの塩坑で産出されるに過ぎず、それも極めて乏しいものであった。塩は重いうえに安価な商品であったので、遠隔地間を流通させるにはどうしても水上輸送をする必要があった。したがって塩は、とりわけ海上商業向けの産物であった。結局、塩は東方に輸送されたので、穀物や木材、灰といった他の嵩のある産品を西に輸送した船舶の主要な帰り荷となったのである。

一四世紀半ばまで、東欧はほぼリューベックのみを経由してリューネブルクの塩を仕入れていたため、それがリューベックの富の基盤となっていた。一三六八年の記録では、塩が主要な輸出商品として抜きん出ていた。しかしこの時期以降、リューネブルク塩と比べると、純度では劣るが価格の安いフランス産の塩が、ますます大量にバルト海に入り込んできた。そのため一四世紀末以降、フランス産の「ベイ」塩がトラーヴェ塩に流通量で優位に立った。ベイ塩は当初、フランドルで間接的に調達されていたが、間もなくハンザ商人が直接ブルヌフやブルアージュで買い求めるようになった。さらに一五世紀になると、彼らは定期的にリスボンに向かい、そこからセトゥバルのポルトガル塩を持ち帰ったのである。これとは対照的に、スコットランドやフリースラント、コルベルク、ハレ、ガリツィアといった別の産地の塩がハンザ商業で果たした役割は、取るに足りないものであった。ハンザによる塩取引の全体を示す数値は知られていない。確認されているのは、一五世紀の数年間で一〇〇隻以上の塩を積んだ——一部はオランダの——船舶がエアソン海峡を越えてきたということだけである。レーヴァルでは、一三八三年には一三五〇ラストの、そして一五世紀第二・四半期には毎年その約二倍のベイ塩が輸入された。需要は常に拡大していた。ロシア人とリトアニア人が塩取引を絶えず増やし続けていたのが、おそらくその理由であろう。塩の必要性が差し迫っている状況を利用しつつ、ドイツ騎士修道会は、場合によってはロシアの諸政府に圧力をかけるために、積荷の発送禁止におよぶこともあった。しかし、東欧では塩が生活上重要だったので、それはまた、バルト諸国やプロイセン向けのオランダ商業の大々的な拡大を容易にする結果をも招いた。

魚――ノルウェーの干ダラとスコーネの塩漬けニシン――の取引は、他のハンザ商品の取引と比べると、その販路の多様性という点で独特であった。すなわち、北方からバルト海のヴェント都市にもたらされた魚は、ヨーロッパの東西双方に向けて、そしておそらくは、とりわけ内陸部、南ドイツ、さらにはさらに遠くにまで再輸出された。量からすれば、ニシンはタラをはるかに上回っていたが、後者には、保存しやすいという長所があったようである。一四世紀末にヴェント都市に輸入された塩漬けニシンは一五万樽と見積もられ、その半分はリューベックに向かった。リューベックは、アムステルダムがそうなるよりはるか以前に、「ニシン樽の上に建設された」と言っても決して誇張ではあるまい。だがそのニシン交易は、北海漁業の進展により一五世紀には深刻な打撃を受けてしまった。スコーネ産ニシンより質は劣るが安いオランダ産ニシンが、北西ヨーロッパではスコーネ産をほぼ完全に追い出してしまい、バルト海周辺においてもその競合商品となるに至った。

穀物、なかでもライ麦は、塩と並んで中世末に最も広い範囲で受け入れられたハンザの商品である。残念ながら、一六世紀半ば以前には利用可能な数値データがないため、この取引の成長度合いを計測することはできない。ライ麦、大麦、さらに言えば小麦はいたる所で栽培された。一三世紀以降、エルベ川中流諸地域、ブランデンブルクやメクレンブルクは、ネーデルラントやノルウェーに穀物を送り出した。だが一四世紀、とりわけ一五世紀に大穀倉地帯となり、その地位を維持したのはプロイセンとポーランドである。需要は増える一方で、主にダンツィヒを経由して西欧のあちこちに輸出された。数値データを欠くとはいえ、穀物輸出の重要性は、それがハンザに与えた政治的影響を通じてはっきりと認められる。前述したように、一三世紀末以降ノルウェーは、穀物や穀粉の必要性に迫られて、ヴェント都市の著しい経済的従属下に置かれるようになった。後には、フランドルにおける穀物の不足や高騰が、しばしばハンザを実質的に有利な立場に置いた。結局、近代には、フランス、スペインそしてイタリアさえもがハンザのもたらした穀物を必要としていた。かくして穀物輸出は、ハンザの最も確実な力の源泉だったのであり、これは一六世紀におけるハンザの一時的な復興にも寄与している。だが、塩をはるかに上回る穀物需要の高まりは、逆に、オランダ人がバルト海に進出する際には、最も有効な手段ともなったのである。

ハンザ東方はまた、西欧にとって木材の大供給地であった。さまざまな地域が木材輸出を担うなかで、とりわけヴェーザー川の後背地とポメルン、さらにノルウェーを挙げておくことができる。しかしここでも、とりわけ森林地帯となっていたのはヴァイクセル川流域とリトアニアであり、それらの集積地であるダンツィヒは、木材ならびに灰やピッチ、樹脂といった森林副産物の輸出において首位の座を確保することができた。主要な木材輸入地域はフランドルとイングランドであり、建設用、とりわけ船舶用の資材を求めていた。プロイセンが一五世紀に発送したカシの大型梁材や厚板 Wagenschoss は数千枚に、厚さのさまざまな板材 Klappholz, Dielen は数十万枚に達した。カルパティア産のイチイ材は、弓の原材料として特にイングランド人が求めた。百年戦争のなかのイングランドの勝利のいくらかはプロイセンの木材の助けがあってのことと言われるまでになっている。穀物輸出とは対照的に、木材輸出は一五世紀末以降、おそらくはノルウェー産木材との競争のために減少したようである。他方でその副産物のほうは、エアソン海峡通行税台帳に示されるように、こうした減少の影響をさほどは受けていないように見える。

最後に、ビールも主要輸出品に含められるべきである。注目すべきは、ビールが外国のどこかからではなく、もっぱらハンザ圏内から調達された唯一の品であったことである。一三世紀に自都市産のビールをネーデルラントに輸出したのは、ブレーメンが最初であるが、その後その役割を永続的に継承したのはハンブルクであった。一三六九年のポンド税台帳によると、ビールは海路による輸出全体の三分の一、合計六万二〇〇〇マルクに達した。すなわちこれは、同じ時期にリューベックから輸出された塩に匹敵する数値である。一四世紀には、バルト海諸港、とりわけヴィスマルとロストク、ダンツィヒがビールの大生産地となり、ノルウェーやスコーネ、さらに東欧に大量に輸出した。

これらの基本的な商品以外にも、価格や重量では上記の商品には劣るものの、ハンザ商業において主要な位置を占めた商品として、さらに一〇品目ほどを指摘できる。筆頭にワインを挙げるのには理由がある。もしこの品目に関して全体的な数値があるならば、おそらくワインは、基本商品に含めるのが妥当であろう。とはいえ、確かに一〇〇〇ヘクトリットルを超えるかもしれない輸送や購買の記録があちこちにあり、またワインがあらゆるハンザ都市で、スカンディナヴィアで、さらにはモスクワにおいてすら確認されるにもかかわらず、常にその輸入量は非常にささやかなものにすぎなかった（レーヴァルの場合、一四二六年から一四三五年までの年平均で八〇〇ヘクトリットル）。そしてこの商品はいかなる商人の取引においてもさほどの意味を持つことはなかった。ケルンの大商人の会計簿を私たちが持ち合わせていないのは事実である。また、ワインは西欧で生産され、とりわけ西欧諸国、すなわちネーデルラントやイングランドで消費されるという特徴を示したのも事実である。しかし、ハンザ商人が供給した量は不明である。ハンザ圏全域でよく飲まれたのはライン産ワインであり、ケルンやフランクフルトを経由して輸入され、またフランス産ワインより安かった。一方フランス産ワインは、ラ・ロシェル経由でポワトゥーから、さらにボルドーやオルレアンからもたらされたもので、スペインやポルトガル産のワイン（オーゼイ、ルマニー、アルガルヴェ）、ギリシア産やギリシア産に似せた甘口ワイン（マルヴァジア）と同じく、一五世紀に大いに広まった。残念ながら、それぞれのワインの消費比率はまったくわからない。北ドイツ平野のグーベン（フランクフルト・アン・デア・オーダーの南）やヴァイクセル川下流産のワインが果たした役割はささやかなものであった。

イングランド産羊毛の取引は、ワインの取引よりかなり大規模であったとはいえ、副次的性格を持ち、ほぼフランドルのみに向けられていた。リューベックでは、一三六八年に羊毛は輸入品の中で三二位でしかなかった。一四世紀前半には非常に重要であったとはいえ（一三四〇年にはハンザ商人によって三〇〇〇袋が輸出された）、やがて羊毛取引は重要性を失い、ネーデルラント向けのスペイン産羊毛の発送にしてもハンザ商人が関与し得たのは非常にわずかな程度であった。

金属の中では、銅と鉄が首位を占めていた。スウェーデン産およびハンガリー産の銅は、それぞれストックホルムとダンツィヒからリューベックに送られ、そのほとんどが海路でネーデルラントとイングランドに再輸出された一方、ハルツ産の銅は、陸路でケルンへと輸送された。鉄についても同様で、さらに多くの量がやはりスウェーデンやハンガリーから、また同じくラインの粘板岩山地（ジーガーラント）から送られ、西欧に流入した。

ハンザ圏内である程度の規模を持つ唯一の繊維産業、すなわちヴェストファーレンの亜麻布産業は、一三六九年のハンブルクの輸出額から看取されるように、重要な交易を、とりわけ西欧向けに発達させた。亜麻布はハンブルクでは金額にして三万マルクで第二位を占めていた。亜麻に関して見れば、その生産はドイツ北部、プロイセン、とりわけリーフラントで一五世紀に著しい伸びを示したようであるが、リーフラントで亜麻は主要な輸出品目へと成長しつつあった。

最後に香辛料は、胡椒と生姜が主なものであったが、ハンザ商業の中では予期されるような役割を演じていたように思われない。おそらく、フェッキンクーゼンのような若干の大商人の取引では、それらは重要な役割を演じた。だが、はっきりと確認すべきは、一三六八年のリューベックの輸入においての香辛料はわずか数百マルクしか計上されず、また一四九五年のフランクフルトにおけるパウル・ムリヒの買い入れの中で香辛料は、それが目立って需要が増加した時期だったにもかかわらず、わずか四パーセントに相当したに過ぎなかったということである。より活発であったと思われるのは、地中海産の食料品取引である。そのなかにはイチジク、干しブドウ、米、サフラン、そして特に油が含まれ、ブルッヘやフランクフルトから東方へと発送された。

前述以外の他のすべての商品は、商人によってはその活動の中で重視していた者もいるにはいるが、原則として副次的なものだと考えてよいと言い添えておきたい。このようなものとしては、畜産品ならびにその副産物では牛、馬、塩漬け肉、スカンディナヴィア産のバターと脂肪、ポメルン産の蜂蜜が、鉱産物では銀、亜鉛、鉛、ミョウバンが、繊維製品では絹、麻、ファスチアン織といったものがあり、またニュルンベルクやケルンもしくはブラウンシュヴァイクの金属工業製品や、皮革あるいは木材の加工品、さらにプロイセン産の琥珀、金や銀でできた奢侈品、真珠、珊瑚などの商品があった。

以上長々と述べてきた一連の商品から浮き彫りになると考えてよいのは、ハンザ商業がきわめて多様な側面を持っているということである。ハンザ商業が基本的に東欧の未加工品と西欧の高価な品との交換にあるというだけで済ましてしまうならば、それはハンザの特徴を歪めてしまうことになろう。西欧に向かった産物の多様性はとりわけ明らかであり、おそらくは何よりもまず食料や工業用原料、それに毛皮や琥珀といった奢侈品があった。ヨーロッパ経済においてハンザが果たした偉大な役割を説明するものこそは、この多様性である。

言うまでもなく、ハンザ商業を概観しただけではそれについての概括的な知識が得られるにすぎない。その複雑さを認識するためには、それぞれの地域において交易の条件や性格、規模を可能な限り検討していく必要がある。

3　北・南ドイツ

ハンザ商業におけるドイツ領域は広大で、フリースラントからポメルンまでの北ドイツ、すなわちハンザ都市の地域と、その後背地を形作る南ドイツとからなる。

この領域全体の中ではライン、ヴェーザー、エルベ、オーダーの四つの大河がおそらくは交易の動脈をなし、ドイツ内陸部の物産を北西部の各海港へと運んでいた。無数にある陸路の中では、リューベックとの結びつきを確保するものが、遠隔地商業にとって最も重要であったと思われる。リューベック－リューネブルク街道はリューネブルクで三方向に分岐していた。すなわち、マクデブルクを経由してニュルンベルクに向かうもの、ハノーファーとゲッティンゲンもしくはハーメルンを経由してフランクフルトに向かうもの、そしてミンデンとドルトムントもしくはハノーファーとハーメルンを経由してケルンに向かうものである。その他にも海岸線に沿って延びる経路――ロストク、シュテティーンを経由するリューベック－ダンツィヒ間の経路、ハンブルクとブレーメン、デーフェンター、ネイメーヘン、アントウェルペンを経由してリューベックとブルッヘを結ぶ経路――も、いささかも無視することのできない意味を持ち、海路よりもはるかに迅速な輸送を実現させた。この沿岸路において荷車の掠奪がしばしば報告されていることから、これらの経路が海路に対して、とりわけ高価で軽量の商品に関して十分な競争力を保持していたことがわかる。ケルンにとっては陸路がより一段と重要であったと思われる。なかでもケルンをフランクフルト、そしてはるかコンスタンツやアウクスブルクと結びつける経路や、ドルトムントやゴスラー、マクデブルクを経由してブランデンブルクやポーランドに通じている経路がそうであり、双方ともに西側では、アーヘンとアントウェルペンを経てブルッヘにまで達していた。

ドイツ内陸部におけるハンザ交易の規模は、残念ながら概算値ですら推測できない。海上商業におけるポンド税台帳や関税台帳から得られるような全体的な数値を欠くからである。だからといって、これまでと同様に、それを過小評価するわけにはいかない。今日では、リューベックとケルンやフランクフルト、ニュルンベルクとの間での内陸商業は、とりわけ一五世紀の場合、これらの都市の海上商業と比べて少なくとも遜色なく、おそらく価格においては上回っていたことが認められている。一部が港に集荷される特定の商品については、ポンド税台帳のおかげで、海路で輸出された量に関する数値が少なくともいくつか知られている。だが、同じ商品で、ほかの方面へ別ルートで送られた量を見積もることはできない。それゆえ、ハンザ商業においてかなりの役割を果たした主要な商品を指摘することで満足しなければならない。

北ドイツは、穀物の一大生産地であった。上記のように、一三世紀以降、ハンブルクがエルベ川中流およびブランデンブルクのライ麦を輸出していたが、これはまた、マクデブルクの繁栄につながった。このような役割は増す一方であり、プロイセンにおける生産増大にもかかわらず、一五世紀になるとハンブルクが穀物の大集散地となった。同様に、リューベックからノルウェーに搬送された穀粉も、大部分はヴェント都市の後背地の小麦で継続的につくられた。最後にポメルンも、一三世紀以降シュトラールズントから穀物を輸出した。一五世紀末になると、この地方の生産力は貴族の後押しによって著しく上昇し、シュテティーンがライ麦と大麦の大輸出港となった。とはいえそこでの取引は、ダンツィヒに匹敵するものでは決してなかった。穀物のほかには、亜麻があちこちで、とりわけヴェストファーレンで栽培されていた。その大部分は地元で織物とされたが、残りはライン川流域やネーデルラントに輸出された。

蜂蜜は、とりわけポメルンやメクレンブルク、ブラウンシュヴァイク周辺のニーダーザクセンで採取され、その大部分が、リーフラントやノヴゴロドに送り出された。蜜ロウがロシアによる西欧向け主要輸出品の一つであることを思い起こせば、一見すると、これは驚くべき事実である。花から採取されたドイツの蜜は、モミから採取されたロシアの蜜に比べて純度が高く、甘かったからだと考えられる。その最も濃厚な部分は、しばしばザイム seim という名称で、他の部分とは別に販売された。この蜂蜜は東方での需要があり、この方面へはノヴゴロドからロシアの河川を経由して発送されたかもしれない。ともあれ確認されるのは、一四二七年にレーヴァルが三〇ラスト（六万キログラム）以上の蜂蜜を輸入したこと、また、ただ一度きりではあるが、二〇〇ラスト以上を積み、一七名の用船者に属する一〇隻の文字通りの蜂蜜船団が、レーヴァルに入港したこともあったということである。蜂蜜取引で得られる儲けは大きかったに違いない。というのも、もっぱらこの取引に特化した商会が設立されていたからである。

取引規模が桁違いだったのはライン産ワインだった。「ライン産ワイン」と呼ばれるものには、ケルンからシュパイアーまでのライン川中流域で造られたワインだけでなく、モーゼル川、そしてしばしばアルザスのワインまでもが含まれていた。アルザス産ワインが最も高く評価され、おそらく一四世紀には取扱量も最多であった。一四〇〇年頃にはコルマール周辺地域だけで一〇万ヘクトリットルが生産されていたが、一五世紀第二・四半期頃からは、わずかにその半分となった。これらの産品の一部は、しばしば現地での買い付けに来たケルン商人自身によりケルンに運ばれた。いくつかの大掛かりな輸送も記録されており、たとえば、シュトラスブルクからケルンまで一二〇フーダー（一四〇〇ヘクトリットル）が運ばれた際、その半分はフェッキンクーゼン家が購入した（一四二一年）。ワインはケルンに集積され、そこからあらゆる方向へと送付された。西へは、ともに大口の納入先であったネーデルラントとイングランドに向かった。北へは、ドルトレヒトやカンペンを経てハンブルクおよびバルト海に向かった（一三八七年には、一人のケルン商人によりレーヴァルに四四〇〇グルデンに相当する五七樽が発送されたことが言及されている）。東へはヴェストファーレンの諸都市を経由した。ライン産ワイン、特にアルザス産ワインのもう一つの大市場としてはフランクフルトがあり、ここから、一部はハンザ商人の手によりザクセンの諸都市やリューネブルク、リューベックへと運ばれた。史料の不足から、ライン産ワインの取引の推移をはっきりさせることはできない。その取引量の低下は一五世紀に現れたであろうか。アルザス産ワインの生産の縮小を考えればそう信じたいところではあるが、その動向を一般化することは危険であろう。

鉱産物の中で最上位に置かれるべきは塩である。ハレの重要な製塩所は、中部ドイツやザクセン南端の都市への供給元であったが、ハンザ商業の中では大きな意味を持つことはなかった。これに対して、リューネブルクの製塩所の持つその最たる重要性についてはすでに述べた。一〇世紀以降記録に登場するこの製塩所は、当初ザクセン公の保有物だったが、一三世紀以降リューネブルク市民の手に移管された。ここでの生産規模は、一二〇五年以降およそ五万メートル・トン、一三五〇年には六万メートル・トンに達したと見積もられる。塩水は手桶でくみ出され、五〇もの大桶のなかで蒸発させられた。こうして得られた塩はその場で樽詰めされるか、梱包されずに平底のプラム船でエルベ川を経由してハンブルクまで、あるいはシュテクニッツ運河でリューベックまで運ばれるかした。一四世紀半ば以降にもなると、リューネブルク塩は、ドイツ北西部全域にも普及したが、やがて大量のブルヌフ塩がもたらされるようになると、西方での販路は失われてしまった。とはいえ、その品質の高さゆえに、なおもバルト海では依然として容易に顧客を見出すことができたうえに、リューベックの大きな富の一つであり続けた。一四五八年にリューベックの使節は教皇に、当時聖務停止令の下にあったリューネブルクとの関係を断ち切ることは不可能であると表明した。「リューベック商人が取引を行なうあらゆる国で」この塩が求められていたからである。四年後にも、帝国議会で同じような論法を用いた。それは、リューベックは商業を通じてのみ存続可能であり、リューネブルク塩を奪われたら衰退してしまうというものだった。いくらか誇張を含むとはいえ、これらの使節は一つの確実な事実を言い表したにほかならない。

北ドイツの他の鉱産物の中では、いずれにせよ一四世紀までは、おそらくはゴスラー近郊のランメルスベルクの銅が最も重要であった。ハルツ産の銅は、一方ではハンブルクに送られ、そこからフランドルやイングランドに発送され、他方でケルンやディナンの工業中心地、さらにはもっと遠方にも向けられた。一三五八年には、鐘楼に鐘を備え付けるためにヴァランシエンヌ市当局によりゴスラー産の銅が購入されたとの報告がある。

スウェーデンやカルパティア山脈の銅を仕入れて取引していたリューベックは、ゴスラー産銅には関心がなかったようである。その一方で、自都市の貨幣および東方貿易のためにハルツ産の銀の入手に力を入れた。だが一四世紀以降、必要とされる銀の大部分は、マンスフェルトやベーメンの鉱脈からここに供給されたようである。鉄はどうかといえば、主にラインラントの粘板岩山地で採掘された。ジーガーラントとヴェスターヴァルトの鉱石は、現地で鋼鉄に加工されてその大集散地であるケルンに向けられ、特にイングランドへ輸出された。一五世紀半ばには、ヨハン・クヴェステンベルクが約一〇〇樽の鋼鉄を輸送したとの記録がある。

北ドイツのすべての工業製品の中で最も海港都市で取引されたのがビールであった。北ヨーロッパ全域で評価が高く、低価格ゆえに需要も大きかったとはいえ、ビールはおそらく最も傷みやすく輸送が最も難しい食品であった。製品の質、とりわけ確実に保存するために、麦芽作りや仕込み、発酵といったさまざまな工程で細心の配慮が求められた。しかもその際、まったく混じりけのない水が必要とされた。大麦の代わりに燕麦を代用したり、あるいはホップの量を減らしたりして費用を引き下げようとする誘惑は大きかったが、そうしたことは、この飲み物の味や品質の安定性を確実に損なうことになった。この点でブレーメンは苦い経験をした。ここは一三世紀に醸造業が盛んで、ネーデルラント向けに大規模な輸出をする都市であった。だが製法に対する監督が不十分なために質が低下すると、顧客は急速に失われていった。一四世紀初頭以降には、厳しい規定を設けてその優位を維持する術を心得ていたハンブルクがそれに取って代わった。この都市には、醸造所が一三七六年には四五七、一五世紀初頭には五〇〇以上存在し、当時の生産規模は年二〇万樽、すなわち約四〇万ヘクトリットルに達した。一三六九年には、ビールが同市の輸出品の三分の一を占め、主にアムステルダムとスタフォレンに、残りがフランドルとイングランド、さらにプロイセンやリーフラントに送られた。しかしバルト海沿岸では、ハンブルク以上にヴィスマルがビール生産を土台にしていた。一四六〇年頃、ここにはおよそ二〇〇の醸造所が存在し、市参事会では醸造業者が多数派を形成していた。ヴィスマルのビールはバルト海全域に輸出されたが、他方でしばしば地元産の保護を目的とした輸入禁止令により妨げられた。

はるか遠くベルゲンやカンペン、フランドル地方でもヴィスマル産ビールを見ることができた。だが、ほとんどの大都市、とりわけリューベックやロストク、ダンツィヒ、エルビングは自前の醸造所を備えていた。ザクセンの小都市アインベック（ボックビールという言葉はここに由来するのではないかと言われている）は、一三世紀以来輸出向けビールの特産地となった。その品質ゆえに、ハンザ圏のみならずドイツ南部に至るまであまねく高く評価された。

北ドイツにおける毛織物工業は、まさにハンザ商人がフランドル、イングランド産の毛織物を輸入していたという理由で発達を見せることができなかった。確かにいくつかの都市ではきめの粗い毛織物が製造されていた。すなわち、しばしば関税台帳からは、ヴェーゼルやドルトムントといったラインラント産、さらにはリューベックやロストク、ヴィスマル産の毛織物が見られるが、ハンザ商業においてそれらが占めた位置はほんのわずかでしかなかった。亜麻布の場合は事情が異なる。価格が低い上に、衣服や船舶の帆、梱包用の布地といった多様な用途のためにヨーロッパでは強く求められていた。その製造の中心地は、フリースラント、オスナブリュックやミュンスター周辺のヴェストファーレン、それにやがてザクセンが加わり、さらにドイツ南部のコンスタンツ地方もそうであった。都市と農村の双方で織られるヴェストファーレン産の亜麻布は、あらゆる方面に送られたが、とりわけハンブルク向けが重要であり、ここからネーデルラントやイングランド、同じくリューベックにも輸出され、リューベックからそれらはバルト海沿岸全域に再輸出された。亜麻布の生産と取引は一五世紀には大幅に拡大したように思われる。

以上ほどの重要性を持たないが、北ドイツには次のような手工業製品もある。ケルン産の絹織物、金銀細工品、武器、ブラウンシュヴァイク、ドルトムント、ケルン産の鉄製の道具、ハルツ山地周辺の都市やマクデブルク産の青銅製品、リューベック産の琥珀製のロザリオ、その他木製の家具や各種木工製品などがある。

一三世紀以降、ハンザは南ドイツでの活動を拡大し始めていた。特にニュルンベルクやフランクフルトとの取引が一四世紀に強化された。二つの都市のうち、前者は金属加工品の生産と遠方にまでおよぶ同市商人の取引関係により、後者は、ブルッヘにおけるのと同様に、地中海諸国の商人と産物に出会う大市があるために、ハンザ商人を引き寄せた。だが、ハンザ商人の活動は、プラハやコンスタンツ、アウクスブルクにまでも等しく到達し、ワインの買い付けのためにライン川流域に進出していくケルン商人も確認された。重要なのは、この領域のハンザ商業がリューベックとケルンの商人によって担われていたということである。

リューベック商人の活動の重要性は、その中の二人により一三六六年に設立された会社の存在を通じて示される。資本金が七六〇〇グルデンのこの会社は、フランクフルトに七〇〇〇枚の毛皮を送り出し、逆方向に価格にして一六〇〇グルデン以上はする一四包みのファスチアン織を送り出した。フェッキンクーゼンも含む同種の会社が示すように、リューベック商人は南方に向けてタラやニシン、穀物、琥珀の装身具をもたらし、そこから高価な織物や香辛料、金属、ワインを持ち帰った。ケルン商人はもっと重要な取引を行なったようである。彼らは大市の開催期ごとにフランクフルトを訪れただけではなかった。何人かはそこに定住し、さらに不動産や店舗を購入した。フランクフルトにネーデルラント産およびイングランド産の毛織物やオランダ産ニシン、地元産の金属工業製品をもたらし、そこで同じく金属、香辛料を求めた。ケルン商人は一四世紀にはオーストリアにも現れ、レーゲンスブルク商人と競い合った。

しかし当時の大きな出来事としては、南ドイツ商業のいやおうなしの発展があり、それがこの地のハンザ商業の大半を押し戻した。とりわけニュルンベルク商人はドイツ北部、すなわちその時まで完全にハンザ商人のものになっていた領域にまで進出した。一五世紀初頭以降になると、リューベックの小売商人の間では警鐘が鳴らされた。この新参者が自分の都市の産品をもたらすだけでなく、これまでハンザ商人が供給していた商品をも大量に売りさばいたからである。ニュルンベルク商人の進出を抑えることができるものは何もなかった。一五世紀末のフランクフルト大市におけるパウル・ムリヒの購入控帳からは、リューベックにしっかりと根を下ろしたニュルンベルクの一商社が行なった取引の規模が示される（一九一ページ参照）。このとき以降、リューベック商人は南ドイツからは排除されたも同然であった。

商業圏の防御に関してはケルン商人のほうが上手であった。彼らは自都市に向けたライン産ワインの取引を支配し続けていた。オーストリアから追いやられたとしても、なおもフランクフルトさらにはオーバーザクセンで活動を続け、ライプツィヒの大市を訪れてツヴィッカウ近郊の鉱山の持ち分を売買していた。しかし、フランクフルト－アントウェルペン間、イタリア－ネーデルラント間の取引では、ニュルンベルク商人の取り扱い分が増加していた。一五世紀に、東欧においてと同様、南ドイツにおいてもハンザ商業のかなりの後退があったことは疑う余地がない。

4　東欧――プロイセン－ポーランドとリーフラント－ロシア

ダンツィヒからレーヴァルまでのバルト海東岸に位置するハンザ都市の商業は、いくつかの共通点を持つ。ドイツ騎士修道会の支配下にあるこれら諸都市は、リューベック、フランドル、イングランドに向けて一部は同じ産物――蜜ロウと毛皮――を輸出し、帰り荷として毛織物と塩を輸入した。いずれの都市も西欧との直接取引に関心があった。それゆえ、一三世紀にはリューベック－ハンブルク間の陸路がもっぱら利用されていたのであるが、そのかわりにエアソン海峡を経由する海路を発展させたいという望みが、一四世紀以降に共有された。かくして、東方諸都市の利害は、リューベックの利害とは大きく対立し、しばしば政治方針にまで反映された。とはいえ、こうしたすべての都市に共通した性格よりは、共通しない性格のほうが重要である。実際、ハンザ東部には非常にはっきりとした二つの商業地域が含まれていた。すなわち、一つはポーランド、ハンガリー、リトアニアを後背地とするプロイセンであり、もう一つはデューナ川上流とノヴゴロドを後背地とするリーフラントである。

プロイセンの商業構造は、一四、一五世紀に根本的な変化を経験した。一三〇〇年頃、交易の大部分はエルビングとトルン両市によって担われていた。だが、半世紀後にはもうエルビングはダンツィヒに取って代わられてしまい、かつての優位を取り戻すことは決してできなかった。また一三世紀に最盛期を迎えていたトルンは、ポーランド国境沿いのヴァイクセル川流域という地の利から長期間利益を引き出すことができなかった。ダンツィヒとクラクフの指定市場《ステープル》にはさまれていたため、トルンは交易のかなりの部分がオーダー川とシュテティーンに向けて流れてしまうという憂き目に遭った。とりわけ、ポーランドと騎士修道会との戦争で被害を受けたために、同市は一五世紀を通じて衰退した。結局、騎士修道会の商業活動は、一四世紀にはかなりの規模を誇っていたが、タンネンベルクの敗戦以降は続かなかった。一四四〇年には、かつての取引と比べるともはや一〇分の一にも達していないと総長は慨嘆している。

これに対してダンツィヒは、ほぼ継続して発展を見せた。一四世紀後半以降、ポンド税台帳によれば、ダンツィヒは、プロイセンの対外交易の三分の二を手中に収め、ヴァイクセル川の交易とリューベックや西欧との海路による取引を次第に独占していったのである。だがそれとともに、騎士修道会の貿易庁の一つが置かれているケーニヒスベルクが、かなりゆるやかであれ、発展していたことを無視してはならない。

プロイセン商業の繁栄は、その広大でかつ広がりつつあった後背地に基づいていた。一四世紀以降、トルンの商人はクラクフと継続的な取引関係にあった。クラクフはハンザ都市であり、ここにはカルパティア産の鉱産物、とりわけノイ・ザンデツ（ポーランドのノヴィ・ソンチ）、ゲルニッツ（ゲルニツァ）、シュメルニッツ（スロヴァキアのスモルニク）の銅が集中していた。そこからは他の商人がレンベルクにまで進出しており、ここで彼らは、黒海やタナ、カッファ、コンスタンティノープルの商館からやってきたヴェネツィアやジェノヴァの商人と出会い、彼らに毛織物や琥珀、皮革、ニシンを販売し、絹と香辛料をこれら商人から購入した。レンベルクに、騎士修道会は琥珀倉庫のほか、一四〇〇年には金額にして三二〇〇プロイセン・マルクに相当する土地、建物、債権を持っていた。しかし、この時、イタリア人の取引に壊滅的な打撃を与えたティムールの侵入により、この南東に向かう通商の流れは滞った。西欧向けでは、海上商業のほうが利益は大きいことが明らかとなっていったことも、その理由となった。一四〇〇年には、騎士修道会はレンベルクの財産を清算してしまった。

同じ頃、対照的に、プロイセンの商業はリトアニアに向けて展開していた。この新たな取引の流れが出現したのは、プロイセン商人がヴェントやリーフラントの諸都市により、ノヴゴロドにおける平等な権利はおろか、商館への立ち入りさえ拒否されたことに幻滅した結果だと見られる。それでもやはりロシア産品の取引から利益を得ることを望んでいたため、騎士修道会は、リトアニア大公から国内での取引の自由とカウナスにおける居留地設立のための権利とを獲得した（一三九八年）。困難が無くはなかったとはいえ、この商館は発展を見せ、そこではダンツィヒ商人が当初から主導権を握った。彼らはカウナスに塩をもたらし、そこからプレーゲル運河を利用して水路で造船用の木材と蜜ロウ、毛皮を持ち帰った。地元の商人との競合にもかかわらず、かくしてカウナスはダンツィヒ商業の拠点の一つとなった。

プロイセンの海上商業は主にダンツィヒに集中し、常にリューベック、フランドル、イングランドとの交易を軸として行なわれていた。一五世紀にはホラント、スコットランド、そしておそらくは特にブルヌフ湾との関係が進展し、この湾からは、毎年五〇隻を超えるであろう塩の船団が、ダンツィヒに帰港した。しかしまた、バルト海各地との交易も無視できないものであった。古くからのスコーネとの関係以外にも、スウェーデン、フィンランド、リーガとの関係が、一五世紀には強化された。ダンツィヒは、東欧全域に塩、毛織物、ワインを再輸出する基地であった。

プロイセンの経済的繁栄は、何よりもハンザ商業の二つの基本商品の輸出を土台としていた。木材とライ麦である。オーク、ブナ、マツの木材はいかだに組んで、とりわけマゾフシェ公国からナレフ川、ブク川、ヴァイクセル川を経由してもたらされ、一方でトネリコとイチイはカルパティア方面から送られてきた。西欧――イングランドとネーデルラント、ポルトガルをも含む――の木材需要の継続的な増加が、一五世紀半ばにいたるまでの生産と流通を増加させたことは確かであろう。ただし、若干の数値が知られているのはこの時期についてのみである。ダンツィヒは、厚板を一四六〇年に三一六一フンデルト、一四七五年は二一六〇フンデルト、一四九一年は一四六六フンデルトを輸出した。同じ頃、板材を二六五一―四〇〇フンデルト（二万六五〇〇―四万枚）輸出した。だが、すでにこれらの数値からは、プロイセンの木材取引の衰退が見て取れ、一六世紀にそれは確実となる。

反対に、ポーランドの森林の副産物は、絶え間ない需要に恵まれたようである。最も重要であったのは、おそらくは灰であり、とりわけ西欧産毛織物の漂白工場で用いられた。一五世紀末の数年間にその輸出量は一〇〇〇ラストを超え、一六世紀にはその量はかなりの程度増えることとなった。ピッチ Pech とタール Teer は船舶の槙皮詰《まいはだ》めに用いられたが、生産量は灰よりやや少なかった。二つを合わせた輸出量は約一〇〇〇ラストであった。

だが、プロイセンの富、とりわけ輸出の一大中心地であったダンツィヒの富を形成したのは穀物であった。事実、ヨーロッパ全体、すなわちネーデルラントだけでなくドイツやイングランド、北フランス、スペインにおいても穀物需要は拡大し続けた。ドイツ騎士修道会は、穀物の生産と大規模な取引の先駆者であった。プロイセンの広大な所領からの収穫は、いくつかの地方管区や、とりわけマリーエンブルク城に貯蔵された。一四〇〇年頃の貯蔵量は、ライ麦が四六万三〇〇〇シェッフェル（約一万五〇〇〇トン）、燕麦が二〇万三〇〇〇シェッフェル、大麦が四万七〇〇〇シェッフェル、小麦が二万四〇〇〇シェッフェルであり、そのうちほんのわずかな量のみが輸出に向けられた。輸出向けについて見ると、一五世紀半ばまでは東西プロイセン産の穀物が中心にあったと思われる。しかしそれ以降は、それと対照的にポーランド、ウクライナ、リトアニア産の穀物が主要な位置を占めた。大領主が生産に力を入れ、自らの所領で収穫された穀物をダンツィヒに組織的に送り出していったからである。

残念ながら、こうした大規模な取引の伸び具合を正確にたどることはできない。その伸び具合は、年代記作者たちを驚かせ、彼らは穀物搬入のために入港した船舶数の多さに言及している。一三九二年には三〇〇隻のイングランド船が入港し、一四八一年には一一〇〇隻がフランドルに向けてダンツィヒを後にしたという。さらに年代記作者ヴァインライヒは、プロイセン産ライ麦の到着が先方の物価に与える影響を記している。とはいえ、ダンツィヒの輸出量について数値があるのはようやく一五世紀末になってからである。すなわち、ライ麦は一四七〇年と一四七五年には約二〇〇〇ラストが、一四九〇年と一四九二年には一万ラスト（二万トン）以上が輸出された。その量は次の世紀には五倍になる。

プロイセンの商業に独特で、はるか以前からあった商品は琥珀であった。主な種類は少なくとも三つに分けられ、純度により価格には大きな差があった。琥珀はザームラント半島沿岸で採取され、ケーニヒスベルクにある騎士修道会の貿易庁の吏員に引き渡されるよう義務付けられており、彼らがもっぱらその発送をつかさどった。一四〇〇年頃まで、琥珀はリューベックやブルッヘに送られただけでなく、レンベルクにも送られ、この売り上げは、騎士修道会に毎年レンベルクで一〇〇〇プロイセン・マルク、リューベックで一三〇〇プロイセン・マルク、ブルッヘで二八〇〇プロイセン・マルクの収益をもたらした。タンネンベルクの戦い以降でさえも騎士修道会はその独占を保持し、一五世紀においても琥珀は騎士修道会の商業の唯一繁栄した部門であり続けた。

他の輸出品の中では、リトアニア、マゾフシェ、ポドリア産の蜜ロウと毛皮が、ドイツ騎士修道会およびフェッキンクーゼンのようなリューベックの何人かの大商人の交易において無視できない位置を占めていた。とはいえ、なかでもプロイセンはスウェーデンと並んでハンザ圏における銅と鉄の主要な供給地であった。残念ながら、史料の不足と計測単位がバラバラであるためにその重要性を推し量ることはきわめて困難である。一三六八年のポンド税を通じてのみ、当時リューベックが一五〇〇マルク相当のハンガリー産の銅、および五〇〇〇マルク相当のスウェーデン産の銅を輸入していたことがわかる。クラクフからダンツィヒまで、ヴァイクセル川を下って運ばれたハンガリー産の銅の輸出は、スウェーデンに銅危機が到来した一四世紀末とフッガー家が北方に進出してきた一六世紀に改めて伸びが見られたようである。いずれにせよ、一四世紀以降ダンツィヒが西欧向けに再輸出するために、スウェーデン産の銅と鉄を輸入したという事実から、金属市場としてのこの都市の重要な役割が示される。

最後に、ダンツィヒの手工業者がプロイセンの商業の中で果たした役割を忘れてはならない。ビールの大量生産は、一五世紀にはバルト諸国とフィンランドに向けた定期的な発送へとつながった。ある時期から活発になった造船業は、他のハンザ都市、さらには――禁止措置がない場合には――イングランド人、スコットランド人、オランダ人に船舶を供給できた。

ロシアやリーフラントのハンザ地域は、前述の地域と同様、二つの相補う地域をともなっていた。一つはノヴゴロド、プスコフ、（リトアニアの）ポロツクという商館があるロシア後背地であり、そこでドイツ人は毛皮や蜜ロウを仕入れていた。もう一つはバルト諸国であり、特に亜麻や麻を生産するとともにドイツ・ハンザ商人が海路や陸路で前述の商館へ赴く際の中継地となるレーヴァル、リーガ、ドルパトといった都市である。

中世最後の二世紀にわたって、ハンザが他のほとんどすべての地域で活動領域を拡大し続けていた中で、ここに見られるのはそれと逆の動きである。一三世紀には、ドイツ商人は定期的にヴィテプスクやスモレンスクを訪れた。さらにそれよりも奥地で取引できる特権が彼らにははっきりと認められており、それを抜かりなく利用していた。ところが、一四世紀初頭以降になると、もはや彼らがノヴゴロドやポロツクを越えることはほとんどなくなってしまった。一五世紀後半には、モスクワによる征服が、彼らのノヴゴロドでの交易に終止符を打ち、それ以降、ロシア産品の取引はリーフラント諸都市で行なわれるようになった。そのうえ、元来この地はライン川とオーダー川に挟まれた北ドイツ全域の商人が出会う場であった。徐々にリーフラント諸都市がドイツ人から取引を奪おうと努めていた。リーガは、文字通りかんぬきのかけられた交易地であったので、デューナ川の取引を自都市の商人だけのために確保できた。また、ノヴゴロド商館には、閉鎖されるまで、リューベック、ザクセン、ヴェストファーレンの人々がよく訪れたとはいえ、レーヴァル、そしてとりわけドルパトが、ますますそこで強固な影響力を行使するようになった。

ロシア－リーフラント商業を研究するうえで残念なことは、かなりのものであったであろうノヴゴロド商館の役割が、正確にはわからないことである。ノヴゴロド商館に関する唯一の包括的な数値は、一四九四年にモスクワが没収した商品の見積もりから得ることができる。その九万六〇〇〇リューベック・マルクという額は、われわれにとってはそれほど重要な価値を持たない。リーフラント各都市について見ると、一三六八年の取引総額は、レーヴァルが九万九二九四マルク、リーガが九万三二八四マルク、ペルナウが四万八八一七マルクに達し、その中で対リューベック取引に該当する部分は、それぞれ四万八二〇〇、二万四〇〇〇、二万二七〇〇マルクであった。とはいえ、相対的にですらこれらの数値が現状すべてを反映しているとは言えない。これら三つの港の中で、普段はリーガの取引が最も盛んであったらしく、またペルナウの取引の重要性も並外れている。いずれにせよ、一五世紀になるとペルナウの取引はもはや、ほかの二つの港のそれの比ではなくなる。

この地域で供給されるすべての産物では、間違いなく毛皮が最高の評価対象であった。ノヴゴロドは毛皮の大市場であった。最も遠方から、とりわけ白海沿岸のユグラ地方、またカレリア、ヴォルガ川流域などから毛皮が供給されていた。毛皮はロシア人によって袋詰めにされて売られ、ドイツ人によって四〇〇〇枚から一万五〇〇〇枚が入る樽にしばしば何種類も詰められて発送された。

毛皮は、その質や外見によって、ほとんど無限の多様性があった。「ヴェネツィア会社」（一五世紀初頭）に関するフェッキンクーゼン家の通信文に示されているように、それらは価格にしたがって区分けすることができる。最も需要があった毛皮はクロテンのもので、ヴェネツィアでは一〇〇枚の値段が八二ドゥカートであった。最も高価なものの一つであるとはいえ、貨幣単位となるほど広く普及していたのはテンの毛皮であり（三〇ドゥカート）、次にビーバーとシロテンが来た（一二―一四ドゥカート）。一般にこれらの毛皮は四〇枚を一組 timmer として販売され、その他は二五〇、五〇〇もしくは一〇〇〇枚が単位となった。中級のものにはオオヤマネコ（一〇〇枚につき五・五ドゥカート）、ラッコとイタチ（五ドゥカート）があり、最も大衆的なものは、種類が豊富なリス（三―四ドゥカート）、それにウサギであった。しばしば毛皮は、リトアニア、エストニア、スモレンスクといった産地名でも呼ばれたが、これらよりも評価が高いのはノヴゴロド産であった。また、色彩（灰色毛皮 grauwerk、赤毛皮 rotewerk、黒毛皮 swartewerk）もしくは質で区分もされた。シェーンヴェルク schönwerk、すなわち選り抜きの灰色のリスは、とりわけ手ごろな値段の「美しい毛皮」であった（六―七ドゥカート）。最後に、レダーヴェルク lederwerk やハールヴェルク harwerk といった別の名称は、おそらく仕上げ方法に由来するものであったのに対し、シュヴェニッセン schevenissen やトロイニッセン troynissen、アニゲン anighen といった意味のはっきりしないいくつかの名称は、きっとロシア現地の猟師たちの間で膾炙していた言葉から取り入れられたのであろう。

ここでもまた、ロシアの毛皮取引の重要性を十分に示す数値が完全に欠けている。一三六八年のリューベックの輸入額は、わずか一三三一マルクでしかなく、毛織物の九分の一、ニシンの四分の一の輸入額であった。しかし、その額の少なさが、多分この年にハンザの側から発令されたノヴゴロドの経済封鎖に起因していることを忘れてはならない。それに反して、幾人かの商人の帳簿は、かなりの量の取引を記録している。傘下のさまざまな会社を介して、フェッキンクーゼン家は、フランドルで一四〇三年から一四一五年にかけて三〇万枚以上の毛皮を輸入しているが、そのうち九万枚はレーヴァルから、六万七〇〇〇枚はリーガから、一五万三〇〇〇枚はダンツィヒからのものである。一四〇五年にリーガからブルッヘに向けて出港した三隻の船舶は、一〇七名のドルパトおよびリーガ商人名義の三三〇〇グロート・ポンドと見積もられる四五万枚の毛皮のほか、蜜ロウ（一四三五ポンド）や亜麻（一二二五ポンド）を積んでいた。

ロシア商業におけるもう一つの主要商品は蜜ロウであった。ノヴゴロドにはかなり遠方のニジニ・ノヴゴロドやカレリアから、ポロツクへはスモレンスクとリトアニアの森林地帯からもたらされた。蜜ロウほど混ぜものをすることが容易で、これほど多くの不平を呼び起こした商品は少ない。ロシア人は、それにさまざまな油脂類、ドングリ、エンドウ、樹脂を混入したうえで、製品の純度に関する保証は拒否した。それゆえ、ドイツ人は蜜ロウの検査官を任命し、彼らがサンプルを抽出して疑いのあるものを融解させ、偽造者を罰したのである。しかし、ハンザ商人が、不良品を売りさばくために偽造者と結託することもあった。

蜜ロウは、主にリーガからフランドル、イングランドに向けて輸出され、商人の会計簿で占める比重はそれほど大きくないのがしばしばであるにせよ、取引の重要性は毛皮のそれに匹敵すると思われる。一三六八年のリューベックのポンド税から得られる数値（七二〇〇マルク）は、先に示した理由により、異常に少ない。

最後に亜麻を見ると、これはリーフラント〔英独訳ではリトアニア産〕特有の産品であった。その栽培は、一五世紀には国全体にあまねく広まったものと思われる。輸出はリーガとレーヴァルからダンツィヒとリューベック、西欧に向けて行なわれた。量はもっと少ないが、麻も同様の動きを見せた。リーフラントは、ロープや網の製造に用いられる亜麻糸、麻糸の大生産地であった。他の産品はすべて、ささやかな位置を占めるに過ぎない。なお、バグダードの絹の敷布および中国の絹織物の調達の記録があることも指摘しておこう。これは、ノヴゴロドが一五世紀半ばにおいてもなお遠方との商業関係を保っていたことの証拠である。

毛織物は、プロイセンと同様、リーフラントとロシアの主要な輸入品であり、フランドルから直接もしくはリューベックを経由して、量的にはより多くがレーヴァルよりもリーガに送られた。リーフラント諸都市は、とりわけフランドル産毛織物にこだわり続けた。すなわち、オランダ産の毛織物については、輸入は大目に見てもロシア向けの販売は禁じた。同様にして、ノヴゴロドでのイングランド産毛織物の販売を禁じたが（一四七六年）、それは一四世紀末以来ポーランド産毛織物に対して同様の処置を公布してから後のことである。

毛織物と並び、塩はバルト海一帯の例に漏れず、少なからぬ重要性を保っていた。一四二六年から一四九六年にかけてレーヴァルに入港した一七〇〇隻の大型船の中で、塩を積んできたものは一二一六隻であった。また、戦時下でエアソン海峡の通過が危険となったにもかかわらず、一四二七年から一四三三年にかけて入港した三一四隻のうち、一〇五隻、すなわち三分の一はブルヌフ湾からの船舶であった。(一〇三隻はリューベックから、八七隻はプロイセンから入港した)。一四世紀半ばまで優位にあったリューネブルク塩は、この頃から輸入された塩のもはや六分の一を占めるに過ぎなかった。他のそれほど重要ではない産品には、スコーネもしくはオランダのニシン、ドイツの蜂蜜、香辛料、フランス産ワインがあり、ここでは、おそらくフランス産がライン産ワインを凌駕していた。一五世紀のある覚書によれば、実際リーフラントの人々からは後者のワインは評価されていなかったという。

ハンザ商業圏内の東部では、最後にフィンランドを見逃すことはできない。ここでも、一四世紀から一五世紀にかけて、ドイツ人が二つの主要都市すなわちヴィボルグとオーボで増加した。一四世紀にはなおも重要ではなかったとはいえ、その後交易が発展し、上記の二都市はノヴゴロドの経済封鎖を利用してロシア産品の輸出中心地となった。そうしたなか、これらの都市はレーヴァル、ダンツィヒ、リューベックに馬や魚油、樹脂を輸出し、塩や穀物、フランスやポルトガルのワインを輸入していた。

5　スカンディナヴィア

ハンザのスカンディナヴィア諸国との交易に共通する特徴は一つしかない。すなわち、リューベックが優位な立場にあったという一点である。ただしスウェーデン、デンマーク・スコーネ、ノルウェー三王国の対ハンザ商業には、きわめて大きな違いが備わっていた。

スウェーデンの場合、注目すべき事実は、それ自体十分驚くべきことだが、中世において北海に面した西海岸が些細な役割しか演じていなかったということである。同国の経済全体はバルト海側を志向していた。カルマル、ニーシェーピング、セーデルシェーピングといった諸港を有するスウェーデン南部は、鉄鉱山の点在する牧畜地帯であった。ドイツ人の進出は北部に比べて早かったとはいえ、一四、一五世紀のハンザの大々的な取引の中で、この地は副次的な立場を占めたに過ぎなかった。同じことはゴットランド島についても当てはまる。同島は富の源であった東方に向けた中継地としての機能を徐々に失っていった。スウェーデン南部の海上交易は、最初はもっぱらリューベックに向かっていたが、一五世紀にはダンツィヒにも向かうようになったことがはっきりと確認できる。一五〇〇年頃には毎年三〇隻ほどの船が、これらドイツ二港のそれぞれとのつながりを保持していた。

しかし、一三世紀以降ハンザ商業にとって重要な部門となったのは、スウェーデン中部である。その地の港であるストックホルムには、畜産品のみならずノルランドの森林の産物、とりわけファールンの銅やより広く分布する鉱山の鉄が流入した。対外取引の中心的動脈はストックホルムとリューベックを結ぶラインであり、一四世紀には二〇隻ほどの、一五世紀には三〇隻ほどの船舶によって結ばれていた。そこではリューベック商人が圧倒的な優位を占めており、ストックホルム商人は、自身もドイツの出身であるとはいえ、一四世紀末においてせいぜい四分の一を占めるに過ぎなかった。一三六八年から一三七〇年までの場合、九名のリューベック商人のみでストックホルムとリューベック、それにフランドルとの間の取引の六〇パーセントを扱っており、そこでは輸出が輸入をはるかに上回っていた。

鉱産物はスウェーデンの最も貴重な輸出品であった。ファールンの銅のほとんどがリューベックに向けて送られ、さらにリューベックを中継として最も多く送られた先がフランドルであった。一三六八年の輸出は約五〇〇〇リューベック・マルクに達したが、とりわけ大商人によって行なわれ、彼らのうちの一四名がその八四パーセントを掌握した。しかし生産が著しく減少した結果、一四世紀末にこの取引は深刻な危機に陥った。その原因は政治的また経営的なものであろうが、完全な特定はいまだできていない。回復したのは五〇年後のことであり、一五世紀末にはリューベック向けの輸送は一四世紀の五倍の規模に達した。

鉄は多くの鉱山で採掘され、ファールンはもちろん、メーラレン湖周辺やスウェーデン南部からも掘り出された。鉄にはイーゼル鉄 yser とオスムント鉄 osmund という異なる二つの名称があり、後者の用語はスウェーデン産の鉄だけに適用された。両者はもっぱら見た目で区別されたようであり、おそらくは融解方法に基づくものであった。オスムント鉄は、いたる所で棒鉄として生産されたものとはまったく異なり、きめの粗いかたまりのような見た目であった（あるテキストでは、「オスムント鉄は不成型の形を成す in formibus ruderibus osmund」とある）。鉄の生産と輸出は銅を量的に上回っていた。一三六八年にリューベックは、そこから一六八〇シップポンド、翌年には三〇〇〇シップポンド、すなわち額にして七〇〇〇マルクを輸入し、一三九九年は五〇〇〇シップポンドを輸入したが、それは価格をほぼ半減させた。鉄の大部分はフランドルに再輸出されたとはいえ、比較的大きな部分が――銅とは異なり――バルト海各港へと海路送り出された。その取引は一五世紀には増大したようである（一四九二―九四年には六〇〇〇シップポンド）。目新しいこととしては、ダンツィヒに向けたオスムント鉄輸出の量的増大があった。

金属以外で、ストックホルムはノルランドの毛皮を輸出した。リューベックやブルッヘに向けたロシア産の毛皮に先んずるため、一般に各シーズンの最初の二、三隻で運ばれた。スウェーデン商人がこの取引では他よりもずっと大きな割合を占め、一三六八年にはその取引は銅のそれとほぼ同じ額に達した（毛皮は二三〇〇マルク、牛皮は一〇〇〇マルク）。

一三六八年のポンド税台帳から得られる、おそらく最も驚くべき数値は、リューベックに向けたスウェーデン産バターの輸出に関するものであろう。価格にして一万五〇〇〇マルク以上になるその半分はフランドルに向けて再輸出された。その大きさからしてまったく異常なこの数値はたぶん戦争によるもので、それがドイツ北部と西欧に向けたデンマーク産バターを食い止めてしまった。後年この値は半分以下にまで減少し、もはや往時を上回ることはなく、一六世紀においてすら一三六八年の水準に達することはなかった。この産物はスウェーデン南部やゴットランドから輸入される家畜と同様に、デンマークとの競争に挑むのは困難であった。

ハンザを通じたスウェーデンの輸入品に関して見ると、ここでも主に毛織物と塩から成り、毛織物は全体の半分以上、三分の二を占める時もあった。一四世紀第三・四半期以降、リューベックによる塩の発送は衰えを見せている。もっぱらダンツィヒから輸入されたブルヌフ産塩の量が増えたからである。

デンマークは、ハンザの政治史ではかなりの位置を占め、しかもドイツからの盛んな移民流入を甘受しなければならなかったが、経済面を見れば、ハンザにとっては、スコーネを除けば二流の位置を占めるに過ぎなかった。ほぼ全土が牧畜と農業の国なので、デンマークがハンザの大商人の関心を引くことはできなかったのである。ドイツ商人はデンマーク人から特に馬と牛を購入した。後者はリーベ、レンツブルクの市場で購入され、毎年数千頭（一五〇〇年頃にはおよそ二万頭）がヴェント都市やオランダに連れて行かれた。おそらくバターも交易品として重要であった。その対価としてハンザはデンマーク人に塩やワイン、毛織物そして鉄を販売した。

はるかに規模が大きかったのはスコーネ産ニシンの取引であった。ニシンはエアソン海峡南部の沿岸で七月から九月にかけて、ほぼもっぱらデンマークの漁師により網で捕獲された。ニシンの群れは不規則に回遊し、全体としてその規模が大きいので漁獲量は年により激しく変動する。一三世紀以降きわめて盛んになったニシン漁は、一四世紀末に頂点に達したようではあるが、それ以降は下り坂となった。この衰退を招いたのは魚群の北海側への移動であるということが、しばしば論拠もなしに共通了解とされてきたが、そうした移動が確認されうるのは一六世紀になってからである。むしろ衰退は、需要の低下によるのであろう。需要の低下自体の原因はスコーネの大市にかげりが見えたことである。

ニシンの下処理と塩漬けと販売は、漁師の仕事ではなかった。そうした作業にまで関与することは、彼らには厳しく禁じられてさえいた。これらの作業は、もっぱらマルメーの南、スカノールという小半島で、デンマーク語でヴェズ ved、ドイツ語でフィッテ vitte と呼ばれる国王から授与された租借地において商人とその使用人によって行なわれた。こうした租借地は、デンマーク人、オランダ人、ドイツ人の商人に貸与されたものが三〇ほど知られているが、実際の数はそれ以上であった。ハンザ都市が保有していたのは一五であり、北海側の都市――ハンブルクとブレーメン、ゾイデル海の諸都市――はスカノールの周辺に、キールからレーヴァルまでのバルト海側の都市は、さらに南のファルステルボーの周辺にフィッテをもっていた。これらフィッテの規模はさまざまであり、最も重要なリューベックとダンツィヒのもので六―一〇ヘクタールの規模があった。フィッテには作業のための仮設小屋や教会、墓地があり、デンマーク側代官の監督のもとで、それぞれ自治組織を有していた。フィッテの運営や裁判、交易を取り仕切っていたのは代官であり、彼らはそこから便益を得ている都市の市参事会員の中からしばしば任命された。数の多さと非都市的な性格、それに年間を通じて三カ月という限られた活動期間を度外視すれば、概して、これらフィッテはハンザの商館を思い出させるものであった。さらに独自な点としては、商館への女性の立ち入りが厳禁されていた一方で、フィッテでは、魚の下処理と塩漬けが主としてデンマーク人とドイツ人の女性によって行なわれたことが挙げられる。

塩漬けされたニシンの販売は、フィッテでも認められることがあったが、たいていはスコーネの大市で行なわれた。開催期間は七月末から一〇月末までであり、一一月一一日まで延長されることもあった。一四世紀には、主にスカノールが販売地であったが、一五世紀になると、ほぼもっぱらファルステルボーに売買が集中した。元来ここの大市には、フランドルやオランダ、イングランドやスカンディナヴィアの商人が足しげく通っていたので国際的な性格を有していた。ここで取引されたのは、魚だけではなく、織物や木材、毛皮、蜜ロウ、鉄などもあった。一四世紀におけるドイツ、特にリューベック商業の発展により、徐々にこの市場の性格は変わっていった。ハンザ商人は、一三六八年から一三八五年までのスコーネの主であったが、その地位を利用して外国商人をほぼ全面的に排除するのに成功し、次第にここの大市はニシンをほとんど専門的に扱うようになった。

ヴェント都市から近かったので、スコーネのニシン取引は、他では見ることができないほどの大量取引が特徴であった。それを裏付けるのは、リューベックと内陸をも含むその他の都市におけるスコーネ渡航者《ショーネンファーラー》団体の数の多さである。一三六八年のポンド税 Pfundzoll によれば、二五〇隻の船が価格にして四万八〇〇〇マルク、すなわち樽の数にしてほぼ同数のニシンをリューベックに輸送した。しかも、この年の交易は、デンマーク戦争の影響下にあった。一四〇〇年には、五五〇隻以上のリューベック船が、主にマルメーと（コペンハーゲン近郊の）ドライヤーに投錨した。確かなことは、それらの船、とりわけドライヤーに係留された船の大部分が、きわめて小型のもの（スクーダー船 Skuder）であったということである。多くの船が輸送できたのは、六樽から一二樽に過ぎなかった。マルメーもしくはファルステルボーに停泊していた最大の船舶は、一二名の商人の名義による四〇〇もの樽を積んでいたが、他の方面の船舶と比べれば、これもたいしたものではなかった。一四〇〇年には、合計しておよそ九〇〇名のリューベックの輸入業者――彼らの多くは、調達した商品をいくつもの船に分散させていた――が、約六万五〇〇〇の樽をリューベックにもたらしたが、これには関税台帳に記録されていない分を加える必要があろう。他のハンザ都市の取引については、それを推し量る素材がない。アクセル・クリステンセンの見積もりによれば、当時スコーネの大市で売買されていたニシン樽の数は、二〇万から三〇万に及んだとのことである。

いうまでもなく、リューベックの船舶はスコーネに向かう際に、このニシン取引にとって不可欠な貯蔵手段を輸送していた。空の樽のほか、リューネブルクの塩が主な輸入品であった（一四〇〇年では一四〇〇ラスト）。それに加えて、この地の多くの人々にとって欠くことのできない食料品、特に穀粉とビールがあった。リューベックからスコーネへのこれらの輸送額は、一三六八年には三万二〇〇〇マルク、一四〇〇年には四万マルクに達した。

一五世紀になるとスコーネのニシン商業は、わずかながら衰退傾向を示すようになった。とはいえ、正確なデータは、一四九四年にデンマーク側代官が徴収した金額以外に提示できるものはない。その記録によれば、三九四三ラスト（すなわち四万七三一三樽）のニシンが一〇二名のハンザ商人により購入された。その内訳は、五五名のリューベック商人が一二八四ラスト、二二名のダンツィヒ商人が八七八ラスト、三六名のシュテティーン商人が八一一ラスト、二一名のシュトラールズント商人が五二四ラスト、ほかにポメルンの商人が六名で五〇ラスト、そして三〇名のヴァルネミュンデの商人が四八ラストであった。

　これらの数値は、不完全であるとしても、全体として衰退傾向を示していることははっきりと見て取れる。その主な理由は、ヴェント都市の近視眼的な政策に求められるべきである。スコーネの大市から西欧商人を締め出したことは北海漁業の活性化につながったに過ぎない。その結果、一五世紀半ばから北海沿岸やライン川流域では、ホラントとゼーラントのニシンがスコーネ産ニシンを大規模に押しのけてしまった。それらはバルト海側にも輸入され、しかもその量は毎年増えていった。宗教改革の進展が需要をさらに減少させ、一五六〇年以降はノルウェー沿岸への漁場の移動がそれを加速化させた。一七世紀になると、かつては夏が終わると何千人もの漁師や加工人、商人でごった返していたスカノールの半島も完全に見捨てられてしまった。

　ノルウェーのハンザ商業は、三つの支柱を有していた。何よりもまず挙げられるのは、ベルゲン商館であり、リューベック商人が支配するところであった。テンスベリとオスロは副次的な支所《ファクトライ》であり、おもにロストクから商人がやってきた。これらの地点からヴェント都市の小規模な商人や行商人は、国の内部へと活動を広げ、国王から禁止されているにもかかわらず小売での売買を繰り広げ、ノルウェーにおける小売業の大部分を自らの掌中に収めてしまった。それゆえ、ハンザの経済的影響力は、ここでは他の国にもまして強大となった。

　対外商業を実質的に繰り広げていたのは、リューベックのベルゲン《ベルゲン》渡航者《ファーラー》団体であった。毎年二〇隻ほどの中規模の積載量——四〇から六〇ラスト——を持つ船舶が、双方の港を結んでいた。第一の取扱商品はタラであり、特に身の大きさに従って、一つ二キログラム以上の重さのあるコニングスロッベンから平均して二五〇グラムのティトリンゲまで、多くの種類に区別されていた。西側沿岸、特にロフォーテン諸島の水域で獲れたタラは、頭を切り取られたのち、納屋で二つの方法で乾燥された。すなわち、二匹ずつ尾で束ねるか（ルントフィッシュ）、一匹ずつ尾まで身を割くか（ロッチェン）して、木造の支柱に吊り下げ、注意深く、日光が一切当たらないようにした。その後、ノルウェーの漁師はこれらの魚をベルゲンに運び、ハンザ商人に船から船へと販売した。取引のためにベルゲンより北に赴いてはならないという禁令を、ハンザ商人は常に守ったのである。魚は約二五〇キログラムの樽に詰められるか、もしくは梱包されるかして、リューベックに送り出され、さらに大きさに従って樽詰めされた。

全体の一〇分の九までもがタラで占められたベルゲンの輸出は、戦時である一三六八年には三七二〇リューベック・マルクを計上した。その二年後には一万マルク、一三七三年には一万八〇〇〇マルク、そして一三八一年には一万九〇〇〇マルクを超えた。同世紀の末に多分二万マルク以上となった。すなわち、リューベックにとってタラの取引は、ニシンの取引の四分の一の規模を占めたのである。タラに比べれば、その他の商品はほとんど取り上げるほどの意味はなかった。サケ、タラの肝油、ノルランドの皮革、それに一五世紀に多少は重要性があったと考えられるバターなどである。オスロとテンスベリでは、ロストク向けの輸出の場合、皮革と毛皮が最重要商品であったようである。

ノルウェーのハンザからの輸入は、輸出と比べると価格にして半分にすぎず、ライ麦粉と小麦粉が中心をなしていた。次いで重要だったのが麦芽とホップで、ビールの醸造に用いられ（ベルゲン渡航者団体のうちの幾人かは、リューベック周辺のホップ畑の所有者か小作人であった）、最後に塩と亜麻布が位置した。その一方で、リューベック商人は、ほとんど唯一の例外を除いて、この地域へネーデルラント産の毛織物を送り出すことはなかった。それらをもたらしたのは、カンペンの船であり、次第にオランダ船での輸送が増えていった。

さらにリューベック商人は、一四世紀になると、ノルウェーとイングランドとの連絡をほぼ完全に自らの掌中に収めることに成功した。彼らの船舶のうちの何隻かは、リューベックからベルゲンに向けて穀粉を、ベルゲンからボストンに向けてタラを、そしてボストンからリューベックに向けてイングランド産の毛織物をもたらすことにより、一種の三角貿易を展開していた。

しかし、一五世紀後半になると、ノルウェーにおけるリューベックの商業は衰退過程に入った。リューベック商人は、オランダ商人の進出を食い止めることはできなかった。オランダ人がハンザの影響力を軽減してくれると考えられ、ノルウェーで快く受け入れられたからである。一四三八年以降には、アムステルダムにベルゲン商人の組合があったことが知られている。

なおも重大だったのは、ノルウェー産対アイスランド産というタラの競争である。一五世紀初頭になると、ベルゲンの商館は、ドイツの船がフェロー諸島やシェトランド諸島、オークニー諸島で取引を営んでいるのを知って不安を感じ、一四一七年のハンザ総会で「普段利用することのない」ノルウェーの港に寄港しないよう通達を出してもらった。しかしやがて、ハンブルクとブレーメンの船がイングランド船に続いてあえてアイスランドに向かうようになると、ノルウェー王は、以前のようにベルゲンに立ち寄らずに直接アイスランド島に向かう権利を認めるようになった。ハンブルク市自体、自ら三隻の大型船を用船してアイスランド方面に向かわせることで、この方面の航海を援助した（一四七五年）。これはハンザ都市を互いに対立させ、関係を悪化させた競争の一例である。アイスランドのタラはやわらかさに欠け、評価も低かったものの、ノルウェー産よりも安かった。さらに、タラの身を器の中でやわらかくする方法が広まったことにより、アイスランド産がとりわけドイツ南部で大々的な成功を収めることになった。ベルゲン商館が不満を訴えたとはいえ、その状況を何ら変えることはできなかった。

かくして、一六世紀初頭以降、ノルウェーにおけるドイツ人居留地とリューベックのこの方面での商業の繁栄は、著しい危険にさらされた。

6　ブリテン

イングランドにおけるハンザ商業の特徴は、ある意味で、その他の大部分の国々で見られたものと反対の展開を見せた点にある。一般にハンザ商人は、外地において、まずは大規模な商業中心地に結集してから別の場所へと分散していったのであるが、イングランドではそれと反対に、一三、一四世紀にきわめて分散していた彼らの交易が、一五世紀になってロンドンに集中していく傾向を見せたのである。そうした取引の分散状況は、同国におけるハンザ交易の起源が二重だったことに起因する。まずは、ケルン商人が、ムーズ川流域やヴェストファーレンの商人をともなってロンドンに居住し、ここを彼らのライン商業の拠点とした。次いで、ゴットランド渡航商人団体のオスターリング、すなわちハンブルク、リューベック、プロイセン諸都市の商人がやってきた。まったく当然ながら、彼らが最初に拠点を構えたのは東側の海岸沿いの港、すなわち、イプスウィッチ、ヤーマス、リン、ボストン、ハル、ニューカースルであった。これらすべての居留地の中でボストンは、特にリューベック商人が頻繁に訪れたところであり、羊毛や毛織物の輸出の中心としてネーデルラントやハンブルク、ダンツィヒ、ベルゲンと結ばれ、最も取引が盛んであった。一四世紀最後の一〇年までに、そこでのハンザ商人によるイングランド産毛織物の輸出は、ロンドンを含めた他のイングランド諸港を合わせた輸出規模をはるかに凌駕するまでになり（一三九二年は二二〇〇ピース）、一五世紀半ばになるまで活発な状況が続いた。しかし、オスターリング自身は徐々に彼らの取引をロンドン商館へと集中させていった。一四六八年にイングランド全体で没収されたハンザの商品の目録からわかるのは、その三分の二がロンドンのシュタールホーフに置かれていたということである。

ライン地域と東方という、これら二つの取引の流れに加えて、はるかにささやかなものではあるが、一四世紀末以降、第三の流れが加わった。それを生み出したのは、ハンザの大西洋沿岸に向けた進出である。ブルヌフやラ・ロシェル、リスボンからハンザ船が戻ってくると、そのうちの何隻かは、ロンドン以外にも英仏海峡に面したサンドウィッチやサウサンプトン、ブリストルといった港に向かい、フランス産のワインを販売した。

ノルウェーやフランドルの場合と同じように、ハンザ商人は取引を港に限るということはせずに、卸売と小売双方の交易のために国の内部へと活動範囲を広げていった。さらに彼らは、さまざまな都市で羊毛のみならず皮革 cuirs, peaux や金属に対してもさえも課されていた指定市場の規制に制約されていた。かくして、彼らがとりわけ多く訪れたのは、ノリッジとヨークであると考えられるが、スタンフォードやリンカーン、ウェストミンスター、カンタベリー、ウィンチェスターの市場にも盛んに赴いた。

ハンザのイングランド商業は、関税台帳があるために、他の地域と比べれば、不明な部分が幾分少ない。とはいえ、刊行の現状を考慮すれば、ある程度詳しく知ることができるのは、ほとんど羊毛と毛織物の流通に限られる。ハンザ全体の取引規模は、一四四六年九月から一四四八年九月までの、平和時と考えられている二年間から判断すれば、約四万七〇〇〇ポンド・スターリングであった。そのうちの二万五九〇〇ポンドはイングランドからの輸出で、二万一一〇〇ポンドはイングランドの輸入であった。それはイングランドの対外交易の一三パーセントを占めていたが、そこではほかの外国商人の割合は二七パーセント、イングランド商人の割合は六〇パーセントであった。一四七九年から一四八二年は、ハンザ・イングランド戦争終了後の交易拡大期に該当し、取引規模は六万一〇〇〇ポンド、そのうち輸出は三万二三〇〇ポンドに達していた。そこに登録された割合を見ると、ハンザ以外の外国人は一九パーセント、イングランド人は六七パーセントを占めていたものの、それでもやはりハンザ商人は一四パーセントに過ぎなかった。

当時のイングランドの対外交易を特徴づけていたのは、周知のように、羊毛輸出の減少（一四世紀前半の三万袋に対して、一四世紀末では二万袋、一五世紀半ばになると八〇〇〇袋）と毛織物輸出の増加である。一三六六年に一万五〇〇〇反だった毛織物の輸出量は、一三九二年から一三九五年にかけて四万反を超え、一四四六年から一四四八年にかけて五万三〇〇〇反に達し、状況により変動はあるものの、一四八二年には六万六〇〇〇反にまで達した。こうした展開はハンザ商業にも反映されている。すでに述べたように、一三四〇年頃にヴェストファーレンとライン地域の商人は三五〇〇袋に達しようとする羊毛を輸出していた（三分の二はボストンから、残りはロンドンとキングストン・アポン・ハルから）。しかし、これらの輸出はフランドルを目的地とするものがほとんどすべてを占め、世紀後半にもなればほとんど完全に停止してしまった。

　対照的に、ケルン商人であれオスターリングであれ、ハンザ商人にとって当時イングランド産の毛織物はきわめて重要な輸出品となり、一五世紀にその比率はハンザの全輸出の九〇パーセントほどを占めた。それらの毛織物の輸送規模は、一四世紀第四・四半期の間に三倍となり、一五世紀を通じて六〇〇〇反と一万二〇〇〇反の間を変動、一六世紀になってもかなり上昇を示した。イングランドの毛織物輸出全体と比較すれば、そこに占める比率は二〇パーセントから三〇パーセントの間であった。特にハンザ商人が購入したのは、染色されていない中位の品質の毛織物であった。フランドル産の毛織物について見られるのとは対照的に、イングランド産毛織物の生産地を史料が示すことはまれである。それは主にロンドンとコルチェスターの毛織物であり、ノリッジとヨークのものもあったように思われる。ドイツ商人は、毛織物を次第に農村地域、特にグロスター伯領（ブリストル）の生産者から購入するようになり、ここで彼らは一番の得意先であった。

　毛織物に続くその他の商品は、ささやかな役割を演じたに過ぎない。おそらく筆頭に挙げるべきは、コーンウォール産の金属だろう。つまり鉛と錫で、一三四七年にティデマン・リンベルクが投機の対象とした商品であり、一五世紀末のダンツィヒの関税台帳にも見出すことができる。さらにそこには、とりわけハンブルクで求められたヤーマス産のニシンと子羊やウサギの皮とを加えることができる。塩とワイン、果実は、輸出品の中にかなり頻繁に見出される商品であるものの、イングランドでは通過扱いとして取引されるのみであった。

　ハンザ商人により扱われた輸入の品々は、はるかに多彩であった。とはいえ、主な商品それぞれの重要性について知ることはできない。イングランド人の見るところでは、ハンザの諸地域の中でも最も手に入れたい商品を供給してくれるのは、たぶんプロイセンであった。すなわち、木材とその副産物である灰やピッチ、樹脂があったほか、穀物の取扱量が増えつつあり、一四世紀初頭以降になると銅と鉄が目に付くようになった。おそらく蜜ロウこそが、最も求められた産物であった。ハンザ商人は、価格の上昇を目論んで供給を制限しているとして、繰り返し告発の対象となった。この種の一三〇九年に見られたある告発によれば、イングランド側が被った損害は、公式見解で一〇〇〇ポンド・スターリングと見積もられた。関税台帳によれば、一五世紀半ばに輸入された五三一ツェントナーの蜜ロウもまた、一〇〇〇ポンドと見積もることができる。ただし、それはハンザによる輸入品の五パーセントを占めるに過ぎない。とはいえ、その後に輸入量は――一四七〇年の戦争期を除けば――目に見えて上昇し一四七五年から一四七九年にかけては毎年一〇〇〇ツェントナーに達していた。一四七九年から一四八三年にかけては二七五〇ツェントナーに達し、それは金額にして五二〇〇ポンド、輸入全体の一八パーセントを占めたようである。上昇は一六世紀まで継続することになり、一五二八年から一五二九年にかけて八四五五ツェントナーを記録した。当時蜜ロウは、ハンザによる輸入の少なくとも四分の一を占めていた。

イングランドにもたらされたフランス産ワインとライン産ワインに関しては、ハンザが果たした度合いをぜひ知りたいところである。しかし、関税台帳により知りうるのは、（現在までのところ）輸入の総量だけである。すなわち、一五世紀初頭には約六〇〇〇樽が輸入され、一四〇八年から一四二〇年にかけては一万樽を上回っていた。一五世紀の第三・四半期には、おそらくギュイエンヌの領土が奪われた結果、輸出量は五〇〇〇樽にまで減少したが、その後に再度の上昇を見せた。外国人が占める比率は、世紀半ばの約二五パーセントから一四八〇年の一五パーセント以下へと落ち込んだ。これらの数値から、ハンザ商人が果たした役割はそれほど大きくはなかったのではないか、ということが示される。ほぼすべてのライン産ワインを取り扱ったのは確かにハンザ商人であり、それらのワインは東部沿岸や内陸部のすべての大都市で記録されていた。だが、フランス産やイベリア半島産のワインと比べたライン産ワインの比重を推し量る手立ては何もない。たぶんその比重は、おそらく百年戦争後の数年間を除き、一四世紀初頭以降下落し続けていたことであろう。

イングランドとの関係と比べても、ハンザとスコットランドとの関係はまったく無視することはできないものである。一四世紀以来、エディンバラはブレーメンやプロイセンとの取引を継続していた。しばしばイングランド向け船舶を攻撃の対象とするスコットランド人の海賊に襲われることがあったが、交易は、一五世紀を通じてとりわけダンツィヒとの間で強化された。最も頻繁に交易を行なっていた都市は常にエディンバラであったが、そのほかにもダンバーやグラスゴー、アバディーンでドイツ人の商品や代理商が知られている。ハンザの対スコットランド商業は、対イングランド商業とほとんど同じ特徴を持っていた。すなわち、購入されたのは毛織物や羊毛、キツネやカワウソの皮であったが、そこにフォース湾で採取された海塩が加わることもあった。販売されたのは木材、樹脂、穀物、鉄であった。ネーデルラントを経由して輸入されたライン産ワインは、さまざまな都市、とりわけ宮廷で高く評価された。これらの取引の規模に関する正確な記録はまったくないが、プロイセンにおけるスコットランド人の取引を加えれば、その規模は二倍になる。

7　ネーデルラント

ネーデルラントにおけるハンザ商業は、大きく異なる三つの部門から成り立つ。すなわち、まずブルッヘ商館があるフランドルがあり、ここには当然エノーとブラバントが含まれる。次いでホラントとゼーラント、最後にゾイデル海東部のハンザ都市が挙げられる。

中世最後の二世紀にわたるハンザの政治・経済の歴史全体は、フランドル地方の比類なき重要性を証言している。数々の理由がその優位を説明する。なによりもまず、ハンザはフランドルで自らの取引に不可欠な商品である毛織物を入手した。次いで、ネーデルラントは人口が稠密でしかも手工業が盛んだったので、東方の産物全体を大量に調達した。彼らは文句なしに毛皮、穀物、銅の最大の買い手であり、また木材とその副産物ならびに蜜ロウ、鉄、亜麻、琥珀、ワイン、その他多くの商品でも最大の買い手の一つであった。三つ目の理由として外国商人の流入が挙げられる。ブルッヘに次いでアントウェルペンにやって来たイタリアやイベリア半島、フランス、イングランドの商人が、ハンザ商人に取引のほとんど際限のない拡大を保障した。最後に、イングランドに向けたケルン商人の交易にとって、またロンドンやパリ、さらにはフランスやイベリア半島の諸港に向けたオスターリングの交易にとって、この地方がほぼ強制的な通過地点や寄港地であったということが挙げられる。

一三世紀から一五世紀にかけて、最も多くのハンザ商人が存在し、活況を極めたのが商館の所在地で交易の中心であるブルッヘであったのは言うまでもない。ここで見受けられたのは、すべての地区《ドリッテル》からやってきた季節的商人に加えて長年そこに滞在している代理商や商社の社主も含まれた。それほど多数ではないが、ズウィン川沿いの小さな港湾拠点、とりわけダムやスロイスに拠点を築く集団もあった。

またたく間にハンザ商人は、フランドルとブラバントのほとんどの都市へと進出した。ブラバントとホラントの毛織物製造業の発展は、彼らの進出を加速化させるばかりであり、ブルッヘへの指定市場の強化もそれを妨げることはできなかった。しかし、こうした活動の痕跡はほとんど残っていない。おそらく最も盛んに彼らが訪れたのはイープル、ヘント、アールデンブルフ、メヘレンであり、とりわけ大市が開催されているだけに、ベルヘン・オプ・ゾームやアントウェルペンもそうであった。アントウェルペンとブルッヘの間では、ハンザ商業の中心をめぐる主導権争いが一四世紀前半から見られるようになった。このうちスヘルデ川の港（アントウェルペン）のほうは、ケルンとヴェストファーレンの商人の対英商業にとって、よりふさわしい位置にあった。なかでもドルトムントの商人が、ここを拠点に交易を繰り広げた。とはいえブルッヘへの地位が深刻に揺さぶられるのは、ようやく一五世紀後半になってからである。ハンザは公式にはブルッヘからの商館の移転に反対したとはいえ、外国商人に続いて、多くのハンザ商人がアントウェルペンに拠点を移した。一五〇〇年になる前から、ここはネーデルラントにおけるハンザ商業の一大拠点となっていたのである。

大変残念なことに、フランドルのハンザ商業に関する正確なデータは完全に欠けている。ヴァルター・シュタインは、ブルッヘ商館におけるゴットランド地区の人々の支出をもとに、一三六九年についてのおおよその試算を試みている。それは輸出入商品の価格の七二〇分の一に設定された税《ショス》から導き出されたもので、彼の計算によれば、取引額は三万八六一〇グロート・ポンドないし二一万二〇〇〇リューベック・マルク、つまり同じ時期のリューベック港の取引額のおよそ三九パーセントに相当する。二つ目の試算値は、一四一九年のリューベック地区の長老であるヒルデブラント・フェッキンクーゼンの会計簿によるもので、同年分の一一万八二四〇グロート・ポンドないし六五万一〇〇〇リューベック・マルクという値が得られる。最後に、一四六七年に税の支払いを拒否していたケルンは、その総額を六〇〇〇グルデンだと見積もっていたが、それは商品価格にすれば、一四四万グルデンもしくは二四万グロート・ポンドに相当しよう。グロート・ポンドに換算した際の目減りを考慮したとしても、この数値からは、取引規模の伸びが看取される。リューベック市政が危機的状況にあった後の一四一九年が例外的とも言える好況期であったはずであるだけに、また一四六七年には、以前にはなかったことだが、ネーデルラント全体で売買に税が徴収されただけに、なおさら事実だと思われる。

他方、ハンザの主要都市にとって対フランドル商業がどのような意味を持っていたかということも、ぜひとも知りたい問題である。それは一三六八年のポンド税台帳が存在するおかげで、リューベックに関してのみ回答を試みることができるが、それは一三六八年のポンド税台帳が存在するおかげである。合計三三万九〇〇〇マルクの輸入の中で、毛織物は一二万マルクを占めた。そのほぼ全体は、この時期にはブルッヘから輸入されたものであった。すなわち、リューベックの輸入の少なくとも三分の一は、フランドルが供給していたのである。とりわけスウェーデン、またおそらくリーフラントでは、たぶんさらに高い割合に達していたであろう。これに対してノルウェーは、フランドルの役割が小さかったハンザの唯一の地域であった。

ハンザがブルッヘで調達した主要な商品は毛織物であり、ハンザのフランドルからの輸出に占めるその割合は、四分の三以上に達した。毛織物の生産地や品質、色合いには、無数といってよいほどの種類があった。フランドルに限っても、ドイツ人が毛織物を購入した都市は二五に及び、ブラバントやエノーでも数十都市が見いだされることであろう。ハンブルク商人フィコ・ファン・ゲルダーセンの会計簿には、一三六七年から一三九二年にかけて実に四〇種ほどの毛織物が見いだされる。ケーニヒスベルクにあるドイツ騎士修道会の貿易庁の会計簿によれば、一四〇〇年頃に購入された毛織物には次のようなものがあった。フランドルの一六都市のものがあり、そのうちポペリンゲが四種類と最も多く、次いでコミーヌ、リール、サン・トメール、ホントスホーテ、イープルが続いた。また、ブラバントの一二都市のものもあり、そのうちメヘレンが八種類、ブリュッセルが三種類だった。さらに、モブージュを含むエノーの五都市のものや、ホラントの三都市、つまりアムステルダムとレイデン、ナールデンのものもあった。一四六九年にレーヴァルに向けてリューベックを出港したある船舶には、二四〇〇反の毛織物が積み込まれていたが、そのうち三六〇反がポペリンゲ産、三〇〇反がアールスト産、二〇〇反がコミーヌ産、一〇〇反がトゥルコワン産、また三〇〇反がナールデン産、一〇〇反がレイデン産、そして二〇〇反がイングランド産であった。

最も高価なのは染色された毛織物であった。イープル、ヘント、ブルッヘもしくはメヘレンの「緋色染め」は、一反あたり四グロート・ポンド以上の値段であった。より一般的だったのは、より薄地の一ポンドから三ポンドまでの中級品であり、ホントスホーテ、モブージュ、コミーヌで生産された。特に求められたのは、きめの細かいサージ織の一種であるブルッヘ産のセイであった。そして最も安い一二シリングから一九シリングまでの毛織物にはさまざまな生産地があり、とりわけイープルに近いポペリンゲは、ハンザ商人に対する毛織物の供給地の中でも量的に見て首位の座を保持していたようである。

これら各種の毛織物の長さと幅はさまざまで（一般的に長さは三〇から四五エレ、幅は二から三エレ）、織り方や梱包の仕方にそれぞれ特徴があり、それが多くの贋物の温床となった。毛織物は、さまざまな反数からなる袋（ラーケン）につめて販売された。厳密に言えば、毛織物には既製品が含まれるべきであり、それらの中でもブルッヘ産のズボンは、最も取り上げられることが多かった。

中世最後の二世紀間を通じて、ハンザ商人が毛織物を購入する際に見せた著しい特徴は、一四世紀以降の他のヨーロッパ諸国でブラバント産毛織物の嗜好のほうが高かったにもかかわらず、彼らがフランドル産を忠実に買い続けたことである。ブルッヘが彼らの毛織物の調達地であったということが、明らかにその中心的な理由である。とはいえ、ハンザの地域ごとの微妙な違いも看取される。ニーダーザクセンとスウェーデン、リーフラントでは、フランドル産毛織物が最もよく優位を保っていた。プロイセンではブラバント産毛織物のほうが一般的に用いられていた。ただし、クラクフでは、後背地を除き、競争相手のフランドル産には勝てていなかった。これに対して、ケルンとヴェストファーレン都市、また同様に南ドイツでは、早くからブラバント産毛織物に対する嗜好が勝っていた。それは明らかに、ブラバントのほうがずっと近かったからである。一三四四年のケルンの関税では、ブラバント産の毛織物が数量面ですでにフランドル産をはっきりと凌駕していた。

一五世紀になると、多くの国々でオランダとイングランドの毛織物が、これまでのものに代わって優位に立った。これはケルンにも当てはまり、ここでブラバント産毛織物は二番手に落とされ、フランドル産はほとんど見かけなくなった。これに対して他のハンザ地域では、新たな毛織物が普及したにもかかわらず旧来からの毛織物の優位が保たれ、フランドルのこれまで知られていなかった種類の毛織物の出現を見ることさえあった。このようなこだわりから、ハンザ商人の保守的な気質がうかがえる。

毛織物と比較すれば、ハンザ商人によって輸出された他の商品はすべて、わずかな位置を占めるに過ぎなかった。ネーデルラントの特産品としては、ほとんどの鐘や鎌、はさみといった金属製品を挙げられるだけである。たぶんこれらの品は、ディナンからもたらされ、ダムで購入された。ディナンの商人は、ダムから彼らの銅や真鍮の製品をロンドンに向けて発送した。もっと重要で種類も多かったのは、イタリア商人によりブルッヘにもたらされた南欧およびアジアの産品である。おそらくその頂点に位置していたのは香辛料であろう。ドイツ騎士修道会は、都市の市民以上にその買い手であったと思われる。南方産の果実と油は、おそらく少なくとも同じ程度に重要であった。最後に塩とフランス産ワインは、ハンザ商人によってもっぱら現地で調達されたにせよ、ブルッヘやダムでの定期的な購入の対象となった。

フランドルにおけるハンザの輸入商業では、イングランドでの場合と同様、商品それぞれの重要性はよくわからない。一四世紀前半では、ヴェストファーレン商人がもたらしたイングランドの羊毛が、明らかに首位を占めていた。次いで最多となったのはたぶん毛皮であろうが、飢饉の際にはプロイセン産ライ麦の輸入規模が増え、一五世紀を通じてそれが徐々に一般的となった。ライン産ワインについて述べれば、それは指定市場の規制の下にはなく、ケルン商人の卸売り、小売りを通じてほとんどすべての都市で販売された。他の商品についても、木材とその副産物、金属、亜麻布、琥珀であれ、ブルッヘで買い取り人が見つからない東欧産品は存在しないと言える。

ハンザ商業の中では、フランドル・ブラバント地域と比べてホラント・ゼーラント地域が一種独特の性格を帯びていたが、それはもっぱらそこで取引される商品によって特徴付けられていたというわけではない。ネーデルラント北部は南部と同様に、一四世紀半ば以降、毛織物の大生産地であるとともに、プロイセン産穀物に対する需要を徐々に高めてきた。しかし、自らの領域で張り合おうとする手ごわい競合相手に直面すると、ハンザ商人は、これまでずっと外地で行なってきたこととは反対に、努めてオランダ産の織物の購入を制限したり、さらにはまったく禁止したりするようになった。それを達成するために、彼らはこの部門の交易をそうした統制の行使を任務とするブルッヘ商館の配下に置くことを試みたのである。

オランダにおけるハンザ商業の二大中心地として、ドルトレヒトとアムステルダムがあった。ドルトレヒトはブルッヘよりも地理的に恵まれた位置にあり、ブルッヘに取って代わることを考えることも可能だった。ライン川に接したドルトレヒトは、ドルトムントやケルンの対イングランド商業のみならず、ゾイデル海やオランダの運河を通ってフランドルに向かう積載量の乏しい船舶にとっても天然の積み替え地であり、それゆえこれら小型船は、海賊やその他の海難から逃れることが可能であった。そこではダンツィヒ、トルン、クラクフからやってきた商人が数多く見受けられ、金属、木材、穀物をその地にもたらした。ブルッヘと同じく、そこの住民は仲買人の役割に甘んじ、外来商人との積極的な競争に臨むことはなかった。しかし、一四世紀末以降、ハンザの活動はますますブルッヘに集中していった。さらにドルトレヒトは、指定市場を強化してラインラントの対イングランド商業を妨げるという愚を犯してしまった。かくしてドルトレヒトは、これまでドイツとの商業において担ってきたかなり重要な役割を失ってしまった。

一四世紀末のアムステルダムの人口は、いまだドルトレヒトの二分の一ほどであった。そのアムステルダムとの関係をとりわけ発展させたのはハンブルクである。一三六九年にハンブルクから輸出されたビールの三分の一、すなわち二万マルク相当がアムステルダムに向けられた。ヴェストファーレン産の亜麻布や穀物もハンブルクを経てアムステルダムに送られ、しかも流通量を増しつつあった。一方ハンザ商人は、アムステルダムから塩、ワイン、果実を調達した。一五世紀に両者の対立は先鋭化の度合いを次第に深めたとはいえ、ハンブルク商人は、オランダ産ニシンの輸出を加えることで、このような交易関係を維持した。その一方でハンブルク商人には、オランダ産の毛織物をそこで調達する道は、少なくとも公式には閉ざされていた。それらはブルッヘ商館でのみ購入されるべきことが義務付けられていたのである。プロイセンとの関係も一五世紀には強化された。とはいえ、ハンザの船舶や商人が占めた分を明らかにするのは不可能である。オランダ商人と同じように、ハンザ商人も木材と穀物をアムステルダムに供給し、その帰り荷として塩、ニシン、ワインを持ち帰ったが、毛織物はそこに含まれなかった。ブルッヘへの商館が衰退すると、次第に多くのハンザ商人が、アントウェルペンとともにこの港を訪れるようになった。しかし、その増加を示すデータはない。

最後に、ネーデルラントにおけるハンザ第三の商業地域として、エイセル川からゾイデル海東岸の諸都市からなる地域があった。留保付きではあれ、これらの都市はそれぞれが別々の時期にハンザ共同体に加入を認められた。各都市の立地条件のよさが、その発展を物語る。エイセル川を通じて、それらの都市はライン川の流域、ケルンやヴェストファーレンの諸都市と連絡していた。ゾイデル海を通じては、ハンザの大規模な東西間の商品流通に加わっていた。そして最後に、牧羊地帯の中心に位置し、オランダと同様に毛織物の生産地となり、やがてそれはこれら諸都市の主要な輸出品となった。

カンペンとデーフェンターは、この部門で最も活発な都市であった。前者は、一三世紀以来開拓していったバルト海との交易関係をようやく一四、一五世紀になってから強め、そこからカンペンの商人は、穀物、木材、亜麻布をもたらした。エアソン海峡通行税の現存する台帳記録の最初の部分では、東に向かったカンペンの船舶が一四九七年に六九隻、一五〇三年で四八隻挙げられている。明らかにカンペンは、バルト海でオランダ商業の先導者であった。それゆえ、ハンザが常にカンペンについて示している不信感も納得がいく。カンペンはまた、ヴェント都市の敵意をものともせず、ノルウェーとの交易関係をうまく継続させ、毛織物、亜麻布、穀物をそこにもたらすことができた。西欧でカンペンの商人が取引をしたのは、ホラント、ゼーラント、フランドル、イングランドに限られず、ブルヌフやラ・ロシェルにまで及んでいた。ここで彼らは、まさにハンザ商人にとって塩とフランス産ワインを扱う商業を発展させていくうえで案内人となったのである。

デーフェンターの商人も、行動力の点ではカンペンの商人と比べて決して劣ってはいなかった。彼らはすでに一一〇四年のコーブレンツの流通税表でニシンの供給者として、そして一五世紀のノルウェーでも数多く記録されている。とはいえ、彼らのライン川流域での商業は、ケルン商人の商業により徐々に排除され、ほぼ完全に息の根を止められてしまったように見える。しかし、デーフェンターはその代償を大市の発展に見出した。その大市は一四世紀には周辺都市のそれをしのぎ、一五世紀末には頂点に達した。この大市は——スコーネのものと並んでハンザ圏内では唯一——年に五回開催され、とりわけホラント人やライン川流域、ヴェストファーレンの人々の訪問を受けた。ホラント人はここで彼らの毛織物を販売し、周辺の森林で伐採された木材を主に調達した。他の商人は地元のワインや金属製品をここにもたらし、それらと交換してニシンや畜産品を仕入れた。これらの取引の規模を示す正確な数値はないが、この地域的な大市が当該地域の都市の繁栄に大いに貢献したことは確かである。

8　フランス、カスティーリャ、ポルトガル

一三世紀末からハンザ商人は、フランスで取引を行なうようになった。ハンブルクの船舶は、必要に応じてブルッヘとラ・ロシェルとの間を航海し、リューベック商人は、ケルン商人と同じように、フランドルからシャンパーニュの大市へと頻繁に赴いた。しかし、それらはなおも散発的な取引にかかわるものに過ぎなかった。これに対して一四世紀後半以降になると、北海とバルト海双方の都市にとってポワトゥーとガスコーニュ沿岸地域がハンザの主要な商業地域となった。一五世紀になれば、一〇〇隻以上のハンザ船がブルヌフ湾に向かい、ブルアージュ、ラ・ロシェル、ボルドーを訪れる年もあった。

このような取引規模の拡大の原因に、東ヨーロッパでの塩の需要増大があったことは全く疑いない。リューネブルクの製塩所はこれらの需要を満たすことはできなかった。しかもフランドルが輸入していたとはいえ、ネーデルラントの市場は、この高価な品を十分に供給できなかったようである。現地で調達されたフランス産の塩は、そのうえ岩塩よりも——通常の時期であれば三分の一ほど——安かった。しかもリーフラントとプロイセンの都市は、塩の販売に際してリューベックが行使する文字通りの独占から逃れることを密かに喜んでいた。最後に、北欧では冬季に禁じられていたハンザの航海がドーバー海峡の向こう側では認められていたため、塩の輸送は増加した。それゆえ、たいていは秋の終わりにブルッ

へに到着するドイツ船もまた、初冬に出港の手はずを整え、一月と二月にブルヌフに滞在し、五月と七月の間にバルト海に戻っていったのである。

百年戦争の期間は、それ自体としてはこの海域の航海にとって特に好都合だったわけではない。ハンザ商人は、イングランド、ノルマンディー、ブルターニュの海賊により、敵側の同盟者であることを理由に、それどころか理由もなく周期的に攻撃された。さらに歴代のフランス国王は、商業的な利益からだけでなく、イングランドに敵対する同盟者としてもこの新参者を迎えることをも望んでいたので、彼らを歓迎した。シャルル五世は、しばしば失敗したとはいえ、ハンザを保護下に置き、彼らへの攻撃を海賊に禁じた最初の国王である。一三七八年に、彼はノルマンディー側に拿捕された二三隻の船舶に対する賠償金さえハンザに支払っている。シャルル六世とその後継者も、同様の好意を示した。ブルヌフにまで支配を及ぼしていたブルターニュ公も、また同様であった。一四三〇年にジャン五世によって最初の護衛・保護状が交付されてから、他の特権も認められ、確認された。

実際、ハンザにとって大きな魅力の中心となり、ずっと中心であり続けたのは、塩田のあるブルヌフ湾であった。リューネブルク産やオルデスロー産の塩がトラーヴェ塩 Travesolt とされたのに対して、彼らがそこに来て入手した塩を、彼らハンザ商人は単にベイ Baie もしくはベイ塩 Baiensolt と呼んだ。こうした呼び方は、後にはフランス産の塩全体、ブルアージュ産、さらにはポルトガル産の塩にさえ用いられていった。大規模な塩の取引が、ブルヌフで極めて古くから行なわれていたというわけではなさそうである。一三世紀以降、この小規模な港をまずはフランドル、次いでカンペンの船が頻繁に訪問するようになった。これに対して一四世紀には、ドイツと時を同じくしてイングランド人、スペイン人、ホラント人がブルヌフで数を増した。ドイツの中で最も訪問が早かったのはハンブルク船である。しかし間もなく、リーフラントとともにプロイセンの船舶が最多となった。ヴェント都市、さらにはリューベックさえもが、リューネブルク産の塩があったにもかかわらず、大々的にこの交易に従事した。一四三八年のハンザのベイ塩船団には、二三隻のプロイセンとリーフラントの船舶に対して一一隻のヴェント都市の船舶が所属していた。一四四九年にイングランドに拿捕された五〇隻からなる別の船団には、一六隻のリューベック船と二隻のヴィスマル船、それに一四隻のダンツィヒ船が含まれていた。ハンザの船団は、需要を満たすには十分ではなかったので、ブルヌフではホラントの船舶が数を増していき、まずはドイツ商人の勘定で、やがては彼ら独自の勘定で積荷の大部分をバルト海へと搬送していった。

ハンザ都市に輸出されたブルヌフ産塩の総量を示すデータはない。とはいえ、バルト海の各港に入港した「ベイ船」の数が、その重要性を納得させる。レーヴァルでは、一四二七年から一四三三年までに入港した三一四隻のうち、リューベックからの入港が一〇三隻、プロイセンからの入港が八五隻だったのに対して、ベイからの入港は一〇五隻であった。それらの船舶は、毎年およそ二五〇〇ラスト（五〇〇〇トン）の塩を運んだのに対して、リューネブルク塩を含むその他の地方産の塩は、五〇〇ラストにしかならなかった。ダンツィヒでは、一四七四年に入港した四〇三隻のうち、七一隻がベイを出港した船舶であった（二隻はブルアージュを出港）。双方の場合ともに、これら塩輸送船団の中ではホラント船が多数を占めていた。

ブルヌフでは、船長か、もしくは常住ないしは季節ごとにブルッヘ商館から派遣された代理商によって塩が買い付けられた。このような代理商の存在は、輸送量の増大に伴い必要となったものの、塩の価格を上昇させる要因ともなった。生産者からは、しばしば掛買いでの購入がなされた。商人が集中したことで港がかなり活発な取引の場となったので、ハンザ商人は、ここで他の生産物も調達することができた。すなわち、ロワール産ワインやポワトゥー産ワイン、帆を作るための粗い布地である「キャンバス」、スペイン人がもたらす香辛料である。それらの対価としてハンザ商人が販売したのは、穀物、ニシン、毛皮であった。とはいえ、ブルヌフが提供した取引の機会は、かなり乏しいものでしかなかった。そのうえ一五世紀になれば、ハンザの代理商は、はるかに異なったスケールを有したナントの市場のほうを好み、ここに定着するようになった。彼らの活動はかなり大きかったので、「ナントおよびラ・ロシェルへ」向けての毛皮の大量輸送について、フランドルの仲間からブルッヘ商館に宛てて抗議が寄せられるほどであった。彼らの眼からすれば、それはブルッヘ商館の指定市場に違反するものだった。ハンザのナントにおけるこのような代理取引に関して、他の痕跡は存在しない。

塩に対する需要ゆえに、ハンザ商人は、オレロン島の対岸のブルアージュ地域にまで赴いた。おそらく彼ら自身が最初にやってきたのは、この海域だったのであろう。しかし、この塩田は、ブルヌフよりも早く開発されていたらしい。とはいえ、彼らにとってブルアージュは、とりわけ一五世紀半ば以降に重要性が増した。たぶんラ・ロシェルから近いという理由があった。一四七五年や一四七六年のように、ブルヌフよりもブルアージュを出港した船舶のほうが多くダンツィヒに入港した年もあった。さりとて中世末期では、全体としてベイのほうが優位にあった。一六世紀になってようやくブルアージュ産の塩が少しずつ優勢になっていった。

塩に次いで、この地域でハンザ商人が購入した主要商品はワインであった。彼らの調達地はブルヌフ、ナント、ブルアージュであったが、重要だったのはポワトゥー産ワインの輸出の中心ラ・ロシェルであった。ここを訪れるハンザ商人は一五世紀に増加を見せ、フランス国王の特許状では、ラ・ロシェルは彼らの取引活動の主要拠点だったようである。彼らはまた、ここで地中海産の果実や香辛料、キャンバスを購入した。スペイン人と競合し、それが一四一九年のように長期の対立関係の原因となってしまったのである。ハンザ商人がここで積み込んだワインの量は不明である。とはいえ、三〇〇樽ものワインを輸送したとのプロイセンの船舶の記録が存在する。

ハンザ商人はボルドーにまでやってきたとはいえ、それほど定期的にというわけではなかった。一四世紀初頭には早くも、一人のケルン商人がホラントに向けた一〇八樽からなるワイン発送の記録がある。一五世紀半ば以降、それらの取引は拡大した。ハンザ商人は、少なくとも部分的にイングランド商人に代わってイングランドにおけるボルドー産ワインの輸入を掌握するために、イングランド人がギュイエンヌを喪失したのにつけ入ろうと試みたかのようである。かくしてハンザ商人のイングランドとのワイン取引は、ラ・ロシェルやブルヌフにまで拡大していった。一四五九年のブルターニュ公の特権状は「足繁くイングランドにまで赴いて取引を行ない、同様にブルターニュにまでやってきて交易をなすドイツ人」について言及している。しかしイングランド人は、ただちに激しく対応してこの競争を食い止めようとした。一四九〇年に、議会はラ・ロシェルのワインもボルドー産ワインもイングランド船を指定して輸入することと決定した。こうした手段は直ちに適用されたに違いない。なぜなら、翌年アントウェルペンのドイツ商人は、ボルドー産ワインの自国への輸入を排他的に取り仕切ろうとするイングランド人の要求や、生糸や毛織物の取引に際して彼らの行為から受けた侮辱について、商館に不満を訴えているからである。実際ハンザ商人は、絹糸と絹織物、それに大青で着色されたラングドック産の毛織物をボルドーと、多分それ以上にバイヨンヌで仕入れた。イングランド商人が、ワイン輸入の大部分を自らの手に取り戻すことに成功したのは確かである。とはいえ、一六世紀においてもなお、ハンザの船舶がその交易に定期的に従事していたこともわかっている。残念ながら、フランス産ワインのうちどれだけの割合がドイツ人によって輸出されたのか、はっきりとさせることはできない。同様に、ハンザ商業においてフランス産ワインならびにライン産ワインが担った相対的な重要性についても不明である。

フランスのほかの沿岸地域がハンザ商人を引き寄せることは、ほとんどなかった。とりわけ、彼らの関心を引きそうなワインを全く提供できない英仏海峡の港を、彼らが訪れることはほとんどなかった。とはいえ一五世紀に、彼らは時折セーヌ川河口のオンフルールやアルフルールに赴いており、それらはドイツ側の文献では、なんと蜜の花 Honychflor やニシン船隊 Heringsfleete になってしまっている。一四五〇年には、ルーアンにおいて穀物とニシンを積んだハンザのまるまる一つの船団が伝えられているほどである。購入されたものは、ワインがすべてであった。この地域では、ケルン商人の活動が最も活発であったようである。ケルンは、自都市の商人たちを保護し、ノルマンディー人の海賊から受けた被害を補償するよう、繰り返しルーアンに要求した。しかし、これらの関係はあまり意味を持たないままであった。

北フランスにおけるハンザの陸上商業のほうは、一四、一五世紀に確かに発展した。シャンパーニュの大市の衰退とともに、北ドイツの商人はブルッヘから、特にパリへと頻繁に通ったようである。一四〇〇年頃、ドイツ騎士修道会の代理人は、債権の清算のためにかなり定期的にここに滞在した。為替手形の発行によりパリの金融業者ディヌ・ラポンドによって直接プロイセンでなされた毛皮の大量購入は、一四〇五年にブルッヘ商館により、その特権を侵害するものという理由で告発の対象となった。実際、騎士修道会総長の食卓用に と「フランス産テーブルクロス」がパリから発送されたが、それはおそらくブルッヘを経由したものであった。

より重要なのは、ケルンとパリの関係であった。ケルン商人がこの首都にもたらしたのは、東方産品ではなく、自らの手工業製品であった。すなわち、毛皮製品、装飾品、鉄鋼、とりわけ金属製品、兵器、工具である（一四七一年にはケルン製の鎌を六〇〇本保管していた倉庫があったという）。パリがケルンに何を輸出したかは、それほどよく知られていないが、絹織物や生地があったと考えられる。おそらく、ケルンとディジョンとの間に同じような関係が成り立っていたであろうが、資料が欠けている。ともあれ、ブルゴーニュ産ワインが北ドイツで言及されたことは、まったくない。

ハンザ商人の海路による南方進出は、フランス沿岸に限られなかった。一四世紀末以降、彼らはアストゥリアス地方沿岸や、とりわけポルトガル沿岸をかなり規則的に訪れるようになった。そのうえ彼らは、第二回、第三回の十字軍の折に、ならびに一三世紀に時折ではあるが、ドイツの船舶がかつてたどっていたルートをもっぱら利用した。

リスボンとの規則的な関係をもたらしたのは、またもや塩に対する需要である。セトゥバルの塩田は、見たところ、ブルヌフの塩よりは質の良い塩を豊富に供給していた。一五世紀にこれらの海域を往来していたのは、またここでもカンペンと、とりわけプロイセンの船であった。リスボンに向かう船は、バルト海を出発してベイ船団とともに航海を続けた後、ラ・ロシェルの海域でそれと別れて南西に進んだ。一五世紀半ばには、リスボンでハンザ商人の小規模な居住地が形成されており、アルフォンソ五世は一四五六年、彼らに二人のポルトガル人に代えてドイツ人の二人の「行政官」を上に置く権利を認めた。同じ世紀の末以降、ここでは大きな香辛料市場に引き寄せられて南ドイツの商人が増加していった。リスボンにおけるハンザ商業は、ブルヌフのそれと同じ性格を持つものであった。ドイツ商人がここで販売したのは穀物と魚であり、購入したのは、塩のほか地酒的なワイン、すなわち「ロマーニャ」やマラガ、マルヴァジアの各ワイン、それに油や香辛料、イチジク、干しブドウ、砂糖があった。ポルトガルを出港して一四〇二年にイングランドにより拿捕されたあるプロイセンの大型船は、一八〇メートル・トンの塩と約五〇ヘクトリットルのワインを積み込んでいた。もちろんハンザのポルトガル商業の規模を過大に評価すべきではない。一四六〇年から一五〇〇年までの間、リスボンを出港した船は、ダンツィヒに入港したたった一隻しか記録されていないのである。他の多くの船は、ベイ発の船と記録されているが、たぶん実際にはポルトガルから来たものと考えられる。しかし、少なくとも一五世紀には、イベリア半島産の塩は、入荷された大西洋産の塩のなかでわずかな割合を占めるに過ぎなかったのである。

見分けるのがもっと難しいのは、スペイン諸港でのハンザ商業である。一四一九年には油とワインを積んだ一隻のプロイセンの船舶が、セビーリャで記録されている。より足繁くドイツの船が訪れたのは、ベルメオ、ビベロ、ラレドといったアストゥリアス地方の港であった。おそらくはラ・コルーニャにも向かったかもしれず、サンティアゴ・デ・コンポステーラを訪れる巡礼者が下船したのがこの港であった。彼らはここで、携えてきた穀物とニシンを販売し、鉄、羊毛、ワイン、果物を調達した。このような取引は、ハンザがカスティーリャと繰り広げたおよそ二五年もの熾烈な戦いがその重要性を示すことがなければ、無視しうるものに見えるかもしれない。一四一九年にカスティーリャ王のホアン二世は、ドイツ人に対して強権を発動する決心を固めた。彼らはスペインから持ち出した商品の一部をラ・ロシェルで売りさばいていたので、国王は、ドイツ人によって彼の臣民に仕向けられた競争に不満を持っていたからである。アルフルール近海でフランス・スペイン船隊に包囲されたイングランド船をハンザ商人が支援したということを口実として、彼はラ・ロシェルの沖合でドイツ船とフランドル船からなるベイ船団を攻撃させた。四〇隻もの船舶が拿捕され、それらの積荷は直ちに販売に向けられた。その後、際限のない私掠戦が続いた。一〇年が経過した後、フランドルは和約を結び、ハンザのみが戦いを継続した。一四三三年、ハンザは仲間の船舶に、ブルッヘとドイツにスペイン産の羊毛を輸入することを禁じた。それはスペイン人をひるませるためというよりも、和解を目指してフランドル人による調停を狙う処置であった。和解に向けた交渉は、ブルヌフで開始され、最終的には一四四三年に三年間の休戦というかたちでブルッヘで締結に至り、後に更新された。ハンザ商人は、スペインの港のみならずラ・ロシェルにおいても、もはやスペイン人と競合しないことを約束した。ハンザ側は、二年前にハンザに加入が認められ、スペインが特に不満を抱いていたカンペンを、休戦の対象からはずしておくことに同意した。かなり屈辱的な譲歩となったのは、ガスコーニュ湾での取引の安全を回復させるとともに、出口のない戦争を終わらせたいと望んでいたからである。この戦争は、かつてハンザが関わった中で、最も本拠地から遠いところでなされた戦争であった。実際、カスティーリャ諸港との交易は立ち直りを見せたとはいえ、大きく躍進するに至るのはようやく一六世紀になってからであった。

9　イタリアとカタルーニャ

ブルッヘでイタリア人とドイツ人との間でなされた交易は規模が大きかったので、ハンザ商人が自らイタリアへと果敢に進出していったのは、きわめて当然である。高地ドイツにおいてと同様、一四、一五世紀にイタリアに姿を現したのは、なかんずくリューベックとケルンの商人であり、時折そこにブレスラウの商人も加わった。彼らの取引は、一般的には陸路が利用され、ニュルンベルク、アウクスブルク、ブレンナー峠を経由してヴェネツィアに、またフランクフルト、コンスタンツ、サン・ゴタール峠を経由してミラノやジェノヴァに達したようである。とはいえ、ブルッヘを中継地とする海路も利用された。というのは、一六世紀以前は、ハンザ船が地中海にやってくることも、ジェノヴァないしヴェネツィアのガレー船がドイツの諸港にやってくることもなかったからである。

ヴェネツィアで、リューベックとケルンの商人は、「フォンダコ・デイ・テデスキ」に常設の部屋を構えていた。そこでのリューベックの商業は、とりわけ一五世紀第一・四半期のフェッキンクーゼン家の事業によって知られている。売却品の中では、ロシア産の毛皮が他を圧倒して重要であり、そうした状況が続いた。一四四七年にブルッヘ市当局は、「数年来」リューベックがジェノヴァやヴェネツィアに毛皮を輸出し、それが自分たちの指定市場特権を損ねていると不満を訴えた。それに対する回答の中で、リューベックはジェノヴァに関しては妥当を認めなかったが、ヴェネツィアとフランクフルトに関してはまさしくそれが妥当することを認めた。毛皮のほか、リューベック商人がヴェネツィアにもたらした商品の中では、琥珀の装飾品がとりわけ需要が多かったほか、たぶんヴェストファーレン産の亜麻布——アレクサンドリアでの記録がある——と干魚があった。彼らはヴェネツィアで、香辛料と絹織物、南方産の果実を仕入れた。一五世紀末に、フォンダコでなおもリューベック商人が見受けられたが、実際のところ、彼らは当時、南ドイツ商人に徐々に押しやられる立場にあったことに変わりはない。その後は高地ドイツ商人が、ヴェネツィア-リューベック間の交易全体を取り仕切っていくのである。

　ケルン商人の進出はずっと早く、それだけ長く地歩を保った。一三三五年以降になると、ドイツとフランドルでヴェネツィア商人が被っている損害に対する報復として、ヴェネツィア側がケルン商人の商品に対し設定した税が問題となった。こうした商品には、金箔や装身具が含まれていたが、このことに関して、四〇年後にケルンはセレニッシマ共和国〔ヴェネツィア〕側にこう伝えた。すなわち、彼らの商品に対して厳格な監視を実行するとともに、検査の際の印章の見本をヴェネツィアに送ると述べたのである。一五世紀にケルンはヴェネツィアに大量の毛織物を輸出していた。ヴェネツィア側は、自分たちの商人に課せられた損害を悔しがり、陸路を経由して輸入される毛織物を課税の対象とした。ケルンから派遣されたある代表団は、陸路を用いた交易は海路よりも費用がかさみ、もっと危険となるうえに、他のどのドイツの都市も同じだけのイングランド産の毛織物をヴェネツィアにもたらすことはできまいと主張した。ケルン側が満足な回答を得ることができたか否かは不明である。

　ケルン商人は、またコモ、ミラノ、ジェノヴァではさらに活動が盛んであった。ジェノヴァでは、一五世紀半ばに当時ケルンで最も豊かだった商人の一人であるヨハン・ファン・シュトラーレンが毛皮の積荷とともに記録されている。とはいえ、彼らの取引関係は、イタリア半島全体に広がっていた。メッシーナでは、アルフ・ファン・デア・ブルクという商人の代理商が、カターニャでは、ゲルハルト・ファン・ヒルデンという商人の別の代理商が見出される。これらの地域で彼らは、毛皮、金属製品、コンスタンツの亜麻布を販売し、木綿、絹、香辛料、贅沢品、装飾品、絹製品を購入した。さらにケルン商人は、カタルーニャとアラゴンに進出し、サフランを手に入れようとした。ラーフェンスブルク会社の社員と同様、海路ジェノヴァを経由するか、もしくは陸路ローヌ渓谷とルション地方を経由するかして、彼らがそこへ向かったことは間違いない。一四三〇年には、バルセロナにヨハン・ド・コルーニャというカタルーニャ人との共同事業者が定住して、二二〇〇ポンドを上回る値でサフランを購入し、およそ一二〇〇ポンドで亜麻布や金属製品などのさまざまな産物を販売したことが知られる。その三〇年後には、シュトラーレン家とアルフ・ファン・デア・ブルクが同様の事業を行なったとの記録がある。残念ながら記録がかなり断片的なので、地中海の二つの半島におけるケルン商人の交易について、具体像を得ることはできない。他には、南ドイツとこれらの半島の間で繰り広げられた取引が問題となるが、その取引をハンザの商業とみなすことができるかは、それに携わった商人の出自によるしかない。

第7章　ハンザの文明——一三—一六世紀

「ハンザの文明」という表現を用いることに、いささかの留保がないわけではない。商人の共同体であるハンザは、文化活動に関心を払ってこなかったからである。ハンザは立法行為という点では顕著であったけれども、文化に対する配慮を見せてくれることはない。ハンザの成員が北ドイツにおいて最も人目を引く知的作品や芸術作品の創作者であったことはない。さらに言えば、かりにハンザ市民が自分たちの需要を満たしたり富を見せつけたりすることで、ある種の芸術保護者の役割を果たしたとしても、そのような基準ではかるならば、教会や貴族のほうがはるかに重要な役割を果たしていたことには疑いない。その一方で、北ヨーロッパで確認できるある種の文化的統一は必ずしもハンザ都市に限られるのではない。そこにはネーデルラントやスカンディナヴィアもまた含まれるのである。ネーデルラントにいたっては、周囲に与える影響が並々ならぬものであった。

それにもかかわらず、今述べた北ヨーロッパの文化的統一が形成され、拡大する過程において、ハンザが大きな役割を果たしてきたことに間違いはない。ハンザの船舶は商品のみならず知的な芸術的潮流の伝達手段でもあった。ハンザがバルト海沿岸に建設した新都市は、モニュメンタルな景観と都市民の生活様式の中にその痕跡を刻み込んでいる。ハンザの躍進と凋落が数多くの文化上の出来事に関係したのは疑いようもない。それゆえに北海の一部を含むバルト海の沿岸諸国で認められる文明は、少なくとも一四世紀初頭から一六世紀初頭にかけては、ハンザ的であると言っても差し支えない。

1　低地ドイツ語

ハンザ圏が他に類をみない一体性を保っているのは言語面においてであろう。ハンザ圏は、高地ドイツ語 Oberdeutsch や、中世の開幕時に第二次子音推移を部分的に経験した中部ドイツ語 Mitteldeutsch とは異なり、そうした推移を一切経験しなかった低地ドイツ語 Niederdeutsch の現在の圏域——というよりもむしろ二〇世紀初頭の圏域——とほぼ一致している。低地ドイツ語の南限は、Dorp と Dorf〔Dorp は低地ドイツ語、Dorf は高地ドイツ語で「村」の意〕ならびに ik と ich〔ik は低地ドイツ語、ich は高地ドイツ語の人称代名詞の一人称単数〕を分かつ現在の等語線とおおよそ重なっており、ケルン、ヴェストファーレン都市、マクデブルク、フランクフルト・アン・デア・オーダーの南にまで達している。

しかしハンザ世界の言語を主として構成したのは、ライン川–エルベ川間のニーダーザクセン諸語である。西はゾイデル海まで、北はスリスヴィまで広がっていたその言語は、植民の結果、東方にも力強く拡大し、ナルヴァにいたるまでのバルト海都市、一時的ながらポーランド、デンマーク、そしてスウェーデンの都市にすら根付くことになった。

しかしニーダーザクセン諸語が地歩を占めることができなかった地域が二つある。一つは東方のプロイセン都市、とりわけトルンとクルムである。中部ドイツ出身の多くの移民たちはそこに中部ドイツ方言を広めることになった。加えて、主に南部ならびに中部ドイツで成員の補充を図ったドイツ騎士修道会は、修道会内部でも外部との折衝でも中部ドイツ語を利用した。もう一つは、西方のラインラントであり、そこではいくつかの子音推移を通じて中部ドイツ語により近い「リプアリア」方言が用いられ続けた。一四七九年、初の低地ドイツ語訳聖書の印刷本がケルンで刊行された。かつてクヴェンテルの手に帰されていたものである。その際ニーダーフランケン語とニーダーザクセン語の二つのバージョンを出版する必要があるだろうと判断が下されたが、この事実が持つ意味は深長である。

こうした方言の分立は、それぞれに大した違いはなかったにせよ、ハンザ都市間の関係において不便を生じさせていたであろう。とりわけ法廷と文書局のために言語の一元化を図っていたという事実も確認できる。こうした流れの中でリューベックがその権力と影響力を行使することで、大きな役割を果たしたことは至極当然と言える。共通の法言語が必要であることから、ホルシュタインからエストニアにかけてのリューベック法に属するすべての法廷で、リューベック方言が用いられることになった。この事例とまったく同様に、東方で広く普及していたマクデブルク法は、ブランデンブルクや西プロイセンにマクデブルク方言が広まるのを後押しした。

しかしながら、リューベック方言は外交言語として他の方言よりもはるかに重要であった。一四世紀半ばを過ぎるまで、ハンザ総会の決議録はラテン語で編纂されていた。しかし、一三六九年以降それは低地ドイツ語で記されるようになり、リューベック文書局は各商館との連絡のみならず、スカンディナヴィアの君主やフランドル都市との折衝に際してもリューベック方言を押しつけた。そうは言ってもリューベック方言だけが広まることに対して抵抗もあった。ドイツ騎士修道会の文書局もケルン文書局も自前の言葉を守り通したのである。しかし一世紀半にわたってリューベックがその方言をハンザの公的な書き言葉とすることに成功し、とくに法、外交、商業で通用させていたことに間違はないだろう。

ハンザの外地、とりわけスカンディナヴィアにおいて低地ドイツ語は、多数の都市に遍在していたドイツ人共同体が話す方言としてのみ広まったわけではない。それはスカンディナヴィア各国の現地語に大きな影響を与えもした。スウェーデン語の語彙の三分の一はハンザ起源であると推定されるが、その借用語がとりわけ多数確認されるのは手工業、鉱山、商業にかかわる語彙においてである。スウェーデン語は統辞法すらあちこちで変化を被っている。たとえば、スウェーデン語の動詞の中には、当時のスウェーデン文法ではすでに使われなくなっていた古い接頭語が、低地ドイツ語の用法に従い復活したものもある。

しかし低地ドイツ語の躍進は短命に終わった。この言語の南限が北へと後退し続けただけではない。一五世紀末以降、さらには特に一六世紀から一七世紀となると、高地ドイツ語があらゆる領域に進出し、次第に低地ドイツ語を民衆語のレベルへと追いやったのである。このような退潮の原因は一つではない。商業で南ドイツ人が優位に立ったことにより、彼らの言語は容易にハンザ圏へ広がった。マクシミリアン一世とカール五世が神聖ローマ帝国の改造と中央集権化を図ったことも、高地ドイツ語の躍進を後押しした。その結果、一六世紀初頭以降リューベックは、帝国最高法院と南ドイツ都市との連絡を高地ドイツ語で行なうことになった。ラテン語を教育と書物の言語として復活させた人文主義も、低地ドイツ語を弱体化させた。印刷技術の普及も同様である。印刷技術は地域言語への翻訳を多数生み出す一方で、高地ドイツ語による支配を加速させた。しかし高地ドイツ語が幅を利かせたのは、特に宗教の言語としてであろう。一五二〇年から一五三〇年以降、高地ドイツ語はプロテスタント教会当局の教書で採用された。くわえて、一五二二年から一六二一年まで印刷されたルター聖書の低地ドイツ語版は、二四版を下らない一方で、一七世紀以降の牧師は相変わらず高地ドイツ語で説教をしていた。こうして高地ドイツ語が教養人、学識ある市参事会員、文書局役人によって重視されたために、リューベックの公式言語になってしまった。この言語は、債務台帳 Niederstadtbuch では一五九一年以降、土地台帳 Oberstadtbuch では一六一七年以降に用いられた。一六三四年以降は住民に向けた都市治安条例 Bursprake の公示においてすら採用されることになった。つまりこの時点で高地ドイツ語はリューベックの全住民が理解する言語であったことになる。一六世紀末のブレーメンのある門閥の日記が高地ドイツ語で書かれていることから判断して、それがある種の人々の間では家庭で用いられる言語となっていた可能性すらある。低地ドイツ語の躍進と凋落の中にハンザの栄光と退潮がはっきりと反映されているのは非常に興味深い。

2　文学と大学

中世の北ドイツは真に独創的な文学作品を生み出さなかった。一三世紀以降南ドイツやネーデルラントを介して北ドイツにもたらされる外国の作品、とりわけフランス語作品の翻訳と翻案で満足していた。この地域の文学は、ドイツ文学史の参考書でも完全に無視されることはないとはいえ、わずかな紙数が割かれているに過ぎない。

このような空白状態が起こったのは、低地ドイツ語が文学言語としてのレベルまで高められなかったからである。最初のミンネジンガーであるハインリヒ・フォン・フェルデケはニーダーラインの出身である。彼の作品には低地ドイツの言い回しが使われているので、その出自は容易に推測できるのだが、自分の著作『エネイーデ』（一一八九年）は高地ドイツ語で書かれるべきであると本気で考えていた。この事実は意味深長である。一三世紀の彼以外のミンネジンガーも詩人ハインリヒ・フォン・ハルバーシュタットも彼のやりかたに倣った。これはおそらく自分たちの作品が南ドイツのより華やかな宮廷で受容されることを望んだからだろう。その後になると、ハインリヒのような事例はかなり珍しくなるが、高地ドイツ語は群を抜いて韻文にふさわしい言語であるという考え方が消えることはなかった。

叙事詩や宮廷詩は特に貴族向けであった。実際、文学の主たる中心地も――ニーダーザクセンの司教座都市で花開いたラテン詩は例外として――一三世紀初頭であればブラウンシュヴァイク公、その後であればブランデンブルク辺境伯やドイツ騎士修道会総長のような君主の宮廷であった。かなり遅れてではあるが、都市もまた騎士道詩の熱狂のとりことなった。なかでも貴族の模倣に血道をあげる都市門閥の社会では、外国語の傑作の翻案の普及がはかられた。この文化の拡大にブルッヘ商館は大きな役割を担っていたようである。少なくとも一五世紀には、そこでフランスとフランドルの詩を模写し翻訳させていたという証言がある。この関係はこれまでの作品とは別の分野に属する低地ドイツ語韻文の傑作『ラインケ狐』が花開く機縁ともなった。この作品は、リューベックのある聖職者が、フランス語の『ルナール』のフラマン語翻案を翻訳したものである。金持ちに対するこの風刺詩は、一四九八年にリューベックで出版され、ドイツ全域とスカンディナヴィアで大変な成功を収めた。それは一六世紀初頭には高地ドイツ語に翻訳され、動物風刺という文学ジャンルに刺激を与えた。

ハンザ都市では騎士道文学が非常に好まれたという証言はいくらでもある。なかでも古代、初期中世、旧約聖書に現れる伝説上、歴史上の英雄が一堂に会する『九人の騎士』は大変な人気を博した。この九人の騎士の彫刻は、ケルン、オスナブリュック、リューネブルクの市庁舎の祝宴の間 Hansasaal、ヒルデスハイムの噴水、ダンツィヒの「アーサー王の宮廷《アルトゥスホーフ》 Artushof」の集会の間を飾った。この「アーサー王の宮廷」という慣行も大きな成功を収めた。騎士道精神を奉じる団体をアーサーという伝説の王の庇護のもとに置き、彼らの集会の間にその名前を与えるという慣行の起源は、おそらくイングランドにあるのだろう。この慣行は、まずはフランドルの、ついでドイツの門閥集団に受け入れられた。「アーサー王の宮廷」は、一四世紀初頭のエルビングで、その後はダンツィヒ、さらにはリーガとシュトラールズントにおいても確認されるようになった。それはおそらくプロイセン都市ではドイツ騎士修道会とイングランドが緊密な関係を持っていたからである。とりわけドルトムントとダンツィヒの門閥団体の中には、エモンの四人の息子の一人ルノー・ド・モントバン（ラインホルト）を守護聖人として採用しているものもある。最後となったが、もともと法的特権や経済的特権を象徴していた巨大な立像が、騎士ロラン〔ドイツ名ローラント〕と結び付けられ、ブレーメン、リーガ、ハレというあちこちの都市で建造された。これは各都市において『ロランの歌』という伝説的な叙事詩が人気を博していたからである。ロラン、アーサー、円卓、聖杯は、貴族にならって都市が組織した馬上槍試合には不可欠のアクセサリーであった。一五世紀になると、騎士道の英雄から名前を借用した市民を多数認めることができる。グンタール、ルディガー、ローラント、パリス、アレクザンダー等々である。リューベック市長ヨハン・ローゼケにいたってはヨハン・ペルセヴァルなどと自称していた。

ハンザの歴史が低地ドイツ語の韻文に何ら影響を与えなかったとしても驚くにはあたらない。貴族、教会、民衆にしてみれば、不当な利益をあげていないかを常に疑うべき商人は、あくまでも中傷すべき対象であり、彼らに英雄の美徳や行為があるとみなすことなど不可能であった。実際のところ、彼ら商人の冒険的な生涯は危険に満ちていたが、韻文として歌い上げる価値があると想像する者などいなかった。目に付く作品といえば、せいぜい海賊シュテルテベーカーの悲劇的な末路からひきだされた教訓的哀歌と、それよりずっと後の時代である一六一八年、凋落の一途をたどるハンザから着想を得た都市の法律顧問ヨハン・ドーマンによる――高地ドイツ語の韻文形式の――学識あふれる哀歌くらいである。

ハンザ都市が比較的特徴のある活動を見せたのは、上述したものとは別の文学ジャンルであり、とりわけ民衆劇と年代記であった。一五世紀の初頭、リューベックの騒乱により市外に追放された市参事会メンバーの一部は、南ドイツで広まっていた聖史劇の上演を目にすることになった。彼らがリューベックに帰還した後、ロザリオ兄弟団《ツィルケルゲゼルシャフト》は、毎年、劇の台本を自ら執筆するか、あるいは誰かに執筆させる責任者を、兄弟団構成員の中から二人選出することを決定した。また、その台本が回転式の舞台で上演されることを保証する義務を持つ、別の二人も選ばれた。現在知ることができるのはこれらの舞台劇のタイトルのみである。キリスト教の神秘劇、古いゲルマン伝承の翻案（クリームヒルト夫人）、フランスの物語群（アーサー王）、神話劇（パリスの審判）の翻案があった。他の都市でも似たような試みがあり、風刺的なこの種の上演が成功したという証言もある。

民衆劇よりもはるかに良好な状態で伝わっているのは歴史叙述である。ほとんどのハンザ都市は自前の年代記作者を抱えていた。年代記の初期の作家はラテン語で執筆したが、ある時期以降は低地ドイツ語で執筆した。低地ドイツ語で執筆された最古の作品は、一二三〇年頃マクデブルクで編纂された『ザクセン世界年代記』である。その序文をしたためたのはオストファーレン方言で著名な『ザクセンシュピーゲル』（一二二二年頃）を集成したばかりのアイケ・フォン・レプゴウである。最も注目に値する一連の年代記群を世に送りだしたのはリューベックであり、その大部分は聖職者の手による。その第一はホルシュタインにあるボーザウの主任司祭ヘルモルトによる『スラヴ人年代記』である。この年代記は一一六八年から一一七二年にかけて執筆され、リューベックの創建にかかわる貴重な記述を含んでいる。本書はリューベックのザンクト・ヨハネス修道院長アルノルトにより一三〇九年まで書き継がれた。ただし、まだ都市年代記と呼べるものではなく、ヴェルフェン家による改宗活動の讃美が主題となっている。一四世紀末フランシスコ会の説教師であったデトマルはリューベックの年代記を低地ドイツ語で著した。この年代記は都市文書局の書記であった俗人ヨハン・ローデの作品の再録であり、一五世紀以降は同市出身の三人の書記官が書き継いだ。さらに一四二〇年以降、ヘルマン・コルナーが『新年代記』をラテン語とドイツ語で編纂した。この年代記は以前の作品よりも広い地域を対象としており、世界年代記に分類することができる。最後に一六世紀半ばとなるが、牧師ライマー・コックは非常に生き生きした叙述形式で過去一〇〇年来の出来事を描写した。こうしてリューベックは一二世紀の成立以降の四世紀にわたって、ほとんど途切れることなくその歴史を伝えることになった。

中世末の知的運動に刺激を与えたのは、大学の創設と印刷術の普及であった。北ドイツ最古のケルン大学は一三八六年に創設された。この大学はハンザの大学というよりもラインラントの大学であった。ただし海港都市の学生は、ケルン大学に通うことはほとんどなく、エアフルト大学を選択することが多かった。その学生の代表例として、後にグライフスヴァルト市長となるヒンリヒ・ルベノウと、ハンブルク市長を務めたヒンリヒ・ムルメスターがいる。

バルト海沿岸部においてリューベックは文化の発信地であったにもかかわらず、大学の所在地になることはなかった。というのもリューベックには、君主という大学には不可欠の支援者がいなかったからである。一四一九年、都市当局とメクレンブルク公が協力して、ハンザのものと言える初の高等教育機関がロストクに創設された。そこにはネーデルラントやバルト海諸国からだけではなく、聖オーラヴを守護聖人とする団体 Olafburse を設立したスカンディナヴィア人も通った。とはいえ創設当初は問題が山積みであった。数々の問題を抱えたロストクはバーゼル公会議で聖務停止を受けたうえに、一四三二年には皇帝ジギスムントにより帝国から追放もされた。このため大学はグライフスヴァルトへの移転を余儀なくされたが、教師の中には対立が解消された後ですらグライフスヴァルトに留まるものもいた。一四五六年、グライフスヴァルトとポメルン公はこの機会を利用し、教皇から新たな大学を開校する権利を獲得した。グライフスヴァルト大学はロストク大学ほど影響力を持っていたのではなかった。スカンディナヴィアからはかなりの入学者を得たが、西方のハンザ都市の学生が学びに来ることはほとんどなかったからである。

一五世紀末以降、印刷技術は北ヨーロッパに急速に普及した。ケルンで一四六六年に確認されたのを皮切りに、リューベックでは一四七三年、ロストクではその二年後、マクデブルクでは一四八〇年、ハンブルクでは一四九一年、ダンツィヒでは一四九八年、ケーニヒスベルクではようやく一五二四年に最初の印刷が記録されている。年代上はケルンでの刊行が最初であったとはいえ、通常信じられているほど北ドイツにおいて書籍印刷が普及していたわけではない。つまり書籍のほとんどは大学での需要に応えてラテン語で出版されたし、さらに後には、カトリック都市にとどまったケルンが、プロテスタント都市の書籍市から締め出されてしまったからである。ハンザ圏において中心的な役割を果たしたのはやはりリューベックである。史料上、リューベックには揺籃期本の印刷業者が六人確認されるが、その筆頭に位置するのがオーバーザクセン生まれのルーカス・ブランディスである。彼はメルセブルクからやってきた。二人目は、デンマークのオーデンセやスウェーデンのストックホルムといったスカンディナヴィアで印刷技術の普及に精力的にとりくんでいた人物である。また、バルトロメウス・ゴータンという業者は三度スウェーデンに、その後フィンランドに足を運んだが、印刷技術を広めようとしたロシアで非業の死を遂げた。ルターによる聖書の翻訳以前に、低地ドイツ語作品としては最も評価の高い聖書が刊行されたのはリューベックであった。

リューベックとともに印刷業が最も盛んであったのはロストクであった。共住修道士は自分たちの修道院に印刷機を設置した。大学都市であるロストクでは、とりわけ人文主義者によりラテン語やドイツ語の出版物が刊行された。一五〇九年、ロストクにウルリヒ・フォン・フッテンが滞在したことにより、たとえばゼバスティアン・ブラント『阿呆船』のようなフラマン語や高地ドイツ語の韻文作品の翻訳が進んだ。

このように中世末期の知の歴史において、ハンザとリューベックは、言語、文学作品、学術書、新しい技術を北方世界に広めるという重要な役割を果たした。両都市の役割は主として仲介であったが、決して無視することはできない。

3　都市の景観

北ドイツには、往年のハンザ時代を想起させるモニュメントを今日まで守り伝えている都市が数多くある。というのもヴェストファーレンとザクセンでは一五世紀以来、東方では一七世紀以来、都市の変化が止まってしまったため、一九世紀のセンスのない建築物でその形を崩されることがなかったからである。とはいえ第二次世界大戦での激しい破壊は、歴史ある都市景観を取り返しのつかないほど変えてしまった。なかでも、何物にも代えがたいヒルデスハイムの都市建築が灰燼に帰してしまったことは悔やんでも悔やみきれない。

モニュメントという観点に立てば、ハンザ都市は、建築に利用された資材により二つのグループにはっきりと分類できる。石材とレンガというグループである。石材圏はケルンからマクデブルクにかけて、ヴェストファーレン都市とザクセン都市の大部分を含む地域に広がる。これに対してレンガ圏は沿岸地域全域、ブレーメンからリーガまで、エルベ川下流域（リューネブルク、シュテンダール）、ブランデンブルクとシュレージエンで広く見られる。ハンザ都市の建築の典型は、比較的重量感があり簡素で重厚なレンガ建築であると理解されている。ハンザはこの建築をネーデルラントから学び、ドイツに導入したのち、北欧や東欧へ伝達した。こうした建築資材に基づく対照は、エルベ川西方までの古いドイツ世界と東方植民圏を分かつ対照と重ね合わせるといっそう鮮明になる。エルベ川西方では、ハンザ以前の時代に、ケルンとニーダーザクセンにはロマネスク様式の教会が、ヒルデスハイムにはバシリカ様式の教会が、ゴスラーには皇帝の宮殿が建設されていた。こうしたハンザ以前の建築はエルベ川西方の都市にある種のいろどりを与え、それ以降に建造された建築物によっても消し去られることはなかった。対照的にエルベ川東方の建築物は、ほぼすべてゴシック様式であり、一三世紀半ばから一六世紀半ばが盛期であった。この時期はハンザが栄えた時期と重なっている。

多少なりとも規則的な格子状の都市プランに従ったハンザ都市では、市庁舎こそが間違いなく世俗建築の代表であった。市庁舎は、教区教会脇の市場のある大きな方形広場の端に建てられている。市庁舎建築はもともと卸売市場と一体となったこぢんまりとした建物だったが、都市が拡大するにつれて巨大化し、装飾も豊かになり、次第に行政機能に特化するようになった。ブルッヘの市庁舎に見られるように、ハンザの市庁舎は鐘楼を備えていなかった。ただしドイツ騎士修道会の手になる市庁舎は例外である。

石材圏で現存する最古の市庁舎はドルトムントの市庁舎（一二四〇年頃）である。一階は毛織物会館、地階はワインの倉庫、二階は会議場として利用されていた。この圏域で最も美しい市庁舎といえば、ミュンスター市庁舎かブラウンシュヴァイク市庁舎である。前者は切妻屋根に装飾銃眼が施されており、後者は精妙な彫刻が立ち並ぶ二階を持つアーケードを備え、一三世紀末と一四世紀末には増築された。

レンガ圏では、二世紀にわたり増築を繰り返したリューベック市庁舎が、多くの都市の市庁舎のモデルとなった。一二二〇年頃に建てられた毛織物会館と集会場という二つのささやかな建物がリューベック市庁舎の最初期の部分であり、一三世紀後半にこの二つが垂直ファサードにより結ばれた。当初の市庁舎は市場の脇にあったが、その後マリエン教会に隣接することになった。一四世紀初頭には、計量所と会議場を含む新しい翼が市場の東端に増設され、一五世紀半ばに延長された。

リューベックでもその他の都市でも、彫刻装飾に適さないレンガを最大限に活用する術を、建築家は知っていた。建築家は垂直式建築の屋根組みすら隠す、見せかけのファサードを築いた。この単調な建物のアクセントとなるのは、繊細な円錐型小柱、切妻、そして特に開口部であった。開口部には明り取りがある場合もない場合もあったが、窓やバラ窓の形をしていることもあった。石工は明り取りを、工夫を凝らして精妙に刻んだ。シュトラールズント市庁舎（一四世紀）は、装飾が豊かであると同時に軽妙であるという点で、こうした様式の中で最も成功した部類に入る。

さらに東方では別のタイプの市庁舎を見ることができる。その最も顕著な例はトルン市庁舎である。一四世紀にさかのぼる中庭つきの方形の広い建物は、都市建築というよりもドイツ騎士修道会の城砦やフォンダコ〔ヴェネツィアのドイツ人商館〕に近い建物であった。また鐘楼――ブレスラウ、ダンツィヒ、レーヴァルの市庁舎でも見られる――も備えている。これはおそらくこの地域の市庁舎が、他の地域より長期にわたって卸売市場と商業センターの機能を果たしていたからである。トルンでは一六世紀まで、商人だけではなく手工業者、肉屋、パン屋も市庁舎で商品を陳列していた。

一四世紀以降になると市庁舎だけではなく、都市当局が用意した公共建築も残っている。ブラウンシュヴァイクの毛織物会館、リューネブルクのニシン会館、ハーフティンバーの美しい建物であるブラウンシュヴァイクの計量所（一五三四年）、リューベックやダンツィヒの穀物倉庫などである。ケルンでは市庁舎にある壮麗な大広間（おそらく一三六七年の同盟が調印されたハンザザール）では不十分と思われたため、一四四一年に都市当局は祝宴用の建物であるギュルツェニヒを建てさせた。ギュルツェニヒ内の縦五五メートル横二二メートルの舞踏場は、ドイツで最大規模を誇った。あらゆるハンザ都市で、商人や手工業者のギルドは、会合を開くために立派な家屋を建てようと躍起になった。たとえば、今では破壊されてしまったテンプル騎士修道会のものといわれる施設（一四世紀から一五世紀）、ヒルデスハイムの肉屋ギルドの建物（一五二九年）、ダンツィヒの「アーサー王の宮廷」（一四七七年）、古い内装をほぼそのまま残しているリューベック船員組合の建物、レーヴァルの「大ギルド」の家屋が挙げられる。

一六世紀の半ば以降、ルネサンス芸術がオランダの建築家によって導入されるや、北ドイツに広まった。しかしその躍進は間もなく三十年戦争によって断ち切られ、ある程度の大きさがある世俗の建築を生み出すことはほとんどなかった。例としては、バルト海では珍しい瀟洒なイタリア風宮殿である――しかし都市のものではない――ヴィスマルのフュルステンホーフや、小都市の短い繁栄を物語る――しかし一度たりともハンザに加盟したことはない――エムデンの市庁舎がある。その他に新様式が見られるのは、リューベックとケルンの市庁舎の装飾回廊（一六世紀末）やゴシック様式のブレーメン市庁舎に組まれたファサード（一七世紀初頭）のように、改修や補修された公共建築に限られる。

とりわけ一五世紀以降のハンザ都市では、世俗の建築とならんで、君主たちの脅威から身を守ろうと建造された軍事施設の発展が目を引く。防備壁の中で最古かつ最も保存状態が良いのはヴィスビーの防壁である。総延長は三〇〇〇メートルを超え、三八の塔が設置されている。ドイツでは、一つの塔に設けられた単なる出入り口である市門が、規模と装飾という点でモニュメントの扱いを受けることもある。ヘントの「ロボト」に着想を得たと思われる著名なリューベックのホルステン門 Holstentor などが好例であろう。東方のドイツ騎士修道会領では軍事的特徴がいっそう顕著になる。ケーニヒスベルクやレーヴァルがそうであるように、どの都市も騎士修道会の軍事城郭によって防備かつ監視されている。

世俗建築や軍事施設は確かにハンザ都市の特徴であった。しかし中世ヨーロッパ全域では依然として教会が最も堂々たるモニュメントであったし、教会はいうまでもなくハンザ都市にも独自の色調を与えていた。

このような視点に立つと、北ドイツの都市景観は私たちが馴染んでいる景観とは大きく異なって見えてくる。この地域では、わずかな都市（ケルンとマクデブルク）を除けば、都市内のその他の教会を規模、装飾、豊かさにおいて圧倒するほどの巨大な司教座聖堂は見られなかった。司教座聖堂は他の教会に優越すべきであるという考えは、この地域では建築にまでは及ばなかったのである。たしかに第一級のハンザ都市の多く（ドルトムント、ブラウンシュヴァイク、ロストク、ダンツィヒ）が司教座都市ではなかった。しかしリューベックの司教座聖堂（ドーム Dom）ですら、発展と威信という点において商人教会であるマリエン教会に後れをとっていたのである。そして常にマリエン教会のほうがリューベックを代表する宗教建築となっていた。ロマネスク期以降、ニーダーザクセンとヴェストファーレンの小さな司教座都市であるヒルデスハイム、ミュンスター、オスナブリュックでは、司教座聖堂がその他の教会に大きさで勝ることはなかった。

ハンザ圏のゴシック建築はフランスからの影響を受けていた。当初は直接フランスから伝播し、一四世紀以降はフランドル経由で影響を受けた。こうした影響に重要な役割を果たしたのがブルッヘ商館であったと思われる。とはいえこうしたフランスの影響はライン流域ほど徹底していたわけではない。このためハンザ圏の教会の西側ファサードは、フランスの司教座聖堂に見られる見事な発展をほとんど示さなかった。西側ファサードには装飾もなければバラ窓もなく、通常はささやかで飾り気のないただ一つの正面扉口が中央に設けられているのみであった。さらに塔を建てるにしても、ファサードの上か、もしくは一本だけにとどめることが好まれた。以上のような特徴はハンザ圏のゴシック建築が、たとえ建築資材の点でやむをえないにしても、重量感という点でロマネスク精神に忠実であり続けたことを裏付けている。

逆説的ではあるが、ドイツのゴシック建築の中で最古のものはマクデブルクの司教座聖堂である。大司教アルベルトは形成途上にあったパリ大学で学業を終え、そこから新しい芸術の諸要素を持ち帰った。つまり一二〇九年から一九年にかけて建設されたマクデブルク司教座聖堂の後陣と交差廊は、ラン司教座聖堂から影響を受けているのである。アミアン司教座聖堂の後陣と酷似するケルン司教座聖堂の後陣建設がはじまったのは、ようやく一二四八年以降のことである。

レンガ圏ではリューベックが最も見事な建造物であるマリエン教会を建造した。マリエン教会は東方の数多くの宗教建築に多大な影響を与えた。現在のマリエン教会は、リューベックの建設以降に建てられたロマネスク教会が一二五一年に焼け落ちたのち、再建されたものである。再建には一世紀を要した。当時はフランス芸術が優位を占める時代であり、ソワソンの影響がトゥールネとブルッヘ（ノートルダム教会）を——おそらくヴィスビーも——介して伝わってきた。具体的な特徴は、三つの身廊の狭さと高さ、上階回廊、拱壁の構造、周歩廊、後陣から放射状に並ぶ礼拝堂である。もともとマリエン教会の塔が一本だけであったことはすでに見たが、それにかえて二つの塔が一四世紀前半に建設され、高さ一二五メートルにまで達した。大きく飾り気のない外壁、装飾のないファサード入り口、重量感のある塔という外面からは、厳めしくも荘重な感じを受ける。内側もやはり厳粛な印象を与える。ただしかつては寒々しいレンガと装飾のない柱頭を、壁画が和らげていたことも忘れてはならない。

マリエン教会はヴェント都市のさまざまな教会に影響を与えている。顕著な例としてシュトラールズントのザンクト・ニコライ教会がある。この教会はモデルであるマリエン教会によく似ているが、装飾が多い。ヴィスマルやロストクのように、一本の塔だけが西側ファサードの上に立つという事例も多い。しかしフランスの影響を受けたこのタイプの教会が主流を占めたのは一〇〇年程度に過ぎなかった。その後急増したのは会堂型教会というタイプである。このタイプでは、三つの身廊が同じ高さであり、拱壁がなく、塔が一本で、屋根も一枚であることが多かった。ポワトゥーを起源とし、ヴェストファーレンではロマネスク期以来広まった建築タイプである。このタイプの建築は一三世紀半ば以降一時的に放棄されたが、一四世紀半ば以降とりわけ海港都市で再び流行した。ブルッヘのシント・ジリス教会のようなフランドルのいくつかのレンガ造りの教会が、おそらくモデルの役割を果たしたからである。グライフスヴァルトとフランクフルト・アン・デア・オーダーのマリエン教会と並ぶ最も壮麗な会堂型教会は、ダンツィヒの教会（一三四〇—一五〇二年）であり、規模はリューベックのマリエン教会に遜色なかった。

このような巨大建築を建設するスピードには驚かされる。躍進の盛りにあるこれらの都市において商人的な市民は、宗教信仰と同時にその都市の矜持を反映する建設作業に情熱をもって参加した。海港都市の高い鐘楼は何十キロと離れた海上からも目に留まり、港に接岸するはるか以前に最終的に帰りつくのはどこかを船員に知らせたものであった。教会がハンザ商人にとって愛郷心のシンボルとなったのは、そのような理由による。

4　造形美術

北ドイツ諸都市の建築がかなりの程度、市民による表現であり、それゆえに紛れもないハンザの特徴を示しているとしても、彫刻と絵画について、それも重要な作品について、同じことを主張するのははるかに困難である。ハンザ市民が関与した造形美術は、あまり重要でない作品であることが多い。

レンガ造りが大部分を占めるこの地域では、当然ながら石造彫刻の数も質も南ドイツに遠く及ばない。最も注目される作品は、ケルン、ハルバーシュタット、そして特にマクデブルクの司教座聖堂後陣の彫刻であろう。同聖堂の西側入り口にある「賢明なる乙女」と「愚昧なる乙女」（一二六〇年頃）には、芝居がかった物腰と誇張された身振りという、中世末期ドイツ芸術に特有の、激情的であり場合によっては戯画的である表現主義の傾向がすでに表れている。それとは逆に「旧市場」の広場に建つ美しいオットー二世の騎馬像を見れば、雄渾という言葉が自然と湧き上がる。この騎馬像は、制作年代こそ今述べた二体の「乙女」より数年しかさかのぼらないが、はるかに古典的な静謐さを湛えている。このマクデブルク建造者の像は、都市参審人の法的権力のシンボルであるらしい。さまざまなシンボルである人物像を公共の広場に設置するのは、北ドイツの特徴である。たとえば、一一六六年、ブラウンシュヴァイクの宮殿前にハインリヒ獅子公が建立した巨大な青銅製獅子は、ヴェルフェン家の権力を誇らしげに主張するものだった。またローラント像は、意味付けが曖昧かつ多様であるため、実にさまざまに解釈された。剣を高々と振り上げるローラント像は、たいていの場合、司法権力と領主権力に対抗する都市の権利を表現している。当初は木製で一五世紀以降に石で作り直されたローラント像には、それほど芸術的な価値はないが、巨大な身の丈が人目を引く。たとえばブレーメンのローラント像は高さ五メートルを超えていた。しかし、北ドイツのブレーメンからリーガにかけて数多く確認できるローラント像をハンザ的と形容するわけにはいかない。というのもリューベックとヴェストファーレンには全く見られないからである。

ハルツとヴェストファーレンで特に見られる青銅美術は、石造美術よりもはるかに広い範囲で目にすることができた。ただし青銅美術の傑作は、ハンザ以前の時代のものである。「ベルンヴァルトの柱」とヒルデスハイムの青銅製扉（一一世紀初頭）やブラウンシュヴァイクの獅子像（一一六六年）がそれである。一二世紀末にさかのぼるノヴゴロドの聖ソフィア教会の青銅製扉には、キリストの生涯を描いた二六枚の連作画が彫刻されている。この扉はマクデブルクのある工房により製作された。大司教ヴィヒマンか彼の後継者が、おそらくハンザ商人を介してノヴゴロド大主教へと寄贈したものであろう。一三世紀以降、青銅細工職人は、鐘、墓板、装飾品に加えて、入念に装飾された人目を引く洗礼盤を製作した。たとえば、ヒルデスハイム司教座聖堂の洗礼盤（一二五〇年頃）、ロストク、ヴィスマル、スウェーデンのリンシェーピングのマリア教会の洗礼盤（一四四〇年頃）である。リンシェーピングの洗礼盤はリューベックの手工業者の手になる。

洗礼盤といえば、かつてはゴットランド島特産の石製であったが、バルト海全域に輸出されるようになった青銅製洗礼盤がそれに取って代わったようである。

しかし北ドイツの美術を代表するのは木彫り彫刻であり、一四世紀以来大きく進歩した。都市、商人と手工業者団体、そして個人が競うように、それぞれの教会を立像や彫金のパネル、聖職者席、祭壇画で飾り立てた。このような種類の寄進物の中で最も「ハンザ的」であるのは、間違いなくシュトラールズントのノヴゴロド渡航者団体がザンクト・ニコライ教会に奉献した四枚のパネル（一四世紀）である。先の尖った縦長の縁なし帽をかぶり、弓と棒で武装した髭面のロシア人が、森の中でオコジョやリスを狩りたて、その獲物をペーターホーフの門の前でドイツ商人に引き渡している情景が描かれている。リューベックのマリエン教会内部の聖職者席は、同じく木彫りではあるが、それほど記憶には残らない。一六世紀の初頭にスコーネ、ベルゲン、ノヴゴロドの渡航者団体から奉献されたものである。さらに古典的なものとして一四二四年にハンブルクのイングランド渡航者団体がマイスター・フランケに作成を注文した祭壇画がある。イエス誕生を描いたこの彩色パネルは、この親方の作品では最も魅力的なものの一つである。

北ドイツで最も注目すべき芸術作品は、祭壇画であろう。彫刻と絵画が分かちがたく結びついた祭壇画は、彫刻も絵画も同じ親方が手がけることが多かった。しかし親方自身の貢献が作品のどの部分であるのかを見分けるのは往々にして難しい。写実主義的な表現と配色から、こうした作品は多少なりともフランドルとブルゴーニュの影響下にあったことが確認できる。腕の立つ親方として、初めて名前が知られるのはベルトラム・フォン・ミンデン（一三四〇年頃から一四一五年頃）である。彼はハンブルクのザンクト・ペーター教会の祭壇画（いわゆるグラボウ祭壇）の制作者である。開帳すると横幅七メートル二〇センチに達するこの祭壇画には、金地に二四の場面が描かれるとともに、四六体の人物が彫られた。テーマは創世記、幼子キリスト、受難の諸場面から借用された。コンラート・フォン・ゾースト、ハンブルクのマイスター・フランケ（一五世紀初）、そしてベルトラムは、リューベックのヘルマン・ローデ（一五世紀末）と同じく、特に絵師として名を知られたようである。北ドイツの芸術家として最も偉大なベルント・ノトケは彫刻家であると同時に画家でもあった。

かりに「ハンザ的」と形容される資格がある芸術家がいるとすれば、それは前述のベルント・ノトケ（一四四〇―一五〇九年頃）にほかならない。ポメルンの大商人家系に生まれた彼は、リューベックで技芸を学び、そこで「自由親方」と認められた。おそらくその時の人間関係のおかげで金銀細工師や画家のギルドへの所属を免除されたうえで、一四六七年リューベック市民となった。リューベックを去った後、彼は一五年間ストックホルムに滞在し（一四八三―九七年）、そこでしばらくの間スウェーデン王国の造幣局の親方を務めた。その後リューベックに戻り、ネーデルラント、プロイセン、デンマーク、南ドイツ、さらにはイタリアにまで旅を繰り返した。イタリアではマンテーニャの影響を受けた。このような輝かしい経歴を持つ彼の作品はハンザ都市のみにとどまらず、スカンディナヴィア三国、フィンランド、バルト諸国、フランクフルト・アム・マインでも目にすることができる。最も注目すべき作品は、絵画ではリューベックとレーヴァルにある二つの《死の舞踏》、およびリューベックの《聖グレゴリウスのミサ》（ただしノトケの作とするべきかどうか確実ではない）であり、彫刻ではリューベック司教座聖堂の内陣仕切りと十字架の装飾、ストックホルムのサンクト・ニクラス教会の《聖ゲオルギオス像》（一四八九年）である。

高さ三メートル半に達するこの巨大な彫刻は、スウェーデンの摂政ステン・スチューレがノトケに注文した。一四七一年デンマークとの決戦を前にしてたてた誓いが成就したためである。ノトケによるこの傑作がハンザ彫刻にとっての傑作でもあったことは誰もが認めるだろう。美術史家ヴィルヘルム・ピンダーの表現に従えば、この《ゲオルギオス像》は、ほとんど同時代に作成された「ヴェロッキオによるコッレオ

図9　ベルント・ノトケ《聖ゲオルギオス像》 ストックホルム、サンクト・ニクラス教会（1489年）
（Mikhail Markovskiy/Shutterstock.com）

ーニ像の北欧版」であった。とはいえ両者の類似点は巨大な騎馬像という点だけである。青銅製のコッレオーニ像は、ルネサンス期の傭兵隊長の徳である荒々しい個人主義を称揚する、質実かつ簡素な新しい傾向の美術である。それに対し聖ゲオルギオス像は、彩色木彫を通じて教訓物語を伝えようとした、中世のキリスト教芸術家の作品である。ドラゴンと戦う聖ゲオルギオスの横には王女の姿を認めることができる。ドラゴンの生贄とされていた彼女は、銃眼つき城砦をかたどった台座の上で、ひざまずいて祈っている。台座の側面には、ゲオルギオスの生涯の場面を描いた浅彫りレリーフが施されている。

中央人物群の仕上げを見ると、仕事を愛した良識ある手工業者の熟練の技を感じる。馬の鎧や騎士甲冑を細部にいたるまで彫りこみ、宝石で飾り立てているので、全体が黄金と多彩な色で輝いている。この英雄の胸にある金属板を開くと、真正の聖遺物を収納する小さなくぼみがある。作者の真実への配慮を示したものである。しかしそれ以上にノトケは過剰とも言えるリアリズムを志向した。それが表れているのがドラゴンである。このドラゴンは、同じ主題を扱った数多くのゲオルギオス像に見られる安っぽいサラマンダーではない。ノトケのドラゴンは、多数の鋭い鱗でおおわれ、口を開けて威嚇し、恐怖心を煽り立てる怪物であり、足元には噛み砕かれた人骨や頭蓋や死骸が転がっている。どこから見ても、生き生きとした激しい動きである。両者の戦いがいかに激しいかが、ドラゴンが締め付ける槍、地面に落ちたゲオルギオスの兜、振り上げられた刀身、後ろ足で立ちあがる騎馬の表現に見てとれる。このある種の騒々しい彫刻空間を支配するのは、泰然として勝利を確信する聖ゲオルギオスの顔である。ノトケは、スウェーデンがデンマークに勝利した事実をゲオルギオス伝の逸話に重ね合わせて、この勝利をキリスト教的な理想にしたがった道徳テーマの一つ、「悪に対する善の勝利」という解釈にまで昇華させることができたのである。

しかし画家としてのノトケは、そのほかのリューベックやヴェストファーレンの親方たちと同じく、一五世紀のケルン派の芸術家で聖ヴェロニカの作者（一四〇〇年頃）やシュテファン・ロホナーほどの技量を身につけていたわけではない。コンスタンツ周辺の出身であるロホナーによる《三王礼拝》（一四五〇年頃）の祭壇画は、一世紀半にわたって中世ドイツ芸術の至宝との評判を得ていた。

韻文同様、芸術家の作品にハンザ固有のインスピレーションを認めるのは稀である。ドラゴンを地面に踏み倒す聖ゲオルギオスというテーマが、プロイセンとバルト諸国でも人気を博したのには、やむをえない事情がある。この地域では一五世紀の初めまで、異教徒リトアニア人とドイツ騎士修道会の戦いが続いており、ゲオルギオスがこの戦いを想起させたからである。他方で船乗りの守護聖人である聖ニコラウスの生涯も、いくつかの絵画を生み出す刺激を与えた。ひとつはヘルマン・ローデがレーヴァルのザンクト・ニコライ教会の主祭壇に描いた絵画である。この絵画は遭難した人たちに手を差し伸べる聖人を描いている。いっそう感動的なのは、ある無名画家の描いたリューベックのマリエン教会の絵画である。十字架のキリストのもとで、嵐で壊れた船と助けを求める乗組員のさまざまな奮闘が描かれている。この絵画から直ちに想起されるのは、ベルゲン渡航者団体に所属するベンが一四八九年に体験した海難である。

　ドイツの画家や彫刻家の作品は、ドイツだけで評価されたわけではなかった。バルト海沿岸のあらゆる地域から注文を受けていた。そこで行なわれた美術品の取引にどれほどの重要性があるのかを推測するのは難しい。ラインケの概算に従えば、一五世紀にはおよそ三〇〇の彩色パネルや彫刻パネルがリューベックからバルト諸国、フィンランド、スカンディナヴィアに輸出されている。一般的に、作品の所在地からだけでこのような取引を知ることはほとんど無理である。しかし幸運な偶然により、レーヴァルのドミニコ会教会のある祭壇画の移動に関しては情報が残されている。一四一九年にレーヴァルの「シュヴァルツホイプター」商人団体が注文した、三位一体の描かれたこの祭壇画は、地元のある手工業者により彫刻部分が制作された。その後この「商品」の性質上、運送料なしで海路リューベックまで送られ、そこからハンブルクのマイスター・フランケの工房に到着した。この親方は絵の部分と金張りの部分を担当し、彼には八〇マルク相当の蜜ロウ二個が報酬として支払われた。一四三六年に完成するまで七年を費やしたこの作品は、レーヴァルに送られて祭壇画として奉献された。

　ドイツ人は単なる芸術作品の輸出者ではなかった。フランドル芸術が名声を博しドイツとブルッヘへの関係が緊密となったため、多くのハンザ都市の市民がフランドルとネーデルラントの親方の作品を教会への寄進のために入手することが増えた。メムリンクの堂々たる《受難》祭壇画が好例である。この絵画は聖堂参事会員アドルフ・グレーヴェラーデによりリューベック司教座教会へ奉献された。さらに著名な例としては、メムリンクによる《最後の審判》の三連祭壇画がある。これはダンツィヒのマリエン教会へ寄進される予定であったが、購入はされなかった。メディチ家のブルッヘ代理人アニョーロ・ターニが注文し、フィレンツェのある教会に捧げる予定だったこの絵画は、海賊パウル・ベネケによって海上で掠奪され、彼の生地にある大きな教会へ寄贈された。これは、ヴェネツィア人が近東で行なった桁違いの掠奪と比肩しうる、ハンザ世界で唯一特定可能な盗難作品の事例である。

北ドイツ芸術でも次第にネーデルラントの影響が色濃くなり、一五世紀以降は肖像画の利用も普及した。フランドルと同様に、寄進者である市民は、敬虔にひざまずいている自分の姿を描かせたうえで教会に寄進した。最も注目すべき例はおそらく、市長ヒンリヒ・ブレムゼによってリューベックのマリエン教会に寄進された《三王礼拝》の祭壇画（一五一五年頃）であろう。この肖像画にはリューベックのある門閥の一族が美しく表現されている。贅沢な毛皮製のマントを身につけた市長の後ろには、六人の息子が描かれている。一人は同じく市長となり、父よりも有名となって、カトリック信仰を守ってヴレンヴェーヴァーの敵となり、二人目は市参事会のメンバーに、三人目はノヴゴロド渡航者団体の商人に、四人目はロンドン商館の長老になった。同様な情報を与えてくれるのは、ユトレヒトのヤーコプによるマティアス・ムリヒの肖像画である。ニュルンベルク生まれのリューベックの大商人がネーデルラント人によって描かれるというこの作品をめぐる構図は、凋落するハンザの象徴ともいうべきものである。しかしハンザ商人の現存する最も美しい肖像画は、アウクスブルク出身のハンス・ホルバインがイングランド滞在時（一五三二年）に描いたものである。ホルバインの作品の中でも最も記憶に残るのは、ロンドンのシュタールホーフの商人であるダンツィヒのゲオルク・ギーゼの肖像画であり、筆記用具、勘定書、財布とともに仕事机に向かう本人の姿が描かれている。

北ドイツ美術は一六世紀ネーデルラントの美術の影響を深く受け、北ドイツは一六世紀ネーデルラントの一部と言ってよいほどまでになった一方で、イタリアや異教古代の影響は全くと言ってよいほど受けなかった。北方の芸術家は世俗の主題にも魅せられず、かたち、とりわけ人体の造形研究に駆られることもなかった。例外中の例外は裸体であり、アダムとイヴというテーマに限られていた。この点にこそ南ドイツ芸術との顕著な差がある。北方の芸術はフランドルの影響で精彩を放ったが、一六世紀を通じてフランドル以上に中世の伝統に忠実であり続けた。ハンザ特有の保守的傾向は、美術の分野においても顕著なのである。

第Ⅲ部

危機と衰退　一五―一七世紀

第1章　危機の高まり
——一四〇〇—七五年

1　好ましからざる状況

一五世紀のハンザ共同体の特徴は段階的な衰退である。この衰退は、最初はほとんど気づかれることなく、いくつかの成功に覆い隠されていたが、この世紀の後半には誰の目にも明らかになった。政治と経済の推移が、ある意味でハンザにとってほぼ常に好ましくなかったのだ。

この時期の北ヨーロッパにおける重要な出来事の一つが、君主権力の確立である。一四世紀の君主たちは自らの臣下よりも外国人に対してしばしば好意的であり、ハンザに山ほどの特権を与え、自国でのハンザ商業を発展させようとした。その後、君主たちは以前よりも自国の商人を優遇する傾向を見せ、特に税制上の分野で、自国民の特権を制限して外国人に有利にしたり、前任者たちが承認した特権を厳格に尊重させたりしなくなっていった。強力な国家に直面した場合、政治権力の後ろ盾を全く持たないハンザには、はっきりと意見を述べる力がほとんどなかった。そのためハンザは経済的な武器に訴えるしかなかった。すなわち取引停止やブルッヘ商館の移転である。しかしこれも、都市や弱小な領邦には非常に有効だったが、広大で集権的な国家には効果を欠いた。

政治的変化がハンザの利益を害したのは、とりわけドイツ商業の生命線であるネーデルラントにおいてであった。一四世紀半ばまでのハンザは、フランドル伯領やエノー伯領、ブラバント公領、ヘルレ公領、ホラント伯領、ユトレヒト司教領、リエージュ司教領など、多くの領主権によりこの地域が細分化されていることから利益を得ていた。だが、この状況は変わり、ブルゴーニュの勢力に有利な情勢となった。一三八四年、フィリップ豪胆公がフランドル、アントウェルペン、メヘレンを相続したからである。六年後、ブラバント女公ジャンヌが彼にブラバントとリンブルフを遺言によって与えた。ブルゴーニュ家の拡大は一五世紀初頭に顕著になった。そして一四三〇年代頃に、征服と傍系家系の断絶によって、フィリップ善良公はネーデルラントの大部分、すなわちホラントからピカルディまでを所有することになった。こうなるとハンザはもはや、これほどまで広大な統一的地域にほとんど影響を及ぼせなくなった。さらに重大だったのは、ハンザの最も危険なライバルであるオランダ人がブルゴーニュ公国から強力に支援され、急速な成功を手にしたことだった。このように、ネーデルラントの統一がブルゴーニュ家の掌中で行なわれたことが、ハンザ衰退の主要因の一つであった。

ハンザにとって非常に幸運だったのは、イングランドとスカンディナヴィアの政治的変化がそれほど不利ではなかった点である。一五世紀前半、イングランド人は百年戦争、次いでばら戦争により弱体化した。英仏海峡や北海で猛威をふるった海賊に、ハンザはしばしば悩まされねばならなかったが、ハンザはこれらの戦争を利用して、何人かの君主から商業的優位を獲得した。多くの失敗にもかかわらず、ハンザが地位を最もよく維持できたのはイングランドにおいてであった。

スカンディナヴィアでは、カルマル連合の宣言が重大な脅威となった。すなわち、同一の君主の下に結合した三つの王国が、ハンザの利益を害する政治的、経済的な連合を結成する恐れがあったのである。さまざまな出来事があったが、現実にはこの恐れは杞憂であった。ハンザの指導者は賢明にも、競争相手であるメクレンブルクに対抗してマルグレーテを支持したのである。たしかにハンザはデンマーク勢力に一五世紀に再び直面したが、三王国の連合は厳密に人的な同盟にとどまったので、連合そのものが再検討を迫られることにさえなった。このように君主の凡庸さや地方分権的傾向が統一国家の形成を妨げたため、ハンザはスカンディナヴィアでも、オランダ人との競争で手ひどい損害を受けつつも、影響力を保った。

東ヨーロッパにおけるポーランドとリトアニア両国の同君連合（一三八六年）は、状況をそれほど変えなかった。それどころか、ある意味で、ヨーロッパ最後の異教の砦だったリトアニアのキリスト教への改宗は、この国にハンザが浸透するのに好都合でさえあった。それとは重要性が全く異なるのがタンネンベルクにおけるドイツ騎士修道会の敗北だった（一四一〇年）。ハンザが恩恵に浴していた騎士修道会の名声は、この敗北により決定的に動揺した。商業の障害となった長期的な混乱はトルンの和約（一四六六年）で終わったが、この和約によりポメレレンやヴァイクセル河口が、トルン、ダンツィヒ、エルビングとともに、ポーランドの服属下に置かれた。しかしこれらの政治的激変は、ダンツィヒの持続的発展が示すように、ハンザ商業に長期的影響を与えなかった。

さらに北方のリーフラントでは、ドイツ騎士修道会とハンザの地位はタンネンベルクの敗北ではほとんど弱まらなかった。対照的に、一五世紀半ば以降のノヴゴロドの衰退、つまりこの偉大な都市共和国が一四七八年にイヴァン三世により決定的に破壊されたことで、この地域におけるハンザの地位は著しく変化した。外国人に敵対的なモスクワ国家がフィンランド湾まで拡大したのは、ハンザやドイツ人勢力にとって大きな脅威を意味した。この脅威は一世紀も経たずにあらわれることになった。

一五世紀には君主国だけでなく、ドイツの領邦も強固になった。その結果、都市に対する諸侯の圧力はますます強くなり、大領主の支配に対抗して防衛を固めることが、それまで以上に必要になった。この軍事的および財政的な絶え間ない努力は、特にヴェストファーレンとニーダーザクセンにある多数のハンザ都市にとって、回復しようのない弱体化の原因の一つだった。

一五世紀の北ヨーロッパの変化を決定した経済的要素は、政治的要素以上にハンザに悪い結果をもたらしたように見える。重要なのは間違いなく、オランダと南ドイツの商業発展であり、ハンザは彼らに対して取引規制を強化することでしか抵抗できなかった。これによってハンザは束の間の成功を何度か手にしたが、結果的には競争相手に対するハンザの劣勢を決定づけることになった。他方、エアソン海峡を経由したバルト海と西ヨーロッパ間の直接的な連絡が重要性を増したことで、ホルシュタイン地峡を経由する昔からのルートによる東西ヨーロッパ間の交易における港、通過地としてのリューベックの地位が弱まるのは必然だった。この二つのルート間の競争がもたらしただろう最も深刻な結果は、プロイセン諸都市とリーフラント諸都市が、ヴェント諸都市との対立を深めたことだった。つまり、多様な地域間の都市の結束こそがまさしくハンザの基礎だったが、この結束の弛緩がこの時期以降に明らかになった。最後に、西ヨーロッパ——イングランドを除く——と同じく東ヨーロッパでも見られるように、商業が多数の市場にさらに分散することになったのも重要だった。これは個々の都市には利益を獲得しやすくしたが、特に外国の競争相手の発展をもたらし、ハンザの経済規制システムを無効化した。

非常に暗い見方をすれば、一五世紀初頭以来のハンザの状況は以上のようなものだっただろう。しかし、その影響が感じられるようになるのに時間がかかったことは強調すべきである。外国人と同じくドイツ人の目にも、ハンザが強力かつ繁栄しているように見えた。ハンザは新メンバーを募り、商業はフィンランド、アイスランド、ポルトガルにも拡大しつつあった。ますます深刻になる衰退の徴候にもかかわらず、ハンザは一五世紀の間ずっと、北ヨーロッパにおいて、一四世紀に獲得した大勢力の地位を保った。

2　リューベックの体制危機

一五世紀は、リューベックの激しい体制危機で幕を開けた。この危機は数年にわたってハンザを窮地に陥れた。それ以前にも、一三八〇年と一三八四年における肉屋の反乱が、排他主義で非難されていた門閥政府に対する民衆の根深い不満を示していた。またヴィターリエンブリューダーに対する戦争や、エルベ川とトラーヴェ川の間の運河建設にかかる出費によって、都市の財政事情は一五世紀初頭にとりわけ危機的だった。一四〇三年に、市参事会は財政難を公表し、かつ新たな課税を行なうために民衆の同意を求めるのを余儀なくされた。最初にビール醸造業者、次に手工業者の拒絶にあった後に、市参事会は目的を達成したが、引き換えに一三八六年に手工業者に対して要求していた服従の特別な誓約を破棄することになった。さらに二年後、市参事会はビール一樽につき一プフェニヒの新税を提案することになった。その代わりに市参事会は、民衆から権限を委任された六〇人委員会の設立を認め、今後の方策を検討させることにした。この委員会はまもなく不満分子の代弁機関となり、長々とした不満の一覧表を市参事会に提示して、都市の政治全般、ハンザ総会と使節団の法外な経費、手工業者の権利に対する侵害、税金、ニュルンベルク商人に認められた便宜などに不満を示した。

六〇人委員会は都市行政の数々の部門で権限を奪った。だが六〇人委員会が、それまでは市参事会の指名により補充されていた市参事会員の選挙に民衆が参加できるようにする制度改革を要求すると、対立は激化した。市参事会は長々と言い逃れをしたが、結局、一四〇八年に民衆の圧力に屈しなければならなかった。こうして、市参事会の二三人の中から、四人の市長を含む一五人が都市を去ることになった。勝者側は新参事会の選挙にとりかかった。新参事会は制度上、二四人のメンバーからなり、その半数が毎年更新され、商人や金利生活者《レントナー》と同数の代表を手工業者に確保することになっていた。決裂は決定的だった。以後八年間にわたり、新旧の市参事会員が対立し、自らの正当性を認めさせようとしたのだ。

リューベックは帝国都市だったので、新参事会はすぐに国王であるプファルツ選帝侯ループレヒトの厚意を得ようとした。市参事会は彼に対して、門閥政府が拒否していた忠誠の誓約を都市の名で行ない、帝国への税の未納分を支払った。その見返りとして、ループレヒトは都市に自らの市参事会を選出する権利を認めた。だが、亡命者は手をこまねいてはいなかった。駆け引き上手の外交官である市長ヨルダン・プレスコウの指揮下で、亡命者たちは帝国宮内法院に不満を申し立てた。法院は一年後に、非常に曖昧だが、亡命者の権利を回復するよう都市に促す判決を下した。軽率にも新参事会は、亡命者の財産の没収を発表することで対応し、それ以後は王の召喚状に従うのを拒否した。それに対して一四一〇年初頭に、ループレヒトはリューベックを帝国から追放した。だが、まもなく王が死去したので事件は未解決のままに終わった。

この闘争はハンザ世界にかなりの動揺を生んだ。「筆頭」であるリューベックが指導的役割をもはや行使できなかったため、ハンザの存在さえも危うくなった。「ドイツ商人はもはや誰に頼ってよいかわからない」とブルッヘ商館は嘆いた。速やかに始まった調停の試みも成果がなかった。すぐにわかったのは、大部分が門閥支配体制を持つハンザ都市は、旧参事会に好意的だったことである。しかしリューベックにならって民主化運動を起こした数都市は、リューベックを支持した。ヴィスマルとロストクは手工業者組合に有利な方向で体制を改革し、リューベックと同盟した。これほどではなかったが、ハンブルクは六〇人の委員会を設立し、委員会が都市の諸問題に介入して、亡命リューベック市民の追放を認めた。亡命者はリューネブルクに落ち着いた。最後に、リューベックは当時ポーランドと戦争中だったドイツ騎士修道会総長に救援物資を送ることで、ドイツ騎士修道会の中立をとりつけた。

最も差し迫っていたのはハンザの機能を滞りなく遂行することだった。リューベックが帝国から追放され、昔からの役割をもはや担えなくなったためである。ハンブルクで招集されたあるハンザ総会は、商館からの書簡の宛先をハンブルクに変更することを決定した。後にはハンブルクが民主的な傾向を持っているのではないかと疑われるようになったので、シュトラールズントが代わりに選ばれた。実際に、ハンザの筆頭の役割をある程度まで担ったのは、ヴェント都市とザクセン都市であり、亡命者の避難場所でもあったリューネブルクだった。

この紛争が激化したのは、一四一一年にヨルダン・プレスコウがブルッヘに現れた時だった。プレスコウは、亡命者の財産没収の無効を宣言した帝国宮内法院の判決を根拠に、商館とフランドルの四大指導者、およびブルゴーニュ公に、没収財産の総額と推定される四〇〇〇マルクを上限とするリューベック市民の財産差し押さえを懇願したのである。このような処置は商館の破滅を意味した。だがこれはプレスコウの策略であり彼は商館を亡命者側に加担させようと目論んだのだった。策略は十分に成功した。すなわち、リューベックの代表団が新参事会の名で、自らと断絶していた商館の服属を要求しにやって来たものの、商館はこの代表団を迎え入れなかったのである。まもなくプレスコウは脅迫的手段を使わずに、プロイセンに赴いて総長にプロイセン国内でのリューベック市民の商業活動を禁止するよう要求した。

その間に、ジギスムントが皇帝に選出され（一四一一年）、亡命者側は彼に対してリューベックの帝国からの追放を追認するよう要求した。この時もまた、新参事会は帝国の召喚を無視したので、ジギスムントは旧参事会の合法性を承認したが、リューベック追放の追認はしなかった。ハンザ諸都市は、リューベックをハンザから排除するために、追放という最後の制裁を待っていたが、あえて強行することまではしなかった。こうして事態は完全な袋小路に陥った。

新参事会はあきらめなかった。皇帝にリューベックの特権の更新を懇願し、六〇〇〇グルデンの贈与を申し出た。ジギスムントは二万四〇〇〇グルデンの贈与を要求し、これと引き換えに要求された特権を与えただけでなく、さらに前任者ループレヒトが布告した追放を取り消した。これによりジギスムントは都市リューベックに対する厚意を公にした。だが、この有利な雲行きは急転した。支払いの一部である一万六〇〇〇グルデンは一四一五年の万聖節（一一月一日）にパリあるいはブルッヘで行なわれることが定められていた。新参事会は、有望な融資者を見つけられなかったためであろうが、期日には何の支払いもせず、一言の弁明さえ行なわなかった。激怒したジギスムントは数カ月前に与えた特権のすべてを取り消し、リューベックが旧参事会に従うよう要求した。その直後に、最後の打撃がこの都市を打ち据えた。デンマーク王エーリク・オ・ポメルンがリューベックへの不支持を表明し、スコーネにいるリューベック商人を逮捕させたのである。

新参事会は絶望し、降伏を受け入れた。一四一六年五月に新参事会は、ヴェントとポメルンの七都市の代表団により提示された非常に穏健な条件を呑んだ。ヨルダン・プレスコウを含む旧参事会の生き残りメンバー一〇人が都市に戻り、リューベックに残っていた古い仲間から五人を加えた。これら一五人の門閥に加え、さらにロザリオ兄弟団《ツィルケルゲゼルシャフト》から二人、その他の商人から五人、「新参事会」から五人が参加した。この譲歩は人心の鎮静化に役立ったが、政治的意義は少なかった。都市門閥が市参事会の主役に完全に返り咲いたからである。民衆は厳重に監視された。九六の手工業者組合が次々に服従の誓約を行ない、一万三〇〇〇グルデンに減額された負債のジギスムントへの支払いを目的とする徴税に同意せざるを得なかった。手工業者を激怒させた処置のうちの二つが復活したのである。近隣都市でも旧体制が復活した。ヴィスマルではメクレンブルク公による、ロストクとハンブルクではハンザの代表団によるものであった。

全体として驚くべきなのは、この長期にわたる紛争中、二つの党派が穏健さを保ったことである。新参事会は、支配していた八年間に、敵対者に暴力で対応することは一切なかった。同様に、復活した門閥政府も二件か三件の死刑執行をしただけのようである。これこそが過激さそのものを嫌う「ハンザの知恵」の好例であり、この知恵はあらゆる不満をも凌駕する強い団結心により説明できる。同時期のフランドル都市を舞台にした虐殺との対照は驚くほどである。

この危機は、北ドイツにおける門閥体制の強さも証明した。ほぼすべての都市に加えて、君主や諸侯も門閥体制を支持していた。つまりハンザが手工業者や小商人を拠り所とし、大商人の門閥に敵対的になることはあり得なかった。さらに、この出来事は皇帝の移り気と金権体質を明らかにした。皇帝にとっては、ハンザの長のように振る舞い、ハンザの利益を手中にする絶好の機会だった。こうした働きかけは、危機の後でも、諸都市やブルッヘ商館から皇帝に絶えず寄せられた。だが、相反する利益に縛られて身動きがとれなくなっていたジギスムントは、ハンザが収入源にならないのに失望し、外国におけるハンザの名誉回復のためにほぼ何もせず、リューベックとの関係は緊迫したままだった。ハンザの指導者は、必要な支援を帝国からは得られない、とすぐに理解した。

結局、この危機はハンザの結束を立証した。この危機を乗り越えて以来、諸都市は一致して団結を引き締め直すことを決めた。一四一七年にリューベックは、ヴェント都市と五年間の同盟を結成したが、態度を決めなかったハンブルクを除外した。特に、リューベックで開催された一四一七年と一四一八年の二回の総会は、ハンザの歴史上で最も重要な会議である。二回目の総会はとりわけ輝かしかった。この総会には三つの地区《ドリッテル》からの三五都市、皇帝、ドイツ騎士修道会、ブレーメン大司教それぞれの代理が姿を見せ、スリスヴィ公、メクレンブルク公は本人が参加した。

議長であるヨルダン・プレスコウの提案により、総会は「規約」という名称で三二条からなる一種のハンザ憲章を起草した。この規約に新規な点はなく、商業、航海、司法、通貨に関する指示を再録したものだ。最初の四条がとりわけ重要だった。これらの条項は、これ以降の暴動の企てを一切阻止するために、すべての都市における反乱の煽動者の逮捕、裁判、処刑を規定していた。ある都市で市参事会の権力が全体的であれ部分的であれ奪われ、さらにハンザの代表たちによる命令が実行されないならば、その都市全体がハンザから除名されることになった。

全ハンザ都市の公共の場所にこの規約を掲示することが命じられた。この決定は非常に強い反発を引き起こした。市参事会から一人の参事会員を除名するだけで、他都市の介入を招くことになるので、事実上、都市の主権の制限だったからだ。シュテティーンでは、民衆の圧力を受けて市参事会がこの掲示を剝ぎ取らせた。シュターデでは民衆がこの規定の変更を強要した。ブレーメンでは、民衆が掲示を引き剝がし、市場広場で燃やした。ハンザは前二者に対して強圧的に振舞った。除名を宣言して、二都市をすぐに服従させた。両都市はそれぞれ二〇〇〇グルデンと五〇〇グルデンの罰金を支払い、再び規約を掲示しなければならなかった。ブレーメンに対しては、ハンザは最初のうちはもっと慎重だったが、和解の試みが無駄に終わると、除名とブレーメンに対する経済封鎖を宣言した（一四二七年）。これにより市長が殺害され、民衆の市参事会が創設された。結局一四三三年に、ブレーメンは旧参事会を再招集し、ハンザに再加盟を許可されたが、賠償金を支払うことはなかった。その他の都市では、この規約は大きな支障もなく受け入れられた。

一四一八年の総会は、そのうえ、ハンザ内でのリューベックの優位を正式に認めた。総会が滅多に開催されないこと、また代表の参集が難しいことを理由に、ハンザはリューベックとその近隣都市（すなわちヴェント都市）に、この共同体の政治の舵取りを依頼した。現実にはリューベックはこの役割をずっと以前から果たしていたが、正式にハンザの筆頭に置かれるのは、リューベックにとっては素晴らしい栄誉であり、権威の強化につながった。

しかしプレスコウとリューベックの指導者層はそれ以上を望んだ。外敵、特にデンマークや諸侯を前にしたハンザが弱体だと考えた彼らは、純粋に経済的だったハンザの組織を政治的、軍事的な同盟にして、成員に定期的な分担金と一定数の兵士を提供させようとした。リューベック主導下で一つの計画が提案された。トホペザーテという新名称の一二年間の同盟案であった。約四〇都市のリストが作成され、提供すべき兵士や射手の人数、動員方法も提示された。だがこの計画は、ドイツ騎士修道会により拒絶され、実現しなかった。それにもかかわらず、この一四一八年に、ハンザは動揺をもたらした重大な危機を完全に克服した。ハンザが以前よりもさらに強力に見え、最盛期が一四三〇年頃に位置づけられるのは、このためだ。

3　ドイツ騎士修道会とノヴゴロド商館の弱体化

一五世紀初期、ハンザの成員であるドイツ騎士修道会は勢力の頂点に達したかのように見えた。軍事的には、騎士修道士はプロイセンやバルト海諸国への支配を確保していた。一三九八年に、騎士修道会はリトアニア西部すなわちジェマイティヤの領有を承認させており、分断された二つの領土間の連絡をさらに容易にした。同年には、ゴットランド島にも地歩を確立し、これによって、当時ハンザと同盟していたデンマークに対抗してバルト海への膨張政策を始めるかに見えた。経済的には、西欧向けの穀物、木材、琥珀の輸出に基礎を置いた商業を力強く発展させていた。

しかしこの勢力は実質的というより表面上のものだった。プロイセンの貴族は騎士修道士による暴君的支配に耐えかねていた。ほぼ国外のみから集められた騎士修道士が外国人とみなされていただけに、なおさら耐えられなかった。一三九七年、プロイセン貴族は自らの利益を守るために、ポーランドの支持を受けた「トカゲ同盟」を結成した。一方でプロイセン都市が、騎士修道会との商業上の競争や、騎士修道会の商人に認められた固有の特権に苛立っていた。その特権とは、債権償還の際の優先権、ポンド税の免除、穀物の輸出禁止からの除外などだった。ハンザ自体はバルト海における騎士修道会総長の野望である自領本位の政策を心配していた。一四〇七年、ハンザが関与して、総長にゴットランド島をデンマークへ返還させたのは、これが理由である。だが、騎士修道会の最大の強敵は、ポーランドとリトアニアの王であるヴワディスワフ・ヤギェウォだった。彼はプロイセンの不満分子を支持するだけでなく、ポーランドにおけるプロイセン商業を徹底的に妨害した。クラクフに指定市場《ステープル》権を認めつつも、騎士修道会の商人がハンガリーの銅鉱山を獲得するのを妨害した。ヴワディスワフは、都市シュテティーンと交渉して、ポーランド商人にヴァルタ川とオーダー川のルートを通らせることで、ヴァイクセル川下流に行かせないようにするまでになった。

こうした状況の中で、総長ウルリヒ・フォン・ユンギンゲンはポーランド王に宣戦布告した。その結果が一四一〇年七月一五日のタンネンベルクにおける敗北であった。総長と数千人の騎士修道士がここで非業の死を遂げた。プロイセンの貴族、司教、都市がすぐに蜂起し、ヴワディスワフに忠誠を誓った。諸都市はドイツ騎士修道会の守備隊を市壁内から追放し、王にさらなる特権を求めた。しかし騎士修道会の敗北は最初のうちは回復不可能に見えなかった。新総長ハインリヒ・フォン・プラウエンは、マリーエンブルク城の防衛態勢を整え、ポーランド人はその占領をあきらめた。プラウエンは一四一一年に比較的有利なトルン和約に調印した。騎士修道会は捕虜を解放するために莫大な身代金を支払ったが、狭いドブリン地方と、一時的にジェマイティヤを失っただけだった。騎士修道会は諸都市における権威を回復し、トルンとダンツィヒの市長たちを処刑させ、それ以降は門閥に対立する手工業者組合に好意的になった。

だが実際には、ドイツ騎士修道会の勢力と繁栄は終焉を迎えつつあった。一四一三年には内戦の結果、ハインリヒ・フォン・プラウエンが罷免されたことで弱体化したうえ、次の半世紀にはポーランド、リトアニア、プロイセンの貴族や都市との戦争に突入して、国土が荒廃し、財政と商業は壊滅した。威信を回復するために、騎士修道会はジギスムントの呼びかけで、フス派に対する十字軍さえ行なったが、そのためにダンツィヒ近郊までもがフス派の侵入により荒廃することになった（一四三三年）。紛争状態は一五世紀半ば頃に悪化した。一四四〇年には、約五〇人のプロイセンの領主と約二〇の都市（その中ではダンツィヒ、特にトルンが過激だった）が自らの権利を守るために連盟を形成した。一四五四年にこの連盟は総長に宣戦布告し、彼の主権を否定し、ポーランド王カジミエシ四世への服従を申し出た。王はこの申し出を受け入れ、連盟に参加した。連盟はハンザと同盟の約束を取りつけようとしたが、ハンザは中立を守った。海陸において一三年間続いた戦争では、ダンツィヒの私掠船によるリーフラントとハンザの交通の妨害が深刻で、その結果、ドイツ騎士修道会領は荒廃した。第二次トルンの和約（一四六六年）によって、西プロイセン全体、すなわちヴァイクセル川両岸（マリーエンヴェルダーを除く）は、マリーエンブルク城とともにポーランドの完全な主権下に移された。ケーニヒスベルクに本拠を置いた騎士修道会は、東部プロイセンの一部だけを維持し、総長はポーランド王の封臣となった。

ドイツ騎士修道会の権力崩壊によって、東ヨーロッパのドイツ化が強まることはなくなった。反対に言えば、ハンザの利益にならなかったのはこの点だけだとも言える。おそらくハンザは、最も著名な成員を襲った信用失墜の影響をある程度受けた。だが、ドイツ騎士修道会の野望を恐れていたハンザは、騎士修道会との商業上の競争や騎士修道会の自己本位な政策から、解放されたことになる。当時の年代記によれば、ハンザ世界の世論は、騎士修道会に対して全般的に非常に敵対的になってきていた。プロイセン都市は、確かに戦争の被害は受けたが、ドイツ騎士修道会の弱体化と主権の交代から確実に利益を引き出していた。特にダンツィヒは、それまでには経験したことのない自治の恩恵に浴した。この都市は広範な商業特権を受け取り、特に外国商人の地位を恣意的に規制する権利を獲得した。平和が回復するとともに、ダンツィヒの商業はあらゆる方向で強化された。反対に、ヴァイクセル川流域のその他の都市は、同じように特権状を獲得したが、衰退を食いとめられなかった。トルンがドイツ騎士修道会に自らの窮状の責任があるとしたのは、まさしく誤りである。

トルンは、クラクフの指定市場とダンツィヒの指定市場にはさまれており、ポーランドの支配下で衰え続けた。この衰退は北ドイツにある内陸都市の大部分と同じ性質のものであった。

ドイツ騎士修道会の支配から解放されたプロイセン都市は、ハンザに対して特別な関心を持ち続けた。エアソン海峡通過の問題やイングランド人やオランダ人との関係といった問題で、彼らの利益がヴェント都市の利益と対立することはしばしばだった。あるトルン商人は、苦渋に満ちたプロイセン人の不満をはっきりと主張している（一四五〇年）。「リューベック市民が（デンマークに対して）戦争を起こした時、彼らはバルト海商業とハンブルク経由のフランドル向けの輸送を独占した。彼らはこのようにして豊かになり、その一方でわれわれプロイセン人は破産へと運命づけられたのだ」。さまざまな都市集団の間での利益の不一致が一五世紀にますます増大したが、この不一致はこの地域において特に著しかった。

同じ事実がリーフラントとロシアの方面で確認される。リーフラント都市の商業は著しく成長したが、大部分はオランダ人や南ドイツ人など外国商人の活動のおかげだった。だが、レーヴァル、ドルパト、リーガは、自都市の商人が外国商人に排除されるのを望まなかった。特にリーガは、ポロツクが徹底して自らの商人を厚遇してリーフラント人を犠牲にするのを見て不安になった。また、この地方において亜麻布や穀物の生産者と直に接触するオランダ人が浸透するのに真っ向から対抗しようとしていた。同様に一四五九年にリーガは、ハンザ都市の商人を含む外国人全員に、その市域において別の外国人と直接交易するのを禁止した。二世紀以上にわたりデューナ川流域で商人が自由に交易をしてきたリューベックは、この決定により特に打撃を受けた。リューベックはこのようなハンザの連帯への侵害に抗議したが、他のリーフラント都市から助力を得られなかったため、ドイツ騎士修道会の管区長に支持を懇願した。だが、リューベックの奔走は非難の的になった。二都市間の紛争を調停するために諸侯に訴えるのは、ハンザを支配する原則への重大な違反だったからである。リーガはリューベック市民の倉庫を閉鎖することで反撃した。あらゆる圧力にもかかわらず、リーガは外国人同士での商売の全面的禁止を引き続き行なった。これによって被害を受けたのは、オランダ人よりもリューベック人の商業だった。

ノヴゴロドでも、リーフラント都市とその他のハンザ都市との間での敵対関係が表面化した。リーフラント都市は商館の主導権を得るとともに、ロシアとの商業そのものも独占しようとした。このため一四一六年にリーフラント都市は、ロシア人による特権侵害に対応して、海陸によるノヴゴロドへのすべての通行を禁止することを決定した。だが、ロシア商人にはリーフラントでの商売を認めたので、経済封鎖の被害を受けたのはもっぱら他のハンザ都市だった。ハンザ総会はこの手段に対して、厳しい叱責とリーフラントを含むロシアとのすべての取引の停止を命じたが、たいした成果はなかった。まもなくドイツ騎士修道会の管区長が自らの権限でノヴゴロドと和平を結んだ。リューベックは抗議したが、既成事実を受け入れざるを得なかった。さらにリューベックは、一三世紀末以来持っていたペーターホーフの管理についての影響力を徐々に失っていった。一四四二年、リューベックはドルパトに商館の管理権を譲渡し、さらにリーフラント諸都市がノヴゴロドにおけるハンザ商業の禁止や許可を提案できる発議権を認めざるを得なくなった。リューベックとヴェストファーレンの商人は商館を引き続き訪れたが、もはや従属的な地位しかなかった。

この時期全体を通じて見ると、ニーブルの和約（一三九二年）にもかかわらず、ノヴゴロドのハンザ商業は非常に不安定であった。特権の侵害、侵略、抗争が繰り返されて、商業が数年にもわたって中断されることがあった。最も重大な紛争の一つは、ロシア人の船への攻撃によるもので、一五〇人のドイツ人の逮捕を引き起こし、そのうち三六人が虜囚中に死亡した（一四二四年）。一五世紀半ば、ドイツ騎士修道会とロシアの諸公との戦争の結果、五年間にわたってハンザの経済封鎖が行なわれた。一四六八年には、ドイツ商人の逮捕によって新たな危機が勃発し、商館はナルヴァに撤退し、取引の中断は四年にわたった。

これらの混乱によって、特に一五世紀半ば以降、商館は衰退したのは確かである。だが、商館が衰退したより大きな原因は都市ノヴゴロド自体の凋落に求められねばならない。ノヴゴロドは三世紀にわたって維持した商業の大中心地たる地位を終えてしまった。蜜ロウや毛皮の商業はますますフィンランドやリーフラントの都市に拡散するようになった。さらにイヴァン三世の攻撃により衰退は加速した。彼は一四七一年にこの共和国に壊滅的な敗北を味わわせたのである。七年後、彼はこの都市を占領し、住民の一部を強制移住させた。こうしてノヴゴロドの独立は終焉を迎えた。イヴァン三世は、モスクワの商業を厚遇し、外国商人にいかなる好意も示さなかった。こうしてノヴゴロドのドイツ商館の時代は清算された。

4　ハンザとスカンディナヴィア

一四世紀と同様に一五世紀においても、ハンザの主要な政治問題はデンマークとの関係であると言える。シュトラールズントの和約はハンザとデンマーク間の協調時代の幕開けとなり、それは王妃マルグレーテの死去まで続いた（一四一二年）。ハンザはスカンディナヴィアの三王国の連合に無干渉であり、デンマークによるゴットランド島の回復に手を貸しつつ、ドイツ騎士修道会よりもデンマークとの友好を好んでさえいた。だが、平和を望むヴェント都市の門閥政府によるこの政策は、完全な支持を獲得しなかった。諸都市においても、商人よりもさらに民族主義的な手工業者がデンマークに極めて敵対的であり続けた。したがってこの協調はもろく、ハンザにあまり好意的ではないエーリク・オ・ポメルンの治世（一四一二―三八年）の到来とともに、昔ながらの対立がよみがえることになった。

この関係を究極的に悪化させたのがスリスヴィの問題だった。デンマークの封土であるこの公領は、一世紀前からホルシュタインの有力者に握られており、国王から事実上独立していた。王妃マルグレーテ、ついでエーリク王が自らの権威をスリスヴィで確立しようとしたが無駄だった。革命政権下のリューベックはエーリク王に敵対していたが、王は復興したハンザならスリスヴィにおける彼の権威を認めて、ホルシュタインの人々に対抗して王を支持するものと期待していた。だが皇帝は王の権威を認めたものの、リューベック、そして特にハンブルクは彼の狙いに手を貸すのを望まなかった。これらの都市はホルシュタインの有力者と王を調停するにとどめた。このためエーリクは次第にハンザに敵対的になった。彼はポーランドと同盟してドイツ騎士修道会に対抗し、ノルウェーやデンマークではオランダやイングランドの商人を歓迎し、逆にドイツ商人に対する妨害を行なうようになった。一四二六年頃、エーリクは歴史的に非常に重要なある措置を布告した。エアソン海峡を通過する全船舶への通行税を定めたのである。この通行税は、後に輸送商品への従価税が加わり、その後四世紀以上にわたり徴収されることになった。これが廃止されたのはようやく一八五七年のことだった。

ヨルダン・プレスコウの生存中は、この和平はほぼ維持されていた。だが彼の死後まもなく、ヴェント都市はデンマークに宣戦布告し、エアソン海峡を封鎖した。相変わらず、ハンザ都市間の同意は完全からはほど遠かった。一方ではゾイデル海沿岸都市が、他方ではリーフラントとプロイセンの都市が封鎖に不満を持ち、積極的な協力を拒否した。戦争はもっぱらヴェント都市、ポメルン都市、ザクセン都市によって行なわれた。戦争初期はハンザに不利な情勢だった。リューベック市長ティデマン・シュテーンにより指揮されたハンザ艦隊がエアソン海峡で敗北したため、デンマーク人はブルヌフから出航してプロイセンへと帆走する塩の輸送船団を拿捕できるようになった。この失敗によって、生ぬるいと非難されていた門閥指導層に対する民衆蜂起が勃発した。蜂起はハンブルク、ロストクなどで発生し、特にヴィスマルでは何人もの市参事会員が斬首された。

九年間続いた戦争のあいだ、さまざまな突発的事件が起こったが、リューベックはこれらの事件から確かな利益を得た。東西商業のほぼすべてがホルシュタイン地峡を利用するのを余儀なくされたため、塩不足となり、リューネブルク塩をバルト海地域において高値で販売できるようになったからである。だがこの戦争はそれ以上にオランダ人に利益をもたらした。彼らはスカンディナヴィアの諸王国に食糧を補給し、ハンザの船を攻撃し、封鎖をこじ開けた。結局、エーリクはスウェーデン人の離反により弱体化したため、ハンザにとっては大成功と言えるヴォーディンボーの和約に調印せざるを得なかった（一四三五年）。シャウエンブルク伯アドルフはスリスヴィを確保し、デンマーク王への臣従から離脱した。エーリクは自国でのハンザの特権を確認した。すなわち、リューベックとヴェント都市のノルウェーにおける商業独占を認めたのである。また、エアソン海峡の通行税は維持されたが、ヴェントの船舶は税を免除された。まもなく、勝利がさらに決定的になった。信用を失墜したエーリクは亡命を余儀なくされ、デンマークの王国評議会で廃位された（一四三八年）。一三七五年と同様にハンザは王位継承に影響力を発揮し、重要な特権付与を約束していた新しい王クリストファ・オ・バイエルンを支持した。リューベックはヘルシングボリの城砦を占領して、ハンザとの紛争中のオランダ人をバルト海から締め出せるようにしたため、ハンブルクからリューベックへのルートを独占的に利用することが可能になった。こうした処置は、東部の都市の不満を生み、リューベックが利己的としばしば非難されることになった。

だが、ヴォーディンボーの和約による成果は長続きしなかった。クリストファ、次いでその後継者のクリスチャンはエーリクの政策をすぐに再開し、支配下の国々においてハンザの影響力を揺さぶろうとし、自国の商人やオランダ商人を優遇した。このためオランダ人は、リューベックが期待していたようにバルト海から排除されるどころか、バルト商業を絶え間なく拡大していった。他方で、直系の相続人を残さずにホルシュタイン伯アドルフが死去したことで（一四五九年）、スリスヴィ問題が再燃した。この国の貴族は、デンマーク王クリスチャンがスリスヴィとホルシュタインの相続人だと宣言した。これによってデンマークによる支配はリューベックとハンブルクの城門にまで迫ることになった。しかしヴェント都市は抵抗しなかった。実際にクリスチャンは、ヴェント都市の心配を鎮める保証を惜しまなかった。都市側は警戒を続けつつ、続く数年間、ある時は王に味方し、またある時は敵対して、自己利益のために公領に絶えず干渉した。だが、ハンザ商業の生命線の一つであるホルシュタイン地峡にデンマークが居座ることは、ハンザにとって重大な脅威だった。すなわち、一世紀にわたる努力は二重の失敗に帰着した。要するに、オランダの商業がバルト海で発展し、デンマークの勢力がかつてないほど憂慮するものになったのである。

ノルウェーでも、ハンザは覇権に異議を唱えられる羽目になった。一五世紀半ばのベルゲンにおいては、ハンザを公然と敵視する王の代官オーラヴ・ニルソンの行動により状況は緊迫した。ベルゲンにいる多数のドイツ人手工業者との競争から自国の手工業者を保護することを目的に、ニルソンはドイツ人に税と指定販売価格を押し付けた。彼はドイツ人手工業者を自らの司法管轄下に置き（一四四三年）、それまで従属していた商館の支配に対抗して、逆に商館を自らの保護下に入れようとした。クリスチャン王はニルソンを罷免することによって、事態を沈静化させる態度を示した（一四五三年）。だが二年後に王が彼を復帰させざるを得なくなると、激昂した商館のドイツ人は暴力的行為におよび、これがハンザ史において最も凄惨な事件となった。ニルソンが逃げ込んだ修道院は押し入られて放火され、襲撃者はベルゲン司教、ニルソンとその仲間約六〇人を虐殺した。この犯罪には教皇が介入したにもかかわらず、罰せられることはなかった。

さらに、ヴェント都市はノルウェー商業の独占を完全に確保しようとし、他のハンザ成員が割り込むのを望まなかった。一四四六年に、ヴェント都市はリューベック、ヴィスマル、ロストクをベルゲンから出荷されたタラの指定市場と宣言した。カンペン、特にデーフェンターなどのゾイデル海諸都市の船舶によるライン川流域市場向けの干魚の輸出に真っ向から反対したのである。紛争が繰り返された結果、ゾイデル海沿岸の商人は一四七六年にベルゲンにおいて、自分たちの長老一人を戴く別の共同体を形成することを決めた。この地域においても他の場所と同様に、ハンザの結束はますます緩んでいった。

5　ハンザとネーデルラント

ネーデルラントは、一五世紀にも一四世紀と同様に、ハンザ商業にとって重要な領域であり、ハンザの重大な関心事だった。この地域におけるハンザの政策は、伝統的局面と同時に、新しい傾向を示している。

フランドルに対するハンザの立場は一世紀前とほぼ同じだった。ブルッヘ商館のドイツ商人は特権を尊重させることに注意を払い、法規違反がなされると絶えず抗議し、陸上や海上での襲撃、不正に徴収された税、貨幣の変動といった出来事により被った損害に対する賠償を求めた。成果が得られない場合には、ハンザは商館を移転するという脅しに訴えることもしばしばだった。実際に二回ほど移転が実行された。

だが、オランダ人の海運と商業の拡大によって、全く新しい状況が生まれた。一五世紀の第二・四半期以降、オランダ人とハンザはほぼ絶え間ない紛争状態に入り、この敵対心がやがてハンザの政策全体を支配するようになった。オランダ人はバルト海における商業発展を切望していたので、エアソン海峡の主であるデンマークを味方につけようとした。したがって一四世紀よりもいっそう、ネーデルラント問題とスカンディナヴィア問題が密接に結びつくようになった。また、ドイツ騎士修道会、リーフラント都市、ケルンがオランダ人との妥協へと傾いていた一方で、オランダ人による活発な商業が重大な脅威となっていたヴェント都市は、ネーデルラントに対する強硬政策に概して好意的になった。こうして再び、ハンザ内での不和が強まっていった。

ネーデルラントでは、競争相手であるオランダ人との闘争は、一五世紀の第二・三半期以来、基本的にはブルッヘにあるハンザの指定市場を強化するという方向でなされた。ドイツ人は、この地域の商業全体をブルッヘに集中させ、指定市場を通過した商品のみをハンザ圏全体で受け入れた。これにより彼らが期待したのは、ハンザに属する都市においてライバルたちが自国の毛織物を自ら輸入するのを妨害し、自分たちが行なっているフランドル産毛織物の商業を保護し、東方とのオランダ商業を制限かつ規制することだった。だがハンザには運がなかった。ブルッヘが、北西ヨーロッパで国際的かつ主要な大市場という役割を保ち続けている限りでのみ、このような政策は成功する可能性があった。ところが、アントウェルペンの興隆によるブルッヘの衰退は、一五世紀半ば以降顕著であり、一五世紀の第三・四半期以降には誰の目にも明らかになった。この衰退が必然的に指定市場政策を無効にした。

ハンザとフランドルとの間には一三九二年の協定以降、かなり長い平和の時期が続いた。しかしさまざまな特権侵害に関するいつもながらの苦情に加えて、ドイツ人はフランドル人に苦情を申し立てるようになった。当時ドイツ人が紛争中だった、スコットランド人に対する報復（一四一二年）、次いでスペイン人に対する報復（一四一九年以降）を邪魔しているという苦情であった。ドイツ人はさらに海賊行為の再燃に苛立った。海賊行為が再燃したのは、フランスとイングランドの間で戦争が再開され、東部フリースラントに私掠船が潜伏していたからだった。フランドル人はいかなる賠償要求にも同意せず、ヨルダン・プレスコウが代表となった使節団（一四二五年）は何の成果も挙げなかったので、この時以来、再度の商館移転が問題になった。だが対デンマーク戦争により この手段は延期された。

その一〇年後、深刻な事件が続き、重大な危機となった。アラスの和約はフランスとブルゴーニュを和解させたが、結果としてイングランドとブルゴーニュの間で緊張と戦争を生じさせ、その戦争によってフランドル人は被害を受けた。イングランド人に好意的だとにらまれていたハンザを、フランドル人は非難した。スロイスにおいて、約八〇名のドイツ人が群衆によって虐殺された（一四三六年六月）。すぐにハンザは、ブルッヘからアントウェルペンへの商館移転とネーデルラントの経済封鎖を命じた。ブルッヘとヘントがフィリップ善良公に対して暴動を起こしたので、ハンザはブルゴーニュ公の好意を得た。ハンザは最終的にアントウェルペンに落ち着くことを念頭においていたようだが、いずれにせよ要求した賠償を受け取るまではブルッヘに戻るのを拒否した。ハンザの要求を後押ししたのは、一五世紀のネーデルラントにおいて最も恐るべきものの一つになる大飢饉であった。小麦価格は一四三八年の一年間で四倍になった。このためブルッヘとフランドルの指導者たちは、ブルッヘにおいて被った損害に対して八〇〇〇グロート・ポンドの賠償金を認めた。その年末には、穀物を積んだプロイセンの船が、熱狂的興奮に迎えられて、ズウィン河口に入ることになった。

ハンザはネーデルラントの封鎖を解除するや否や、今度はオランダ人に圧力をかけるために封鎖を再開した。オランダ人はハンザの措置によりリーフラントでの商業が制限されるのに不満を持ち、数年前からドイツ人の船舶に対して私掠戦を始めていた。この私掠戦は一四三八年五月にオランダ人がブレストの停泊地でハンザの塩運搬船を一二隻ほど拿捕すると激化した。ヴェント都市はエアソン海峡を封鎖し、ネーデルラントへの穀物の供給全体を妨害しようとした。だが、ヴェント都市を待っていたのは、ドイツ騎士修道会総長の躊躇でしかなかった。さらにプロイセン都市は一切の軍事的支持を拒否した。またデンマーク王クリストファは双方から援助を懇願されていたが、オランダ人を選び、彼らに支配下の国々においてハンザと同等の権利を認めた。このためヴェント都市はコペンハーゲンの和約を締結せざるを得ず（一四四一年）、ヴェント都市とオランダ人は相互に商業の自由と航海の妨害停止とを認めた。こうして、オランダ人はバルト海で再び取引を行ない、デンマークとノルウェーにおいて獲得した経済的優位を利用できることになった。彼らにとって、コペンハーゲンの和約は東方での拡大を画す決定的分岐点だった。

一四三八年、ハンザは商館をブルッヘに戻したが、フランドル人との緊張は全く緩和されなかった。商館は、特権の侵害、嫌がらせ、そして特に海賊行為に対して抗議し続けた。海賊行為については、安全通行証があるにもかかわらず、一切の賠償金支払いが拒否されていたからだった。数々の不満の中で、新しいものが一つある。フランドル人が設立した会社がミョウバンと香辛料の販売を独占し、価格を上昇させようとしているというものである。こうした、あらゆる問題を解決するために、リューベックは一四四七年に総会を招集した――三九の代表団という記録的な数字である。この数字はハンザ全体にとってフランドルの問題がどれほど重要であり続けたかを証明している。会議の主な決定は、ブルッヘの指定市場を強化することだった。商館強化は確かにフランドルにおけるハンザ商業を保護する最高の手段のように思われた。新たにいくつかの製品が指定市場に服することになった。他方で、ブルッヘ商館はフランドルだけでなく、ブラバント、ゼーラント、ホラントにおいても取引商品に課税することになった。これはネーデルラントにおいてドイツ商人やドイツ商業が分散傾向にあったことを示していた。

水面下の交渉がフランドルの指導者を相手に始められた。フランドル人は示された不満に対して、おびただしい別の不満で応じた。すなわち、ハンザの規制によりフランドル商業が混乱したこと、毛皮、灰、ピッチ、ビール、ライン産ワインなど多くの品目に欠陥や偽装があること、ブルッヘの指定市場に違反して、リューベック経由でヴェネツィアやジェノヴァに、またハンザ商館経由でナントやラ・ロシェルに毛皮を運んだことなどなどである。交渉は成功しなかった。ほぼ同時にフィリップ善良公を相手に始められた交渉は、同じようにうまくいかなかった。事態は明白だった。この交渉により獲得されたものは何も無かったのであり、一〇年前と同様にブルッヘに対抗する公の支持も期待できなかった。つまりフランドル人と善良公の両者に同時に圧力をかけねばならなかったのである。こうしてハンザは再度、唯一の武器を使用することになった。つまり商館の移転であり、今度はブルゴーニュ領外への移転であった。

フランドルのドイツ商人は、デーフェンターに居を定めるようにという秘密の命令を受け取った（一四五一年）。だが、いつもと同様に、この決定は抵抗を引き起こした。デーフェンターが中心部から非常に離れており、その港がプロイセンやリーフラントの大型船に適していないとドイツ騎士修道会総長が主張した。彼はさらに、ブルヌフからの塩輸送の大船団を拿捕したばかりのイングランド人と前もって和解するのを望んだようだ。さらに重大なのは、ケルンが定められた措置に熱心に従う態度をほとんど示さなかったことである。ケルン商人は自らのワインをフランドルで販売し続け、指定市場規制にほとんど従わなかった。ケルンは東方の都市と共謀しようと試み、リューベックの政策を挫折させようとした。この関係は憂慮すべきだった。リューベックはこれを理解して経済封鎖の緩和を受け入れ、経済封鎖はフランドルに対して、そして特にフランドル産毛織物に対してのみなされることになった。これと引き換えに、リューベックはプロイセン都市と総長の協力を得たが、経済封鎖が成功する可能性は、これによって大きく低下した。最も厄介だったのが、オランダ人がこの状況を利用し、オランダ産毛織物の販売をあちこちで強化したことだった。結局、ハンザ商人はデーフェンター行きの命令にほとんどが従わず、アムステルダム、ミデルブルフ、アントウェルペン、メヘレンに定着した。このためハンザはデーフェンターよりも確実に好位置にあるユトレヒトに商館を定めることに決め、今度は商人が大挙してそこに移った。だがフィリップ善良公はこの封鎖を自らの権威への挑戦とみなし、一四五五年にユトレヒトを占領した。この時は、ハンザはあきらめて交渉を受け入れた。公はドイツ人に支払うべき賠償金を査定する任を持つ委員会の設置に同意したが、賠償金を負担するのはほぼブルッヘ市だけだった。彼はハンザの特権をひとまとめにして確認したが、貨幣と司法の問題については、ハンザが要求していたような特別な保証を付与することは全くなかった。そのかわりにハンザはブルッヘに戻り、自らの産品の指定市場をブルッヘに再び設置した。その際、ハンザはこの都市のひとつの広場――オスターリング広場――を自らの商売のために自由に扱う権利を獲得した。一四五七年八月一一日、二〇〇人の馬上のハンザ商人が、リューベックや、ケルン、ハンブルク、ブレーメンの市長たちの指揮下で、ブルッヘに入った。

結局、六年間続けられたこの骨の折れる努力は、ハンザに決定的な利益を全くもたらさなかった。失敗したという感覚が残り、この試みは二度と繰り返されなかった。かつては非常に有効な武器だった商館の移転、そして経済封鎖さえも、ネーデルラントの大部分に広がる勢力に逆らっては効果がなくなったと認めざるを得なかった。主な結果は、この経済封鎖がオランダ商業に恩恵を与えたことだった。外国商人をブルッヘにとどめるのがハンザの利益になるというのに、経済封鎖によって外国商人はブルッヘを見捨てるようになったからである。これ以降、アントウェルペンがブルッヘへの後継者を自任するようになった。一四六七年にハンザ商人はここで新しい特権を授与され、その一一年後には穀物市場の倉庫を手に入れた。結局、この最後の封鎖はハンザの威信を高めなかった。この経済封鎖はハンザの政治的、経済的な脆弱さ、商人の不服従、都市集団間の不和を見せつけたのである。ブルッヘのハンザ商館の命運はすでに尽きたかのように見えた。

6　一四七〇年までのイングランドおよびフランスとの関係

一五世紀の間ずっと、イングランドとハンザの関係は著しく動揺していた。嫌がらせ、不都合な法規、不公平だと判決が出された税の徴収、不意打ち、海賊活動などを互いに繰り返した。戦争がようやく一四七〇年になって勃発したのが、ほとんど奇妙に思えるほどである。

ありとあらゆる不満にもかかわらず、こうした平和が維持できたのは、利益になる商業を実現したいという両者に共通する利害により説明できる。さらに、イングランドはフランス、次いでブルゴーニュと戦争し、その後ばら戦争で分裂したため、ハンザの外交上の支援を商業上の支援と同様に求めていた。他方、ハンザ共同体の中においては、都市集団間の見解の不一致がイングランドでは他の地域以上に明らかだった。このため断固たる決定を貫徹するのは全く無駄だった。リューベックとヴェント都市が断固たる態度を繰り返しとったものの、ケルンも、プロイセンやリーフラント都市もそれに従わず、特権の防衛のための戦争にさえほとんど乗り気ではなく、面倒を避けるために自都市の利害とリューベックの利害を区別することすらあった。

イングランドにおいて、全体としてハンザは一四世紀におけるほど強くはなかったが、王から支援を受けていたうえに、主要な取引相手は上級貴族、毛織物生産者、特にハンザ商人を上得意にしていた農村の毛織物生産者、さらに大多数の消費者だった。反対にハンザは、ロンドンで活発になりつつあったイングランド商人や、ハンザ特権に苛立つ議会による徹底した敵意に遭遇した。特にマーチャント・アドヴェンチャラーズはバルト海商業での障害に激怒し、ハンザがイングランドで享受している権利が、ドイツでは自分たちに拒否されるのに我慢ならなかった。

一五世紀最初の三半期の間、イングランドとハンザの関係をおそらく最も悪化させたのは、プロイセンにおけるイングランド商業の問題である。一三九八年以来、ドイツ騎士修道会総長は一〇年前に締結された協定を放棄していたが、それでもダンツィヒのイングランド商館の活動を妨害することはなかった。だが一四二〇年、イングランド商業の繁栄は並外れたものになったため、商館は閉鎖され、商館長は投獄された。八年後に商館は再建されたが、その後に事態は急展開した。リューベックはイングランドにおけるハンザ特権の侵害に以前よりも注意していた。ドイツ人はワイン、塩、ニシン、木材の輸入に、その他の外国人と同じ税の支払いを受け入れねばならなかった。彼らは一四二三年に議会により可決された援助金の支払いを拒否したため、商人が逮捕され、商館が閉鎖された。一四三一年にポンド税とトン税が導入されると新たな緊張が生まれた。ドイツ人は戦争が勃発すると思い込み、ブルッヘに避難した。しかし戦争が勃発することは全くなく、アラスの和約の調印やそれに続いて生じたイングランドとブルゴーニュの緊張状態の後でさえも、王はハンザと和解するために、すべての特権と一三〇三年の「カルタ・メルカトリア」に規定されていない、あらゆる税の免除とを確認した。しかし騎士修道会総長が和解に加わるのを拒否したため、この成功は部分的にとどまった。総長にとって、この同意はプロイセンにおけるイングランド商業を完全に自由にしてしまうように思えたのだ。

一四四九年、イングランド人が英仏海峡において、半分がハンザ船から成る約一〇〇隻の船団を拿捕すると、緊張が突如として高まった。諸都市は都市内のイングランド人の財産を没収して、これに反撃した。しかし今度も戦争は勃発しなかった。イングランド貴族は和解するよう国王に執り成した。ハンザ側では、リューベックが賠償金を強く請求したにもかかわらず、プロイセン都市、ブレーメン、ケルンは沈黙を守ったので、ヘンリ六世はリューベックを除く全ハンザ商人に厚意と保護を急ぎ与えた。このためリューベックだけが戦争に入り、カレー長官ウォリックは一八隻のリューベック船を拿捕した（一四五八年）。エドワード四世の即位は、彼が他よりもハンザに好意的だったにもかかわらず、緊張緩和をもたらさなかった。ロンドンは、ドイツ人の商館に一二八二年に認めていた「ビショップスゲート」の警護を、このとき取り上げた。リューベックが強硬に主張した武力による政策は、ケルン、ダンツィヒ、ハンブルクによる反対で挫折した。

しかしこうした穏健化への努力は無駄になる運命にあった。シャルル突進公の即位はブルゴーニュの政治に急激な変化を引き起こし、これはハンザにとって非常に有害だった。公はイングランドと商業協定を締結したため、エドワード四世はハンザとの和解にあまり好意を示さなくなった。ハンザはイングランドとブルゴーニュ間の敵意をもはや利用できなくなり、イングランドとの戦争が近いうちに避けられなくなると思われた。

ハンザの国際関係において、フランス王国は一五世紀半ば以降に次第に重要性を増した。両者の関係は一三世紀にさかのぼるが、大西洋におけるハンザ商業の発展にもかかわらず、その時から非常に疎遠な関係にとどまっていた。イングランドが一四世紀半ば以降、ノルマンディーとギュイエンヌをおおむね支配し、その一方で、勢力をブルヌフ湾まで伸ばしつつあったブルターニュ公領は事実上独立していたので、ハンザはフランス王から商業上の有効な保護をほとんど期待できなかったからである。

　シャルル七世の即位とフランスの再征服とともに、より持続的な関係がフランス国王とハンザの間に確立した。ハンザはこれ以降、船舶の安全のために、王権の支援を必要とした。王権側は外国商人をひきつけようとし、対イングランド、次いで対ブルゴーニュ戦争では、ドイツ人の好意を得ようとした。このように協調するための絶好の理由があるにもかかわらず、フランスとハンザの関係は難しいものであり、私掠戦により常に紛糾した。フランスの私掠船はイングランド人を追跡するとともに、ときにはハンザの船舶を攻撃した。さらにドイツ人は輸送のためにイングランド船をしばしば用船していた。そのため、拿捕された場合には報復や賠償金の請求がなされたが、賠償が満額に届くことはほとんどなかった。つまり、フランスとハンザの関係が友好的だと言えるのは、ほぼフランスとイングランド間の休戦期間中のみだったのである。

　シャルル七世とハンザの間の関係で知られている最初の例は、マリー王妃所有のフランス船がブレーメンの私掠船に拿捕された事件である（一四四六年）。ブレーメンは賠償金をすべて拒否したので、王はフランス沿岸でハンザの船舶を攻撃させた。しかしまもなく、王はハンザに保護を申し出た（一四五二年）。ただしハンザがイングランド人との関係を完全に絶つことが条件だった。この条件は拒絶された。ドイツ人は両方の敵対者間での態度をはっきりさせたくなかったのである。その後の数年間、ハンザ、特にケルンの商業はフランスによる多大な攻撃に悩まされた。シャルル七世に対する皇帝フリードリヒ三世の介入も効果がなかった。

　この状況はルイ十一世の即位とともに改善した。王は治世の間ずっと、ハンザと友好的な関係を確立する意思を示し続けた。ハンザは一四六四年に広範囲な特権を獲得した（「同盟者」という受け入れがたい語句で指し示されたために、修正を余儀なくされたが）。イングランド人と商売をしない、またイングランドの船舶を用船しないという条件付きで、ハンザにはフランス全土で商業を行なう権利が与えられ、王は負債の場合は除き、ハンザをあらゆる逮捕、没収に対して保護し、フランスに留まることを許可し、「漂着物占取権」をハンザの利益のために放棄した。

　だがルイ十一世の好意的な態度も、平和な関係を確保するには不十分だった。海賊行為が英仏海峡で再燃し、カンペンの船舶がフランス船を攻撃すると、これがすぐさま報復を引き起こした。王権との間でさえも、ラ・ロシェルの「サン・ピエール号」の事件が原因で関係が緊張した。このフランスの大型クラヴェール船は、塩を積載して一四六二年にダンツィヒに入港したが、そこで落雷により損傷してしまった。フランス人の船主が相続人無しに死亡したので、この船は国王の財産になっていた。だが、ルイ十一世の懇願にもかかわらず、ダンツィヒは修復の費用が支払われるまでは、サン・ピエール号を出港させるのを拒否した。さらに王は、繰り返される交渉が逃げの一手であしらわれるのを見て、とうとう我慢できなくなった。一四七〇年にハンザは公的にフランスとの戦争に突入した——ハンザ史において唯一の対フランス戦争だった。

7　ケルンの離脱とイングランド・ハンザ戦争

一五世紀半ば以降、イングランドとハンザの間で増大しつつある緊張は、一四六九年についに両勢力間での公然たる戦争に至った。これはハンザが受けねばならなかった中で最も辛い試練の一つだった。なぜなら、ケルンが自己の利益だけを守ろうと覚悟を決めて、離脱するという異例の事態となったからである。しかしリューベックの気力や、その他の都市、中でも最も好戦的な都市であるダンツィヒの忠誠により、致命的にもなり得ただろう危機を乗り越えることができた。

ケルンの不満は、ブルッヘ商館のためにハンザ商品の出入りに課せられた税 schoss に原因があった。一四四七年まで、この税はフランドルにおいてのみ徴収されていた。だが、この年にリューベックでの総会によって、ブラバントや北部ネーデルラントへと、この税は拡大された。ただちにケルンはその支払いを拒否するために、免税特権を持ち出した。なぜなら、ケルン商業の大部分はブラバントとホラントを通過するので、この拡大措置はなによりも直接的な打撃をケルンに与えたからだ。さらに、ケルンはブルッヘ商館にはほとんど勢力を持たなかったので、ブルッヘにおけるリューベックの優位を支持する意思がなかった。だが一四六五年のハンブルクでの総会で、ネーデルラント全体における徴税の義務が復活し、ブルッヘへの指定市場を尊重する必要性が再確認された。ケルン商人の中にはベルヘン・オプ・ゾームやアントウェルペンの大市において税の支払いを拒否したために、商館の要求で逮捕された者がいたが、まもなく都市当局により釈放された。ハンザは軽率にもアントウェルペンに対抗するためブルゴーニュ公にすがった。シャルル突進公はケルンとハンザを自らの法廷に召喚するためにこの出来事を利用した。公に支持されていると感じていたケルンは、一切の譲歩を拒否した（一四六七年）。二年後に法廷は商館に非があるとし、訴訟費用の支払いを商館に言い渡したが、問題の核心に触れることはなかった。

そうこうしているうちにイングランドとハンザの紛争が勃発した。デンマーク人はアイスランドの単独支配を主張していたが、ここでイングランド人の商業が発展するのを見て苛立ち、エアソン海峡でイングランド人の船を七隻拿捕した。イングランド人は攻撃に手を貸したとハンザを非難し、枢密院はイングランドにおけるハンザ商人の逮捕と財産の差し押さえを命じた（一四六八年七月二八日）。ロンドンにおいて、群衆がロンドン商館を攻撃し、一部を破壊した。このときケルンは自都市の保護のために、ハンザの共通の立場から決然と袂を分かった。ケルンはエドワード四世に懇願し、少なくとも短期的に王による異例な特権の承認を獲得した。ケルン商人は独自の組合を形成し、その成員はケルンの商品だけを取り扱っていることを明らかにする証明書を提示することになった。だが、この離脱に追随したのは、ヴェーゼルやアーネムを含むごく少数のラインラント都市にとどまった。

ハンザはすぐに実力手段で反撃せず、賠償金や商人の釈放だけを求めた。ブルゴーニュ公はこの方向で仲裁に入った。また、この情勢から損害を受けていた一部のイングランド人も同様に仲裁に乗り出した。ハンザによるイングランド経済への貢献を述べたグロスター伯領の毛織物生産者の嘆願書が残っている。逮捕されたハンザ商人は九カ月の拘留後に釈放されたが、賠償金については事実上の同意が全くなされなかったので、ハンザ都市は結束する覚悟を示した。今回は、ヴェント都市とプロイセン都市の間のいつもの不和が見られなかった。そのうえ、ケルンがダンツィヒを自らの同盟に引きずり込もうとしていたが、それを無視してダンツィヒはハンザ都市の団結に強くコミットした。ブルッヘ商館は二隻の船を武装して対決姿勢を明らかにしたが、それに真っ先に従ったのがダンツィヒだった。さらにダンツィヒは紛争中ずっと、私掠戦において主役を演じた。

ハンザは国際的状況が自らに有利だっただけに、ますます頑固な態度を示した。デンマークとポーランドの支持を得たため、シャルル突進公の好意的な中立を当てにすることができたからである。シャルルは少なくとも最初はネーデルラント諸港をハンザの私掠船に開放していた。またハンザはランカスター派に支持を懇願されたが、支持と引き換えに、同派はイングランドにおける特権の確認をハンザに約束した。そしてついにルイ十一世がハンザとの和平再建を願い出た。こうした状況のなか、一四七〇年九月のハンザ総会では、三つの地区のほぼすべての代表の臨席のもと、ハンザがイングランドに対して一年以上前から事実上の戦争状態にあることを確認した。フランスに対しては、ブルッヘ商館が折衝を始めることをハンザは認めたが、これはうまくいかなかった。ケルンはハンザからの除名で脅迫され、服従を求められたので、問題にはならなかった。一部に反対はあったものの、総会はブルッヘへの指定市場を強化し、指定市場に服する製品を列挙した。そして商館の利益のためにネーデルラント全土で税を徴収し続けた。

四年間続いたこの戦争には、経済、政治、軍事的側面があった。ハンザは所属都市へのイングランド産毛織物の輸入を厳格に阻止しようとし、デンマークとポーランドをこの封鎖に参加させるのに成功した。だが、この措置が本当に有効であるためには、ネーデルラントへのイングランド産毛織物の流入も禁じなければならなかったが、これはブルゴーニュ公が拒否した。さらに、ブルゴーニュ公はケルン市民に特別な安全通行証を交付し、フランドル経由でイングランド産毛織物を自由に輸送することを認めた。またケルンは税金問題でブルゴーニュ公に商館への有罪判決を求め、その結果、イングランドにおいてはケルン商人に対してだけハンザ特権を五年間確認することに成功した。これらはハンザの結束への重大な挑戦であり、ハンザはもはや躊躇していなかった。一四七一年四月一日、ケルンはハンザから正式に除名された。

政治的行動はそれほどうまくいかなかった。あまりに当然であるが、ハンザは最初、ルイ十一世からも支持されていたランカスター派に好意的だった。だが、ウォリックによってイングランドから追放されたエドワード四世がネーデルラントに亡命すると、ハンザはシャルル突進公に配慮して態度を変え、ヨーク派に肩入れして仲裁に入ることにした。実際、エドワード四世が王位を取り戻したのはダンツィヒ船団の援助によるものだったが、王はすぐにその約束を忘れ、ケルン市民へ好意を示し続けた。

当時の海戦は基本的に私掠戦であり、ハンザはある時はイングランド船を、ある時はフランス船を攻撃し、その一方でイングランドとフランスの船同士も攻撃しあった。リューベック、そして特にダンツィヒは並外れた努力をした。ダンツィヒは、ずっと港に放置されたままのラ・ロシェルのサン・ピエール号を修理し、武装を施した。この軍船は市参事会員パヴェストの指揮下に置かれ、当時「大クラヴェール船」と呼ばれた。軍船は北海をめぐり、英仏海峡をカマレまで襲撃した。だが実際にこの船が大きな印象を与えたのは、その並外れた大きさによってであり、軍事的な成功はその比ではなかった。大クラヴェール船は損傷を受け、乗組員が反乱したため、ズウィン川で動けなくなり、出港できたのはようやく戦争の最終年のことだった。むしろ大きな成果をあげたのは、私掠船の船長パウル・ベネケだった。その軍功にはたとえば、ジョン・オヴ・ソールズベリの捕縛、次いでロンドン市長の捕縛、そして特にブルッヘにいたメディチ家代理人トンマーゾ・ポルティナリによりイングランドに送られたフィレンツェのガレー船の拿捕がある（一四七三年四月）。船荷が評価額六万グロート・ポンドと異常に豊かだったため、この拿捕は評判となり、この話は後に枝葉末節が美化され、伝説化した。

実際の積荷は、大量のミョウバン、毛皮、絹織物、金の錦織、タペストリー、ビロード、深紅のサテン織、果てはメムリンク作『最後の審判』もあった。当時の情勢からいって、この拿捕は満足と同時に懸念も生んだ。なぜなら、このガレー船はブルゴーニュ家の旗を戴いて航海していたので、シャルル突進公の怒りを買うおそれがあったからである。だが、シャルルはダンツィヒの市参事会に威嚇の書簡を何通か送るにとどめた。ポルティナリはそのことで訴訟に追い込まれ、徐々に減額された賠償金が支払われて訴訟が終わるまでに四〇年もかかった。

いずれにせよ、この成功によって一四七二年の敗北を埋め合わせることはできなかった。夏の間、フランス艦隊が損害を被りながらも、ハンザの艦隊をフランドル諸港近くに押し戻した。イングランド人もすぐにフリッシンゲン沖合でリューベック艦隊をほぼ壊滅させた。とはいえハンザは商船団の保護とネーデルラントとの商業をほぼ確保した。

双方ともに戦争に倦んでいたため、ブルゴーニュ公の努力によって一四七二年に和平のための交渉が開始された。翌年にハンザがフランスと休戦条約を締結すると、交渉はさらに速やかに進展した。ケルンの策謀があったにもかかわらず、交渉は最終的にユトレヒトの和約に実を結んだ（一四七四年二月）。

この和平はハンザにとっては望んだ以上の輝かしい成功だった。イングランドにおいて、国王と議会はすべての特権を確認した。さらに二万五〇〇〇ポンドの賠償金が約束されたが、ロンドン、ボストン、リンにある各商館の建物の所有権の譲渡と引き換えに一万ポンドに減額された。ロンドンは商館にビショップスゲートの管理を戻し、ドイツ商人による正当な訴えに応じることを約束した。その代わりに、イングランド人は戦争前に享受していた免税をプロイセンにおいて認められた。この条項は再び問題になるところだった。ダンツィヒがこれを強く拒絶したからである。しかしダンツィヒは、イングランド人がその他の外国人に認められた権利のみを得るという条件付きで、二年後にようやく、それを受け入れることに同意した。ポメルンとリーフラントのいくつかの都市は、バルト海におけるイングランド商業の台頭を恐れていたが、ためらいながらも同じように同意した。

イングランドとの和平は、ネーデルラントにおいてはブルゴーニュ公、オランダ人、ハンザとの間で締結され、ハンザにとってはかなり不利な協定となった。ハンザはいくつかの特権の確認を獲得したものの、ブルッヘへの指定市場をオランダ人に認めさせるのをあきらめ、オランダ人がバルト海に再進出するのを許さざるを得なかった。

ユトレヒトの和約がもたらした、主要な影響はおそらくケルンの降伏だろう。ケルンは完全に孤立した。エドワード四世はイングランドにおけるハンザ特権をケルン商人から剝奪することを秘密裏に約束しており、シャルル突進公はケルンに対抗する態度を取ったからである。シャルルの態度は、ケルンがノイス包囲においてシャルル公の敵を援助したのが理由だった。こうしてケルンはハンザ再加盟のために、ブレーメンでの総会（一四七六年）において条件すべてを吞まされることになった。また、ケルンの不服従が原因でブルッヘとロンドンの商館が被った損害について、莫大な賠償金を宣告された。最初、ケルンは、税の未払い分の清算のために、毎年一〇〇グルデンを一〇年間にわたって支払うことを約束したが、その後、税の支払いか、税の利率に応じた償還のいずれかを選択することになった。このようにしてケルンはかつて強く抵抗していた、ハンザがブルッヘ商館のために税を徴収する権利を認めたのである。ケルンはロンドンにおいては、一四六八年に商館から奪った証書、記録、貴重品を返還し、商館の新しい規約に服し、二五〇スターリング・ポンドを上限とする二倍の税を支払わねばならなかった。しかしロンドン商館の遺恨はあまりに大きかったので、ケルンは二年後に、一五〇ポンドの新たな賠償金の支払いをして、ようやく除名を解かれるという屈辱を受けた。

最後に指摘できるのは、フランス・ハンザ間の良好な関係を再建したのがユトレヒトの和約であるという点である。一四八三年に締結された休戦条約は定期的に更新され、一四七三年には、政治的条件を付けずにフランスにおけるハンザの特権を拡大した「恒久的和平」に変わった。ブルゴーニュの勢力崩壊、すなわちルイ十一世とエドワード四世の和解により、紛争のすべての理由が除かれたのである。

ユトレヒトの和約がハンザ史における大事件の一つであることは間違いない。和約は大きな危機の後に実現した。この危機は、ハンザ共同体が、経済機構の疲弊、競争相手の不可逆的躍進、全体的な特権への打撃、都市間の利己的傾向の拡大により解体の危機に瀕したものであった。この危機への勝利はこれ以降大きな重要性を持った。ハンザはその国際的な名声を取り戻し、バルト海におけるイングランド人の拡大を抑えつつ、ほぼ一世紀にわたりイングランドにおける商業的地位を確保した。ケルンの服従は成員にハンザの勢力と団結を教え、なし崩しの離脱を防いだ。弱体化の主要な因子は残ったが、有害な結果はまだしばらくの間は、白日の下にはさらされなかった。

第2章 衰退
——一四七五—一五五〇年

イングランド・ハンザ戦争の結果はハンザ側に有利ではあったが、それにもかかわらずハンザの衰退は続き、それどころか一五世紀末と一六世紀前半において衰退の度合いはさらに高まった。政治的、経済的な衰退の原因のすべてが事実上、作用し続けたのである。すなわち、商館の衰退、競争の激化、団体的規律の拒否、分離主義的傾向などである。さらには、新たな原因も付け加わるに至った。それは宗教改革の進展であり、内部騒乱や諸侯との闘争を激化させたのである。

ハンザの衰退は大航海時代と一致する。事実また、かつてはこの二つの出来事の間に因果関係を求めようとする試みは事欠かなかった。しかしずっと以前から、このような説明が不正確なことがわかってきた。主な海上通商路の移動、大西洋岸港湾の重要性の増大は、ドイツ諸都市に不利にはならなかった。それどころか、まさにそれとは逆に、リスボンおよびスペイン諸港との通商は、ハンザに一六世紀末における新たな飛躍を可能にした。また、ヨーロッパはハンザ商人によって供給される物産、特に彼らの穀物を常に必要としていた。認めることができる点といえば、せいぜいのところ、ニューファンドランド漁場の発展が、ベルゲンでの魚類取引の衰退を助長したことぐらいである。

しかし、大航海時代はヨーロッパ市場を世界的規模に拡大することにより、商業活動の拡大と変質を引き起こした。ハンザ世界は大西洋や地中海で発展したにもかかわらず、余りにも狭くなりつつあった。諸君主の支持のもと、はるかに広大な規模にわたって活動しているフッガー家のような大企業の前では、ハンザ商人の立場は弱かった。この意味では、地理上の発見はハンザにとって有害であったということができる。しかし、ハンザの衰退は本質的には、一五世紀以来明らかとなっていた弱点の結果なのである。

1　商館の衰退

一五世紀末の顕著な現象は、ハンザ体制の二大支柱であるノヴゴロドとブルッヘの商館の滅亡である。前者の運命は、一四七八年にイヴァン三世がついにノヴゴロドの支配者となって以来決定的になった。ロシア商人を有利にしようと願ったこのモスクワ大公は、特権的なドイツ商館を好意的に見ることができなかった。とりわけ、彼がハンザ商人を非難したのは、ハンザ商人とリーフラントのドイツ騎士修道会が共謀しているという件だった。モスクワ大公は、ロシア人のバルト海進出を妨げていたドイツ騎士修道会と交戦状態にあった。

イヴァン三世は、一四九四年に行動を開始した。交渉が継続中であったにもかかわらず、リーフラントでロシア商人が殺害されたのを口実に、イヴァン三世は突然ノヴゴロド商館の約五〇人のドイツ人全員を逮捕させ、さらに九万六〇〇〇マルクと見積もられるドイツ人の財産を押収させた。彼ら商人たちは三年後に釈放されたが、ペーターホーフは二〇年にわたって閉鎖されたままであった。ただし、この災厄が苛酷だからといって、その重大性を誇張してはならない。一五世紀半ば以降、ノヴゴロドの衰退と並行して、この商館の衰退は度合いが高まるばかりであった。ツァーリの行為は、商館の衰退にとどめの一撃を加えたのである。事実、厳しい何年かを経た後に、ハンザはノヴゴロド商館の再開を許され（一五一四年）、商人は新しい特権を与えられ、ペーターホーフの規約改訂が着手された。ところが、ノヴゴロドが北東ヨーロッパの大市場ではなくなったので、これらの措置はそこでの通商を再生させるには無力であった。一六世紀半ば以降、同商館の建物も、ザンクト・ペーター教会すらも廃墟と化してしまった。一七世紀には、ノヴゴロドを訪れる人々はもはやそれらには言及していない。ロシアと西欧の間での通商が回復すると、通商の中心地は他の場所に、つまりリーフラント諸都市、とりわけナルヴァへ、またフィンランド諸都市へ、少々後にはアルハンゲリスクへ、そして南方ではポーランドとライプツィヒへと移行した。すなわちロシア・西欧間の商業は、ますます南ドイツ商人、オランダ人、スウェーデン人の手に握られたのである。

ノヴゴロドの没落は、ハンザの昔からの通商体制に回復不可能な損害を加えはしたが、不都合な結果をもたらしただけではなかった。リーフラントの三都市、レーヴァル、リーガ、ドルパトはこの情勢を大いに利用した。これらの都市は自分たちの利己主義な政策に従い、外国商人同士の取引をかたく禁ずる政策を堅持し、この方針は西方都市のハンザ商人にも適用された。リューベックが抗議したが無駄であり、リーフラント商人が、ハンザ西部とロシアとの交易の仲介を独占したままであった。その結果は、一六世紀前半を通じての、リーフラント諸都市の大いなる繁栄であった。それらの都市の富は周知のこととなった。しかし、その躍進は短命なものとなる運命にあり、おそらくはハンザ都市間の不和により縮められてしまったのである。

　ノルウェーでもまた、この時期に商館の衰退が見られたが、それほど急激ではなかった。一五世紀全体を通じて、特に国王クリストファ・オ・バイエルンの特権（一四四七年）のおかげでロストクが、オスロとテンスベリの居留地を通じて東ノルウェーの商業を掌握していた。しかし、これら二都市の住民もノルウェー王も、ハンザへの経済的従属を甘受しようとせず、しかもオランダ商業が躍進したおかげで彼らは、この従属に次第に揺さぶりをかけることができるようになった。一五〇八年に、ドイツ人に対するオスロ市民の強い不満を聞き入れて、国王クリスチャン二世はロストクの特権廃止を布告した。それ以後は、ドイツ人はオスロ市内でオスロ市民とのみ取引が可能であり、外国人やノルウェー農民とは取引できなくなった。ロストクはそれに対して、自分たちの以前の特権を認めさせようとしたが無駄であった。ロストク商人たちが得たものといえば、週に一回――土曜日に――オスロとテンスベリで農民と取引を営む許可だけであり、しかも彼らがこの特権を日常的に利用できたとは思われないのである。これら二港とロストクの商業は依然活発ではあったものの、著しく減少して、デンマーク人、オランダ人、スコットランド人、イングランド人の商業にとって有利になった。ノルウェーに定住したドイツ人は、次第に現地の人に同化した。

　ベルゲンでのハンザ商人の地歩は比較的強固ではあったものの、重大な打撃を被ったことには変わりなかった。リューベックとヴェント都市の商業上の優位は多くの点で揺らいでいた。まず、北海のハンザ都市であるブレーメンとハンブルクが、それまではのけ者にされていたのに、次第にリューベック商人と競うようになり、オランダ人と時を同じくしてノルウェー人のもとへ日常必需品である穀物とビールをもたらすようになった。また、ベルゲン市民は次第に魚類と毛皮取引のために、ハンザ商人と北方住民との間の仲介人として入り込むのに成功した。ついには、アイスランドにおける漁場の発展にハンブルクとブレーメンの商人が促され、ベルゲンを経由することなく、定期的にアイスランドに赴き、そこからタラをまずイングランドへ、次いでドイツへもたらすにいたった。魚類の指定市場《ステープル》特権に加えられたこの打撃は、ベルゲンにとってきわめて有害であったが、ヴェント諸都市にとってもまた然りであった。

とはいえこの時期から早くも、ベルゲンにおけるハンザ商業が衰退したわけではない。おそらく「ドイツ人の桟橋《ティスケブリッゲ》」の建物群は次第に減っていった。事実、一四〇〇年頃に約三〇〇棟で、一四五〇年頃に二〇〇棟を数えたが、一五二〇年頃にはもはや一六〇棟しかなかった。しかし、ベルゲンでのハンザ交易は一六世紀後半にもう一度飛躍を遂げることとなった。それに最後のとどめをさしたのは、三十年戦争にほかならない。

最後にネーデルラントでは、ブルッヘ商館の弱体化がハンザ衰退の最も重大な徴候のごとき様相を示していた。この弱体化は、アントウェルペンに席を譲るという大商業中心地としてのブルッヘ自体の衰退による結果であって、これは、複雑な原因がからんだ現象なのである。ズウィン川の砂の堆積による影響は長い間誇大視されてきたが、さりとて過小評価されてもならない。商人や船頭たちがスロイス沖で座礁する危険を恐れ、もっと深いスヘルデ川の水路を好んだのは明らかである。他方、あらゆる国の商人が、自らに与えられた広範な特権とブルッヘほど小うるさくない規制とによって、アントウェルペンに引き寄せられた。このブラバントの港の増大し続ける活動を刺激したのは、同地とベルヘン・オプ・ゾームの大市であり、どちらへもハンザ商人が定期的に訪れていたのであった。アントウェルペンは半世紀近くも前から、ブルッヘでは輸入が禁止されていたイングランド産毛織物を購入するための大中心地となっていた。この結果、そこではケルン商人、ラインラントの商人それに南ドイツ商人が増大していた。最後に、一五世紀の第四・四半期を通じてフランドル諸都市を震撼させた騒動と暴動が、ブルッヘへの繁栄に決定的な一撃をもたらした。ポルトガル人、イタリア人、フランス人、イングランド人などの外国商人の大部分が領事館もどもアントウェルペンに移住した。スペイン人だけがブルッヘに留まり続けたが、彼らはそこを自国産羊毛のネーデルラント向け交易の大中心地としていたからである。

ブルッヘのハンザ商館の衰退は一五世紀半ばに始まっていた。デーフェンターへの移転の後、多くの商人が自都市の指令に従わずズウィン河岸には戻らなかった。イングランド・ハンザ戦争も情勢を好転させることはなく、一四七二年には、商館の参事会はメンバーを二四名から一八名に減らすことを余儀なくされ、次いで一四八六年には九名に減少し、六名の長老のうち三名が削減された。マリー・ド・ブルゴーニュの死後、マクシミリアンに対するブルッヘの数度の暴動が新たな流出を引き起こした。一四八五年に初めてハンザ商人は摂政の指令に基づき、アントウェルペンおよびベルヘン・オプ・ゾームの市場での購入を済ませた後もブルッヘには戻らなかった。二度目の放棄が生じたのは一四八八年で、マクシミリアンがブルッヘ市民によって捕虜にされてしまった後のことであった。しかし、商館自体は公式には他の「民族」とともに、一四九三年に再建された。ところがこの時にも、かなり多数のハンザ商人が他の外国人商人の例に倣い、アントウェルペンに留まる道を選んだ。

このような情勢の下、ハンザは商館のアントウェルペンへの移転を企てた。ハンザはアントウェルペンで、一三一五年と一四〇九年に与えられた古くからの特権を享受していた。またハンザは一四六八年に穀物市場に一軒の館を得ていた。しかし、これらの特権は長い間、追認されてはいなかったし、同市自体がブルッヘほどハンザ商人を必要とはしていなかったので、それら特権の拡大に熱意を示してはいなかった。一六世紀初頭にはっきりした規約を得るために交渉が持たれたが、不調に終わった。さらにハンザ都市の大部分は依然としてブルッヘに執着し続けたが、それはその地に商館を再建しなければ、往年の繁栄を取り戻せないと思いこんでいたからである。他ならぬケルンはこの移転に気乗り薄であったが、それというのも、アントウェルペンにおける自身の立場がリューベックよりも弱くなったり、また自都市の商人に厄介な統制が加えられたりするのを嫌がったからである。

それ以後、引き続き商館はブルッヘに置かれ、ハンザはブルゴーニュ公の同意を得て指定市場の規約を更新したが、これは役に立たなかった。商館の権限はブルッヘのオスターリング会館に留まり、商館は共同体所有の建物が荒廃しないように努めた。ところが一五二〇年が過ぎると商館は、古くからの印章と「ブルッヘ商館」という呼称を保持したまま、アントウェルペンへの移転を決心した。しかし実際には、アントウェルペンのハンザ商人はもはや長老の命令に従わず、商館の実体的存続を確保する税の納入を拒否した。事実この商館は完全に没落し、一五三九年には長老は三人だけになり、一〇年後には長老はたった一人存在するのみとなった。一五四六年以降ハインリヒ・ズーダーマンの指揮下で、ハンザが再建にとりかかった時には、商館は現実的な存在をすべて失ってしまっていたのである。

これとは反対にはるかに良好だったのが、イングランドにおけるハンザ商人の状況であった。ユトレヒトの和約で確認された諸特権が、以前と同様に争いの的となり侵害される時があったのは確かである。またその逆にイングランド人のほうからは、プロイセンにおける彼らの商業上の権利が実現していない、あるいはまた一四九一年以来、ダンツィヒの「アーサー王の宮廷《アルトゥスホーフ》」からイングランド商人が排除されるという不当な仕打ちを受けている、などと常に苦情が寄せられていた。両者の関係が特に緊張したのは、枢機卿ウルジーの統治時代（一五一五―二一年）で、彼は特権の削減に努め、訴訟の件数を増やし、税額について言いがかりをつけ、押収の損害賠償を要求した。一五二二年には、特権は廃止寸前かと思われたが、おそらくはヘンリ八世の働きかけにより、この度もまた争いは沈静した。

大陸の商館は衰亡していったが、ロンドンのそれはなお繁栄を続けた。ロンドンとその商業の発展が、商館にとって有利だったからである。これに対して他のドイツ人居留地は衰退の一途にあり、とりわけボストンの居留地が著しく、ベルゲンのハンザ商人はもはやここに通わなくなっていた。しかし、商業のロンドンへの集中はハンザの利益にとって有害ではなかった。

この方面のハンザ商業は一五世紀に比べて、ほとんど変化を受けなかった。北ドイツ人はイングランド産の毛織物輸出において外国人中の首位を占め、取扱量は一六世紀の第一・四半期に年約二万枚、一五四八年には四万四〇〇〇枚にまで達した。これらの数値のうち、ハンブルクの占める割合は一五一三年に一二パーセントであったが、同世紀の半ばには二〇パーセント以上に達した。イングランド商人も自国産毛織物を大陸に向け送り出しており、その量は増え続けていたが、この時期を通じハンザ圏における彼らの交易を拡大するのに成功したとは思われない。すなわち、エアソン海峡を越えたイングランド船の数は、一六世紀第二・四半期中に四〇隻ほどだった。イングランドへの輸入品に関しては、ハンザ商人は蜜ロウをほとんど独占していたようであり、その量は一五二九年に八四五五キンタルという記録的数値に達しており、そのほとんど全部がロンドンにもたらされている。これに反して、毛皮取引は大部分を南ドイツ人に奪われてしまったようである。最後に、ハンザ商人はフランス産ワインのイングランドへの輸入を掌握し続けていた。なにしろ毎年四〇隻ほどのハンザ船が、ポワトゥーまたはガスコーニュの海岸とイングランド諸港の間を行き来していたからである。イングランド方面では――ただしこの方面においてのみ――いかなる衰退の徴候もまだ現れてはいなかった。

商館衰退とともに、危険な徴候として現れていたのが、多くの都市が自らのハンザとしての権利と義務に対して示した無関心だった。数々の勧告と忠告があったにもかかわらず、こうした都市はもはやいかなる点でもハンザの活動に参加しなくなっていた。ついにハンザとしても、こうした怠慢が繰り返されるのを黙って受け入れられなくなった。事実、一五一八年のハンザ総会は議事録の中で、公式に次のように布告することを余儀なくされた。すなわち、三一の都市がもはや特権を利用しておらず、もはや総会にも出席せず、あるいは総会での討議の秘密を領主に対して守ることができないので、ハンザから除名されたと。その中にはシュテティーン、ブレスラウ、フランクフルト・アン・デア・オーダー、ベルリン、クラクフ、ハレ、ハルバーシュタット、フローニンゲン、スタフォレン、アーネム、ルールモント等の重要な都市が含まれていた。これらの都市の多くが後になって再びハンザの一員とみなしてほしいという意思を示しはしたが、彼らの怠慢がハンザの弱体化を証言していたことに変わりはない。

2　ハンザとフッガー家

オランダ商業がスカンディナヴィア、プロイセン、リーフラントにおいてどうしようもないほど前進を続けていた一方で、南ドイツ人の商業も同様に、ハンザ本来の領域において増大し続けていた。

上記のように、ニュルンベルク商人はハンザ都市のケルン、リューベック、ダンツィヒに定住した最初の人々であった。その商社の中でおそらく最も活動的であったのは、一五世紀末にはムリヒ兄弟の会社であり、リューベックにしっかりと根をおろし、プロイセン、デンマーク、フランクフルトと関係を有していた。しかし同社といえども、同じ頃にフッガー家が発揮しつつあった影響力に比べたら、まだ重要ではなかった。同家はさらにニュルンベルク諸会社との関係を利用することができた。

フッガー家の北方への進出は、ニュルンベルク商人よりも迅速で、ハンザ経済の全領域を狙っていたので、より大規模に進められた。一四九一年にはフッガー家の金融活動と織物の販売とが、ポズナンで認められている。一四九四年には同家はアントウェルペンに居を構え、まもなくそこが彼らの事業の最大の中心地となった。翌年彼らはブレスラウに支社を設けた。一四九六年にはリューベックに姿をみせて、そこにリューベック市民が管理する銀行を設立している。初めは金融事業と教皇庁への資金移送のみに従事したが、後には商取引に乗り出した。一五〇二年に同家は、シュテティーンとダンツィヒに、次いでハンブルクに、最後にはリーフラントに地歩を築いた。

フッガー家がハンザ圏に入りこめたのは、銅の大規模取引によるものにほかならない。一四九四年以来、スロヴァキアの鉱山、特にノイゾール鉱山の経営を目的にヨハン・トゥルツォと協同していた同家は、わずか数年で北ドイツにおいて、以前にはハンザ商業の重要部門であった銅取引を独占できたのである。ダンツィヒで同家は、この都市の市民であり銅の卸商人でもあるヤーコプ・フェッターと提携したが、彼は市参事会でフッガー家と自分たちの利益を代弁したのである。

彼がデンマーク王に仲介したおかげで同社はエアソン海峡（一五一五年）とスカンディナヴィアでの取引の便宜を得た。それ以来スロヴァキア産の銅は以前よりもはるかに大量に、クラクフからダンツィヒへと運ばれ、そこからアントウェルペンに再び輸送されてポルトガル人に売られた。同様にしてフッガー家は、ドイツ騎士修道会の支援を得て東方に足がかりを固め、ロシア人との関係を樹立した。取引は当然のことながら、銅に限らず、ハンザ商業の他の多くの品目にかかわっていた。いたる所で同家は蜜ロウと毛皮を卸買いし、各種の香辛料、銀、毛織物、金属製品を売ったのである。

ハンザの指導層は、この危険をすぐに見抜くことができなかった。彼らは一世紀前ならばニュルンベルク人の進出にすぐさま不安を抱いたのに、今度は最初からこのシュヴァーベンの会社に対して商路を遮断しようとはしなかった。リューベックでは人々はフッガー家を、主として教皇庁のために資金移送に努める銀行業者と見ていたようである。この洞察の欠如のほどは、ヤーコプ・フッガーの次のような巧妙さから理解し得る。すなわち彼は忠告をよく受けていて、自分の代わりにハンザおよびニュルンベルクの駐在員を動かし、時には譲歩してまで必要な協力を得て、初めのうちは自らの意図を隠蔽するのに成功した。

だが、まもなくフッガー家の影響力の大きさを認めざるを得なくなった。すなわち、ハンガリー産の銅が、ハンザ商人が西方に輸出していたスウェーデン産の銅に対する危険な競争相手として登場してきた。リューベックの支社は、市民ゴデルト・ヴィーゲリンクの勧めにより、東方での主として蜜ロウにかかわる大がかりな商業活動に乗り出した。また一五一一年にはドルパトの苦情に基づき、リューベックの総会はついに防衛措置を決定した。すなわち、（非ハンザの）大商社に属する商品がハンザ都市を通過するのが禁止された。アウクスブルク、ニュルンベルク、ウルム、ライプツィヒ、ポメルン公は、これら商社の商品をハンザ都市から追い出すようにと依頼された。とりわけ、帝国法に反する独占の企みに対する苦情が、マクシミリアンのもとに寄せられた。

これら措置の効果に幻想を抱くことは、ほとんどできなかった。また同時に武力に訴えることも決定された。一五〇九年以来、ヴェント都市はオランダ人の同盟国であるデンマークと交戦状態にあった。リューベックはダンツィヒ沖でオランダ船隊への攻撃を命じ（一五一一年八月）、一部を沈め、残りを拿捕した。押収された財貨の中にはフッガー家所有の一〇二ラストの銅の積荷が含まれ、その価値は九〇〇〇リューベック・マルク以上と見積もられた。

反撃は直ちに加えられた。銅を返還させるために、ヤーコプ・フッガーはハンガリー国王に抗議させ、さらに教皇ユリウス二世にリューベックを聖務執行禁止にするよう要請したが、こちらは成功しなかった。彼は特にマクシミリアンに働きかけたが、皇帝としては自分の銀行家への支援を拒むことはできなかった。皇帝は二度にわたりリューベックに積荷を返すよう要求し、帝国全土のリューベック資産を押収すると脅した。巧妙にもリューベックは本件を帝国議会に持ち出すことを提案し、その際フッガー家が不法に独占しようとしていると告発する構えをみせた。フッガー家側は訴訟を回避するほうを望み、問題の銅を八〇〇〇マルクの価格で買い戻すことに甘んじた。

これはハンザにとっての成功ではあったが、後が続かなかった。フッガー家はダンツィヒの支持を得て、バルト海において活動を続けた。リーフラントでは銀の供給者である彼らは、貴族から蜜ロウを買い付けていた。同様にロシア人も、銀や香辛料やガラスと交換に毛皮や蜜ロウやピッチをフッガー家に売った。デンマークのクリスチャン二世は同家に、保護権とリューベック近郊のオルデスローに銅精錬所を設立する権利とを与えた。その代わりに同家は、クリスチャン二世にグスタヴ・ヴァーサとの戦いに際して六隻の船を提供し、新王フレゼリク一世の好意を保つことができた。最後に、カール五世はフッガー家に対して祖父以上に好意的だったので、リューベックのために訴訟を帝国宮内法院に再提出することなどあり得なかった。

リューベックとハンザは、敵の弱みを利用できなかった。ハンガリー国王による銅鉱山の差し押さえ（一五二五年）に際しても、またヤーコプ・フッガーの死去に際しても、彼らのほうから主導権を握ることはなかった。さらに、クラクフとブレスラウがハンザの成員ではなくなって以来、この地域では、積極的な政策などほとんど打ち出せなかった。事実、アントン・フッガーによる指導の下、この商会はハンザ圏への浸透を続けたのである。その取引活動にあっては他の通商路とともに、リューネブルクを経由してハンブルクに向かうエルベ川の商路が次第に重要性を増していた。その進展を妨害するのに他の都市の支持が得られず、ヴレンヴェーヴァー時代の内紛で弱体化したリューベックが、屈服せざるを得ないことは明らかであった。フッガー家に領内通過を禁じたものの、相手に大きな支障を与えることなく、敵を利したに過ぎなかった。したがって、リューベックは一五三八年にフッガー家との間に協定を結ぶことを余儀なくされ、同家に「陸路と水路を通ってダンツィヒその他から銅を含むすべての商品をわれらの都市と領域において、あるいは通過して輸送し、それらを自由にハンブルクその他の場所へ運送すること」を認めた。これこそは、敗北への同意であり、アウクスブルクの強大なこの商社に対して続けられた長い闘争の放棄であった。ところが、こちらもこちらで滅亡に近づいていた。八年後アントン・フッガーはノイゾール鉱山の再契約を断念し、北方商業から次第に手を引き、ネーデルラントとスペインでの商業に専心するに至るのである。

それゆえハンザとフッガー家との闘争は一つのエピソードに過ぎなかったが、それでも前者の劣勢を白日の下にさらしたのである。ニュルンベルクやアウクスブルクの商社の進出は――フッガー家の消滅以後もなお続いた――ハンザの経済体制を解体してしまった。いくつかの新たな商路がハンザ圏の周縁に発生していた。東欧の交易は西欧との間であれ、地中海との間であれ、もはやハンザの仲立ちを必要とはしていなかった。最後に南ドイツ商業の浸透は、若干のハンザ都市の発展には寄与したものの、ハンザの分裂を促進してしまった。ダンツィヒ、シュテティーン、ハンブルクは、リューベックが新参者に対して商路を閉ざそうとしても、これに協力することを拒んだし、それにこれらの新参者はいたる所で、個別の協力者から恩恵を受けていた。これによっても、ハンザの結束はさらなる打撃を被ってしまったのである。したがってある意味では、クラウス・ノルトマンのように「ハンザの時代に代わってフッガー家の時代が来た」と言うことができる。

3　宗教改革とその結果

一五二二年頃に北ドイツ諸都市においてほぼ同時に始まった宗教改革の進展は、ハンザにとって明らかに不利であった。というのもこの結果、ハンザ内部そして個々の都市内部にも、さらなる紛争の要因が持ちこまれたからである。事実、新しい思想の広まりはしばしば宗教上のみならず社会的な紛糾ともなった。都市当局と門閥が、少なくとも当初は、ルター派に敵対したのに対し、手工業者は熱烈なルター派信奉者であった。門閥は、これに抵抗するに当たり、教会当局や、やはりまだ長い間旧教に従い続ける諸侯の支持を得た。諸侯はこのようにして都市の内政に干渉し、都市に自己の権威を押し付けるための新たな口実を見出したのである。その結果として、ハンザはカトリックを弾圧したために、皇帝の支援があれば北ドイツ・スペイン間の商業関係を発展させ、オランダ人を抑えることができたであろうまさにこの時期に、カール五世との紛争に入ってしまった。

さまざまな都市で勃発した多くの宗教的、社会的紛争に直面して、ハンザは相変わらず徹底した政策をとらなかった。当初、ハンザは市参事会を代表する組織として、必然的に一切の宗教的変革に反対であった。一五二五年、リューベックでの総会は、ルター派信奉者とその教義の宣教に対抗する諸規定を発布したものの、この趣旨に沿った議事録を起草させたのはハンブルク、ロストク、リューネブルクだけだった。他の代表たちは、このような問題を規制する権限は自分たちにはないと述べたてたのである。議事録は「マルティン派」に反対の立場を取り、ルターの著作の印刷と販売、および秘密の会合を禁止し、投獄の刑罰に値するものとした。

しかしルター派の急速な普及は間もなくハンザの態度を変化させた。同年に改めて開催された総会は、宗教に関しては各都市が自己の体制を決定すべきであり、ただし既存権力に対する反乱だけは避けるべきだと宣言した。事実、一五三五年に再洗礼派に対して、その後の一五六三年にブレーメンに勢力を張っていたカルヴァン派に対して、断固たる態度をとっただけだった。ハンザはその伝統に従い、本来の意味での宗教問題にはそれ以上干渉しなかった。さらに前述の干渉も再び、ハンザの弱体さを示したのである。すなわちブレーメンの場合には、意味のある譲歩を得ることのないまま、除名した一四年後に再加入を認めざるを得なかったのである。

宗教改革が最も容易に実現したのは、東方においてである。プロイセンでは、宗教改革は総長アルベルト・フォン・ホーエンツォレルンによって導入された。彼は一五二五年に自分の利益のために騎士修道会国家を世俗化した。司教たちが同意したのでルター派の勝利は難なく可能になり、バルト諸国においても同様であったが、ただしこの方面では管区長はカトリックに留まった。

ポーランド王の支配下にあるダンツィヒでは、宗教改革の進展は市長フェルヴァー、市参事会、そして特に国王の反対にあい、国王に至っては参事会を罷免して一五二六年に実力でカトリックを復帰させた。とはいえ、この反動は一時的なものであった。ルター派の進出は抑え難かったので、国王は一五五七年に同派の礼拝を許す宗教特権を与えた。

西方においては、カトリックは特に聖界諸侯領ではよく地歩を守り抜いた。ケルンやライン諸都市において、カトリックは大きな脅威を全く受けなかった。これに反してヴェストファーレンにおいては、宗教改革はドルトムント、次いでゾーストでかなり容易に勝利を占めた。ただしゾーストでは一部がカトリックに復帰した。ミュンスターでは宗教改革は司教の抵抗にもかかわらず一五三一年に根を下ろした。しかし、ネーデルラントから渡来した再洗礼派が勝利を収め、預言者マティスが十二使徒の「王国」の樹立に成功した。マティスの死後はヤン・ファン・ライデンが代わった。この恐怖政治と聖書的共産主義は一年間続いたが、同市は奪取されてカトリックが復帰した。この名高いエピソードはハンザにとっても影響があった。それが招いた恐怖は、他の諸都市での門閥体制の維持あるいは復興、さらにはリューベックにおける民主政府の没落を早めることに貢献したのである。

ザクセン都市とヴェント都市において、宗教改革の確立は、ルターの弟子であり友でもあるブーゲンハーゲンの成果であった。彼はヴィッテンベルクの出身で、まずブラウンシュヴァイクに（一五二八年）、次いでハンブルクに（一五二九年）、リューベックに（一五三一年）、ポメルンに、デンマークに（一五三七年）、最後にはブラウンシュヴァイク公領にプロテスタント教会を組織したのである。

大抵の都市において、宗教上の変化には政治的、社会的要求がともなった。中下層の市民はこの機会を利用して、市参事会の権力を制限あるいは統制しようとした。反対派の機関は通常四〇人あるいは六〇人から成る委員会で、ルター派の教区から選出されたさらに大きな集会がもう一つあった。このようにして一五二四年にはヴィスマルに四〇人の委員会が成立したが、その権限はとりわけ財政に関するものであった。そのうちの二三人は何の組合にも登録されていない市民で、その中には八人の醸造業者、一人の船主、一人の商人、一人の製粉業者と一一人のただ「市民」とだけ記されている人々が含まれている。ギルドの成員は二〇人いるが、その中には小間物商、織工、鍛冶屋、パン屋がおり、四人の都市役人も含まれていた。そこからはっきりとわかるのは、反乱の機運は手工業者の問題だけではなかったということである。一四、一五世紀の都市紛争と同様、商人の一部も門閥体制に対する闘争に加わっていたのである。同じ性格がロストクの六四人委員会（一五三三―三五年）にも現れている。そこには一〇人の醸造業者と少なくとも五人の商人が見出され、そのうちの何人かは市参事会員と血縁関係にあった。同市の市民は納税額にしたがい七つの階級に分けられているが、それによれば委員会のメンバー中一二人が上位三階級に含まれ、四一人が第四位と第五位に含まれ、一〇人が最下位の二階級に属していた。

ブレーメンでの宗教上の変革は、いっそう急進的な社会的性格を帯びた。他ならぬ市参事会自体がルター派の教義に好意的であったが、それはおそらく都市領主である大司教への敵対心からであった。しかし、すでに一五二六年には、改革派は政治的要求を掲げ、五年後に市参事会は、各教区から選出される四〇人委員会の、後には別の六四人委員会の協力を受け入れねばならなかった。市参事会員の大部分は市から逃亡したが、ここでは革命がはっきりと大商人に対して敵意を有していたからである。新しい政府は市民一人につき穀物一〇ラストを超える輸出、そしてポルトガル向けでは五ラスト以上の輸出、また穀物と材木の輸出に外国人の参加を一切禁止しようとした。しかし大司教は、逃亡者と結託して都市を攻撃し、ブレーメンはほどなく降伏した（一五三四年）。一〇四人が殺され、首領は処刑され、市参事会の権力は元に戻され、ギルドは無力化されたが、カトリックが回復されることはなかった。

これらすべての都市においては、宗教改革の進展および社会的騒乱さえも、ハンザにとっての現実的な脅威とはならなかった。それとは反対に、前世紀初頭と同様に、リューベックでの諸事件は同市の対外政策に影響を与え、ハンザの大きな危機を招いたのである。

リューベックでは当初から、市参事会は新しい理念に断固たる反対の立場をとった。保守的な精神のためであり、カール五世との間が紛糾するのを怖れたからであるが、おそらくは特に参事会員が聖職禄や教会の顕職を奪われるのを怖れたからであろう。ルター派が勢力を増してきたので、市参事会は二人の説教者を追放し、ルターの著作を発禁にし、それらを広める者に罰金を科したが、それでもルターの教義が手工業者の間に広まるのを阻止できなかった。一五二八年にデンマークとの戦争のために費用が必要となり、市参事会は資金の使途監査の任を帯びた六四人から成る委員会の設立に同意せざるを得なかった。その中にヴレンヴェーヴァーの姿があり、その彼が間もなく反対派の頭目となる。この委員会は宗教改革に敵対的な措置の廃止を絶えず要求し続けた。一五三〇年に市参事会は上記二名の説教者を呼び戻し、彼らにすべての教会で「福音を述べ伝えること」を許さねばならなかった。そのわずか数カ月後、民衆の脅しにさらされて、市参事会はカトリックの行事を廃止せざるを得なかった。ブーゲンハーゲンが来て、一人の教区監督とそれを補佐する教区委員とで構成される新しい教会を組織し、修道院は世俗化された。この六四人委員会はいくつかの教会から金、銀の装飾（九六キンタル）をすべて撤去させたが、これが間もなく戦費を賄うのに役立った。同委員会は彼らに市参事会に対する監督を保証する二六カ条から成る一種の憲法を起草した。市参事会は彼らの同意なしには同盟を締結したり、法令を布告したり、借財を契約することができなくなった。それ以後、市は、市参事会、六四人委員会、それに教区から選出された一〇〇人の会議により、共同で統治されることになった。市参事会は翌年、新たな教会基本法を裁可した。

このような指導層の無力は、一つには、リューベック門閥層の弱体化にもよる。当時、彼ら門閥層は主として土地所有者と金利生活者とから成り、もはや富裕商人からはほとんど補充されていなかった。したがって反対派は手工業者だけではなく、大部分の商人にも依存していたのである。興味深いことに、六四人委員会の長は二つの最も有力な手工業組合の成員、すなわち一人の醸造業者と一人の錨製造業者と並んで、二人の商人であり、そのうちの一人がヴレンヴェーヴァーであった。彼が一時的にではあれ、その大きな企てに成功したのも、リューベック市民の中で最も活動的な人々に彼が支持されていたからなのである。

4　ヴレンヴェーヴァーの失脚

ユルゲン（ゲーオルク）・ヴレンヴェーヴァーはリューベックの出身ではなかった。その一族は西ブランデンブルクのペルレベルクの出で、一五世紀の末にハンブルクに定住した。ユルゲンの父は大商人でフランドル渡航者団体の一員であった。彼の三人の息子のうち、二番目のヨアヒムはハンブルクにとどまり、ここでイングランド渡航者団体の一員となり、市参事会に入ったが、熱烈な宗教改革派で、同市を、彼の兄弟のデンマーク政策に参加させるのに貢献した。ユルゲンはどうかというと、一四八八年頃に生まれ、一五二六年にリューベックに定住したらしく、五年後に同市の市民として受け入れられたが、その時には彼の政治活動はすでに始められていた。なぜこの地に移住して来たのか、理由はわかっていない。たぶん兄弟のヨアヒムと協力してリューベックで商取引を営むために来たのであろう。けれども、彼の事業は特に輝かしいものではなかったらしく、この不成功が彼の宗教改革支持の熱意と結びつき、リューベック門閥層に対する敵意を強めたことはあり得る。

六四人委員会の一員としての雄弁と篤い信仰心とのおかげで、ヴレンヴェーヴァーは、その間もなく大きな影響力を獲得した。彼が大きな役割を演じはじめたのは、一五三一年に改革派と門閥派市参事会との間が決裂してからである。事実、後者は新しい教会基本法を渋々と裁可したに過ぎなかった。数週間後に、四人の市長のうちの二人、ブレムゼとプレニエスが密かに市を去り――次いで市参事会員の大部分がそれにならった――皇帝に訴えを提出した。彼らが立ち去ったのを利用し、商人、金利生活者《レントナー》、毛織物業者からなる、上層市民であるが非門閥の七人の新人を市参事会に参加させた。この時から彼は市の事実上の長であったが、選挙後の一五三三年に正式に市長となった。

この時までは、事態の進展に他の都市との顕著な相違はなかった。リューベックの事例の独自な点は、宗教改革の勝利と門閥の敗北の上に、大がかりな外交が徐々につけ加わり、しかもヴレンヴェーヴァーがその指導者になったことである。そのとき問題となっていたのは、デンマーク王室の紛争につけ込んでエアソン海峡にリューベックの支配を確立し、それによってバルト海からオランダ人を締め出すことであった。このような企てにとって、情勢は不利に見えなかった。一五一三年以来デンマーク兼ノルウェー王であってカール五世の義理の弟であったクリスチャン二世は、伯父のフレゼリク一世により一五二三年に王位から追われていた。彼は皇帝とオランダ人との支持を得て王位を奪回すべく、一五三一年にノルウェーに上陸していた。したがってリューベックはフレゼリク一世に対して有効な圧力をかける手段を手にしていたのであり、リューベックの支持でクリスチャン二世を抑えることもできれば、一五二一年にスウェーデン王に選ばれていたグスタヴ・ヴァーサとの同盟を望むこともできたのである。この政策は他のハンザ諸都市を糾合させるはずであったし、当のリューベックでは、ヴレンヴェーヴァーの支持層は、オランダ人との競争を恐れて苦悩している商人と、昔からデンマーク人に対し非常に深い敵意をむき出しにしていた民衆層の両方であった。最後にデンマーク自体ではドイツにおけると同様、カトリックに留まった貴族層と宗教改革に加担する市民層、さらには農民層との間に社会的、宗教的対立が深まっており、リューベックはデンマークに貴重な協力者を何人か期待できた。

ただし、この計画を実行してみると、かなり期待外れなことが判明した。フレゼリク一世はオランダ人に敵対する政策に強く協力するよう求められたが、オランダ人がクリスチャン二世を支持しないという条件の下で、オランダ人と和解する道を望んだ。さらに彼は裏切り行為によってライバルを投獄させた。ハンザ諸都市はこの大がかりな計画にためらい、それどころか敵意を示した。とりわけプロイセン都市は、オランダ人をバルト海から締め出すことなど全く望んでいなかった。積極的に参加したのは、民主体制が成立していた二つのヴェント都市、ロストクとヴィスマルだけであった。さらにリューベックは、グスタヴ・ヴァーサに負債の支払いを求めるという不手際を演じてスウェーデンとの同盟を失い、ほとんど単独でオランダ人を相手とする私掠戦を行なわなければならなかった。

フレゼリク一世の突然の死（一五三三年四月）により、情勢は複雑になった。リューベックとデンマーク都市は、故人の息子であり、スリスヴィ・ホルシュタイン公であったクリスチャンに王位を提案した。彼はプロテスタントに改宗し、シュマルカルデン同盟の一員であった。だが彼は、リューベックの策略に加わることを拒み、自分のデンマーク王即位に関しては、むしろカール五世と交渉することを望んだ。味方に裏切られたリューベックは、ヴレンヴェーヴァーの最も強力な味方であるマルクス・マイアーの指揮する示威艦隊を編成した。この傭兵隊長とリューベック部隊の長となった、かつてのハンブルクの鍛冶屋は、興味深い人物である。魅力的だが派手好みで、いかがわしい噂もあり、真の軍事的才能には欠けたこの人物は、ヴレンヴェーヴァーが余りにも耳を傾け過ぎた顧問であり、ヴレンヴェーヴァーを冒険的な決断に進ませてしまったようである。

この艦隊の遠征は短期で終わったが、予期せざる結果をもたらした。マルクス・マイアーはイングランドに上陸し、ヘンリ八世の厚遇を得た。ヘンリ八世は彼を騎士に任じ、リューベックの政策への強い支持を彼に約束したのである。このことがたぶん、ハンブルクでオランダ人との間で開かれていた交渉に際し、ヴレンヴェーヴァーを強気にさせたのであろう。明らかに孤立していたにもかかわらず、彼はオランダ人に対して三〇万グルデンの賠償を要求し、これが和平成立への妨げとなった。だがすでにリューベックにおけるヴレンヴェーヴァーの立場は、脅かされていた。教会関係者の間では宗教改革の行き過ぎが懸念され、門閥層支持者が再び台頭しつつあった。ヴレンヴェーヴァーは急遽ハンブルクから戻り、敵対者を罪に服させ、その時にはもはや四人の門閥を含むだけであった市参事会に友人の何人かを入らせた。

このようにして地歩を固めたヴレンヴェーヴァーは、譲歩するどころかきわめて大胆な決断を下した。彼は、リューベックはもはやスリスヴィ公をではなく、いまだ獄中にあるクリスチャン二世をデンマーク国王と認めると公表したのである。また彼はこの捕らわれ人を救出して、さらに当人を保護下におこうと、大規模な軍事遠征を準備し、リューベックのこの実力行使に合法性を与えた。この計画は、プロテスタントの候補者（クリスチャン公）を捨てて、カトリックに復帰したカール五世の義理の弟に乗りかえるというのだから、とりわけ危険であり、ヴレンヴェーヴァーはシュマルカルデン同盟とプロテスタント世界全体の不信を招いてしまった。ただし彼は、コペンハーゲンとマルメーの市長を、そして貴族層に敵対するデンマーク農民層を味方とすることには成功した。これに反しグスタヴ・ヴァーサはヴレンヴェーヴァーに敵対を続け、ヴレンヴェーヴァーは彼を排除できるスウェーデン国王候補者を求めたが無駄であった。ヘンリ八世は、意向を打診されたが身を引いた。同様に他のハンザ都市も態度を保留した。ヴィスマルとロストク以外ではシュトラールズントだけが兵力の割り当てに同意し、ハンブルクとリューネブルクはわずかな財政支援にとどまった。リューベックの主な切り札はオルデンブルク伯クリストフの協力であり、彼は征服に必要な兵力を提供してくれた。リューベックは彼と協定を結んだが、それはヴレンヴェーヴァーの雄大な企図に関する最もはっきりした証拠である。

リューベックは兵力を分散させるという失敗を犯した。マルクス・マイアーはホルシュタイン征服を企てたが、クリスチャン二世を救出することも、決定的な成功を収めることもできなかった。反対に、デンマーク遠征は輝かしい成果を挙げた。一五三四年六月にシェラン島に上陸したオルデンブルク伯クリストフは、迅速にコペンハーゲンと周辺諸島を占領した。蜂起したマルメーはクリスチャン二世を承認した。エアソン海峡はドイツ人の掌握するところとなり、そこの通行税は彼らの旗艦上で徴収された。

しかし、すぐに幻滅を感じることになった。クリスチャン公はデンマーク貴族やブランデンブルク選帝侯、ポメルン公、ブラウンシュヴァイク公を含む何人ものプロテスタント諸侯の支持を得て、敵を上回る兵力を難なく徴集した。七月に彼はユラン半島とフュン島の貴族から、クリスチャン三世の名で国王と宣言された。ヴレンヴェーヴァーは、デンマーク王位をザクセン選帝侯に、スウェーデン王位を——何とカトリックの——メクレンブルク公に提供しようとしてまで、新たな同盟者を求めたが無駄であった。ヘンリ八世からは援助金を得たのみであった。その時から情勢は急変した。クリスチャン三世はトラーヴェミュンデを占領し、リューベックを海から遮断した。ヴレンヴェーヴァーは公然と批判され、市参事会に敵の何人かを復帰させねばならず、自らも農民反乱で弱っていたクリスチャンとの間でホルシュタインに限られた休戦を締結した（一五三四年一一月）。デンマークの遠征軍は翌年解散させられた。メクレンブルク公の介入にもかかわらず、リューベック軍は二度も、一度はフュン島の陸上で、もう一度は大ベルト海峡のスヴェンボー沖合の海上で、決定的な敗北を喫した。後者では、プロイセンの船舶がデンマーク艦隊を援護していたのである。クリスチャン三世は島々を奪回した。コペンハーゲンだけはやっと一年後に降伏したが、ここを守っていたのはクリストフで、彼はカール五世の介入を期待したが無駄であった。

リューベックでは、これらの敗北が理由で一五三五年八月には、ヴレンヴェーヴァーが失脚した。カンペンからリーガまでの約二〇都市が代表を派遣したハンザ総会が開かれ、リューベックに戦争を終わらせるようにと要請した。この時、リューベックは、皇帝の勅書に従うことに意を決した。その勅書は同市に、門閥参事会員に特権を戻し、彼らに取って代わった者たちを排除するようにと命じており、従わない場合には帝国追放に処するとしていた。まずヴレンヴェーヴァー不在の場で、彼の信奉者たちが辞表を提出し、次いで彼自身もそれに倣った（八月一九日）。二日後、門閥出の前市長ブレムゼは、ルター派教会憲章の承認を約束したうえで職務に復帰した。ヴレンヴェーヴァーに初めは不安はなかった。彼は闘争の再開を念頭に、ヘンリ八世との取引にさえ出た。しかし、彼の敵であるブレーメン大司教の領内を通過する時に捕らえられ、ブラウンシュヴァイク公に引き渡され、同公が訴訟を開始させた。拷問の末、ヴレンヴェーヴァーは犯してもいない罪を自白した。すなわち、教会財産の横領、リューベックに対して企図された騒乱、再洗礼派を導き入れようとする陰謀などであった。一五三七年九月二四日、彼は斬首され、遺体は八つ裂きにされた。

彼の波乱に満ちた劇的な運命、彼の企図の雄大さは、ヴレンヴェーヴァーをしてハンザ史上最も有名な人物たらしめている。彼は一九世紀以来、無数の小説や演劇の題材とされてきたが、それらは通常彼を同情的に描いている。しかしゲオルク・ヴァイツ以来、歴史家は彼に対して厳しい。歴史家たちは彼の扇動政治家ぶり、移り気な性格、矛盾、失策、企ての空想的な点を非難してきている。確かに彼には政治家の素質が欠けており、数々の失策を犯したが、その中でおそらく最も弁解の余地のないものは——ただし、その失敗が彼に帰せられるべきであるならばだが——グスタヴ・ヴァーサと不仲になってしまったことであろう。この時期のこの地域で、民衆の支持のもと門閥に抗して大々的なハンザ政策を打ちたてようと望むのは、確かに無駄であった。ヴレンヴェーヴァーはハンザの没落が不可避であることを理解していなかったという過ちを犯したことも、それを阻止する力を持たなかったことも事実ではあるが。しかし最低限言い得ることは、ハンザの没落について判断するのは、われわれにとってと同様、彼にとっても容易ではなかったという点である。またデンマーク遠征の部分的成功は、その遠征が全く現実離れしたものというわけではなかったことをともかくも示している。デンマークでの成功は少なくとも一時的には、リューベックに若干の実質的な利益をもたらすことができた。さらに——はっきりと答えることはできないが——なお問われるべきは、ヴレンヴェーヴァーがこの危機的な時期におけるリューベック政治の扇動者であり、真の頭目であったのか、それとも代弁者に過ぎなかったのかという点である。

この民衆扇動家の失脚後、門閥参事会は、できる限り少ない犠牲でこれまでの問題を清算することを急いだ。市参事会はハンザ特権を確認するという条件のもとでクリスチャン三世を国王として承認し、彼と和平を締結した。スウェーデンとの間では五年間の休戦が調印されたが、これはその後に更新された。けれどもデンマーク問題はいまだ完全には解決されていなかった。事実、カール五世はクリスチャン三世と不和になり、姪の夫である宮中伯フリードリヒを彼の対立候補に立て、かつ、オランダ人をデンマークに立ち向かわせさえした。しかし敗北に打ちひしがれたリューベックは、この機会を捉えて自分の立場を取り戻そうとはあえてしなかった。結局カール五世はシュパイアーの和約（一五四四年）で候補者を取り下げ、臣民であるオランダ人のためにエアソン海峡の自由通行権を獲得した。このようにして、ある意味でハンザとオランダ人との、バルト海における商業覇権をめぐる抗争であった大きな危機は、後者の勝利に終わることとなったのである。

二年後に、新たな危険が現れつつあった。南ドイツでの権力を固めたカール五世が、北ドイツでも権威を広め、プロテスタントと戦うことを企てたのである。シュマルカルデン同盟に加担していたハンザの大都市の大部分は直接脅威にさらされることとなった。それらの都市は慎重に中立を守るか、あるいはマクデブルクとブレーメンを例外として屈服した。前者は帝国追放に処され、後者は二度（一五四七年三月と五月）にわたって帝国軍に包囲され同軍により全艦隊を奪われたが、帝国軍は包囲を解かざるを得ず、その直後にドラーケンブルクでプロテスタント諸侯の軍隊に打ち破られる羽目となった。カール五世はミュールベルクで決定的勝利を収めたにもかかわらず、この方面には拘泥せず、そのおかげでハンザ都市は宗教反動と政治的屈服の恐れから解放された。

しかしハンザは深刻かつ決定的に弱められながらも、こうした諸々の試練から立ち直っていった。成員の離反は、絶えず目立って現れた。一五三四年の危機の間は特に、リューベックはほとんど単独でデンマークと戦ったのに、他の都市は同市から離れてしまうか、あるいはダンツィヒのようにあからさまに同市と対立するに至った。一三六七年に海港都市がほとんど同一の目的を持って集まった団結の高まりを想起するなら、相違は明瞭である。国際的な世論でハンザへの信用の無さが深かったのも驚くには当たらない。この頃まではまだリューベックは、一つの強力な連合の長として通っていたが、これ以後もはや自ら自身を代表するのみで、外地での一切の名声を、特にヘンリ八世から見て、失っていった。その反対に、デンマーク、スウェーデン、オランダの威信が高まっていった。北方海域での勢力均衡は完全に覆ってしまったのである。

第3章　復活と消滅
——一五五〇—一六六九年

一六世紀半ばにさしかかる頃、ハンザはほぼ完全に消滅したように見えた。一五三四年の試みが失敗に終わった後、リューベックが孤立し衰弱したのが、その明らかな兆候と思われた。だが一六世紀後半にはハンザの真の再生がみられたのである。これはこの共同体の団結を強化するために大変な努力がなされ、ある程度の成功を収めたことによる。少なくともいくつかのハンザ都市の商業は、状況に恵まれて注目すべき発展を経験した。すなわち、北ネーデルラントがスペインに対して反乱を起こしたため、それまでオランダ人が握っていた北ヨーロッパとイベリア半島を結ぶ取引を、皇帝に支援されつつ——一時的ではあるが——ある程度は独占できるようになったからである。

しかし部分的で一時的なこの復活は、崩壊に向かう力が作用し続けるのを阻止できなかった。東方では、ロシア人とスウェーデン人がリーフラントを征服してバルト海沿岸の都市を奪ったために、ハンザは弱体化した。西方では、長い間食い止めていたイングランド人という競争相手が途方もなく強力になり、マーチャント・アドヴェンチャラーズがイングランドとドイツとの間の取引をわがものにするようになった。最後に三十年戦争がとどめを刺した。この動乱が終わると、ハンザ共同体は再建不可能になっていた。

1　再建への努力

一六世紀半ば以降、ハンザの世界では対立する二つの意見が絶えず述べられていた。一方では、ハンザは瀕死の状態であり、その衰退を食い止めるのは不可能であると言われていた。他方では、伝統的で信頼できる方法によるのであれ、また新しい方法によるのであれ、全体の利益のためにハンザを復活する必要があると言われていた。少なくとも三十年戦争までに、後者の観点が広まった。数え切れないほどの改革案が総会に提出され、議論され、そのいくつかは実行に移された。

多くの人々にとって、外部からの支持がなくてはハンザの救済は保証できなかった。ハンザの無力さは、競争相手たちと違い、強力な国家の支援を受けていないという事実が原因であるのがはっきりと理解された。さらに、多くの国家にハンザ都市が分散していたため、ハンザ共同体の活動は停滞するばかりだった。誰か有力な諸侯をハンザの保護者とするべきだという考えが生まれたのは、その結果である。だが、それは誰であろうか。当然思い浮かぶのは皇帝であろう。しかしそれまでの経験から、皇帝からは役に立つ支援がほとんど期待できないのは明らかだった。カトリックの擁護者として南ドイツに関心を向け、帝国内での利害対立に悩まされていた皇帝に対する不信感は大きかったので、誰も彼に頼ろうとはしなかった。ハンザの宿敵であるデンマーク王は問題にすらならなかった。それとは逆に、ダンツィヒはポーランド王をハンザの保護者、管理者、擁護者とするよう何度も主張していた。だが、それぞれの利害があまりに食い違うので、この問題に関係する密談はうまくいかなかった。

別の計画は、ドイツ全土の帝国都市との同盟を検討するべきだというものだった。これは、諸侯や皇帝に対して都市の独立と権威の強化を望んでいた帝国都市によって提唱された。要するに、都市を帝国の構成勢力の一つにさせるという古き夢の再現だった。だがその夢は、一二五四年のライン都市同盟の際に、あまりに惨めな失敗に終わっていた。このような同盟願望が消えることなく残り、一七世紀後半にあってもなお大量の書簡がやりとりされるほどであったのは、驚くべきことである。だが、この種の都市同盟が一つのユートピアなのは明らかだった。実際、外部からの支援によりハンザを強化する試みで唯一きちんと実現したのは、一六一六年のネーデルラント連邦共和国と結んだ同盟だけだった。だが、この同盟は成果を挙げることもなく、三十年戦争によりまもなく終わってしまった。

実際に、外部頼みの強化を目指すこれらの試みは、どれも程度の差はあれ空想的だった。逆に、共同体を内部から強化するほうが現実的な解決だった。この点でも対立する二つの見解があり、どちらも文句なしに選べるものではなかった。ある人々によると、共同体はかつての規模まで復興すべきであり、義務を怠る都市にハンザの本分を守らせるべきだった。

実際に、執拗に懇願したおかげで、ハンザ総会に代表者を長く派遣していなかった都市の中には、代表の派遣を受諾し、自らは常にハンザのメンバーであると公式に宣言したものもあった。いずれにせよ、そこにあったのは非常に観念的な連帯の表明にすぎなかった。また別の人々にとっては——特にブレーメンの観点であったが——大部分の都市が通常の義務の履行を拒否しつつ、自分の利益のためだけにハンザを頼って来るような大規模な共同体を維持しようと望むのは無駄だった。つまり、共同の利益のために犠牲になる決意ができている、少数の忠実な都市を集めるほうが良いということであった。この考えに従って、一七世紀初頭にはザクセンとヴェントの六つの主要都市の同盟が登場した。ブラウンシュヴァイク公の脅威を受けていたブラウンシュヴァイクのために、この同盟は成立した。だが、この試みに永続性は全くなかった。逆に、一六三〇年にブレーメン、ハンブルク、リューベックの間で締結された同盟は、ほとんど効力はなかったとしても、少なくとも安定していたので、ハンザの表面的な生き残りを二〇世紀まで請け負うことになった。

一六世紀半ば以来、メンバー全体が共同体の強化を望んだため、二つの重要な措置がとられた。最初の措置は、詳細な財政上の義務を持ち、一五世紀のトホペザーテをモデルにした一つの同盟を組織することだった。第二の措置はまったく新しい措置で、ハンザの官吏、すなわち事務総長を創設することだった。

ハンザの構造を修正するための交渉はずっと前から始まっていたが、ケルンの反対によりうまくいかなかった。諸侯が諸都市の同盟に対して不安を抱かないかと、ケルンは恐れていたのである。結局、成員の義務を列挙した一〇年期限の同盟規約案にケルンは賛成した。それによって一五五七年のハンザ総会では、一〇条から成る規約 Konfederationsnotel の推敲と起草、四地区《クヴァルティール》の中心都市（ケルン、ブラウンシュヴァイク、リューベック、ダンツィヒ）による調印が行なわれた。そしてこの規約は総会に代表を派遣した六三都市により承認された。規約は従来の指示を繰り返したに過ぎなかった。すなわち、総会に代表者を派遣する義務、総会の決定を実施する義務、二つの都市間で生じた紛争を、近隣諸都市の調停に従い、最終的にはハンザ総会で解決する義務などであった。また、外部の法廷に訴えることは完全に禁止され、陸路と海路の防衛や対外使節の費用、襲撃による犠牲者への補償金等を共同負担することが決められ、平和の破壊者に対する共同の武力介入も義務づけられた。さらに外国人や失業者、手工業者に対する厳格な管理、罪人が判決に服さない場合における追放なども決定された。規約はさらに、皇帝や諸侯、さまざまな都市の領主に払われるべき敬意と服従を想起させることにも配慮していた。また同盟の成員がハンザ以外の勢力と個別に同盟を結ぶことさえも許した。

この同盟は一〇年後の一五七九年に期間が延長され、その後、何回かにわたって条項が修正されたり詳細なものにされた。全体として、三十年戦争まで、この規約は効力を持ち続けた。確かにこの規約は、ハンザに往年の勢いを取り戻させるには不十分だった。規約の諸規定はしばしば死文化した。規約に従う六三都市の一覧に幻惑されてはならない。リーフラント都市、ゾイデル海沿岸の都市、またゴスラーを含むザクセンの多くの都市が、まさに共同体から撤退しようとしていた。ブラウンシュヴァイク地区ではザクセンの七都市だけに減少し、ハルツ南部の都市が皆無になるほどに貧弱になったことを見ても、内陸の都市が次々と手を引いていったことがわかる。分担金の半分はラインラントとヴェストファーレンの都市により負担されていたが、これらの都市の大部分は極めて小さな都市だった。だが以前の時期と比べれば、ハンザ組織は六〇年にわたって強固だった。

この同盟の最も注目に値するだろう成果は、全成員が毎年の分担金を負担する原則と、その実施をある程度受け入れさせたことだった。それまでは、特定の目的のために特別な徴収をしてきたにすぎなかったからである。当時、資金の確保に迫られたハンザ総会は、一五五四年には六三都市から五年にわたって徴収する年税 annuum を定めざるを得なかった。成員の豊かさを推定して徴税一覧表が作成された。一年につき、ケルンとリューベックが一〇〇ターラー、ハンブルクとダンツィヒが八〇ターラー、ブレーメン、リューネブルク、ケーニヒスベルクが六〇ターラーを課税され、以下、最も貧しい都市まで一〇ターラーを支払うことになった。一五五七年の総会はこの徴収に同意したが、同盟の規約の条項には徴税一覧表を記載することはなかった。その時以降、税率については多くの議論が続いたが、徴収の原則自体が問題になることはなかった。徴税一覧表は特別徴収の場合の基礎とされた。特別徴収では、必要に応じて、通常の税率の二倍、三倍、一〇倍の分担額が、さらに（一五九一年には）四〇倍もの分担額が求められた。

当然、これらの徴収は激しい非難を引き起こし、常に徴収できるわけではなかった。最初から、大部分のザクセン都市は乗り気でなく、除名をちらつかせても全く効果はなかった。一六〇一年には、ケルンが八〇〇〇ターラー以上、ケーニヒスベルクが三六〇〇ターラー、その他の都市もさまざまな金額を未払いだったことが確認できる。義務を完全に果たしていたのは、リューベック、ハンブルク、そしてその他の二都市か三都市であった。まもなく、小都市には疑似的な減税を認めねばならなくなった。どんな場合でも、小都市は年税だけを支払えばよく、累進をともなう特別徴収 kontributio は重要な一四都市だけから集められた。

自立的なハンザの金庫を創設すれば、定期的に徴収する制度が完成したに違いなかった。だが、それまでの数世紀と変わらず、そのような措置は実現不可能だった。実際に、リューベックあるいはその他の都市は必要な資金を前貸しし、毎年の分担金による収入から長期の猶予期間を設けて返済してもらうことを余儀なくされた。独自の金庫がなかった以上、少なくとも、注意深く構築された経理を備える必要があったであろう。一五七九年の総会では、一三の都市が会計報告を行なったが、その他の都市からは報告はなかった。都市の中には支払い能力がないと宣言するものすらあり、また一〇〇年以上も前にさかのぼるような込み入った覚書を提出する都市もあった。検査するべき会計報告は数十万ターラー分にも達し、会計監査をあきらめざるを得なかった。

この無秩序に直面して、共同体はついに一六一二年に厳格に管理する共同金庫の創設に乗り出した。だが、この金庫に入金された収入は限られたものだった。商館で徴収された税、ベルゲンの商館の大砲やシュタールホーフの銀皿を売却した収益、罰金などである。実際に、この金庫は一〇〇〇ターラー以上を扱ったことはほとんどなかったようであり、期待された役割を果たすことはなかった。同盟が取りかかった再建事業が、これらの財政難によって非常に困難になったのは確実である。

再建への意志は、全く新しい称号であり職務でもある「ハンザの事務総長」を一五五六年に任命したことにも表れた。ハンザは独自の官吏を持たなかったため、総会の日程調整や、総会が開かれていない期間に未解決の問題を扱うのが困難だった。この役割は実際にはリューベック市参事会が、後にはこの都市の法律顧問が引き受けていた。一六世紀半ばには、特に司法分野に通じた常任の担当官がさらに必要になった。このためケルン出身のハインリヒ・ズーダーマンがこの職を託された。人選は申し分のないものであった。著名な門閥の血筋であり、市長の息子にして、生まれた都市の大学の法学博士であり、ケルンのために外交の仕事をすでに果たしていた人物である。ズーダーマンは、三五年間にわたりハンザのために、労をいとわずに献身することになった。法律顧問として、根気よく、すべての総会に、すべての交渉に参加した。彼は生涯のうちで一四年間にわたって五〇回ほどの外交旅行を行ない、特にネーデルラントとイングランドに、さらにドイツを通ってベーメン、ポーランドに行った。ズーダーマンが大きな障害を乗り越えて成し遂げようとした構想は、アントウェルペンにハンザの伝統的な原則にのっとったハンザ商館を設立することだったが、最後には挫折に見舞われた。

任期は六年だったが、ズーダーマンはその後もその職務にとどまり、一五七六年には終身の事務総長に任命された。この際、ズーダーマンは、外交と司法の職務に加えて、証書の明細目録づくりや、ハンザの歴史と海法の手引を作成するよう命じられたが、いずれの仕事も完成できなかった。ズーダーマンの熱意にはもっぱら敬意が表されたが、時には容赦のない誹謗が加えられることもあった。会計報告のあら探しが行なわれ、彼が立て替えた経費は踏み倒され、報酬と手当は一部しか支払われなかった。だが、一五九一年に没するまでに、ズーダーマンは絶え間なく活動を続けた。実に彼は共同体の精神そのものであり、偉大なるハンザ商人の最後の人物だった。

ズーダーマンは、ハンザの事務総長の機能が役立つことを十分に証明した。だが、相変わらず経済上の些細な理由により、後任者はすぐに補充されなかった。シュトラールズント出身の法律顧問ヨハン・ドーマンに白羽の矢が立ったが、後任に任命されたのは、ようやく一六〇五年のことだった。彼も非常に活動的だったが、前任者に比べると、外交に長けておらず、批判を受けることが多かったものの、その職には一六一八年に死亡するまでとどまった（一年の中断を除く）。彼の後には、もっぱらリューベックの法律顧問の一人がこの職務を引き受けることになり、これは共同体の消滅まで続いた。ハンザの事務総長は、疑い深い監視や、さもしい言いがかりの対象になったため、効果を十分には上げられなかったが、ハンザ全体として見れば、この役職を創設し維持したことが共同体の生命力の証だったのは確かである。

この生命力は、一六世紀半ば以降にハンザ総会の回数が増加したことに表れている。一五三五―五二年には、わずか三回の開催を数えるだけだったが、一五五三―六七年には一四回であり、ほぼ一年に一回である。この数字は一五六八―九七年の五回に再び落ち込み、一五九八―一六二一年には二〇回に回復した。他方で地区会議は開催され続け、特にヴェント都市の地区会議は、以前と同様に、指導的な役割を果たし、しばしば主導権を握ったり、ハンザ全体の名で交渉を始めたりしていた。リューベックが共同体のトップであり続けたのもそれまでと同様であり、以前よりもむしろ専制的だった可能性もある。ヴレンヴェーヴァーをめぐる一連の出来事があり、またリューベックはこの時期に人口と商業でハンブルクに圧倒されて相対的に衰退したが、その指導的な役割が深刻に動揺することはなかった。何度も何度も、リューベックは事務総長職をブレーメンかケルンに譲りたいと申し出たが、この提案が実行されることはなかった。リューベックはかけがえのないハンザの首長だったのである。

この共同体が一六世紀末まで議論の余地がない名声を保っ

たことは、ハンザへの加盟要求が依然としていくつかあったことから確認できる。たとえばナルヴァは一五二一年から一五五三年までに四回、ハンザへの加盟を願い出た。飛躍的に伸びている競争相手であるナルヴァを当然のごとく恐れていたリーガとレーヴァルは、要請があるたびに加盟を拒否した。同様に、エムデンは一五七九年に加盟を願い出たが、成功しなかった。それというのも、この都市はオランダ人に対して過度の配慮をしていると非難されていたからである。その一方で、ハンザは弱体化していたにもかかわらず、成員による規約侵犯を許さなかった。一五六三年にハンザはブレーメンを除名した。ブレーメンがカルヴァン派に改宗し、市参事会がブレーメンから去らねばならなかったためである。だが、この毅然とした対応はあまり適切ではなかった。反抗的なブレーメンを服従させることができなかったハンザは、ついにはこの問題を皇帝のもとに提出し、皇帝はこの都市を共同体に再び加盟させるよう命じた。一五七六年に起きたこの事件で、ブレーメンは反抗しながらも実質的な譲歩を全くせずに元に復したのである。ハンザが宣告した追放の中で、年代的に最後のものは一六〇一年の小都市シュターデに対するものであり、イングランド商人に特権的な定住地を認めた件によるものだった。だが、この制裁が実質的な効果を持つことは決してなかった。

要するに、一六世紀後半のハンザは復活のために称賛に値する努力を払ったが、この努力は永続的な結果をもたらさなかった。ますます、成員間の団結は弛緩し、都市は出費の強制を嫌がり、もはや総会にわざわざ参加することもなくなった。たとえばケルンは、一六〇六―二八年に何度か開催されたハンザ総会に代表を全く派遣しなかった。こうして対外的な失敗が、脆弱さという内部的な要因と重なり、今や不可避となった衰退を加速させるに至ったのである。

2　災厄――リーフラント、アントウェルペン、イングランド

一六世紀半ばの東欧は政治的激変の舞台であり、これがハンザにとってさらに不利にはたらいた。一五世紀末のロシアのバルト海進出は、リーフラントのドイツ騎士修道会によって阻止できた。ノヴゴロドの破壊はリーフラント都市にとって好都合でさえあった。リーフラント都市はノヴゴロドが西欧と行なっていた商業の大部分を継承していたからである。しかし小康状態が半世紀続いた後、イヴァン四世（雷帝）がモスクワ大公国の再拡大を始めた。一五五八年、雷帝は突然リーフラントを攻撃したが、ドイツ騎士修道会はこれを防衛できなかった。ロシア人はナルヴァ、次いでドルパトを占領

し、ドルパトは完全に破壊された。さらにリーフラントの大部分を占領した。リーガとレーヴァルだけが、この征服を免れた。騎士修道会総長は同盟者を探した。リューベックとその他のハンザ都市は資金と物資を送るにとどまった。それに対し、領土の獲得と引き換えに、ポーランドとデンマークは軍事面で支援したが、騎士修道会が再び優位を保つことはできなかった。一五六二年、管区長ケトラーは残された国家を世俗化し、クールラントおよびゼムガレン公領と名付け、ポーランド王の宗主権下に置いた。エーゼル島はデンマーク領となり、レーヴァルはスウェーデンの保護を受けた。これがドイツ騎士修道会国家の終焉であった。

ロシアの前進は、ヨーロッパ中に大きな影響を与えた。ある種の十字軍の噂があり、少なくともロシアとの通商関係を断絶しようという話もあった。だが、事態は別の経緯をたどった。イヴァン雷帝は実際にはナルヴァを大切に庇護した。ドルパトを破壊したのとは全く異なり、雷帝はナルヴァの再建に手を貸し、そこをバルト海沿岸でのロシアの港にした。急速にナルヴァの商業は盛んになり、レーヴァルの商業を圧倒した。ナルヴァにはバルト海沿岸地域の商人だけでなく、デンマーク人、オランダ人、イングランド人、スコットランド人、さらにはフランス人やスペイン人さえもが訪れた。彼らは毛織物、そして特に塩をもたらし、毛皮や蜜ロウを安価に持ち帰った。リーフラントの仲介人はすでに排除されてしまっていたからである。ナルヴァはまもなくバルト海の重要な国際港となり、毎年数百隻の船舶が入港した。

リューベックは、この状況に乗り遅れまいとした。リューベックが憂慮したのは、イングランド人チャンセラーの白海旅行（一五五三年）、さらにそれ以上に、白海旅行直後にイヴァン四世が「モスクワ会社」に特権を授与したとの知らせだった。イングランド人はアルハンゲリスク経由の西欧－ロシア商業路を独占しようとしていた。このため一五五六年以降、ハンザ総会は新しい商業路を使うことを厳しく禁止した。このためリューベックは急いでナルヴァとの関係を結ぼうとした。レーヴァルは半世紀以上も前からリューベック商人に嫌がらせを加えていたので、リューベックは船舶をロシアのこの新しい港にますます多く航行させて、往時の商業を復活させようとしたのである。皇帝から禁止されているにもかかわらず、リューベックは軍需品をロシア人に販売し、非難されるほどだった。ただしリューベックはそれに対して激しく抗議した。

だが、この再生の芽は出るやいなやスウェーデンの登場で摘まれてしまった。レーヴァルとその利益の保護者としてのスウェーデンは、フィンランド湾を支配してロシア商業の利権に関与しようとしたので、リューベックと対立するのは必然だった。一五六二年に、ナルヴァから帰港中だった三二隻のリューベック船をスウェーデンが捕らえた。このため、翌年にデンマークとスウェーデンの間でいわゆる北方七年戦争（三王冠戦争）が始まると（デンマークのフレゼリク二世がスカンディナヴィア三国の王冠を自らの紋章に掲げると言い張ったというつまらぬ口実で、宣戦布告されたことによる）、リューベックは断固としてデンマークに味方し、バルト海の「領有権」を欲しているとスウェーデンを非難した。しかしハンザの権利と自由の擁護者であるリューベックの態度は、共同体のその他の都市に何の反響も生まなかった。他の都市はスウェーデンとの関係を途絶させたくなかったからである。デンマーク側に立ったリューベックは、こうしてヴレンヴェーヴァーの時代よりもさらに孤立することになった。

リューベックはそれでもなお、驚くほどの力を注いでその戦争を行なった。四隻の軍船を投入したが、なかでも「アドラー号」は三層甲板を持ち、六八の砲門を備えた、三〇〇〇トンの船であり、この当時で最大の軍船の一つだった。リューベックはいくらかの勝利をおさめたが、一五六六年にゴットランド島の手前で旗艦「モリアン号」が沈没して、決定的な敗北を喫した。ハンザの観点から示唆的なのは、とりわけ共同体に属する二つの都市の間で激しい敵意が表面化したことである。一五六九年にリューベックの艦隊がレーヴァルを砲撃し、一〇〇隻ほどの船舶を奪い、あるいは焼き払ったのである。

シュテティーンの和約（一五七〇年）の諸条項は不利なものではなかったが、空文化したままであった。ロシアとの商業の自由を、リューベックは確保できなかった。一五八一年にはスウェーデン人がナルヴァを占領したため、ナルヴァとの通商が発展することも期待薄となった。レーヴァルは繁栄とともに、中継地としての機能を回復した。つまりリューベックとロシアを結ぶ交易は再び、スウェーデンやポーランドの好意に依存するようになった。またこの戦争は中立を守ったオランダ人やイングランド人の商業を促進し、結果的にハンザの競争相手に新たな発展をもたらした。またこの戦争は共同体の分裂を鮮明にした。基本的に食い違う成員間の利害を調停するのは不可能だった。この時代以降、スウェーデンやポーランドの臣下となったリーフラント都市は、もはやハンザ都市とはみなすことはできない。

結局、軍事的に見て、リューベックはこの戦争に敗北し、同意を得ていたものであったとはいえ、払った犠牲は無駄になった。リューベックは戦争から教訓を引き出した。以後は武力によって商業利益を勝ち取ろうとする試みを一切放棄したのである。この意味で三王冠戦争は一つの終わりを画している。すなわち、バルト海の海上勢力としてのハンザの終わりである。

東方で戦争による厳しい試練を経験していた同じ時期に、ハンザはアントウェルペンでの商館再編に大きな望みをかけていた。一六世紀初頭以降、ハンザはこのスヘルデ沿岸の港を有望視して、他国の商人と同様ブルッヘを完全に見捨てた。アントウェルペンは繁栄し、以前のブルッヘと同様に、平時には一〇〇人以上のハンザ商人が滞在した。だが、一つの共同体がアントウェルペンで組織されることはなかった。その理由の一部は、ハンザが長い間、表面上、ブルッヘで商館が維持されていることにしていたからだった。ブルッヘ商館の参事会を構成していたわずか三人の長老は、権威そのものを失っており、わずかな財源を有したに過ぎなかった。もはや取引税を支払っているのはケルンだけだったため、ブルッヘにあるハンザの建物を維持するのに必要な金額を諸都市に借りねばならなかった。ドイツ商人は、アントウェルペン市民や外国人と一緒に商社を作ることをためらわず、彼らがハンザの特権を享受するようにすることで、北ドイツでの取引をしやすくした。

この状況への考え得る対策はただ一つであった。すなわち、伝統的な方式でハンザ商人を一つの共同体に結集させることだった。一五四〇年にはすでに、旧来の特権の確認と拡大を目指して、交渉がアントウェルペンとの間で始まった。アントウェルペンは時間稼ぎをしたが、結局、常設の商館を創設するのに際して重要な免税を認めた。この企図が具体化したのは事務総長ズーダーマンがこの実行を任されてからだった。一五五五年の総会は商館再建を決定した。同じ年に、アントウェルペンに派遣された代表団が商人による新しい参事会を設立した。これは三人の長老と四人の補佐役から構成され、ハンザ商人全員に対する権限を持っていた。主な任務は、再導入された税《ショス》の徴収と収益を管理することだった。

こうした指示を実行させるのは簡単ではなかった。ハンザはずっと禁止していたが、多くのドイツ商人がアントウェルペンに長く定住し、外国人と結婚したり共同で事業を行なったりしていたからである。これらフスゲセテネ（家持ち定住者）と当時呼ばれた人々は、妻子と一緒に新たにハンザ都市で住居を選定し、アントウェルペンでの事業を未婚の仲介人に委託するよう求められた。フスゲセテネのうちの一三人が――そのうち何人かは非常に裕福だった――この要求を拒否し、ハンザの特権から排除されることを選んだ。

困難はそれだけではなかった。禁止されていたアントウェルペン市民との商業取引を、従順な商人でさえもやめないのは簡単に予測できる。監督のために、ズーダーマンは大胆な企画を取り入れた。大きな建物を建設して、そこに商人を強制的に居住させ、共同生活を送らせたのである。これはブルッヘでは全く実行されなかったが、その他の商館では強制されていたことだった。一五六三年にアントウェルペンは許可を与え、新市街に沿った土地を譲渡し、建設費用の三分の一を引き受け、この家屋の完全な所有権をハンザに認めた。

アントウェルペンの一建築家の作品であるこの家屋は、四年をかけて建設された（一五六四―六八年）。これはハンザの世俗建築物で最大のものであり、残されているヴァン・ウーデンの絵画から、その規模を推定できる。広い中庭を囲んだ四角形をしており、八〇メートルのファサードを持ち、五〇〇〇平方メートルの広さがあった。また一年の日数と同じほどの数の窓、二三の物置、一三三の寝室、二七の地下室、さらには共同寝室や食堂、台所がそれぞれいくつかあった。この威厳ある建物は、まさに復活したハンザの権勢の象徴であり、商業の輝かしい発展を約束しているかのようだった。

だがハンザは不運だった。この建物の建設中に聖像破壊論者による危機が生じて、動乱が拡大したため、アントウェルペンの経済活動は減速しはじめた。すぐに商館は手の打ちようのない財政難に見舞われ、財政難はスペイン人によるアントウェルペン掠奪（一五七六年）後に悪化した。商館の負債は当時一万八〇〇〇ポンドにも達し、期待されたような、税の収益による解消は不可能だった。税収入もますます減少していたからである。ハンザ都市は、通常の税率の一〇倍の「分担金」を制定して、商館の救済に着手することを余儀なくされた。だが集まったのは五〇〇〇ターラーに過ぎなかった。アレッサンドロ・ファルネーゼによるアントウェルペン包囲（一五八四年）は、最後まで残っていた商人を追い散らした。一五九一年には、毎年の分担額の四〇倍に達する新たな「分担金」に頼らざるを得なくなった。ハンザは商館の食器類を売却すらしたが、状況は変わらなかった。

こうした財政難よりも重大だったのが、アントウェルペン商館が目指したネーデルラントにおけるハンザ商業の復活が完全に破綻したことだった。アントウェルペンの破壊だけが問題だったわけではないのである。ケルンやハンブルクは、自都市に外国商人を定住させることにより利益を得た。それに対して厳密にハンザの観点から見れば、ぐらついていた都市間の団結を強化するはずのネーデルラントでの商館再建が失敗したことが、致命的な打撃になったのである。

イングランドでは、ハンザの商業は一六世紀前半にはまだ順調であり、ドイツ商人が自らの特権を尊重させることがほぼできた。それまでの時代と同様に、このように有利な状況は、国王がハンザ商人に好意的だったおかげである。だが、一六世紀後半には新しい問題が生じた。この時期から、王権はマーチャント・アドヴェンチャラーズを支援するようになり、ヨーロッパ大陸でイングランド人の商業が拡大するように精力的に援助した。これ以降、イングランドにおけるハンザの商業は衰退する運命にあった。

一五五三年に、エドワード六世はハンザの特権を一時停止すると宣言した。彼によると、ハンザとは何なのかが曖昧すぎ、誰であってもハンザ特権から利益を得ている状態だったからである。数カ月後に、メアリ・チューダーがハンザの特権を公式に回復したが、ハンザの権利は侵害され続けた。そこでハンザは取引停止を宣言した。だが翌年には、ハンザはネーデルラントにおけるイングランド人との商売をハンザ商人に認め、イングランドにおける商売に対してのみ経済封鎖を維持した。だがこの手段によって、ハンザは現実的な効力を失った。

エリザベスの即位も一時的な緊張緩和を生んだに過ぎなかった。スペイン領ネーデルラントがイングランドとの紛争に突入すると（一五六三年）、ハンザはおなじみの優柔不断さを示した。ズーダーマンの意に反し、ネーデルラントの摂政との同盟は頓挫した。原因は、ケルンとハンブルクがイングランド商業にとりわけ利害を持っていたからである。さらに、イングランドが毛織物の指定市場《ステープル》を非ハンザ都市であるエムデンに定め、ハンブルクは自都市における特権的定住地をイングランド人に認可するために交渉に取り掛かった。反対するズーダーマンの努力にもかかわらず、同意が一五六七年に一〇年期限で締結された。ハンブルクでマーチャント・アドヴェンチャラーズは二軒の家屋、司法上の保証、ハンブルク商人とほぼ同等の関税免除を受け取った。彼らに禁じられたのは、小売販売、エルベ沿岸での商業、イングランド産の毛織物の染色および仕上げのみだった。この協定中の条項では、イングランドにおけるハンザの特権を害してはならないと明記されていたが、それは事実上ハンザに対する裏切りだった。ハンブルクは、他の都市の利益よりも、自らの利益を優先した。実際、ハンブルクはこの協定で大きな利益を得た。その一方で、ハンザの商業はイングランドで縮小し、イングランド商業はドイツで発展していった。ハンブルクにあえて厳罰を加えなかったことで、ハンザは再びその弱さを露呈した。

ハンザはハンブルクに協定を解消させようと圧力を加えただけだったが、最終的には事はうまくいった。ハンブルク商人は、ドイツ商人ということで、イングランドで嫌がらせを受け続けていた。このためハンブルクの市参事会は、一五七八年にマーチャント・アドヴェンチャラーズに対する特権の更新を断念した。だが、マーチャント・アドヴェンチャラーズは取引を続け、再びエムデンを、そしてその後はシュターデをイングランド産毛織物の輸入港とした。

イングランド人商業の浸透はドイツ西部だけでなく、バルト海でも進展した。ここでもイングランド人はハンザ都市間のライバル意識を利用する術を心得ていた。彼らが特に訪問したダンツィヒはある種の敵意を見せたが、それはダンツィヒの商人がイングランドで嫌がらせを受けたからである。そこでイングランド人は目標をエルビングへと変えた。数々の裏工作を経て、イーストランド・カンパニーに集合したマーチャント・アドヴェンチャラーズはここで特権的な居留地を獲得した（一五七九年）。これに対抗して、ダンツィヒは東奔西走したが無駄だった。ポーランド王はこの協定を批准しないことだけに同意したので、問題の定住地の発展を妨げることはほとんどできなかった。エルビングをはっきりと糾弾する覚悟がハンザにはなかった。だがエルビングは、これ以降ハンザから脱退したとみなされていたようである。脱退とみなされることでエルビングはそれほど損害を受けなかった。それというのも、数年後にハンザへの再加盟が問題になった際、この都市が途方もない条件を提示したので、その要求が却下されるほどだったからである（一六一八年）。

エルビングでのイングランド人の特権は、一六二八年まで有効性を持ち続けた。この特権は、少なくとも最初はエルビングにとって非常に利益があった。一〇〇隻ほどのイングランド船が、一五八六年と一五八七年にこの港を訪れ、次いで一六一二年までは平均して五〇隻ほどが訪れた。これらの船は毛織物をもたらし、穀物と亜麻布を持ちかえっていた。重要なのは、ハンブルクの場合と同様に、エルビングがハンザの結束を無視することでようやく発展したことである。

他方、リューベックはイングランド人の商業進出を食い止めようと努力した。しかし皇帝ルドルフ二世にすがり、帝国の法を犯して独占権を横取りしたかどでマーチャント・アドヴェンチャラーズを告発することしかできなかった。また、帝国議会でイングランド人を追放する宣言が採択されたが、皇帝は即座には批准しようとはしなかった。イングランド人は追放宣言には動じず、無敵艦隊を破った後には特に妥協を見せなくなった。ハンザがスペインを支持していると告発したイングランド人は、リスボンで約六〇隻のドイツ船を拿捕した（一五八九年）。これ以後、ロンドン商館はドイツ商人からほぼ完全に見捨てられた。

次にハンザがとった新しい方法は、皇帝に働きかけ、イングランド人に対して強力な措置を勝ち取ろうとするものであり、今度はハンブルクも協力した。イングランド人がシュターデに認めた特権に、ハンブルクが苛立っていたからである。ルドルフ二世は、延々と躊躇した末に、おそらくスペインの圧力もあってマーチャント・アドヴェンチャラーズをドイツに受け入れたり、彼らと取引したりすることを禁じ、違反した場合は追放刑に処すると宣言した（一五九七年）。イングランド人が独占政策をしており、航海の自由に打撃を与えたというのが口実だった。すぐに反撃があった。一五九八年一月一三日、ロンドン商館の閉鎖と、王国内でのハンザ商人の商業禁止と追放を、エリザベスは宣言した。唯一、この措置から除外されたのは、ダンツィヒとエルビングの商人であり、彼らが皇帝の臣民でないというのが理由だった。その直後に、シュタールホーフの建物が差し押さえられた。

この強硬手段はドイツで大きな話題になった。だが現実には、ノヴゴロドのペーターホーフで一世紀前にあったように、シュタールホーフの閉鎖は、イングランドでハンザ商業がどうしようもなく衰退したのを確認させるにすぎなかった。これは単純な報復手段にすぎず、数年後の一六〇六年にシュタールホーフは本来の所有者に戻された。それでも商館が凋落から復活することはなかった。

同じように重大だったのが、ハンザがその直後に大陸で被らねばならなかった敗北だった。シュターデがイングランド商業の利益をあえて放棄することはなかった。ハンザに布告された除名もどこ吹く風で、シュターデは一六〇一年以来、マーチャント・アドヴェンチャラーズの復活を皇帝と交渉した。六年後に皇帝はイングランド人の居留地特権を確認した。こうした事情でハンブルクは逡巡した後、一六一一年にマーチャント・アドヴェンチャラーズの特権更新を決め、一五六七年の特権とほぼ同じものを復活させた。イングランド人と同様に、ハンブルクにとっても、この同意は非常な利益があるのが明らかになった。だがハンザにとっては深刻な敗北だった。数世紀にわたり、北ドイツとバルト海をイングランドと結ぶ商業を支配してきたハンザ商人は、今やイングランドから追いやられ、ドイツにおいてさえもライバルたちに圧倒されてしまったからである。

3　商業の発展

外国人の影響力拡大や、東西で被った逆境、都市間で強まる反目は、一六世紀後半におけるハンザのまぎれもない衰退を立証している。しかし同じ時期は、ハンザ商業の前例のない発展で特徴づけられる時期でもあり、特にいくつかの大規模な港では顕著だった。この発展は基本的に、当時のヨーロッパ商業の全体的な成長の結果であり、特に一六世紀以降についてほぼ完全に残っているエアソン海峡通行税台帳からも証明されるように、船舶数と同様に商品の規模についても発展は明らかだった。ライバルにはやや劣るものの、ハンザはこの全体的な拡大におおいに関与した。さらに、ハンザはいくつかの特殊な環境に恵まれた。たとえば、ネーデルラントだけでなくイベリア半島やイタリアでの穀物需要の増大、いくつかの外国の大商社が北ドイツに居を構えるきっかけとなったアントウェルペンの破壊、部分的で一時的ではあるがオランダ人の取引に割り込むのを可能にしたスペインとネーデルラント連邦共和国の紛争などである。したがって衰退の時期に、その絶頂期にも到達しなかったほど大規模な商業活動をハンザが経験したという事実には、パラドックスは全くない。

この繁栄の手段の一つは、明らかにハンザの商船団だった。一六世紀末には一〇〇〇隻あまりで四万五〇〇〇ラスト（メートル法で九万トン）の積載能力を持つ船舶があったと、ヴァルター・フォーゲルは評価している。この三分の一はリューベックとハンブルクの所有だった。これは一五世紀末の船団と比較すると、約五〇パーセント増大したことになる。

少なくとも三十年戦争まで、すべてのハンザ都市の中でもリューベックは、最大規模の商船団を所有していた。一五九五年には二五三隻の船舶（そのうち約五〇隻は一二〇ラスト以上）で九〇〇〇ラストの積載能力を持つと見積もられた。これが一七世紀にはさらに増加した可能性がある。いずれにせよ、造船業は依然として活況を続け、毎年一五隻から二〇隻の船を建造した。一六〇八年から一六二〇年までは四〇―五〇ラストの船舶が二七〇隻、一六二一年から一六四一年までは四五七隻が建造され、そのうち六隻が二〇〇ラスト以上であり、七三隻が一二〇ラスト以上だった。言うまでもなく、商業の一時的な需要拡大に合わせて、造船所の生産規模拡大が認められる。一六〇八年以前と一六二一年以降に、造船所はスペインへの航海用に大きな船舶をさらに数多く建造していた。反対にスペインとオランダの休戦期間には、バルト海の航行を考えてより小規模な船舶を供給した。この時期には、オランダ人が再びイベリア半島向け輸送の大部分を行なっていたからである。三十年戦争により、リューベックの造船業が全く鈍らなかったことも指摘される。リューベックの造船業が衰退し始めたのは、ヴェストファーレン条約後のことである。

もはやハンザの船団だけで、一五世紀のようにドイツの船団全体を代表できなくなった。実際に一六世紀最後の三〇年間は、共同体の成員ではない小都市エムデンの船団が、突然かつ異例の発展をしたことで特徴づけられる。一五七二年のあるリストによるとエムデンは、一〇ラストから一〇〇ラストかそれ以上までの五七二隻の母港であった。これは総積載能力では二万一〇〇〇ラストとなり、何とイングランドに匹敵する商船団となる。この急激な拡大は不思議ではない。スペインに対するネーデルラントの反乱により、オランダ人がイベリア半島との取引ができなくなり、中立の旗の下で商業を持続できるようにと、エムデンに大挙して住み着いた。だが、この都市とネーデルラントの運命は急激な衰退へと向かった。一六世紀末以来、エムデンの船団は半減し、一七世紀の初期には四分の三を失った。だがこれでも、北方の海での航海と商業において、この都市はまだ重要な役割を果たしていた。

ハンザの船団が、急増中のオランダ人の船団よりもはるかに小規模であったのは確かである。オランダは一六世紀末には一二万ラスト、最盛期である一七世紀半ばには二五万ラストの積載能力があったと推定される。さらに、オランダ人は造船技術で明らかにすぐれていた。一五九五年以来、彼らは新種の貨物船であるフライト船を増やしていった。この船は全長が横幅の四倍から六倍あり、喫水が浅く、改良された帆を備えていた。他の船よりも高速で、フライト船によりバルト海からスペインの海岸まで、毎年一回のみではなく、毎年二回の航海が可能になった。ハンザ商人は、自分たちで新型の貨物船を建造する以外に方法がなかった。だが、最初のフライト船がリューベックの造船所から出航したのは、ようやく一六一八年のことだった。したがってオランダ人の優越はあらゆる点で圧倒的だった。それでもやはり、ヨーロッパの商船団の中で、ハンザはフランス（四万ラスト）やイングランド（二万一〇〇〇ラスト）、さらにはスペインを上回り、まだ第二の地位を保っていたのには変わりはなかった。

ハンザの航行範囲は、一六世紀の間にさらに著しく拡大した。北方の海ではハンブルクの大型船が一五隻ほど、毎年タラを獲得するためにアイスランドに赴いた。だが一六〇二年にデンマーク王クリスチャン四世はこの航海を禁じたものの、それでもハンブルクはアイスランド産タラにとっての大陸市場であり続けた。一六世紀末に、東方に向かって、ブレーメンとハンブルクの何隻かの船舶が、イングランド人に続いて、アルハンゲリスクにまで行った。しかし、このルートを通じて定期的な取引があったかどうかについては、述べることはできない。

束の間ではあるが、新しく、そして注目に値する事実なのが、ハンザ船が地中海に浸透したことである。一六世紀末の数年間、イタリアが食料不足に苦しんだことが原因だった。それまではオランダ人によって確保されていた穀物供給をスペインが遮断したので、トスカナ公やマントヴァ公などのイタリアの諸侯や、教皇庁さえも密使をハンブルクやダンツィヒに派遣し、小麦を買おうとした。一五九一年には、二一隻のリューベック船を含む二五隻のハンザ船がエアソン海峡を越えてイタリアに向かい、それ以後の数年間も同様に、主にリヴォルノやジェノヴァを目指した。ヴェネツィア人からも注文があり、何隻ものダンツィヒの船が数年間にわたってアドリア海を行きかった。ヴェネツィアはハンザ商人に対して、南ドイツ商人と同じフォンダコ・デイ・テデスキ（ドイツ人商館）の権利を認めたが、南ドイツ商人はこの新参者たちとは距離を置いた。ダンツィヒ商人は繰り返しクレタ島にまで行き、穀物の他に木材や金属をもたらし、マデイラ産ワイン、油、果実を持ちかえった。

しかしこの地中海商業は不安定だった。帰り荷なしの航海はしばしばであり、海賊にも悩まされねばならなかった。一六一五年から一六二九年まで、ベルベル人によって約二〇隻のリューベック船が捕らえられた。オランダ人を手本に、一六二三年、ハンブルクで海賊を追跡する任務を持つ「海軍司令部」が創設された。その前年には、奴隷にされたドイツ人捕虜を買い戻すための基金が設けられていた。奴隷身分から逃れるために、時にはこれらの捕虜が背教者になることもあった。ムラートと名乗るハンブルク人船長が、ベルベル人に仕えて海を荒らしまわり、話題になった。実際に、地中海にハンザが進出したのは、スペインと戦争中だったオランダ人が不在だったことが関係した。一六〇九年に両者の間に和約が成立するや否や、ドイツの船舶をこの領域で目にすることは滅多になくなった。もはやハンブルクの船がマラガを越えることはほとんどなかった。

同じく、ヨーロッパの植民地拡大へのハンザの関与は慎ましいものだった。一五八五年以降、通常はリスボンを経由して、何隻かの船が単独でブラジルまで航行した。一五九〇年には、ブラジルから一〇隻の船がハンブルクに直接帰還した。だが、スペイン人は、これら外国人に自らの植民地を開放したがらなかった。したがって、新世界やアフリカの海岸にドイツ船が現れることは、束の間のエピソードにとどまった。

東欧と西欧の間の交易は、それ以前と同様に一六世紀にも、ハンザ商業の基盤であり続けた。この大規模な商業と、その拡大について、エアソン海峡通行税台帳から豊富な情報が得られ、特に船舶の往来について詳しくわかる。最古の情報が残存する一四九七年には、東西両方向で七九五隻しか通過しておらず、一六世紀最初の三分の一の数年間ではせいぜい一〇〇〇隻だった。だが、年平均にすると、一五五七—六九年は三三八〇隻、一五八一—九〇年の一〇年間は五〇三六隻に達し、最大値となる一五九五年には六六七三隻が通過していた。次いでこの数字は落ち込み、一六〇一—一〇年には四五〇〇隻となり、スペインとオランダの休戦期間である次の一〇年では四九〇〇隻に回復し、三十年戦争中には年度によって顕著な変動があるが、一年につき平均三五〇〇隻が通過したことになる（一六二一—五〇年）。したがって、一五世紀末と比較すると、一六世紀末には通過数が六倍、船舶数は三倍となる。そして、この航行の少なくとも八〇パーセントは、レーヴァルからリューベックまでのバルト海沿岸のハンザの諸港から出たものと、そこへ向かうものから成っていた。

エアソン海峡通行税台帳は、少なくとも一五五七年以降は、東西両方向に輸送された商品の性質や数量も示している。しかし研究が進むほどに、これらの台帳は非常に重大な不正確さを浮かび上がらせることになった。それはとりわけ、商人や船長が最大限の利益を得ようとして、虚偽の申告を行なっていたからである。彼らは全般に、輸送した量よりも塩や穀物は少なく、木材は多く申告し、小麦よりはライ麦を比較的多く申告した。このため、数字としてははっきりしているものの、台帳は最大二倍の誤りを含んでいる可能性がある。それにもかかわらず、それまでの時代以上に、ハンザ商業の全体的な歩みを評価するのを可能にしてくれるのがこの台帳である。注意すべきなのは、以前の時代と同様に、この台帳からは東欧と西欧の間の交易総額の情報が得られない点である。リューベックとハンブルクを結ぶ水陸の交通は、特にデンマークとの関係が緊張した時代には非常に重要であったが、台帳では評価できないからである。

エアソン海峡を通過して西欧に輸送される東欧の産物は、一四世紀や一五世紀とほぼ同じままであった。せいぜいのところ、一七世紀についてはダンツィヒ経由で、以前には知られていなかった硝石やカリウムの輸出が指摘できるくらいである。しかし伝統的な商品の相対的な重要性は大きく変化していた。ロシア産毛皮はリューベックやリーフラント都市の商業では第一級の地位をもはや保ってはいなかった。おそらく毛皮がライプツィヒやフランクフルトを経由する別のルートを通るようになったからである。蜜ロウは以前の地位を失ってはいたが、まだ他の商品よりは地位を保っていた。木材の減少は、一五世紀末に明らかになって来たが、一六世紀末と一七世紀には再び増加した。おそらくヴァイクセル川とデューナ川の下流域で森林伐採が進んだためであろう。反対に、森林からの副産物である灰、ピッチ、タールが一年に数千ラストの割合で輸出され、その重要性を保ち続けた。各国で船舶数が増えたために（船の綱や帆として）麻や亜麻の需要が高まった。そうした商品の大部分はリトアニアやベラルーシからリーフラントに運び込まれたため、リーフラントの港は繁栄した。すなわち、一七世紀最初の一〇年間で、これらの商品はリーガの輸出品のうち六〇パーセントを占めていた。最後に、南ドイツの商社の取引では非常に大きな位置を占めていた金属が、エアソン海峡を通過したのは、比較的少量に過ぎなかったようである。最も重要な金属は、依然としてスウェーデンやガリツィア産の鉄だった。

しかし近代初期における重要な事柄は、西欧向けの穀物輸出が著しく増大したことである。絶えず増大、拡大する需要に恵まれて、プロイセンやポーランドだけでなく、ウクライナやバルト海沿岸地域、ポメルンでも、穀物栽培が増大し、貴族が輸出向けの穀物生産の強化をあちこちで進めた。次第に遠隔地からのライ麦が流入するようになったダンツィヒは第一の中心地であり、東方産穀物の七五パーセント以上を西欧へと滞りなく発送した。その大部分がアムステルダム、ロンドン、ハンブルクなどの再供給の市場に送られていった。残りの穀物は特にケーニヒスベルク、リーガ、シュテティーンから送り出されていた。その方法はかなり多様だったが、ダンツィヒのライ麦輸出は、主としてオランダ船で輸送され、一五世紀には年間で最大一万ラストから、一五六二―一六六年の間には四万ラスト以上に、スペインとオランダの休戦期間の最後の四年間では六万五〇〇〇ラスト以上に、そして一六一八年には七万四〇〇〇ラストに達した。三十年戦争の初期には大幅な落ち込みがあったが（一六二八―二九年には数百ラスト）、この取引は一六四〇―四四年には五万ラスト、一六四九年には六万八〇〇〇ラストに回復した。一五〇〇年から一六〇〇年の間に、ライ麦輸出はほぼ五倍になったと言えるが、この増加は他の穀物についても同様である。小麦の輸出は一六一九年以降に著しい増加を示したが、その理由は厳しい船荷管理による見せかけの増加に過ぎない可能性がある。大麦は一七世紀の最初の数年間を除けば小さな役割を果たしたに過ぎない。一方で小麦粉の輸出は、一六世紀半ば以降はまだかなり重要だったが、一七世紀には取るに足らないものになる。

西欧からバルト海へという反対方向の取引は、一五世紀とほぼ同じ様相を呈していた。東欧から西欧へという逆方向の取引よりは、量的にはかなり下回るのが常であり、この不均衡はエアソン海峡通行税台帳でも詳細に記載されている。一六〇〇年頃までに、半数以上の船舶がバラストを積んでバルト海に入っている。これは穀物を仕入れに行くオランダ船に顕著だった。オランダ船についてはその割合は一五九〇―一六〇〇年には六〇パーセントを超えており、他方でその逆方向では一五五七―一六六七年のまるまる一世紀については、何も積まずに航行する船は二パーセント程度でしかなかった。

東欧に輸出された西欧の重要な産物は常に塩と毛織物だった。一六世紀半ばに、フランス産の塩は、一四世紀末に獲得した首位を保っていた。唯一異なるのは、この当時にはもはやブルヌフ湾ではなく、ほぼ独占的にブルアージュで塩が求められたことである。一五五七年に、エアソン海峡を越えて東方に向かったドイツ船四二二隻のうち、二四〇隻がブルアージュから来ている。その二四〇隻中で、八七隻がハンブルクを母港に、六五隻がダンツィヒ、三一隻がブレーメン、二〇隻がエムデン、一三隻がリューベックを母港としていた。

スペインが当時フランスと交戦中だったので、スペイン支配下のオランダの船舶の多くがハンザの旗を掲げていたのは確かである。いずれにせよ、三年後には平和が回復し、再びエアソン海峡では、ブルアージュから塩を積んできたドイツ船を確認できるようになった。一九七隻のうち四五隻がダンツィヒ、三九隻がハンブルク、三一隻がブレーメン、そしてほぼ同数がリューベックの船舶であり、さらには八四隻がオランダ船であった。しかし次の数年間にフランスで宗教戦争が始まったため、塩の取引がかなり低下する一方、ハンザとイベリア半島との関係が強化されていった。このため一六世紀最後の四半期にバルト海で首位を占めたのは、ポルトガル産の塩であった。だが、ヴェルヴァンの和約（一五九八年）によりフランス塩が優位に立った後は、例外的な数年を除くと、一七世紀前半にはその地位を回復した。

この時期全体を通じて、エアソン海峡を通過した塩の量は、台帳によれば年平均で約三万ラストに達するが、四万ラストを超える年度がいくつかあり（たとえば一五六二年、一五六八年、一五七八年、一六二四年、一六四七年）、ほぼ六万ラストとなる最大値は一六二三年のものである。東欧向けの塩の取引と、西欧向けの穀物の取引の間に相互関係があると考えられがちである。だが、そのような相互関係は一切なく、高い数値を出している年度が、これら二つの食料品については完全に異なっていることがわかる。つまり、輸送量を決定したのは需要であり、さらには供給の可能性だった。東欧では、ケーニヒスベルクがダンツィヒとリーガを抑えて、第一の塩輸入港になっていた。おそらくリトアニアが最大の塩購入者だったからである。

毛織物については、ポーランドで織物業が発展したにもかかわらず、西欧から大量に輸入され続けた。だが、ハンザ地域においてさえ、最終的にフランドルやブラバント産毛織物に取って代わったのは、当時では特にイングランド産とオランダ産の毛織物であった。ワインも同じように重要性を保っていた。ライン産ワインは、アキテーヌ産やポルトガル産と同じく、この頃から主にオランダ人によって供給されていた。ダンツィヒは依然としてバルト海におけるワイン発送の大中心地だった。一五八三年に、ワイン輸入量は六五〇〇オーム、すなわち約一万ヘクトリットルに達しつつあった。同じく、東欧向けのオランダやノルウェー産の魚の輸出は――スコーネの漁業が衰退に向かっていたにもかかわらず――重要であり続けた。最後に、比較的新しい商品として、イングランドとスコットランドの皮革類があり、定期的にバルト海へと送られた。

一六世紀半ば以降のハンザ都市の商業にとって最も特徴的なのは、イベリア半島との関係が深まったことである。これはスペインに対するネーデルラントの反乱と、ネーデルラント連邦共和国の独立の結果によるものだった。フェリペ二世は、反乱者に対して経済と外交の両面で強硬な行動を取った。王はハンザ、スウェーデン、ポーランド、さらにはデンマークとの大同盟を企て、オランダ人を滅ぼそうとした。この計画は成功しなかったが、スペインはその時までオランダ人に依存していた食料供給が不可欠だったので、ドイツ人の交易に門戸を大きく開いた。スペイン渡航《シュパニエンファールト》は特にハンブルク、リューベック、ダンツィヒにより、さらには他の海港都市により組織され、急速に発展した。一五七四年から一五七八年まで、九二隻のダンツィヒ船がポルトガルに向かった。一五九〇年には、三〇〇隻のドイツ船がイベリア半島の港を頻繁に訪れた。そのような港としてポルトガルではリスボン、ポルト、セトゥバルがあり、またセビーリャの外港であるサンルーカルやアンダルシア地方のカディスがあった。反対に、以前と同様に、アストゥリアス地方とガリシア地方の港にはそれほど訪れることはなかった。

イベリア半島向けのハンザの輸出品は、魚と特に穀物といった食料品から主に構成されていたが、スペインの軍隊や艦隊のための商品もあった。たとえば硝石、武器、大砲用や造幣用の銅、帆やロープ用の亜麻や麻である。その代わりに、ハンザ商人が持ち帰ったのが、リスボン産とセトゥバル産の塩、地中海の油脂と果実、そして植民地の物産だった。たとえば香辛料、ペルナンブコ産の染料用木材（ブラジルスオウ）や、特にサントーメ産やブラジル産の砂糖である。

しかしスペインとの交易は深刻な困難に遭遇した。最も重大なものが海賊である。特にイングランドの海賊はこの交通を遮断しようとしていた。こうした危険を減らすために、ハンザの用船者は、アイルランドの西側を通過することを船に強制しようとした。これは、少なくともノルウェーに寄港する船舶にとっては、途方もない迂回ではなかった。だが船長は喜んでこのルートを進んだわけではなく、パ・ド・カレーを通る危険な直通ルートを好んだ。他方で、ハンザ商人はスペイン人の不満を呼び起こした。それというのも、しばしばオランダ人がドイツ都市に定住しており、ハンザの旗の下でイベリア半島との取引を続けていたからである。この計略の裏をかくために、スペイン政府は船舶と商品の出港地証明書の提出を強制した。さらに、この不正行為を防止するのが不可能だったので、政府は一六〇三年から三〇パーセントの従価税を課すことにした。これがドイツ商業没落の原因になったかもしれない。この対策として、主としてハンブルクが費用を負担して、ハンザの代表者がスペインの宮廷に派遣された（一六〇七年）。ハンザ商人に対して、新世界での交易とリスボンでの商館建設を認めるのかどうかが問題だった。だが結局、代表団が得たものは三〇パーセントの税の廃止だけだった。

イベリア半島との関係は一七世紀初頭に最盛期に達したようだが、一六〇九年のスペイン・オランダ間の休戦条約締結により著しく落ち込んだ。ハンザとネーデルラント連邦共和国の間に一六一六年に結ばれた同盟は、第一にはエアソン海峡の航行を邪魔するデンマークに対抗するためのもので、政治上の変化の端緒となるかのようにも見えた。しかしスペインとオランダ人の間に一六二一年に戦争が再開すると、新たな繁栄を経験していたスペイン渡航の利益のために、ハンザは新しい同盟者オランダをためらうことなく犠牲にした。一六二一年には、リスボンで八五隻のハンブルク船が、二年後にはポルトガルで一〇一隻のハンザ船とスペインで五六隻が、また一六二七年にはセトゥバルで四七隻のハンブルク船が見られた。だが、この復活が続いたのは短かった。ほぼすぐに、三十年戦争によりブレーキをかけられたからである。

当時のハンザ都市の商業に特徴的な別の傾向は、外国人が果たす役割がますます大きくなったことである。特にオランダ人の影響力は目覚ましかった。一五五〇年から一六五〇年の間に、エアソン海峡を往来したオランダの船舶数は、特殊な場合を除いては、通過総数の半分を上回り、時には三分の二を占めることがあった。おそらくリューベックを除いて、バルト海のすべての港で、オランダ人の船舶はドイツ人の船舶をはるかに上回った。他方、イングランド人は、ハンブルク、シュターデ、エルビングに定住地があるおかげで、ドイツにおけるイングランド産毛織物の市場を支配していた。また、ニュルンベルクとアウクスブルクの商社が一五六〇年以降にこの地域から撤退しても、ネーデルラントの商社や、さらにはイタリアやポルトガルの商社が、ハンザ圏での交易の一部をわがものとしていた。

このような外国人による侵略は、ハンザ都市にとってさえも必ずしも都合の悪いものではなかった。ハンザ都市は交易の増大から利益を得て、市民の中には外国人と共同事業を行ない、裕福になる者がいた。しかしこの状況はハンザ商人の大部分と船主たちにとっては不利であった。なぜなら商人は、生産者と外国人が商品を直接扱うことによって、仲介者としての役割が脅かされ、船主は船の借主を見つけにくくなったからである。多くの商人は過去の行動を思い出し、外国の商社の取次業者や代理人に過ぎない運命を受け入れようとはしなかった。これらの相反する利益の間で、各都市はそれぞれかなり勝手な経済政策を採用した。一般に見られた対応は、ハンザの伝統である保守主義的精神に則ったものであった。ハンブルクのイングランド渡航者団体やリューベックのスコーネ渡航者団体のような同業者組合的商人団体の中には、保守的精神の堅物な擁護者がいたからである。こうして、ケルン、リーガ、リューベックは自らの指定市場規制を強化し、「外来者法」を厳格に適用するよう注意を払い、市民が外国人と共同で営業するのを禁じた。反対に、ハンブルクのような都市では、新しい考えが勝利した。細部にわたる規制に基づくハンザ都市でありふれた同業組合型の伝統的システムではなく、次のような別な集団が取って代わった。この集団は、さらに柔軟で、ある意味ではより地域に密着していたが、それでいて国際的な協力には広く開放されたものだった。

この新しい考えは、特にシュテティーンのロイツ商会に見られる。この商社の活動は一六世紀の第三・四半期に頂点に達した。これはハンザの巨大商社であり、取引の規模、独占的な傾向、諸侯との関係から多くの特権を獲得したという点で、南ドイツやネーデルラントの最も有力な商社と肩を並べうる唯一のものだった。

一五世紀半ば以降に営業を始めたロイツ商会は、三世代にわたってニシン商業で裕福になった。一六世紀半ばには四人の兄弟に経営されて、シュテティーンに拠点を置き続けたが、営業はダンツィヒを中心地とし、南ドイツとの密接な関係を保っていた。クラクフ、ブレスラウ、ライプツィヒ、プラハ、フランクフルト・アム・マインからリューベック、ハンブルクそしてアントウェルペン、さらにはコペンハーゲンやカルマルまでの、中部と北部ヨーロッパ全体に代理人が拡がっていた。

ロイツ商社は北東ヨーロッパにおける塩輸入を独占しようとしていた。シュテファン・ロイツがリューネブルクに定住し、製塩所の生産を独占しようとしたが、成功しなかった。皇帝からはシュレージエンの塩販売、ブランデンブルク辺境伯からは領土の通過、ポーランド王からはガリツィア産の岩塩の輸出に関する特権を受け取った。もう一つの重要な取引は、銅を中心とする金属の取引であり、そのためにロイツ商会は、スウェーデンやトランシルヴァニアでも特権を獲得することで、ハルツやマンスフェルトの商社に協力した。ロイツ商会は別の多くの取引にも熱心で、デンマーク王に認められたアイスランド産の硫黄を独占し、リトアニアの林産物の大部分を扱った。

あまりに当然のことながら、ロイツ商会は穀物の大規模商業にも関係した。穀物取引のために、ポメルンやプロイセンの貴族と緊密な関係を打ち立てた。ミヒャエル・ロイツの娘は、田舎貴族の傭兵で連隊長のラインホルト・フォン・クロコウと結婚したが、この人物はリスクの高い投機にのめり込んだ。このようにしてシュテファン・ロイツは一五五六年に、マルセイユに向けて小麦の積荷二〇〇〇ラストを運ぶための安全通行証をフランス王アンリ二世から獲得し、その一部はリヨンの倉庫に預けられたが、その取引はうまくいかなかった。全体として見るとロイツ商会の事業は投機的であり、ロイツ商会は特に支払いの悪い君主たちへの莫大な貸付金により、この当時のヨーロッパに押し寄せた破産の波を逃れることができなかった。一五七〇年頃に、クロコウに対して、フランス王シャルル九世は五〇万グルデンの負債を抱え、ブランデンブルク辺境伯は二〇万ターラー、ポメルンの諸侯は一〇万ターラー、ポーランド王は約三〇万ターラーの負債があった。ポーランド王の死去（一五七二年）により、ロイツ商会は支払い不能になり、負債は二〇〇万ターラーほどになった。シュテファン・ロイツはリューネブルクに逃れ、そこで事業を再興しようとしたが無駄だった。またもや投機は、ハンザ商人にとって良い結果をもたらすことがなかった。

4　ハンザの大都市

一五五〇年から一六五〇年の間、ハンザの主要都市は、程度の差が大きいものの、当時の好景気や、交易の全体的な増加、スペインとの関係発展から恩恵を受けた。

ケルンは、アントウェルペンの遺産の大部分を手に入れるのにうってつけのように見えた。ネーデルラントに近く、フランクフルト、イタリア、イングランド、バルト海との商業関係や、さらにまた一五五六年に設立された取引所のおかげで、外国の商社、なかでもネーデルラントの動乱を避けたカトリックの商社にとって、事実上の第一の避難所だったからである。ケルンへの避難者の中でポルトガル人は、アントウェルペンからケルンへと「ポルトガル人」が正式に移転（一五七八年）したにもかかわらず、人数が最も少なかった。大商人は、一五―二五人にすぎず、その中で最も裕福なヒメネス兄弟がケルンの市民権を獲得した。ポルトガルや東インドとの関係を利用して、この新参者は香辛料商業を、また彼らの一部は貴金属商業を急速に手中に集め、さらにはバルト海とスペインの間の穀物取引に参加することができた。ポルトガル人は最初のうちは大いに歓迎されたが、成功そのものが原因で、すぐに市参事会の不満と心配を引き起こした。市参事会は彼らが不正取引をしていると告発したのである。このため、スペイン人による南ネーデルラントの再征服とカトリックの回復の後に、ポルトガル人はスヘルデ流域に急いで戻った。彼らの滞在は一〇年ほどにすぎなかった。ケルンは彼らに協力することも、その活動から利益を引き出すこともできなかった。

さらに人数が多いのがイタリア人であり、一五七八―八五年にアントウェルペンやネーデルラントからだけでなく、一三世紀にさかのぼる移民の伝統にしたがって、イタリアからもやって来た。ケルンではイタリアの商社が約四〇、人数にして約三〇〇人のイタリア人が数えられた。彼らの商業は、海路と同じく陸路を通じても行なわれ、主にイングランドやネーデルラントの毛織物をイタリア向けに輸出し、イタリア産の絹や絹織物を輸入していた。だが、彼らはバルト海域産の穀物や、毛皮、戦争用の弾薬にも関心を持っていた。消費税と、一五八九年にケルンの財政を救済するために創設された「百分の一税」の帳簿からは、彼らの事業規模がわかる。一五八三年にイタリア人によって扱われた毛織物の価値は四八万ターラー、すなわち一二万フランドル・ポンドにのぼる。一六世紀最後の一〇年間に、イタリア人の商業はケルンの商業の三〇パーセントを占めた。彼らが巧妙に脱税していたのを考慮すれば——容赦なく告発されたが——さらにその割合は大きいだろう。しかしイタリア人は、ポルトガル人と同じく、市民の敵意に直面した。ケルン市民は在地の絹織物工業が壊滅したとして、イタリア人を非難していた。「百分の一税」徴収にともなう嫌がらせに、イタリア人は苛立っていた。さらに、イタリアの最大の商社が破産した。たとえば、一六〇二年にはナヴァロリ商社、一六〇四年にはルキーニ商社、一六一八年にはモリコーニ商社が破産した。それ以来、イタリア人は、期待した活動の場を見つけられないケルンから徐々に離れていった。ポルトガル人ほど短期間でなかったにせよ、イタリア人の滞在もまた、ケルンの経済生活に永続的な作用を持たない一エピソードに過ぎなかった。

避難者の人数が飛びぬけて多かったのはネーデルラント自体の出身者だった。商人と並んで手工業者もおり、アントウェルペンやフランドルの出身で、エノーやアルトワから来た者もおり、ほぼ全員がカトリックであった。これらベルギーの商社はイタリア人がいたことを利用し、以前からの取引を続けていた。特にスペインやフランスとの毛織物や穀物の取引に加え、それより稀だがイタリアとの取引が行なわれた。会計簿により知られている初期の商社の一つは、一五六九年にカンブレから来たジャン・レストーの商社である。この会社はリエージュ、アムステルダム、ロンドン、シュターデ、ニュルンベルク、ルーアン、カーン、ラ・ロシェルに代理人を置いていた。その船舶の一隻が「黒猫号」であり、ケーニヒスベルクからボルドーの間で取引を行なった。レストー商社は特に、イタリアあるいはリヨン産の絹織物、ビロードやサテンを対象としていた。この会社の破産前の五年間（一五八七—九二年）に、ケルンやフランクフルトで行なった買い付けは約五万フランドル・ポンドに達し、特にシュターデとミデルブルフで販売が行なわれた。これらベルギー人の中で最も裕福なのは、一五八四年にケルンに定住したアントウェルペン市民ニコラス・デ・フローテだったようである。その商業は毛織物と、ヴェネツィアやリスボンで代理人が買い付けた香辛料を対象とした。だが、デ・フローテが特徴的なのは、裕福さ以上に、ケルンに根付いたことである。まずはニコラスの寡婦、次いで息子たちが彼の事業を引き継ぎ、その子孫たちはケルンの公共の業務で重要な役割を果たした。

唯一ではないが、デ・フローテの事例はそれでも特別である。一般に、ベルギー人も次々にケルンを去っていった。この流出については都市だけに責任があったのではあるまい。南ネーデルラントで平和が回復し、さらにはスペイン軍の侵入後にニーダーラインが恒常的に動揺していたことが、都市にとって不利な要因になった。市民からの敵意が避難者の大量流出を促したのも、同じように事実である。ケルンは典型的なハンザ都市であり、ハンザの商業的伝統や外国人嫌いの傾向にとらわれ、外国人を歓迎せずに嫌がらせし、要するに、新時代の経済状況に適応したり、目の前の復活の機会をつかんだりすることができなかったのである。

反対に、ハンブルクはこの状況の必然性を完全に理解したため、アントウェルペンの遺産の大部分を、アムステルダムと共有することができた。ハンブルクは拡大のさなかにある都市であった。一五〇〇年頃には一万五〇〇〇の人口を数え、その五〇年後には二万人となり、さらには一七世紀初頭には三万五〇〇〇人、そして二〇年後には約五万人へと伸び、ケルンの人口をはるかに上回った。ケルンの人口は一五世紀末以来ほぼ停滞していたので（三万五〇〇〇から四万人）、ハンブルクがドイツ都市の筆頭になった。

ハンブルクの発展を促進したのは、商業と金融上の施設であった。リューベックに次いでハンブルクは、ハンザ都市の中では最大の海上輸送力を有していた。一六世紀末には約七〇〇〇ラストと評価される。オランダ人船主の移住で船団は発展し、一七世紀前半にはその総トン数を少なくとも二倍にまで増やしたようである。他方で、あまりよくわかってはいないが、河川の輸送もこの時期に非常に発展したようだ。いずれにせよ、この輸送業は内陸都市、特にマクデブルクの河川輸送に対し、ますます優位を占めるようになっていった。皇帝から獲得した特権のおかげで、ハンブルクはエルベ川上流、さらにはハーフェル川やシュプレー川を経由してオーダー川にまで、経済的影響力を著しく伸ばした。金融の観点からは、ハンブルクは当初は商人の合流地にすぎなかったものの、一五五八年に取引所の設置を認められた。一六一九年には、預金と手形交換を行なうハンブルク銀行が、アムステルダム銀行をモデルにして創設された。この銀行は両替、貨幣や貴金属を管理したので、貨幣価値の低下から商人を保護し、信用の拠点として商取引を著しく刺激した。

ハンブルクの栄華はかなりの程度外国商人による成果だった。外国人が多数やって来て、とどまった。ハンブルクは外国人が営業しやすいようにと努め、イングランド渡航者団体の反対にもかかわらず、「外来者法」の原則を全く放棄した。外国人同士での自由な商業や、外国人とハンブルクの商人が協力して営業するのが認められたのである。同じような便宜が船主にも認められた。三人のハンブルク市民、二人のオランダ人、一人のポルトガル人が共同所有する一隻の船が、一五九〇年にブラジルから到着したのが知られている。造船を奨励するために、在地の船大工の敵意があったにもかかわらず、外国人労働者が同市の造船所で働くのが認められた。目的国別に商人団体が分かれていた古い同業者システムは、ハンブルクではかなり以前に廃れており、消滅へと向かっていた。一五三五年には、ベルゲン渡航者団体が創設されたが、その五〇年後になると、スペインとの関係が重要になってきたにもかかわらず、スペイン渡航者団体の創設が問題になることはなくなっていた。同じ頃に、伝統主義のリューベックが依然としてスペイン渡航者団体をつくっていた点は重要である。さらに、マーチャント・アドヴェンチャラーズが一五六七年と一六一一年に、現地商人との平等を保証する特権を受け取ったことは前述のとおりである。以上すべてはハンザの原理と完全に相反するものであり、リューベックがこれらの新しい慣行に対して強く抗議したのも理解できる。新たに台頭したハンブルクが何にも増してハンザ共同体の解体の原因となったのは、外国人に対する現実主義的な政策によるものであるということに議論の余地はない。

ネーデルラントから直接であれ、あるいはケルンからであれ、ハンブルクにやって来た外国商人の中には、ともにカトリックのポルトガル人とイタリア人が見られる。ポルトガル人は一〇〇人ほどであり、一六一七年に規約を認められ、その後に更新された。彼らはイベリア半島との商業を大きく推進し、特に砂糖と香辛料を輸入していた。一六二五年以降、彼らは銀行業に専念するようになった。イタリア人はそれほど人数が多くなく、長くはとどまらなかった。それというのもカトリックの儀式を挙行するのが禁止されていたからである。主にルター派の南ドイツ人が、一七世紀初頭にフッガー家とともにハンブルクに腰を据え、その後アントウェルペンに移った。しかしアントウェルペンが破壊されると、多くが再びハンブルクに戻り、ハルツ産とベーメン産の銅の商業に専念した。しかしケルンと同様に、ハンブルクの発展に貢献したのは、特に南ネーデルラント出身の商人であった。一般的に彼らはルター派あるいはカルヴァン派であったが、カルヴァン派のほうが同化しにくかった。ベルギーのこれらの商社の事業範囲は、リーフラントからスペイン、スカンディナヴィアからイタリアまでのヨーロッパ全体に拡大しつつあった。最も裕福な商社の一つがルドルフおよびアルノルトのアムシンクの商社であり、ハンブルク銀行での手形交換が一六一九年には六四万一〇〇〇マルクに達した。

ハンブルクで外国人が経済的に優位だったのは、ドイツでは周知の事実であった。一六〇九年に発送された抗議文書においてリューベックが主張したのは、ハンブルクの商業は自分たち市民によるものは「かろうじて一〇〇分の一」にすぎず、ネーデルラント人、南ドイツ人、イタリア人、フランス人、ポルトガル人、イングランド人などによって行なわれているというものだった。これは明らかな誇張である。しかしハンブルク銀行で行なわれた手形交換は、明らかに外国人の優位を示している。一六一九年に一〇万マルク以上の手形交換を行なった四二の商社うち、三二社がベルギー、二社が南ドイツ、二社がポルトガル、六社がハンブルクの会社だった。

ハンブルクの商業では、穀物がかなりの役割を果たした。ハンブルクは、ダンツィヒやアムステルダムとともに、北ヨーロッパの小麦の大市場の一つとなった。ハンブルク市場へは、人々があちこちから調達するためにやって来た。小麦の一部にはダンツィヒから海路でもたらされるものもあったが、同じように大量の小麦がホルシュタインや、エルベ川の下流域や中流域からもたらされ、ポーランドからもオーダー川やハーフェル川を使ってブランデンブルクを経由してもたらされた。さらにハンブルクは、大陸へのイングランド産毛織物輸入の大中心地であり、ポルトガル産の塩が各地へと仕分けされる場所でもあった。ハルツ、ベーメン、スウェーデン、ハンガリーから送られる銅の取引は、外国人の商社にとっては大きな利益のもとであった。さらに、ハンブルクは北ドイツ全体において第一のビール生産者であり、輸出者であり続けた。

ヨーロッパのさまざまな国が、ハンブルクの商業の中で占めた相対的な位置を評価するのは難しい。おそらく第一番目には、一六世紀の第三・四半期までのネーデルラントやアントウェルペンとの交易があったように思われる。アントウェルペンとその外港の停泊税によると、一五三七年から一五八五年までハンブルクがハンザの船舶に占める割合は四六パーセント、商品の割合は四三パーセントに達した。一七世紀にはアムステルダムがアントウェルペンに取って代わった。また確実にハンブルクは、イベリア半島との取引に他のどんな都市よりも大きなかかわりを持ち、イベリアの交易全体の約二〇パーセントを占めたようである。一六〇六年から一六〇八年まで徴収された「スペイン税」の最大部分（六二パーセント）を負担したのもハンブルクだった。おそらく、ハンブルクのバルト海での取引が減少したのは、このように当時の北欧の都市としては異例とも言えるほどスペイン交易で利益をあげていたからであろう。一五六二年から一五六九年まで、一五〇隻のハンブルクの船舶が毎年エアソン海峡を通過したが、デンマークとの紛争後の一五七四年から一五八三年には、三〇隻弱になっているという事実がある。だが平和が回復しても、この数字は一五八四年から一六〇三年までの毎年一〇〇隻程度の通過数までしか回復しなかった。

バルト海地域で、ハンブルクに匹敵する繁栄を謳歌したのはダンツィヒだった。人口は一五世紀初頭に二万人弱であり、一六世紀後半には三万人を抱えたと推定される（一五七七年に四五〇〇人を兵士として動員できたという数字による）。その後人口は三十年戦争まではさらに著しく増加した。

エアソン海峡通行税台帳から明確に示されるのは、船舶数と商品量の両方で、ダンツィヒがバルト海の中で他を圧倒して第一の港だったことである。一五五七年から一五八五年にかけて、平均一二〇五隻の船がダンツィヒを出港してエアソン海峡を西へと通過した。そのほとんどがオランダ船で、この海峡を通過した全船舶の五三パーセントにあたる。この数字は一五八六年から一六二一年には一一〇四隻にのぼり、エアソン海峡を西欧へと通過した船舶の約四四パーセントになる。特にケーニヒスベルクとエルビングなどの他の港湾が発達したことが、この比較的軽微な減少の理由であろう。他方で、ダンツィヒで徴収されたプファール税 Pfahlgeld からは、海上交易価額に関する手掛かりが得られる。一五八三年の六五〇万プロイセン・マルクから（その中の三分の二が輸出、三分の一が輸入にあたる）、一六五〇万プロイセン・マルクに上昇し、その後著しく下落したが一六二二年には再び上昇し、（ネーデルラントとスペインの間に戦争が再開した後に）ほぼ一八〇〇万プロイセン・マルクの最大値に達した。

強く印象付けられるのが、ダンツィヒ船舶がダンツィヒの海上商業において非常に非力な地位しかもはや占めていないことである。一五四四年以来、数年の間にダンツィヒの船団が二〇〇隻から五〇隻に落ち込んだと、市参事会は不満を述べている。この数字にはほとんど誇張がない。なぜなら、一五八三年には五七人の船主しか大規模な航海を行なっておらず、このうち三分の二がエアソン海峡を越えて西欧へ、三分の一がバルト海で活動していた。三五〇〇ラストと推定されるダンツィヒの船団がその後に増加したようには見えない。たぶん、この停滞の理由として考えられるのは、オランダ人の用船料が安価であったことであり、またかつて繁栄していた造船業の衰退もその理由である。

したがって、ハンブルクと同様に、ダンツィヒでの商業でも外国人が主要な役割を演じた。最も人数が多く活動的だったのは、明らかにオランダ人であり、それに続いて南ドイツ出身者がいた。反対に、イングランド人はエルビングに定住地を築いて以来（一五七九年）、ダンツィヒでは数少なく、少なくとも一六二八年までダンツィヒはイングランド人を連れ戻すことはできなかった。新しい現象としてはフランス人、特にノルマンディー出身者の登場がある。一般に、フランス船がダンツィヒまで行くのは稀であったが、非常に多くのフランス人が見られるようになったのは、おそらく穀物を求めてのことであった。たとえば、一五八七年には一九六人、一五九五年と一六〇八年にもまだ一〇〇人近くのフランス人がいた。アンリ四世は一六一〇年に、これほどのフランス人集団がダンツィヒに定住しているのだから、ジャン・ド・ラ・ブランクなる人物をそこの領事に任命する必要があると判断するほどの人数だった。ジャン・ド・ラ・ブランクはかつてスウェーデンに仕えた官吏であり、一六年にわたりその職にとどまった。

外国商人は非常に歓迎され、在地の商人とともに「アーサー王の宮廷《アルトゥスホーフ》」への立ち入りを認められたが、ダンツィヒではハンブルクほどの自由を享受できなかった。ダンツィヒ市民は、自都市の富の基盤である仲介業にこだわったため、「外来者法」に忠実であり続けた。ポーランド商人と西欧の商人の直接取引を（特に穀物に関しては）完全に防ぐことはできなかったが、ダンツィヒが外国人に自市民と平等な権利を与えることはなかったのである。とはいえダンツィヒは穀物市場としては決定的な存在であり、外国人がダンツィヒから離れようとすることはなかった。要するに、ダンツィヒはハンザの経済的な働きを、外国人に対する大いなる好意と結びつけるのに成功し、そこからより大きな利益を得たのである。

前述のように、ダンツィヒの富の重要な源泉は、一五世紀以来、ポーランド、プロイセン、ポメルンの穀物を西欧に輸出することだった。そして、この穀物の四分の三はエアソン海峡を通過した。記録破りの数字が一六一八年に達成された。輸入穀物一二万九〇〇〇ラストのうち、一一万六〇〇〇ラストが再輸出され、そのうち八万五〇〇〇ラストがエアソン海峡を通過した。おそらく、さらに注目に値するのが、一六三〇年前後の数年を除く三十年戦争の全期間を通じて、穀物取引が非常に順調であり、全体として一年につき四万から五万ラストに達したことである。多様かつ重要な諸活動をしていたとはいえ、ダンツィヒは何よりもヨーロッパの穀物倉庫だった。

最後になるが、リューベックの事例はかなり複雑である。一六世紀と一七世紀にハンザの組織の衰退が明らかになったのだから、この組織の筆頭だったリューベックも経済的、政治的に深刻な衰退を反映したはずだと想像されがちである。しかしこの見解は、部分的にしか現実に一致していない。知らねばならない事実は、リューベックも全体的な商業の拡大に関与し、その地位は多くの点で繁栄を続けていたことである。

三十年戦争が勃発するまで、リューベックはハンザ都市の中で最も有力な船団を所有していた。リューベックの港は非常に活気があった。一六世紀末の数年間を通じ、二〇〇〇隻以上の船舶がここで数えられたが、この数字は一〇〇年ほど前の少なくとも三倍にあたる。商業も同様に繁栄した。というのも東西ヨーロッパを結ぶ取引においてエアソン海峡経由での海上輸送が増大したとはいえ、ホルシュタイン地峡を経由する水陸のルートが非常に重要なままだったからである。デンマーク王クリスチャン四世は一七世紀前半に、ハンザに対してほぼ常に敵意を抱いていたが、この敵意こそがリューベックの役割を増大させていった。

リューベックの交易は、一世紀ほど前からほぼ四倍に増えており、この時代にも最盛期と同じ特色をほぼ残していた。リューベックを確実に支えたものの一つは、スカンディナヴィア諸国との関係だった。スコーネのニシン商業が大きく衰退し、この当時はリューベックのベルゲン渡航者団体の船団がブレーメンやロストクの船団に追い越されたのは確かだが、ノルウェーのタラ、スウェーデンの鉄、銅、バターが常に大量にリューベックへと送られ、ハンブルクを経由して西欧へ向かった。一五八一年以来、ロシアとの直接的な関係がひどく弱まったが、バルト海南部の諸港、特にダンツィヒとの交易は活発なままだった。リューベックがダンツィヒに送ったのは、特にオランダ産の毛織物とリューネブルク産の塩であり、その代わりにハンガリー産の金属、さらに亜麻、麻、蜜ロウを受け取った。リューベックは以前と同様に、ポーランド産穀物を西欧に運ぶ大商業には、あまり関与してなかった。また無視できないのは、ヴェント都市で醸造されたビールのネーデルラントやドイツ内陸部への輸出、またハンブルク産やアインベック産のビールのバルト海地方への輸出だった。最後に、リューベックはスペインとの関係に大いに関与し、一五七五年にはスペイン渡航者団体がここで創設された。その船舶はスウェーデンやハンガリーの銅、ノルウェーの木材をスペインに輸送した。

リューベックがその他の都市から満場一致で常にハンザの長と認められており、ケルンとともに最高額だった「分担金」を速やかに支払えるほど財政が健全だったのを考慮に入れるならば、この時期のリューベックはかなりの活力に満ちていたように見える。

しかし衰退の兆候も明らかである。一五世紀末に二万五〇〇〇人だった人口は、その後の二世紀間に増加しなかったようである。リューベックはこうしてハンザ都市の第四位に後退した。政治的には、ヴレンヴェーヴァーの失脚と北方七年戦争による荒廃で、名声は大きく傷ついた。経済的には、他の都市よりは、外国人の影響が見られる度合いは低かった。リューベック商人はかつてバルト海交易のほぼすべてを支配していたが、外国の商社によって徐々に地位を奪われ、リューベック市内ではさらに、他のハンザ都市の商社によっても地位が侵食された。一六〇九年にハンブルクの市参事会に宛てられた意味深長な覚書の中で、リューベックは恥を顧みずライバルであるハンブルクの繁栄と自らの衰退を比較して、バルト海における自らの特権と交易の衰退を強調した。ハンブルク商人が外国人と共謀しており、不当な競争をしていると非難したのである。それによれば、ハンブルクは、スカンディナヴィア、リーフラント、ポーランドの外国商社の代理人を使って、リューベックを数世紀間続いた活動から排除しようとしている、というのである。この覚書は、リューベック市民は商人のままであり続けることを望むのであって、単なる「船員、代理人、宿屋の主人」であることを望まないし、リューベックは「取るに足らない中継地や積み替え地」の地位に落ちぶれるのを受け入れることはできない、とも述べている。

つまりリューベックには衰退しているという意識があったのは明らかだった。だが、自都市が外国人の商業によって全面的に影響されるのを防ごうとする強い意識もあった。このために、「通過紛争」が一七世紀初頭に勃発し、一五〇年間続いた。一六〇六年にリューベックは、ハンブルクの商社のものであるサケの積荷を押収し、次いで、スウェーデン産銅の荷物を押収した。抗議を気にもせず、リューベックは翌年に、商品積み替えに関する全体的な法規を発表した。リューベックが根拠にしたのはハンザの原理、すなわち、しばしば布告された、バルト海発着の大部分の商品に関係する指定市場権と、外国人同士が直接取引するのを禁じた「外来者法」だった。それによりリューベックは外国人に対して、この都市の外で購入したあらゆる商品の積み替え禁止を宣言したのである。特に、スカンディナヴィアから送られるすべての食料品や銅、スウェーデン産の鉄、フィンランド産の皮革を販売できる相手はリューベック市民だけになった。これに対する違反者は、積み替え中の商品を没収されるか、高額の税を課せられた。この規制によりリューベック商人は、数世紀にわたって謳歌してきた能動的な役割を回復することになった。

この手段により利益を失ったいくつかの外国の都市や国家が抗議したが無駄だった。この紛争は特に銅の積み替えに集中していた。さまざまな不満を訴えられていた皇帝は二度の介入を行なった。一回目は一六〇九年であり、銅への課税全体を禁じようとしたが、積み替えの問題を一挙に解決はできなかった。二回目は一六二〇年であり、リューベックの「改革」を禁ずるための介入だったが、紛争を終わらせることはできなかった。この紛争は特にハンブルクとの間で悪化した。この当時、ハンブルクはデンマークとの緊張が高まったために、商品をリューベック経由にすることを余儀なくされていた。通達、告発、弁明、ハンザの友好関係に訴えるなどの手段がとられたが、若干の些細な点が緩和されただけであり、一六三二年に再び、リューベックは一六〇七年の法規を追認した。

この政策の効果を評価するのは困難である。おそらくリューベック市民による能動的な商業の衰退は止められず、彼らは次第に自都市で外国商社の取次業の役割へと封じ込められた。一七世紀にリューベックは、バルト海沿岸におけるハンブルクの外港のような姿になり、まさしく一四世紀の立場が逆転した。そして、かつては利益上で密接に連合していたこれら二つの都市の間で起こった紛争は、ハンザの崩壊が不可避であることの重大な徴候であった。

5　三十年戦争とハンザの終末

ハンザの復活と都市間に残る共同体への団結の意志が見られたものの、三十年戦争がこの流れを挫くことになった。

最初から、この戦争はハンザのもろさを暴露した。さまざまな敵対心に駆られてデンマーク、神聖ローマ帝国、スウェーデン、ポーランドが対立したヨーロッパ北部の大混乱の中で、ハンザは共同の政策を採ることができなかった。中立を望んだにしても、中立を都市に認めさせるのに必要な力を備えていなかったのである。したがって、それぞれの都市は交戦国に挟まれて、自己利益を最大化する言い逃れに努めた。団結への願望は衰え、分権主義がますます優位を占めた。この傾向は、平和が再来した後でさえも、ハンザ共同体の再建を不可能にした。

最初の障害は、デンマークからやって来た。クリスチャン四世は一五九六年に成人して以来、ハンザへの敵意を絶えず表明し、アイスランド、ノルウェー、デンマークでのドイツ商人の活動を邪魔した。だが、彼はオランダ人にも同じように妨害を加えたので、最初はリューベックが（一六一三年）、次いで三年後にハンザ全体が、商業の利益を防衛するためにネーデルラント連邦共和国と同盟を結んだ。さらに、クリスチャン四世は以前のデンマーク王たちが行なったように、諸侯の支持を得て、再び北ドイツを狙うようになった。王が援助したのは、ブラウンシュヴァイクに支配を伸ばそうとしていたブラウンシュヴァイク公だった。その他の都市から送られた人的、金銭的な支援のおかげで、ブラウンシュヴァイクはこの危険を逃れた（一六一五年）。これはハンザ共同体による軍事行動として、年代的に最後のものとなった。一六一七年にクリスチャンはエルベ河口に新都市グリュックシュタットを建設し、この都市に山ほどの特権を授け、ハンブルク商業を妨害させようとした。二年後に王はシュターデを占領したが、ハンブルクまで保護領を拡大するのには失敗した。ハンブルクは皇帝直属都市の地位の承認を帝国最高法院から得ていたが（一六一八年）、エルベ川の商業までは手に入れることはできなかった。

ハプスブルク家、次いでグスタヴ・アドルフの野心によって、紛争は新たな展開を迎えた。一六二一年にスペインとオランダの休戦条約が解消されると、フェリペ四世はオランダ人を打ち負かそうと決心して、ヨーロッパ北部での共同行動をもくろみ、カトリック連盟（リーガ）やフェルディナント二世と協力した。フェルディナント二世はベーメンで勝利した後だったので、デンマークの同盟者であるマンスフェルト伯やブラウンシュヴァイク公クリスチャンなどのプロテスタント諸侯と対抗するために、北ドイツへの介入を望んでいた。これに不安を抱いたクリスチャン四世はオランダ人と和解し、イングランドと同盟した。しかしこの同盟はカトリック連盟軍の指揮官であるティリーにルッターの戦いで敗北する（一六二六年）。ティリーと、皇帝軍の最高司令官であるヴァレンシュタインは、エルベ川流域とユラン半島を難なく占領した。ヴァレンシュタインは皇帝からメクレンブルク公領を褒美として与えられた。

フェリペ四世がある雄大な計画をフェルディナント二世に受け入れさせたのはその時である。成功すれば、ハンザが指導的な役割を得るだろう計画だった。皇帝にとっては、オランダ人やデンマーク人に勝利し、北欧で皇帝権力を樹立するためには、東部フリースラントとエルベ河口の諸港を手に入れ、ハンザ都市とポーランドの支持を確保しなければならなかった。さらにはドイツ、ベルギー、スペインの商船団の連絡を確保し、イベリア半島の交通を守るための艦隊を創設し、スペインの敵に対する容赦のない私掠戦を実行しなければならなかった。

フェルディナント二世は、この方向でのハンザ都市との交渉を始めた（一六二七年）。まずは、ハンザ都市にしり込みさせないために、皇帝主導のドイツ・スペインの商業団体の創設を提案した。皇帝はハンザ都市に対してその目的を、オランダ人の競争とデンマークの脅威を排除し、スペインとの交易を強化するためだとほのめかした。だが、ハンザはこの大望に誘惑されなかった。ハンザはこの計画の本来的に軍事的な性格と、計画が前提とした財政負担を心配したのである。またプロテスタントの国家であるデンマーク、ネーデルラント連邦共和国、イングランド、スウェーデンとの戦争に引きずり込まれ、これらの国家との商業が終わってしまうのをひどく恐れた。さらに、宗教的な観点でハンザはカトリック勢力の陣営にかかわるのを嫌がった。これが理由となって、皇帝の約束も、スペイン代表の脅威も、一一都市が参加した一六二八年のハンザ総会を譲歩させることができず、要するにこの提案は拒否されたのである。

ハンザは行動を差し控え、帝国と協力するのを拒否したために、権力を回復し、北欧において一定の役割を果たす最後の機会を失ってしまった、と考える現代の歴史研究者もいる。だが、それから数年の一連の出来事を見れば、この仮説が正しいかどうかの決定的な回答が得られる。すなわち、スウェーデンの勢力拡大を抑えるのはすでに不可能になっていたであろうが、この拡大に対抗して立ち上がれば、ハンザは崩壊を早めるしかなかったであろうという回答である。ハンザにとっては、ハプスブルク家と同盟しようとしなかったのは賢明でさえあった。

一方で、ヴァレンシュタインはすでに行動を始めていた。彼はメクレンブルク公領とヴィスマルの支配者であり、ヴィスマルから何隻かの軍船を提供されていた。こうして「大洋とバルト海の将軍」と呼ばれるようになった彼は、シュトラールズントを占領しようとした。だが、シュトラールズントはデンマークの駐屯部隊、まもなくそれに代わったスウェーデン兵の支援を受けて、激しく抵抗した。ヴァレンシュタインは包囲を解除しなければならなかった。間もなく、リューベックで皇帝がデンマークとの講和条約に調印し、それによってクリスチャン四世がグリュックシュタットの通行税を復活し、ハンブルクの独立に再び脅威を与えた。

当時、北欧ではスウェーデンの優位が際立っていた。五〇年間にわたって、グスタヴ・アドルフは征服地を拡大していた。一六一七年にポーランドとの戦争を再開して、バルト諸国に侵入し、数年の間にリーガとリーフラント全体の支配者になった。一六二六年には、ポーランドの勢力を切り崩すためにプロイセンを攻撃した。彼はダンツィヒ占領に失敗したが、スウェーデン軍は沿岸部を占領しており、プロイセンの輸出品に重税を課した。リーフラントやプロイセンの税関からの収益が、これ以降、スウェーデン国家の最も大きな収入となり、年度によっては総収入の半分を占め、戦争の出費に大いに貢献した。これ以来、西欧向けの穀物商業はスウェーデン人に管理された。彼らによる関税徴収により、アムステルダムでは小麦が高騰し、一六二七年から一六三〇年にかけて四倍に上昇した。ダンツィヒは戦争中に中立を厳守するとの条件で、スウェーデン人と良好な関係をうまく保った（一六三〇年）。このため、商品に対する輸出税が分割され、スウェーデンが三・五パーセント、ダンツィヒが二パーセントを受け取った。

一六三〇年、ついにグスタヴ・アドルフはドイツ征服に着手した。彼により解放されたシュトラールズントは、ヴィスマルと同じく支配下に入った。帝国都市であるリューベックは、公然と王を支持することはあえてしなかったが、王に二万六〇〇〇ターラーを貸し付けて、スウェーデンに好意的な中立の態度を採った。ハンブルクとブレーメンもその点は同じで、グスタヴ・アドルフをデンマークの野望に対する保護者と見た。マクデブルクははっきりとスウェーデン側に立った唯一の都市だったが、その決断によって翌年に手厳しい報いを受けることになった。

それまでの五年間の劇的な出来事から明らかになっていたのは、ハンザの諸都市が多様な勢力を前になすすべを知らず、諸勢力に従属していたため共同の政策を採ることができないということだった。一六二九年のハンザ総会がリューベック、ハンブルク、ブレーメンの三都市に、ハンザ全体の利害を引き受け、ハンザの名前で行動するよう求めるに至ったのは、この無力感によるものだった。全体総会の開催すらほぼ不可能な状況だった。その手続きは、見かけ上は一四一八年にリューベック総会が示したものと似ており、ヴェント都市にハンザ指導の任を引き受けるようにと要請した。おそらく代表団の中には、この前例を思い出して、自らの決定が実際には何を意味するかについて、幻想を抱く者もいたのだろう。しかし実際には、今回問題になっていたのは、純然たるハンザの解消であった。この決議の結果、リューベック、ハンブルク、ブレーメンは、時限一〇年間の特別な防衛同盟を一六三〇年に締結した。この同盟は、この中の一都市が危機に陥った時に、他の二都市が五〇〇人の兵士と、必要とあれば一〇〇ラストの軍船二隻を動員して救援する、というものだった。この三都市はまた、共通の政治的見解に沿って協調しようとしていた。要するに、これは一三世紀以来よく見られたような、ごく少数の都市による同盟の一つだった。この同盟がヴェント都市同盟に代わって、ハンザの指導権を引き受けた。この当時、ヴェント都市同盟は事実上消滅しており、その中の二都市は外国の支配を受けていた。それ自体としては非常に地味である三都市同盟の主な長所は、何よりも持続したことである。実際、この同盟は二〇世紀初頭まで定期的に更新された。この三つの「自由ハンザ都市」は、このようにして、ハンザが消滅してからも長い間、ハンザに一種の余命を確保したのである。

三十年戦争の終結は北ドイツの地域では比較的穏やかだった。その終結を告げたのは、デンマークとオランダに支援されたスウェーデンとの間の戦争（一六四三―四五年）であった。これによりハンザ都市の商業は著しく妨害された。敗北したデンマークはエアソン海峡の通行税を軽減しなければならなかったが、これが特にオランダ人に有利に働いた。またグリュックシュタットの通行税廃止を余儀なくされたが、この恩恵を受けたのはハンブルクであった。

ヴェストファーレン条約によりスウェーデンの優位が認められた。スウェーデンは、フォアポメルンを獲得し、シュテティーンとシュトラールズントを、ヴィスマルと同様に支配下に置いた。北海沿岸部では、スウェーデン人が、ブレーメンとフェルデンの両司教区に加えて、シュターデの支配者となって、ここに通行税徴収所を開設した。さらに、メクレンブルク公とポメルン公から「許可証」を獲得し、ハンザ都市の通商の事実上すべてを管理することによって、大きな利益を引き出した。ドイツの商業に対して課せられた通行税の年額は約三五万ターラーと推定され、エアソン海峡の金額に近いものである。

ハンザ都市はこの戦争で政治的には非常に弱体化したが、経済的にはさほどの被害を受けてはいなかった。マクデブルクを除けば、後々まで続くほど荒廃させられた都市はなかった。おそらく、ハンブルクやダンツィヒの人口はこの時期を通じて、増加していたようにさえ見える。確かに平野部、特にプロイセン、ブランデンブルク、エルベ川下流域などは兵士によって荒廃させられたが、ヴェストファーレンやラインラントは被害をほぼ免れた。海上商業も、短期間を除いて続いており、エアソン海峡通行税台帳がそれを明らかに示している。一六二七年から一六四七年まで、毎年一五〇隻のリューベック船がこの海峡を通過した。この数字は二〇年前を上回り、一六世紀末の最も好調な数十年間の数字に匹敵するものである。イベリア半島との通商は、リューベックでは伸び悩んでいたが、ハンブルクでは順調なままであった。一六四七年には六五隻のハンブルク船が、一七世紀後半には一年につき五〇隻ほどがイベリア半島で見られている。さらに、フランスとの関係が強まっていった。一六五五年にハンザは、ルイ十四世と有利な通商条約を結び、ナント、ラ・ロシェル、ボルドーでオランダ人の一部を排除できると期待した。プロイセン都市との商業は、ポーランド・スウェーデン戦争の時代に著しく混乱したが、一六三〇年以降には回復した。一六四九年に一〇万ラストほどの穀物がダンツィヒとケーニヒスベルクから発送され、エアソン海峡を通過した。

しかしハンザ商業の伝統的な分野は一七世紀には加速度的

な衰退により大きな打撃を受けた。ノルウェーは長い間、ヴェント都市に強く依存していたが、その影響から完全に自由になった。これはオランダ人の商業の成長と、さらに、それ以上にクリスチャン四世の助成の下、デンマークとノルウェーの船団が発展した結果であった。一六〇〇年頃には、まだ一六七隻のハンザ船がベルゲンに入港しているが、一六二五年にはわずか一〇三隻、その一〇年後には約四〇隻、一六四〇年には約三〇隻であった。バルト海とノルウェーの関係は、一六世紀にはハンザにより四分の三が確保されていたが、一七世紀半ばにはもはや三分の一に過ぎなかった。この衰退の影響はリューベックよりも、ヴィスマル、ロストク、シュトラールズントに及んだようである。

全体として、再び平和になり、経済的な展望は不利なものばかりではなくなった。再び、ハンザは同盟を復活することができた。確かに、政治的状況は芳しくなかった。デンマークはハンブルクに常に支配を伸ばそうとし、敵意を残していた。オランダ人はライバルに対して不満を持ち続けていた。スウェーデンは、ハンザ全体よりも権威下に入った都市に特権を与えるつもりになっていたが、リューベックとハンブルクは戦争中に中立を守ったという事実から、スウェーデンとの協調策を望んでいた。

共同体の絆を強めるために、最も差し迫っていたのが、一六二九年以来もはや行なわれていなかった総会の開催だった。いくつかの都市から、この趣旨の声が挙がった。次の総会では、特権と商業をよみがえらせる手段を検討し、メンバーに対する新たな分担金の徴収を考え、新しい事務総長を任命し、そして特に、アントウェルペンとロンドンにある、借金まみれのハンザの建物の財政状況を健全化することになるはずだった。こうして一六五一年七月にリューベックは諸都市に三カ月後に開催することになる総会の招集状を送付した。だが、結果は芳しくなかった。多くの都市がこの方針を受け入れた一方で、シュトラールズント、シュテティーン、ハンブルクをも含むいくつかの都市が開催を延期すべきとの態度をとった。ケルンは自らの地区にある一四の都市に招集状を送付したものの、開催時期に対して慎重な態度を表明していた。結局、総会は開催されることなく、月日が経った。再び一六六二年に、開催に向けた予備交渉の討議があったが、それ以上は進展しなかった。四年後、まさにブランデンブルクに併合されかかったマクデブルクがハンザに支援を懇願したが、受け取ったのは口約束だけであった。マクデブルクはフリードリヒ・ヴィルヘルム大選帝侯への服従を余儀なくされた。

同じ年の一六六六年に、あまり重要な事件ではないが、ロンドンのシュタールホーフが火災で焼失したため、会議を開催する計画が再び活気づいた。すなわち、なすべき対策を共同で決定することが必要だったのである。何回か延期された末、一六六八年に会議が招集されたが、代表を派遣したのが五都市に過ぎなかったため、再び翌年に延期された。このとき地区の中心都市に送付された招集状では、代表を出さない都市はすべてハンザそのものから除名する、と明言されていた。リューベックは、このような警告を出すことをしぶしぶ受け入れ、「瀕死のハンザ団体はこれほどの激薬を消化することはできない」と主張した。この脅しはほとんど効果がなかった。ダンツィヒが招集したプロイセンとリーフラントの六都市では、リーガとトルンが欠席の返事をしただけだった。ブラウンシュヴァイクの地区では、ヒルデスハイムだけが出席を受諾した。ヴェント都市やポメルン都市の中では、ロストクは出席を受諾したが、スウェーデンの臣下であるその他の都市は次のように知らせてきた。すなわち、今の主権者（スウェーデン王）に認められた協定のほうが、ハンザの同盟から期待できるよりも多くの利益がある、と。ハンザの同盟は「現実というよりも幻影であり、ハンザが往年の繁栄を取り戻すことは期待できない」とヴィスマルは書き送った。ケルンの地区にある一四都市はどれも、代表を派遣したがらなかった。そのうえ、いくつかの都市は、総会には参加しないが、他の義務と両立できる限り、ハンザの成員にとどまりたいと表明し、今後行なわれるであろう除名に抗議した。

結局、九都市だけが一六六九年のハンザ総会に代表を派遣した。リューベック、ハンブルク、ブレーメンに加えて、ダンツィヒ、ロストク、ブラウンシュヴァイク、ヒルデスハイム、オスナブリュック、ケルンである。一六六九年七月にリューベックで開催された、この最後の総会で行なわれた会議は一八回にものぼった。非常に多様な問題が扱われた。たとえば、一六〇四年の「注釈」から着想を得たより緊密な同盟の復活、ドイツ南部の帝国都市と協力する計画、ハンザの事務総長やデン・ハーグに常駐する代表の任命、シュタールホーフの再建、未納の「分担金」支払いや将来的な年税の決定、共同体のためにリューベックが支払った五万八〇〇〇ターラーにのぼる出費の返済などであった。

だが、どの点でも議論はしばしば混乱し、建設的な結論には至らなかった。提案が行なわれれば、それに反対する提案がなされたし、代表者たちは自分たちには確定的な決定をするのに十分な権限が与えられていないという、以前と同じ弁解をした。総会は当たりさわりがなく、何の精彩もない議定書を採択して解散したが、その議定書は無力の告白にほかならなかった。

一六六九年のハンザ総会はハンザ都市の会議としては最後のものだった。おそらく、避けることのできない終焉という感覚を同時代の人々は持っていなかったのだろう。非常に楽天的な人々は、もっと都合の良い時期がくるまで単に延期されただけだと信ずることができた。だが、そのような時は決してこなかった。さらに次の数年間にもなお、総会を開催したり共同で行動したりする計画がいくつかあったが、どれもうまくいかなかった。一六八四年に皇帝レオポルトは、対オスマン帝国用の援助金を提供してもらうために、リューベックに総会を招集するよう促したが、どうやらこの皇帝はハンザが存続していると相変わらず信じていたようである。実際には、団結への意志が消滅してしまっており、ハンザはもはや存在していなかったのである。

それ以降も残っていたのは、リューベック、ハンブルク、ブレーメン間の一六三〇年以来有効な同盟のみであった。この同盟は、ある程度まではハンザ全体を体現していた。その他の都市を代表する権限を認められていたからである。実際、一六七九年のネイメーヘンの和約の際には、この三都市の代表が「ハンザ全体の利益のために」交渉するようにとの指示を受け取った。法的には、この三都市はまさにハンザの継承者だった。この代表資格で、三都市はハンザの財産を管理運営する責任を担った。特にその財産とは、一八五三年にようやく売却されたロンドンのシュタールホーフと、一八六二年に清算されるアントウェルペンの建物であった。だが実際には、この「自由ハンザ」の三都市はもはや自分たちだけを代表するに過ぎなかった。これら三都市の同盟もまた緩やかなもので、最初の条約に含まれていた軍事支援の条項は急速にすたれていった。三都市の協定は、協議によってのみ、重大性のない決定によってのみ、そして特にブランデンブルク選帝侯のもとでの外部に対する共同の代表権によってのみ、示されたに過ぎなかった。実際には、ハンザは一七世紀の第二・四半期以後には死んでいたのである。

結論

一七世紀におけるハンザの消滅に驚くくらいならばむしろ、ハンザが長く続いたことに驚嘆すべきである。事実、あれほど多く、あれほど多様で、あれほどお互いに離れていた都市が、ほぼ五〇〇年にわたって、一つの活動的な結束を維持し、自由意志で加入した共同体に忠実であり続けることができたのは、尋常なことではない。

このように長く続いたのは明らかに、なによりもハンザ都市の地理的位置の結果である。ヨーロッパの北東と北西の間に位置するこれらの都市は、この両地域間の連絡と交易を引きうけることを、自然によって運命づけられていたのである。しかし、地理だけではハンザを説明できない。そのことを確信するには、イタリア都市と比較すれば十分である。イタリア都市はヨーロッパの南にあって、同じく東方と西方の間での仲介機能を果たしていた。だが、それらの連合など話にもならなかったし、それらの都市はお互いに激しく戦い続けた。それとは反対に、ドイツ・ハンザの成員は強い民族的な連帯感によって、そしてそれ以上に帝国としての連帯感によって結びつけられた。帝国は一三世紀半ば以降この地方では一切の実質を失ってしまっていたとはいえ、「ローマ帝国の商人」という称号にはなお確固たる響きが残っており、帝国都市という栄誉は、ハンザ内部におけるリューベックの優位を認めさせるのに確実に役立った。そのうえ、西方諸都市の協同事業である、東方での都市植民という偉大な事実が、この連帯を補強したが、これは地中海には対応するものがない現象である。古い都市と新しい都市の間や、しばしば親族関係や仕事上のつながりがある商人や有力家系の間で、ある種の物的紐帯が持続していた。したがってこの植民がハンザの最も強固な絆の一つであったことには疑いがない。

外地において自分たちの利益を守り拡大することを目指して、北ドイツ諸都市の商人たちの間にある相互扶助の意欲から発生したハンザは、一二世紀から一七世紀へかけてある種の統一体を見せつつも、重要な構造変革を体験し、なお緩やかな組織体に終始した。その最初の形態は商人の集合体、すなわちゴットランド島を訪れるドイツ商人の団体であった。この島が彼らの季節ごとの会合のための集合地点だったからである。一世紀後、北方海域の全海岸に拡大した活動を指導するにはあまりふさわしくないこの組織は退いたが、制度的には何かに取って代わられたのではなかった。外地で交易を営むドイツ商人たちは、重要な特権を次第に与えられていった商館において、枠組みもないままに、共通の利益によって結ばれ続けた。事実、この時から地域的な同盟を通じて相互に接触を始めつつあった諸都市は、外地における彼らの商人の指導と保護に関して、ゴットランド商人団体に取って代わっていったのである。

一四世紀半ばに危険が増大すると、対外交易に関係するドイツ都市は、より緊密な組織の必要性を感じた。諸都市は連合して都市ハンザを形成した。その機関が、諸都市の代表から成る全体会議であるハンザ総会であり、開催は不定期ではあるものの、あらゆる見地からみてこの共同体の最高機関であった。さらに諸都市は、その時まで独立していた在外商館をその権威下に置き、ハンザ都市の市民でなければ商業特権の恩恵を受けることができないという原則を課すに至った。要するに、都市ハンザが商人ハンザに取って代わったのである。この時から、この共同体を経済的だけでなく政治的、軍事的でもある組織にすることで、さらに強化する企てが始まった。しかし、一五世紀を通じてこの目的のために形成された諸同盟は、いつまでもハンザとは別のものであり、しかも効果は乏しかった。ハンザが、成員に定期的な分担を義務づける同盟になったのは、やっと一六世紀の半ば、最後の立て直しの最中でしかない。けれども、その弱体ぶりはすでにあまりに大きく、こうした強化の試みも衰退と決定的な消滅を止めることはできなかった。

ハンザは長期にわたり強力であり、かつ繁栄したが、それは第一に結束のおかげであるとともに、ヨーロッパがハンザを必要としたという事実のおかげでもあった。何世紀にもわたり、西欧は東欧の商品、すなわち第一に毛皮と蜜ロウ、次に森林の産物と鉱物資源、最後に増大の一途をたどっていた穀物に頼った。その逆に東欧は西欧の毛織物と、必要性を増す塩を求めた。外国の君主からハンザ商人に授与された広範な特権は、このように恒常的な需要の結果であった。そのうえ、ハンザが成功したのは、少なくとも当初は、その技術的な優位のおかげであった。すなわち、その船舶、つまり、重量のある商品の輸送を確保するのに適したコッゲ船の優秀性、イタリア人やフランドル人の手法から取り入れた取引方法がこの方面で抜きんでていたことや、さらには手工業者が優れていたことすらも加わる。この最後の優位は特に北方において、ハンザ商人の経済的支配を強化するのに貢献した。これらの有利な要因により一四世紀には、北ヨーロッパにおける事実上の商業独占がハンザに保証されたのである。この優位は一四世紀末から動揺し始めたが、勝ち取られ、精力的に守られたその地位は、なお二世紀にわたりほぼ維持され得た。

しかしこの共同体には弱さの芽が隠されていて、それは次第に大きくなり、結局は連帯感を押し殺してしまったのである。当初から、これほど多い都市の利益を完全に調和させることなど不可能なのは明らかであった。ハンザはその成員間の不一致を考慮せざるを得ず、経済的利益の保護に限定した、きわめて緩やかな組織を持つほかはなかった。軋轢の最も深刻な原因の一つは、他ならぬ陸と海との地勢に由来していた。リューベックとヴェント諸都市がリューベック－ハンブルク間では陸路を利用するのが有利であるとしたのに反し、プロイセンとリーフラントの諸都市はエアソン海峡を経由する海上路を利用することを望んでいた。この二つのグループの間で、デンマークに対して、さらにはイングランドに対してとるべき政策に関して、不和が絶えず繰り返されたのはここに原因がある。そのうえもう一つの不和の原因が、オランダの海上活動の発展とともに明らかになった。リューベックがオランダ人をバルト海から締め出したいと望んだのに反し、プロイセン都市とリーフラント都市はこの新来者の受け入れを有利だと見ていたのである。というのもオランダ人は、これらの地方の産品である穀物の一部を運び出し、これらの地方への塩の供給を補完していたからである。

ハンザの歴史には、非常に重大な不和と対立がしばしば点在している。だが一六、一七世紀における都市間での対立を誇張し、そこにハンザ衰退の証拠を見る傾向があまりにも頻繁にありすぎる。人々はそうした対立を、その前の時代ならばあったとされる協調と対照させて見る。これこそ、完全な誤りとは言わないまでも、単純すぎる見方なのである。対立の動機は常に多く、最盛期においてさえそうであった。ブレーメン商人の除名（一二八五年）、ヴィスマルとロストクの海賊ヴィターリエンブリューダーとのしめし合わせ、ドイツ騎士修道会がリューベックの政策に対してたびたび敵対したことなどを想起すれば十分である。さらにリューベック自身が、ハンザから除名されかかる深刻な脅威にさらされた事実（一四一二年）を忘れることはできまい。ただし当初のうちはこれらの対立も、団結が必要であると誰もが認めていたために結局は収拾したが、最後の時期には、対立のほうがハンザの結束の意識よりも強かった。

内部の軋轢と並んで、ハンザの弱さの重要な原因の一つとしてしばしば強調されてきたのは、強力な国家の支援を受けていなかった点である。ごく初期を除けば、ハンザは皇帝からの有効な支援をうけたことは一度もなかった。なにしろ皇帝は、自己の権威から離れつつあったこの地域には無関心だったからである。皇帝はハンザを可能な財源の一つとしか見ず、ハンザに抗してフッガー家を支持した際に顕著であったように、ハンザに対してあからさまに敵対する時があった。戦争に際してハンザは、北ドイツ諸侯との同盟を求める羽目に追い込まれたが、これら諸侯は独立した都市に権威を回復せんと熱望し、常に一時的に過ぎない同盟者であり、それどころかハンザ都市の弱体化に手を貸す危険な敵であった。これとは反対に、ヨーロッパの他の地域では、確立しつつあった強力な君主国が自分自身の臣民の経済活動を有利にしようと心がけ、当初は外国人に与えていた商業特権を守ろうとする意識を次第に失っていった。

デンマークとの間で絶えず再燃した抗争も、同じようにハンザにとって有害であった。ハンザは隣接するこの王国との闘争で疲弊しきったが、北ドイツに膨張しようというデンマークによる政策の推進を阻んだ危機がいつもあったおかげで、辛うじて存続できたのである。デンマークの優位がハンザ都市にとって有益であったのか否か、自問する道はあった。その場合、ハンザ都市としては、スカンディナヴィアとの交易を拡大できたかもしれないし、エアソン海峡通行というややこしい問題も彼らの有利に解決されたかもしれないし、デンマーク国王が――少なくともある時期には――ハンザには完全に欠けていた強力な保護者となったかもしれないのである。しかし、デンマーク指導下のハンザなるものでは、歴史上に果たしたあの大きな役割を、リューベックに演じさせはしなかったであろうことは確実である。

デンマーク人と並んでハンザ商人の強力な敵であったのは、オランダ人であるが、彼らの経済的発展はハンザの活動そのものを脅かしただけに、いっそう恐るべきものであった。一五世紀の始まり以来、オランダ人はハンザ商人の悪夢であったと言っても過言ではない。その詩的表現が「さまよえるオランダ人」伝説である。ここでもまた、この対決が避けられないものであったか否か、すなわちオランダ人が――彼らもまた原理上、帝国の臣民であった――ハンザの中に居場所を持つことができ、それによって不毛な争いを避け、ハンザにとって最善のことになり得たか否かと自問する余地がある。一三六七年のケルン同盟にはオランダ都市も参加していたが、これは協調しようとする動機が欠けてはいなかったことを証明している。その問題に関しては、ハンザは自らの保守精神の犠牲になったようである。一四世紀以来ハンザは、わが都市はかつてハンザの一部を成していたと商人が自負できるような都市だけの受け入れを望んだが、それこそはオランダの若い都市には当てはまりようがなかった。たぶんハンザ商人の盟友になり得たであろうオランダ人は、その時以来、ハンザの容赦ない競争者になったのである。

この保守的精神は特にリューベックで際立ったが、それは結局、一五世紀以後ハンザの大きな弱みだったように思える。

ハンザの偉大さを一四世紀半ばに、さらに一三世紀末であっても保証していた経済的な諸条件を維持もしくは回復しようとしたり、必要に応じて順応するのに反対しようとする思考が絶えず存在していた。外国との競争の高まりを前にしても、商業規制をますます厳格にする以上の対策は講じられなかった。ハンザは自己の領域において外国人の活動を制限しようと努めただけにとどまらず、自らの商人に外国人との共同事業を禁じ、信用で取引を営むことを禁じて、自己の商人の活動さえも妨げたのである。これは必然的に、競争相手に対するハンザ商人の劣勢を加速させることとなった。とはいえ、この細事にこだわる規制を、過去にとらわれて、新たな要求を理解できない偏狭な思考の表明とのみ見るならば、それは不当であろう。実のところ、ハンザは一個の共同体であり、すべての成員が海外交易に際して平等な権利を享受する場合にのみ、この性格を保持できた。この平等は十分に守られなければならなかった。各自――個人であれ都市であれ――にその時々に個別の利益を満足させるような措置に引きずられるようなことは、ハンザそのものの否定であった。一三、一四世紀の国際的に変動する局面にあっては、ともかくも何であれ北ドイツ商人および商人都市の連合体が、北ヨーロッパの商業支配を掌握するには適切であったというのが、真実である。その反対に、一五、一六世紀の変動局面においては、強力な政府に支援された競争相手が台頭するのにともない、この種の組織などではもはや競争相手に勝つことはできなかった。ハンザの終末を招いたのは、ハンザが生き残るためにとった措置ではない――それどころかそれらの措置は終末を遅らせたのである。決定的に終末を宣告したのは、近代ヨーロッパの政治的、経済的な諸変化なのである。ハンザの指導層に対し、そのことを理解せずにハンザの維持に努めたと非難することなど、われわれは決してできるものではない。

ハンザの歴史的に大きな役割は、久しい間、過小評価されてきた。おそらく北ドイツの発展が、近代においては全く異なった枠組みの中で実現したことが、その主な理由であろう。事実この時期には、ハンザの活動の上で最高の地位を占めていた多くの都市が衰えた。とりわけバルト海のリューベックと他のヴェント都市、ロストクとシュトラールズントがそうであったが、ドルトムント、ゴスラー、リューネブルクのような内陸都市、それにゾイデル海の都市カンペン、デーフェンターもまた同様であった。新たに膨張してゆく、ベルリン、ケーニヒスベルク、ハノーファーは確かにハンザ都市であったが、それらが重要性を高めたのは領邦の首府だったからである。航海と商業の発展それ自体がもはや、三つの「自由ハンザ都市」〔リューベック、ハンブルク、ブレーメン〕の庇護の下で実現したのではなく、領邦諸国、とりわけプロイセンの支援の下で実現したのである。

しかしだからといって、中世最後の三世紀において北ヨーロッパ史上でハンザが占めた重要な地位を、忘れることがあってはならない。これまで信じられてきたのとは異なり、ハンザが東方と北方の都市を創造したのではないにしろ、それらの都市に決定的な刺激を与えはしたのである。ハンザは、ダンツィヒ、リーガ、レーヴァル、ストックホルム、それにもとよりハンブルクとブレーメンの長期に及ぶ繁栄の基礎を築いた。さらに加えて、ノヴゴロド、ベルゲン、ブルッヘ等の大市場を活気づけたのは、ハンザ商人の活動である。数世紀にわたりハンザ商人は東方と西方の人々に、彼らの発展や、それどころかしばしば彼らの生存にさえ不可欠な産物を供給したのである。また、バルト海全域にわたって西欧、特にネーデルラントの思想と芸術が広められたのも、彼らによるものである。

もちろん、ハンザの業績は肯定的な面をのみ示しているわけではない。たとえば、ネーデルラント産毛織物の大規模な取引が、北ドイツ全体にわたる大規模な織物産業の成立を阻み、一般的に見て手工業者層の利益が、犠牲にされたとは言わないまでも、常に商人の利益に従属させられた。ノルウェーでは、ハンザの影響力が農業を、さらに大きく見れば、この国にとってきわめて不利な経済的不均衡を生み出し、在地の商業を滅ぼしてしまったことに異論を唱えるのは難しい。だが全体として見れば、ハンザ商人の活動が、その活動が展開された最中の人々にとってすら、実り多きものであったことは疑いないように思われる。

最後に、ハンザに生気を与えたのは一つの精神であって、もとより基本にあるのは物質的利益ではあるが、この精神はそれでもやはり注目と評価に値する。ハンザ商人は、民族的な関心には無頓着であり、大きな次元においては、宗教的対立にさえ無関心であり、きわめて平和的な人々だったのであり、ぎりぎりの最後にならなければ、戦争には訴えなかった。彼らハンザ商人は、自分たち相互の間でも異国との間でも、紛争や苦情を調停と交渉によって鎮めようと努力するのが常であった。このようにしてハンザ商人は、英知の教訓を一つ残しており、それは今日なお有益な考察の対象たりうるのである。

最近二五年間のハンザ史学

——一九六〇年から一九八五年まで

〔以下では、東西ドイツが分裂していた一九八五年当時の状況が述べられている。ドイツ統一後の状況については、本書ドイツ語訳第五版所収の研究動向（Philippe Dollinger und Antjekathrin Graßmann, Zur hansischen Geschichtsforschung 1960-1997, in: Philippe Dollinger, *Die Hanse*, 5. erweiterte Aufl., mit einem Beitrag "Zur hansischen Geschichtsforschung 1960-1997" von Philippe Dollinger und Antjekathrin Graßmann, Stuttgart 1998, S. 487-508.）を参照されたい〕

第二次世界大戦後の厳しく困難な諸事情——東西両ドイツの分裂とその両者の関係、物的損失、疎開されていた文書の分散——にもかかわらず、「ハンザ史協会 Hansischer Geschichtsverein」の力添えもあって、一九五〇年、専門誌『ハンザ史論叢 *Hansische Geschichtsblätter*』は復刊にこぎつけることができた。一八七〇年春に設立された同協会は、その設立から今に至るまで常にハンザ史学の原動力となっており、その一方で、きわめて広い枠組みで構想された『論叢』も、その完成度を高め続けてきた。『論叢』は、北ヨーロッパの指導的歴史家の論文を掲載するのみならず、毎号、初期中世から一九世紀にいたる全ヨーロッパに関わる研究をカバーする「展望欄 Hansischer Umschau」を設けている。そこでは、専門論集に対しても、従来のように「（全体として）本書に問題はない」といった批評にとどまらず、収録論文の一本ずつに対する分析が試みられている。各地域の専門家が参加しているおかげで、スラヴ諸語、北欧諸語、ロマンス諸語による研究も目につき、その結果きわめて幅のある研究業績に接することが可能になっている。

ドイツはイデオロギーを異にする二つの国家に分裂したとはいえ、当初は、ハンザ史研究者らは以前と変わることなく一体であり続けるであろうと期待されていた。[1] あれやこれやの駆け引きの末、広範囲にわたって他者の影響を受けない権限が東ドイツの「研究委員会 Arbeitsgemeinschaft」に与えられ、その委員の何人かが「ハンザ史協会」の編集委員会に派遣された。一九五八年のロストク、一九六五年のマクデブルクと、二度にわたって同協会の総会が東ドイツで開催された。第三回総会は一九七〇年にシュトラールズントで開催の予定であった。それはハンザの北ヨーロッパにおける大勢力としての台頭を明らかにしたシュトラールズントの和約（一三七〇年）の六百年記念祭にあたるため、とりわけ盛大になるはずであった。しかしシュトラールズント市長が同協会委員会に招聘状を送付までしたにもかかわらず、何の反応もなかった。ほどなく、東ドイツが同委員会に派遣してきた会員から、予定されていた会合が開催できないことを告げ知らされ、さらに彼らは編集委員からの辞任を表明してきた。これに呼応して東ドイツに暮らす会員全員も退会を申し出た。これこそが、「ベルリンの壁」建設九年後に起こった「ハンザ史協会」の分裂であった。それ以来ハンザ史家の協会は、西側の「ハンザ史協会」と、東側の、東ドイツ歴史家団体の一部門となった「研究委員会」の二つになったのである。両者は定期総会も別であれば出版物も別であった。西では雑誌『ハンザ史論叢』と、戦前以来の歴史を持つ叢書『史料と叙述 *Quellen und Darstellungen*』が、他方の東では、歴史叢書『商業・社会史叢書 *Abhandlungen zur Handels-und Sozialgeschichte*』の一部に組み込まれた『ハンザ研究 *Hansische Studien*』（一九八五年まで七巻刊行済み）が刊行されている。確かにその後西側の執筆者が東側の雑誌に論文を掲載することもあれば、その逆もある。しかし、かような制度に振り回されたハンザ研究者間の分裂がまことに嘆かわしいものであることに変わりはない。

1　全体の傾向と研究

ハンザについての研究精神は、両ドイツ間でかなり深いレベルで異なっていることに異論はないだろう。その大部分が根っからのマルクス主義者である東側の歴史家は、カール・マルクスに依拠することで『資本論』の言い回しをまるまる引用することがしばしばである。唯物史観こそまさしく歴史における事実の分析を強くうながしているというのに、彼らは、中世の事実や史料から結論を引き出すのではなく、一世紀前の理論の正しさを証明することのほうに熱心なのではないかという印象を時として抱かざるを得ない。とはいえ、マルクス主義的な見方が、新たな角度からさまざまな問題を提起していることも確かである。たとえば「一五・一六世紀における封建制から資本制への移行」とか、「封建制」そのもの、それも教会による聖務停止、領主やギルドの分裂などをともなう封建体制の経済的側面である。

西側に目を向けると、昔ながらのいわゆる「ブルジョワ」史学も、フリッツ・レーリヒ（一九五一年没）を文句なしの指導者としていた両大戦間世代がたどった道に沿っての研究を続けることで満足していたわけではなかった。一九六〇年代以降[2]、新たにとは言わないものの、少なくとも十分に活用されていなかった隣接諸学や技術に訴えかけることにより、ハンザ史研究の深化を求める声が高まってきた。すなわち、考古学（発掘物）、地図学、都市計画、統計学、古銭学、図像学、音楽やファッションをも含めた芸術、文学等である。このような研究の再活性化には、適切に注釈の施された未刊行史料の出版も貢献することになった。現在の歴史書の装丁においては、白黒であれカラーであれ、図版がますます重要になっていることも付け加えておく必要がある。図版を用いたほうが、歴史上のある種の側面に関しては、長々とした記述よりもはるかによく理解させてくれることは疑いないからである。事実、ハンザの舞台は広大かつ多様でもあり、その必要性はとりわけ高い。しかしそこには新たな問題も生じている。すなわち本文と図版との間のバランスである。図版の方が人目を惹くし購買者を集めるのは確かだが、その一方で本文がもつ相応の価値が減殺される危険があるからである。

戦後いくどとなく表明されてきたのは、今後はハンザ史を、ヨーロッパ史という枠の中に位置付けたいという願いであった(3)。かつて長期にわたってそうであったような、時として先鋭なナショナリズムをともないながら、ドイツ史の中にとどめるのではないようにしようとの願いである。たとえば、ハンザ都市の歴史もそれ以外の都市の発生と発展という一般的現象の中に組み込むべきである、とりわけ外部からの文化的影響は無視されるべきではない、そしてハンザ商人以外にもロシアからポルトガルにいたる外国人商人もまた存在していた、等々である。もちろんドイツの歴史家の誰もが以上の訴えに耳を傾け、このような国際的な動向に配慮している。ここではあまりにも早く世を去った二人を挙げるにとどめよう。一人はハンザとロシアの関係を専門とするパウル・ヨハンセン（一九六五年没）であり、もう一人はリューベック史とハンザ史を専門とし、明晰な業績を数多く残したアハスフェル・フォン・ブラント（一九七七年没）である。ブラントはまた、あらゆる分野における研究を推進しつづけた(4)。そのため彼の早逝は、ハンザ研究にとって重大な損失であった。

ハンザ史の国際的視点が強化されたのは、かなり多くのヨーロッパ人研究者がここ数年間にハンザに関心を抱くに至ったことである。これは新しい現象である。かつてヨーロッパの研究者は、自国の歴史を出発点としていただけに、その研究方向はイタリアや地中海に向けられていた。今日では、多くの人々がハンザの史料や文書を参照して多くの業績を発表している。ロシアに関してはレスニコフ教授が二五年にわたり、二人のリューベック商人フェッキンクーゼン兄弟（一四〇〇年頃）の会計簿を調査した。シュテティーンからダンツィヒおよびブレスラウに至るまで旧ハンザ都市の多いポーランドで、このテーマに関心があるのは当然であり、とりわけE・チェスラク、M・マウォヴィスト、H・サムソノヴィッチによる研究を示しておきたい。イングランドに関してはE・キャラス＝ウィルソン、ベルギーに関してはH・ファン・ヴェルフェーケとJ・A・ファン・ハウテ、オランダに関してはC・ファン・デ・キーフトが挙げられる。フランスを代表するのはR・ドロール、P・ジャナン、M・L・プリュである。

ハンザ史がすでに得ている国際的な地位をある意味象徴しているのが『北海とバルト海のヨーロッパ。ハンザ世界』である。ルーヴァン・ラ・ヌーヴ大学のA・デネンス教授監修の下で、フランス語、オランダ語、ドイツ語、英語で同時に出版された本書は、八カ国もの研究者を結集させ、ハンザの起源から消滅までを扱っている。[5] 豪華な図版が際立つ一方で、場合によっては本文の一部が削除されたようなので（時に苦情が寄せられるほどだ）、本文はやや貧弱に見える。これと比較し得るもうひとつの著作、『北海とバルト海。北方ヨーロッパの遺産』はさらに野心的で、先述のデネンスの編著と同じタイトルを持った章もある。同書は北海とバルト海の歴史を沿岸諸国の歴史とともに、先史から現代まで見通している。同書は三人のフランス人による共著で、その一人P・ジャナンは三〇ページほどを費やして「ハンザ圏」、次いで「オランダの開幕」を執筆している。全く見事な技術で、過剰とも言える図版を収めている。北方ヨーロッパの概観の後には、翻訳された数多くの古文書が収録され、それが興味をさらに高めてくれる。ハンザ総説の古典となっているK・パーゲルの著書もまたとりわけ図版で人目を引いた。一九四一年の初版本は多くのスペースを図版に割いている点がメリットであったが、その第四版は本文をかなり短くきりつめる一方で、白黒の図版数を増やしている。ハンザについて出た最新の総説はJ・シルトハウアーのものである。本書もまた図版を重視しているが、著者自身の着想の点でもユニークである。歴史的変遷を繰り返し提示するのではなく、ハンザ商人、都市の各種社会的団体、商人、船主、都市吏員、手工業者、日雇い労務者、貧民、聖職者の日常生活を、法、言語、学校教育、信仰などの側面から提示しようとしている。本書では都市計画、文学、芸術へも目配りされている。それゆえ読者はハンザの日常を多面的に把握することができるのだ。

　ハンザ史の通時的な理解が得られるわけではないものの、さまざまな問題に焦点をあてた論文集も手にすることができる。たとえば『東西の仲介者たるハンザ』という論集では、ハンザを経済的組織とする見方に対するA・フォン・ブラントの批判的概観を巻頭に置き、ロシアとの関係（ヨハンセン）、フランドルと東方との関係（ファン・ヴェルフェーケ）、スカンディナヴィアとの関係（クムリーン）、地中海との関係（ケレンベンツ）を収録している。[6] これと同じ方向性を持つのが、一〇年後にケルンで開催されたハンザ展覧会の目録『ヨーロッパにおけるハンザ——市場間の架橋』である。多様な問題を提起する論考もあれば、史料に基づくオリジナルな研究もある。そのうち二〇編が研究史の整理もしくは実証研究であり、後者の中には、スカンディナヴィアとイングランドとりわけキングズ・リンにおける商館と居留地についての解説も含まれている。加えて美術と建築に関する三本の論文も収録されている。約五〇点の図版——その多くは未刊行——がこの作品を見事な完成へと導いている。

　一九世紀の伝統に忠実なハンザ史家らは、相当数の史料を公刊してきた。それらの多くは、一世紀以上も前に着手された史料集の継続であった。しかし、たとえば遺言書や商人の会計簿といった特殊史料も加えられている。とりわけこれらの経済史料、エアソン海峡通行税台帳、都市会計簿、通貨条例等は、史料が内包する難解な性格のゆえに幅広い注釈を必要としてきた。ここではその若干例のみを挙げるとしよう。

最近実現した最も重要な史料集は、二六巻を数える『ハンザ総会議事録集』のうち、一五三五年から一五三七年にかけての議事録である[7]。実をいえば、当初は議事録集を一五九〇年の分までたどる予定であった。しかるに編者らは、予備交渉記録、通信書簡、予備会議録等々、非常に多数の巻数を要するであろう他の史料集も出版されなければ、一六世紀の議事録を完全に理解することはできないと力説したのである。彼らはそれゆえに続刊の刊行停止を決断した。とはいえ、たしかに彼らが刊行をとりやめた理由は理解できるものの、ハンザ史最後の時期（一五三八年—一六六九年）における議事録から、重要なものを選んで刊行することが計画されなかったことは残念というほかない。大部分未刊行である当該箇所は、刊行されたとすれば、ハンザの最終的な消滅時期である一六六九年の最後の議事録にいたるまでのハンザ再生の試みを浮かび上がらせてくれたであろうからである。また、ポメルン（第一〇巻、一三三六—四〇年）、ヴェストファーレン（第九巻、一三一六—一二〇年）、デンマーク王国証書集（一三七一—七五年）のように、さまざまな文書集が一冊にまとめられているものもある。さらには中世末ケルン商業に関するクスケによる史料集四巻の貴重な再刊も指摘しておかねばならない。「都市帳簿」は登記簿で、各種証書、購入記録、販売記録、調停記録、追放者名簿、納税者名簿、偽証者名簿等々が登記されており、そうしたものへの関心を強調しておくのは言わずもがなである。『ヴィスマル都市帳簿』の第二巻（一二七二—九七年）は第一巻の半世紀後にようやく出版された[8]。これと同種であるのが、一五世紀半ばに関するレーヴァル（タリン）の都市会計簿である。年代順に雑多に記録された支出の中には、サン・トメールとカンブレの毛織物購入とか、ライン産ワインまたはロマニー Romanie と呼ばれたフランス産瓶詰めワイン、ナツメヤシの実と砂糖の購入などに関する好奇心をそそる指示も見られる。遺言書は遺言者の総財産を示すものでは決してないものの、各種社会階層の富の水準を知るうえで同様に貴重な史料である[9]。リューベック最古のものは、原文が失われているために要約の形で、ハンブルクの遺言書とイングランド定住ハンザ商人の遺言書は全文で刊行されている。

ハンザ史の基本史料は、印刷されているだけでも数百冊と膨大な数にのぼる。こうした史料を前にしたR・シュプランデルは、ラテン語文書にはドイツ語訳を併記して、一二世紀半ばから一五世紀末にかけての、可能な限り多様な史料類型の選集を刊行した[10]。その選集は三つの部分に分かれている。すなわち、ハンザ都市の部、ハンザとその商館の部（「特権」の項は最も浩瀚である）、商業の部である。付録として、約二〇のハンザ都市の文書館に存在する史料とその中で刊行されているものの要約一覧があり、これも史料それ自体とともに興味を惹かれる。さらにそこには文書以外の史料である貨幣、印章、図像、芸術作品、残存家屋、船舶の残骸（一九六二年に一四世紀のコッゲ船一隻がブレーメン近郊ヴェーザー川の泥中から引き上げられて、ブレーマーハーフェンの博物館に展示されていることを想起しよう。何しろこれはその当時までは印章でしか知られていなかった船型の古い直接証拠としては唯一のものなのである）も含まれている。さらにまた中世の日常生活を思い起こさせるものも重要である。そのなかで特にわれわれの興味をそそるのは、すでに旧聞に属するが、一六世紀以来閉鎖されていたごみ捨て場の発見である。そこで発見されたものの中には、一三七〇年頃にさかのぼるとされる学用品、なかでも二〇枚ほどのロウ板があった。[11] これらのロウ板には、リューベックのザンクト・ヤコビ教会学校の生徒らが手紙の草案を彫り刻んでいた。そのなかの何通かは商業と関わる内容であることから、この学校には将来の職業に向けて商人の子供たちが長期間通学していたことが証明される。ダンツィヒやトルンで発見されたロウ板には財政あるいは軍事に関わる指令表が刻まれていた。これに対して、ノヴゴロドの白樺樹皮に刻まれた一四世紀から一五世紀へかけての文書からは、ドイツ人の活動と彼らの商館についての情報を得ることはできない。

ハンザ史研究上急速に進展しつつあるのは、地図作成とトポグラフィーの分野である。オランダからフィンランド湾まで散在している二〇〇ほどの都市から構成されているのがハンザの特質であり、その特質をつなぎ合わせていたのが近隣ならびに遠隔地双方の商業であった。一世紀も前からハンザ地図は切実に必要とされていた。長い模索の末、この企てはいよいよH・ヴェチェルカによって成し遂げられた。彼は地図以外にも膨大な注釈と索引を編集した。[12] 約三五〇もの通商路が書き込まれたこの地図には、各セクターの画定をどうするか、どの段階の地図を出すか、いろいろな事件による通商路の変化をどう反映するのかといった問題は残されていた。とはいえ、地図のおかげで、海路本位が理由でしばしばいくぶん無視される陸路の重要性が明らかとなり、さらにはとりわけリューベックとブルッヘ間の沿岸商路の意義も明らかとなった。

久しく提起されながら依然として議論が絶えないのは、ハンザというこの組織体の複雑かつ流動的な本性の問題と、これに与えるに適した名称自体の問題である。そもそも中世における他の多くの都市連合に対してなされているように、これを「同盟」と名づけ得るであろうか、あるいは一個の利益共同体 Gemeinschaft とするだけでよしとすべきであろうか。ハンザ商人が「同盟」という呼称を拒否していたことは確かである。しかしそれは単なる方便に過ぎなかった。というのも、外部の人からある都市に対して損害賠償が要求された場合、他の諸都市を責任に巻き込むのを嫌ったからである。さらに「同盟」なるものは設立行為と、多少なりとも明示された加盟者の義務に触れていることを前提とする。一三五六年の都市ハンザ形成の際には、この種のものは何もなかったのである。一五世紀に成立した「トホペザーテ tohopesate」は、決してハンザと同一視はできない。H・ヴェルニケは都市ハンザについての著作の冒頭でこの問題を取り上げている[13]。これまでの歴史家の賛否両論を想起しつつ彼は、若干の法的な要因が欠けていたとはいえ、ハンザは事実上一つの「同盟」であったと結論づけている。すべてのメンバー都市をまとめ、その手段がある場合には各メンバーの味方として行動することによって一団体を構成していたという事実は、それ自体すでにハンザが同盟である証拠であり、それゆえにハンザは同盟とされるに値する、と彼は評価している。これに対してA・フォン・ブラントやその他の研究者は、「ハンザ同盟」という言葉は歴史文献から姿を消し、「共同体」という言葉に席を譲るべきではないだろうかと考えている。事実、この二つの概念は両立が困難である。しかし実際上は、東側の歴史家のほとんど全員が「同盟」だとする傾向があるのに対し、西側の歴史家は概して「共同体」というもっと漠然とした用語を好むことが知られる。おそらくこの両語はどちらも、今後とも使われ続けるであろう。このようなところにも両ドイツ分裂のささやかな一面が見られるのである。

一一六一年頃形成された商人ハンザが、諸都市の代表がフランドル問題処理のため一三五六年に参集することで都市ハンザが成立するまで存続したことは、これまで長らく定説であった。しかしH・ヴェルニケによる『都市ハンザ *Die Städtenhanse*』は、一二八〇年から一四一八年までの時期を扱っている。確かに、商人ハンザの組織であるゴットランドを訪れるドイツ商人の団体が一三世紀中頃以降衰退し、またハンザ商人が外地で特権を獲得できたのは、諸都市の支援があればこそであった。しかし、一二八〇年を出発点に選んだのはなぜだろうか。リューベックの提議により多数都市の評議を経てブルッへの商館がアールデンブルフに移転されたことが一つの理由とされているが、それは理由としてはやや弱い。いずれにせよ、都市ハンザは一三世紀の末に誕生したのであって一三五六年にではないという考えが、広く受け入れられているようになってきていると思われる。

さらに重要なもう一つの問題は、半世紀前から論議され今なお継続している、ハンザの最盛期と衰退の時期はいつかという問題である。一九三〇年頃には、最盛期は勝利に輝いた一三七〇年のシュトラールズントの和約に続く世紀に置かれるべきだと一般的に考えられていた。すなわちデンマークに対する海上の優位を決定したこの和約こそが、ハンザに北方水域の覇権を保証したからである。そのうえ領主層の反撃により加盟都市数が減らされる以前の時代で、ハンザが最も多くの加盟都市を擁したのが一五世紀中頃なのである。しかしこれは、本質的に政治的見地による見方である。経済的見地に立つならば、この和約は勝利などと言えるであろうか。旧時の見解は、これに肯定的に答えていたものであった。すなわちシュトラールズントの和約は、それ以前の時代におけるのと同様の手段により、かつ同様の原理にそって外地諸国においての特権獲得を通じ、新たな商業的飛躍を導き出した。それゆえ、経済的発展の特徴となっているのは経済の連続性であり、その重要な一段階となったのがシュトラールズントの和約であるとする理解である。

これに対し、フリッツ・レーリヒとその弟子たち、そしてM・ポスタンも、シュトラールズントの和約はハンザの経済的躍進のさなかにあって不利な転換点となり、くわえてこの和約がそれ以前の時代との連続性を断ち切ったと評価している。事実、一四世紀の半ばにはハンザは商業上のさまざまな地位を獲得しており、自由競争を通じてライバルに打ち勝ってしまっていた。けれどもまさにこの時期に、ライバルであるオランダ人、イングランド人、南ドイツ人等の躍進により、ハンザは自分たちが脅威にさらされていると感じ始めていた。一三五六年の都市ハンザの形成それ自体が、外部に対する防衛という態度の証左である。その時以来ハンザは、細かい規制をつうじて外国商人にはハンザの特権を尊重させるという措置により既得の立場を守ろうとしたが、その効果は弱まる一方であった。つまり、ハンザの政治権力が確立するまさにその時に、弱体化の兆候も現れたのである。勝利を画するシュトラールズントの和約であっても、経済的衰退の始まりを覆い隠すことはできないのである。政治面と経済面の両極端は絶対的に矛盾しあうものではない。デンマークに対するこの政治的勝利は、商業的優位が揺るがされつつあったとはいえ、とりわけスカンディナヴィア方面への経済的発展を、少なくとも一時的には刺激したことは確かである。くわえて一四世紀中頃までハンザが自由競争の体制を保持していたのかどうかを問うてもよいだろう。一三世紀以来、ハンザによる独占主義的傾向が高まり、外国商人をいくつかの部門から遠ざけようとする措置がとられている。この問題の研究は今後、K・シュヴェーベルの著作(一九七〇年)のおかげで容易になるだろう。というのも同書では中世から今日までのすべての著作の見解が概観されているからである。[14] 近年、若干の解釈の違いが見られるとはいえ、歴史家たちの見解はおおむねレーリヒに従っている。それゆえK・フリッツェは、シュトラールズントの和約は以下のような意味において確かに歴史的転機を画している、と考えているのである。すなわち、これは封建勢力に対するドイツ市民階級の勝利であり、その勝利を勝ち得たのは資本主義精神が現れはじめるまさにその時期であり、しかしハンザは自らに有利なようにその資本主義精神を推し進めることができずに、封建的構造を持つ組織にとどまったという意味においてである。

一六世紀においてさえ、異口同音に衰退だというのは誤りである。当時ハンザ諸港の取引量は前世紀のそれの少なくとも二倍であったことを忘れてはならない。さらにハンザが特権の維持以外の政策を講ずることもできたのではないかと問うことも可能であった。ハンザは外国での商業において全メンバーが平等であるという原則に立脚していた。それを放棄して「各自が自分のために」を容認したとすれば、一七世紀末に結局はそうなったように、ハンザの結束を消滅させてしまうことになったであろう。加えてすでに指摘されていたのは、どのハンザ都市にも利害を異にする商人グループが存在していたこと、富裕層が自由競争をよしとするのに対し、多数を占めるそれほど豊かではない人々は、ハンザの偉大さをもたらした特権体制により、自分たちの仕事が保護されることをよしとしていた点であった。事実、一六世紀には、特にヴレンヴェーヴァー失脚後のように衰退の時期もあれば、六三もの都市が結束し、情勢立て直しのために犠牲を払った一五五七年以後のように繁栄の時期もあったのである。H・シュトープによれば[15]、衰退を論じてもよいのは、ようやく一五七〇年以降になってからである。一六世紀末から一七世紀初頭においてさえ、地中海方面の穀物需要が増大することで、次いでスペインとネーデルラントの間での戦争が起こることで、四半世紀にわたりハンザ商業に新たな刺激が与えられるのである。実際、一六世紀にもそれ以前の時期と同じく浮き沈みがあり、ハンザの展開をまず上昇、次いで下降という曲線で示すのは不正確である。

ハンザ全体に関する問題として、北方水域において用いられた海法の問題がある。ハンザ総会による若干の法令を別として、ネーデルラントで「ダムの海法」という名で採用かつ翻訳され、バルト海方面では「ヴィスビー海法」という名で知られた「オレロン海法」という海法がある。K・F・クリーガーはフランス語版に基づく新版を刊行し[16]、現代ドイツ語の訳文を付している。その元とされているのは、ロンドンのギルドホール文書館に保管されている古文書『ホーンの書 *Liber Horn*』である。彼の注釈によればこの法はガスコーニュとポワトゥー産ワイン取引を専門とする一団の用船主による作品であり、地中海と北方双方の慣習から着想されたものであると言われている。成立年代もせいぜい一三世紀末にしかさかのぼらないであろうとのことである。これら海上慣習法の名称は、その原本が保管されていた場所にちなんで名付けられているに過ぎない。

2　ハンザ諸都市

ハンザの歴史はそれを構成する都市の歴史でもあり、それもすべての局面、しかもハンザだけには限られない制度的、経済的、文化的局面に及ぶものである。これまでにハンザ諸都市に特化した総合的な著作は出されていないが、そもそもそのようなものは必要でもない。しかしドイツ都市の史書、特に一九六五年に再版されたプラーニッツの古典的著作や、最近のものとしては図版の豊富なボークマンの著作のように、取り上げるべきものが多いのは当然である。[17]

ヨーロッパ全体でもそうであるように、ドイツでも都市史は最近ますます流行の分野になりつつある。その結果、ダンツィヒ、シュトラールズント、ハンブルク、ドルトムントなどといったさまざまな個別都市の専門書が刊行されるに至った。[18] そうであるにもかかわらずリューベックの歴史を再び書こうとする研究者がまだ現れていないのは、個別研究が余りにも多いために、厳しい課題となることが予想されるからである。とはいえ、さまざまな論題を焦点に当てた五つの研究を収めた論文集を挙げておこう。論集には、リューベックのバルト海諸都市に対する支配の諸要因に関するもの（ヴェチェルカ）、アルト・リューベックとリューベックの初期に関するもの（ヒュープナー）、支配層に関するもの（K・ヴリート、ただし「門閥」という語は避けている）、一二世紀から一七世紀へかけてのリューベックの家屋に関するもの（コケリンク）、最後に一八世紀における同市の歴史に関するものが収められている。[19] ケルンについては、一九世紀の所産である五巻から成るL・エネンの概観に取って代わり得るような概説は、今に至るまで刊行されてない。とはいえ、このライン首邑の経済史を論じた浩瀚な二巻の出版物がちょうど刊行された。その中の中世ハンザ時代の部はF・イルジーグラーが、一六世紀の部はH・ケレンベンツが担当しており、多くの地図と図表を備えている。[20]

さらに、H・シュトープと協力者たち、およびヴェストファーレンのミュンスターにある彼の研究室による壮大な企画がある。それは七〇にもおよぶドイツ主要都市の地図集成である。[21] いずれの都市も、大縮尺で、最も古くて一九世紀にさかのぼる地図を備え、歴史的発展を示す諸図および挿絵と注釈一つを含んでいる。この集成は六分冊になる予定でその中の三分冊が一九七三年から一九八四年へかけて出版された。そこにはケルンとリューベックの都市図も含まれている。そこでシュトープはリューベックの起源をたどり、一一四三年にホルシュタイン伯によって建設された第一次都市と、一一五八年にザクセン公ハインリヒ獅子公によって建設された第二次都市とがあるという、ヘルモルト・フォン・ボーザウの有名な記述に基づく通説とは大きく異なる見解に立っている。すなわち、H・シュトープは次のように考えている。第一次建設を一一三八年とし、場所は将来の司教座聖堂の北東、トラーヴェ川の支流ヴァーケニッツ川から遠からざる所と見、第二次建設はそこから五〇〇メートルほど離れた一一四三年の城砦の麓に、もう一つ第三次があってそれはトラーヴェ川の背後ザンクト・ペトリ教会付近に当たる。結局、最終的な建設は、マリエン教会や中央市場に隣接した場所で、一一五九年にハインリヒ獅子公によって行なわれた。これらいくつもの中核部分の結合は一三世紀の間に完了した。この解釈にはさらにまだ確認が必要である。

リューベックと同様の状況は、エルベ川より東方に建設された多くの都市において、程度の差はあれ確認される。都市は、一つまたはいくつかの中核から発し、格子状のプランにしたがって発達しており、それはエルビングやシュトラールズントの場合に特にはっきりしている。中央には四角形の市場広場があり、それを市庁舎と中心教会（しばしば市場教会）が取り巻いている。このようにして、レンガ造りの市場広場の周りに整序されたハンザ都市という型が生まれた。市場広場の面積はクラクフの場合は四ヘクタール、リューベックの場合は二・五ヘクタールと広い場合もあれば、半ヘクタール未満という場合もある。さらに今に残る建設都市または近代の都市建設後の家屋にも研究がおよび、地階の部屋の設え、階段、二階の部屋の設えや屋根組みにまで研究が進んでいる。ただしこうした研究はいまだ緒についたばかりである[22]。

都市は農村に生活物資を依存しており、決して孤立した存在ではない。この否定しようのない真実は長い間等閑視されていた。しかし近年の研究はこの点にも注目している。たとえばK・フリッツェは、この問題をバルト海南西都市に関し、リューベックとグライフスヴァルトの間にある沿岸諸都市の文書館に所蔵される未刊行史料に依拠して検討した[23]。その分析対象は、農村からの人口移入、成長しつつある都市の人的貯水池となる周辺村落、さらに市場における農民と市民との関係という経済的側面、最後に、都市民と都市団体が所有地を獲得したことに起因する都市の農村支配である。彼の結論はニュアンスに富んだものである。すなわち都市住民と農民がお互いの関わりから相互に利益を得ることもあれば、そうした関係ゆえに被害をこうむることもあった。都市が農村との関係を自分に都合よく決定していた場合、都市はその利益を不動産投資の形で固定化させ、そうすることで経済面での不安定さを最小化していた。農民側としては、当初は農産物需要増による恩恵を受けたものの、次いで土地を市民に抵当に入れたり売却したりして貧困となり、市民に従属するに至ったという。その結果、この地域の農民は、一六世紀には保有地に緊縛されて保有地を去る権利を失うに至る。まさにそれこそが新しい領主制度である農場領主制 Gutsherrschaft の特色にほかならない。

都市諸制度についても引き続き研究が行なわれている。この問題は、特定の一つの都市についての場合には、関心は限定されるものの、いくつかの都市の体制を相互比較した場合より示唆的な結果を生む。この手法に基づきB・シェーパーは、ヴェント都市リューベック、リューネブルク、ハンブルク、ブレーメンを研究した[24]。相違が最も強く見られるのは、リューベックとブレーメンとの間においてである。ブレーメンでは市民の代表である参審人が一二世紀には大きな権威を有していたが、このことが市参事会 Rat とその権力の発展を妨げた。しかし参審人の権威も市参事会の権威の前で次第に消滅した。これとは対照的にリューベックでは市民共同体に勢力はなく、都市建設以来、市参事会に権力が集中していた。一一六三年以降、つまり昔から言われてきた年代よりも三〇年早く確認される市参事会の創設とその権力を決定的にしたのは、リューベックへの植民者の役割であった。

もう一つの比較研究は、時期の違いはあれ、ブラウンシュヴァイク、ケルン（一四世紀末）、リューベック、マインツ（一五世紀）の諸都市で勃発した暴動についてである。[25]その著者が示したいと考えたことは、確かに門閥反対派は不当に査定された課税をきっかけに暴動を起こしたが、一方で、市の名誉を自分たちが担っていると自覚し、市の福祉を望んでいたことには門閥と変わりはなかった、という点である。要するに、これらの社会的騒乱は階級闘争ではなく初期市民革命 frühbürgerliche Revolution だという、今日あらゆるマルクス主義者が再度信奉しているエンゲルスの見解を彼は確認しているのである。

中世最後の三世紀における北方および南方ドイツの歴史上重要な動因の一つは都市同盟の成立と活動である。神聖ローマ皇帝カール五世は同盟を結ぶことを一三五六年の金印勅書で禁じたが、都市側は一顧だにしなかった。ハンザ圏においてはこうした同盟が、リーフラント都市同盟から東部ゾイデル海都市同盟に至るまで数多く存在し、性格もさまざまであった。こうしたハンザ圏の諸同盟についての総括的な著書は出ていないが、それらを比較すれば興味深い結論が導かれるに違いない。とはいえ、この二五年間に個別研究は確認できる。理論上から言えば、これらの同盟はハンザの同盟では決してなかった。それらの目的は通常、諸都市を従属させようとする領主に対抗して、都市自治と都市集団の特権を守ることを目的としていた。このような事態は一五世紀にはしばしば起こっていたものの、ハンザは彼らのために介入はしなかったのである。しかし実際にはこれらの同盟もハンザ共同体の地方機関となっており、総会 Hansetag への代表派遣を決定し、どのような立場をとるのかを決めるために会合を開いていたのである。M・プーレによる、ブレーメンとブラウンシュヴァイクとを中心とするニーダーザクセン都市同盟の研究がある。[26]彼は、一三世紀の同盟は恒久的ではなく、先行する同盟とは連続性を持たない、そして相違が部分的にしか観察されない都市間で締結された、と見ている。その最初のものは一二四六年に成立し、商人のために平和を確保することを目的としていた。さらにいくつもの同盟が一三世紀後半に成立しているが、その存続期間は概して短期間であった。その中の最も重要な同盟は、ザクセン地方で自分たちの商人が受けた攻撃の責任はザクセン都市にあるというヘントの主張に対抗するために、少なくとも一二のザクセン都市を糾合したものである。この同盟は恒常的となり、メンバーである都市を領主層から守るためにきわめて活動的になるのは、一三八〇年以後のことであった。これはブラウンシュヴァイクが六年にわたる除名の後ハンザへの加入が認められた年である。しかし一四〇七年にハンザ総会がイングランドに対する戦争を予見し、財政的、軍事的措置を決定すると、この同盟はこうした措置に加わることを拒否し、さらにはもしもハンザから除名されるならば、同等の特権を獲得すべくフランドル諸都市およびイングランドとの間で別個の協定を締結し、ある種の「対抗同盟」を創設する、と脅しをかけるにいたった。この問題のこれ以上の進展は確認できないが、その理由は翌年にリューベックで勃発した内部危機に起因するのかもしれない。ザクセン同盟の最盛期は一四二六年から一四二七年にかけてであり、それはハルバーシュタットで門閥体制が倒され、民主的参事会とでも言うべきものに代わられた時に当たる。ハルバーシュタットに旧体制を実力で再興すべく一一のザクセン都市が団結したが、ハンザの干渉はなかった。そもそもハンザが、メンバーの一つに対して実力を行使したことは決してなかったのである。この時期以後、ザクセン都市が諸侯の野心に対抗し、自衛のために他の地域連合と同盟してそれなりの成功を収めることはなかった。すなわち一五世紀末には、以前の二五都市に対して八都市だけが同盟メンバーとして留まっていたに過ぎなかった。M・プーレはザクセン同盟の都市はすべて同時にハンザ都市でもあったと考えている。おそらくそうであろうし、ヴェストファーレン同盟においても同様だと思われるが、さて、ハンザ圏の他の同盟についてでも同様であると考えてよいのであろうか。

M・ビスクプが研究したプロイセン同盟は、ドイツ騎士修道会の強い支配下にあり、やや異なった性格を示している(27)。主要都市のうち、ダンツィヒとケーニヒスベルクは一四世紀中頃以降にハンザのメンバーとなり、騎士修道会総長の同意を得たうえでハンザ総会に代表を派遣していた。一四四〇年になってようやく、ドイツ騎士修道会の野望と対決すべく領主と都市が団結して「プロイセン同盟」とも言うべきものを結成したが、その結果それら都市は教皇庁から破門され、一四五三年には帝国追放に処せられた。しかし、この同盟はポーランド王の支援を得、そのおかげで最終的勝利を得ることができたのである。このプロイセン同盟は第二次トルンの和約（一四六六年）の後に解散したようであるが、それでもポーランド王への従属下にありながら諸都市は依然ハンザのメンバーであり続けた。ヴェント都市同盟についていえば、それはもっぱらメクレンブルク公に対抗するためのものであり、この同盟はメンバーの独立を守るためにメクレンブルク公と対抗せねばならなかった。この点についてこの同盟は、デンマーク王が常にメクレンブルク公を支援していたにもかかわらず、全体としてはうまくやっていた。この過程をよく示しているのが、H・ザウアーの、一五世紀後半におけるこれらの闘争を主題とした書である。

ハンザ都市における社会階層の問題は依然として活発な議論の対象である。社会階層をはっきりと区分するのは事実きわめて困難であり、どのような基準を用いるかによって理解が相当に異なってくる。それゆえに、税《ショス》に基づいて中世末リューベックの住民を研究したA・フォン・ブラントは住民を四つの階層に区分した。[28] 最上層は課税対象住民の一八パーセントを占め、中産層は三〇パーセントを、下位の中産層は三八パーセントを占めるという。貧困で通常租税を支払わない下層民は一四パーセントだという。この数字は他のヴェント都市、ロストクやシュトラールズントの数字ともかなり重なるだろう。これと見解を異にするのはK・フリッツェで、一五世紀のロストクについて貧困層が五〇パーセント以上であるのに対し、上層は全人口の辛うじて一〇パーセントだと主張するが、これをフォン・ブラントは退けている。J・シルトハウアーはフリッツェと同じ結論に近い。すなわち富裕階層が中世末の一二パーセントから一六世紀の一六パーセントに増加したことは認めるものの、この期間に中産層は著しく貧困化したと考えている。これはイデオロギー次第で解釈は分かれうるという事例の一つである。

いずれにせよ、ハンザ都市では権力を行使するのは常に門閥である。この用語には異論がしばしば提起されるが、これ以外には言いようがない。事実、この上層階級は大商人と土地所有者とから成り、新たに富裕となった者や移入者にも常に開放されていた。他方でケルンでは、少なくとも当初は市民上層部がどこよりも閉鎖的であり、「富裕者組合《リヘルツェヘ》 Richerzeche」に入るのは門閥に限られていた。M・グローテンによれば、その権力を獲得したのはやっと一二世紀の中頃ではあるものの、門閥の成立は一般に信じられているよりも早く、一一一五年頃には成立し、その後一二世紀中頃になってようやく権力を獲得した。[29] ともあれ、彼ら門閥は次第に遠隔商業から手を引き、その支配勢力は、一三九六年の革命後は、ギルド（ガッフェル gaffel）に登録され企業心の最も旺盛な商人に移りつつあった。

ギルドに関する研究には確かにこと欠かないものの、研究者の関心はE・マシュケに倣い、「下層階級 Unterschichten」に向かいつつあった。ひとくちに「下層階級」といっても多様であるうえ、徴税史料がないために識別が困難であり、それゆえに数字による把握は不明瞭にならざるを得ない。すなわち、乞食、旅芸人、放浪者、市民の権利を一切持たない手工業仲間さえもである。ここでもまたケルンの例であるが、これら周縁民を最もよく研究したのはF・イルジーグラーであり、それを可能にしたのは囚人についての証言を含む監獄記録である。[30] そこに含まれるのは軽業師、乞食、無職者、首斬り役人、娼婦（これが最もよくわかっている）である。これら周縁民に対する場当たり的な法令は、他の都市でもほとんど変わりはなかったと考えてよいだろう。

加えて、オーダー川の東部に位置するハンザ都市では、人数に差はあれ非ドイツ人（ポーランド人、プロイセン人、リトアニア人、ラトヴィア人、エストニア人）に対する法令という問題が生ずる。この問題をリーフラント都市について研究したのがM・ヘルマンである。[31] 彼は少なくとも一四世紀の中頃までは現地住民も、ドイツ人の権利ときわめて近い経済的権利を享受していたことを確認している。彼ら現地住民は不動産や家屋を取得でき、商人ギルドの一員（レーヴァルを除き）または手工業団体の一員になることが可能であった。しかし彼らは市参事会に入ることはできず、その結果としていかなる政治的役割を演じることもなかった。さらにこうした権利もエストニア人の反乱と黒死病の大流行の後には縮小された。事態は比較可能な他の地域においても同様である。

ここ数十年間の女性の社会進出の結果は、歴史研究にも反映されるようになっている。しかもこのテーマは、二〇世紀の初頭以来全く無視されていたわけではなかった。ハンザの女性に関する総合的な研究はまだないが、ケルンの特別な事例を別として、女性に関する規定もその社会的地位も南ドイツの場合とほとんど変わらないので、それもぜひ必要というわけではなかったのである。この点で火蓋を切ったのは一九六〇年代のジャン・ボダン協会である。同協会は全ヨーロッパに関し、かつ全時代に関して法的な観点から女性論に二巻をあてた(32)。さらにその後、中世と一六世紀のドイツにそれぞれ重点を置く二つの重要な著作がこの問題を掘り下げた。その一つで二巻からなるP・ケッチュの著作は、現代ドイツ語に訳された多くの史料を収め、しかもその多くがハンザ都市に関連している点にメリットがある。この著者は各種社会層の女性に関する法令と活動、とりわけ女性奉公人の農村と都市におけるそれを研究している。

E・エネンによる著作は、初版後一年で再版されたことからわかるように、大成功を収めた。本書が対象とする枠組みはきわめて広く、ドイツ全体のみならず、イングランド、フランス、イタリアも部分的に含めている。文献欄を見れば非常に幅広い学識に基づいていることがわかるが、裾野の広い逸話を通じて人々の関心を引き付けるよう努めてもいる。しかし本書の議論の対象となっているハンザ世界は、ケルン、ハンブルク、リューベックのみである。エネンは本書で女性の過剰という問題を提起しているが、これは大部分の都市では確かであるにしても、すべての都市においてそうであったとは言えないようである。法令はどこでも似たようなものであった。女性も市民権にあずかったが、そうは言っても政治や司法の分野で役割を果たすことは一切認められていなかった。寡婦も両親を失った若い娘も財産を自由にできたが、後見人の監督を必要としていた。すなわちこれらの女性も企業を営み、商事会社の一員となり、購入を実施し、レンテを取得できたのである。ハンブルクで手工業を営む女性七六人のうち、その多くは織物業と醸造業であった。女性も負債の責任を負ったが、分割の場合には婚資の優先的償還を受ける恩典を有していた。女性が証人となるには近親者の同意を必要とし、近親者の許可なしに結婚すれば財産を失った。そういうわけで男女平等にはほど遠かった。

E・エネンの教え子の女性研究者M・ヴェンスキが、中世末ケルンの女性に関する法令と彼女らの活動を特に研究した。[33] 彼女らの置かれた条件は他のほとんどの都市よりもよく、女性は宣誓を果たし、証人となり、自分の子供と同じく他人の子供の後見人にさえなり、遺言状を作成した。例外的現象ではあるものの、少なくとも三つの企業がほとんど全員もしくは主として女性から構成されていた。その中の一つは、亜麻または羊毛の製糸女工による企業で、しかも彼女たちは自分の住所から離れた所にいた。女性の親方が四年の見習い期間を指導し、その後にギルドの役員の前での試験を受け、それに通れば二グルデンを支払って、自宅に自分の工場を設けることが許されたのであった。しばしば見られたのは、生産された糸と織物の販売に当たっていたのが女性の織工の夫であったということである。高価な織物やタピスリー用の金糸製造も同様に女性の仕事であった。そこに働く女性たちは同じギルドに属する金箔職人の身内であった。最後に絹の刺繡はもっぱら女性の芸であり、若い娘たちを教育する四人から六人の女性親方が指導していた。なかでも境遇がよかったのは帽子の刺繡女工で、自宅で仕事を営み、自分の娘の他四人の助手を使って誰の助けになってもよかった。帽子女工たちは毎年この職人層の幹部として二人の女性と二人の男性を選出していた。生糸の輸入、次いで絹製品販売の任に当たっていたのは、しばしば彼女らの夫であり、時にはアントウェルペンやフランクフルトの市場にまで赴いた。

しかしケルンの女性は、他の同業者組合、特に金属、鋼鉄、真鍮の同業者組合に加入することが可能であった。こうした同職組合では、男性は金属加工の作業に従事する一方、女性（全体の一五から二〇パーセント）は原料を調達し、完成した製品を販売した。彼女らは、必要とあらば限られた範囲の出張にも出かけたし、商事会社の社員になることすらあった。チューリヒと特にパリを別とすれば、これほど女性の役割が大きい都市はない。さらに付け加えなければならないのは、ケルンには多くの女子修道院の他に一三二〇年には八九ものベギン館があり、そのどれにも二人から五〇人のベギン女性が属していたことである。これは西欧における最大の数値である。ハンブルクにはそれがわずか五五、リューベックには五つあるのみであった。ケルンのこの数値は、この大司教座都市において女性が過剰であったことのまぎれもない証拠である。

3　ハンザ商業

ここ二五年でハンザ史家の主要研究テーマになってきたのは、明らかに商業とそこから派生する問題である。ハンザ史家らは、あまりにも一般的な見方はさけ、新しい史料の助けを借りつつ、取引のメカニズム、度量衡と貨幣の価値、商活動に際しての商人の利益と損失を一層正しく把握すべく努力してきている。

商　人

商業について知りたければ、とりわけ商人、その会計簿、書簡、社会的地位にあたってみるのは言うまでもない。従来においても大いに研究されてきたテーマであり、一九世紀以降歴史家の関心をひいてきたテーマでもある。ヴァーレンドルプ、リンベルク、ヴィッテンボルク（一四世紀）、フェッキンクーゼン、カストルプ、ムリヒ（一五世紀）、ロイツ（一六世紀）についての研究を思い起こすだけで十分だろう。さらに最近では、A・フォン・ブラントが一三世紀末の、主にエルベ川の後背地で取引を営んでいた無名のリューベック毛織物商人の存在を世に知らしめ、その帳簿を刊行した(34)。またF・イルジーグラーは二人のケルン商人、ヨハン・ファン・ヌイス Johann van Nuyss とその婿D・ブンガルト D.Bungart、そして四人の代理人による合同事業（一四二八―三六年）の現存する文書に注釈を加えた。彼らの主な事業は馬の取引――この家畜のデンマーク南端部からフランドルに向けた輸出は重要であったにもかかわらず、ほとんど記録されていない――で、毛織物の取引は、全体の五分の一を占めるにすぎない副次的なものだった。馬はフランドルで購入されていたが信用取引によるのが通常で、ケルンやボンのみならずシュパイアーやティオンヴィルに至るまでのライン峡谷全体で再販売されていた。その逆に産地を同じくする毛織物はケルンおよびその周辺の貴族層に売られていた。ところが二人の仲間の間での軋轢（彼らの文書が後世に残ったのはこのおかげなのである）が一四三二年に発生し、この結果ヌイスがボンに向けて出立する羽目となり、そのボンで訴訟を続けた。しかし解決への試みは一切失敗し、彼はヴェストファーレンのフェーメ裁判所に訴えたものの、このために平和喪失刑に処せられる羽目に陥った。そこで彼は抗告取り下げを甘受し、一四五二年に死去した。ヌイスとブンガルトは中級の商人で門閥仲間ではなかったが、どちらもケルンの上層部に有力な援助者を持っていた。ただこの場合は仲間は一人、それも彼と同じ都市に住んでいる身内一人で暮らしている商人である。すなわち、典型的なハンザ型企業であるが、この型は南ドイツでも見られる。

さらにダンツィヒ商人ヨハン・ピスツにも注目が寄せられた。彼の足跡を一四二一年から一四五四年までたどることが可能であり、その会計簿にある覚書はフェッキンクーゼンのものよりも正確である(35)。大商人の彼は、約四〇人の仲間と諸会社をつくり、その中の一人とは二二年に、もう一人とは一〇年にわたる関係を結んだ。加えて彼は委託業をも営んでいた。彼は、交換される商品の価格を金銭で示しながらも、主に物々交換と信用を利用していた。その帳簿には支払い期間、積荷への課税、輸送賃が記されている。その活動についての詳細な研究はまだない。

だが、一五世紀商人の中で今日もなお花形の地位を保っているのはフェッキンクーゼン家のヒルデブラントとジーフェルトの兄弟である。というのも、一八八七年にW・シュティーダによって初めて注意を喚起されたこの兄弟は、レーヴァルの文書館に並外れて大量の史料が保存されているからである。その史料は数百通の商業通信文と一三冊の商業帳簿からなり、近年最初の帳簿のみがM・レスニコフによって刊行された。(36) いずれ残りの史料の刊行も続くにしても、同兄弟についての業績が出るまでには今後、何十年とかかるであろう。レスニコフ自身が研究したのは彼らによる一五世紀の毛皮取引である。彼は一般に信じられているのとは逆に、この取引によって生じた利益はかなり乏しかったと考えている。しかしこの結論にはさらに異論が寄せられている。F・イルジーグラー、R・ドロール、W・シュタルクは、両商人の事業の各種局面を検討している。F・イルジーグラーは書簡類に基づいて、一五世紀初頭における一商人家族の日常生活を、その職業的、財政的、家庭的配慮とともに追跡することに成功した。(37) そもそも中世末の人々の私生活に興味をいだくというのは近年の傾向であって、昔の世代に属するハンザ史家をいくぶん驚かせることになったであろう。しかしこの研究は、ある種の共通関心を通じて当時の人々をわれわれに近づけてくれるのである。

戦前以来、一六世紀の伝記および商人企業についての解説のいくつかは刊行されてきた。たとえば一九三六年にB・ケーラーによって出版されたリューベック商人イーザーマンのレーヴァルとの間に関するもの、また一九五八年にH・ティーアフェルダーが刊行した、ロストクとオスロ間の、ロストク市長クロンとその息子とが、商館に定住した社員ベネとともに営んだ取引（一五五四—五五年）に関するものがある。とりわけ興味深いのは、J・パプリッツによる、シュテティーンのロイツ商会についての研究である。同社はクラクフ、ライプツィヒ、プラハ、アントウェルペン、フランクフルト、コペンハーゲンに代理人を置き、一五五〇年から一五七二年にかけてヨーロッパの大部分で事業を遂行したのである。(38) その主要取引はフランス産塩の輸入と穀物の輸出にあった。しかし特に顕著なのはロイツ商会が、南ドイツおよびイタリアの商事会社と同様の構造を有し、かつ中央集権的な、ハンザ圏唯一の商社だったことである。上述の商事会社と同じく同社は皇帝、デンマーク王、ポーランド王といった君主から経済的特権を獲得する術を心得ていたが、それら特権のおかげで勢力を高めはしたものの、それはまた回収が得られなかった巨額な貸金ゆえに破産の主たる原因にもなった。ロイツ商会は一五七二年に、この時代の他の多くのものと同様に破産したのである。

ハンザ商人についての最近の調査は、フランスのプリュ女史によるものである。(39) ハンザ史協会はこの調査を、付属の史料、図、表、地図を含め六〇〇頁もの大部のフランス語著書として出版した。対象とされたのはリューベックの商人で、一六世紀の中頃から一五七五年の死に至るまで活躍したヴォルター・フォン・ホルステンである。彼の事業はその遺言状、商業帳簿および若干の手紙のおかげで、彼の人生最後の三年間に関して特に知られている。著者はヴォルターを「小さなまたはせいぜい中程度の企業」の主人だと考えているが、彼が無一物から出発して二万リューベック・マルクと評価される財産を残して三五歳で死去したところを見ると、上記の判断はいくぶん厳し過ぎるように思われる。どのみち彼には事業の才があり、若死にしていなかったならばきっと大商人になったことであろう。ヴォルターはよくある例だが、ヴェストファーレンの出身者であった。きわめて異常な点は、リューベックに定住したにもかかわらず市民権を決して取得せず、しかもそれが彼の経歴上の支障にはならなかったらしいことである。彼は市内に住家を有せず、不動産も持っていなかった。彼は若干の家具と二人の手代とともに、ささやかな借家に暮らしていたのである。彼の肩書は常にコップゲゼレ Kopgeselle つまり購買手代である。彼はリューベック周辺やおそらくアントウェルペンやフランクフルトにまで恒常的に旅行していたようである。彼はリューベックの一富商の仲買人として初めて記録に残るが、それはナルヴァにおいてである。しかしほどなくロシアとスウェーデンとの間で戦争が勃発したが、彼は賢明にもリーガに居を構え、そこで他のリューベック商人と提携した。彼は皮革、亜麻、獣脂が主な輸出品であり、毛皮はきわめて乏しかった。この当時ライプツィヒはドイツでの毛皮大市場としてのリューベックの地位を奪ってしまっていたのである。彼はフランス産とイベリア産の塩、ドイツの鉄製品、とりわけブランデンブルク産の毛織物を輸入していた。他方、フランドル産やイングランド産の毛織物が彼の経理には見られないが、これは旧来の商業から大きく変化した証拠である。とはいえリューベックが、物資の多様性、信用の可能性、バルト海東部における依然として大量の船舶ゆえに、ヴォルターの事業を惹きつける大中心地であることに変わりはなかったのは明らかである。彼の企業は繁栄しており、リーガからの積荷は毎度一七パーセントの利潤をもたらしていたようである。その企業は一四世紀のそれと、会社や委託の体制の点でもほとんど変わらない。同社はたぶん当時多数あった中小企業の代表例であろう。

商業利益と商業慣行

ハンザ商業の性格を正しく把握するためには、企業があげた利潤という問題を可能な限り正確に研究することが必須であることは論を待たない。現在のハンザ研究者はとりわけこの点に力を傾注しており、『ハンザ研究』の第五巻で主として扱われている。しかるにこの研究は困難である。何しろ商業帳簿に記されていないことが多く、不正だと考えられないようにすべくある種の利益を粉飾せざるを得ず、利潤は教会が定めた正当利益 justum precium の概念を超えてはいないからである。そもそもある商品の購入価格と販売価格がわかるのはかなり稀であり、いわんや上乗せはわからないのである。商人はその利益高を隠すためにさまざまな策を用いたものであった。最もよく知られていたのが両替からの利潤引き出しで、これは探知がほとんど不可能であった。また直接の利益をあまりにも巨額に見せないようにするため、購入商品の一部を隠匿するという手もあった。そして、帳簿には記載されない商品の追加という形をとることが可能であった「贈り物」という手もあった。名称は同一でありながら場所ごとに多様であった度量衡は、利益に好都合にはたらいた。商品がハンザ圏におけるよりも生産地から遠隔の中心地におけるほうが高額であることがしばしばあった。たとえば塩一「フンデルト」がリスボンでは一万四九二九キログラム、ブルヌフ湾では一万四〇〇〇キログラム、フランドルでは一万三八六三キログラムという具合にである。[40]織物の計量単位であったエレも同様で、東欧に向かうにつれて短くなっていった。すなわち、低地地方では六七センチであるが、リューベックでは五七センチになり、リーガでは五三センチに、ノヴゴロドでは四四センチになるのである。さらに加えて、生産物の量と質には欺瞞が横行しており、常に被害者による告発の対象となっている。それとは逆の意味で、輸送費のために純益は大いに減じることになった。ハンザ商人が手がけた輸送のために高くされてしまったようであり、それはオランダ人による輸送よりも二倍ないし三倍高額だったのである。これはライバルに対する経済的優位をオランダ人に保証し、一五世紀にはオランダ人に北方海上通商における首位を獲得させた重要な切り札の一つであった。

運送賃のこうした相違に対しては特別に研究する価値がある。純益を減らしていた他の出費の中で指摘する必要があるのは、積み替え、危険な水路での特別な水先案内人の雇用、信用支払いにおける遅延、船舶の損耗、もちろんのことながら支払わねばならない各種租税である。こうした点を勘案すれば、ある取引の純益を算出するのは実際上不可能である。だからこそ、これらの問題を研究する歴史家の結論がきわめて多様なのである。たとえばM・レスニコフは以前には毛皮販売の成果は、信じられていたよりもずっと少ないと考えていたのに、やや元の見解に立ち返った。それは一四〇五年から一四〇六年にかけてのヒルデブラント・フェッキンクーゼンの事業を研究したからである。[41]彼が確かめたところによると、リーガ、ポロツク、リューベックでの毛皮四〇枚の販売はそれぞれ、七パーセント、二・六パーセント、一六パーセントの利益をもたらしたという。またW・シュタルクは、一四〇一年にフェッキンクーゼン家二人の兄弟の間で結成され、三〇〇グロート・ポンドの資本金で五年間存続した会社の帳簿を検討して、その資本が一六パーセントから二〇パーセント増加していることを明らかにした。これは、蜜ロウ市場よりはるかに不安定な市場の急激な変化に直面した企業に特徴的な現象である。同様に、バルト海地方とポルトガルまたは地中海地方との間の穀物取引では、M・ボグツカによれば一六、一七世紀には四四パーセントであった。その反対に、P・ジャナンによれば、一六四一年と一六四三—四四年の二例に基づいた場合、一切の費用を差し引くと二〇パーセントである。別々の時期を扱っているため、この二つの見積もりは正確と見てよいかもしれない。

購入と販売に際しての支払いでは、商人にとって厄介な問題が生じていた。これは銀貨が乏しかった東欧で特にそうであった。この点こそはR・シュプランデルが主として中世最後の二世紀に関して取り扱った主題にほかならない[42]。多数の造幣所があった西欧では、一四世紀以降、通貨による支払いが通常であったが、東欧では商品価格が通貨で表示された場合でも物々交換が主であった。諸侯や都市に関していえば、以上の手段に加えて、貢納の割当指示、現物納付、最後に信用が加わる。以前より、ハンザ商人は信用売買が禁止されていたために、信用をほとんど利用しなかったと考えられてきた。しかし実のところハンザ商人の間では大々的に信用が実行されていたのであり、為替手形は一三世紀末以来ハンブルクとブルッへの間で知られている。外部の人々との信用取引禁止令すら、一般的には死文と化していた。シュプランデルはハンザ圏と外部との間での決算バランスを世界的規模で立てようと試みている。そのバランスは明らかに、きわめて多様であった。ハンザ商人とノヴゴロドとの取引に関してはマイナスであるが、その原因は蜜ロウと毛皮の大量購入にあった。プロイセンとイングランドの間に関しても同様であって、その原因は毛織物と香辛料の購入にあるが、他方南ドイツ、ボヘミアとの間ではプラスであり、その主因はたぶん塩漬けニシンの販売にあるのだろう。全体としてバランスはむしろ赤字のようであり、そのためにハンザ商人の会計担当部門がしばしば狼狽しているし、貴金属輸出禁止が出てもいるのである。

ヴェストファーレン諸都市とイングランドの間では、少なくとも一四世紀中頃までの差し引きは、どう見ても黒字であった。そうでなければ一三世紀末以来、何人もの商人——最も著名な事例としてティデマン・リンベルクがいる——が歴代イングランド王に巨額の貸付を行なっていたことを理解できないであろう。歴代の王は軍隊を立て直し、次いでフランスと戦うために資金を必要としていたが、ネーデルラントへのイングランド産羊毛の販売では十分な現金を得ることができなかったのである。主として未刊行のイングランド史料に立脚し、I・M・ペータースがこの貸付政策とその形態を詳細に追跡した。それは外国人すべてに該当する一三〇三年のカルタ・メルカトリア Carta mercatoria、そしてハンザ商人に対して特に授けられた特別の諸特権を通じてであった。同女史はイングランド産羊毛輸出特許という形態で最も多く行なわれた各種貸付と規定を分析している。

企業主は富を増やすために資本主義的といってもよい手段を、どの程度用いたのであろうか。これこそは、西方そして東方双方の研究者らを大いに悩ませてきた問題である。とりわけ問題となるのは、一三世紀から姿を見せ、前貸しによる製造業として定義し得る、ドイツ人が言うところの問屋制前貸制度 Verlagssystem である。[43] すなわち、大商人、それ以上に富裕な手工業的生産者が、資金や原料を職人に前貸しして労働させ、その際に納入期限、製造されるべき製品の品質、製品に対する報酬を決めた。その結果、労働者が企業主へ強く従属することになった。この制度が特に顕著であったのは毛織物業においてであり、製造過程は多くの団体(製糸業、織布業、縮絨業、染色業)に分かれていた。若干の富裕な門閥に有利に働く最古の事例は、毛織物業の大中心地であったケルンにほかならなかった。労働力は市内だけではなく郊外からも募集され、その点にこそ都市の近隣農村に対する支配の一局面が見られるのである。それと同時代、ケルンに並ぶ産業都市ブラウンシュヴァイクでも、織物業において同様にそうした制度の利用はあったが、ケルンほどはっきりと史料に記されているわけではない。同地の一六世紀におけるある史料は、その制度ゆえに労働者らが貧困に陥ったと嘆いている。このような問屋制 Verlag は金属業にも存在していた。すなわち、一四六〇年にケルンのある真鍮鋳造業は三三人の労務者を雇っていたが、彼らは同工場内の一六棟の宿舎に住み、三人の工場主側監督者 Zwischenmeister の監督下に置かれていた。前貸しに基づく企業は、海岸都市におけるよりも内陸都市においていっそう発達したが、醸造業を別とするならば、概して工業的性格は乏しかった。

北西ドイツにおける一三世紀以後の問屋制前貸制度 Verlagssystem の利用は、まぎれもなく最近数十年を通じ最も興味深い発見の一つである。しかしその規模を測るのは困難であり、一六世紀以後の産業体制の始まりであったとも思われない。いずれにせよ、ハンザ商人が外地でこの制度を利用した形跡はない。H・ファン・ヴェルフェーケの指摘によると、イタリアの商社、特にアルベルティ社は一三世紀末以降、フランドルのウェルヴィクに工場を所有して、そこの織物生産に関与したという。[44] これと反対に、ハンザ商人は一五世紀にはスペイン産羊毛で織られたポーペリンゲ産織物の購入独占を確保することで足れりとした。さらにハンザ商人は、他のフランドル諸都市から自分たちのためにポーペリンゲ産と同じ種類の織物を製造するという保証を得たが、これらの織物はブルッヘのハンザ指定市場《ステープル》規定(一四四二年、一四五七年、一四八六年)によれば、もっぱらこの都市で販売されねばならなかった。しかしハンザ商人は製造には直接介入しなかった。このことから察するに、彼らはこの生産方式を組織的に採用する気はなかったように思われる。

この場合は集団的となるが、経済的防衛手段はカルテルの形成であった。[45] ハンザ商人は、特に外地では団結して、自分たちには不利とはいえない売買価格を主張した。一三〇九年以来、イングランド商人が形成した蜜ロウ価格に関するカルテルに対応すべく、ロンドン商館のドイツ人も蜜ロウ価格を決めるために共謀したのである。一四四七年にフランドルの成員たちはハンザ・カルテルの存在を口実として、報復措置をとることとなった。ハンザ総会自体もしばしば介入し、価格の固定と強制的なカルテル Zwangs-kartell をハンザ商人に義務づけようとした。これはトラスト、すなわち関係諸企業の融合までには決して進まなかったが、ハンザの心性には絶対に反する措置である。とはいえ痕跡をほとんど残してはいないとしても、カルテルはハンザ諸都市に、一時的なものであったにせよ、数多く存在していた可能性はある。というのも利害が同一ならば、商人あるいは製造業者を結集させていたのが当時の通例だからである。これらの一時的な合同を前資本主義的形態と見てもよいかもしれない。

交換、伝達、折衝

二〇世紀初頭以来何人もの著者が、単一商品にしぼってハンザ商業を取り扱ってきた。そのため、穀物、ワイン、フランス産塩、琥珀等々については全体像が得られている。こうした総合は貴重ではあったものの、歴史研究の進歩によってほどなく克服されてしまった。一九六〇年以来、その他の産品についても、この種の専門書が何冊も公刊されており、記述は短いにしてもきわめて有用である。[46] 塩は『ハンザ研究』第一巻に所収のW・フェルマンによる研究の主題となった。彼は示唆的な三つの地図を手掛かりとして、ハンザ圏にとっての供給源を示している。すなわちフリースラントの海塩、リューネブルク、ハレ、コルベルクの岩塩、一四世紀中頃以降スカンディナヴィアとバルト海東部を征服するフランス、ポルトガル産塩である。しかしリューネブルクの塩は品質が高く、一四五〇年頃までドイツの一部では評価を保った。その頃までに、精製技術の進歩が出来栄えの差をぼかしてしまい、このためにリューベックの主要な商業の一部門が打撃を被ることになった。同氏は精製技術の詳細について興味深い事情を教えてくれているが、その精製には大量の木材が必要であった。またR・シュプランデルは先史時代から中世末までのヨーロッパにおける鉄の生産とその取引について、一冊の大部の著書をものしている。[47] ハンザ圏では鉄はハルツ山地で採掘されたが、リューベックの商業を支えていたのは特にスウェーデンとスロヴァキアの鉱山群であり、ケルンをイングランド向けの大輸出地にしていたのは、ライン地方片岩質山岳地帯の鉱山群であった。鉄以上に重要だったのは銅であり、日常生活に不可欠な存在であって、合金、青銅、真鍮製造の産業は繁栄していた。F・イルジーグラーは一四〇〇年から一五五〇年に至るハンザ圏における銅の取引と工業についてのきわめて密度の高い概観を刊行している。銅は一四世紀末以後衰退するものの、ハルツ山地の諸鉱山から、またマンスフェルトの諸鉱山から採掘されたが、特に供給源となったのはスウェーデンのファルーンとカルパチア山脈であった。銅産業の主な中心地はヒルデスハイム、ブラウンシュヴァイク、ケルン、フランス語圏ハンザ都市であるディナンで、最後の二都市はその製造品の大部分をイングランドに輸出しており、一六世紀にはイベリア半島にも等しく向かった。銅取引は一五世紀末まではリューベックの大富源の一つであったが、次いでフッガー家がスロヴァキアの鉱山を掌握して、北方海域に姿を現してリューベックとの競争の末勝利をおさめるに至り、リューベックは一五三八年にフッガー家による銅の陸路と海路双方からの通過を受け入れることを余儀なくされた。

毛皮はハンザ商業の中でまぎれもなく最も名高く、最もよく研究された商品の一つである。M・レスニコフの多くの詳細な業績以外にもこの点で基本著述というべきは、R・ドロールの学位論文である。それは中世末期西欧における毛皮類のあらゆる側面に関する研究であり、総合研究となった稀有の例である(48)。ドロールは、毛皮のうち最も高価なもの（クロテン）から最も普通のもの（キツネ、子羊）に至るまでのあらゆる種類――それが本当に全部か否かはわからないが――の産地、そして西欧に輸出されるルートを視野に入れている。それによると本質的には二つの通商軸、つまり地中海軸と、群を抜いて重要な北方海域軸があった。ドロールは西欧諸国の毛皮業者の仕事と取引も同様に研究している。同著の大部分がハンザ圏に関係しているのはいうまでもない。彼が依拠したのもフェッキンクーゼンの会計簿であるが、その解釈の難しさを浮き彫りにする結果となった。ドロールの評価によれば、一四〇二年から一四一一年までの期間について、ヒルデブラント・フェッキンクーゼンは年平均二〇万枚のリスの毛皮、さらに高価な他の毛皮一〇万枚を商い、そのほぼ全額は約一九五〇フランドル・グロート・ポンドに達したという。一四〇四年にリーガから来るところをイングランド人に捕らえられた三隻の船は、ほぼ四〇万枚の毛皮を積んでおり、一つがほぼ一万枚を詰め込んだいくつもの大樽を積載していた。この記念碑的な著作が、中世の毛皮研究にかかわるあらゆる論点にとっての基本的論考として、今後とも残り続けるであろうことは間違いない。

一五世紀後半以後のハンザの弱体化が、主として都市グループ間の不和増大によることは知られている。彼らの利害の不一致は、地理的要因によるものでもあるが、次第に都市グループを対立させることになった。当初から内陸都市は海岸都市に対して心を開かなかった。というのも前者は、自らにかかわりがあるとは感じない時には、後者の外交政策を常に受け入れたわけではなかったからである。さらに深刻なのはプロイセン都市とりわけダンツィヒと、ヴェント都市、とりわけリューベックとの間の対立であった。航海術の進歩、船舶の大型化により寄港地の必要性が減り、バルト海東部とイングランド、フランドル、ブルヌフ湾間の通商関係がますます強くなったために、ダンツィヒ船は、ハンブルクに向けて積み替えの必要なリューベック・ルートよりも、危険があり不便であるにもかかわらず、エアソン海峡を通る海路をしだいに好むようになった。この点は一五世紀中頃以降について、

W・シュタルクの著書が示している。[49] その当時まではダンツィヒで降ろす商品に対するリューベックの割合は四〇パーセントであった。一五三〇年頃にはそれがもはや一〇パーセントでしかなかった。諸都市が、「四肢にとって頭であるかのような」リューベックに繋がっているようだと書き送られた時代とはかけ離れた状況である。ダンツィヒがフッガー家に示した好意的受け入れは、この両都市間の不和を大いに助長したと思われる。

一五、一六世紀におけるハンザ史上の重大な事実は、間違いなくオランダ人との経済的対決である。オランダ人は勝利者として苦難を切り抜けた。多くの論文があるが、K・シュパーディングが、一五世紀に限定して、この主題にまるまる一冊をあてた。[50] 彼は、品質と価格の良さを武器に、以前はフランドル産、ブラバント産毛織物に押さえられていた市場を征服することに成功したオランダ産毛織物の進出を描いているが、それに加えてビールと北海産塩漬けニシンの輸出増大にも筆を進めている。人口および女性労働力の増加、問屋制の大々的な利用、活力に満ちた小企業の増大、海運業の躍進などのおかげで、オランダ人はハンザの禁令にもかかわらず至るところに浸透し、領主層やハンザ圏の生産者と直接関係に入り、彼らから穀物を購入し、運送料の低減のおかげで競争相手に対して商業上の優位を確保できたのである。ブルッヘ指定市場の規則を通じてオランダ産毛織物の輸出を制約しようという希望は幻想であることが明らかとなり、当指定市場は一五〇二年に廃止されざるを得なかった。K・シュパーディングはこの優位を個性的で資本主義的な精神で説明しようと試みているが、結局は自由競争よりも費用がかかり、いっそう複雑であるものの、この方法がハンザの規制よりも有効なのであった。彼はさらにオランダ内部でも成功の度合いには違いがあったことに注意を促している。すなわちアムステルダムの抵抗し難い発展に押されて、一五世紀の半ば以後多くのオランダの小都市は衰退したのである。

最後に一六世紀末におけるハンザのいわゆる衰亡に立ち返る必要がある。確かに軍事的にはハンザはイングランドやスウェーデンに大差をつけられ、商業上はイングランド人とオランダ人に凌駕されてしまった。さらにハンザの結束が、それを阻止しようとする努力にもかかわらず、容赦なく緩んでいったことも明らかである。しかし一方でこの時期に、活力ある拡大が見られた地域もあった。一五九〇年から一六二五年までのハンザの地中海進出を想起しよう。[51] ガスコーニュ産ワイン、ブルアージュとセトゥバル産塩のバルト海地方との取引は依然として重要性を保っていた。ついでに言うなら、フランスの史料がこれらの商品の取引についてほとんど伝えていないのは驚きである。とはいえ、そのような史料は存在しているはずである。北方ではスカンディナヴィア、特にスウェーデン交易は依然繁栄していた。[52] ロシアとの間でさえ、通商関係は、これまで言われてきた以上に緊密であり続けた。一五一四年に再開されたとはいえ、ノヴゴロド商館の閉鎖、とりわけノヴゴロド自体の衰退のために、ノヴゴロドおよびプスコフ両商館との取引が途絶える結果にはならなかったにせよ、縮小したのは事実である。[53] この取引は一六世紀第三・四半期にスウェーデン・ロシア間の戦争に巻き込まれたが、一五八四年以降さまざまな試みがなされた結果、一六〇三年にツァーリのボリス・ゴドゥノフが、リューベックに対し（それもリューベックに対してのみ）「恵与状」を付与した。そこでは、リューベックが両商館を保有することとそこでの通商権が確認された。その翌年にハンブルクとアルハンゲリスクとの間で直接の通商関係が樹立され、発展に向かっていった。

以上、一九六〇年以降のハンザの歴史叙述を特徴付けているいくつかの論著を紹介してきた。しかしこれらのみではないことは、対象とされたこの二五年間にわたる『ハンザ史論叢』の「展望欄」に掲載されている約四〇〇〇頁にも達する書評欄をひもとけば十分わかる。そこでは、たとえば多くの都市での発掘を通じて知られたハンザの先史時代、あるいは船舶と航海術の改良についての著作、[54] W・エーベルの専門であるハンザ法史（リューベック法、参事会判決）についての著作、教会関係についての著作、文化、大学、文学、特にN・R・ツァスケが一心をこめた芸術についての著作が挙げられている。[55] このように、どの領域も探求されており、すべてがハンザ史研究の深化に貢献してきているのである。

強調されるべきなのは、以上で述べてきたさまざまな研究分野が示している関心はもちろんであるが、ハンザの歴史叙述に見られるダイナミズムであり、また、ハンザという対象自体の中世と近代初期の歴史研究における重要性であり、さらに、ハンザの歴史叙述が多くのヨーロッパ諸国の専門家の共同という点で卓越した地位を現在占めているという点なのである。

原注

（1） G. Schneider, Der hansische Geschichtsverein, in: *Der Wagen* 1972; A. von Brandt, Hundert Jahre Hansischer Geschichtsverein. Ein Stück Sozial- und Wirtschaftsgeschichte, in: *HGBll* 88, 1970, S. 3–67.

（2） E. Pitz, Hansische Geschichtsforschung 1945–1960, in: *VSWG* 48, 1961, S. 251–262.

（3） H. Sproemburg, Die Hanse in europäischer Sicht, in: *Annales de la Société royale d'Archéologie de Bruxelles* 50, 1961, p. 211–224.

（4） *HGBll* 83, 1965 & 95, 1977 に掲載された追悼記事を参照。A. von Brandt の主要業績は本注52の書籍に再録されている。

（5） A. d'Haenens（ed.）, *L'Europe de la mer du Nord et de la Baltique. Le monde de la Hanse*, Paris 1984, 427 p. 511 ill.; R. Boyer, P. Jeannin, M. Gravier, *Mers du Nord et Baltique. L'Héritage de l'Europe du Nord*, Paris 1981, 254 p. 470 ill.; H. Stoob, Die Hanse und Europa bis zum Anfang der Neuzeit, in: *Weltpolitik, Europagedanke, Regionalismus. Festschrift für H. Gollwitzer zum 65. Geburtstag*, Münster 1982, S. 1–17.; K. Pagel, *Die Hanse*, 4 Aufl., Braunschweig 1983; J. Schildhauer, *Die Hanse. Geschichte und Kultur*, Leipzig 1984, 246 S. 182 Abb.

(6) *Die Deutsche Hanse als Mittler zwischen Ost und West*, Köln/ Opladen 1963; *Hanse in Europa. Brücke zwischen Märkten*, Köln 1973; G. Hatz, Hanse in Europa I. Die Kölner Hanse-Ausstellung 1973, in: *HGBll* 92, 1974, S. 79–88.

(7) *Hanserezesse*, 4. Abteilung, Band 2, Leipzig 1970.

(8) L. Knabe, *Das zweite Wismarsche Stadtbuch 1272–1297*, 2 Teile, Weimar 1966 (QDhG NF 14); R. Vogelsang, *Kämmereibuch der Stadt Reval 1432–1463*, 2 Halbbände, Köln/ Wien 1976 (QDhG NF 22).

(9) A . von Brandt, *Regesten der Lübecker Bürgertestamente (1278–1363)*, 2 Bände, Lübeck 1964–1973; H. D. Loose, *Hamburger Testamente 1351–1400*, Hamburg 1970; S. Jenks, Hansische Vermächtnisse in London (1363–1483), in: *HGBll* 104, 1986, S. 35–111.

(10) R. Sprandel, *Quellen zur Hanse-Geschichte*, Darmstadt 1982 (Ausgewählte Quellen zur Geschichte des Mittelalters 36).

(11) K. Karol Górski, Witold Szczuczko, Die Wachstafeln der Stadt Torun als Quelle zur Stadtgeschichte, in: *Hansische Studien* 6, Weimar 1984, S. 214–233; L. Tcherpnine, La paysannerie russe aux XIVe et XVe siècle d'après les écorces de bouleau de Novgorod, in: *Recherches internationales à la lumière du marxisme* 37: *Le féodalisme*, 1963, p. 123–138; E. Ennen, Stadt und Schule in ihrem wechselseitigen Verhältnis, vornehmlich im Mittelalter, in: *Rheinische Vierteljahrsblätter* 22, 1957, S. 56–71.

(12) F. Bruns, H. Weczerka, *Hansische Handelsstraßen*, 3 Teile, Köln/ Graz/ Weimar 1962–1968 (QDhG NF 13); H. Weczerka, Les routes terrestres de la Hanse, in: *L'homme et la route en Europe occidentale au Moyen Age et aux Temps modernes*, Auch 1982 (Flaran 2), S. 85–105.

(13) H. Wernicke, *Die Städtehanse 1280–1418. Genesis-Strukturen-Funktionen*, Weimar 1983 (Abhandlungen zur Handels- und Sozialgeschichte 22); V. Henn, Die Hanse: Interessengemeinschaft oder Städtebund?, in: *HGBll* 102, 1984, S. 119–126.

(14) K. Schwebel, *Der Stralsunder Friede (1370) im Spiegel der historischen Literatur*, Bremen 1970 (Jahrbuch der Wittheit zu Bremen 14); K. Fritze, Die Bedeutung des Stralsunder Friedens von 1370, in: *Zeitschrift für Geschichtswissenschaft* 19, 1971, S. 194–211; P. Dollinger, Die Bedeutung des Stralsunder Friedens in der Geschichte der Hanse, in: P. Dollinger, *Pages d'histoire –France et Allemagne médiévales: Alsace*, Paris 1977 (Association des publications près les Universités de Strasbourg; Collection de l'Institut des hautes etudes Alsaciennes 25), p. 81–92.

(15) H. Stoob, Die Hanse und Europa bis zum Anfang der Neuzeit, in: *Weltpolitik, Europagedanke, Regionalismus. Festschrift für H. Gollwitzer zum 65. Geburtstag*, Münster 1982, S. 1–17; E. Pitz, Steigende und fallende Tendenzen in Politik und Wirtschaftsleben der Hanse im 16. Jahrhundert, in: *HGBll* 102, 1984, S. 39–77; P. Jeannin, Contribution à l'étude du commerce hanséatique aux environs de 1580, in: *Hansische Studien. H. Sproemburg zum 70. Geburtstag*, Berlin 1961, S. 162–189.

(16) K. F. Krieger, *Ursprung und Wurzeln der Rôles d'Oléron*, Köln/Wien 1970 (QDhG NF 15).

(17) E. Keyser, *Bibliographie zur Städtegeschichte Deutschlands*, Köln/ Wien 1969, S. 181–294, 334–359. A. von Brandt が S. 248–253 にハンザ全般を扱う短い文献一覧を記している。H. Boockmann, *Die Stadt im späten Mittelalter*, München 1986, 500 ill.; H. Planitz, *Die deutsche Stadt im Mittelalter*, 2. Aufl., Graz/ Köln 1965.

(18) E. Cieslak, *Historia Gdańska*, 2 vol. Gdańsk 1978–1982; B. Jähnig, P. Letkemann, *Danzig in acht Jahrhunderten*, Münster 1985 (Quellen und Darstellungen zur Geschichte Westpreußens 23); H. Ewe, *Geschichte der Stadt Stralsund*, Weimar 1984 (Veröffentlichungen des Stadtarchivs Stralsund 10); F. Gause, *Geschichte der Stadt Königsberg in Preußen* 1, Köln 1965; G. Luntowski, *Dortmund. 1100 Jahre Stadtgeschichte*, Dortmund 1982; W.

Jochmann, *Hamburg. Geschichte der Stadt und ihrer Bewohner*, Hamburg 1982; R. Sprandel, Le port de Hambourg au Bas Moyen Age, in: *Les grandes escales* 1, Bruxelles 1974 (Recueil de la Société Jean Bodin 32), p. 401–415.

(19) A. Graßmann (Hg.), *Neue Forschungen zur Geschichte der Hansestadt Lübeck*, Lübeck 1985 (Veröffentlichungen zur Geschichte der Hansestadt Lübeck 13).

(20) *Zwei Jahrtausende Kölner Wirtschaft*, Bd. 1, Köln 1975 所収の F. Irsigler, Kölner Wirtschaft im Spätmitteralter, S. 217–319, H. Kellenbenz, Wirtschaftsgeschichte Kölns im 16. und beginnenden 17. Jahrhundert, S. 321–427; F. Irsigler, *Die Wirtschaftliche Stellung der Stadt Köln im 14. und 15. Jahrhundert. Strukturanalyse einer spätmittelalterlichen Exportgewerbe- und Fernhandelsstadt*, Wiesbaden 1979 (VSWG Beiheft 65).

(21) H. Stoob, *Deutscher Städteatlas*, 3 Lieferungen, Altenbeken 1973–1984; T. Hall, *Mittelalterliche Stadtgrundrisse. Versuch einer Übersicht der Entwickelung in Deutschland und Frankreich*, Stockholm 1978.

(22) K. Bjerknes, Wohnhäuser in alten Stadtteilen. Eine Forschung wird vorgelegt, in: *HGBll* 102, 1984, S. 105–117.

(23) K. Fritze, *Bürger und Bauern zur Hansezeit. Studien zu den Stadt-Land Beziehungen an der südwestlichen Ostseeküste vom 13. bis 16. Jahrhundert*, Weimar 1976 (Abhandlungen zur Handels- und Sozialgeschichte 16).

(24) B. Scheper, *Frühe bürgerliche Institutionen norddeutscher Hansestädte*, Köln/ Wien 1975 (QDhG NF 20).

(25) R. Barth, *Argumentation und Selbstverständnis der Bürgeropposition in städtischen Auseinandersetzungen des Spätmittelalters*, Köln/ Wien 1974.

(26) M. Puhle, Der sächsische Städtebund und die Hanse im Spätmittelalter, in: *HGBll* 104, 1986, S. 21–34; H. Sauer, *Hansestädte und Landesfürsten*, Köln/ Wien 1971 (QDhG NF 16).

(27) M. Biskup, Der preußische Bund. 1440–1454. Genesis, Struktur, Tätigkeit und Bedeutung in der Geschichte Preußens und Polens, in: *Hansische Studien* 3, Weimar 1975, S. 210–229.

(28) J. Schildhauer, Die Sozialstruktur der Hansestadt Rostock, in: *Hansische Studien*, Berlin 1961, S. 341–353; A. von Brandt, Die gesellschaftliche Struktur des spätmittelalterlichen Lübeck, in: *Vorträge und Forschungen* 11, 2. Aufl., Sigmaringen 1974. S. 216–239.

(29) M. Groten, Die Kölner Richerzeche im 12. Jahrhundert, in: *Rheinische Vierteljahrsblätter* 48, 1984, S. 35–85.

(30) F. Irsigler, A. Lassotta, *Bettler und Gaukler, Dirnen und Henker. Randgruppen und Außenseiter in Köln 1300–1600*, Köln 1984 (藤代幸一訳『中世のアウトサイダー』白水社、新装復刊二〇一二年、一九九二年)。

(31) M. Hellmann, Gilden, Zünfte und Ämter in den livländischen Städten unter besonderer Berücksichtigung der "Undeutschen", in: *Festschrift Berent Schwineköper zu seinem siebzigsten Geburtstag*, Sigmaringen 1982, S. 327–335.

(32) P. Ketsch, *Frauen im Mittelalter*, 1. Frauenarbeit, 2. Frauenbild und Frauenrechte in Kirche und Gesellschaft. Quellen und Materialien, 2 Bände, 1983–1984; E. Ennen, *Frauen im Mittelalter*, 2. Aufl., 1985 (阿部謹也・泉眞樹子共訳『西洋中世の女たち』人文書院、一九九二年); *La femme* (Les Recueil de la Société Jean Bodin XI), 1962. その中では中世末期の女性については触れられていない。

(33) M. Wensky, *Die Stellung der Frau in der stadtkölnischen Wirtschaft im Spätmittelalter*, Köln/ Wien 1981 (QDhG NF 26).

(34) A. von Brandt, Ein Stück kaufmännischer Buchführung aus dem letzten Viertel des 13. Jahrhunderts, in: *ZVLGA* 44, 1964, S. 5–34; F. Irsigler, Leben und Werk eines spätmittelalterlichen Kaufmanns am Beispiel von Johann von Nuyss aus Köln, in: *Jahrbuch des kölnischen Geschichtsvereins* 42, 1968, S. 103–136.

(35) W. Stark, Zins und Profit beim hansischen Kapital, in: *Hansische Studien* 5, Weimar 1981, S. 13–27.

(36) M. Lesnikov, *Die Handelsbücher des hansischen Kaufmanns Veckinchusen*, Berlin 1973 (Forschungen zur mittelalterlichen Geschichte 19); Id., Der hansische Pelzhandel zu Beginn des 15. Jahrhunderts, in: *Hansische Studien*, Berlin 1961. S. 219–271; Id., Lübeck als Handelsplatz für Osteuropawaren im 14. Jahrhundert, *ibid.*, S. 273–292; A. von Brandt, Die Veckinchusen Handelsbücher, in: *HGBll* 93, 1975, S. 100–112; W. Stark, Die Handelsgesellschaft der Brüder Veckinchusen im ersten Jahrzehnt des 15. Jahrhunderts, in: *Hansische Studien* V, Weimar 1981, S. 90–114. を見よ。 R. Delort, (注48参照), II, p. 997–999; M. Lesnikov, Zur Frage des Profitniveau im hansischen Handel anhand des Nachlasses Hildebrands Veckinchusen, in: *Hansische Studien* 5, Weimar 1981, S. 28–40.

(37) F. Irsigler, Der Alltag einer hansischen Kaufmannsfamilie im Spiegel der Veckinchusen Briefe, in: *HGBll* 103, 1985, S. 75–100.

(38) J. Papritz, Das Handelshaus der Loitz zu Stettin, Danzig,und Lüneburg, in: *Baltische Studien* NF 44, 1957, S. 73–94.

(39) M. L. Pelus, *Wolter von Holsten. Marchand lubeckois dans la seconde moitié du XVIe siècle*, Paris/ Köln/ Wien 1981 (QDhG NF 25).

(40) I. E. Kleinenburg, Preise, Masse und Profit im hansischen Novgorodhandel im 14. und 15. Jahrhundert, in: *Hansische Studien* V, Weimar 1981, S. 51–63; H. Witthöft, Maß- und Gewichtsnormen im hansischen Salzhandel, in: *HGBll* 94, 1977, S. 38–65.

(41) 注36参照。

(42) R. Sprandel, *Das mittelalterliche Zahlungssystem nach hansisch-nordischen Quellen des 13.–15. Jahrhunderts*, Stuttgart 1975 (Monographien zur Geschichte des Mittelalters. 10); I. M. Perters, *Hansekaufleute als Gläubiger der englischen Krone* (*1294–1350*), Köln/ Wien 1978 (QDhG NF 24).

(43) R. Holbach, Formen des Verlags im Hanseraum vom 13. bis zum 16. Jahrhundert, in: *HGBll* 103, 1985, S. 41–73; F. Irsigler, Frühe Verlagsbeziehungen in der gewerblichen Produktion des westlichen Hanseraumes, in: *Hansische Studien* 5, Weimar 1981, S. 175–183; A. Schaube, Die ursprüngliche Akkumulation des Kapitals. Problemstellung und vergleichende Sicht, *ibid.*, S. 118–138.

(44) H. Werveke, Die Stellung des hansischen Kaufmanns dem flandrischen Tuchproduzenten gegenüber, in: *Beiträge zur Wirtschafts- und Stadtgeschichte. Festschrift für H. Ammann*, Wiesbaden 1965, S. 296–304.

(45) E. Maschke, Deutsche Kartelle des 15. Jahrhunderts, in: *Festschrift zum 65. Geburtstage von F. Lütge*, Stuttgart 1966, S. 74–87; W. von Stromer, Der innovatorische Rückstand der hansischen Wirtschaft, in: *Beiträge zur Wirtschafts- und Sozialgeschichte. Festschrift für H. Helbig*, hg. von K. Schulz, Köln/ Wien 1976, S. 205–217; R. Sprandel, Die Konkurrenzfähigkeit der Hanse im Spätmittelalter, in: *HGBll* 102, 1984, S. 21–38.

(46) W. Fellmann, Die Salzproduktion im Hanseraum, in: *Hansische Studien*, Berlin 1961, S. 36–71; M. Bogucka, Le sel sur le marché de Gdansk au cours de la première moitié du XVIIe siècle, in: *Studia historiae Oeconomica* 11, 1976 , p. 57–69; A. Friis, La valeur documentaire des comptes du péage du Sund (1571–1618), in: M. Mollat (éd.), *Les sources de l'histoire maritime en Europe, du Moyen Age au XVIIIe siècle*, Paris 1962, p. 365–382. 同書三四三頁のハンザ商人によって輸出されたイングランド産織物（一四一一六世紀）の図表。

(47) R. Sprandel, *Das Eisengewerbe im Mittelalter*, Stuttgart 1968; F. Irsigler, Hansischer Kupferhandel im 15. und in der ersten Hälfte des 16. Jahrhunderts, in: *HGBll* 97, 1979. S. 15–35.

(48) R. Delort, *Le commerce des fourrures en Occident à la fin du Moyen Age* (*vers 1300 - vers 1450*), 2 vol., Rome 1978 (Bibliothèque des Ecoles Françaises d'Athènes et de Rome 236).

(49) W. Stark, *Lübeck und Danzig in der zweiten des 15. Jahrhunderts. Untersuchungen zum Verhältnis der wendischen und preußischen Hansestädte in der Zeit des Niedergangs der Hanse*, Weimar 1973 (Abhandlungen zur

Handels- und Sozialgeschichte 11).

(50) K. Spading, *Holland und Hanse im 15. Jahrhundert. Zur Problematik des Übergangs vom Feudalismus zum Kapitalismus*, Weimar 1973（Abhandlungen zur Handels- und Sozialgeschichte 12); M. Bogucka, Les relations entre la Pologne et les Pays-Bas, in: *Cahiers de Clio* 78–79, 1984, p. 5–18; Id., Le commerce de Gdansk avec la péninsule ibérique à la charnière du XVIe et XVIIe siècle, in: *Studi in memoria di Federigo Melis*, Napoli 1978, III, p. 289–307.

(51) P. Jeannin, Entreprises hanséatiques et commerce méditerranéen à la fin du XVIe siècle, in: *Mélanges en l'honneur de Fernand Braudel* I, 1973, p. 263–276; H. Samsonowicz, Relations commerciales entre la Baltique et la Méditérranée aux XVIe et XVIIe siècle. Gdansk et l'Italie, *ibid.*, p. 537–545.

(52) *Lübeck, Hanse, Nordeuropa. Gedächtnisschrift für Ahasver von Brandt*, hrsg. von K. Friedland und R. Sprandel, Köln/ Wien 1979 所収の Die Hanse und die nordischen Mächte im Mittelalter, S. 13–36 および Der Anteil des Nordens an der deutschen Geschichte des Spätmittelalters, S. 37–52.

(53) E. Tiberg, Moskau, Livland und die Hanse 1487–1547, in: *HGBll* 93, 1975, S. 13–70; N. Angermann, Die Hanse und Rußland in den Jahren 1584–1603, in: *HGBll* 102, 1984, S. 79–90.

(54) 特に下記を参照のこと。M. Mollat（ed.), *Le Navire et l'Economie maritime du Nord de l'Europe du Moyen Age au XVIIIe siècle*, Paris 1960. コッゲ船についてはP. Heinsius の諸論文、また M. Malowist, Jeannin（バルト海地方における船舶のトン数）、J. Zoutis（リーガ）他の論文。

(55) Nikolaus Zaske und Rosemarie Zaske, *Kunst in Hansestädten*, Leipzig 1985. 一五二二のイラスト中三二がカラー図版。Id., Mittelalterliche Plastik und Malerei, in: *Hansische Studien* 7, Weimar 1985, S. 147–158..

一九八六年以降のハンザ史研究

柏倉　知秀

一九六四年にドランジェの初版が出版されてから一九八五年に第二版が出版されるまでの二〇年間にわたるハンザ史研究の歩みについては、本書前掲の「最近二五年間のハンザ史学」で解説されている。その後、一九九八年に出版されたドイツ語訳第五版には、ドランジェとA・グラースマン（元リューベック市立文書館長、元ハンザ史協会会長）の共著による一九九七年までの研究史が追加された。本訳書では、フランス語第二版を底本としている関係上、ドイツ語訳第五版所収の研究史を掲載することができなかったため、以下に一九八六年から二〇一五年までの研究史について簡単に補足しておく。

1　ハンザ史研究の組織

一九八六年以降のハンザ史研究における最大の変化は、ドイツ統一の翌年（一九九〇年）に旧東ドイツのハンザ研究委員会が旧西ドイツのハンザ史協会に吸収される形で再統一されたことである[1]。ハンザ史協会の本部は、これまで同様リューベック市立文書館（正式名称はハンザ都市リューベック文書館 Archiv der Hansestadt Lübeck）に置かれている。その結果、従来、東ドイツのハンザ研究委員会から出版されていた叢書『ハンザ研究 *Hansische Studien*』は、ハンザ史協会大会 Pfingstagung（年に一度、聖霊降臨祭の時期に開催される）の報告内容をまとめた論文集として出版されるようになった。また、ハンザ史協会が編集していた叢書 *Quellen und Darstellungen zur hansischen Geschichte*（QDhG）は、博士論文などをもとにしたモノグラフと史料集の発行媒体として位置づけられるようになった（最新の刊行状況についてはハンザ史協会のウェブサイトを参照）。なお、ハンザ史協会では出版物のデジタル化を進めており、刊行後百年を経過した雑誌『ハンザ史論叢 *Hansische Geschichtsblätter*』（HGBll）や前述の叢書類、*Hansisches Urkundenbuch* や *Hanserecesse* といったハンザ史の基本史料集などがウェブサイトからダウンロード可能となっている[2]。

冷戦終結がハンザ史研究におよぼしたもう一つの影響として、第二次世界大戦後に散逸していた各地の文書館史料が再び利用可能となったことが挙げられる。ハンザ史研究にとって特に重要なのが、第二次世界大戦後に旧東ドイツと旧ソ連に抑留されていたリューベック市立文書館の所蔵史料が返還されたことである[3]。一部の史料は現在でも行方不明のままであり、また抑留中の保存状態がよくなかったために現在でもまだ利用できない史料もあるが、大部分の史料については所蔵調査と目録化が進められており、文書館のウェブサイトで検索が可能となっている。一部の史料についてはデジタルアーカイブ化もされており、オンライン目録からデジタル画像の閲覧が可能となっている[4]。

なお、逆に失われた史料もある。二〇〇九年三月三日、地下鉄工事が原因でケルン市歴史文書館が倒壊するという信じられないような事故がおきた。所蔵史料の一部はデジタルアーカイブとして公開されているが、倒壊した文書館が再建され、事故現場から回収された史料が再び利用可能となるまで、まだ多くの歳月が必要となるだろう[5]。

二〇一五年、EUからの資金援助を受けてリューベック市内に「ヨーロッパ・ハンザ博物館 Europäisches Hansemuseum」が開館した。その結果、これまでリューベック市立文書館に附置されていた「ハンザ・バルト海地域史研究所 Forschungsstelle für die Geschichte der Hanse und des Ostseeraums」がハンザ博物館に移転し、研究部門長であるR・ハメル-キーゾウ(キール大学名誉教授、ハンザ史協会会長)のもと、欧米各地の研究者と協力関係を構築しつつ、ハンザ史の研究が進められていく計画になっている。今後、ハンザ史研究の新しい研究拠点として注目される[6]。なお、ドイツ以外の研究拠点として、オランダのフローニンゲン大学に「ハンザ研究センター Hanze Study Centre」が二〇〇二年に設置されており、叢書『フローニンゲンハンザ研究 *Groningen Hanze Studies*』を刊行している[7]。

ハンザ圏では文献史学だけではなく、考古学の研究も盛んである。一九九五年以降、二年に一度ハンザ圏の都市考古学者がリューベックに集って国際会議を開催している。国際会議の記録は論文集 *Lübecker Kolloquium zur Stadtarchäologie im Hanseraum* として出版されており、ハンザ圏における都市考古学の研究動向を把握するのに便利である。他にも、リューベックおよびハンザ圏の都市考古学や建築史の研究成果を公開するために、リューベックの研究者が中心となって論文集 *Lübecker Schriften zur Archäologie und Kulturgeschichte* や叢書 *Häuser und Höfe in Lübeck* が出版されている。

2 ハンザ史の概説

ドランジェ以降、ドイツではハンザ史に関する総合的な叙述は、長らく現れることはなかった。ようやく一九九一年に出版されたK・フリートラントの著書は、ハンザ史のトピックを項目ごとにまとめた小著にすぎなかった[8]。その後、著名な都市史家であるH・シュトープが一九九五年にハンザ史の概説書を出版したが[9]、その内容についてはハメル-キーゾウによって最新の研究成果が十分に反映されていないという批判を受けた[10]。その後、シュトープを批判したハメル-キーゾウ自身が、二〇〇〇年にハンザ史の概説書を出版することになった。[11] ハメル－キーゾウの著書はコンパクトながらも好評を博し、二〇一四年には改訂第五版が出ている。ハメル－キーゾウには他にも共著として、美しい写真や図版が素晴らしい一般向けのハンザ史（二〇〇九年）[12] やドイツのテレビ局ZDFと共同企画されたハンザの解説書（二〇一一年）がある。[13] 後者はZDFで放映された番組をウェブサイトで視聴することも可能である。[14] S・ゼルツァーによって執筆された『中世のハンザ *Die mittelalterliche Hanse*』（二〇一〇年）は、章ごとに簡便な年表や史料の抜粋が掲載され、巻末には解説付きの文献案内が付いており、初学者に格好の入門書である。[15] ハンザ史の研究に関心がある場合は、本書を最初に手に取ることをおすすめする。二〇一四年にレクラム文庫から出たC・ヤーンケの概説書は、小著だが先行研究を随所で批判的に検討している点が特徴的である。[16] このように、一九九一年以降、多くの概説書が出版されているにもかかわらず、二〇一五年の時点でもハンザ史の総合的な叙述としてドランジェに比肩しうる文献は存在しないのが現状である。しかし、ドランジェの初版が出版されてからすでに半世紀が過ぎており、内容のアップデートが必要とされていた。そのため、二人のドイツ人研究者がドランジェの本文に加筆・修正したドイツ語訳第六版が二〇一二年に出版されることになった。ただ、巻末の研究史が割愛されてしまっている点、ドランジェの元の文章と加筆された箇所の判別がつかない点など、いささか中途半端な改訂にとどまっているのが残念である。[17] 一方で、ハンザ史年表や改訂されたハンザ都市一覧、そして、最も詳細な参考文献一覧が巻末に付されており、ハンザ史に関心がある者なら必携の文献となっている。複数の著者によって執筆された包括的なハンザ史の叙述としては、一九八九年にハンブルクで開催された大規模なハンザの展覧会カタログが、その後改訂されて一九九八年に出版されている。[18] 多数の専門家が項目ごとに執筆した本書は、一種のハンザ史事典として利用することが可能である。

英語で出版された基本文献としては、これまでドランジェの英訳しかなかったが、[19] 二〇一五年に著名なハンザ史家たち（ハメル－キーゾウ、ゼルツァー、ヤーンケほか）が分担執筆したハンザ史のハンドブックが出版された。[20] 本書もハンザ史の初学者にとって必携の文献となっている。同様に英語で執筆された論文集として、S・ジェンクス（アメリカ出身の元エアランゲン大学教授）他編による『中近世ヨーロッパのハンザ *The Hanse in Medieval and Early Modern Europe*』が二〇一三年に出ており、英語でハンザ史の研究動向を知ることができる。[21]

なお、本稿では個別都市の研究について言及しないが、ハンザの中心都市であったリューベックについてだけは紹介しておこう。最新の研究成果を反映したリューベック史概説の出版が長いこと待ち望まれていたが、リューベック旧市街が世界遺産に登録された翌年の一九八八年になってようやく出版された。この概説書には、文献史学だけではなく考古学の発掘成果や建築史の研究成果もふんだんに盛り込まれており、その後も版を重ねている[22]。

3 個別の研究分野

毎年、多くのハンザ史に関する研究成果が発表されているが、本稿では、プロソポグラフィ、ネットワーク、海事史、商業史と商人という主要な五つのテーマに関する文献についてのみ紹介しておく。注目されるべき研究成果については、ドランジェが「最近二五年間のハンザ史学」で述べているように、ハンザ史協会が毎年発行している学術雑誌『ハンザ史論叢』所収の研究動向紹介「展望欄 Hansische Umschau」で確認することが可能である。ただ、「展望欄」で紹介されるまで二、三年かかることもあるため、Clio-online などで検索可能なオンライン書評なども参考にすべきだろう[23]。

まず、ハンザ圏のプロソポグラフィ研究については、一九九二年にキール大学が始めた研究プロジェクト「ブルッヘへのハンザ商人 Hansekaufleute in Brügge」(のちにグライフスヴァルト大学も参加)によって大きく進展することになった。この研究プロジェクトの目的は、ブルッヘへの関税帳簿に記載されていたハンザ商人(約一〇二〇人)についてプロソポグラフィ研究を実施するというものであり、ハンザ商人やハンザ商人に宿泊場所を提供していたブルッヘの宿屋のプロソポグラフィ・データベースが作成された[24]。このプロジェクトには若手の研究者が多く参加し、その研究成果は彼らの博士論文にも生かされることになった[25]。

二一世紀以降、ハンザ史の研究でよく目にするようになったキーワードが「ネットワーク Netzwerk」である。ハンザ史のネットワーク研究については、大きく分けて三つのテーマがある。一つめは、プロソポグラフィ研究をもとにした研究である。ハンザの意思形成機関であり、ハンザ唯一の制度と言えるのがハンザ総会であった。ブルッヘへのハンザ商人プロジェクトに参加していたD・W・ポークは、このハンザ総会に参加したハンザ都市の使節(そのほとんどが市参事会員)のプロソポグラフィ研究を行なった。彼は、ハンザ総会に参加していた参事会使節が、血縁、姻戚、取引関係などを通じて相互に結びついていたことを発見し、ハンザ都市の参事会員たちが都市の垣根を越えて結びついていたことを明らかにした。つまり、複数のハンザ都市間でネットワークを形成していた市参事会員が、ハンザ総会を通じてハンザの政策決定に関与していたのである[26]。二つめは、新制度学派経済史の影響を受けた、ハンザ商人の商業ネットワークが取引費用を軽減したという研究である[27]。その代表例がS・ゼルツァーとU・C・エーヴェルトの共著論文である。それによると、多数の支店を持った中央集権的な大企業を設立したイタリア商人や南ドイツ商人とは異なり、ハンザ商人が名声や信頼に基づいたお互いに対等な関係によって商業ネットワークを形成しており、それが商業活動の過程で発生する取引費用を少なくした、という主張がされている。最後に、社会学の社会ネットワーク分析（ＳＮＡ）の手法を利用した研究がある。複数の人間間で形成された人的紐帯を社会ネットワークと名付け、社会ネットワークをグラフに描写してその構造や特徴を探るのが社会ネットワーク分析の手法である。それを歴史学に応用したのがＭ・ブルクハルトやＧ・マイヤーの研究であった[28]。特にブルクハルトの研究では、ハンザ商人が形成していた社会ネットワークがＳＮＡで用いられるソフトウェアで可視化され、人的紐帯が視覚的に理解できるような工夫がされている。

ハンザの海事史研究については、一九一五年に出版されたＷ・フォーゲルの著書が長いあいだ基本文献であり続けたが[29]、二〇一〇年になってようやくＧ・クラウゼがハンザの船舶史、航海史について最新の研究成果を反映させた総合的叙述を執筆した[30]。ハンザの海事史に関心のある場合は必読の書であろう。ハンザが戦争あるいは私掠戦で戦ったさまざまな海戦の歴史については、クラオゼとＫ・フリッツェの共著が唯一の叙述である[31]。ハンザ圏で活動していた海賊としては、一四世紀末から一五世紀初頭にかけてバルト海と北海で活動した海賊団ヴィターリエンブリューダーが有名である。ヴィターリエンブリューダーについては、Ｍ・プーレの著書がその成立から滅亡、後世への影響について論じている[32]。

ハンザは中世北方ヨーロッパの一大商業勢力であったため、商業史を対象とした研究は数多く発表されている。ハンザの商業活動において最重要の対外拠点が、ロンドン、ブルッヘ、ベルゲン、ノヴゴロドの四大商館である。ロンドン商館のあったイングランドとハンザの通商関係については、Ｔ・Ｈ・ロイドの著書が基本書となっている[33]。一四世紀後半から一五世紀後半のハンザ－イングランド関係についてはＳ・ジェンクスの、一五世紀から一六世紀のロンドン商館についてはＮ・イェルンのモノグラフがある[34]。ジェンクスの著書には、当該時期にイングランドと取引をしていたハンザ商人のリストが掲載されており、この時期のハンザ商人のプロソポグラフィ研究に有用なデータを提供している。

フランドルのブルッヘ商館は、ブルッヘへのハンザ商人プロジェクトの研究対象となった場所である。そのため、ブルッヘ商館については、このプロジェクトの研究成果が参照されるべきである。特にＧ・アスムッセンの著書は、一四世紀後半リューベックの住民でフランドルと関係があった者をフランドルファーラーと定義してプロソポグラフィ・データベースを作成するだけでなく、ハンザとフランドル間の商業関係についても基本的な知見を提供している[35]。

ノルウェーのベルゲン商館については、一九八三年にノルウェー語で発表されたＡ・ネドクヴィトネの博士論文が加筆修正されたうえで二〇一四年に英語で出版され、ベルゲン商館研究の必読書となっている[36]。本書の出版にあたってネドクヴィトネが『*HGBll*』

誌上でその要約を発表したが、その内容をめぐってオランダとドイツの若手研究者との間で論争が繰り広げられることになった[37]。また、二〇〇三年にリューベックで開催されたベルゲン商館に関する国際ワークショップの成果が論文集として出版されている[38]。

ロシアのノヴゴロド商館に関しては、モノグラフとして新たな成果は出ていないが、それぞれ文献史学と考古学の最新の研究成果を収録した論文集がドイツで出版されている[39]。

一五世紀以降のハンザ史で重要な研究テーマとなるのが北ネーデルラント（後のオランダ）とハンザとの関係である。従来の研究では、ライバル関係のみが注目されがちだったが、敵対的な側面だけではなく、両者の協力関係についても光をあてたのがD・ザイフェルトの著書である[40]。なお、一六世紀以降に展開されたオランダのバルト海貿易については、M・ファン・ティールホフの研究が参照されるべきであろう[41]。

次にハンザ商業で取引された商品について、注目すべき研究を取り上げよう。まず、当時デンマーク領であったスコーネの特産品であるニシンについては、その生産、加工、流通、消費という多様な側面から分析したヤーンケの博士論文が重要である[42]。同じくバルト海沿岸地方の特産品であった穀物取引については、ポーランドの文書館に所蔵されている未刊行史料に取り組み、一五世紀のバルト海産穀物取引が西ヨーロッパ市場でそれほど重要ではなかったことをダンツィヒ（現グダンスク）からの輸出量と価格史の両面から明らかにしようとしたC・リンクの研究がある[43]。その穀物を原料としてハンザ都市で生産されていた商品がビールであった。北ドイツ産のホップ・ビールは輸出商品として重要であったが、ハンザ圏全体のビール醸造と取引について基本的なデータを提供してくれるのがC・フォン・ブランケンブルクの著書である[44]。そして、リューベックにおけるビール醸造の歴史的意義をブランケンブルクよりも強調したのが、文献史学と建築史の両面からアプローチしたW・フロンツェクの研究であった[45]。ビールとは異なり、ハンザ都市が輸入に頼っていたのがワインである。ハンザ圏を含めた後期中世ドイツで取引されていたワインについては、R・シュプランデルによる概説書が存在する[46]。また、ビールやワインなど、ハンザ圏の食文化については、G・ヴィーゲルマン他編の論文集が参考になるだろう[47]。従来、ハンザ圏で取引されていた繊維製品といえば、ネーデルラント産やイングランド産の毛織物であったが、最近の研究では、ハンザ都市で生産、輸出されていた繊維製品の存在が注目されている。A・ファングの研究によれば、一五世紀にハンザ都市産の亜麻織物がロンドンに輸出されていたことが明らかにされている[48]。また、そのようなハンザ都市で営まれていた手工業生産の実態については、R・ホルバッハの問屋制研究が扱っている[49]。

このように活発なハンザ商業史の研究を支えているのが、刊行史料の出版である。商業史研究に重要な関税史料については、一五世紀初頭のダンツィヒ、一五世紀末のリューベックとハンブルクのポンド税台帳が出版された。[50] また、住民の債務関係などを記録したリューベックの都市帳簿であるニーダーシュタットブーフ（土地台帳のオーバーシュタットブーフが市庁舎の二階で保管されていたのに対し、一階に置かれていたのが名称の由来）も一四世紀の帳簿の一部が刊行されている。[51]

最後に、ハンザ商人に関する研究であるが、T・アフラーバハの著書が中世ハンザ商人の全体像について古典的な見解を提供してくれる一方、[52] 最新の研究成果を提供してくれるのがホルバッハの研究動向紹介論文である。[53] なお、ハンザ商人の会社組織については、従来の研究史を書き換えた法制史家のA・コルデスの教授資格論文が参照されるべきである。[54] ハンザ商人の伝記については、商業帳簿が伝来している一四世紀中頃のリューベック商人ヨハン・ヴィッテンボルクに関する研究が発表されたが、[55] ハンザ圏で最も多くの経営史料を残しているリューベック商人ヒルデブラント・フェッキンクーゼンについては商業帳簿の刊行が二〇一三年にようやく実現したばかりであり、その分析については今後の課題である。[56] なお、フェッキンクーゼン家の書簡を分析し、中世ハンザ商人の日常生活を描写したイルジーグラーの論文も注目すべき内容を含んでいる。[57] ハンザ都市における教育制度やハンザ商人の教育に関しては研究が手薄な分野であるが、K・ヴリートの論文集が今後の研究の指針となるだろう。[58]

4　日本のハンザ史研究

最後に、二〇〇〇年代以降に発表された日本のハンザ史研究について、著書を中心に簡単に紹介しておこう。なお、二〇〇〇年頃までの日本のハンザ史研究の動向については、斯波照雄他「日本におけるハンザ史研究の動向と現状」を参照されたい。[59] まずハンザ史の概説書であるが、高橋理『ハンザ同盟――中世の都市と商人たち』（教育社、一九八〇年）が二〇一三年に加筆・修正され、『ハンザ「同盟」の歴史』として再び出版された。ドランジェよりもコンパクトにまとめられたハンザの通史となっている。[60] 複数の著者によって執筆された斯波・玉木編『北海・バルト海の商業世界』（二〇一五年）は、二〇〇二年に設立された日本ハンザ史研究会のメンバーが寄稿しており、わが国におけるハンザ史研究の状況を展望することが可能な執筆陣と内容になっている。[61] また翻訳ではあるが、イギリスとフィンランドの北欧史研究者が執筆した『ヨーロッパの北の海』（二〇一一年）は、ハンザが活躍した北海・バルト海地域の海事史について豊富な知見を提供してくれる。[62] 前著『中世ハンザ都市の研究』ではハンザ都市の市民抗争について論じた著者が、次にハンザ都市の領域政策について研究成果をまとめたのが斯波照雄『ハンザ都市とは何か』（二〇一〇年）である。前著同様リューベックをはじめとする複数のハンザ都市を検

討対象とした労作となっている。(63)

ハンザの商業史については、長年ハンザ商業史やバルト海商業史に従事してきた二人の研究者のこれまでの研究成果が相次いで著書にまとめられた。後期中世から近世までのハンザ商業を扱った谷澤毅『北欧商業史の研究』（二〇一一年）と近世から近代にかけてのバルト海貿易の諸相を論じた玉木俊明『北方ヨーロッパの商業と経済』（二〇〇八年）である。(64) なお、玉木にはL・ミュラー『近世スウェーデンの貿易と商人』という共訳書もあり、わが国では数少ない近世スウェーデン経済史に関する邦語文献となっている。(65)

ハンザ商館のあったノヴゴロドについては、松木栄三『ロシア中世都市の政治世界』（二〇〇二年）が中世ノヴゴロドの歴史について叙述している。(66) ノヴゴロドで活発に行なわれている都市考古学の研究成果については、発掘調査の第一人者であるV・L・ヤーニンの著書『白樺の手紙を送りました』が翻訳（抄訳）されている。(67) 同じように商館所在地であったブルッへの歴史については、河原温『ブリュージュ』（二〇〇六年）がコンパクトな通史を提供している。(68) ハンザも取引に関与していた、フランドル地方における穀物流通については奥西孝至『中世末期西ヨーロッパの市場と規制』（二〇一三年）が、フランドル産毛織物については藤井美男『中世後期南ネーデルラント毛織物工業史の研究』（一九九八年）がそれぞれ扱っている。(69) なお、ベルゲン商館とロンドン商館については、日本ではまだまとまった研究成果が発表されておらず、日本のハンザ史研究にとって今後の課題となっている。

注

（1）旧東独の研究委員会の歴史については次を参照。E. Müller-Mertens, Eröffnungsrede und Schlußwort zur letzten Tagung der Hansischen Arbeitsgemeinschaft in der DDR, in: *Hansische Geschichtsblätter*（*HGBll*）110, 1992, S. VII–IX; E. Müller-Mertens, *Hansische Arbeitsgemeinschaft 1955 bis 1990. Reminiszenzen und Analysen*, Trier 2011（Hansische Studien 21）.

（2）http://www.hansischergeschichtsverein.de/

（3）A. Graßmann, Zur Rückführung der Lübecker Archivbestände aus der ehemaligen DDR und UdSSR 1987 und 1990, in: *HGBll* 110, 1992, S. 57–70. 同時に、旧西ドイツが抑留していたタリン市立文書館の史料がエストニアに返還されている。R. Pullat, Der Kampf um die Provenienz. Tallinn bekommt seine Geschichte zurück, in: *HGBll* 109, 1991, S. 93–97.

（4）http://archiv.luebeck.de/

（5）ケルン市歴史文書館の倒壊については、次の日本語ウェブサイトを参照。https://sites.google.com/site/hastkjp/

（6）http://www.hansemuseum.eu/

（7）http://www.rug.nl/research/hanze-studie-centrum/

（8）K. Friedland, *Die Hanse*, Stuttgart/ Berlin/ Köln 1991.

（9）H. Stoob, *Die Hanse*, Graz/ Wien/ Köln 1995.

（10）Rolf Hammel-Kiesow, Die Hanse in der wechselnden Betrachtung der Generationen. Überlegungen zur jüngsten Gesamtdarstellung ihrer Geschichte, in: *Zeitschrift des Vereins für Lübeckische Geschichte und Altertum-*

skunde（*ZVLGA*）77, 1997, S. 209–225.

（11）R. Hammel-Kiesow, *Die Hanse*, 5., aktualisierte Aufl., München 2014.

（12）R. Hammel-Kiesow, M. Puhle, *Die Hanse*, Darmstadt 2., überarb. Aufl. 2015.

（13）G. Graichen, R. Hammel-Kiesow, unter Mitarbeit von Alexander Hesse, *Die deutsche Hanse: Eine heimliche Supermacht*, Reinbek bei Hamburg 2011.

（14）Die Deutsche Hanse - Teil 1/ Teil 2 - Terra X–ZDFmediathek. ＵＲＬは長いため省略。「Hanse」「ZDF」で検索可能。

（15）S. Selzer, *Die mittelalterliche Hanse*, Darmstadt 2010.

（16）C. Jahnke, *Die Hanse*, Stuttgart 2014.

（17）P. Dollinger, *Die Hanse*, neu bearbeitet von V. Henn und N. Jörn, 6., vollständig überarbeitete und aktualisierte Auflage, Stuttgart 2012.

（18）J. Bracker, V. Henn, R. Postel（Hgg.）, *Die Hanse. Lebenswirklichkeit und Mythos: Textband zur Hamburger Hanse-Ausstellung von 1989*, 2., verb. Aufl., Lübeck 1998.

（19）P. Dollinger, *The German Hansa*, London 1970. 本訳書は一九九九年に新しい序文が付されて再版されている。

（20）D. J. Harreld（ed.）, *A companion to the Hanseatic League*, Leiden 2015.

（21）J. Wubs-Mrozewicz, S. Jenks（eds）, *The Hanse in Medieval and Early Modern Europe*, Leiden 2013.

（22）A. Graßmann（Hg.）, *Lübeckische Geschichte*, 4., verb. und erg. Aufl., Lübeck 2008.

（23）http://www.clio-online.de/site/40208174/default.aspx

（24）研究プロジェクトの詳細については次を参照。W. Paravicini, Lübeck und Brügge. Bedeutung und erste Ergebnisse eines Kieler Forschungsprojektes, in: H. Menke（Hg.）, *Die Niederlande und der europäische Nordosten. Ein Jahrtausend weiträumiger Beziehungen*（*700–1700*）*. Vorträge Symposion Kiel, 8.–11. Oktober 1989*, Neumünster 1992, S. 91–166; R. Hammel-Kiesow, Hansekaufleute in Brügge. Zu den Publikationen des Kiel-Greifswalder Brügge-Projekts, in: *ZVLGA* 80, 2000, S. 361–379; W. Paravicini, Hansische Personenforschung. Ziele, Wege, Beispiel, in: R. Hammel-Kiesow（Hg.）, *Vergleichende Ansätze in der hansischen Geschichtsforschung*, Trier 2002（Hansische Studien 13）, S. 247–272. なお、本プロジェクトの研究成果として叢書 *Hansekaufleute in Brügge* が出版されている（二〇一五年現在、全七巻のうち六巻まで既刊）。

（25）S. Dünnebeil, *Die Lübecker Zirkel-Gesellschaft. Formen der Selbstdarstellung einer städtischen Oberschicht*, Lübeck 1996; M. Lutterbeck, *Der Rat der Stadt Lübeck im 13. und 14. Jahrhundert: Politische, personale und wirtschaftliche Zusammenhänge in einer städtischen Führungsgruppe*, Lübeck 2002.

（26）D. W. Poeck, *Die Herren der Hanse. Delegierte und Netzwerke*, Frankfurt am Main/ Berlin/ Bern/ Bruxelles/ New York/ Oxford/ Wien 2010.

（27）S. Selzer, U. C. Ewert, Verhandeln und Verkaufen, Vernetzen und Vertrauen über die Netzwerkstruktur des hansischen Handels, in: *HGBll* 119, 2001, S. 135–161; C. Jahnke, *Geld, Geschäfte, Informationen: der Aufbau hansischer Handelsgesellschaften und ihre Verdienstmöglichkeiten*, Lübeck 2007. ヤーンケの研究は二〇〇四年に提出された教授資格論文（未刊）がもとになっている。

（28）M. Burkhardt, *Der Bergenhandel im Spätmittelalter: Handel, Kaufleute, Netzwerke*, Köln/Weimar/Wien 2009（QDhG NF 60）; G. Meyer, *"Besitzende Bürger" und "elende Sieche": Lübecks Gesellschaft im Spiegel ihrer Testamente 1400–1449*, Lübeck 2010.

（29）W. Vogel, *Geschichte der deutschen Seeschiffahrt, Bd. 1: Von der Urzeit bis zum Ende des XV. Jahrhunderts*, Berlin 1915. 一九九〇年代以前の研究状況については次も参照。柏倉知秀「コッゲ・ホルク・クラヴェール――中世ハンザの船舶と海運」『立正西洋史』第一六号、二〇〇〇年、二一一―四〇頁。

（30） Günter Krause, *Handelsschifffahrt der Hanse*, Rostock 2010. 良書だが、誤植が多いので利用する際には注意が必要である。

（31） K. Fritze, G. Krause, *Seekriege der Hanse: das erste Kapitel deutscher Seekriegsgeschichte*, Berlin 1997.

（32） M. Puhle, *Die Vitalienbrüder: Klaus Störtebeker und die Seeräuber der Hansezeit*, 3., erw. Aufl., Frankfurt am Main 2012.

（33） T. H. Lloyd, *England and the German Hanse, 1157–1611: a study of their trade and commercial diplomacy*, Cambridge/ New York 1991.

（34） S. Jenks, *England, die Hanse und Preußen: Handel und Diplomatie 1377–1474*, 3 Teile, Köln/ Wien 1992（QDhG 38/1–3); N. Jörn, *"With money and bloode": der Londoner Stalhof im Spannungsfeld der englisch-hansischen Beziehungen im 15. und 16. Jahrhundert*, Köln/ Weimar/ Wien 2000（QDhG NF 50).

（35） G. Asmussen, *Die Lübecker Flandernfahrer in der zweiten Hälfte des 14. Jahrhunderts*（*1358–1408*), Frankfurt am Main/ Berlin/ Bern/ Bruxelles/ New York/ Wien 1999（Hansekaufleute in Brügge, Teil 2).

（36） A. Nedkvitne, *The German Hansa and Bergen 1100–1600*, Köln/ Weimar/ Wien 2014（QDhG NF 70).

（37） A. Nedkvitne, Das Bergener Kontor im Mittelalter, in: *HGBll* 131, 2013, S. 145–188; M. Burkhardt, Entgegnung auf Nedkvitne, Das Bergener Kontor 1, in: *HGBll* 131, 2013, S. 189–192; J. Wubs-Mrozewicz, Entgegnung auf Nedkvitne, Das Bergener Kontor 2, in: *HGBll* 131, 2013, S. 193–194; A. Nedkvitne, Entgegnung auf Wubs-Mrozewicz und Burkhardt, Das Bergener Kontor 1 und 2, in: *HGBll* 132, 2014, S. 127–131.

（38） A. Graßmann（Hg.), *Das Hansische Kontor zu Bergen und die Lübecker Bergenfahrer: International Workshop Lübeck 2003*, Lübeck 2005.

（39） N. Angermann, K. Friedland（Hgg.), *Nowgorod. Markt und Kontor der Hanse*, Köln/ Weimar/ Wien 2002（QDhG NF 53); M. Müller-Wille u.a.（Hg.）*Novgorod. Das mittelalterliche Zentrum und sein Umland im Norden Russlands*, Neumünster 2001.

（40） D. Seifert, *Kompagnons und Konkurrenten. Holland und die Hanse im späten Mittelalter*, Köln/ Weimar/ Wien 1997（QDhG NF 43).

（41） M・v・ティールホフ『近世貿易の誕生――オランダの「母なる貿易」』玉木俊明・山本大丙訳、知泉書館、二〇〇五年。

（42） C. Jahnke, *Das Silber des Meeres. Fang und Vertrieb von Ostseehering zwischen Norwegen und Italien*（*12.-16. Jahrhundert*), Köln/ Weimar/ Wien 2000（QDhG NF 49).

（43） C. Link, *Der preußische Getreidehandel im 15. Jahrhundert. Eine Studie zur nordeuropäischen Wirtschaftsgeschichte*, Köln/ Weimar/ Wien 2014（QDhG NF 68).

（44） C. von Blanckenburg, *Die Hanse und ihr Bier. Brauwesen und Bierhandel im hansischen Verkehrsgebiet*, Köln/ Weimar/ Wien 2001（QDhG NF 51).

（45） W. Frontzek, *Das städtische Braugewerbe und seine Bauten vom Mittelalter bis zur frühen Neuzeit. Untersuchungen zur Entwicklung, Ausstattung und Topographie der Brauhäuser in der Hansestadt Lübeck*, Neumünster 2009（Häuser und Höfe in Lübeck 7).

（46） R. Sprandel, *Von Malvasia bis Kötzschenbroda: die Weinsorten auf den spätmittelalterlichen Märkten Deutschlands*, Stuttgart 1998.

（47） G. Wiegelmann, R.-E. Mohrmann（Hgg.), *Nahrung und Tischkultur im Hanseraum*, Münster/ New York 1996.

（48） A. Huang, *Die Textilien des Hanseraums: Produktion und Distribution einer spätmittelalterlichen Fernhandelsware*, Köln/ Weimar/ Wien 2015（QDhG NF 71).

（49） R. Holbach, Formen des Verlags im Hanseraum vom 13. bis zum 16. Jahrhundert, in: *HGBll* 103, 1985, S. 41–73; R. Holbach, *Frühformen von Verlag und Grossbetrieb in der gewerblichen Produktion*（*13.-16. Jahrhundert*), Stuttgart 1994.

（50） S. Jenks（Bearb.), *Das Danziger Pfundzollbuch von 1409 und 1411,*

Köln/ Weimar/ Wien 2012（QDhG NF 63); H.-J. Vogtherr（Bearb.）, *Die Lübecker Pfundzollbücher 1492–1496*, 4 Teile, Köln/ Weimar/ Wien 1996（QDhG NF 41); D. Hormuth, C. Jahnke, S. Loebert（Hgg.）, *Die Hamburgisch-Lübischen Pfundgeldlisten 1485–1486*, Hamburg 2006.

（51） A. Cordes, K. Friedland, R. Sprandel（Hgg.）, *Societates. Das Verzeichnis der Handelsgesellschaften im Lübecker Niederstadtbuch 1311–1361*, Köln/ Weimar/ Wien 2003（QDhG NF 54); U. Simon（Bearb.）, *Das Lübecker Niederstadtbuch 1363–1399*, 2 Teile, Köln/ Weimar/ Wien 2006（QDhG NF 56).

（52） T. Afflerbach, *Der berufliche Alltag eines spätmittelalterlichen Hansekaufmanns. Betrachtung zur Abwicklung von Handelsgeschäften*, Frankfurt am Main/ Berlin/ Bern/ New York/ Paris/ Wien 1993.

（53） R. Holbach, Hansische Kaufleute und Handelspraktiken, in: *Bremisches Jahrbuch* 88, 2009, S. 82–104.

（54） A. Cordes, *Spätmittelalterlicher Gesellschaftshandel im Hanseraum*, Köln/ Weimar/ Wien 1998（QDhG NF 45).

（55） Gerald Stefke, Der Lübecker Bürgermeister Johan Wittenborch, hingerichtet 1363, in: *HGBll* 126, 2008, S. 1–144.

（56） M. P. Lesnikov, W. Stark（Hgg.）, *Die Handelsbücher des Hildebrand Veckinchusen. Kontobücher und übrige Manuale*, Köln/ Weimar/ Wien 2013（QDhG NF 67). この商業帳簿は中世低地ドイツ語で書かれているため、解読のためには次の用語集が必須である。H. Jeske, *Der Fachwortschatz des Hansekaufmanns Hildebrand Veckinchusen*, Bielefeld 2005.

（57） F. Irsigler, Der Alltag einer hansischen Kaufmannsfamilie im Spiegel der Veckinchusen Briefen, in: *HGbll* 103, 1985, S. 75–100.

（58） K. Wriedt, *Schule und Universität: Bildungsverhältnisse in norddeutschen Städten des Spätmittelalters. Gesammelte Aufsätze*, Leiden/ Boston 2005. ロストク大学については次のモノグラフが出版されている。M. A. Pluns, *Die Universität Rostock, 1418–1563: eine Hochschule im Spannungsfeld zwischen Stadt, Landesherren und wendischen Hansestädten*, Köln/ Weimar/ Wien 2007（QDhG NF 58).

（59） 斯波照雄・谷澤毅・柏倉知秀・小野寺利行・根本聡「日本におけるハンザ史研究の動向と現状」『比較都市史研究』第二三巻第一号、二〇〇四年、五八―六三頁。

（60） 高橋理『ハンザ「同盟」の歴史――中世ヨーロッパの都市と商業』創元社、二〇一三年。

（61） 斯波照雄・玉木俊明編『北海・バルト海の商業世界』悠書館、二〇一五年。なお、日本ハンザ史研究会の活動については研究会のウェブサイトを参照のこと。ウェブサイトには二〇一〇年までの「邦文文献目録」も掲載されている。

（62） デヴィド・カービー、メルヤ－リーサ・ヒンカネン『ヨーロッパの北の海――北海・バルト海の歴史』玉木俊明・牧野正憲・谷澤毅・根本聡・柏倉知秀訳、刀水書房、二〇一一年。

（63） 斯波照雄『ハンザ都市とは何か――中近世北ドイツ都市に関する一考察』中央大学出版部、二〇一〇年。前著は、斯波照雄『中世ハンザ都市の研究――ドイツ中世都市の社会構造と商業』勁草書房、一九九七年。

（64） 谷澤毅『北欧商業史の研究――世界経済の形成とハンザ商業』知泉書館、二〇一一年。玉木俊明『北方ヨーロッパの商業と経済――一五五〇―一八一五年』知泉書館、二〇〇八年。

（65） レオス・ミュラー『近世スウェーデンの貿易と商人』玉木俊明・根本聡・入江幸二訳、嵯峨野書院、二〇〇六年。

（66） 松木栄三『ロシア中世都市の政治世界――都市国家ノヴゴロドの群像』彩流社、二〇〇二年。

（67） V・L・ヤーニン『白樺の手紙を送りました――ロシア中世都市の歴史と日常生活』松木栄三・三浦清美訳、山川出版社、二〇〇一年。

（68） 河原温『ブリュージュ――フランドルの輝ける宝石』中央公論

新社、二〇〇六年。

(69) 奥西孝至『中世末期西ヨーロッパの市場と規制――一五世紀フランデレンの穀物流通』勁草書房、二〇一三年。藤井美男『中世後期南ネーデルラント毛織物工業史の研究――工業構造の転換をめぐる理論と実証』九州大学出版会、一九九八年。

あとがき

高橋　理

本訳書は、Philippe Dollinger, *La Hanse* (*XII–XVIIe siècle*). Paris: Aubier 1988（Collection Historique）の全訳である。

原著者フィリップ・ドランジェは一九〇四年に、当時のドイツ領、現在フランス領の古都として中世史研究者にはなじみ深いストラスブールで医師の子として生を享け、一九九九年に実に九五歳の長寿を全うして他界された。その生没年から判明するように、誕生時の国籍は第二帝国のドイツであったが、一五歳、つまり今の日本でいえば中学進学の時に、第一次世界大戦でドイツが敗北した結果フランス国籍となり、第二次大戦でフランスがドイツに降伏した際に再びドイツ占領下の人となり、一九四五年のドイツ敗北とともに再度フランス国籍となり、その後は一貫してフランス人であり続け生涯をフランス人として全うされたわけである。出生地がフランス、アルザス地方のストラスブールであったがゆえの数奇な運命に翻弄されたのであった。ただ幸いに第二次大戦では軍隊に入らないで済んだようであるが、両大戦を宿命的なストラスブールのアルザス人として過ごした体験は、当人の短い論究に充分に反映されている。

しかしこのような時代の変動に翻弄された運命は、原著者の史学研究には却って誠に有益な背景を形成した。すなわち、簡単にいえば彼はドイツにもフランスにも気兼ねなく、民族的な枠からは自由な歴史研究者としての王道を歩むことができたからである。フランスとドイツの間で取ったり取られたりの的となったアルザス・ロレーヌ地方は、そのゆえにこそ独特な文化世界を形成した。同地方史研究者の言によれば、同地方の人々は独特の文化帰属意識と独特の国家帰属意識を有しているという。すなわち、文化帰属意識の点ではドイツ人であるが、国家帰属意識の点ではフランス人であるという。しかもこれは所謂「どっちつかず」などという消極的な規定を以っては律し切れない積極性を有する性格であり、むしろこのような二律背反はヨーロッパが歴史の歩みとともに育んできた、高度文化の精華として生み出された真にヨーロッパ的な現象というべきである。ドイツでもフランスでもないから「どっちつかず」なのでは絶対になく、それゆえにこそ両国を超越して高貴なのであり、偉大なのだと捉えられるべきなのである。本書の原著者がフランス人でありながらドイツ中世史研究者として定評があり、ハンザ研究者としても全くドイツ人学者と対等、むしろドイツ史研究者の最高峰として尊ばれていることは、このような崇高な背景の然らしめる現象なのである。この点に関してはビスマルクによるアルザス・ロレーヌ「奪還」の後、両地方統治にはドイツ帝国がかなりの困難を経験した事情と、かつてアルベール・シュヴァイツアーという独仏両語を母国語とした種々の点での偉人が、この地方の出身であることを特記しておきたい。

原著者ドランジェ（アルザス生まれなのでドランジェルと発音するのかもしれないが）は、故郷のストラスブール大学に入学した。当時のストラスブールはフランスに属し、同大学ではフランス史学の特色となるアナール派の基礎を築いた三人の大家、リュシアン・フェーヴル、マルク・ブロック、シャルル・エドモン・ペランの指導を受けた。しかしドランジェ自身はアナール派の影響をそれほどには受けていないことが本訳書を通読されれば感ぜられるであろう。事実、ドランジェ自身も晩年に近づいてからこの三恩師の思い出を記しているのであるが、（Marc Bloch et Lucien Fevre. Quelques souvenirs et réflexions d' un de leurs élèves, *Clio: Journal étudient*, avril 1968. および Charles-Edmond Perrin,1887-1974, *Saison d' Alsace* 50, 1974）それぞれの学風と自分への感化を述べているわけではなく、月並みな追悼文以上に出てはいない。ただペランに関しては、彼が一二世紀の二つの史料を比較検討した結果、通説を超えた成果を挙げ得たことを特記しているが、これはドランジェ自身が四〇代の半ばに発表した一三世紀バイエルン修道院領の変遷を論じた論文（La transformation du régime domanial en Bavière au XIIIe siècle, d' après deux censiers de l' abbaye de Baumburg, *Le Moyen Age* 66, 1950）の手法を想起させる。たぶんペランの手法に刺激された結果と想像されるが、上記三人の中ではペランからの影響が最も大きかったのであろう。また前者を一読した印象ではフェーヴルよりもブロックのほうに親しみを懐いていたかと察せられる。

このドランジェが本訳書の原著初版をフランスでフランス語で公刊したのは一九六四年、つまり著者還暦の年である。ここで奇異な事実を述べることになるが、原著者はそれまでにさぞや多くのハンザに関する論文、著書を発表してきたはずだと考えられようが、実はそうではない。筆者が大学院に進んで西洋史研究者のはしくれに連なった頃、ドランジェはドイツ中世農制史の大家として知られており、一九四九年に刊行された著書（*L'évolution des classes rurales en Bavière*, Paris 1949）が広く知られていた。当時の私などはフランス人研究者がフランス語で中世ドイツを論ずることに些か奇異な印象を受けたものである。したがってドランジェは突如として本原書ハンザ史概説を出すまでは——ドイツ中世史研究者という点では変わりないものの——中世ドイツ農制史研究者として通っていたはずなのである。事実、ドランジェ追悼文を『ハンザ史論叢』（*Hansische Geschichtsblätter* 119, 2001）に執筆したグラースマン女史も氏は「大きな一歩をもって公の場に登場した」と感嘆している。本書以外ではハンザ史に関する論文としては、ただ一本（Die Bedeutung des Stralsunder Friedens（1370）in der Geschichte der Hanse, *Hansische Geschichtsblätter* 88, 1970）が知られるのみであり、それとて本訳書の原本出版数年後の公刊に他ならない。

それにもかかわらず本書は、出版後直ちにハンザ通史最良の定番としての地位を獲得したのである。それにはかつて「ハンザ」が「ドイツ史上の一現象」とのみ把えられ、それゆえに一九―二〇世紀にかけて秀でたドイツ人学者の論著があるものの、それらには国際的視角が欠けていた点が指摘されねばならない。それにつけても繰り返し強調さるべきは著者ドランジェがアルザス人――つまり、ドイツ人でもフランス人でもなく――であったというメリットである。しかもそれのみではない。著作自体から感得され得るのは、著者がかねてより中世ドイツの意義を正当に評価し、かつハンザも含めてネーデルラント、北欧、さらにイギリスにわたる史料と文献に常に注意を払い、読解を心がけてきた研究姿勢であろう。

本訳書では割愛したが、原著には史料集の項目があり、かなりの点数の史料がフランス語訳で収録されている。本訳書読者の誰もが、原著者の史料への造詣の深さに感嘆することであろう。このような原史料への沈潜の広さと深さこそは、今日高い水準に達した我が国西洋史研究者もなお及ばないところと銘記せねばなるまい。

本訳業完成にもそれなりの背景がある。先ず責任監修者の高橋は今から四〇年程も昔、原著者ドランジェ氏のストラスブールの御尊宅を訪れた。本書出版直後のこととて、ドイツでも大いに本書は評判になっており、当然同氏訪問の際に日本語への翻訳希望を表明した。流石ストラスブール、フランス語会話には当時自信はなかったものの、中央駅を出てすべての公共表示はフランス語ではありながら、店屋のどこでもドイツ語で用は足りたので一安心であった。今はどうだか知らないが、ドイツ語で話しかけても相手は何の怪訝な様子も見せず応対してくれるというのが、その当時のストラスブールであった。ドランジェ教授御本人との初対面時にも然りで、こちらからドイツ語で語りかけ、先方も全く自然にドイツ語で応じて下さったのであった。今にして思うとこの折の面談はかなりあっけないものであった。ともあれ帰国後出版社数社に当たってみたが、引き受け手が見つからず――この種の件となると筆者小生は全く無能なので――ただ無駄に歳月を過ごしている裡に、突然ドランジェ氏からの書状があり翻訳予定はどうなっているかとの問い合わせがあった。やむなく実情を有りのまま伝え、了承を得る他なかった。

そのまま何十年もの歳月が流れたが、ある日、本訳業担当者の一人であり、篤実なハンザ研究者でもある柏倉知秀氏から、本書共同翻訳の提案があった。それが実行に移されて今日斯くのごとき成果に結実したのである。したがって本訳業の発起人は正に柏倉氏その人に他ならない。その後は毎回の翻訳検討会――約一〇年にわたり毎年ほぼ二回、都合二〇回ほどにもなろうか――の日取り決定や会場確保はすべて同氏の労苦によっている。また同氏によって人選された翻訳担当者およびそれぞれの担当部分は次の通りである。

高橋理（第Ⅰ部第1章、第Ⅲ部第2章、結論）
小野寺利行（第Ⅰ部第2章、第Ⅱ部第1章）
奥村優子（第Ⅰ部第3章、第Ⅱ部第2章）
高橋陽子（第Ⅰ部第4章、第Ⅲ部第1章、第3章）
柏倉知秀（第Ⅱ部第3章、第4章）
小澤実（第Ⅱ部第5章、第7章）
谷澤毅（第Ⅱ部第6章）

上記各氏の訳文には、他の翻訳担当者も検討を加え、編集責任者の高橋もそのすべてに目を通している。したがって翻訳上の問題は担当者各自の責任であるとともに、総責任者高橋の責任にも属する。なお、翻訳進行中に第Ⅲ部第3章を担当予定の中澤勝三氏が急逝され、その部分を高橋陽子氏が代わって担当してくださった。中澤氏は『アントウェルペン国際商業の世界』（同文館、一九九三年）の名著で知られた中世末・近世初期低地地方経済史の碩学で、その専門分野のゆえに本翻訳事業にはもとより、わが国ハンザ史研究にとってもかけがえのない逸材であった。ハンザ史がドイツ史の領域から脱皮して国際的視野からの再検討が強く要請されている今日、氏の早逝は惜しまれてならない。特に本訳書の原本がフランス人研究者によるフランス語の著作であって、まさにその点での評価が高いことを考慮すれば（Antjekathrin Graßmann, *Hansische Geschichtsblätter* 119, 2001, S.3. に掲載されたドランジェ氏への追悼記参照）、中澤氏は本訳業にとって誠に理想的な人材であったといわねばならない。ここに同氏に謹んで哀悼の意を表する。同氏に代わり同氏担当部分の訳業を引き受けて下さった高橋陽子氏の御厚情に、翻訳参加者全員を代表してここに篤く御礼申し上げる。

最後に、昨今のように人文書の出版が困難である時期に、本書のような大部の翻訳書の御出版をお引き受けいただいたみすず書房ならびに煩雑な編集作業をご担当いただいた同書肆の中林久志氏にも、翻訳参加者全員を代表して、また最後の段階で校正作業を引きうけていただいた柏倉、小野寺、小澤の三氏にも、監訳者として心より御礼申し上げる。

二〇一六年七月

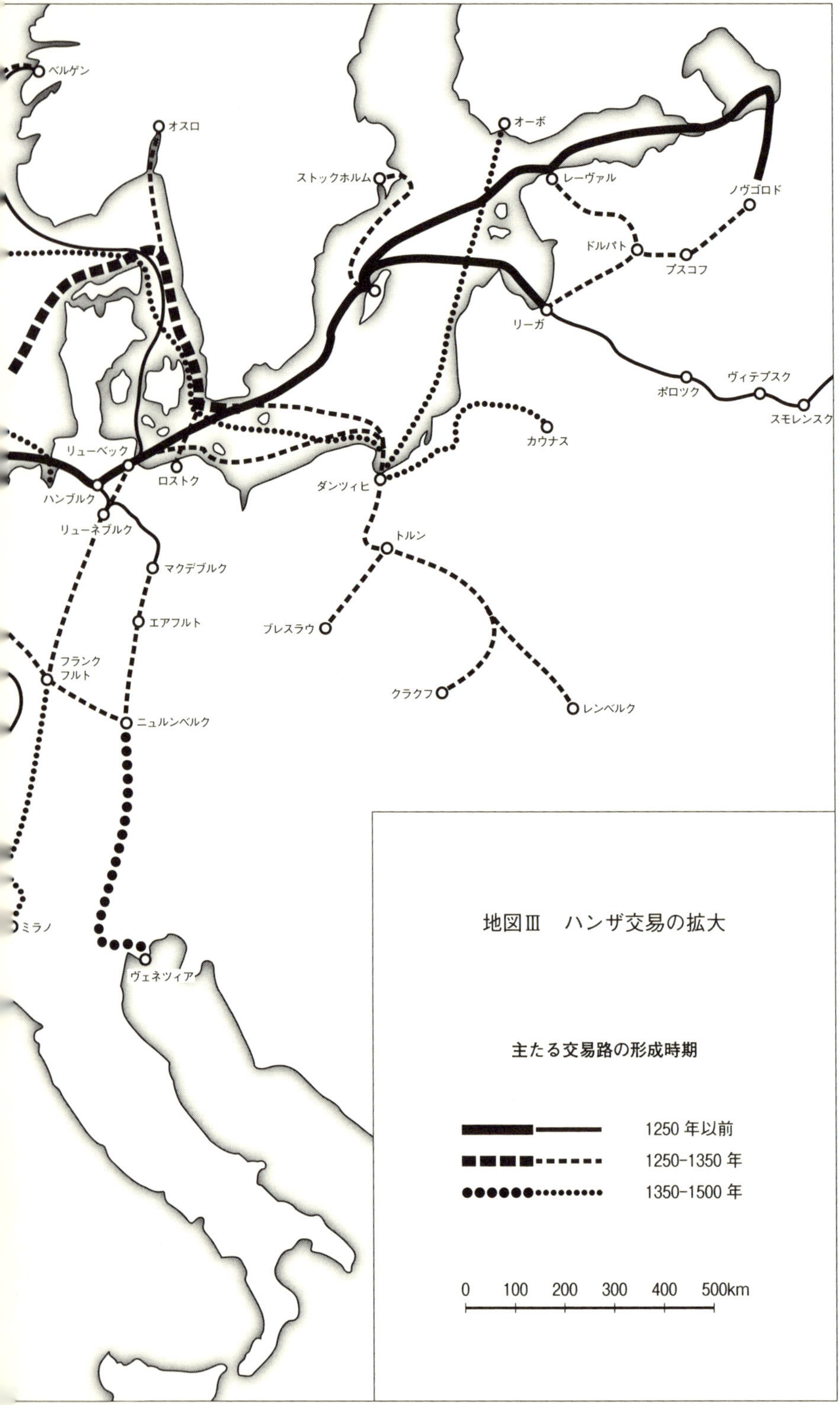

地図Ⅲ　ハンザ交易の拡大

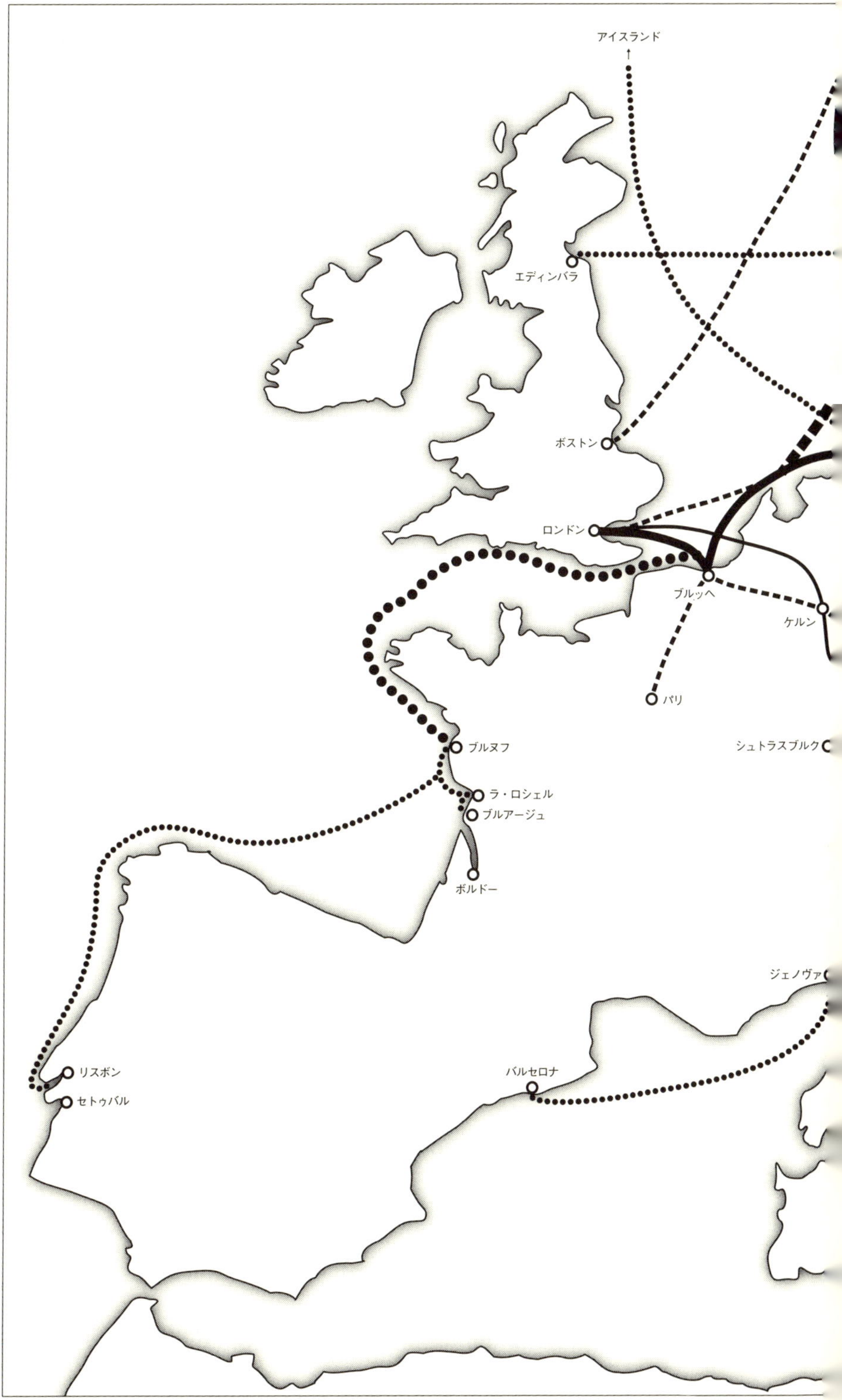
アイスランド
エディンバラ
ボストン
ロンドン
ブルッヘ
ケルン
パリ
シュトラスブルク
ブルヌフ
ラ・ロシェル
ブルアージュ
ボルドー
ジェノヴァ
リスボン
セトゥバル
バルセロナ

地図II　15 世紀のハンザ交易
（交易品と生産地）

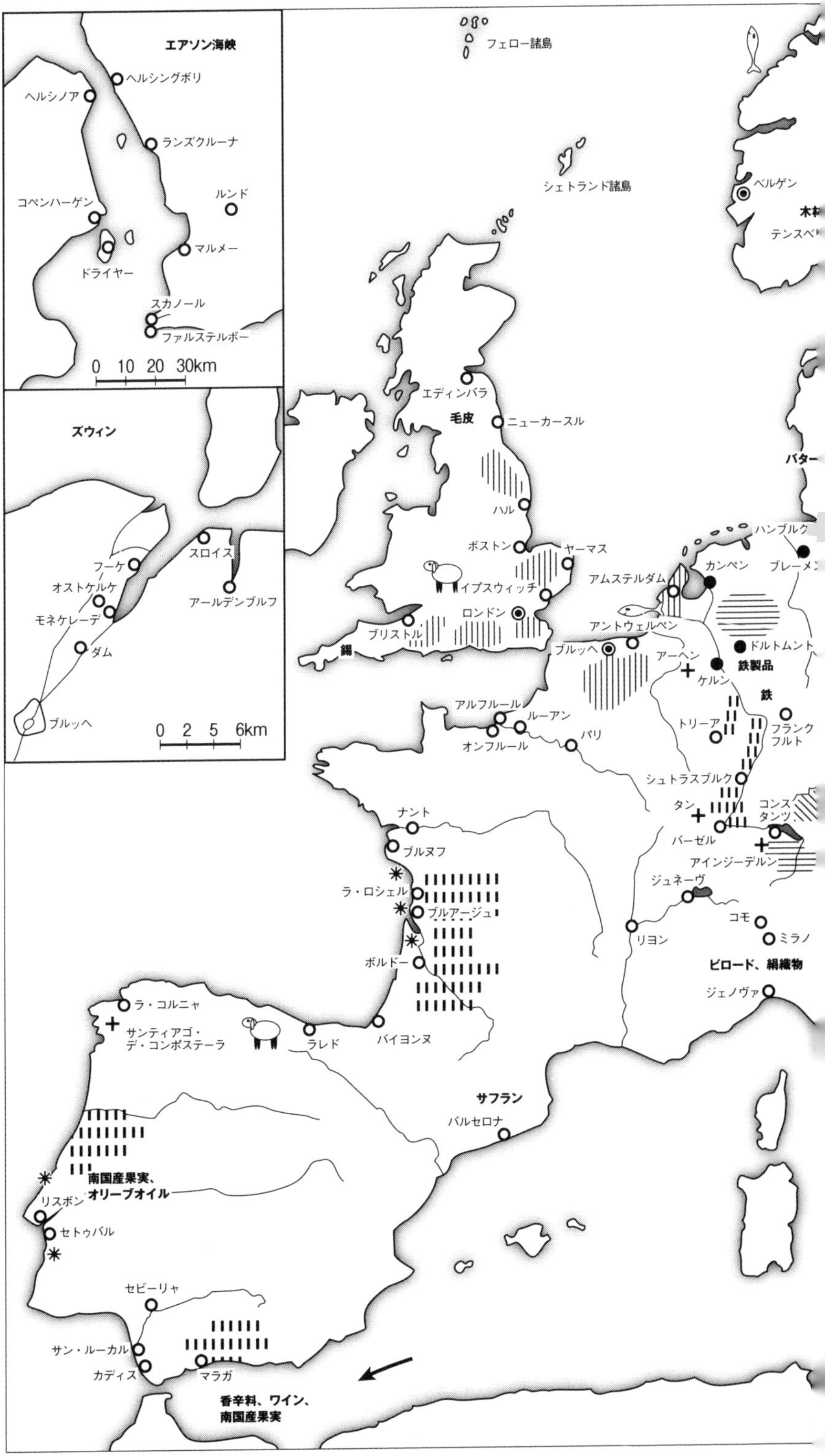

エアソン海峡
ヘルシングボリ
ヘルシノア
ランズクルーナ
ルンド
コペンハーゲン
マルメー
ドライヤー
スカノール
ファルステルボー
0 10 20 30km
ズウィン
スロイス
フーケ
オストケルケ
アールデンブルフ
モネケレーデ
ダム
ブルッヘ
0 2 5 6km
フェロー諸島
シェトランド諸島
ベルゲン
エディンバラ
毛皮
ニューカースル
ハル
ボストン
ヤーマス
イプスウィッチ
ロンドン
ブリストル
錫
ハンブルク
カンペン
アムステルダム
アントウェルペン
ブルッヘ
アーヘン
ケルン
鉄製品
ドルトムント
鉄
アルフルール
ルーアン
オンフルール
パリ
トリーア
フランクフルト
シュトラスブルク
タン
バーゼル
アインジーデルン
ナント
ブルヌフ
ラ・ロシェル
ブルアージュ
ボルドー
ジュネーヴ
リヨン
コモ
ミラノ
ビロード、絹織物
ジェノヴァ
ラ・コルニャ
サンティアゴ・デ・コンポステーラ
ラレド
バイヨンヌ
サフラン
バルセロナ
南国産果実、オリーブオイル
リスボン
セトゥバル
セビーリャ
サン・ルーカル
カディス
マラガ
香辛料、ワイン、南国産果実

21世紀の資本	T. ピケティ 山形浩生・守岡桜・森本正史訳	5500
なぜ近代は繁栄したのか 草の根が生みだすイノベーション	E. フェルプス 小坂恵理訳	5600
殺人ザルはいかにして経済に目覚めたか? ヒトの進化からみた経済学	P. シーブライト 山形浩生・森本正史訳	3800
大脱出 健康、お金、格差の起原	A. ディートン 松本裕訳	3800
貧乏人の経済学 もういちど貧困問題を根っこから考える	A. V. バナジー／E. デュフロ 山形浩生訳	3000
テクノロジーとイノベーション 進化／生成の理論	W. B. アーサー 有賀裕二監修 日暮雅通訳	3700
テクニウム テクノロジーはどこへ向かうのか?	K. ケリー 服部桂訳	4500
パクリ経済 コピーはイノベーションを刺激する	ラウスティアラ／スプリグマン 山形浩生・森本正史訳	3600

（価格は税別です）

みすず書房

磁力と重力の発見 1-3	山本義隆	I 2800 II III 3000
一六世紀文化革命 1・2	山本義隆	各 3200
世界の見方の転換 1-3	山本義隆	I II 3400 III 3800
科学史における数学	S. ボホナー 村田全訳	6000
科学というプロフェッションの出現 ギリスピー科学史論選	Ch. C. ギリスピー 島尾永康訳	3800
アラビア文化の遺産	S. フンケ 高尾利数訳	4000
アラブの歴史	B. ルイス 林武・山上元孝訳	3200
ユダヤ人の歴史	C. ロス 長谷川真・安積鋭二訳	3800

（価格は税別です）

みすず書房

ヨーロッパ文明史 ローマ帝国の崩壊よりフランス革命にいたる	F.ギゾー 安士正夫訳	3600
料理と帝国 食文化の世界史 紀元前2万年から現代まで	R.ローダン ラッセル秀子訳	6800
ルネサンスの秋 1550-1640	W. J. バウズマ 澤井繁男訳	6000
奴隷船の歴史	M.レディカー 上野直子訳 笠井俊和解説	6800
キャプテン・クックの列聖 太平洋におけるヨーロッパ神話の生成	G.オベーセーカラ 中村忠男訳	6800
イトコたちの共和国 地中海社会の親族関係と女性の抑圧	J.ティヨン 宮治美江子訳	4000
ゾミア 脱国家の世界史	J.C.スコット 佐藤仁監訳	6400
ピダハン 「言語本能」を超える文化と世界観	D.L.エヴェレット 屋代通子訳	3400

（価格は税別です）

みすず書房

歴史学の将来	J. ルカーチ 村井章子訳 近藤和彦監修	3200
歴史・レトリック・立証	C. ギンズブルグ 上村忠男訳	3500
歴史を逆なでに読む	C. ギンズブルグ 上村忠男訳	3600
糸と痕跡	C. ギンズブルグ 上村忠男訳	3500
チーズとうじ虫 16世紀の一粉挽屋の世界像	C. ギンズブルグ 杉山光信訳 上村忠男解説	3800
地中海世界	F. ブローデル編 神沢栄三訳	4200
封建社会 1・2	M. ブロック 新村・森岡・大高・神沢訳	各 3800
〈子供〉の誕生 アンシャン・レジーム期の子供と家族生活	Ph. アリエス 杉山光信他訳	5500

（価格は税別です）

みすず書房

フィリップ・ドランジェ
ハンザ
12－17世紀
高橋理 監訳
奥村優子
小澤実
小野寺利行
柏倉知秀
高橋陽子
谷澤毅
共訳

2016年12月9日　印刷
2016年12月20日　発行

発行所　株式会社 みすず書房
〒113-0033 東京都文京区本郷5丁目32-21
電話 03-3814-0131(営業) 03-3815-9181(編集)
http://www.msz.co.jp

本文組版　キャップス
本文印刷所　萩原印刷
扉・表紙・カバー印刷所　リヒトプランニング
製本所　誠製本

© 2016 in Japan by Misuzu Shobo
Printed in Japan
ISBN 978-4-622-08511-9
[ハンザ]
落丁・乱丁本はお取替えいたします

著者略歴

（Philippe Dollinger）

1904年生まれ．ストラスブール大学でM. ブロック，L. フェーヴル，C.-E. ペランの指導を受ける．1945年から1975年までストラスブール大学教授（アルザス史）．1948年から1974年までストラスブール市立文書館・図書館長．1999年没．著書 *L'évolution des classes rurales en Bavière, depuis la fin de l'époque carolingienne jusqu'au milieu du XIIIe siècle*（Paris 1949），*Pages d'histoire: France et Allemagne médiévales, Alsace*（Paris 1977）．編著 *Histoire de l'Alsace*（Toulouse 1970）ほか．

監訳者略歴

高橋理〈たかはし・おさむ〉 1932年生まれ．日本ハンザ史研究会会長．東京大学文学部西洋史学科卒業．同大学院人文科学研究科（西洋史学専攻）修士課程修了．東洋女子短期大学助教授，弘前大学教養部教授，山梨大学教育学部教授，立正大学文学部教授を歴任．著書『ハンザ同盟——中世の都市と商人たち』（教育社，1980）『ハンザ「同盟」の歴史——中世ヨーロッパの都市と商業』（創元社，2013）．

訳者紹介

奥村優子〈おくむら・ゆうこ〉早稲田大学法学部，中央学院大学法学部非常勤講師．

小澤実〈おざわ・みのる〉立教大学文学部准教授．

小野寺利行〈おのでら・としゆき〉明治大学文学部非常勤講師．

柏倉知秀〈かしわくら・ともひで〉徳山工業高等専門学校一般科目教授．

高橋陽子〈たかはし・ようこ〉関西大学文学部非常勤講師．

谷澤毅〈たにざわ・たけし〉長崎県立大学経営学部教授．

索引

【カ行】

【さ行】

【た行】

【な行】

【は行】

【ま行】

【や行】

【ら行】

【わ行】

読書案内

省略記号一覧

Diss.: Dissertation.
HGBll: Hansische Geschichtsblätter.
HGQ: Hansische Geschichtsquellen.
HVh: Hansische Volkshefte.
NF: Neue Folge.
Pfbll: Pfingstblättler des Hansischen Geschichtsvereins.
QDhG: Quellen und Darstellungen zur hansischen Geshichte.
VSWG: Vierteljahrschrift für Sozial- und Wirtschaftsgeschichte.
ZVHG: Zeitschrift des Vereins für hamburgische Geschichte.
ZVLGA: Zeitschrift des Vereins für Lübeckische Geschichte und Altertumskunde.

I 概説書

K. Pagel, *Die Hanse*, Braunschweig 1941, 2. Aufl., 1952. 457ページ、索引、地図2枚、図版183点。本格的で包括的な総論だが、少しまとまりに欠ける。

E. Hering, *Die deutsche Hanse*, Leipzig 1940, 3. Aufl., 1943. 271ページ、地図1枚、図版17点。学術的ではなく表面的だが読みやすい。

W. Vogel, *Kurze Geschichte der Hanse*, München/Leipzig 1915 (Pfbll 11). 99ページ。概観として最高のもの。

D. Schäfer, *Die deutsche Hanse*, Bielefeld/Leipzig 1903, 4. Aufl., 1943 (Monographien zur Weltgeschichte 19). 140ページ、図版102点。一般向けで信頼できる古典的モノグラフ。

E. Worms, *Histoire commerciale de la ligue hanséatique*, Paris 1864. 536ページ。参考までに。

II 部分的総論

D. Schäfer, *Die Hansestädte und König Waldemar von Dänemark. Hansische Geschichte bis 1376*, Jena 1879. 607ページ。少し古くなったが、ハンザ史の初期に関する唯一の総論。

E. Daenell, *Die Blütezeit der deutschen Hanse. Hansische Geschichte von der zweiten Hälfte des 14. bis zum letzten Viertel des 15. Jahrhunderts*, 2 Bde., Berlin 1905-1906. 474ページと561ページ。依然として基本文献。

W. Vogel, *Geschichte der deutschen Seeschifffahrt I: Von der Urzeit bis zum Ende des 15. Jahrhunderts*, Berlin 1915. 560ページ、図版18点、挿絵4点。名著。1巻のみ刊行。

W. Vogel, G. Schmölders, *Die Deutschen als Seefahrer*, Hamburg 1949. 201ページ。近代に関する章が加わった上掲書の要約。

P. Johansen, Umrisse und Aufgaben der hansischen Siedlungsgeschichte und Kartographie, in: *HGBll* 73, 1955, S. 1-105. タイトルに掲げられたよりもかなり広範囲にわたり、多くの問題を論じている。

R. Häpke, *Der Untergang der Hanse*, Bremen 1923 (HVh 5). 40ページ。小冊子。

Ⅲ　フランス語の一般的概観

F. Rörig, Les raisons intellectuelles d'une suprématie commerciale: la Hanse, in: *Annales d'histoire économique et sociale* I, 1930, p. 481–494.

J. Lacour-Gayet, *Histoire du commerce II* (avec M. Boulet), Paris 1950.

J. Heers, *L'Occident aux XIVe et XVe siècles: Aspects économiques et sociaux*, Paris 1963 (Nouvelle Clio 23).

J. Schneider, Les villes allemandes au moyen âge. Institutions économiques, in: *La Ville II*, Brussel 1955 (Recueils de la Société Jean Bodin 7), p. 403–482.

Ⅳ　都市

E. Keyser (Hg.), *Deutsches Städtebuch*, 5 Bände, Stuttgart/ Berlin 1939–1956.

H. Planitz, *Die deutsche Stadt im Mittelalter*, Graz/ Köln 1954. 図版45枚。

F. Rörig, *Die europäische Stadt und die Kultur des Bürgertums im Mittelalter*, 3. Aufl., Göttingen 1955〔邦訳『中世ヨーロッパ都市と市民文化』魚住昌良・小倉欣一共訳、創文社、1978年〕。

W. Stein, Die Hansestädte, in: *HGBll* 19, 1913, S. 233–294, 519–560, 20, 1914, S. 257–290, 21, 1915, S. 119–178.

W. Spieß, *Braunschweig als Hansestadt*, Bremen 1929 (HVh 15).

G. Bessell, *Bremen. Geschichte einer deutschen Stadt*, 3. Aufl., Bremen 1955.

P. Simson, *Geschichte der Stadt Danzig*, 3 Bde., Danzig 1913–1918.

E. Keyser, *Danzigs Geschichte*, 2. Aufl., Danzig 1928.

Z. Sneller, *Deventer. Die Stadt der Jahrmärkte*, Weimar 1936 (Pfbll 25).

L. von Winterfeld, *Geschichte der freien Reichs- und Hansestadt Dortmund*, 2. Aufl., Dortmund 1956.

E. Carstenn, *Geschichte der Hansestadt Elbing*, Elbing 1937.

E. Wiskemann, *Hamburg und die Welthandelspolitik von den Anfängen bis zur Gegenwart*, Hamburg 1929.

E. von Ranke, *Das hansische Köln und seine Handelsblüte*, Bremen 1925 (HVh. 6).

J. Klöcking, *800 Jahre Lübeck. Kurze Stadt- und Kulturgeschichte*, Lübeck 1950.

W. Reinecke, *Lüneburg als Hansestadt*, 2. Aufl., Lüneburg 1946.

F. Techen, *Geschichte der Seestadt Wismar*, Wismar 1929.

Ⅴ　ハンザに関係する地域の研究

H. Aubin, F. Petri (Hgg.), *Der Raum Wesfalen*, Bd. 2, 1, Berlin/Münster 1955 (重要である), Bd. 2, 2, 1934, Bd. 4, 1, 1958.

B. Schumacher, *Geschichte Ost- und Westpreussens*, 4. Aufl., Würzburg 1959.

P. Johansen, Die Bedeutung der Hanse für Livland, in: *HGBll* 65/66, 1941, S. 1–55.

Ⅵ　政治と商業における対外関係

南ドイツ

G. Nordmann, *Oberdeutschland und die Hanse*, Weimar 1939 (Pfbll 26).

イングランド

F. Schulz, *Die Hanse und England von Eduards III. bis auf Heinrichs VIll. Zeit*, Berlin 1911 (Abhandlungen zur Verkehrs- und Seegeschichte 5).

E. Power/ M. Postan, *Studies in English trade in the fifteenth century*, London 1933, reprinted 1951.

フランドル

J. H. A. Beuken, *De Hanze en Vlaanderen*, Maastricht 1950.

フランス

A. Agats, *Der hansische Baienhandel*, Heidelberg 1904 (Heidelberger Abhandlungen zur mittleren und neueren Geschichte 5).

オランダ

F. Vollbehr, *Die Holländer und die deutsche Hanse*, Lübeck 1930 (Pfbll 21).

ポルトガル

A. de Oliveira Marques, *Hansa e Portugal na idade media*, Lisboa 1959.

ロシア

L. K. Goetz, *Deutsch-russische Handelsgeschichte des Mittelalters*, Lübeck 1922 (HGQ NF 5).

スカンディナヴィア

L. Musset, *Les peuples scandinaves au moyen âge*, Paris 1951.

M. Gerhardt, W. Hubatsch, *Deutschland und Skandinavien im Wandel der Jahrhunderte*, Bonn 1950.

J. A. Gade, *The Hanseatic control of Norwegian commerce during the late middle ages*, Leiden 1951.

O. A. Johnsen, *Norwegische Wirtschaftsgeschichte*, Jena 1939.

K. Kumlien, *Sverige och Hanseaterna. Studier i svensk politik och utrikeshandel*, Stockholm 1953.

ヴェネツィア

W. Stieda, *Hansisch-Venetianische Handelsbeziehungen im 15. Jahrhundert*, Rostock 1894.

Ⅶ　主要な史料集

Hanserecesse.

I. Abt. (1256–1430), bearb. von K. Koppmann, 8 Bde., 1870–1897.

II. Abt. (1431–1476), bearb. von K. von der Ropp, 7 Bde., 1876–1892.

III. Abt. (1477-1530), bearb. von D. Schäfer, 9 Bde., 1881–1913.

IV. Abt. (1531–1560), bearb. von G. Wentz, K. Friedland, 2 Bde., 1941–1970. (1537年まで既刊)

Hansisches Urkundenbuch, bearb. von K. Höhlbaum et al., 11 Bde. (975–1500), München 1876–1939 (Bd. 7, 2は未刊行)。

Hansische Geschichtsquellen, hrsg. von Verein für Hansische Geschichte, 7 Bde., 1875–1894.

Hansische Geschichtsquellen NF, 6 Bde., 1897–1928; Quellen und Darstellungen zur hansischen Geschichte NF 7 ff, 1939 ff. (前掲書の続シリーズ、7巻以降は叢書名変更)。

Urkundenbuch der Stadt Lübeck, 11 Bde., Lübeck 1843–1932 (1470年まで)。

Veröffentlichungen aus dem Staatsarchiv der Freien und Hansestadt Hamburg, 1910 ff..

B. Kuske (Hg.), *Quellen zur Geschichte des Kölner Handels und Verkehrs im Mittelalter*, 4 Bde., Bonn 1918–1934.

J.-M. Pardessus, *Collection de lois maritimes antérieures au XVIIe siècle*, t. 1–3, Paris 1828–1834 (フランス語の翻訳付き)。

R. Häpke, *Niederländische Akten und Urkunden zur Geschichte der deutschen Hanse und zur deutschen Seegeschichte*, 2 Bde. (1531–1615), München/ Leipzig 1913–1923.

Inventare hansischer Archive des 16. Jahrhunderts, 3 Bde., München/ Leipzig 1896–1913 (ケルンとダンツィヒに関して)。

N. Ellinger Bang, *Tabeller over Skibsfart og Varetransport gennem Öresund 1407–1660*, 2 vol. 1906–1933.

Ⅷ　補助文献

K. Schiller, A. Lübben, *Mittelniederdeutsches Wörterbuch*, 6 Bde., Münster i. W. 1875–1881.

F. Bruns, H. Weczerka, *Hansische Handelsstrassen, Atlas*, Köln/ Graz 1963（QDhG NF 13/1).

H. Hunke, *Hanse, Rhein und Reich*, Berlin 1942.

H. Hunke, *Hanse, Downing-Street und Deutschlands Lebensraum*, 2. Aufl., Berlin 1942. 図版。

J. Bühler, *Bauern, Bürger und Hansa. Nach zeitgenössischen Quellen*, Leipzig 1929. 翻訳された原典。

章別参考文献

第 1 部

第 1 章　第 1 節

L. Musset, *Les peuples scandinaves au moyen âge*, Paris 1951.

O. A. Johnsen, Le commerce et la navigation en Norvège an moyen âge, in: *Revue historique* 178, 1936, p. 385–410.

A. Hofmeister, *Der Kampf um die Ostsee vom 9. bis 12. Jahrhundert*, 3. Aufl., Darmstadt 1960.

S. Mews, *Gotlands Handel und Verkehr bis zum Auftreten der Hansen*, Greifswald 1937.

W. Koppe, Schleswig und die Schleswiger（1066–1134), in: A. v. Brandt, W. Koppe（Hgg.), *Städtewesen und Bürgertum als geschichtliche Kräfte. Gedächtnisschrift für Fritz Rörig*, Lübeck 1953, S. 95–120.

B. Rohwer, *Der friesische Handel im frühen Mittelalter*, Borna/Leipzig 1937.

R. Doehaerd, *L'expansion économique belge au moyen âge*, Bruxelles 1946.

A. Joris, Der Handel der Maasstädte im Mittelalter, in: *HGBll* 79, 1961, S. 15–33.

W. Stein, *Handels- und Verkehrsgeschichte der deutschen Kaiserzeit*, Berlin 1922.

H. J. Seeger, *Westfalens Handel und Gewerbe vom 9. bis 14. Jahrhundert*, Berlin 1926.

第 1 章　第 2 節

E. Jordan, *L'Allemagne et l'Italie de 1125 à 1273*, Paris 1939（Histoire générale. Moyen Age IV, 1).

B. Gebhardt, *Handbuch der deutschen Geschichte*, 8. Aufl., Bd. 1–2, Stuttgart 1954–1955.

A. Hauck, *Kirchengeschichte Deutschlands*, 5. Aufl., Bd. 3–4, Leipzig 1925.

K. Hampe, *Der Zug nach dem Osten*, 5. Aufl., Leipzig 1939.

第 1 章　第 3 節

R. Latousche, *Les origines de l'économie occidentale*, Paris 1956〔邦訳『西ヨーロッパ経済の誕生―― 4 世紀―11世紀の経済生活』宇尾野久・森岡敬一郎訳、一条書店、1970年〕。

H. Planitz, *Die deutsche Stadt im Mittelalter*, Graz/ Köln 1954.

E. Keyser, *Deutsches Städtebuch*, Bd. 1–3, Stuttgart et al. 1939–1956.

Y. Dollinger-Léonard, De la cité romaine à la ville médiévale dans la région de la Moselle et de la Haute-Meuse, in: T. Mayer（Hg.), *Studien zu den Anfängen des europäischen Städtewesens: Reichenau-Vorträge 1955–1956*, Lindau/ Konstanz 1958（Vorträge und Forschungen 4), S. 195–226.

W. Schlesinger, Städtische Frühformen zwischen Rhein und Elbe, in: *ibid.*, S. 297–362.

H. Ludat, Frühformen des Städtewesens in Osteuropa, in: *ibid.*, S. 527–553.

H. Ludat, *Vorstufen und Entstehung des Städtewesens in Osteuropa*, Köln/ Braunsfeld 1955.

P. Francastel（éd.), *Les origines des villes polonaises*, Paris 1961.

W. Neugebauer, Das Suburbium von Alt-Lübeck, in: *ZVLGA* 39, 1959, S. 11–28.

H. Schwarzwälder, *Entstehung und Anfänge der Stadt Bremen*, Bremen 1955.

E. Keyser, *Städtegründungen und Städtebau in Nordwestdeutschland im Mittelalter*, 2 Bde., Remagen 1958.

第2章　第1節

レーリヒ説について。F. Rörig, *Wirtschaftskräfte im Mittelalter*, Weimar 1959. 特に *Der Markt von Lübeck*（初出1921）と *Die Gründungsunternehmerstädte des 12. Jahrhunderts*（初出1928）〔参考『中世の世界経済——一つの世界経済時代の繁栄と終末』瀬原義生訳、未来社、1969年〕。

レーリヒに対する批判。L. von Winterfeld, Gründung, Markt und Ratsbildung deutscher Fernhandelsstädte, in: *Westfalen, Hanse, Ostseeraum,* Münster i. W. 1955, S. 7–89.

T. Mayer, Die Anfänge von Lübeck, in: *Westfälische Forschungen* 9, 1956, S. 209–212.

A von Brandt, Stadtgründung, Grundbesitz und Verfassungsanfänge in Lübeck, in: *ZVLGA* 36, 1956, S. 79–95.

G. Fink, Lübecks Stadtgebiet, in: *Gedächtnisschrift für Fritz Rörig,* S. 243–296.

F. Rörig, Die Schlacht bei Bornhöved, in: F. Rörig, *Vom Wesen und Werden der deutschen Hanse*, Leipzig 1940, S. 55–82, 140–147.

第2章　第2節

F. Rörig, Reichssymbolik auf Gotland, in: *HGBll* 64, 1940, S. 1–67（*Wirtschaftskräfte im Mittelalter* に再録）。

N. Yrwing, *Gotland under äldre medeltid*, Lund 1940.

F. Frensdorff, Das Stadtrecht von Visby, in: *HGBll* 22, 1916, S. 1–86.

W. Vogel, *Geschichte der deutschen Seeschiffahrt*, Bd.1, Berlin 1915.

第2章　第3節

F. Rörig, Die Entstehung der Hanse und der Ostseeraum, in: *Wirtschaftskräfte im Mittelalter*, S. 542–601.

L. K. Goetz, *Deutsch-russische Handelsgeschichte des Mittelalters*, Lübeck 1922（HGQ NF 5）.

P. Johansen, Die Bedeutung der Hanse für Livland, in: *HGBll* 65, 1941, S. 1–55.

P. Johansen, Novgorod und die Hanse, in: *Gedächtnisschrift für Fritz Rörig*, S. 121–148.

Z. Ligers, *Histoire des villes de Lettonie et d'Estonie*, Paris 1946.

H. zur Mühlen, *Studien zur älteren Geschichte Revals*, Zeulenroda 1937.

第2章　第4節

H. Planitz, *Die deutsche Stadt im Mittelalter*, Graz/ Köln 1954.

E. Keyser, *Deutsches Städtebuch*, Bd. 1, Stuttgart 1939.

W. Böttcher, *Geschichte der Verbreitung des lübischen Rechtes*, Diss. Greifswald 1913.

R. Kötzschke, E. Ebert, *Geschichte der ostdeutschen Kolonisation*, 2. Aufl., Leipzig 1940.

K. Jazdzewski, La genèse de la ville de Gdansk, in: *l'Artisanat et la vie urbaine de la Pologne médiévale*, Warszawa 1962, p. 410–417.

第2章　第5節

L. Musset, *Les peuples scandinaves au moyen âge*, Paris 1951.

A. Schuck, Die deutsche Einwanderung im mittelalterlichen Schweden und ihre kommerzielle und soziale Folgen, in: *HGBll* 55, 1930, S. 67–89.

S. Tunberg, Die Entstehung und erste Entwicklung des schwedischen Bergbaues, in: *HGBll* 63, 1938, S. 11–26.

O. Johansen, Das Aufkommen der Bergerzverhüttung in Schweden, in: *HGBll* 65/66, 1940/1941, S. 187–196.

A. Christensen, La foire de Scanie, in: *Recueils de la Société Jean Bodin* 5, 1953, p. 241–266.

O. A. Johnsen, *Norwegische Wirtschaftsgeschichte*, Jena 1939.

第2章　第6節

K. Kunze, Das erste Jahrhundert der deutschen Hanse in England, in: *HGBll* 6, 1889, S. 129–154.

L. von Winterfeld, *Dortmunds Stellung in der Hanse*, Lübeck 1932 (Pfbll 2).

K. Wand, Die Englandpolitik der Stadt Köln und ihrer Erzbischöfe im 12. und 13. Jahrhundert, in: *Aus Mittelalter und Neuzeit. Festschrift für Gerhard Kallen zum 70. Geburtstag*, Bonn 1957, S. 77–96.

J. H. Beuken, *De Hanze en Vlaanderen*, Maastricht 1950.

W. Stein, Über die ältesten Privilegien der deutschen Hanse in Flandern und die ältere Handelspolitik Lübecks,, in: *HGBll* 10, 1902, S. 51–133.

R. Häpke, *Brügges Entwicklung zum mittelalterlichen Weltmarkt*, Berlin 1908.

H. van Werveke, *Bruges et Anvers: huit siècles de commerce flamand*, Bruxelles 1944.

H. Ammann, Untersuchungen zur Geschichte der Deutschen im mittelalterlichen Frankreich 1, in: *Deutsches Archiv für Volksforschung* 5, 1939, S. 306–333.

第3章　第1節

U. Kleist, Die sächsischen Städtebünde zwischen Weser und Elbe im 13. und 14. Jahrhundert, in: *Zeitschrift des Harzvereins für Geschichte und Alterthumskunde* 25, 1892, S. 1–101.

H. Mendthal, *Die Städtebünde und Landfrieden in Westfalen bis zum Jahre 1371. Ein Beitrag zur Geschichte der Landfrieden in Deutschland*, Königsberg 1879.

P. Kallmerten, *Lübische Bündnispolitik von der Schlacht bei Bornhöved bis zur dänischen Invasion unter Erich Menved (1227–1307)*, Diss. Kiel 1932.

第3章　第2節

J. A. Gade, *The Hanseatic control of Norwegian commerce during the late middle ages*, Leiden 1951.

O. A. Johnsen, Le commerce et la navigation en Norvège an moyen âge, in: *Revue historique* 178, 1936, p. 385–410.

J. H. Beuken, *De Hanze en Vlaanderen*, Maastricht 1950.

W. Stein, Die deutsche Genossenschaft in Brügge und die Entstehung der deutschen Hanse, in: *HGBll* 14, 1908, S. 409–466.

K. Bahr, *Handel und Verkehr der deutschen Hanse in Flandern während des 14. Jahrhunderts*, Göttingen 1911.

第3章　第3節

D. Schäfer, *Die Hansestädte und König Waldemar von Dänemark*, Jena 1879.

I. M. Andersson, König Erich Menved und Lübeck, in: *ZVLGA* 39, 1959, S. 69–116.

I. M. Andersson, *Erich Menved och Venden. Studier i dansk utrikespolitik 1300–1319*, Lund 1954.

第3章　第4節

K. Kunze, *Hanseakten aus England 1275–1412*, Halle a. d. Saale 1891 (HGQ 6).

F. Schulz, *Die Hanse und England von Eduards III. bis auf Heinrichs VIII. Zeit*, Berlin 1911

A. Schaube, Die Wollausfuhr Englands vom Jahre 1273, in: *VSWG* 6, 1908, S. 39–72, 159–185.

J. Hansen, Der englische Staatskredit unter König Eduard III. (1327–1377) und die hansischen Kaufleute. Zugleich ein Beitrag zur Geschichte des kirchlichen Zinsverbotes und des rheinischen Geldgeschäftes im Mittelalter, in: *HGBll* 16, 1910, S. 323–415.

第3章　第5節

H. Reincke, Bevölkerungsprobleme der Hansestädte, in: *HGBll* 69, 1951, S. 1–33.

H. Reincke, Hamburgs Bevölkerung, in: H. Reincke, *Forschungen und Skizzen zur hamburgischen Geschichte*, Hamburg 1951, S. 167–200.

E. Peters, Das große Sterben des Jahres 1350 in Lübeck und seine Auswirkungen auf die wirtschaftliche und soziale Struktur der Stadt, in: *ZVLGA* 30, 1940, S. 15–148.

W. Abel, *Die Wüstungen des ausgehenden Mittelalters*, 2. Aufl., Stuttgart 1955.

第4章　第1節

H. Pirenne, *Histoire de Belgique, 2. Du commencement du XIVe siècle à la mort de Charles le Téméraire*, 3e éd. Bruxelles 1922.

J. H. Beuken, *De Hanze en Vlaanderen*, Maastricht 1950.

W. Friccius, Der Wirtschaftskrieg als Mittel hansischer Politik im 14. und 15. Jahrhundert, in: *HGBll*, 57, 1932, S. 38–77.

K. Bahr, *Handel und Verkehr der deutschen Hanse in Flandern während des 14. Jahrhunderts*, Göttingen 1911.

G. H. von der Osten, *Die Handels- und Verkehrssperre des deutschen Kaufmanns gegen Flandern 1358–1360*, Diss. Kiel 1889.

第4章　第2節

D. Schäfer, *Die Hansestädte und König Waldemar von Dänemark*, Jena 1879.

E. Daenell, *Geschichte der deutschen Hanse in der 2. Hälfte des 14. Jahrhunderts*, Leipzig 1897.

D. K. Bjork, The peace of Stralsund 1370, in: *Speculum* 7, 1932, p. 447–476.

第4章　第3節

H. Palais, England's first attempt to break the commercial monopoly of the Hanseatic League 1377–1380, in: *The American historical review* 64–4, 1959, p. 852–865.

F. Keutgen, *Die Beziehungen der Hanse zu England im letzten Drittel des 14. Jahrhunderts*, Gießen 1890.

フランドルについては第1節参照。

L. K. Goetz, *Deutsch-russische Handelsgeschichte des Mittelalters*, Lübeck 1922（HGQ NF 5）.

第4章　第4節

W. Vogel, *Geschichte der deutschen Seeschiffahrt*, Bd.1, Berlin 1915.

P. Girgensohn, *Die skandinavische Politik der Hansa 1375–1395*, Upsala 1898.

H. C. Cordsen, Beiträge zur Geschichte der Vitalienbrüder, in: *Jahrbücher des Vereins für mecklenburgische Geschichte und Altertumskunde* 73, 1908, S. 1–30.

K. Koppmann, Der Seeräuber Klaus Störtebeker in Geschichte und Sage, in: *HGBll* 3, 1877, S. 37–60.

第2部

第1章

E. Daenell, *Die Blütezeit der deutschen Hanse. Hansische Geschichte von der zweiten Hälfte des 14. bis zum letzten Viertel des 15. Jahrhunderts*, Bd.2, Berlin 1906.

第1章　第1節

W. Stein, Die Hansestädte, in: *HGBll* 19, 1913, S. 233–294, 519–560.

K. Friedland, Kaufleute und Städte als Glieder der Hanse, in: *HGBll* 76, 1958, S. 21–41.

L. von Winterfeld, Das westfälische Hansequartier, in: *Der Raum Westfalen*, Tl. 2, 1, 1955, S. 257–352.

H. Stoob, Dithmarschen und die Hanse, in: *HGBll* 73, 1955, S. 117–145.

第1章　第2節

H. Laubinger, *Die rechtliche Gestaltung der Hanse*, Diss. Heidelberg 1930.

第1章　第3節

P. Johansen, Novgorod und die Hanse, in: *Gedächtnisschrift für Fritz Rörig*, S. 121–148（完全な文献目録付き）。

M. Szeftel, La condition légale des étrangers dans la Russie novgorodo-kiévienne, in: *L'Etranger, Recueils de la Société Jean Bodin* 10, 1958, p. 375–430.

F. Techen, *Die deutsche Brücke in Bergen*, Bremen 1923（HVh 1）

P. Norman, The Hanseatic settlement at Bergen in Norway, in: *The Archeological Journal* 71, 1914, p. 275–285.

C. K. Wiberg, *Hanseaterne og Bergen*, Bergen 1931（Det hanseatiske Museum Skrifter 8）.

K. Engel, Die Organisation der deutsch-hansischen Kaufleute in England im 14. und 15. Jahrhundert bis zum Utrechter Frieden 1474, in: *HGBll* 19, 1913, S. 445–517, 20, 1914, S. 173–225.

M. Weinbaum, Stalhof und deutsche Gildhalle zu London, in: *HGBll* 53, 1928, S. 45–65.

W. Stein, *Die Genossenschaft der deutschen Kaufleute zu Brügge in Flandern*, Berlin 1890.

L. von Winterfeld, *Dortmunds Stellung in der Hanse*, Lübeck 1932（Pfbll 2）.

W. Stein, Vom deutschen Kontor in Kowno, in: *HGBll* 22, 1916, S. 225–266.

O. A. Johnsen, Der deutsche Kaufmann in der Wiek in Norwegen im späteren Mittelalter, in: *HGBll* 53, 1928, S. 66–77.

F. Schulz, *Die Hanse und England von Eduards III. bis auf Heinrichs VIII. Zeit*, Berlin 1911

A. Leroux, *La colonie germanique de Bordeaux: étude historique juridique, statistique, économique d'après les sources allemandes et françaises 1: De 1462 à 1870*, Bordeaux 1918.

第1章　第4節

W. Friccius, Der Wirtschaftskrieg als Mittel hansischer Politik im 14. und 15. Jahrhundert, in: *HGBll* 57, 1932, S. 38–77, 58, 1933, S. 52–121.

W. Bode, Hansische Bundesbestrebungen in der ersten Hälfte des 15. Jahrhunderts, in: *HGBll* 45, 1919, S. 173–246, 46, 1920/21, S. 174–193, 51, 1926, S. 28–71.

H. Reincke, *Kaiser Karl IV. und die deutsche Hanse*, Lübeck 1931（Pfbll 23）.

第2章　第1節

W. Stein, Die Hansestädte, in: *HGBll* 19, 1913, S. 233–294, 519–560, 20, 1914, S. 257–290, 21, 1915, S. 119–178.

A. von Brandt, Hamburg und Lübeck. Beiträge einer vergleichenden Geschichtsbetrachtung, in: *ZVHG* 41, 1951, S. 20–47.

H. Westphal, *Die Verhältnisse der wendischen Hansestädte untereinander, zu den Landesherren, zur Hansa*, Diss. Greifswald 1911.

W. Spieß, *Braunschweig als Hansestadt*, Bremen 1926（HVh 15）.

F. Wiegand, Über hansische Beziehungen Erfurts, in: *Hansische Studien*, Berlin 1961.

E. Müller-Mertens, Berlin und die Hanse, in: *HGBll* 80, 1962, S. 1–25.

L. von Winterfeld, Das westfälische Hansequartier, in: *Der Raum Westfalen*, Tl. 2, 1, 1955, S. 257–352.

Z. W. Sneller, *Deventer. Die Stadt der Jahrmärkte*, Weimar 1936 (Pfbll 25).

H. Pirenne, Histoire de la constitution de la ville de Dinant au moyen âge, in: H. Pirenne, *Les Villes et les Institutions urbaines*, t. 2, Paris/ Bruxelles 1939, p. 1–94.

F. Petri, Die Stellung der Südersee- und Ijsselstädte im flandrisch-hansischen Raum, in: *HGBll* 79, 1961, S. 34–57.

P. Therstappen, *Köln und die niederrheinischen Städte in ihrem Verhältnis zur Hanse in der 2. Hälfte des 15. Jahrhunderts*, Diss. Marburg 1901.

B. Schumacher, *Geschichte Ost- und Westpreussens*, 4. Aufl., Würzburg 1959.

O. Stavenhagen, Die Anfänge des livländischen Städtebundes innerhalb der deutschen Hanse und seine Theilnahme an der Kölner Konföderation, in: *Baltische Monatschrift* 52, 1901, S. 43–127.

K. Kumlien, Königtum, Städte und Hanse in Schweden um die Mitte des 14. Jahrhunderts, in: *Gedächtnisschrift für Fritz Rörig*, S. 149–158.

第 2 章　第 2 節

E. Keyser, *Bevölkerungsgeschichte Deutschlands*, 3. Aufl., Leipzig 1943.

H. Reincke, Bevölkerungsprobleme der Hansestädte, in: *HGBll* 70, 1951, S. 1–33.

E. G. Krüger, Die Bevölkerungsverschiebung aus den altdeutschen Städten über Lübeck in die Städte des Ostseegebietes, in: *ZVLGA* 27, 1934, S. 101–158, 263–313.

O. Ahlers, *Die Bevölkerungspolitik der Städte des wendischen Quartiers der Hanse gegenüber den Slawen*, Diss. Berlin 1939.

T. Penners, *Untersuchungen über die Herkunft der Stadtbewohner im Deutsch-Ordensland Preussen bis in die Zeit um 1400*, Leipzig 1942 (Deutschland und der Osten 16).

H. von zur Mühlen, Versuch einer soziologischen Erfassung der Bevölkerung Revals im Spätmittelalter, in: *HGBll* 75, 1957, S. 48–69.

R. J. Mols, *Introduction à la démographie historique des villes d'Europe du XIVe au XVIIIe siècle*, 3 vol., Louvain 1954–1956.

第 2 章　第 3 節

H. Planitz, *Die deutsche Stadt im Mittelalter*, Graz/ Köln 1954.

F. Bruns, Der Lübecker Rat. Zusammensetzung, Ergänzung und Geschäftsführung, in: *ZVLGA* 32, 1951, S. 1–69.

C. Wehrmann, Das lübische Patriziat, in: *ZVLGA* 5, 1888, S. 293–392.

H. Reincke, *Forschungen und Skizzen zur hamburgischen Geschichte*, Hamburg 1951.

J. Schildhauer, Die Sozialstruktur der Hansestadt Rostock, in: *Hansische Studien*, Berlin 1961.

M. Hamann, Wismar-Rostock-Stralsund-Greifswald zur Hansezeit (ein Vergleich), in: H. Kretzschmar (Hg.), *Vom Mittelalter zur Neuzeit. Zum 65. Geburtstag von Heinrich Sproemberg*, Berlin 1956, S. 90–112

H. Koeppen, *Führende Stralsunder Ratsfamilien vom Ausgang des 13. bis zum Beginn des 16. Jahrhunderts*, Greifswald 1938.

L. von Winterfeld, *Handel, Kapital und Patriziat in Köln bis 1400*, Lübeck 1925 (Pfbll 16).

第 2 章　第 4 節

K. Pagel, *Die Hanse*, 2. Aufl., Braunschweig 1952, S. 264–269.

C. F. Wehrmann, *Die älteren lübischen Zunftrollen*, Lübeck 1864.

E. Thikötter, *Die Zünfte Bremens im Mittelalter*, Diss. Berlin 1930.

F. Techen, Etwas von der mittelalterlichen Gewerbeordnung, insbesondere der wendischen Städte, in: *HGBll* 9, 1897, S. 19–106.

F. Techen, Die Böttcher in den Wendischen Städten, besonders in Wismar, in: *HGBll* 50, 1925, S. 67–127.

W. Stieda, Hansische Vereinbarungen über städtisches Gewerbe im 14. und 15. Jahrhundert, in: *HGBll* 5, 1886, S. 99–155.

A. von Brandt, Die Lübecker Knochenhauer Aufstände von 1380–1384, in: *ZVLGA* 39, 1959, S. 123–202.

K. Czok, Zum Braunschweiger Aufstand 1374–1386, in: *Hansische Studien*, Berlin 1961, S. 34–55.

第3章

W. Vogel, *Geschichte der deutschen Seeschiffahrt*, Bd.1, Berlin 1915.

W. Vogel, G. Schmölders, *Die Deutschen als Seefahrer*, Hamburg 1949.

P. Heinsius, *Das Schiff der hansischen Frühzeit*, Weimar 1956 (QDhG NF 12).

P. Heinsius, Dimensions et caractéristiques des Koggen hanséatiques dans le commerce de la Baltique, in: M. Mollat (ed.), *Le Navire et l'Économie Maritime du Nord de l'Europe du Moyen-Age au XVIIIe siècle: Travaux du Troisième Colloque International d'histoire maritime tenu, les 30 et 31 mai 1958, à l'Académie de Marine*, Paris 1960, p. 7–23.

K.-F. Olechnowitz, *Der Schiffbau der hansischen Spätzeit. Eine Untersuchung zur Sozial- und Wirtschaftsgeschichte der Hanse*, Weimar 1960 (Abhandlungen zur Handels- und Sozialgeschichte 3).

W. Vogel, Zur Größe der europäischen Handelsflotten im 15., 16. und 17. Jahrhundert. Ein historisch-statistischer Versuch, in: A. Hofmeister (Hg.), *Forschungen und Versuche zur Geschichte des Spätmittelalters und der Neuzeit. Festschrift für D. Schäfer zum 70. Geburtstag*, Jena 1915, S. 268–333.

T. Kiesselbach, Grundlage und Bestandteile des ältesten Hamburgischen Schiffrechts. Ein Beitrag zur Geschichte des norddeutschen Seehandels und Seerechts, in: *HGBll* 10, 1900, S. 49–96.

K. Koppmann, *Das Seebuch*, Bremen 1876.

H. Reincke, *Forschungen und Skizzen zur hamburgischen Geschichte*, Hamburg 1951.

第4章　第1節

H. Reincke, Hamburgische Vermögen 1350–1530, in: H. Reincke, *Forschungen und Skizzen zur hamburgischen Geschichte*, Hamburg 1951, S. 201–220.

P. Simson, *Der Artushof in Danzig und seine Brüderschaften, die Banken*, Danzig 1900.

F. Bruns, *Die Lübecker Bergenfahrer und ihre Chronistik*, Berlin 1900 (HGQ NF 2).

D. Schäfer, *Das Buch des lübeckischen Vogts auf Schonen*, 2. Aufl., Lübeck 1927 (HGQ NF 4).

J. Bolland, Die Gesellschaft der Flandernfahrer in Hamburg während des 15. Jahrhunderts, in: *ZVHG* 41, 1951, S. 155–188.

第4章　第2節

E. von Lehe, Der hansische Kaufmann des 13. Jahrhunderts, in: *ZVHG* 44, 1958, S. 73–94.

P. Rehme, Geschichte des Handelsrechts, in: V. Ehrenberg (Hg.), *Handbuch des gesamten Handelsrechts* I, Leipzig 1913, S. 28–259.

F. Rörig, Das älteste erhaltene deutsche Kaufmannsbüchlein, in: *Wirtschaftskräfte im Mittelalter*, S. 167–215.

F. Rörig, Großhandel und Großhändler im Lübeck des 14. Jahrhunderts, in: *Wirtschaftskräfte im Mittelalter*, S. 216–246.

F. Keutgen, Hansische Handelsgesellschaften vornehmlich des 14. Jahrhunderts, in: *VSWG* 4, 1906, S. 278–324, 461–514, 567–632.

W. Ebel, *Lübisches Kaufmannsrecht vornehmlich nach Lübecker Ratsurteilen des 15. und 16. Jahrhunderts*, Göttingen 1952 (Göttinger Arbeitskreis 37).

E. Maschke, Die Schäffer und Lieger des Deutschen Ordens in Preußen, in: *Hamburger Mittel- und Ostdeutsche Forschungen* 2, 1960, S. 97-145.

第4章　第3節

E. von Lehe, Der hansische Kaufmann des 13. Jahrhunderts, in: *ZVHG* 44, 1958, S. 73-94.（ハンザ商人ミーレスについて）

K. Mollow, *Das Handlungsbuch von Hermann und Johann Wittenborg*, Leipzig 1901.

L. von Winterfeld, *Tidemann Lemberg. Ein Dortmunder Kaufmannsleben aus dem 14. Jahrhundert*, Bremen 1927 (HVh 10).

W. Koppe, *Lübeck-Stockholmer Handelsgeschichte im 14. Jahrhundert*, Neumünster 1933.（ハンザ商人ナーゲルについて）

L. von Winterfeld, *Hildebrand Veckinchusen. Ein hansischer Kaufmann vor 500 Jahren*, Bremen 1929 (HVh 18).

C. Nordmann, Die Veckinchusenschen Handelsbücher. Zur Frage ihrer Edition, in: *HGBll* 65/66, 1940/41, S. 79-144.

M. P. Lesnikov, Die livländische Kaufmannschaft und ihre Handelsbeziehungen zu Flandern am Anfang des 15. Jahrhunderts, in: *Zeitschrift für die Geschichtswissenschaft* 6, 1958, S. 285-303.

M. P. Lesnikov, Lübeck als Handelsplatz für osteuropäischen Waren im 15. Jahrhundert, in: *HGBll* 78, 1960, S. 67-86.

G. Neumann, *Hinrich Castorp. Ein Lübecker Bürgermeister aus der zweiten Hälfte des 15. Jahrhunderts*, Lübeck 1932.

G. Neumann, Hinrich Castorp, in: *Neue Deutsche Biographie*, Bd. 3, Berlin 1957, S. 174-175.

F. Rörig, Das Einkaufsbüchlein der Nürnberg-Lübecker Mulich auf der Frankfurter Fastenmesse des Jahres 1495, in: *Wirtschaftskräfte im Mittelalter*, S. 288-350.

C. Nordmann, *Nürnberger Großhändler im spätmittelalterlichen Lübeck*, Nürnberg 1933.

第4章　第4節

G. von der Ropp, *Kaufmannsleben zur Zeit der Hanse*, Leipzig 1907 (Pfbll 3).

R. Häpke, *Der deutsche Kaufmann in den Niederlanden*, Leipzig 1911 (Pfbll 7).

P. Johansen, Novgorod und die Hanse, in: *Gedächtnisschrift für Fritz Rörig*, S. 121-148.

P. Simson, *Der Artushof in Danzig und seine Brüderschaften: die Banken*, Danzig 1900.

J. Bühler, *Bauern, Bürger und Hansa. Nach zeitgenössischen Quellen*, Leipzig 1929.

W. Stein, Handelsbriefe aus Riga und Königsberg von 1458 und 1461, in: *HGBll* 9, 1898, S. 59-125.

W. Stieda, *Hildebrand Veckinchusen. Briefwechsel eines deutschen Kaufmannes im 15. Jahrhundert*, Leipzig 1921.

第5章　第1節

K. Bahr, *Handel und Verkehr der deutschen Hanse in Flandern während des 14. Jahrhunderts*, Göttingen 1911.

F. Schulz, *Die Hanse und England von Eduards III. bis auf Heinrichs VIII. Zeit*, Berlin 1911

L. K. Goetz, *Deutsch-russische Handelsgeschichte des Mittelalters*, Lübeck 1922 (HGQ NF 5).

V. Niitemaa, *Das Strandrecht in Nordeuropa im Mittelalter*, Helsinki 1955.

第5章　第2節

M. Postan, The economic and political relations of England and the Hanse from 1400 to 1475, in: E. Power, M. Postan, *Studies in English trade in the fifteenth century*, 2nd ed., London 1951, p. 91–153, 373–380, 407–408.

F. Vollbehr, *Die Holländer und die deutsche Hanse*, Lübeck 1930 (Pfbll 21).

C. Nordmann, *Oberdeutschland und die deutsche Hanse*, Weimar 1939 (Pfbll 26).

M. Malowist, Über die Frage der Handelspolitik des Adels in den Ostseeländern im 15. und 16. Jahrhundert, in: *HGBll* 75, 1957, S. 29–47.

第5章　第3節

W. Stein, *Beiträge zur Geschichte der deutschen Hanse bis in die Mitte des 15. Jahrhunderts*, Gießen 1900.

H. Rogge, *Der Stapelzwang des hansischen Kontors zu Brügge im 15. Jahrhundert*, Diss. Kiel 1903.

E. Daenell, *Die Blütezeit der deutschen Hanse. Hansische Geschichte von der zweiten Hälfte des 14. bis zum letzten Viertel des 15. Jahrhunderts*, Bd.2, Berlin 1906.

第5章　第4節

M. Neumann, *Geschichte des Wechsels im Hansagebiete bis zum 17. Jahrhundert*, Erlangen 1863.

C. Nordmann, *Nürnberger Großhändler im spätmittelalterlichen Lübeck*, Nürnberg 1933.

第5章　第5節

W. Jesse, Die Münzpolitik der Hansestädte, in: *HGBll* 53, 1928, S. 78–95.

W. Jesse, *Der wendische Münzverein*, Lübeck 1928 (HGQ NF 6).

W. Jesse, Lübecks Anteil an der Münz- und Geldgeschichte Deutschlands, in: *ZVLGA* 40, 1960, S. 5–36.

第6章　第1節

M. Mollat (éd.), *Les sources de l'histoire maritime en Europe, du moyen âge au XVIIIe siècle*, Paris 1962 (4e Colloque d'histoire maritime)(イングランドに関する M. Postan と E. Carus Wilson の論文、ポーランドに関する M. Małowist の論文)。

G. Lechner, *Die hansischen Pfundzollisten des Jahres 1368 (18. März 1368 bis 10. März 1369)*, Lübeck 1935 (QDhG NF 10).

W. Stieda, *Revaler Zollbücher und -quittungen des 14. Jahrhunderts*, Halle a. S. 1887 (HGQ 5).

第6章　第2節

M. Postan, The trade of medieval Europe: the North, in: *Cambridge Economic History of Europe*, Vol. 2, Cambridge 1952, p. 191–256.

W. Vogel, *Geschichte der deutschen Seeschiffahrt*, Bd.1, Berlin 1915.

W. Abel, *Geschichte der deutschen Landwirtschaft vom frühen Mittelalter bis zum 19. Jahrhundert*, Stuttgart 1962.

F. Semrau, *Der Getreidehandel der deutschen Hanse bis zum Ausgang des Mittelalters*, Diss. München 1911.

M. Lesnikov, Lübeck als Handelsplatz für osteuropäische Waren im 15. Jahrhundert, in: *HGBll* 78, 1960, S. 67–86.

M. Lesnikov, Der hansische Pelzhandel zu Beginn des 15. Jahrhunderts, in: *Hansische Studien*, Berlin 1961, S. 219–272.

H. Hartmeyer, *Der Weinhandel im Gebiete der Hanse im Mittelalter*, Jena 1905.

第6章　第3節

H. Nirrnheim, *Das hamburgische Pfundzollbuch von 1369*, Hamburg 1910.

H. Nirrnheim, *Das hamburgische Pfund- und Werkzollbuch von 1399 und 1400*, Hamburg 1930.

F. Bruns, Die lübeckischen Pfundzollbücher von 1492-1496, in: *HGBll* 32, 1904/05, S. 107-131, 34, 1907, S. 457-499, 35, 1908, S. 357-407.

F. Bruns, Lübecks Handelsstraßen am Ende des Mittelalters, in: *HGBll* 24, 1896, S. 43-87.

C. Higounet, Lunebourg capitale du sel au moyen âge, in: *L'information historique* 24, 1962, p. 47-53.

W. Fellmann, Die Salzproduktion im Hanseraum, in: *Hansische Studien*, Berlin 1961, S. 56-71.

A. Braun, *Der lübeckische Salzhandel bis zum Ausgang des 17. Jahrhunderts*, Diss. Hamburg 1926.

M. Barth, *Der Rebbau des Elsass und die Absatzgebiete seiner Weine*, Strasbourg/ Paris 1958.

H. Ammann, Von der Wirtschaftsgeltung des Elsaß im Mittelalter, in: *Alemannisches Jahrbuch* 3 1955, S. 95-202.

H. Reincke, *Forschungen und Skizzen zur hamburgischen Geschichte*, Hamburg 1951.

F. Techen, Das Brauwerk in Wismar, in: *HGBll* 21, 1915, S. 263-352, 22, 1916, S. 145-224.

H. Hohls, Der Leinwandhandel in Norddeutschland vom Mittelalter bis zum 17. Jahrhundert, in: *HGBll* 51, 1926, S. 116-158.

C. Nordmann, *Oberdeutschland und die deutsche Hanse*, Weimar 1939（Pfbll 26）.

A. Dietz, *Frankfurter Handelsgeschichte*, Bd. 1, Frankfurt a. M. 1910.

W. Koppe, Die Hansen und Frankfurt am Main im 14. Jahrhundert, in: *HGBll* 71, 1952, S. 30-49.

B. Kuske, Die Kölner Handelsbeziehungen im 15. Jahrhundert, in: *VSWG* 7, 1909, S. 296-308.

第6章　第4節

V. Lauffer, Danzigs Schiffs- und Warenverkehr am Ende des 15. Jahrhunderts, in: *Zeitschrift des Westpreußischen Geschichtsvereins* 33, 1894, S. 1-44.

H. Samsonowicz, Le commerce extérieur de Gdansk pendant la seconde partie du XVe siècle, in: *Przeglad historyczny* 47, 1956, p. 283-352（ポーランド語文献、フランス語レジュメ付き）。

P. Simson, *Geschichte der Stadt Danzig*, Bd. 1, Danzig 1916.

T. Hirsch, *Danzigs Handels- und Gewerbsgeschichte*, Leipzig 1858.

E. Carstenn, *Geschichte der Hansestadt Elbing*, Elbing 1937.

G. Sattler, *Handelsrechnungen des Deutschen Ordens*, Leipzig 1887.

W. Böhnke, Der Binnenhandel des deutschen Ordens in Preußen und seine Beziehung zum Außenhandel um 1400, in: *HGBll* 80, 1962, S. 26-95.

F. Renken, *Der Handel der Königsberger Großschäfferei des deutschen Ordens mit Flandern um 1400*, Weimar 1937（Abhandlungen zur Handels- und Seegeschichte NF 5）.

A. Rohde, *Bernstein, ein deutscher Werkstoff. Seine künstlerische Verarbeitung vom Mittelalter bis zum 18. Jahrhundert*, Berlin 1941.

M. Malowist, L'approvisionnement des ports de la Baltique en produits forestiers pour les constructions navales aux XVe et XVIe siècles, in: M. Mollat（éd.）, *Le Navire et l'Économie maritime du nord de l'Europe*, Paris 1960, p. 25-44.

L. K. Goetz, *Deutsch-russische Handelsgeschichte des Mittelalters*, Lübeck 1922（HGQ NF 5）.

W. Koppe, Revals Schiffsverkehr und Seehandel in den Jahren 1378/84, in: *HGBll* 64, 1940, S. 111-152.

K. H. Sass, *Hansischer Einfuhrhandel in Reval um 1430*, Marburg/Lahn 1955.

H. Laakmann, *Geschichte der Stadt Pernau in der Deutschordenszeit*（*bis 1558*）, Marburg/Lahn 1956.

M. Lesnikov, Die livländische Kaufmannschaft und ihre Handelsbeziehungen, in: *Zeitschrift für Geschichtswissenschaft* 6, 1958, S. 285-303.

第6章　第5節

K. Kumlien, *Sverige och hanseaterna. Studier i svensk politik och utrikeshandel*, Stockholm 1953.

W. Koppe, *Lübeck-Stockholmer Handelsgeschichte im 14. Jahrhundert*, Neumünster 1933.

L. Schweltik, Der hansisch-dänische Landhandel und seine Träger 1484–1519, in: *Zeitschrift der Gesellschaft für Schleswig-Holsteinische Geschichte* 85/86, 1961/62, S. 61–130.

A. Christensen, La foire de Scanie, in: *Recueils de la Société Jean Bodin* 5, 1953, p. 241–266.

C. Weibull, *Lübeck och Skånemarknaden. Studier i Lübecks Pundtullsböcker och Pundtullskvitton, 1368–1369 och 1398–1400*, Lund 1922

D. Schäfer, *Das Buch des lübeckischen Vogts auf Schonen*, 2. Aufl., Lübeck 1927 (HGQ NF 4).

O. A. Johnsen, *Norwegische Wirtschaftsgeschichte*, Jena 1939.

J. A. Gade, *The hanseatic control of Norwegian commerce during the late middle ages*, Leiden 1951.

F. Bruns, *Die Lübecker Bergenfahrer und ihre Chronistik*, Berlin 1900 (HGQ NF 2).

J. Schreiner, Bemerkungen zum Hanse-Norwegen-Problem. Mit einem Nachwort von Maria Wetki, in: *HGBll* 72, 1954, S. 64–78.

E. Baasch, *Die Islandfahrt der Deutschen. Namentlich der Hamburger vom 15. bis 17. Jahrhundert*, Hamburg 1889

第6章　第6節

F. Schulz, *Die Hanse und England von Eduards III. bis auf Heinrichs VIII. Zeit*, Berlin 1911

E. Power, M. Postan, *Studies in English trade in the fifteenth century*, 2nd ed., London 1951 (H. L. Gray と M. Postan の論文)。

H. L. Gray, The production and exportation of English woolens in the 14. century, in: *English Historical Review* 39, 1924, p. 13–35.

G. von Schanz, *Englische Handelspolitik gegen Ende des Mittelalters mit besonderer Berücksichtigung des Zeitalters der beiden ersten Tudors Heinrich VII. und Heinrich VIII.*, 2 Bde. Leipzig 1881.

第6章　第7節

J. H. Beuken, *De Hanze en Vlaanderen*, Maastricht 1950.

K. Bahr, *Handel und Verkehr der deutschen Hanse in Flandern während des 14. Jahrhunderts*, Göttingen 1911.

H. van Werveke, *Bruges et Anvers: huit siècles de commerce flamand*, Bruxelles 1944.

W. Stein, Über den Umfang des spätmittelalterlichen Handels der Hanse in Flandern und in den Niederlanden, in: *HGBll* 23, 1917, S. 189–236.

H. Ammann, Deutschland und die Tuchindustrie Nordwesteuropas im Mittelalter, in: *HGBll* 72, 1954, S. 1–63.

Algemene Geschiedenis der Nederlanden, d. 3, d. 4, Utrecht 1951–1952.

J. F. Niermeyer, Dordrecht als handelsstad in de tweede helft van de veertiende eeuw, in: *Bijdragen voor vaderlandsche geschiedenis en oudheidkunde* 8, 1941, p. 1–36

E. Daenell, Holland und Hanse im 15. Jahrhundert, in: *HGBll* 11, 1903, S. 3–41.

C. Schellenberg, *Hamburg und Holland. Kulturelle und wirtschaftliche Beziehungen*, Berlin 1940.

F. Vollbehr, *Die Holländer und die deutsche Hanse*, Lübeck 1930 (Pfbll 21).

Z. W. Sneller, *Deventer. Die Stadt der Jahrmärkte*, Weimar 1936 (Pfbll 25).

第6章　第8節

A. Agats, *Der hansische Baienhandel,* Heidelberg 1904 (Heidelberger Abhandlungen zur mittleren und neueren Geschichte 5).

O. Held, Die Hanse und Frankreich von der Mitte des 15. Jahrhunderts bis zum Regierungsantritt Karls VIII, in: *HGBll* 18, 1912, S. 121–237, 379–427.

A. Leroux, Bordeaux et la Hanse teutonique au XVe siècle, in: *Revue historique de Bordeaux et du département de la Gironde*, 1910, p. 387–397.

R. Dion, *Histoire de la vigne et du vin en France, des origines au XIXe siècle*, Paris 1959〔邦訳『フランスワイン文化史全書——ぶどう畑とワインの歴史』福田育弘・三宅京子・小倉博行訳、国書刊行会、2001年〕。

J. Craeybeckx, *Un grand commerce d'importation: les vins de France aux anciens Pays-Bas*, Paris 1958.

Y. Renouard, Le grand commerce des vins de Gascogne au moyen âge, in: *Revue historique* 221, 1959, p. 261–304.

M. Mollat, *Le commerce maritime normand à la fin du moyen âge*, Paris 1952.

A. de Oliveira Marques, *Hansa e Portugal na Idade media*, Lissabon 1959.

A. de Oliveira Marques, Navigation entre la Prusse et le Portugal au début du XVe siècle, in: *VSWG* 46, 1959, S. 477–490 および *Revue du Nord* 164, 1959, p. 241–250 にも所収。

R. Häbler, Der hansisch-spanische Konflikt von 1419 und die älteren spanischen Bestände. in: *HGBll* 8, 1894, S. 49–93.

第6章　第9節

W. Stieda, *Hansisch-venetianische Handelsbeziehungen im 15. Jahrhundert*, Rostock 1894.

B. Kuske, Die Handelsbeziehungen zwischen Köln und Italien im späteren Mittelalter, in: B. Kuske, *Köln, der Rhein und das Reich. Beiträge aus fünf Jahrhunderten wirtschaftsgeschichtlicher Forschung*, Köln/ Graz 1956, S. 1–47.

A. Schulte, *Geschichte der Großen Ravensburger Handelsgesellschaft 1380–1530*, Bd. 2, Stuttgart/ Berlin 1923.

第7章　第1節

E. Tonnelat, *Histoire de la langue allemande*, 4e éd. Paris 1953.

A. Bach, *Geschichte der deutschen Sprache*, 6. Aufl., Heidelberg 1956.

W. Heinsohn, *Das Eindringen der neuhochdeutschen Schriftsprache in Lübeck während des 16. und 17. Jahrhunderts*, Lübeck 1933.

K. Schiller, A. Lübben, *Mittelniederdeutsches Wörterbuch*, 6 Bde., Münster i. W. 1875–1881.

第7章　第2節

F. Mossé, *Histoire de la littérature allemande*, Paris 1959.

J. Nadler, *Literaturgeschichte des deutschen Volkes*, Bd. 1, 4. Aufl., Berlin 1939.

G. Ehrismann, *Geschichte der deutschen Literatur bis zum Ausgang des Mittelalters*, T. 2, München 1935.

R. Folz, *Le souvenir et la légende de Charlemagne dans l'Empire germanique médiéval*, Paris 1950.

W. Lexis, *Das Unterrichtswesen im deutschen Reich*, Bd. 1, Berlin 1904.

R. Schmidt, Die Anfänge der Universität Greifswald, in: W. Rothmaler（Hg.）, *Festschrift zur 500 Jahrfeier der Universität Greifswald*, Tl. 2, Greifswald 1956, S. 9–52.

第7章　第3節

K. Pagel, *Die Hanse*, 2. Aufl., Braunschweig 1952（図版）。

G. Dehio, *Geschichte der deutschen Kunst*, Bd. 1–2, 4. Aufl., Berlin/ Leipzig 1930, Bd. 3, 2. Aufl., Berlin/ Leipzig 1931.

W. Pinder, *Vom Wesen und Werden deutscher Formen*, Bd. 1–3, Köln 1935–1943.

G. Dehio, E. Gall, *Handbuch der deutschen Kunstdenkmäler*, 3. Aufl., Bd. 1. *Niedersachsen und Westfalen*, 1949, Bd. 2. *Rheinlande*, 1949, Bd. 3. *Nordosten*, 1928 (sic).

A. Renger-Patzsch, *Norddeutsche Backsteindome*, Berlin 1930.

K. Wilhelm-Kästner, Der Raum Westfalen in der Baukunst des Mittelalters, in: *Der Raum Westfalen* Tl. 2, 1, 1955, S. 371–449.

W. Greischel, *Der Magdeburger Dom*, Berlin/Zürich 1939.

H. Vogts, *Köln im Spiegel seiner Kunst*, Köln 1950.

叢書 *Deutsche Lande, Deutsche Kunst* に多くのモノグラフがある。H. Schröder, *Lübeck*, 2. Aufl., Berlin 1943; E. Keyser, *Danzig*, 4. Aufl., Berlin 1942; N. von Holst, *Baltenland*, Berlin 1937, etc.

第7章　第4節

H. Platte, *Meister Bertram in der Hamburger Kunsthalle*, Hamburg [1959].

W. Paatz, *Bernt Notke und sein Kreis*, 2 Bde. Berlin 1939.

M. Brion, *La peinture allemande*, Paris 1959.

C. Habicht, *Hanseatische Malerei und Plastik in Skandinavien*, Berlin 1926.

P. O. Westlund, *Die Stockholmer Hauptkirche St. Nicolai (Storkyrkan): ein Wegweiser für den Besucher*, Stockholm 1958.

F. Bruns, Der Dreikönigsaltar der Marienkirche und die Familie Brömse, in: *ZVLGA* 32, 1951, S. 105–107.

H. Reincke, Probleme um den Meister Francke, in: *Jahrbuch der Hamburger Kunstsammlungen* 4, 1959, S. 9–26.

P. Heinsius, Schnitzereien am Novgorodfahrer-Gestühl zu Stralsund, in: *Zeitschrift für Ostforschung* 11, 1962, S. 243–252.

第3部

第1章　第1節

E. Daenell, *Die Blütezeit der deutschen Hanse. Hansische Geschichte von der zweiten Hälfte des 14. bis zum letzten Viertel des 15. Jahrhunderts*, Bd.2, Berlin 1906.

W. Vogel, *Geschichte der deutschen Seeschiffahrt*, Bd.1, Berlin 1915 (この章全体に関して)。

第1章　第2節

G. Wehrmann, Der Aufstand in Lübeck 1408–1416, in: *HGBll* 3, 1878, S. 101–156.

V. Niitemaa, *Der Kaiser und die Nordische Union bis zu den Burgunderkriegen*, Helsinki 1960.

W. Bode, Hansische Bundesbestrebungen in der ersten Hälfte des 15. Jahrhunderts, in: *HGBll* 45, 1919, S. 173–246.

第1章　第3節

E. Weise, *Das Widerstandsrecht im Ordenslande Preußen und das mittelalterliche Europa*, Göttingen 1955.

B. Schumacher, *Geschichte Ost- und Westpreussens*, 4. Aufl., Würzburg 1959.

L. K. Goetz, *Deutsch-russische Handelsgeschichte des Mittelalters*, Lübeck 1922 (HGQ NF 5).

G. Hollihn, Die Stapel- und Gästepolitik Rigas in der Ordenszeit 1201–1562, in: *HGBll* 60, 1935, S. 89–207.

第1章　第4節

J. A. Gade, *The hanseatic control of Norwegian commerce during the late middle ages*, Leiden 1951.

A. Nielsen, *Dänische Wirtschaftsgeschichte*, Jena 1933.
M. Hoffmann, Lübeck und Danzig nach dem Frieden zu Wordingborg, in: *HGBll* 10, 1901, S. 29–44.
M. Gerhardt, W. Hubatsch, *Deutschland und Skandinavien im Wandel der Jahrhunderte*, Bonn 1950.

第1章 第5節

J. H. Beuken, *De Hanze en Vlaanderen*, Maastricht 1950.
W. Stein, Die Burgunderherzöge und die Hanse, in: *HGBll* 10, 1901, S. 9–27.
W. Friccius, Der Wirtschaftskrieg als Mittel hansischer Politik, in: *HGBll* 58, 1933, S. 52–121.
F. Vollbehr, *Die Holländer und die deutsche Hanse*, Lübeck 1930 (Pfbll 21).
E. Daenell, Holland und die Hanse im 15. Jahrhundert, in: *HGBll* 11, 1903, S. 3–41.

第1章 第6節—第7節

E. Power, M. Postan, *Studies in English trade in the fifteenth century*, 2nd ed., London 1951
F. Schulz, *Die Hanse und England von Eduards III. bis auf Heinrichs VIII. Zeit*, Berlin 1911
W. Stein, Die Hanse und England beim Ausgang des hundertjährigen Krieges, in: *HGBll* 46, 1921, S. 27–126.
W. Stein, *Die Hanse und England. Ein hansisch-englischer Seekrieg im 15. Jahrhundert*, Leipzig 1905 (Pfbll 1).
O. Held, Die Hanse und Frankreich von der Mitte des 15. Jahrhunderts bis zum Regierungsantritt Karls VIII., in: *HGBll* 18, 1912, S. 121–237, 379–427.

第2章 第1節

P. Johansen, Novgorod und die Hanse, in: *Gedächtnisschrift für Fritz Rörig*, S. 121–148.
P. Johansen, Die Bedeutung der Hanse für Livland, in: *HGBll* 65, 1941, S. 1–55.
O. A. Johnsen, *Norwegische Wirtschaftsgeschichte*, Jena 1939.
O. Röhlk, *Hansisch-norwegische Handelspolitik im 16. Jahrhundert*, Diss. Kiel 1935.
H. van Werveke, *Bruges et Anvers: huit siècles de commerce flamand*, Bruxelles 1944.
J. Maréchal, Le départ de Bruges des marchands étrangers, in: *Annales de la Société d'Emulation de Bruges*, 88, 1951, p. 25–74.
J. van Houtte, Anvers aux XVe et XVIe siècles. Expansion et apogée, in: *Annales E.S.C.* 16–2, 1961, p. 248–278.
F. Schulz, *Die Hanse und England von Eduards III. bis auf Heinrichs VIII. Zeit*, Berlin 1911
K. Friedland, Hamburger Englandfahrer, in: *ZVHG* 46, 1960, S. 1–44.

第2章 第2節

R. Ehrenberg, *Le siècle des Fugger*, Paris 1955. [*Das Zeitalter der Fugger. Geldkapital und Kreditverkehr im 16. Jahrhundert*, 2 Bde., Jena 1906.]
G. von Pölnitz, *Fugger und Hanse: Ein hundertjähriges Ringen um Ostsee und Nordsee*, Tübingen 1953.
L. Schick, *Un grand homme d'affaires au début du XVIe siècle: Jacob Fugger*, Paris 1957.
P. Jeannin, Le cuivre, les Fugger et la Hanse, in: *Annales E.S.C.* 10–2, 1955, p. 229–236.
L. Bechtel, *Die Fugger in Danzig und im nordeuropäischen Raum*, Diss. München 1943.
C. Nordmann, *Oberdeutschland und die deutsche Hanse*, Weimar 1939 (Pfbll 26).

第2章 第3節

R. Häpke, *Die Regierung Karls V. und der europäische Norden*, Lübeck 1914 (Veröffentlichungen zur Geschichte der Freien und Hansestadt Lübeck 3).

E. Wolf, Bugenhagen, Johannes, in: *Neue Deutsche Biographie* 3, Berlin 1957, S. 9–10.

J. Schildhauer, *Soziale, politische und religiöse Auseinandersetzungen in den Hansestädten Stralsund, Rostock und Wismar im ersten Drittel des 16. Jahrhunderts*, Weimar 1959.

M. Hamann, Wismar-Rostock-Stralsund-Greifswald zur Hansezeit (ein Vergleich), in: H. Kretzschmar (Hg.), *Vom Mittelalter zur Neuzeit. Zum 65. Geburtstag von Heinrich Sproemberg*, Berlin 1956, S. 90–112.

第２章　第４節

G. Waitz, *Lübeck unter Jürgen Wullenwever und die europäische Politik*, 3 Bde., Berlin 1855–1856.

R. Häpke, Der Untergang der hansischen Vormachtstellung in der Ostsee (1531–1544), in: *HGBll* 18, 1912, S. 84–120.

G. Wentz, Der Prinzipat Jürgen Wullenwevers und die wendischen Städte, in: *HGBll* 56, 1931, S. 83–111.

H. Pannach, Einige Bemerkungen zu den sozial-ökonomischen Problemen um Jürgen Wullenwever, in: H. Kretzschmar (Hg.), *Vom Mittelalter zur Neuzeit. Zum 65. Geburtstag von Heinrich Sproemberg*, Berlin 1956, S. 113–125.

第３章　第１節

P. Simson, Die Organisation der Hanse in ihrem letzten Jahrhundert, in: *HGBll* 13, 1907, S. 207–244, 381–438.

R. Häpke, *Der Untergang der Hanse*, Bremen 1923 (HVh 5).

K. Friedland, Der Plan des Dr. Heinrich Sudermann zur Wiederherstellung der Hanse. Ein Beitrag zur Geschichte der hansisch-englischen Beziehungen im 16. Jahrhundert, in: *Jahrbuch des Kölnischen Geschichtsvereins* 31/32, 1956/1957, S. 184–244.

第３章　第２節

W. Vogel, G. Schmölders, *Die Deutschen als Seefahrer*, Hamburg 1949.

W. Kirchner, Die Bedeutung Narvas im 16. Jahrhundert. Ein Beitrag zum Studium der Beziehungen zwischen Rußland und Europa, in: *Historische Zeitschrift* 172, 1951, S. 265–284.

P. Jeannin, L'économie française du XVIe siècle et le marché russe, *Annales E.S.C.* 9, 1954, p. 23–43〔邦訳北垣潔訳「16世紀半ばにおけるフランス経済とロシア市場」、E・ル゠ロワ゠ラデュリ、A・ビュルギエール監修、L・ヴァランシ編『叢書『アナール　1929-2010』歴史の対象と方法２：1946-1957』藤原書店、2011年、285-385頁〕。

A. Dreyer, *Die lübisch-livländischen Beziehungen zur Zeit des Untergangs livländischer Selbständigkeit 1551–1563: Eine Vorgeschichte des nordischen siebenjähr. Krieges*, Lübeck 1912.

F. Lindberg, La Baltique et l'historiographie Scandinave. Problèmes et perspectives, in: *Annales E.S.C.* 16–3, 1961, p. 425–440.

W. Evers , *Das hansische Kontor in Antwerpen*, Diss. Kiel 1915.

H. van Werveke, *Bruges et Anvers: huit siècles de commerce flamand*, Bruxelles 1944.

P. Jeannin, Les relations économiques des villes de la Baltique avec Anvers au XVIe siècle, in: *VSWG* 43, 1956, S. 193–217, 323–355.

J. Denucé, *La Hanse et les compagnies anversoises aux pays baltiques*, Anvers 1938.

R. Ehrenberg, *Hamburg und England im Zeitalter der Königin Elisabeth*, Jena 1896.

E. Wiskemann, *Hamburg und die Welthandelspolitik*, Hamburg 1929.

P. Simson, Die Handelsniederlassung der englischen Kaufleute in Elbing, in: *HGBll* 22, 1916, S. 87–144.

E. Carstenn, *Geschichte der Hansestadt Elbing*, Elbing 1937.

第3章　第3節

W. Vogel, Zur Grösse der europäischen Handelsflotten im 15., 16. und 17. Jahrhundert, in: *Forschungen und Versuche zur Geschichte des Mittelalters und der Neuzeit. Festschrift Dietrich Schäfers*, Jena 1915, S. 268–333.

K.-F. Olechnowitz, *Der Schiffbau der hansischen Spätzeit*, Weimar 1960.

H. Brunschwig, *L'expansion coloniale allemande outre-mer du XVe siècle à nos jours*, Paris 1957 (Etudes coloniales 9).

A. Friis, La valeur documentaire des comptes du péage du Sund, in: M. Mollat, *Les Sources de l'histoire maritime en Europe*, Paris 1962, p. 365–382.

P. Jeannin, La conjoncture commerciale à la fin du XVIe et au début du XVIIe siècle: ce que donnent les comptes du Sund, in: *XIe Congrès international des Sciences historiques. Résumés des communications*, Uppsala 1960.

P. Jeannin, Le tonnage des navires utilisés dans la Baltique de 1550 à 1640, in: M. Mollat (éd.), *Le Navire et l'Economie maritime du nord de l'Europe*, Paris 1960 (3e Colloque d'histoire maritime), p. 45–70.

M. Malowist, L'approvisionnement des ports de la Baltique en produits forestiers, in: *ibid.*, p. 25–44.

J. Zoutis, Riga dans le commerce maritime en Baltique au XVIIe siècle, in: *ibid.*, p. 81–92.

H. Thierfelder, *Rostock-Osloer Handelsbeziehungen im 16. Jahrhundert. Die Geschäftspapiere der Kaufleute Kron in Rostock und Bene in Oslo*, Weimar 1958.

H. Kellenbenz, Spanien, die nördlichen Niederlande und der skandinavisch-baltische Raum in der Weltwirtschaft und Politik, in: *VSWG* 41, 1954, S. 289–332.

J. Papritz, Das Handelshaus der Loitz zu Stettin, Danzig und Lüneburg, in: *Baltische Studien*, NF 44, 1957, S. 73–94.

L. Beutin, *Der deutsche Seehandel im Mittelmeergebiet*, Neumünster 1933.

第3章　第4節

H. Thimme, Der Handel Kölns am Ende des 16. Jahrhunderts und die internationale Zusammensetzung der Kölner Kaufmannschaft, in: *Westdeutsche Zeitschrift für Geschichte und Kunst* 31, 1912 , S. 389–473.

H. Kellenbenz, *Unternehmerkräfte im Hamburger Portugal- und Spanienhandel 1590–1625*, Hamburg 1954.

E. Baasch, Hamburgs Seeschifffahrt und Warenhandel vom Ende des 16. bis Mitte des 17. Jahrhunderts, in: *ZVHG* 9, 1893, S. 295–420.

P. Simson, *Geschichte der Stadt Danzig*, Bd. 2, Danzig 1918.

E. Keyser, *Danzigs Geschichte*, 2. Aufl., Danzig 1928.

P. Jeannin, Le commerce de Lübeck aux environs de 1580, in: *Annales E.S.C.* 16–1, 1961, p. 36–65.

E. Baasch, Die « Durchfuhr » in Lübeck, in: *HGBll* 13, 1907, S. 109–152.

第3章　第5節

W. Vogel, G. Schmölders, *Die Deutschen als Seefahrer*, Hamburg 1949.

M. Hroch, Wallensteins Beziehungen zu den wendischen Hansestädten, in: *Hansische Studien*, Berlin 1961, S. 135–161.

H. C. Messow, *Die Hansestädte und die habsburgische Ostseepolitik im 30 jährigen Kriege (1627–1628)*, Berlin 1935 (Neue deutsche Forschungen 23).

A. Huhnhäuser, *Rostocks Seehandel von 1635–1648 (nach den Warnemünder Lizentbüchern): I. Die Schiffahrt*, Rostock 1913.

G. Jensch, *Der Handel Rigas im 17. Jahrhundert: Ein Beitrag zur livländischen Wirtschaftsgeschichte in schwedischer Zeit*, Riga 1930.

A. Wohlwill, Die Verbindung der Hansestädte und die hanseatischen Traditionen seit der Mitte des 17. Jahrhunderts, in: *HGBll* 9, 1899 S. 1–62.

A. Wohlwill, Wann endete die Hanse? in: *HGBll* 10, 1900, S. 139–141.

ハンザ史年表

歴史全般		ハンザ史	
12世紀前半	ドイツ東方植民の開始		
1125-1137	皇帝ロータル3世の治世		
1139-1180	ザクセン公ハインリヒ獅子公の治世	1143-1159	リューベックの建設
1154-1189	イングランド王ヘンリ2世の治世	1157頃	ヘンリ2世、ロンドンのケルン商人に特権を付与
		1161	ゴットランド島を訪れるドイツ商人団体が形成される
1189-1190	第三回十字軍	12世紀末	ノヴゴロド商館の設立
		1201	リーガの建設
1202-1242	デンマーク王ヴァルデマー2世勝利王の治世		
1213-1250	皇帝フリードリヒ2世の治世	1226	リューベックに帝国都市特権を付与
1216-1272	イングランド王ヘンリ3世の治世	1227	ボルンヘーフェトでデンマークに勝利
1231-1283	ドイツ騎士修道会によるプロイセン征服	1230	最初のリューベック・ハンブルク同盟
1237	リーフラントがドイツ騎士修道会領、エストニアがデンマーク領になる（1346まで）	13世紀後半	リューベックでマリエン教会建設される
		1251頃	ストックホルム建設
		1252-1253	フランドルでハンザ商人に諸特権付与
		1256-1264	ヴェント都市同盟の形成
		1280-1282	ブルッヘ商館、アールデンブルフへ最初の移転
		1281	ロンドンでハンザ商館の組織化
1285-1314	フランス王フィリップ4世美王の治世	1284-1285	ハンザによる対ノルウェー経済封鎖

1286-1319	デンマーク王エーリク・メンヴェズの治世		
1309	ドイツ騎士修道会、マリエンブルクに本拠地を設置	1307-1309	ブルッヘ商館、アールデンブルフへ移転
1327-1377	イングランド王エドワード３世の治世	1347	ブルッヘ商館規約の制定
1340-1375	デンマーク王ヴァルデマー４世再興王の治世	1356	最初のハンザ総会。都市ハンザの形成
1337-1453	百年戦争		
1348-1350	黒死病の流行		
1346-1378	皇帝カール４世の治世	1358-1360	ブルッヘ商館、ドルドレヒトへ移転
1346-1384	フランドル伯ルイ・ド・マールの治世	1361	ヴァルデマー４世、ヴィスビーを占領
		1367-1385	対デンマークのケルン同盟
		1370	デンマークとシュトラールズントの和約を締結
1375-1412	デンマーク、ノルウェー（1380）、スウェーデン（1389）の摂政にデンマーク王女マルグレーテが就任	1388	フランドル、イングランド、ノヴゴロドと通商を停止する
1384-1404	フランドル伯・ブルゴーニュ公フィリップ豪胆公の治世	1388-1392	ブルッヘ商館、ドルドレヒトへ移転
1386-1434	ポーランド王・リトアニア大公ヴワディスワフ２世ヤギェウォの治世	1392	ノヴゴロドとニーブルの和約締結
1397	スカンディナヴィア３王国のカルマル連合の開始	1390-1401	「ヴィターリエンブリューダー」の海賊行為
1400-1410	皇帝ループレヒト・フォン・プファルツの治世	1410	ドイツ騎士修道会、タンネンベルクで敗北
1411-1437	皇帝ジギスムントの治世	1408-1416	リューベックで門閥支配体制の危機
1412-1439	エーリク７世の治世	1418	騒乱扇動者に対するハンザの「規約」制定
1419-1467	ブルゴーニュ公フィリップ善良公の治世	1419	ロストク大学の創設
1428頃	エアソン海峡通行税の創設	1426-1435	ハンザ－デンマーク戦争、ヴォーディンボーの和約締結

1428-1430　フィリップ善良公、ネーデルラントを統一
1439-1448　カルマル連合王クリストファ3世（オ・バイエルン）の治世
1422-1471　イングランド王ヘンリ6世の治世
1461-1483　イングランド王エドワード4世（ヨーク家）の治世
1455-1485　ばら戦争
1467-1477　ブルゴーニュ公シャルル突進公の治世
1461-1483　フランス王ルイ11世の治世
1478　イヴァン3世によるノヴゴロド征服
1482-1493　マクシミリアン、ネーデルラント摂政、次いで皇帝に即位
1470-1503　スウェーデンでステン・ステューレによる摂政政治
1513-1523　最後のカルマル連合王クリスチャン2世の治世
1509-1547　イングランド王ヘンリー8世の治世
1523-1533　デンマーク王フレゼリク1世の治世
1520-1560　スウェーデン王グスタヴ・ヴァーサの治世
1519-1556　皇帝カール5世の治世
1533-1584　ツァーリ、イヴァン4世雷帝の治世
1556-1598　スペイン王フェリペ2世の治世
1558-1603　イングランド女王エリザベスの治世

1419-1441　ハンザ－カスティーリャ間に紛争
1438-1441　ハンザ－オランダ戦争、コペンハーゲン条約
1436-1438　ブルッヘ商館、アントウェルペンへ移転
1451-1457　ブルッヘ商館、デーフェンターとユトレヒトへ最後の移転
1454-1466　ポーランド－ドイツ騎士修道会の戦争
1466　第二次トルンの和約。ヴァイクセル川の諸都市、ポーランドの主権下へ
1470-1474　ハンザ、イングランドとフランスに対する戦争
1471　ケルン、ハンザから除名
1474　ユトレヒトの和約
1483　ハンザ－フランス間の恒久的な和平条約
1489　ベルント・ノトケの『聖ゲオルギオス』完成
1494　イヴァン3世、ノヴゴロド商館を閉鎖
1525　アルブレヒト・フォン・ホーエンツォレルン、プロイセンのドイツ騎士修道会国家を世俗化
1522-1531　北ドイツでルター派が拡大
1533-1535　リューベック市長にヴレンヴェーヴァー着任
1556-1591　ハンザの事務総長にズーダーマン着任
1557　リューベックのハンザ総会、ハンザの再編
1558　イヴァン4世、ナルヴァとドルパト占領

1561-1581　エストニアがスウェーデンの保護領に、リーフラントがポーランドの保護領となる

1562　ケトラーによるリーフラントのドイツ騎士修道会国家の世俗化、クールラント・ゼムガレン公となり、ポーランドの封臣となる

1563-1570　スウェーデンとデンマークの北方七年戦争、リューベック・デンマーク同盟

1566　ネーデルラントで紛争開始、アントウェルペンは壊滅へ

1581　ネーデルラント連邦共和国の独立宣言

1589　無敵艦隊の敗北

1588-1648　デンマーク・ノルウェー王クリスチャン4世の治世

1609-1621　スペイン・ネーデルラント連邦共和国、休戦

1618-1648　三十年戦争

1611-1632　スウェーデン王グスタヴ・アドルフの治世

1630　グスタヴ・アドルフ、北ドイツに上陸

1648　ヴェストファーレン条約

1566　ゴットランド島沖の海戦でリューベック敗北

1564-1568　アントウェルペンのハンザ商館建設

1567　ハンブルク、イングランド商人に特権を付与

1579　エルビンク、イングランド商人に特権を付与

1598　エリザベス、ロンドン商館を閉鎖する

1601　シュターデ、ハンザから除名される

1607　スペインにハンザ使節団

1616　ハンザとネーデルラント連邦共和国の対デンマーク同盟

1621　スウェーデンによるリーフラント上陸とリーガ占領

1626　グスタヴ・アドルフによるプロイセン征服

1628　ヴァレンシュタインによるシュトラールズント攻囲

1630　リューベック－ハンブルク－ブレーメン同盟

1631　ティリーによるマクデブルクの掠奪

1669　リューベックで最後のハンザ総会

ハンザ都市一覧

14世紀から16世紀にかけて、その商人が外国でハンザ特権を享受していた諸都市の一覧（特権を享受していたのは往々にしてほんの短期間であった）。都市は単純に地理的にいくつかの地区に分類し、それぞれの地区ではアイウエオ順に並べた。

F・レーリヒによって作成された地図（*Propyläen Weltgeschichte*, Bd. 4, 1932, S. 296 所収）、ヴェストファーレンに関してはL・ヴィンターフェルト（*Der Raum Westfalen*, Bd. 2, 1, 1955, S. 345-352 所収）に基づいている。

† ドリッテルあるいはフィアテルの中心都市
‡ ハンザで重要な役割を果たした都市

ライン地方（ライン川・ムーズ川）
ヴェーゼル、エメリッヒ、グリート、ケルン†、ザルトボメル、ティール、デュースブルク、デュッセルドルフ、ネイメーヘン、ノイス、フェンロ、ルールモント

アイセルおよびザイデルゼー地方
アーネム、エルブルフ、オメン、カンペン‡、ズウォレ、スタフォレン、ズトフェン、デーフェンター‡、ドースブルフ、ハッセルト、ハッテム、ハルデルウェイク

北海沿岸
シュターデ、ハンブルク‡、ブクステフーデ、ブレーメン‡、フローニンゲン

ライン川とヴェーザー川の間（ヴェストファーレン）
アーレン、アテンドルン、アルテナ、アルンスベルク、アレンドルフ、イーブルク、イゼルローン、ヴァーレンドルフ、ヴァッテンシャイト、ヴァルシュタイン、ヴァルブルク、ヴィーデンブリュック、ヴェストホーフェン、ヴェッター、ヴェルネ、ヴェルル、ウンナ、エッセン、エフェルスベルク、オスナブリュック‡、オルデンザール、オルペ、カーメン、カレンハルト、クヴァーケンブリュック、グレーフェンシュタイン、ゲゼケ、コースフェルト、シュヴェルテ、ズンデルン、ゾースト‡、ゾーリンゲン、デュルメン、テルクテ、ドルステン、ドルトムント†、ドロルスハーゲン、ニーハイム、ネハイム、ノイエンラーデ、ノイシュタット、ハーゲン、パーダーボルン、ハッティンゲン、ハッヘン、ハム、バルヴェ、ハルテルン、ヒュステン、ビーレフェルト、ヒルシュベルク、フェルデン、フュルステナウ、ブラーケル、フライエノール、ブランケンシュタイン、ブリロン、フレーデン、ブレッカーフェルト、プレッテンベルク、ヘアフォルト、ペッケルスハイム、ベックム、ベーデフェルト、ヘルデ、ベレッケ、ボーフム、ボッホルト、ボルケン、ボルゲントライヒ、ミュンスター‡、ミンデン、メレ、メンデン、ライネ、ラティンゲン、ランゲンシャイト、リップシュタット、リューテン、リューデンシャイト、リューネン、レックリングハウゼン、レムゴ

ヴェーザー川とエルベ川の間（ニーダーザクセン）
アインベック、アシャースレーベン、アルフェルト、ヴェルベン、オスターブルク、ガルデレーゲン、クヴェドリンブルク、グロナウ、ゴスラー‡、ザルツヴェーデル、シュテンダル、ゼーハウゼン、タンガーミュンデ、ハーメルン、ハノーファー、ハルバーシュタット、ヒルデスハイム‡、ブラウンシュヴァイク†、ヘルムシュテット、ボッケネム、マクデブルク‡、ユルツェン、リューネブルク‡

中部ドイツ（ハルツ山地の南側、ヴェーザー川上流域とザーレ川の間）
ウスラー、エアフルト、オステローデ、ゲッティンゲン、ドゥーダーシュタット、ナウムブルク、ノルトハイム、ノルトハウゼン、ハレ、ミュールハウゼン、メルゼブルク

ブランデンブルク
キューリッツ、ケルン・アン・デア・シュプレー、ハーフェルベルク、フランクフルト・アン・デア・オーダー、ブランデンブルク、プリッツヴァルク、ベルリン、ペルレベルク

オーダー川西部のバルト海沿岸
アンクラム、ヴィスマル‡、キール、グライフスヴァルト、シュテティーン、シュトラールズント‡、デミン、リューベック†、ロストク‡

オーダー川東部のヒンターポメルン
ヴォリン、カミン、グライフェンベルク、ケスリン、ゴルノウ、コルベルク、シュタールガルト、シュトルプ、シュラーヴェ、トレプトウ、ベルガルト、リューゲンヴァルデ

プロイセンとポーランド
エルビンク、クルム、ケーニヒスベルク‡、ダンツィヒ†、トルン‡、ブラウンスベルク／クラクフ‡、ブレスラウ‡

リーフラント
ヴィンダウ、ヴェンデン、ヴォルマル、コーケンフーゼン、ゴルディンゲン、ドルパト‡、フェリーン、ペルナウ、リーガ‡、レーヴァル‡、レムサル、ロープ

スウェーデン
ヴィスビー†、カルマル、ストックホルム‡、ニーシェーピング

合計　199都市

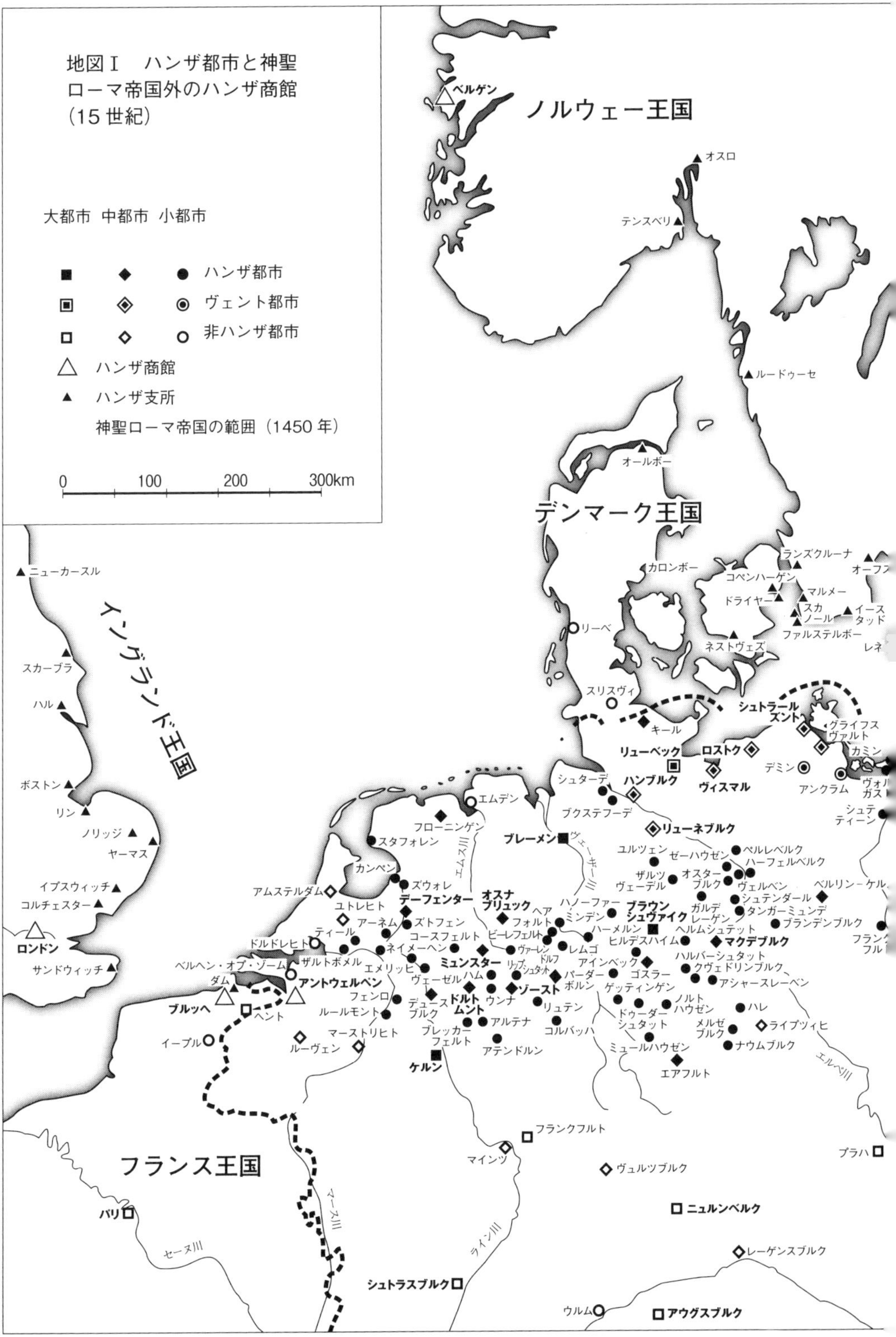

地図Ⅰ　ハンザ都市と神聖ローマ帝国外のハンザ商館（15 世紀）

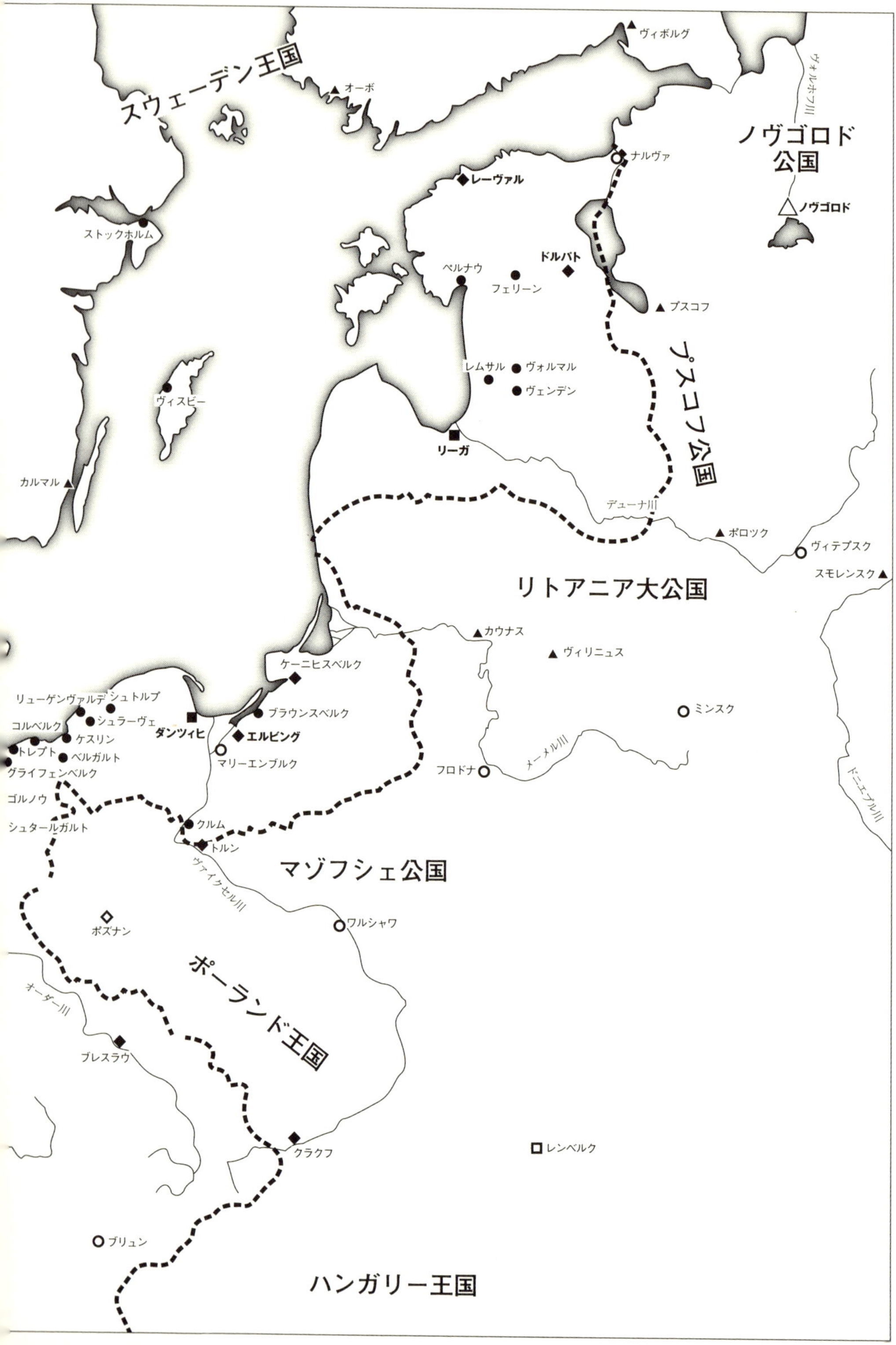
スウェーデン王国
オーボ
ヴィボルグ
ヴォルホフ川
ノヴゴロド
公国
ナルヴァ
レーヴァル
ノヴゴロド
ストックホルム
ドルパト
ペルナウ
フェリーン
プスコフ
レムサル
ヴォルマル
ヴェンデン
ヴィスビー
プスコフ公国
リーガ
カルマル
デューナ川
ポロツク
ヴィテプスク
スモレンスク
リトアニア大公国
カウナス
ヴィリニュス
ケーニヒスベルク
リューゲンヴァルデ
シュトルプ
ブラウンスベルク
コルベルク
シュラーヴェ
ミンスク
ダンツィヒ
エルビング
ケスリン
トレプト
ベルガルト
マリーエンブルク
グライフェンベルク
メーメル川
フロドナ
ドニエプル川
ゴルノウ
シュタールガルト
クルム
トルン
マゾフシェ公国
ヴァイクセル川
ポズナン
ワルシャワ
ポーランド王国
オーダー川
ブレスラウ
クラクフ
レンベルク
ブリュン
ハンガリー王国